陝西師範大學國際長安學研究院

長安學研究文獻匯刊·考古編·金石卷

第十二輯

賈二强　主編

科学出版社

内 容 簡 介

本書匯編清代金石著作《金石圖説》《重定金石契》《金石索》三種，希冀爲長安學、地方史、學術史及中國古代文化研究提供資料，以促進學術研究及社會文化的發展。

本書可供文獻學、中國古代史專業學者及相關專業本科生、研究生學習、參考。

圖書在版編目(CIP)數據

長安學研究文獻匯刊. 考古編. 金石卷. 第十二輯 / 賈二强主編. —北京：科學出版社，2019.10

ISBN 978-7-03-061303-5

Ⅰ. ①長… Ⅱ. ①賈… Ⅲ. ①長安（歷史地名）-文化史-文集 ②金石學-中國-文集 Ⅳ. ①K294.11-53 ②K877.24-53

中國版本圖書館 CIP 數據核字（2019）第102859號

責任編輯：王　媛　楊　静 / 責任校對：范鵬偉
責任印製：師艷茹 / 封面設計：黄華斌

編輯部電話：010-64011837
E-mail:yangjing@mail.sciencep.com

科 学 出 版 社 出版
北京東黄城根北街 16 號
郵政編碼：100717
http://www.sciencep.com

北京匯瑞嘉合文化發展有限公司 印刷
科學出版社發行 各地新華書店經銷
*
2019 年 10 月第 一 版 開本：889 × 1194 1/16
2019 年 10 月第一次印刷 印張：50 1/4
字數：800 000

定價：389.00元

（如有印裝質量問題，我社負責調换）

《長安學研究文獻匯刊·考古編·金石卷》編輯委員會

前言

金石文獻上古時即已出現，指以青銅器爲主的金屬器具以及石磚陶器作爲載體的文字、辭句或篇章，是除了竹木簡牘、絲帛、紙質載體形態文獻之外，中國古代文獻的另一重要淵藪，其包涵的歷史文化信息，具有其他形態不可替代的作用，因此受到歷來學者們的高度重視。作爲一個系統並有著自身學理的學科——金石學，其興始於北宋，劉敞《先秦古器記》、歐陽修《集古録》、趙明誠《金石録》，確立了據金石保存文獻、考訂史籍的學術傳統；至南宋時期獲得巨大發展，出現專録漢碑的洪适《隸釋》、備録全國石刻目録的王象之《輿地碑目》、陳思《寶刻叢編》，偏於記録書家石刻的佚名《寶刻類編》，專録古器物的王黼《宣和博古圖》、王俅《嘯堂集古録》和主要著録商周青銅器銘文的薛尚功《歷代鐘鼎彝器款識法帖》等，諸體大致齊備，表明是時金石之學已基本成熟。

元明兩朝，受空談心性、不務實學的學術風氣影響，加之金石器物出土較少之故，經歷了一個相對沉寂的時期。其間雖仍時有金石學者與著作，如元代之吾丘衍《周秦刻石釋音》、楊鈞《增廣鐘鼎篆韻》、潘昂霄《金石例》，明楊慎《石鼓文音釋》、盛時泰《蒼潤軒碑跋》、都穆《金薤琳琅》、趙崡《石墨鐫華》等，或訂石刻之音訓，或采石刻古文奇字，或述碑碣之製作義例，間有考訂經史者，然多疏漏舛謬，罕有新見。

明末清初金石學再度勃興。清代前期中期，經過顧炎武、朱彝尊、錢大昕、畢沅、孫星衍、王昶、阮元等著名學者的宣導，到嘉慶、道光間金石學成爲顯學。有清一代，搜討、收藏、鑒賞、研究金石的風氣盛行不衰，有關金石的著述層出不窮，研究成果蔚爲大觀，重要著述達1000多部。其研究方法雖難出宋人窠臼，研究範圍却已全面擴大，體例亦更臻完善，既有存目、録文、摹圖、摹字等環節的材料整理，又有通過題跋方式從内容上進行經史、小學、義例等方面的考訂闡發；既有專門研究，又有通論；既有地域研究之分，又有全面總括。

在金石學研究中，『陝西』是一個特殊區域。關中作爲周秦漢唐故都之所在，碑碣吉金文字之富甲於海内，商周青銅器，秦漢瓦當，唐代昭陵、宋代碑林碑石，匯集了一大批寶貴的金石文獻。加之歷代不時有新的金石出土，因此自北宋以來，陝西一直是金石學家青睞的一方寶地，如吉金之學的開山之作北宋劉敞《先秦古器記》，就是作者根據他在陝西任職期間所獲古器而作；而第一部專記一地金石的北宋田概《京兆金石録》，則是記録長安古碑所在的著作。明末清初以來，更是形成了長久不衰的訪古求碑熱潮。

前代金石著録雖詳於古，直到清代中葉，元明以下金石都不大受到學者關注，然陝西正是漢唐碑石的集中之地，以此在歷代金石著作中，對陝西金石的研究占有很大比重。以清人名家著作爲例，顧炎武《金石文字記》有一半左右的篇幅記録秦地金石，朱彝尊《曝書亭金石文字跋尾》、錢大昕《潛研堂金石文跋尾》、王昶《金石萃編》等也分别有三分之一左右的内容爲陝西金石。又有多種專以秦地金石爲研究對象的著作，如朱楓《雍州金石記》、畢沅《關中金石記》、毛鳳枝《關中金石存逸考》，等等，約有數十種之多。

陝西金石學在整個金石學研究中占有極其重要的地位，自宋至清也經歷了幾個不同的發展階段，呈現不同的特色。

金石文字，可資正經訂史，可評其文之優劣，亦可賞其書體之美。然自劉敞《先秦古器記自序》中提出古器研究有明其制度、正其文字、次其世謚三法，歐陽修在《集古録目序》中指出金石『可與史傳正其闕謬』，趙明誠《金石録序》稱『蓋史牒出於後人之手，不能無失，而刻詞當時所立，可信不疑』，以《集古録》『是正訛謬，有功於後學甚大』，之後論金石者多以『正經補史』爲研究宗旨，爲清代金石考據學的繁榮奠定了基礎。

元明學風空疏，然就陝西地區而言，由於受關學影響，研究風氣稍有不同。明代關中大儒吕柟繼承北宋張載理學傳統，以『文必載道，行必顧言』爲號召，高揚『關學』的旗幟，使『關中自古稱理學之邦』不僅引爲鄉里之榮，也成爲天下公論。關學一向講求經世尚用，强調實踐功夫，影響及於金石之學，形成一種重實地考察，注重金石文獻可靠性的研究風氣。被錢謙益譽爲『關中汲古二士』的趙崡與郭宗昌是其中的典型代表，其金石著作《石墨鐫華》、《金石史》，發論雖然未脱明人空疏積習，但因有著親身實地訪碑著録的研究基礎，所以多能糾正宋人因僅據拓本或輾轉傳抄而導致的文本和考訂失誤。

清初顧炎武、黄宗羲等前明遺老治學以返孔孟真淳爲要旨，大力提倡『經世致用』之學，金石作爲『實學』之一類，重新受到學人關注。顧炎武首開風氣，提倡金石考訂的學術觀念，正與關學的學術風氣相契合。他多次前往關中，晚年定居於陝，整理刊刻了其一系列金石著作，揭示金石可資考證的意義，一開清代金石考據學的先聲，因此可以説，清初金石學的復興實與陝西的學術同氣相求，密切關聯。這一時期關中本土學者，如王弘撰等人的研究興趣却多在金石書法，他們倡導漢碑，其尊碑抑帖的主張對後來的碑學有很大影響，於清代金石學重考據的主流研究之外别開生面。

乾嘉時期漢學發展至高峰，陝西的金石研究在這一時期也發生至關重要的一大變局，對於整個金石學的發展産生很大影響。畢沅是乾嘉學派的領軍人物之一，乾隆三十六年至五十年（1771–1785）其蒞陝爲官，位至封疆大吏，且究心於金石之學，將政治權力廣施於學術研究，故群賢畢至，少長咸集，一時蔚爲大觀，也成就了陝西金石學之高峰。畢沅對於陝西金石的研究成就，主要有三：一是有組織地、大規模地搜訪金石，修護金石文物。這一方面促使了金石器物在這個時期的大量出土，同時也使很多金石文物，如碑林、昭陵等得到了很好的修繕保護。二是組織幕府學者編撰方志金石志。宋代方志中金石的相關内容多收録在藝文、碑記或其他相近門類之下，直到明末《吴興備志》『金石』方首次作爲一級類目出現在方志中，然而這種做法仍屬偶然，到清初此種局面未有太大改觀，設立金石類目的方志屈指可數。而畢沅在陝共編纂方志28種，設有『金石』門類者达13種，且其中11種爲一級類目，這種爲金石立志的做法大大提升了金石的學術地位，對於乾嘉時期金石學科格局的確立有奠基之功。三是這類金石專書和金石志，十分純熟地運用金石文字以考經訂史，使得這一宋人提出、在清初由顧炎武倡導的金石考據的學術方法，在此時演變成爲金石之學的主流，同時也使之廣泛推及文字學、音韻學等研究領域，取得了多方面的卓越成就。此外，畢沅陝西幕府中培養出一大批金石學者，如嚴長明、孫星衍、錢坫等，均在金石學研究上取得了不凡的成績。

道光以降，漢學高潮漸至消歇，風光不再，陝西金石學也後繼乏力，故其學漸入低谷。然篳路藍縷，遺風尚存，學人仍孜孜以求，其學術風貌雖蹈其舊，然拾遺補闕，求全求真，精化深化，亦成一時之特色。其中傳統金石考據方面，集大成者則屬毛鳳枝無疑。毛氏長期居陝，遍搜關中金石文字，著成《關中金石文字存逸考》、《金石萃編補遺》、《古誌石華續編》、《關中金石文字古逸考》及《關中金石文字古存考》諸書，以傳統金石考據的方法，對關中遺留金石文獻做了精深考證，堪稱清末陝西金石學的代表。然因其生涯寥落，《關中金石文字古逸考》、《關中金石文字古存考》兩種不知存世與否，其《關中金石文字存逸考》、《金石萃編補遺》、《古誌石華續編》三書，幸得其門生顧家相、顧燮光父子前後歷數十年之功，在毛氏身後梓行於世。

陝西擁有深厚的金石學傳統，充分利用這類豐富的學術資源，對於長安學、地方史、學術史乃至中國古代歷史文化的研究，具有無可替代的價值。由於成書時代綿長，各類文獻性質各異，保存狀況複雜，利用這些材料存在種種不便。有鑒於此，本編意在將歷代陝西金石文獻匯爲一編，俾其爲當今社會文化發展發揮應有的作用。

本編所收宋至清末民初陝西金石文獻120餘種，基本涵蓋傳統金石之學的目録、録文、題跋考訂、義例、摹圖、方志相關金石部分等主要類别，賞鑒品評書法藝術之帖學類前代即爲别途，近世之影印則多入現代學術，因而未予收録。各書如有不同版本則以文本完足文字精審可以信據爲主要准的，而前代所謂珍罕秘本，則非主要考慮因素。

編輯過程中，國家圖書館、陝西師範大學圖書館慨允提供資料，俾全書得以成編，謹致衷心感謝。

時間匆迫，思慮未周，所在差謬，尚乞學人讀者指正。

陝西省2011協同創新中心

陝西師範大學國際長安學研究院

（李向菲執筆　賈二强審定）

二〇一六年十月

目録

金石圖說

歸安楊峴題

貴池劉氏聚學軒重校栞

金石文字上自周秦下迄唐宋前人所輯録者既多其議論考究皆甚核且詳已甲寅歲余手摹金石圖真谷牛子考說付之棗梨其本已流播人間然觀者猶歎其資聞見之不廣也於是又從三國以洎隨唐擇其碑碣之精且好者亦繪圭趺記廣狭更摘真蹟字樣鈎摹於其右令未見是碑者因此數字而想見其遺筆結體之遺意雖去元碑已遠而規模斯在既以廣金石圖而亦博雅好古之士韵目怡懷之一助也雖然古今翠墨之留於天壤者何可縷數而欲以一人之耳目心力盡傳其蹟而繪之圖此如愚公之移山精衛之填海力盡心劘究歸安用而或且靳之曰此發前人之未及也則吾豈敢

乾隆十年六月廿有三日邰陽褚峻

竊見中古以來書契攸興聖人才子轉相作述爰有金石刻文字以紀功德載官儀表里氏序代年蓋將光華輿地翼佐墳籍斯誠六藝之别軌於以徵文考獻明微振幽依放作者之意推著無窮為後世垂標矩其彰美傳曰君子之觀於銘也既美其所稱又美其所為金石之刻與竹冊異用而同功實以補史傳志乘之不及印幡既設其道漸廣繆蟲是營厥體大備降秦迄漢洎乎晉唐廟表墓碣之文神龕社尾之章駸駸乎曼衍區寰矣帝王名臣循吏處士之軼行古迹靡不畢集舊刻文學者於是道古而折衷於圖書夫豈小助也哉然而據今企昔距厥初造厥曠遠者二千餘年近者亦八九百載芒芒邈哉有風雨以剥蝕之有陵谷以變堙之烟埋𩀱闕苔浸蘼趺莽金鏡於沉沙囚寶劍於繡塵沉緼漫漶逸在澤莽將惟永世不得自記於日月之光耀與人倫之鑒目昔人之勞亦可哀矣覽睠懷古其何考旃非夫遺世覧道冥搜幽討覗望光氣發明神異孰能椷周鼓叩秦權洗兩京之灰刻揚六朝之寃碣悲乎呼嘻或湮没而

蹟不傳傳矣而窮鄉奥壤人有不暇至或至矣而非其人因傳摹失其真古來深思好古君子盖嘗苦心孤詣博採旁輯於金石之事然猶不過什一之於千百其所不知殆且闕如即其載者亦不免有正譌形影之見彼固未嘗足涉而目覩其真不能以古合今一一本末其所以然道闕千載沕昧無聲余讀集古録金石志畧諸書未嘗高望永嘆欷歔抱憾於歐陽趙鄭諸君子也竊不自揆孤陋思欲厠力其際拾遺補略部彙章分勒成一册雅故卒卒會未有閒又左右無人與俱上下其事近迺得關西褚峻峻好古士肩囊拄杖搜覽四方垂三十年盖嘗緣高嶺剔深谷刷峭崖磨峻闕索奇探異無幽不極搃其所爲拂拭而丹墨之者凡千餘種矣往往軼出於集古録金石志畧諸書之外而詳其所未備余既爲科條之復教褚生裒其所得篆隸古文斷自周宣記於漢獻凡數十首一二本末其形像所以而爲之圖圖成余迺按章而爲之說依綏六經之旨採據百家之文志其興衰顯晦終始之迹考其方袤踈密曲直遒舒肥枯之

神然後共和而下建安以上之法刻古文粲然明白至其墜逸亡失不復存於世宙及其存而不獲至見或有翻摹轉放者則闕而不録大疑則傳疑盖其慎也余惟與褚生竊自附於不賢者識小之義以庶幾乎明堂石室一曲之司將老於斯而與古來傳碑比壽余則安能然使博雅好古君子覧諸文字而求之金石鑿然如州域道里端坐可按於以流示通國而餉來者遊墨藪之遺澤滋石林之盛徽則余與褚生頗有力焉余又有以見夫學者宜心眇慮必有得於古古人精儀異表必不滅於後名山鼎然法物攸存日月千秋靈文斯在一夫嚮古萬世同書於乎悠哉士大夫俯仰於斯亦可以畢然馳神於無涯之境而勤思乎不朽之林矣其惟四方後世博雅好古君子

乾隆八年秋七月山左牛運震撰

編輯金石文字為書者唐以前無聞爾宋以來自歐陽文忠公始嗣是趙洪楊王諸公以洎趙子凾顧寧人諸先輩皆有成書然物之顯晦有時其崖崩河決畚出水土者諸君子亦不能徧覽而盡載也峻性頗愚生而好古然好之而無力雖馮翊華嶽耑曲昭陵諸碑刻乃家居之最近而易得者尚不能致之而有於是遺世絕俗寘捜孤討常裹糧襆被蕭然跋涉周遊四海九州名山大澤遇峭崖深谷荒林敗塚凡有周秦漢魏晉唐諸家之遺文單畫殘碑斷碣風霜於壚莽榛棘之中而兵燹湮沒於砃礎墻几之際者手翻目追摹榻殆遍憾余生晚攟摭垂三十年凡得碑碣千餘種矣計前諸君子所未見与見之而未悉者余皆一一默識詳攷能名其地而道其所自出然余不敢以是而自足也年五十始遇山左真

谷牛子教余裒其所得斷周迄漢繪其碑碣面背圭趺位置復摹其波畫形似并其剥蝕殘缺不全之處輯諸一冊而名之曰金石圖牛子又按圖而為之說以依徊乎作者之意將使覽是圖者歷歷如睹諸碑完闕之形狀如遊其下而望卧之又有以志諸碑之興廢遷置本末俾有所據而搆諸今日以罩然馳思於古然則斯圖之功豈微末也哉此余所以早夜捜摹殫平生之心力畢萃於是而不恤者也曩余嘗挾此圖遊吴下良常王吏部澍吴門徐太史葆光兩先生咸相贈以叙又勸余卒成其事勤而勿落他日勒成一書令後之視今金石圖亦猶今之視昔歐趙集古諸録噫余之為此豈敢擬歐趙諸公之集録顧牛子之撰述發明上下金石古文字其用意誠邃且健余固有以知其言之必傳而余廁其側罄其心目所及亦將稍補金石之萬一然則余守是圖僶俛容与以玩而老焉其亦可矣乾隆八年歲次癸亥夏六月二十三日郃陽褚峻千峯序

郃陽褚　峻千峯摹
滋陽牛運震階平說

金石圖說卷一 一 聚學軒劉氏藏本

右石鼓第一高一尺七寸圍六尺六寸字徑一寸在
京都太學孔子廟戟門内東側西向

避車既工避馬
既同避車既好
避馬既駘君子
員邋=員斿鹿
速=君子之求
卣弓=兹目寺
歐其時其來
燓=即邀即時
鹿趚=其來大
避歐其樸其
遺射其豬蜀

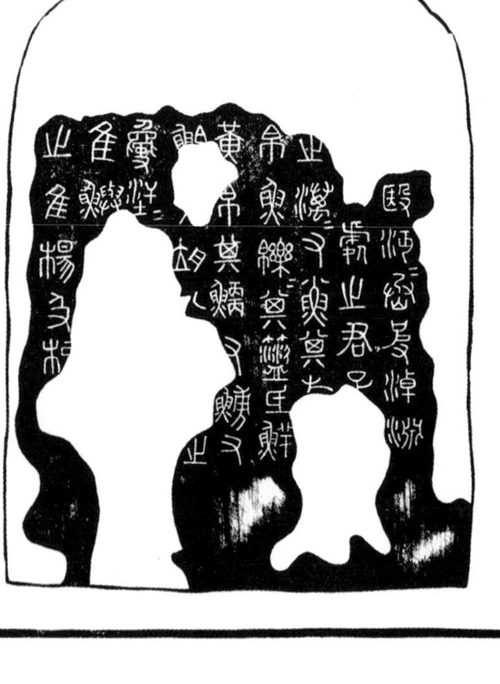

金石圖說卷一 二 聚學軒劉氏藏本

右石鼓第二高二尺一寸圍六尺三寸在戟門内東
側西向

殹沔=丞敓淖淵
處之君子
之滿=又㸒其方
帛魚皪=其籃氏鮮
黃帛其鱬又鱒又
鮊胡之
𢻰迂=
隹鱮
之隹楊及栁

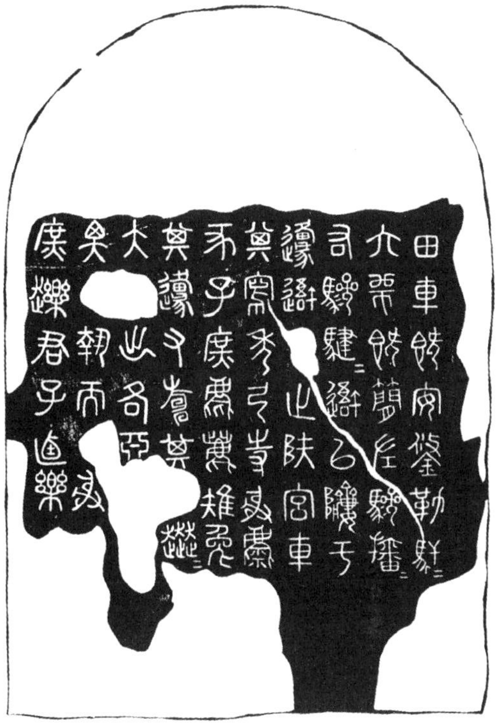

右石鼓第三高一尺八寸圍六尺四寸在戟門內東側北向

田車既安鋚勒馯二
六師既簡左驂旛二
右驂騝二遊吕隮于
遼遊　止陕宮車
其寫秀弓寺射麋
豕孔庶麀鹿雉兔
其遼又旆其　䢤二
大　出各亞
昊　執而　射
庶䢵君子逌樂

右石鼓第四高二尺圍七尺三寸在戟門東側北向

鑾車桒敕
弓孔碩形矢
馬其寫六轡
迖驤孔庶廓
寷博嵩車䡅
徒口章遼瀝陰
陽趍二　馬射之䟝
獸鹿如
賢迴禽
允

金石圖說卷一　五　聚學軒劉氏藏本

右石鼓第五高二尺一寸圍六尺八寸在戟門內東側北向

霝雨
辶馬
吕衎或
板滨吕
一方
奔

金石圖說卷一　六　聚學軒劉氏藏本

右石鼓第六高一尺五寸圍六尺八寸在戟門內西側東向

猷作邍作
道遄我𤔲
除帥彼阪
莽為世里
徽微=逌罟
槖柞棫其
檖楷肅=鳴
亞箬其華
為所斿驂=
盩衛百尌
吾

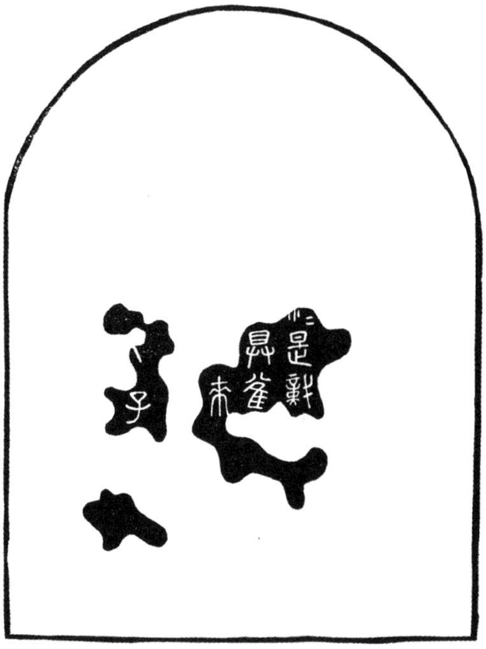

右石鼓第七高二尺二寸圍六尺七寸在戟門内西側北向

汩二是戟
具奪
來
乀子

右石鼓第八高一尺六寸圍六尺八寸在戟門内西側東向剥蝕無一字

右石鼓第九高二尺九寸圍七尺八寸在戟門内西側北向

既止嘉樹
里天子永寍
日隹丙申旭=
木=避其雩衞
馬既迪
康駕
左驂驂=右
騋=㮚戟
如不執
翰霧=焱
公謂天子
余及如兹邑
害不余及

右石鼓第十高二尺一寸圍六尺三寸在戟門内西側北向

圖
ㄱ

又人鹿執

維三代之文尚矣自周以前金石刻不可錄或頗有然多傅會孔子曰多聞闕疑蓋其慎也予讀金石譜籍觀諸家異同損益擇其篤確雅妙可見於今者輯為圖自周宣王石鼓文始贊曰

峩峩獵碣在彼周野形如臯陶十枚碁寫車攻銘迹奇文盈把誰為為此臣名籀者金繩遒然生鼉怒馬以鳴中興聲高頌雅秦漢黯如神物喑啞舂杵是辱赤文汗赭韓公晚遘咨嗟泣下六一獻疑百論蠭灑瑰畫不磨軒翥鎬社屹然一眞以黜萬假詞聱音新義容文寡升諸辟雍日陶月冶於戲神京上庠鴻都大夏有此十鼓共和元年三百二十有二字自東自西自南自北拜手摩娑謹聲雷瀉於赫千秋同文一統視此石鼓陳常于時夏

古鼎銘之作豈虛也哉記曰銘者論譔其先祖之德善功烈勳勞慶賞聲名列於天下而酌之祭器自成其名焉以祀其先祖者也余悲考古圖諸書所載三代尊彝盤敦之器與刻文或不傳欲志金石以續來古得焦山周鼎銘鼎銘不載世歲考其文有曰司徒南仲疑亦宣王時物也銘文與集古錄毛伯敦銘相類周人器物銘多用此體舊傳此鼎為故明京口某氏家藏嚴相欲之不可因嫁禍而奪之嚴氏敗鼎歸江南某氏捨諸焦山佛寺於戲鼎之存亡興遷其繫於人也深矣贊曰

誰作烝彝載天祿雲雷蠢蠢銘在腹九鼎淪水神夜

哭茲器嵬然峙三蜀篆籀大文天地矗九十三字軒
離錄何所求之焦山麓

右泰山石刻高三尺五寸圍四尺二寸字徑一寸七
分在泰山頂上碧霞元君宮之東廡按泰刻並李斯
作斯為八分之祖手撰泰山琅邪會稽碣石諸石刻
其文或傳或不傳而字畫則並湮然沉滅迺與咸陽
刼灰俱盡獨有泰山碑又殘不全僅僅存此二十九
字惜哉惜哉金石舊古文之傳於後岌乎其艱難已
志古者好言周秦然多翻摹轉效之為近傳會岣嶁
碑銅盤銘皆是精鑒之士所不敢道孰與是刻以真
秦古文處太乙神明之巔歷千百年疾雷烈風怪雨
而不摧滅為可寶也後之人欲規模秦篆者舍是曷
以哉予登泰山肅然有感於先秦之刻故圖而表之

以繼周人石鼓鼎銘之文以為漢金石刻前步焉

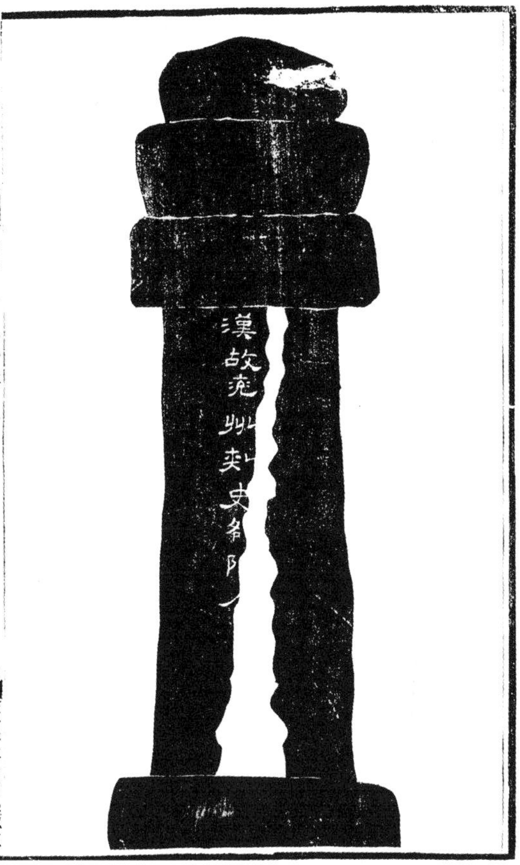

右雒陽令王稚子闕在新都縣北十二里官道西墓前高一丈五尺濶三尺厚二尺五寸字徑三寸五分東向按後漢書循吏傳王渙字稚子嘗為兗州刺史又為雒陽令斷知是闕為渙闕也維渙循良之績載於史傳歌於樂府表於金石古文字可謂顯著矣傳稱安陽亭西舊有祠今且湮廢顧使吏民過其墓瞻其闕咨嗟悽愴猶夫安陽亭西也而是闕典重疎穆十五字漢隸古文之犖犖大者非渙忠信而惠愛者又惡能當之乎金石籍載王君闕有二其一云漢故先靈侍御史河内縣令王君稚子闕雍正九年没於溝水中嗟乎法物攸存靈文不泯自今後泗水求而

得之者當有其人也

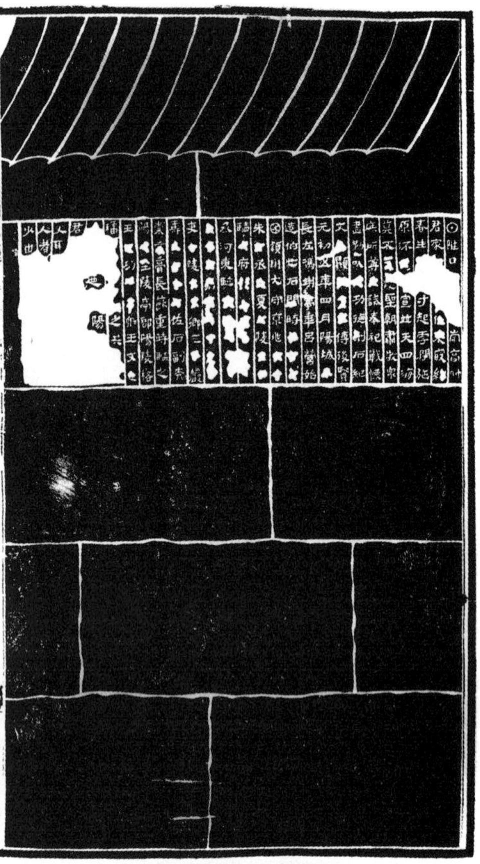

金石圖説卷一

十七

聚學軒劉氏藏本

金石圖説卷一

十八

聚學軒劉氏藏本

金石圖說卷一　十九　聚學軒劉氏藏本

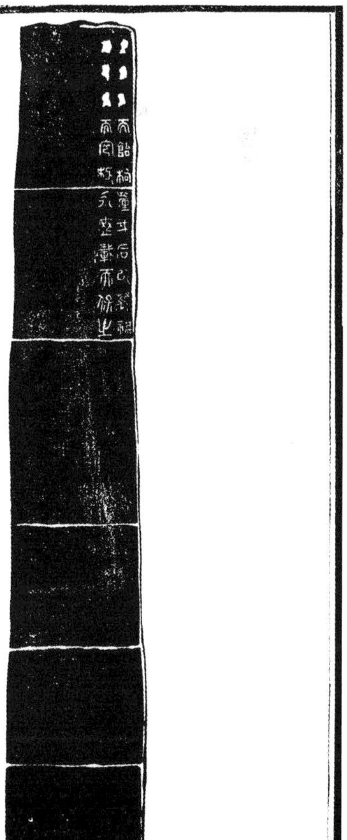

金石圖說卷一

邵陽褚峻千峰為余道太室少室諸石闕刻六畫像之蹟甚詳至太室石闕者去中嶽廟前百步在登封縣東八里中嶽太室之神道闕也闕有二其一東闕無文字岀其西闕也闕高八尺濶六尺厚一尺有六寸刻銘闕端刻石高八寸濶三尺三寸字徑一寸闕陽銘而陰額銘南向額北向額刻九字其文曰中嶽太室陽城疑之西闕三字刻石高七寸五分濶八寸字徑二寸六分闕以元初五年陽城穎川諸守長造今其銘後題名可覩也由太室石闕而西過登封縣十里又西南三里許有兩崇闕峩峩東西峙田間西闕三面皆有刻文北面刻曰少室神道之闕知是少室石闕

二十　聚學軒劉氏藏本

也少室廟今不可見存此闕云刻額高七寸濶七寸五分字徑二寸三分刻額下畫兩人走馬而舞為角抵戲又畫兩螭龍一龍入於窗中一龍逐而銜其尾亦不知其所謂也銘與題名刻於闕之南面及西側凡十九行橫濶三尺八寸并側為四尺四寸縱高一尺字徑一寸四分銘文可識不可讀疑有斷文也西側畫一環月為蟾兔杵臼擣藥之形南面畫索毬而蹋踘者二人坐而睨視者一人跪者一人東闕去西闕五六步東闕畫一獵犬逐兎兎趯趯然可及也又畫一獨角獸一人左手引之而右持鉤鉤象者畫像下有一石刻高一尺濶六寸刻二十四字可見者十

九字字徑一寸二分所謂少室東闕題名者也刻文寖下前人皆未及見見而表之者雒陽董金甌相函金甌好古士善篆隸東闕刻文畫像之蹟皆北向凡少室東西兩闕高厚濶之數皆相等高八尺五寸濶五尺五寸厚一尺八寸凡兩闕畫像七人二馬一犬一兎一象一獨角獸二螭龍及月中玉兎蟾蜍之屬諸像極古拙崇福觀者在登封縣北十里觀東二十步相傳為開母廟舊址開母石闕者延光五年造題名而銘禹績銘文四言重曰以下六言儷如賦語別又有四言銘為季度作所謂季度銘是也闕高八尺五寸濶六尺厚一尺六寸開母銘刻於其陰及東側

高二尺三寸字徑一寸八分季度銘刻於開母銘下高七寸五分濶二尺三寸字徑一寸五分開母銘及季度銘刻文皆北向褚峻千峰云開母石闕亦有東闕如太室少室雙闕者東闕無刻文非金石事所重故弗著峻又云太室少室開母三神道相望也迤北則中嶽嵩高巖洞迴複雲木杳冥秘文奧刻往往而有境幽人稀風雨阻絕探古之士自此返矣

太室西闕額九字今本存其六惟武虛谷云額字甚顯而未著明以某字是衢州張少薇攷云是嵩高西闕四字緣嵩字上山字尚清白耳珩按額文第一行及二行皆三字宄从九字文爲是張氏所

云四字非也至嵩上山字恐是之字之模糊蓋之字古从㞢故有山字之譌珩疑是之西闕三字較嵩高西闕四字理長便與九字文相符合矣惟前人咸道此闕久毁自本朝此闕方大顯所以箸錄家雖有攷据多未有明其說焉今珩臆度之見尚未敢自信姑存此以待博物君子再詳其說幸甚幸甚並坿錄張少薇原跋於後

闕額篆書陽文在闕之陰面北向刻處高廣一尺向來諸家皆謂三行九字其第三行磨泐特甚莫辨爲何字惟武虛谷云中嶽太室及嵩高數篆字皆顯然無譌容今以數本諦審第三行似是嵩高

䍃闕四字嵩字上山字甚明白其餘字蹟亦約略可認但以前人無可質證不敢臆定要可知武氏所謂顯然者固非謬語也

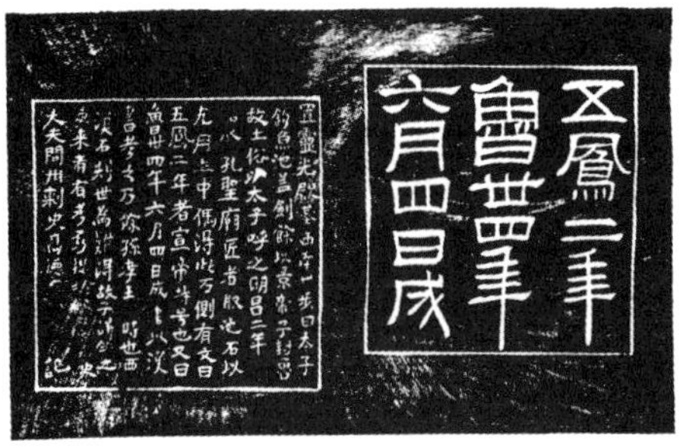

右魯孝王石刻高一尺一寸濶一尺九寸厚一尺字刻右方周方七寸字徑一寸五分在曲阜縣孔子廟同文門西側北向一十三字字畫甚古篆而兼隸安邱張在辛夘君云筆勢奧動莫可測倪於戲乢其所以為西漢太子池石刻舊古文也考其本末開州刺史高曼卿載之殆詳

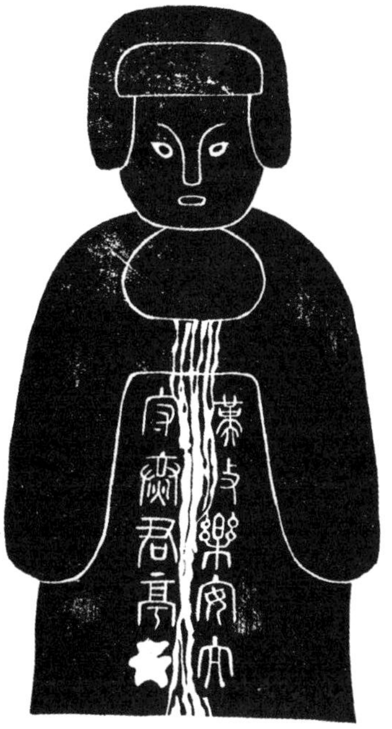

右魯王墓石人題刻在曲阜縣東南五里許張屈莊西魯王墓前東側一石人介而執殳高五尺腰圍七尺自腰以下陷土中不可見刻曰府門之（按是卒字）字徑四寸一石人冕而拱手立頷下裂文如滴淚痕高五尺五寸腰圍七尺五寸胸刻漢故樂安太守麃君亭（按是長字）十字字徑三寸兩石人肩而西向相去者五六步兩石人人像極古拙銘曰

鑄石為人刻篆其腹永陪漢寢風珮肅肅靈文不磨與書軒縮終古西向銅人對哭

原本闕遺處珩今以數本諦審文字無譌者均補入之

右祝其卿及上谷府卿石龕龕椁四圍而鑿其中刻之於內祝其卿龕崇一尺廣二尺厚一尺五分其龕崇二以為鑿崇以其三為兩椁之崇十分其龕廣三而殺之以為鑿廣鑿廣五寸五分餘以為椁廣三分其椁廣一在左二在右以置其鑿弦鑿於龕上下中也以其厚之弱為之鑿深其文曰祝其卿（按墳壇居三字）攝二年二月造字徑一寸一分上谷府卿龕崇與廣厚如祝其之數惟鑿廣十分其龕廣而三之六寸也他形制從同其文曰上谷府卿（按是墳字）壇居攝二年二月造字徑一寸一分二龕在曲阜縣孔子墓前雍正十年廟官陳百户移置孔子廟西齋宿所銘曰

孔冢有石穹如人壘誰爲爲之祝其上谷平文處幽
神先滿匱以眼萬世齋房肅肅
原本未經攷出者二處珩按證增補庶免遺珠之
恨

右漢燉煌太守裴岑將郡兵征呼衍王克敵全師而勒石銘功之刻也刻字六十字紀事簡古書畫雄勁整截巉巉如有金鏃痕殆以篆而爲隸者而當時精騎三千刁斗壁壘之威凜然逴見百代寧可犯邪碑在西塞巴爾庫爾城西五十里地名石人子以碑上銳下大孤筍挺立望之如石人故也雍正七年大將軍岳鍾琪移置將軍府十三年徹師又移置漢壽亭侯廟碑在絕域搨摹者弗能到好古之士罕覯焉故自集古錄以來諸金石文字皆不載予竊歎是碑以先漢法刻超然獨立於萬里荒徼之外殊可惜亦可幸也傳所載漢代征討武臣勒臣紀功績者如驃姚

狼胥之跡車騎燕然之銘其存淪於世何如哉副使郭公朝祚為余述裴岑刻甚本末是以備論著之碑
高五尺字徑二寸有二分

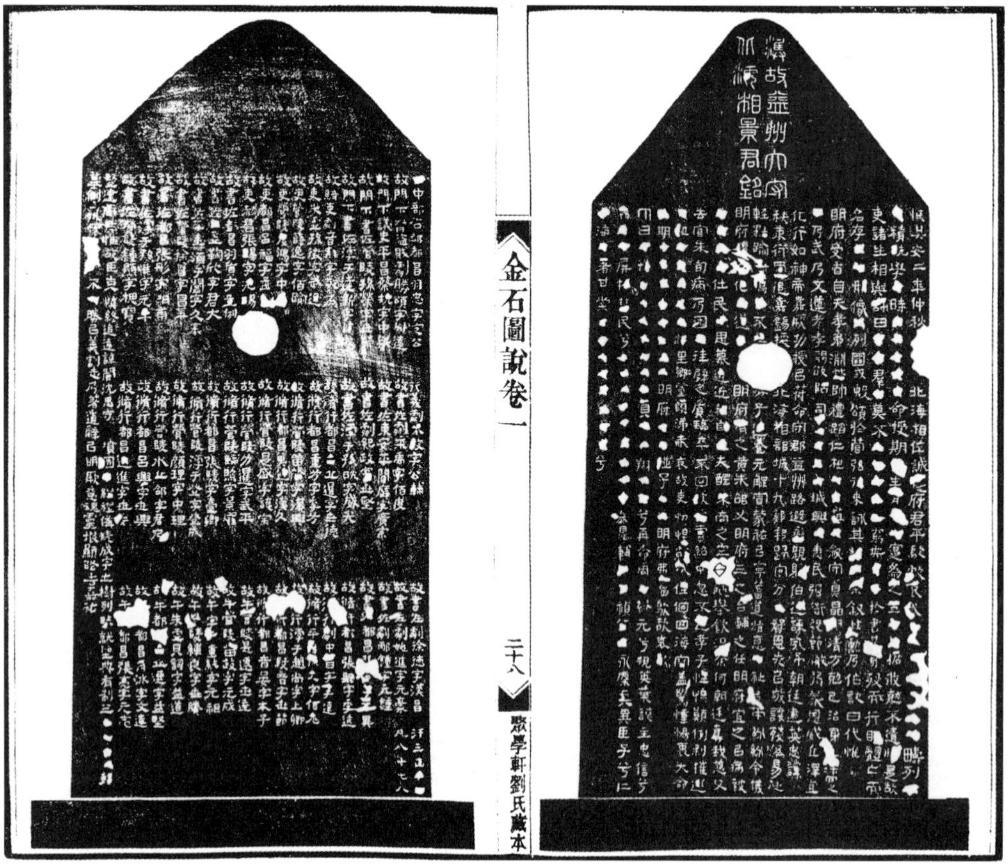

右北海相景君銘并陰高六尺濶二尺二寸厚五寸五分字徑九分額字徑一寸六分陰字徑七寸在濟寧州孔子廟戟門東側西向按金石籍任城有三景君碑其二碑今無所見此碑其三之一也景君者碑不著其名而是碑前有敘中有誄後有亂辭碑陰又有二行為四言十八句列其末形制與他碑殊然揆其大指要以韻文載事行故額曰景君銘不曰碑也隸書之作興於東漢盛於桓靈著於延熹建寧熹平之間而是碑獨以漢安二年刻校諸隸碑最先且乆東京典册垂諸嘉石與良吏之德烈比壽蓍朴簡勁隸而有篆體遺文不墜法物攸存殆亦藝林之茂軌乎碑陰第三列姓名之下綴云行三年服者凡八十有七人蓋謂為景君服者禮公士大夫之衆臣為其君布帶繩屨三年是也而隸續目為斬衰三年為父母行服事夫固弗深考顧景君之所以得此於八十七人者豈不可謂難稟稟深人追慕求嘆者矣又碑陰載故吏有修行十九人午六人說之者云修行即循行午者千古文幹字本之漢志殆於事例為近然余不暇言之也

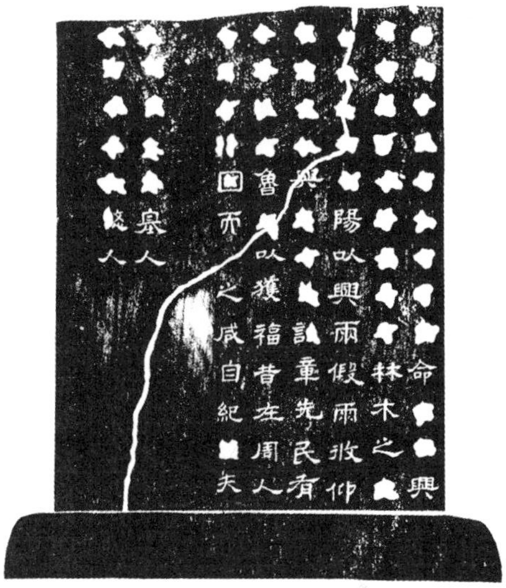

右孔宏碑在曲阜縣孔子廟同文門東側北向高二尺七寸濶二尺三寸厚六寸字徑一寸一分碑剥落如孔謙碣前紀姓名處漫昧不甚可辨讀金石籍据舊塌本得知是宏碑也書體略類魯峻碑頗臃腫無神彩可喜然惟先漢典物要不失一代朴古風格今人掘拾漢時廢瓦殘銅猶知寶惜雖無老成尚有典型作者之績其可高望永念也夫

右韓勑造孔廟禮器碑并陰及兩側高四尺五寸濶二尺二寸厚五寸字長七分至一寸七分濶二分至一寸二分大小錯落不拘體勢在曲阜縣孔子廟同文門西側東向

太史公曰余適魯觀孔氏車服禮器低徊留之不能去云韓子讀儀禮自恨去古遠不獲以身揖讓進退於其間予生孔子里覩孔廟禮器碑未嘗不悲韓勑所造鐘磬俎豆之屬不克傳於世為可惜然是碑存巋然闕石一代尊彝簠簋端嚴典貴之氣升堂彷彿如將見之此亦東京法物矣銘文簡質雄勁與先秦諸石刻伯仲書法鋒銛神渾蒼古温潤無美不備有

漢分隸之獨步也於戲其器則往而文則留雖斷缺禮器之藉是碑以載於後而有不亡者存也且使韓明府勑及涿郡太守麃次公等一百三人雁鶩金石儼然猶見鄒魯之雍容銘文所謂聲垂億載者良不虛古來圖書之道於此亦可以少褒矣余恠世俗以讖緯不經訾禮器碑是以具論著之

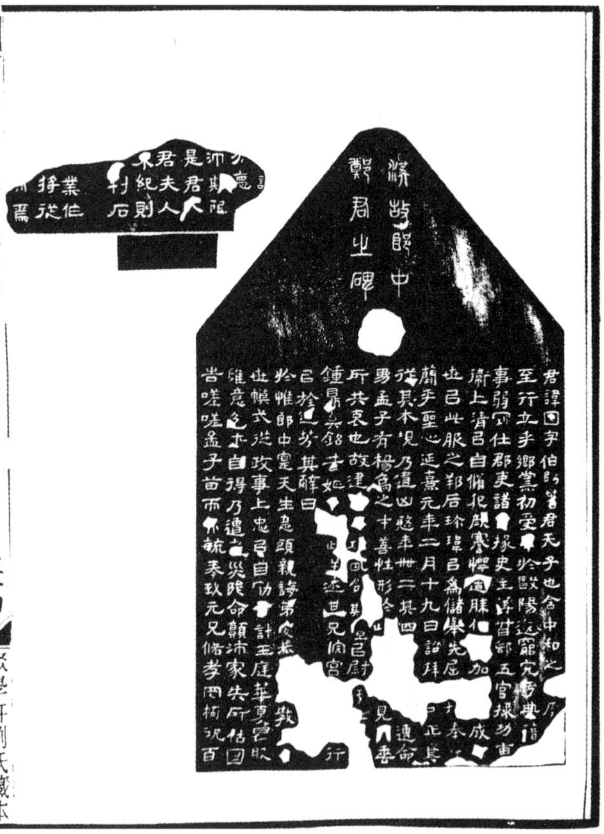

右郎中鄭固碑高四尺二寸濶二尺厚六寸字徑一寸一分額字徑一寸五分在濟寧州孔子廟戟門西側東向碑亡其半僅存上節雍正六年有李鷗者於泮池左發地得一殘石刻高六寸濶一尺六寸存二十二字蓋鄭碑之下節云因移置碑旁顧不知其斷剥沉埋者何代也洪适隸釋載是碑有今碑所無逡遁退讓四字亦不言其為半碑則是碑在适時猶然全者矣書畫略與景君碑相類予叔父夢英評曰枯老勁拙如著藤古柏望而可敬噫有見也夫

聚學軒劉氏藏本

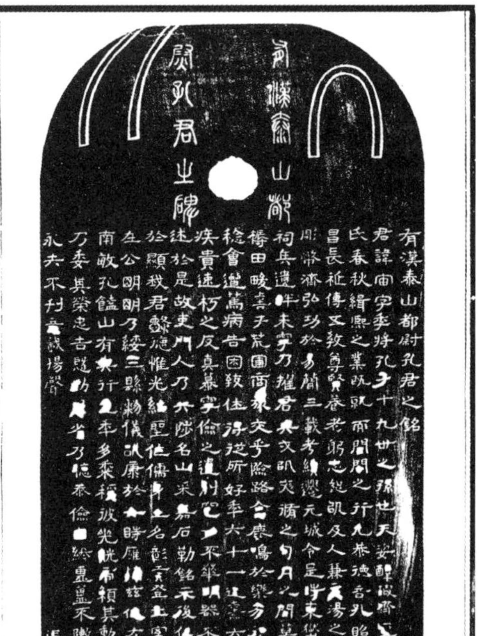

金石圖說卷二

右孔宙碑在曲阜孔子廟同文門東側南向高八尺五寸濶三尺二寸厚八寸字徑一寸五分額字徑二寸五分諸漢碑有額無題此獨額題具隋唐以來碑式之祖也字頗完整缺滅不及十三畫下漫土者爾書法古逸險而不肆其下注注而旋縮如恐隊其旁出透迤而長極其勢以去如不欲還相其波畫紛披偃蹇如樛樹枝如垂巖雲如人偏布其手足而卧如偏舟墮而下瀨翩翩然逝其變極也而文辭典雅亦可謂稱之矣贊曰

抑抑聖葉恭儉為吏歿而見思報以典制文體樸重平平如地字挾長陵嶜然高蹈動而能則伏光有曜

聚學軒劉氏藏本

於赫寶册登我漢道

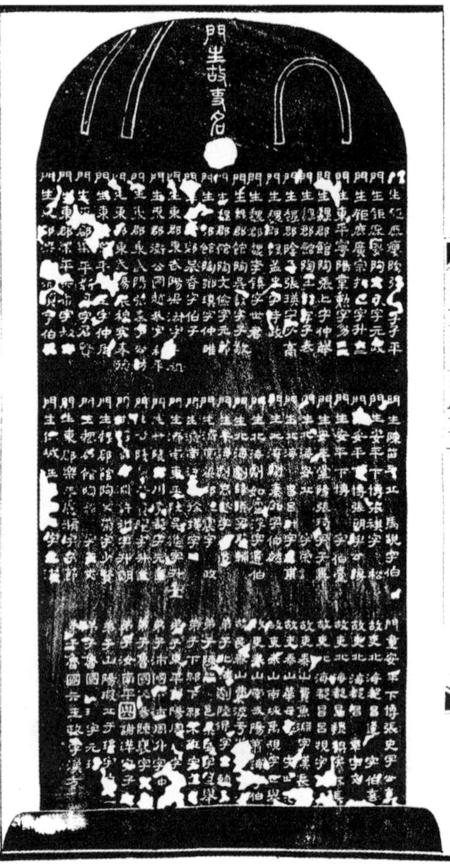

右孔宙碑陰字徑一寸二分有額額字徑二寸書體謹密較前少異當别是一手觀其結搆廉穩如蟄虫蟠屈深冬靜攝自衛又如有人循墻傴僂不敢踰尺寸而端凝質重望之可與拱揖妥而易施卑而不可貶昔人謂此於漢碑陰中獨超雅良然孔宙聖家子三為縣長惠愛被於吏民及其沒也咸愾念遺澤追述本行既敷言之矣又綴為贊誦以志勿絶文詞書體窮工銘報雖其紀名殘碣猶蔚然為一代典則宙誠良吏迺其門生故吏六十二人者亦可謂篤厚之士哉於此見先漢之風俗矣又諸人中捕巡韮章獨以僻姓標異碑碣說者謂可補姓苑此亦儒家識小之一助也

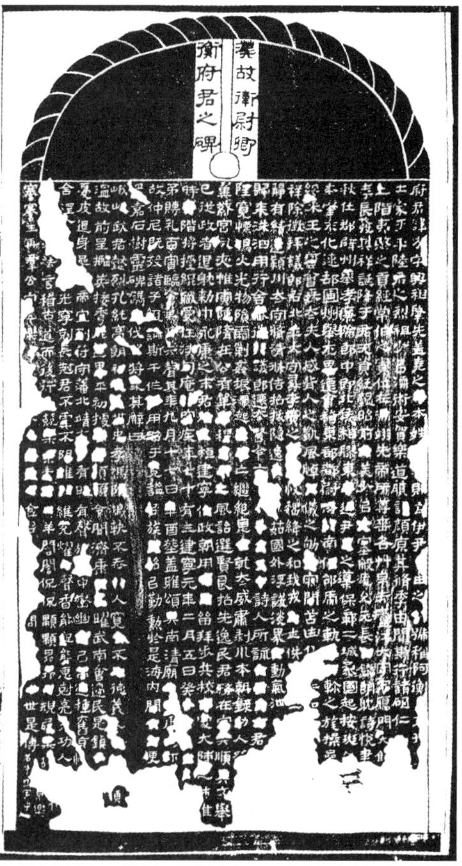

右衛尉卿衡方之墓碑也書體端凝渾厚有風有則豐而不侈方而不倨殆亦漢碑中一家之制度也文辭駢偶略近後代然典重溫潤雅與書體相稱衡方姓氏鈌軼於史傳然是碑亦足以傳矣碑在汶上縣西南十五里平原郭家樓前南向以建寧元年立雍正八年汶水泛決碑陷卧莊人郭承錫等出貲復建焉碑高八尺濶三尺厚七寸字徑一寸二分額字徑二寸八分碑末有小字特剥落不可辯隸釋云門生朱登題名者也

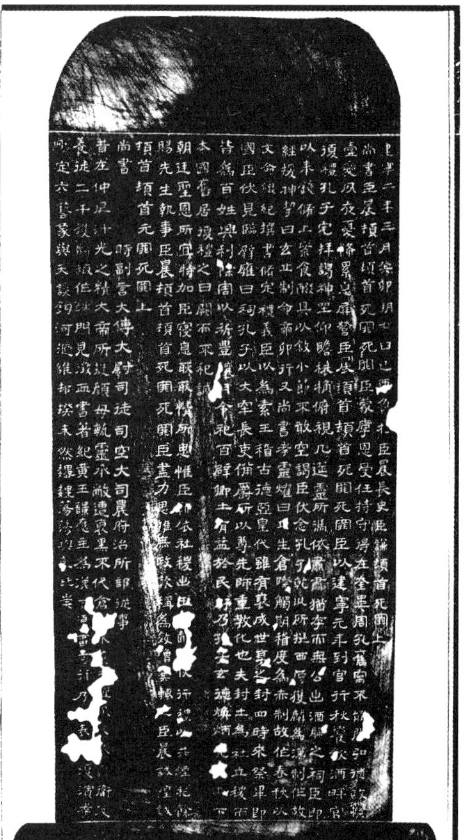

右史晨奏祀孔子廟碑高五尺五寸濶二尺四寸厚七寸字徑八分在曲阜縣孔子廟同文門東側東向

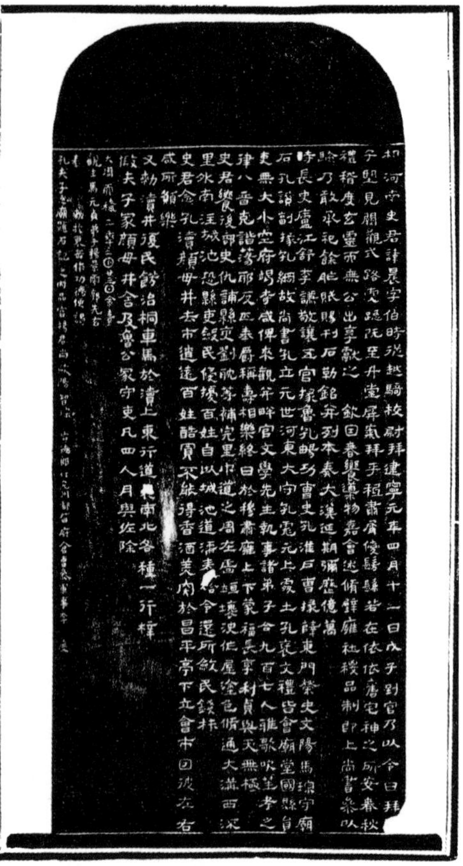

金石圖說卷二　四十　聚學軒劉氏藏本

右史晨饗孔廟後碑字徑一寸或一寸二三分刻於前建寧二年奏祀孔子廟碑之陰史晨二碑並一手所為也筆畫遒謹如往而收文義完備首尾可誦觀其請穀王家空府饗獻肅然悽然可為俛仰惟見漢金石古文字自元嘉以來乙瑛請卒史韓勅造禮器史晨奏祀典於戲三魯相並有忠力於孔廟也方漢之隆守相大夫固知尊崇先聖哉褚峻曰史晨碑後人重立下一層字置趺眼內手不能搨故不摹

金石圖說卷二　四十一　聚學軒劉氏藏本

右孔謙碣在曲阜縣孔子廟同文門西側北向高二尺四寸濶一尺四寸厚五寸字徑一寸碑文剝落存者不滿四十字

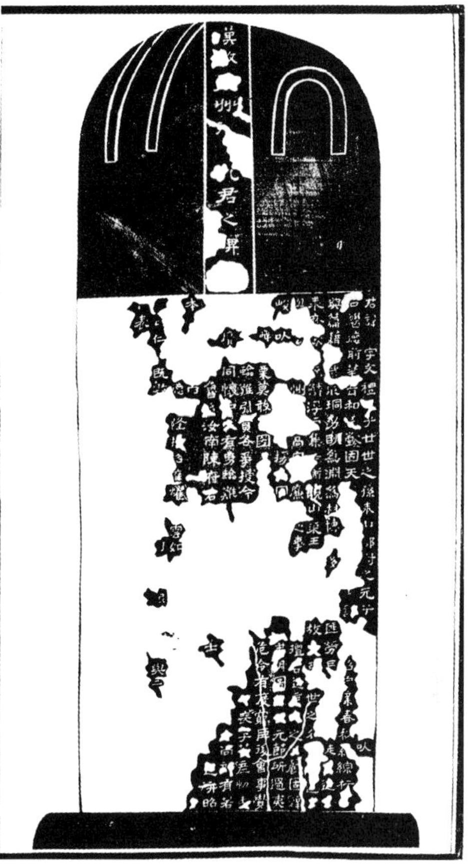

右孔褒碑在曲阜縣孔子廟同文門内西側北向高七尺五寸濶二尺八寸厚六寸有半寸字徑寸一分額字徑寸六分碑出於縣東周公廟側廢田中雍正三年鄉民犁田得之以告廟官陳百户驗是漢古文碑廼輦置孔廟列於漢諸碑之次碑在土中面上向故碑字跦蹦為甚今其堨本白黑鱗駁幾如敗堊字不滿百又多漫裂不甚可辨惟第一行紀諱字家世一十九字字頗完好賴知其為褒也望之壹似前敘後銘如孔宙碑者額銘字更殘脫譬如人缺脛臂不可識然此皆刼犁之餘也亦足以幸矣褒泰山君元子見載於史晨碑今碑稱其繼德前葉清和■懿又

曰□業春秋篇籍靡遺又曰□□兮耿為淵為林則褒誠恭祖舊綜經術翩翩端明篤實之賢公子也亦略可見矣至其載曰元節所過莫敢藏匿又曰臨難引□各爭授命則又目其救匿張儉兄弟爭死事也以褒為人義至高而是碑偉其品槩至有川鱗山玉之稱文辭典瓌斐然東漢之遺顧亦當時作者耶書體端嚴古樸凝如植圭方而不鈍比之宙碑當無弗及彼其摹畫節義顯白一代規矩之神固足寶貴矣況乃出於荒阡瘠壠之中千歲後乃見白日者哉予獨恠夫褒與孔謙竝以泰山公亂著載於碑誌而兄弟遺碣皆就殘缺褒尤幽欝沉埋僅僅不至壞滅使覽勝懷古之士偏為增歎其於天道何如也嗚呼陵谷變遷人代湮微如謙褒者其又可勝道哉贊曰

賢者急難以死爭義身沕名章矯矯濁世哀我遺碣中田寐處周公有鬼佑啟予府殘文天貞不喪耕耜日月高懸永照千祀

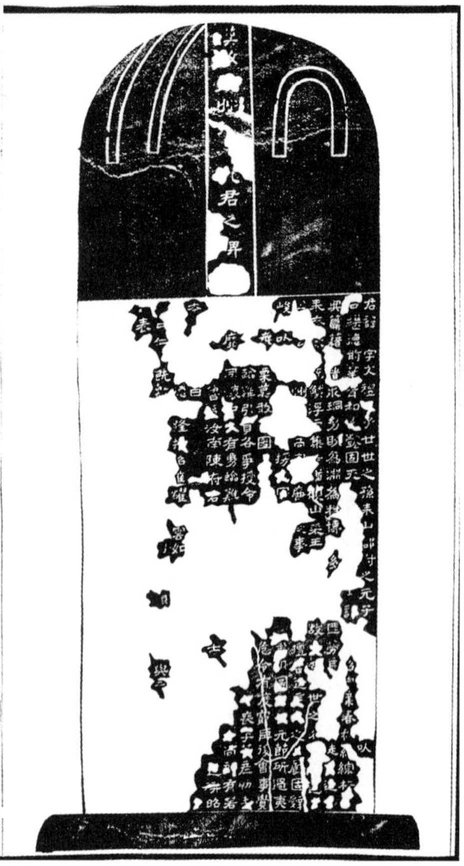

右孔褒碑在曲阜縣孔子廟同文門内西側北向高七尺五寸濶二尺八寸厚六寸有半寸字徑寸一分額字徑寸六分碑出於縣東周公廟側廢田中雍正三年鄉民犁田得之以告廟官陳百户驗是漢古文碑廼輦置孔廟列於漢諸碑之次碑在土中面上向故碑字蹂躪為甚今其搨本白黑鱗駮幾如敗壘字不滿百又多漫裂不甚可辨惟第一行紀諱字家世一十九字字頗完好賴知其為褒也望之壹似前敘後銘如孔宙碑者額銘字更殘脱譬如人缺脛臂不可識然此皆刼犁之餘也亦足以幸矣褒泰山君元子見載於史晨碑今碑稱其繼德前葉清和(按是挺字)懿又

曰(按是冢字)業春秋篇籍靡遺又曰(按是眾琦二字)旁耴為淵為林則褒誠恭祖舊綜經術翩翩端明篤實之賢公子也亦略可見矣至其載曰元節所過莫敢藏匿又曰臨難引(按是負字)各爭授命則又目其救匿張儉兄弟爭死事也以褒為人義至高而是碑偉其品槩至有川鱗山玉之稱文辭典瓌斐然東漢之遺顏亦當時作者耶書體端嚴古樸凝如植圭方而不鈍比之宙碑當無弗及彼其摹畫節義顯白一代規矩之神固足寶貴矣況乃出於荒阡瘠塍之中千歲後乃見白日者哉予獨怪夫褒與孔讓竝以泰山公亂著載於碑誌而兄弟遺碣皆就殘缺褒尤幽鬱沉埋僅僅不至壞滅使覽勝懷古之士徧為增歎其於天道何如也嗚呼陵谷變遷人代湮微如讓褒者其又可勝道哉贊曰賢者急難以死爭義身沕名章矯矯濁世哀我遺碣中田寐處周公有鬼佑啟予府殘文天貞不喪耕耜日月高懸永照千祀

右碑闕遺數處有爲翁王所未見者一二珩細按碑文證以諸書將遺文賸字悉增入之以補空山先生之一助云

右置孔廟百石卒史碑高五尺五寸濶二尺五寸厚七寸字徑一寸一分在曲阜縣孔子廟同文門西側南向是碑之刻司徒雄等因魯相瑛奏置孔廟卒史一人詔如其請選文學掾孔和為之而碑載其置官本末之辭也當是時三公拜手褒聖崇禮天子肅然秉文嚮道文采古雅甚可觀也於戲漢代奏牒之制可垂金石書法敦古妥帖可貴而覩張稚圭按圖經以為鍾繇作其必有所考隸穉以為繇之卒去永興七八十年疑其非是於戲百石卒史始置自永興之元而是碑之建不必遂於永興也審是則書是碑者固無害其為鍾繇矣

按桓元嘉無三年是碑何以三年也永興之元年即元嘉之三年是年以五月改元而碑事在三月故不曰永興元而曰元嘉三也又司徒吳雄司空趙戒攷之後漢帝紀爵名並與碑載合而闕里志述是碑以為司徒臣雄臣允之臣美抑不知其何所據耶殆且誤也

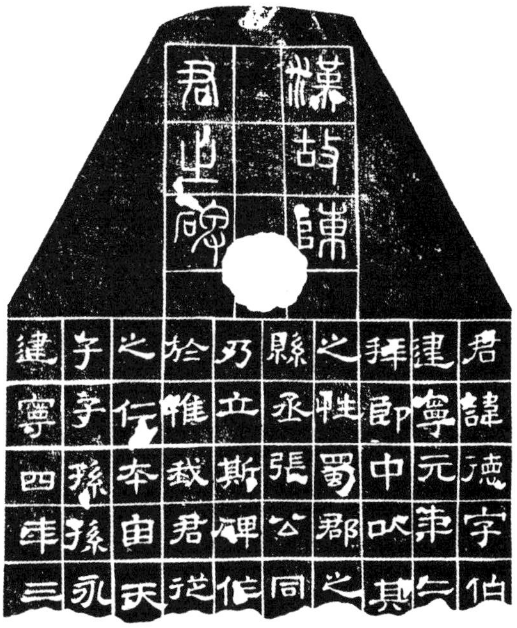

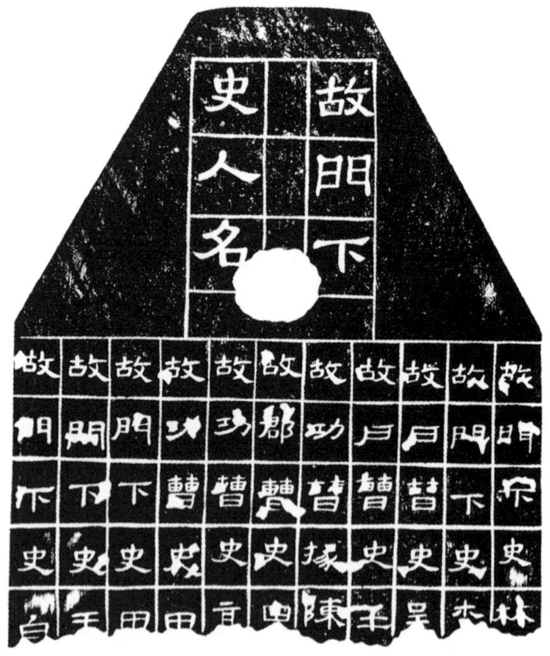

右陳德碑并陰僅存上截高一尺八寸濶二尺厚五寸字徑一寸五分額字徑二寸陰字徑二寸陰額字徑二寸四分碑以建寧四年三月立前為敘自於惟我君以下則銘辭也碑陰人吏姓存而名不可知筆畫敦古跡勁寬綽有骨晚漢古文之卓卓者集古錄金石志所不載歐陽公趙鄭諸君子皆未之見也碑在沂州東南數十里田間郇陽褚峻跡得之塌數本再往則土人埋之矣詢之云懼是碑之聞於官而歲是求則為一方病也於戲土人之慮亦深矣雍正六年以後是碑遂亡所在不可復塌

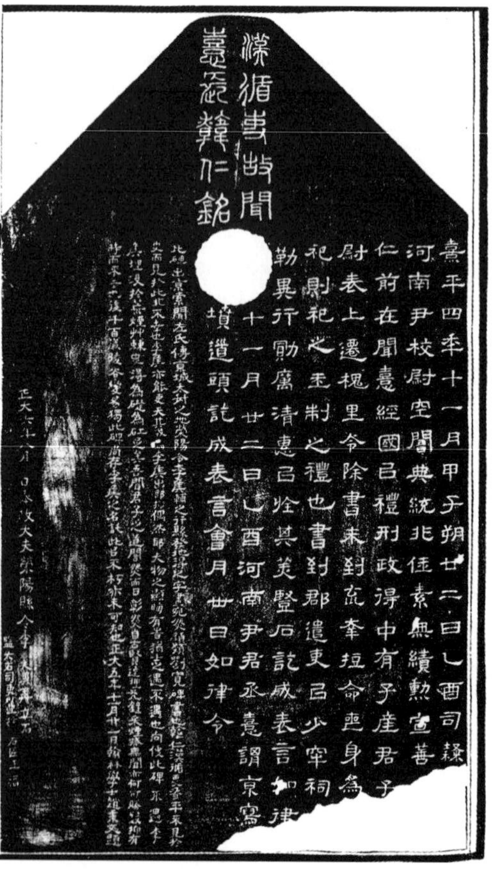

右聞喜長韓仁銘高六尺濶三尺厚六寸五分字徑一寸五分額字徑二寸五分正大五年滎陽令李天翼發地得是碑輦樹滎陽縣署東角門東側西向惟漢興以來循吏之途為盛當時天子每降璽書以勗厲之而是碑則司隸校尉褒寵韓仁傷其良吏壽不得長刻石繫牲哀而旌之也其移下河南尹之令牒也法以上表下宜稱名故曰韓仁焉又銘者論譔其德善而明著之者也刊石以名仁之美斯銘稱焉矣雖其文辭不叶於聲詩固無害其為銘也韓仁循吏闕於史而載於碑金石古文之存韓仁歸然儀於范氏十一人傳殆有靚其大者也況出於千百年後荒

榛敗壠者哉書法優綽欝拔端然如銅斛玉律不可褻視昔人謂大類劉寬碑予無能具論是然是足以壽韓侯矣

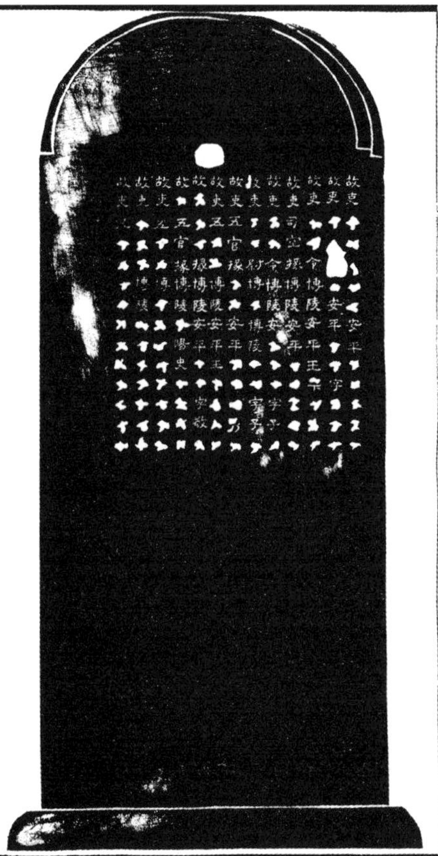

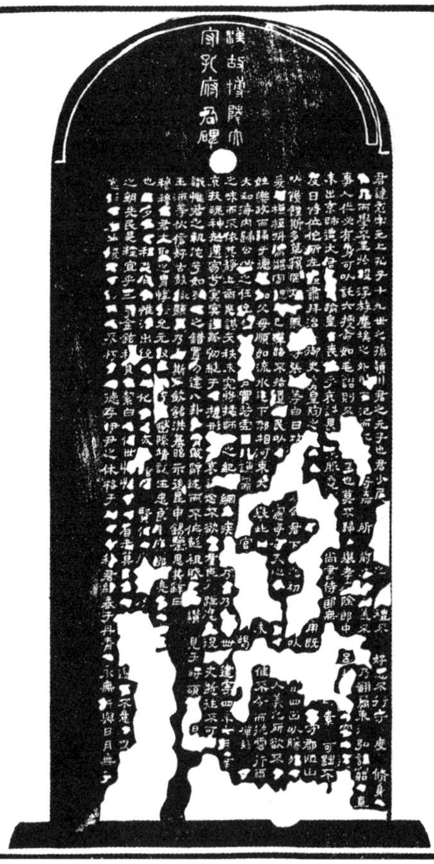

右博陵太守孔彪碑并陰高八尺濶二尺六寸厚八寸字徑八分額字徑二寸陰字徑一寸在曲阜縣孔子廟同文門東側西向孔彪碑漢碑書體之絕小者刻文瘦削剥蝕特甚今覩其搨本枯若蚕葉瓩如雨禽求諸風神氣骨不可得而知也諸峻千峰云嘗見一本孔彪碑娟逸遒峭大致與曹全相似如昔人所評僊人嘯樹者殆舊本也於戲匪器求舊惟人求舊寧獨一孔彪碑哉

孔彪名字別見於漢碑者二一韓勑碑陰曰尚書侍郎一史晨後碑曰河東太守是碑則其博陵故吏為之故繫諸博陵曰博陵太子也歐陽公集古錄亦載是碑而惜其名字不可見今是碑名字具在抑不知歐陽公所見者何許碑也

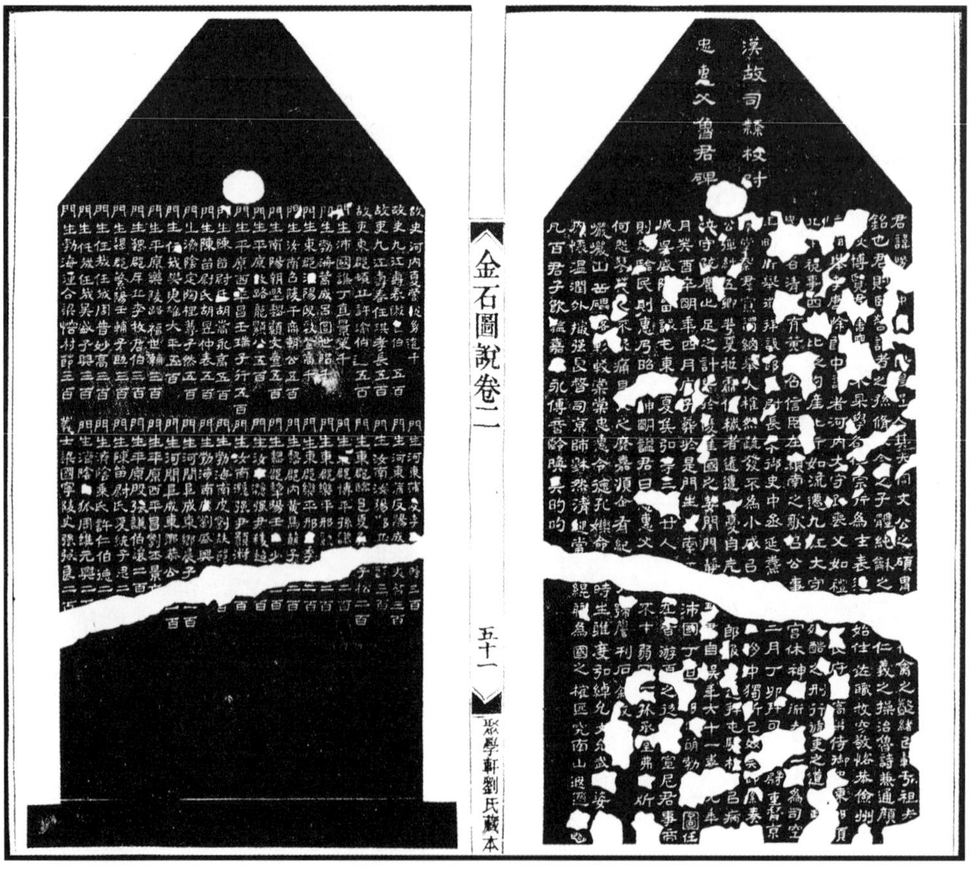

右司隸校尉魯峻碑并陰高八尺五寸濶三尺厚七寸字徑一寸二分額字徑二寸三分陰字徑八分在濟寧州孔子廟戟門東側西向按漢諸碑獨此碑標謚為題曰忠惠父者所以右峻而殊素之也謚則其門人為之刊石垂頌則峻之子䖍所為述其父者也峻元公裔起官宰牧典職糾督能忠惠不失以順上下歸於鞠躬篤厚長者唯然故峻所以有謚而謚可題也戴延之西征記亦載此碑而訛峻為恭本而攷之固知是峻顧峻與恭同出自周要其循績違行亦後先頡行者歟予獨恨西征記所載冢前石室歷代忠臣孝子孔門弟子畫像堙滅不傳於世為可惜然是碑足寶貴不朽矣亟齋張弨第其碑陰之記姓名者為六等謂古人舉事必准典式雖小可覩而是碑筆法體勢中正温潤篤實舊傳以為蔡邕作由今觀之信歟烏虖迺非邕不能作也

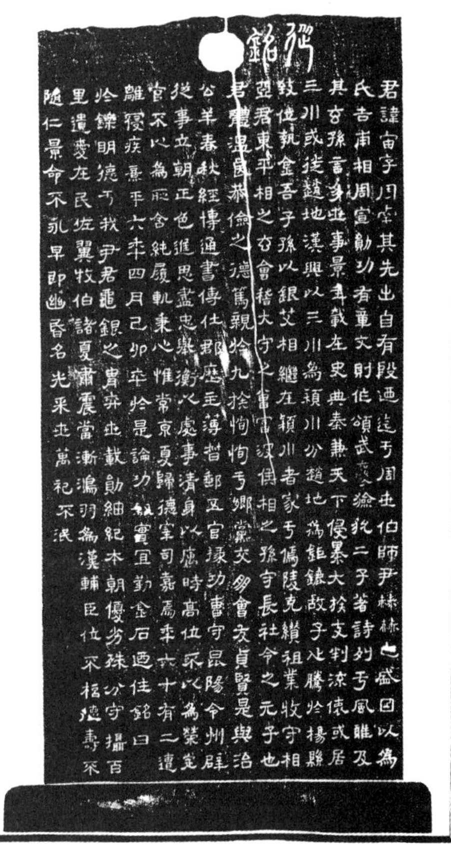

右尹宙碑顧炎武金石文字謂之豫州從事尹宙銘宙頴川人而碑州從事故知是豫又碑額斷裂不見其首而横刻有從銘二字可證也碑高六尺濶二尺八寸厚六寸字徑一寸二分額字徑二寸二分在鄢陵縣孔子廟戟門前南向是碑及孔宙碑字大小略相等俱隸而有篆體而孔碑離奇尹碑敦厚文辭簡重淵古亦雅相稱可謂金石文二宙云

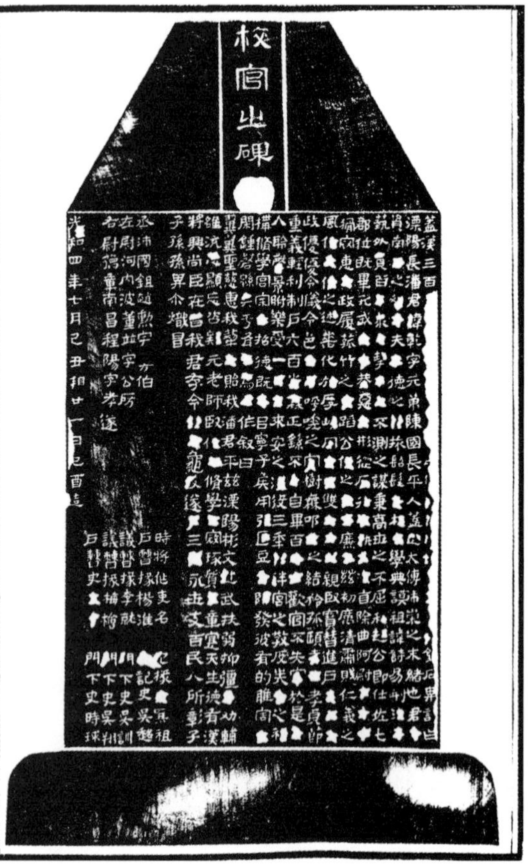

予叔父隸評曰校官碑如商彝周鼎秦權漢鑑校官碑者溧陽人為其長潘乾造以紹興十三年出故城湖水中刻文大段完善故予叔父評之云然予獨惟潘乾溧陽長而額題曰校官碑莫考其官制所謂或曰碑頂禿其上當有斷文殆亦有所見也碑在溧水縣孔子廟內南向高四尺濶二尺五寸厚四寸五分字徑一寸額字徑二寸五分

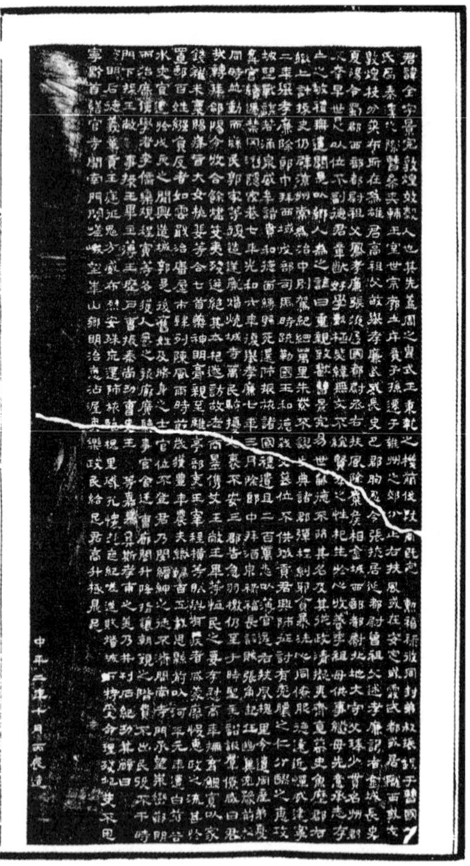

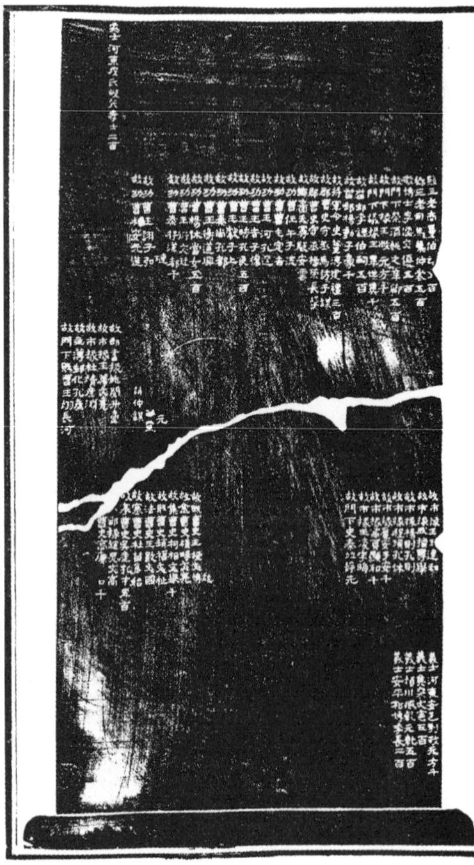

右曹全碑并陰高五尺二寸濶二尺六寸厚[　]寸字徑九分陰字徑七分在郃陽縣孔子廟東掖門内西向碑出於明萬歴中郃陽之莘里村莘里村即郃陽故城也碑以晚出完好祇鈌一因字全邊鄙士兩舉孝廉由郎中轉郃陽令當漢之末盜賊起黔首不寧郡縣亦多故矣全獨以德善振殘圮邑尊高年恤鰥寡招散亡興文學可不謂良馬雖質之先漢卓卓名黃無有媿門下掾曹辭而美之其為遺愛抑又多乎哉書法遒古娟娋可畏而親良吏風格具是矣漢人碑如曾峻孔彪等皆大槩鈌滅而是碑獨以後出特完不可謂不幸也烏乎豈非曹矦之靈耶

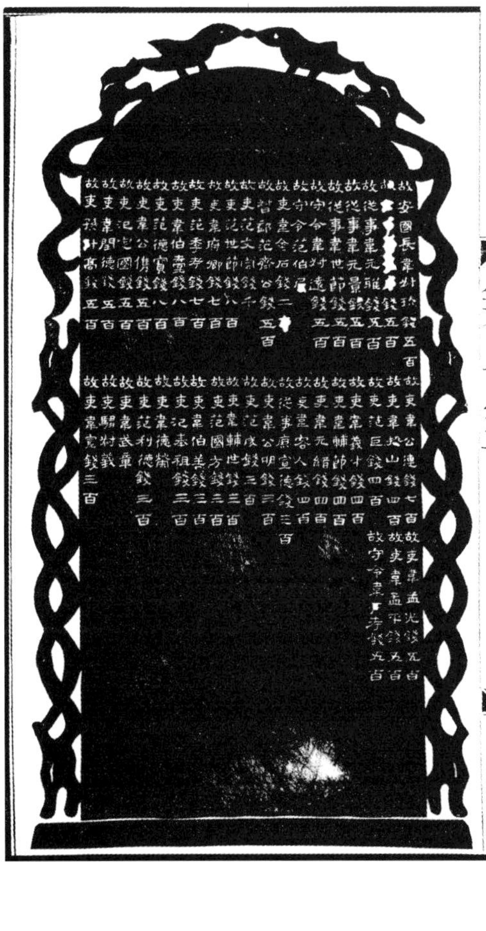

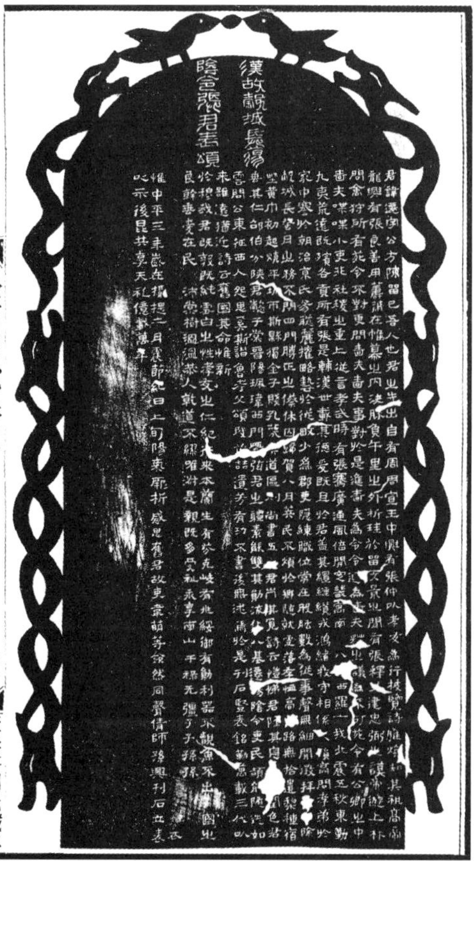

右張遷碑并陰高六尺三寸濶二尺六寸厚五寸字徑九分額字徑二寸八分陰字徑一寸一分在東平州學明倫堂前南向

白石神君碑張遷碑昔人皆以為偽也或曰魏人翻舊碑為之綜其實不然予觀張遷碑之端直朴茂與衡方碑大相類其為先漢法物無可疑者白石神君書體少劣於遷碑要亦謹飭有法總之不離漢古文維六藝之紀降漢軼於茲金石刻十不二三存形體方衰踈寄未必盡同志古者貴在略貌取神第無庸固求摭其間合於古格雖殘遺猶足寶貴以庋越後代殆亦博物考文之藉也世徒見張遷碑字形方而碑體螭圜遂聽貶為魏以與受禪孔羨諸碑比悲夫此與耳食者何異至若碑以忠為中以賓為殯以暨為既旦此則其點畫之借摹刻之訛益足徵古文之簡易踈濶雖善贋者不能倣其謬而好事者廼執此以為依託之券驗不亦悖乎孔子曰信而好古竊比老彭吾於張遷白石神君二碑亦云

郃陽褚峻語予曰張遷碑後行刻一衣字於表字側不知其所謂峻嘗見舊塌本無此側刻半表字廼知為後人踵設殆厭碑刻表字非隸體矯而是正其旁斯為沾沾不勝喜事者耳然益足發明是碑之為真古文矣

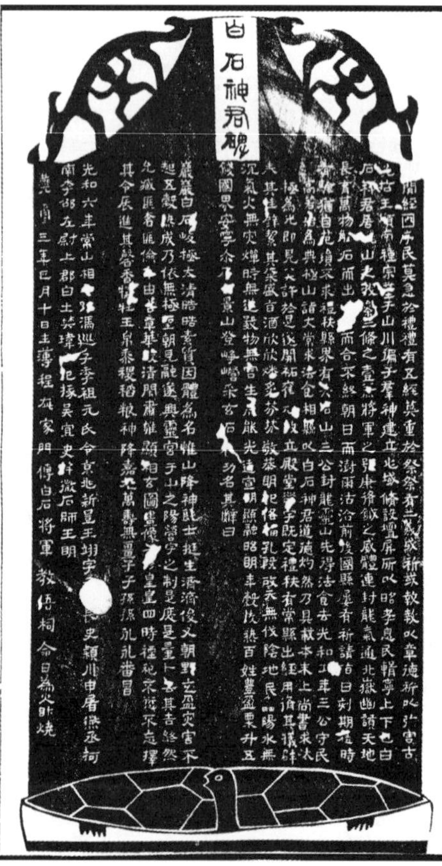

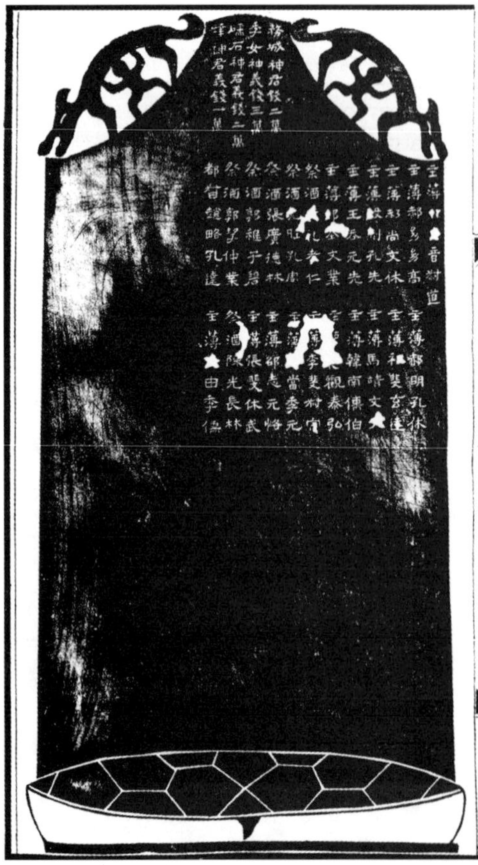

右白石神君碑幷陰高五尺五寸濶二尺二寸厚四寸五分字徑八分陰字徑等額字徑一寸八分在元氏縣城内龍化寺後西向

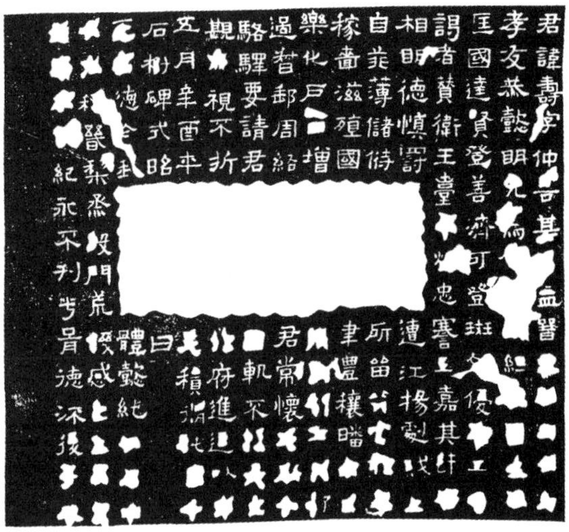

甚哉白石神君碑之為漢古文也觀於竹邑侯相張壽碑滋益信張壽碑大體與白石神君碑絕相似方整廉謹疑若列圭漢之末造也然其駸駸開曹魏以來隸法不淺矣碑不知何時則其下截啓為碑趺明萬歷間得城武令迺復興揭諸孔壁嗟乎書法隆於漢代得片石猶將尊彝崇之或不幸顯晦有命穿斵埋重壤雖滅毀萬萬無恨即奈何為賤碣奴隸然士固有不得志賢者倜儻而處卑污亦復何限張壽碑又安足道然張壽碑非遇城武令又烏能洗其困辱乎

碑在城武縣孔子廟内隔戟門東壁而砌置之濶三尺高二尺字徑七分趺眼所傷殆有四十字

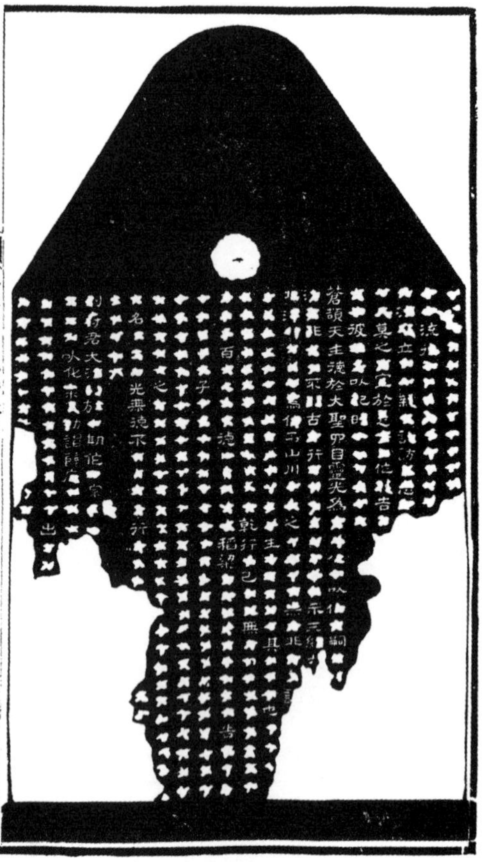

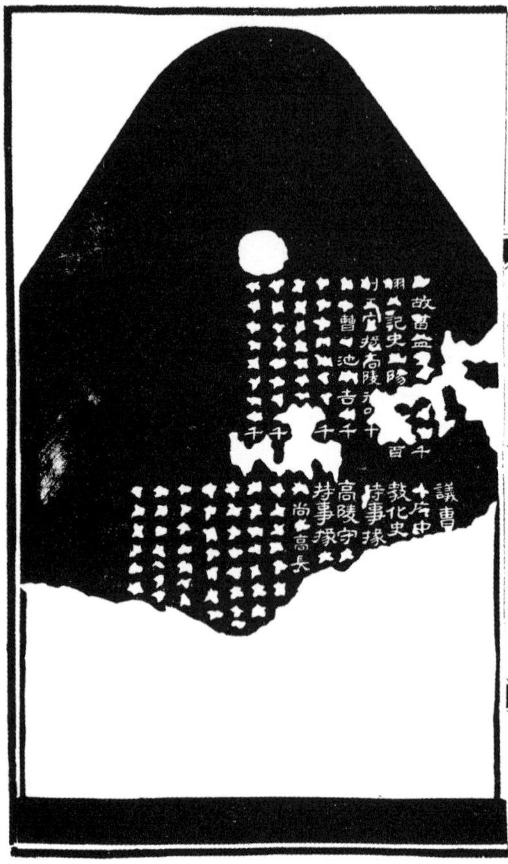

金石圖說卷二

六十二

聚學軒劉氏藏本

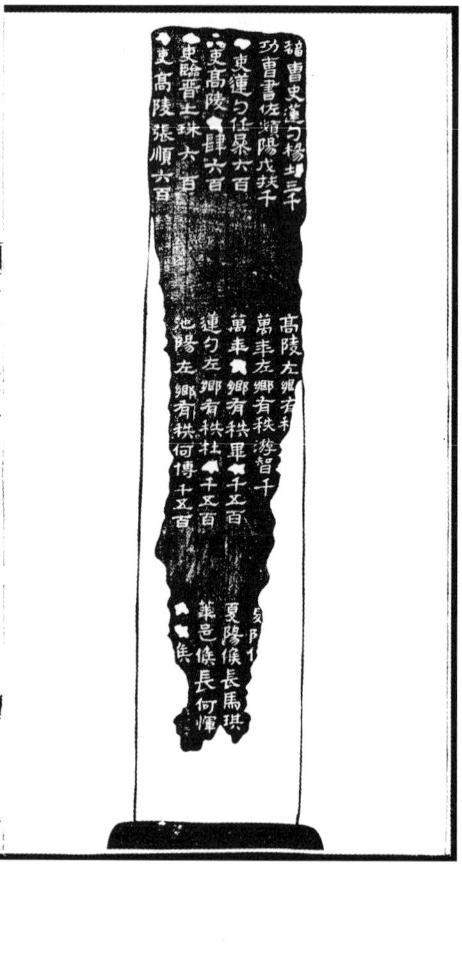

金石圖說卷二

六十三

聚學軒劉氏藏本

右蒼頡廟碑并陰及兩側高五尺濶二尺厚五寸字徑七分陰字徑八分兩側字徑五分在白水縣東北五十里史官村正北五里許廟內西向

昔在聖蒼承天垂憲四明迭照以眼鴻濛怵龍泣鬼書契攸作鳥跡龜文各成變化遘丙升遐禪靈利鄉書人禋祀心喪萬古刊石勒頌以壽至恪維詩有言無德不報大聖一畫庶士稽首歲月千易風嘆雨剝大文夭妬奄馬黜滅遺畫晨星靈光軒的如覩龍衮廟庭穆穆於戲白水之北利陽之南巋然一宮有此碑存以處倉帝億載同書

按羅泌路史載是碑有云穆穆聖蒼又稱是碑以熹平六年立今碑刻并無此文字則是碑在羅泌時猶有可觀者予竊怪歐陽公集古錄於漢碑靡不搜採而獨遺是碑僅僅得一碑陰題名亦不知其何碑陰題名內有蓮勺左鄉有秩池陽左鄉有秩歐陽公亦不能辨其何名號似未深考後漢官制者蓋前輩討論之不詳如此

右執金吾丞武榮碑高六尺三寸濶二尺二寸厚六寸字徑九分額字徑二寸二分在濟寧州孔子廟戟門西側東向書體少板拘學者病之謂其嗇於神也然古意具在又碑凡十行前敘後銘中界裁畢虛其半無文字它碑少似此形制自好古之士莫能究其義然亦無暇深考矣

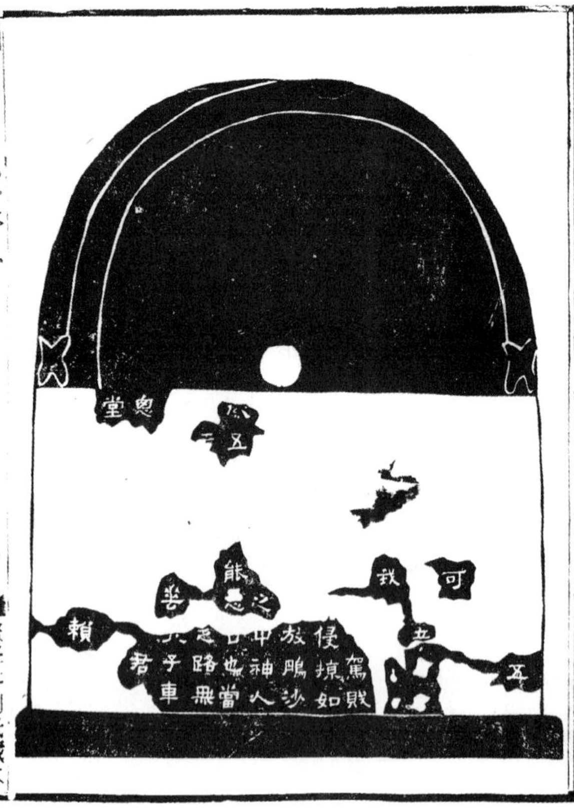

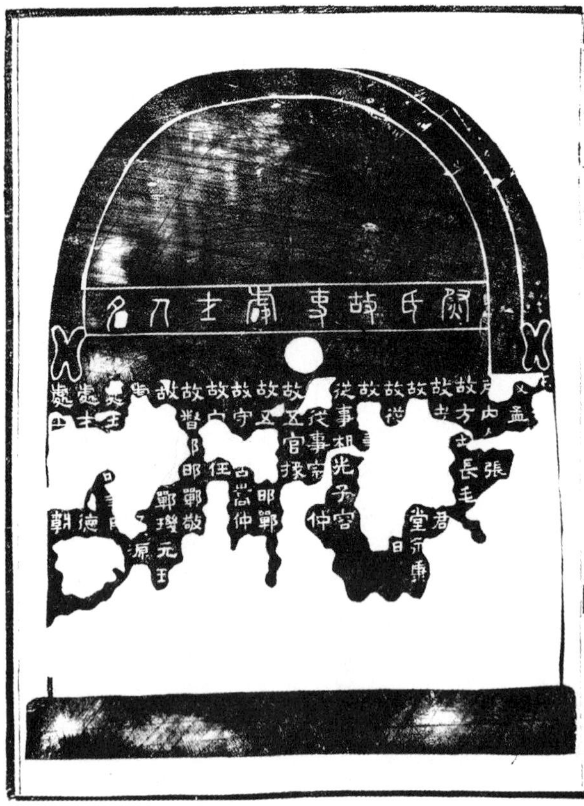

金石圖說卷二　六十六　聚學軒劉氏藏本

右尉氏令鄭季宣碑并陰高四尺濶三尺厚七寸字徑一寸二分陰字徑亦如之陰有橫額額字徑一寸五分在濟寧州孔子廟戟門東側附墻陽面東向陰面西向是碑刻文漫裂甚於漢它碑鄭君者存其字而亡其名官爵亦莫可識其稱尉氏令者以碑陰之額曰尉氏故吏故知鄭君是其令也隸續稱是碑卒葬年月僅有存者又曰碑載鄭君有季札之高今視其碑漶然無一有求如隸續所云不可得悲夫輓近之士不得置其目於百代上以與知夫前古文也寧獨一鄭季宣碑哉碑無額而陰有額其形制有足異者碑體橫短文不可句疑亦斷剥僅存上半殆與郎中碑並稱殘碑二鄭矣碑陰尚有數行完字學者因是頗足推見古畫之朴簡云

金石圖說卷二　六十七　聚學軒劉氏藏本

右尹公尹君闕一碑兩面一題尹公一題尹君在廣原縣東南數十里側臥亂山中長七尺五寸濶二尺厚一尺五寸字徑五寸五分兩面字如一手作殆尹公尹君一人殊其爵稱而兩題之所謂書之重而有大美焉者邪郎中稱君散秩也太尉則三公矣故進其號曰公按後漢書尹敏官郎中尹勳兄頌為太尉竝河南人廣原尹氏無所見固不敢執是闕以為敏歟頌與否也而華表磊硌法書蒼森乃赫然有尹氏在

右楊公之闕在梓潼縣北一里許大道旁東數十步西向高一丈六尺濶四尺五寸厚三尺字徑三寸五分按漢楊氏有兩顯族震弘農之楊也雄蜀郡之楊也後漢書載伯起之裔四為侍中奇衆秉彪是矣楊之蜀郡而侍中者無聞焉爾碑形書體雄古莫比弘農三楊碑竝以斷滅而是闕歸然與岷嶂峨峰竝峙岀殆以表蜀楊者耶

右漢碑陰高四尺濶二尺厚三寸字徑八分碑載吏人官爵姓名似亦報德題名之為而頗剥裂不可讀正面無文字莫考其所謂然觀其碑形隸法足知其為漢矣是碑曲阜顔樂清懋倫得之藏置其家懋倫好古士與余善碑兩面隱隱有竹葉文或謂之竹葉碑云

珩按右惠安西表與下西狹頌本分為二自趙晉齋言西表四字即西狹之額後人故多合為一碑按惠安西表四字為一行縱二尺橫六寸在西狹頌之上刻之摩崖著錄家往往遺之緣高甚不易拓耳西狹碑高四尺八寸寬四尺七寸字徑一寸八分頌後小字碑陰十二行高一尺九寸廣一尺七寸均刻摩崖字徑一寸按李翕往往事多不法後延熹時為皇甫規劾之而此頌在建甯時想是知非遷善而民始有此頌也

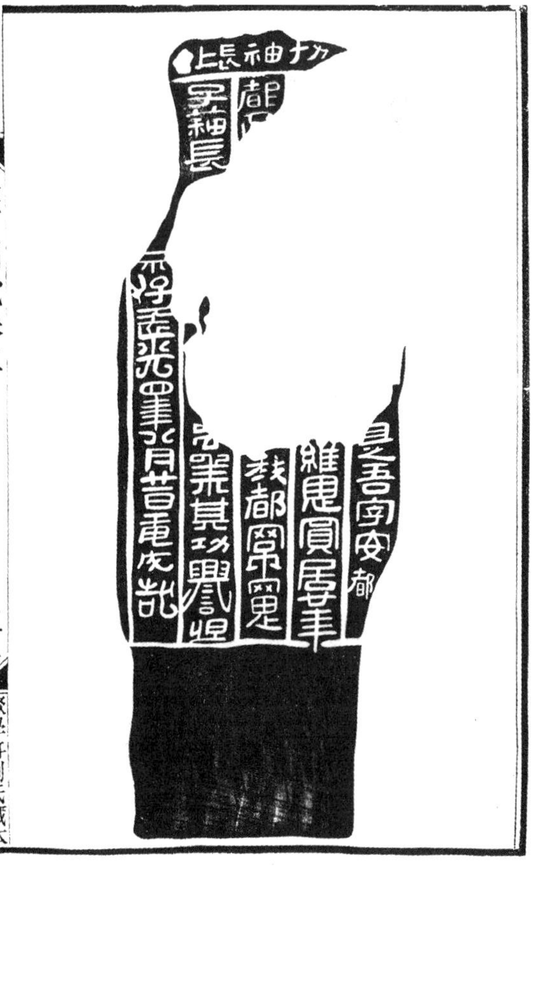

珩按右是吾碑又號延光殘碑高三尺廣一尺四寸文五行今在山東諸城縣內堂之東垣上額界以絲字蹟前人皆未經攷出故不敢贅但是吾之名由張氏所辨甚有理耳

金石圖說卷四

珩按右五瑞圖高六尺八寸廣三尺二寸黃龍二字字徑二寸白鹿二字字徑一寸五分甘露降承露人嘉禾木連理字皆徑一寸一二分邊字徑一寸一分另字一行此本未著想字已不可辨故空山先生不載入也

七十四　聚學軒劉氏藏本

金石圖說卷三　二　聚學軒劉氏藏本

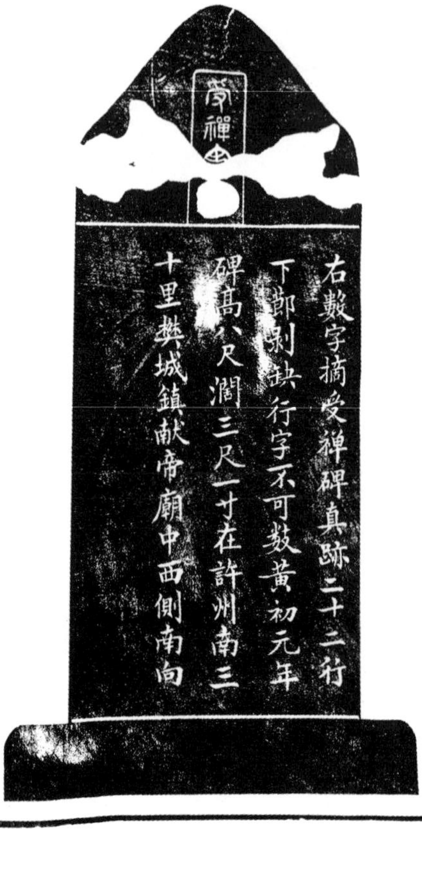

右數字摘受禪碑真跡二十二行下鄧剝缺行字不可數黃初元年碑高八尺濶三尺一寸在許州南三十里繁城鎮献帝廟中西側南向

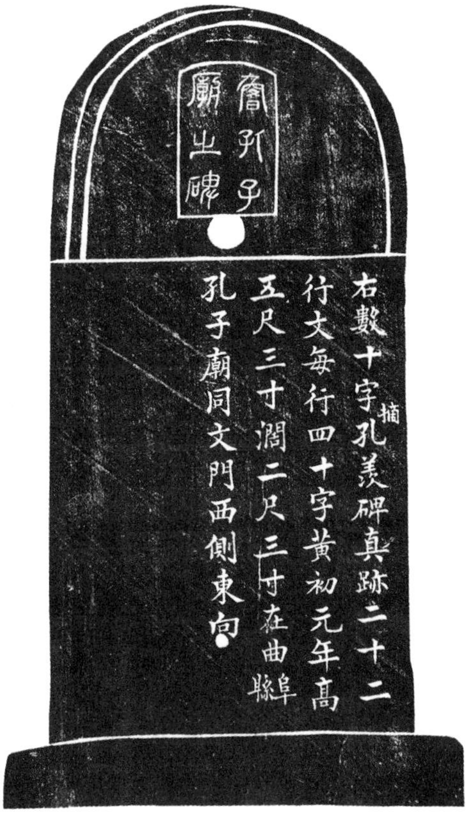
魯孔子廟之碑
右數十字孔羡碑真跡二十二行文每行四十字黄初元年高五尺三寸濶二尺三寸在曲阜縣孔子廟同文門西側東向
摘

命天人咸和
以君世氏儀鳳
徹絕興脩廢官禮
路寔之義遠光民

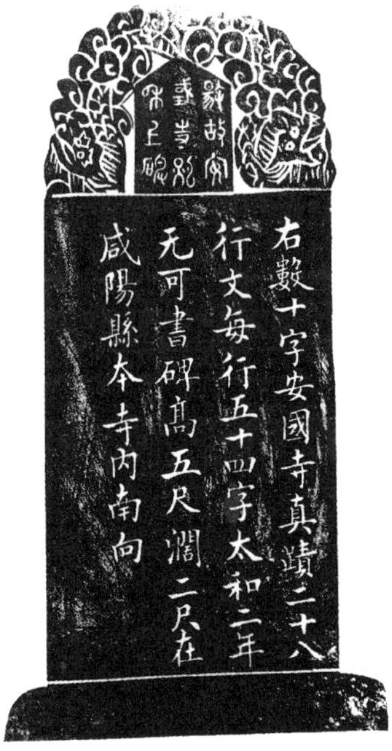
右數十字安國寺真蹟二十八行文每行五十四字太和二年无可書碑高五尺濶二尺在咸陽縣本寺内南向

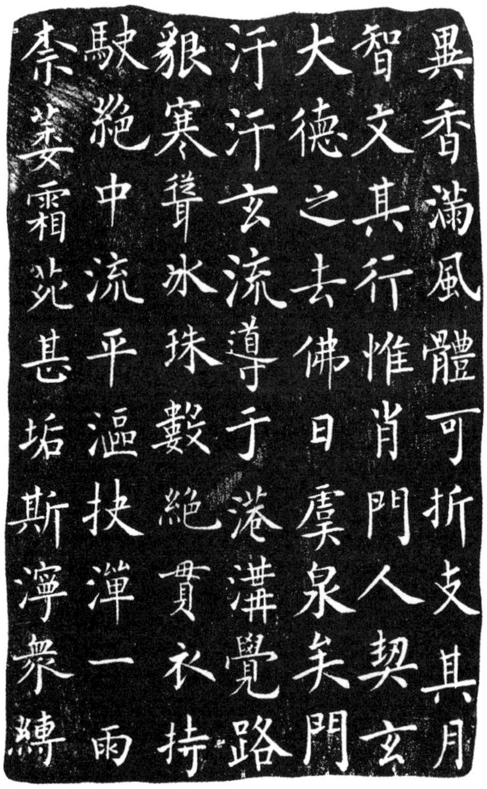
異香滿風體可折支其月
智文其行惟肖門人契玄
大德之去佛日虞泉矣門
汗汗玄流導于澇溝覺路
貌寒聳冰珠數絕貫衣持
駛絕中流平漚抉潭一雨
柰萎霜苑甚垢斯濘衆縛

治中從事太守
思伯字士休司
垂芳河別駕宜
惠和並不上之

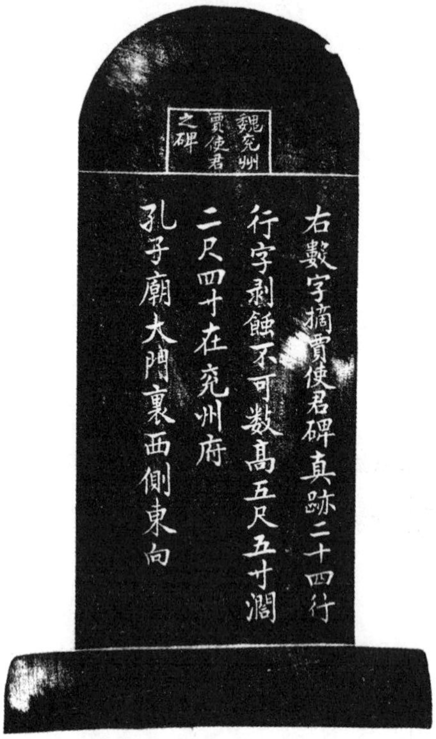

承季末陵之
尚延陵之所
漢政在奄乂

金石圖説卷三　六　聚學軒劉氏藏本

金石圖説卷三　七　聚學軒劉氏藏本

遍欲
悟解
真現
河同

療上氣咳嗽腹滿體腫
白皮細切三升　半
氣者杏人一二　去皮熬末
療心痛方生油半合温
梧子酒服　丸日再漸
燒令赤　末之酒服又
療消渴　方頓服烏麻油

此右門闕亦有藥方剥落不可搨

右數小字亦摘真跡十二行每行二十五六字高尺許濶六寸後有武平六年

右數十字古驗方真蹟二十四行行四十一字高三尺濶一尺七寸在洛陽縣南三十里龍門山萬佛龕之左門闕東南向

以空王之道雖諸
名相大人之法非
有去来斯故将喻
師子明自在如無

恒州刺史鄂
國公為國勸
造龍藏寺碑

右數字摘龍藏寺碑真蹟二十九行文每行五十字開皇六年張公禮書碑高九尺濶四尺七十在真定府大佛寺殿前南向

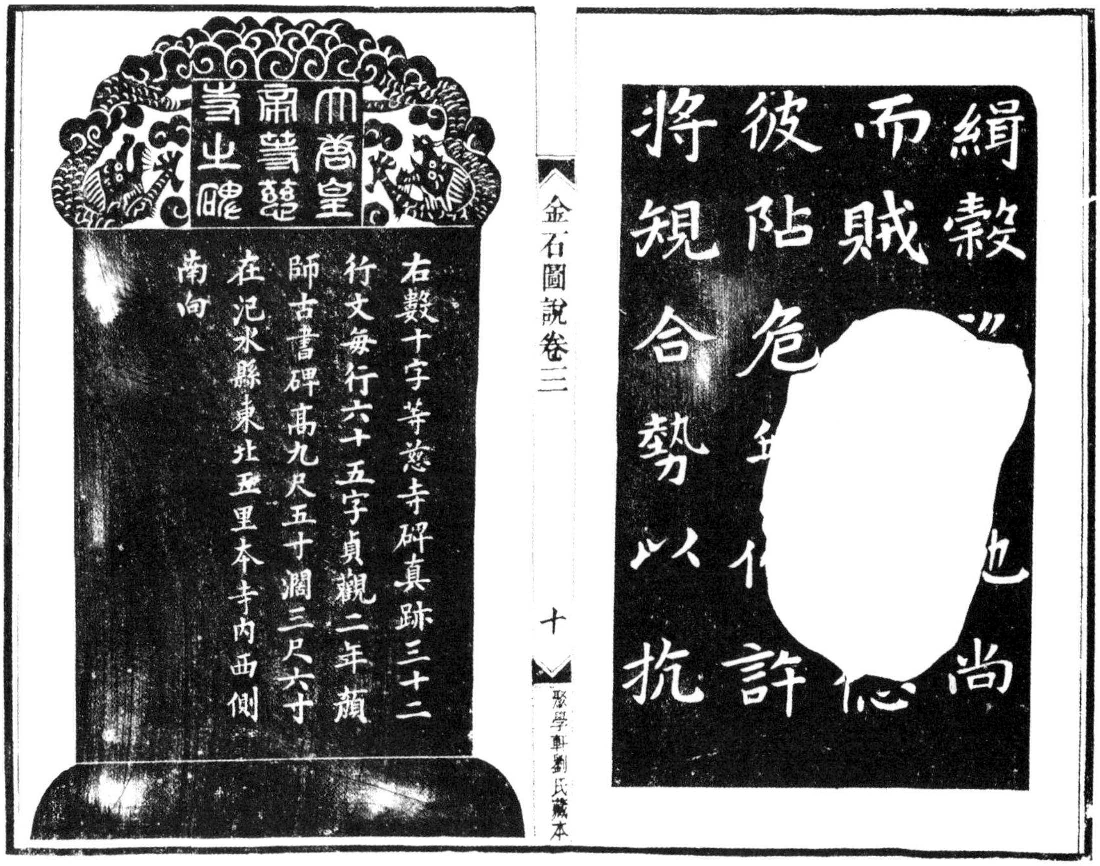
緝穀〃……也尚
而賊……心
彼阽危[illegible]……許
將規合勢以抗
金石圖說卷三
十
聚學軒劉氏藏本
大唐皇帝等慈寺之碑
右數十字等慈寺碑真跡三十二
行文每行六十五字貞觀二年顏
師古書碑高九尺五寸濶三尺六寸
在汜水縣東北五里本寺內西側
南向

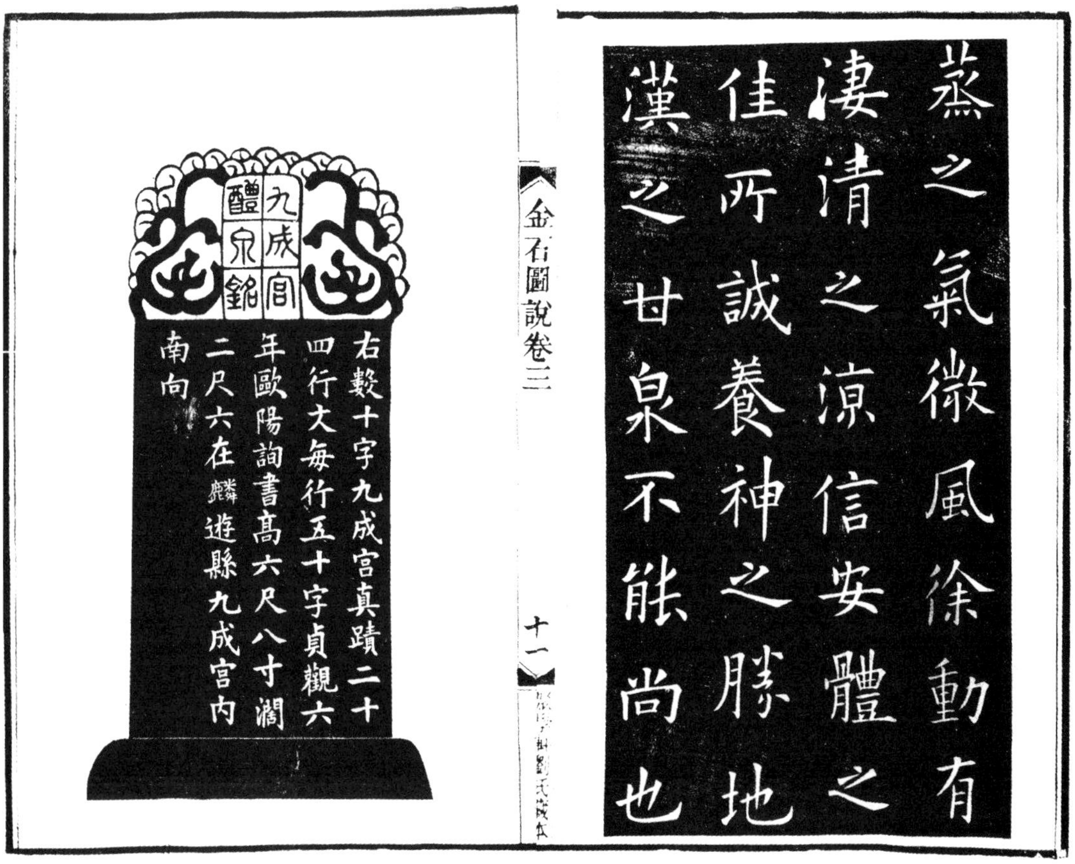
蒸之氣微風徐動有
淒清之涼信安體之
佳所誠養神之勝地
漢之甘泉不能尚也
金石圖說卷三
十一
聚學軒劉氏藏本
九成宮醴泉銘
右數十字九成宮真蹟二十
四行文每行五十字貞觀六
年歐陽詢書高六尺八寸濶
二尺六在麟遊縣九成宮內
南向

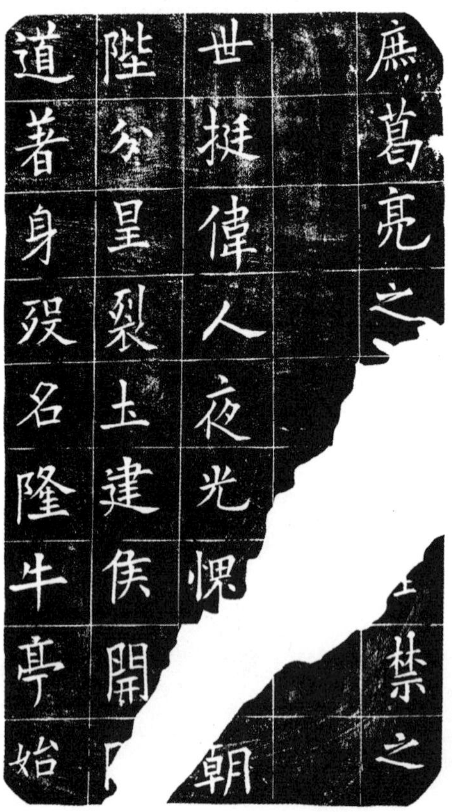
庶葛亮之
禁之
世挺偉人夜光愢
朝
陛兮星裂土建侯開
道著身歿名隆牛亭始

右數十字皇甫府君碑真
蹟二十八行文每行五十
八字高六尺五寸闊二尺
八寸仁壽四年歐陽詢書
在西安府
孔子廟西側南向

之
并給東園秘
世窆陵
晉朝之賛
藹藹
門世
命堂
國儒墨非馬擅奇雕龍
誄德顯定榮功宣縱塋
了
逝

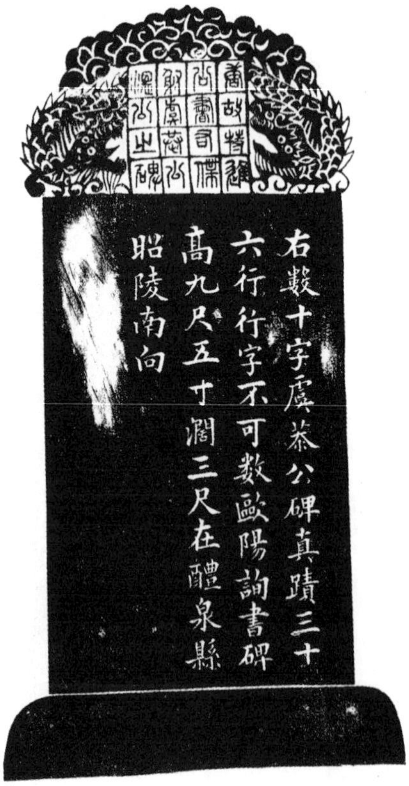
右數十字虞恭公碑真蹟三十
六行行字不可數歐陽詢書碑
高九尺五寸闊三尺在醴泉縣
昭陵南向

於鈞陳屮撫名藩文德
功居八王之首屬金行
祖諲魏驃騎將軍涼州
揔管河北莊公夘竹

右數十字摘張公碑真蹟二十
九行行六十字貞觀十一年
高五尺濶二尺六寸在咸陽縣
西二十五里蕭何廟壁間東
向雍正年間康錦初搨

十品散馥三
業于茲勝境
臨星巖垂曰

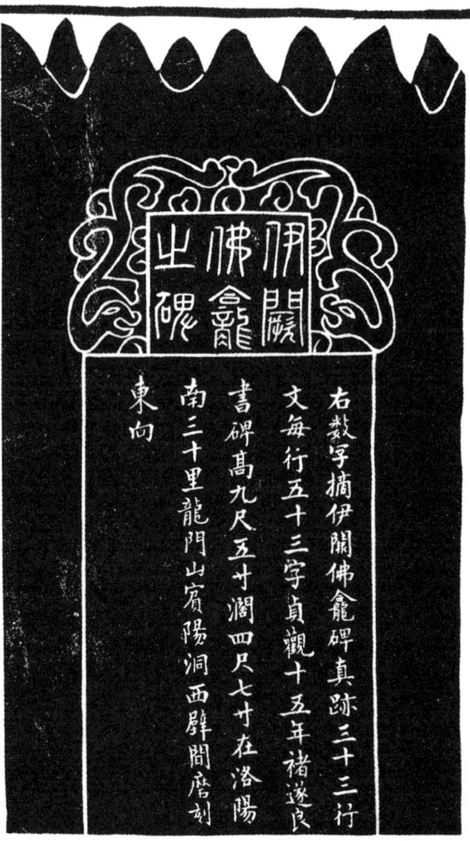

伊闕佛龕之碑
右數字摘伊闕佛龕碑真跡三十三行
文每行五十三字貞觀十五年褚遂良
書碑高九尺五寸濶四尺七寸在洛陽
南三十里龍門山賓陽洞西壁間磨刻
東向

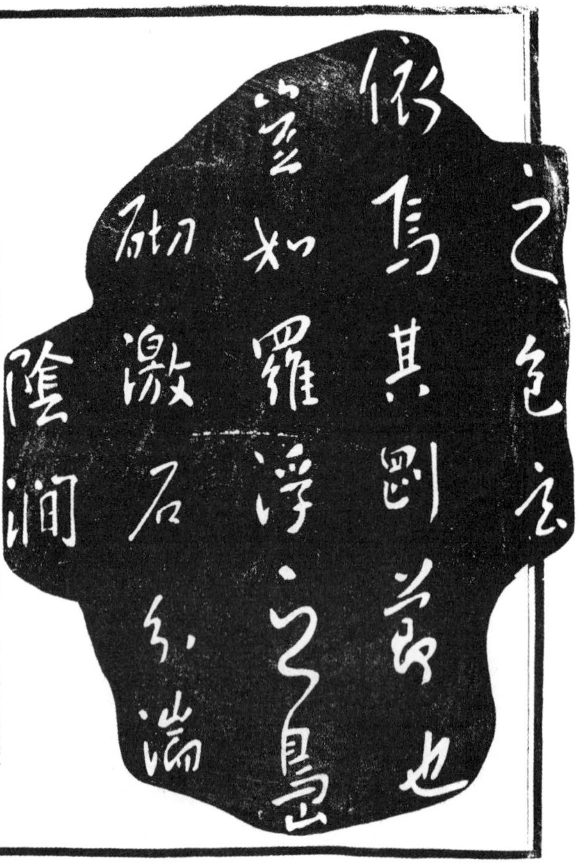
之色云
依鳥其劉蕃也
岩如羅浮之息
砌激石纟湍
陰澗

貞觀廿年正月廿六日
右數字摘晉祠銘真蹟二十七行文每行四十八字貞觀廿年御書高七尺濶三尺三寸在太原府南三十里晉祠鎮南向

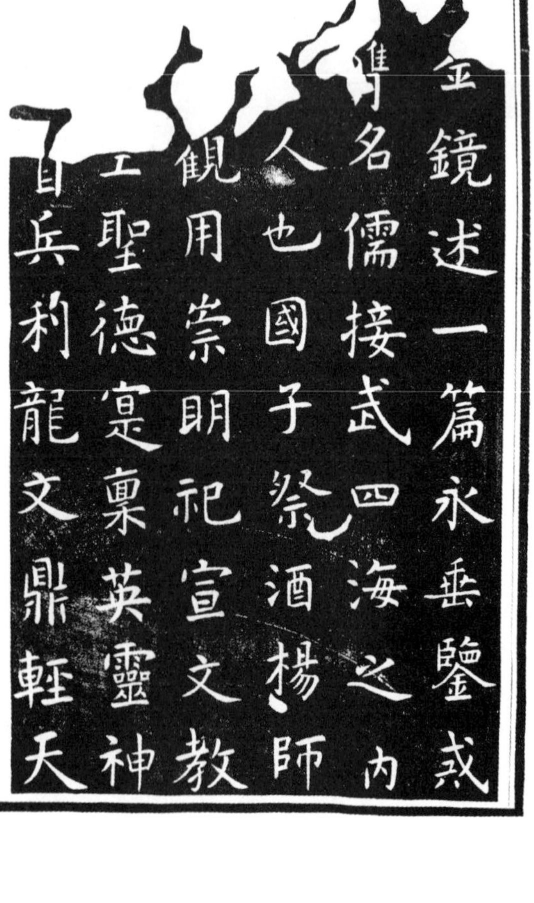
金鏡述一篇永垂鑒戒
雋名儒接武四海之內
人也國子祭酒楊師
覩用崇明祀宣文教
王聖德蹇稟英靈神
百兵利龍文鼎輕天

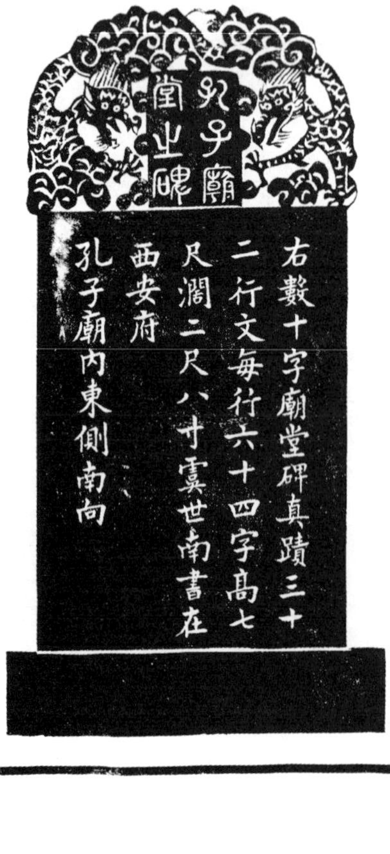
孔子廟堂之碑
右數十字廟堂碑真蹟三十二行文每行六十四字高七尺濶二尺八寸虞世南書在西安府孔子廟內東側南向

紛懷貞敏早悟三
空之心長契神情
先苞四忍之行松
風水月未足比其
清華仙露明珠詎

大唐紀功頌并序
若夫玄功假宰
巢草夏恩先

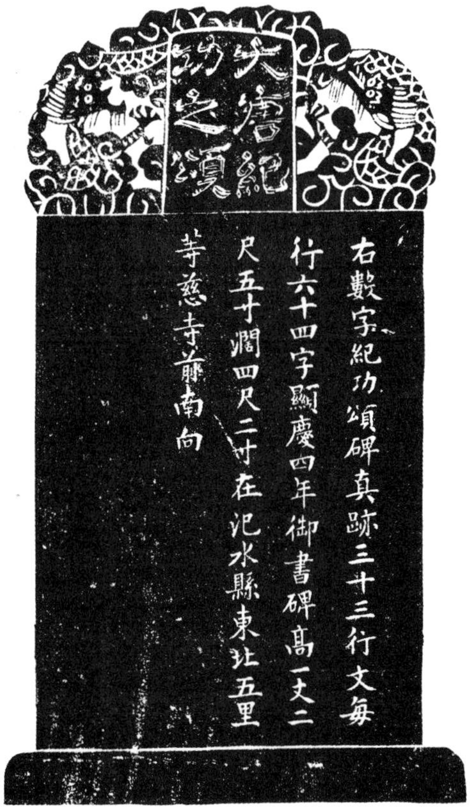

區鄙投其旨趣能無
端四八之相於是微言廣
敏早悟三空之心長契
前聞截偽續真開茲後
詢求正教雙林八水味道

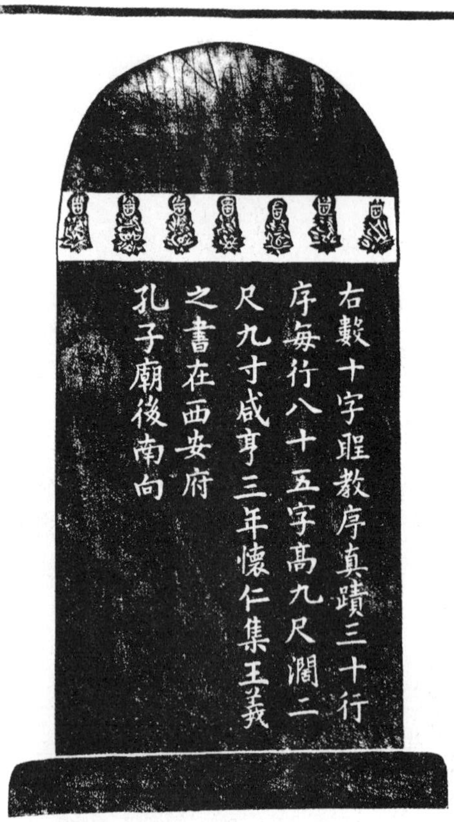
右數十字聖教序真蹟三十行
序每行八十五字高九尺闊二
尺九寸咸亨三年懷仁集王羲
之書在西安府
孔子廟後南向

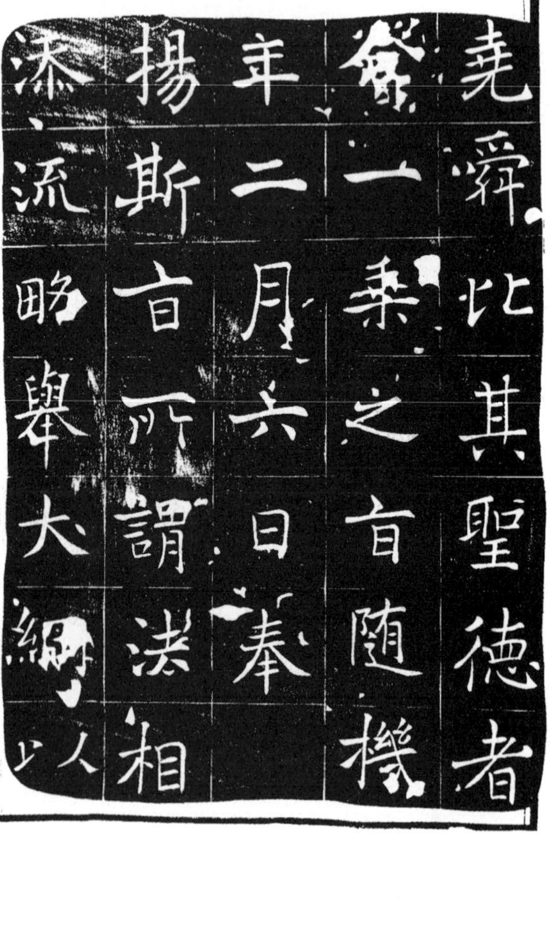
堯舜比其聖德者
焉一乘之旨隨機
年二月六日奉
揚斯旨所謂法相
添流略舉大綱以

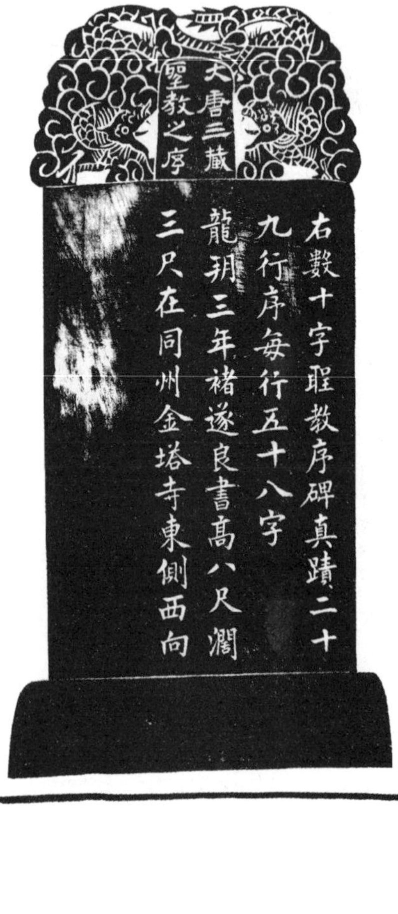
大唐三藏聖教之序
右數十字聖教序碑真蹟二十
九行序每行五十八字
龍朔三年褚遂良書高八尺闊
三尺在同州金塔寺東側西向

宣神典幽賛玄宗跡
咸容之盛垂範漢朝
祐居醇含章縱掊覃
風樹不停浮生何恃
道篋虵能翦心猨久
文理綜探指歸十誦

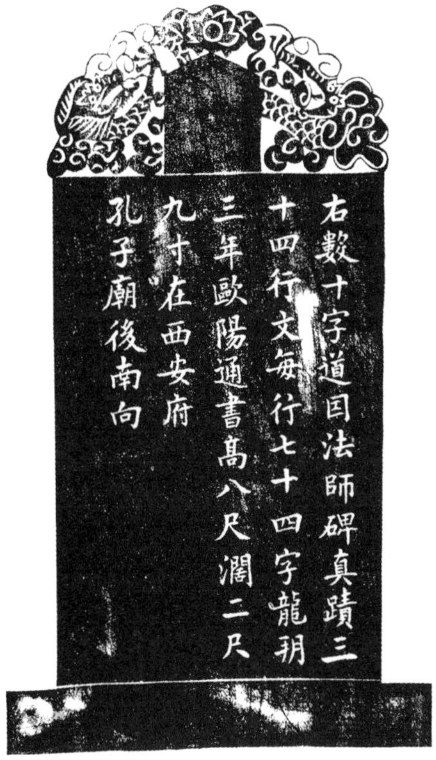
右數十字道因法師碑真蹟三十四行文每行七十四字龍朔三年歐陽通書高八尺濶二尺九寸在西安府孔子廟後南向

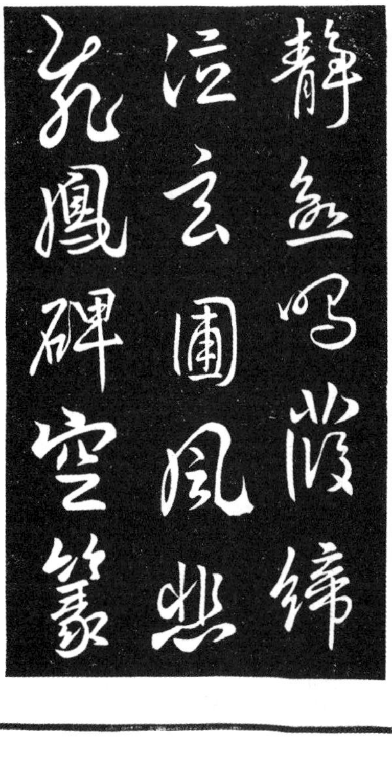

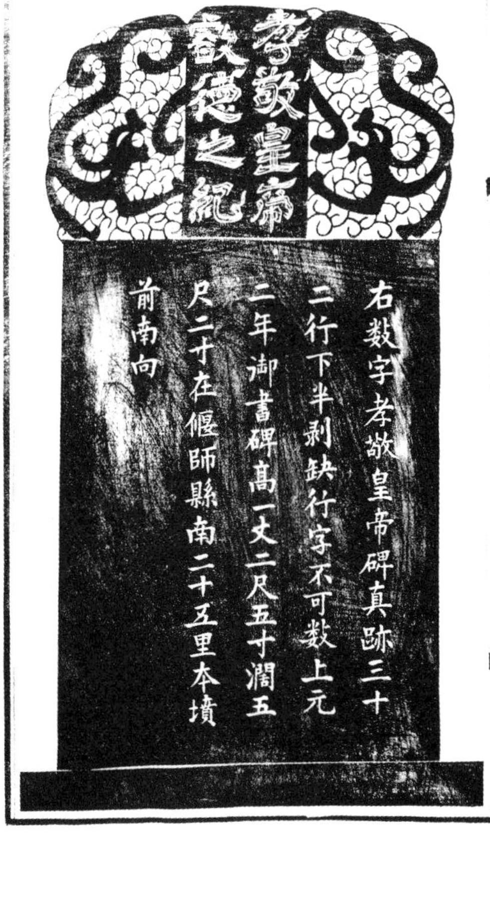
孝敬皇帝
叡德之紀
右數字孝敬皇帝碑真跡三十二行下半剥缺行字不可数上元二年御書碑高一丈二尺五寸濶五尺二寸在偃師縣南二十五里本墳前南向

金石圖說卷三

二十四

聚學軒劉氏藏本

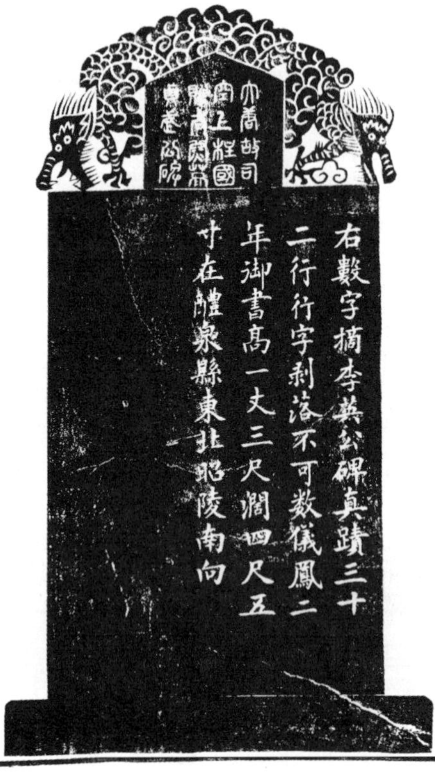

右數字摘李英公碑真蹟三十二行行字剝落不可數儀鳳二年御書高一丈三尺濶四尺五寸在醴泉縣東北昭陵南向

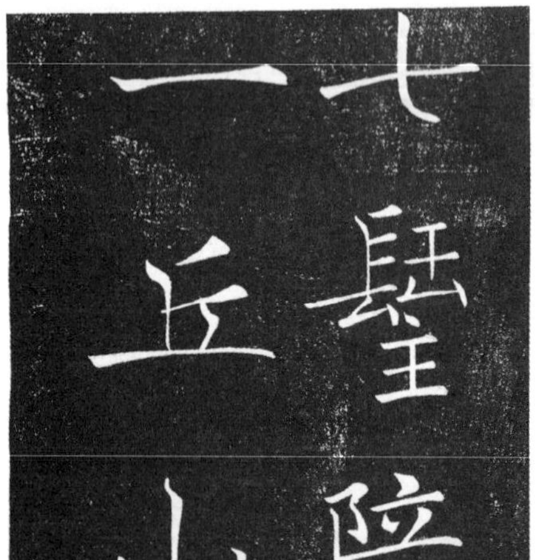

金石圖說卷三

二十五

聚學軒劉氏藏本

右數字夏日游石淙詩真跡七言應制詩共十六首分三格書高七尺三寸濶七尺六寸四十行文每行四十二字久視元年薛曜書在登封縣東南三十里石淙河北崖磨刻南向

皇道洽策謀成
特賵布絹四百
以八年六月廿
布和孤怨以歸

乳儀超萬鈞之資
霜重音新自谿千
福侶銅史而司辰
歲辛亥金九月癸
丑日丁亥土鑄成

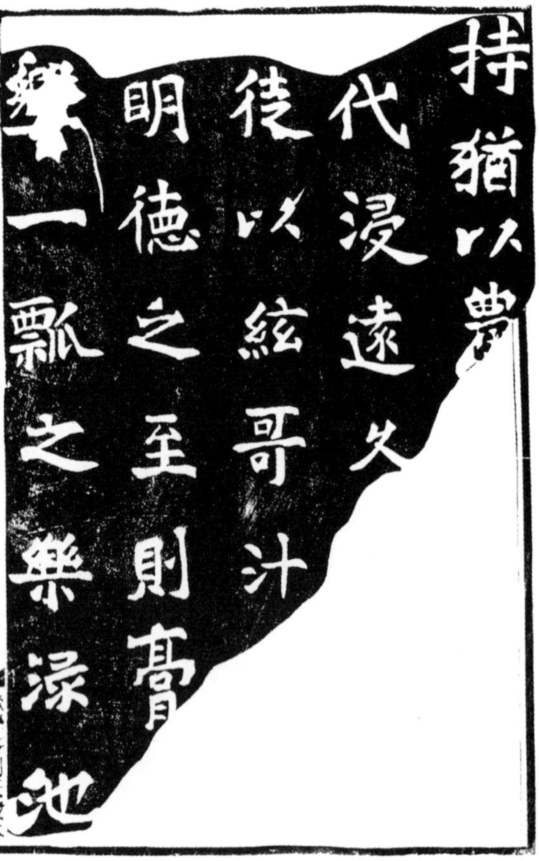

金石圖說卷三

二十八

聚學軒劉氏藏本

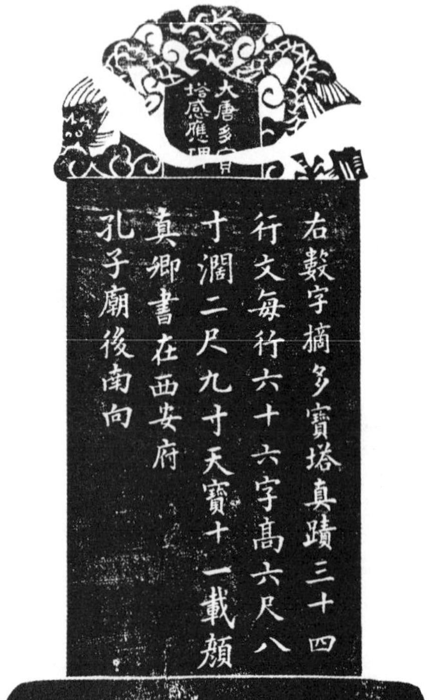

金石圖說卷三

二十九

聚學軒劉氏藏本

此塊少十八字
康熙年間斷缺

書曰尔惟弗矜天下莫与汝爭功尔惟不伐
天下莫与汝爭能以齊桓公之盛業片
言勤王則九合諸侯一匡天下葵丘之會
微有振矜而叛者九國故曰行百里
者半九十里言晚節末路之難也

右數十字爭座位帖真蹟草稿刻橫石高二尺濶三尺二寸幾行行幾字皆不可數顔真卿書在西安府孔子廟後龕置壁間南向

孝慕
州詰訓通小祕
新泰縣男姪男

顔氏家廟之碑

右數十字家廟碑側真蹟二十四行文每行四十七字碑側六行每行五十二字碑兩面行款字數等碑側兩面行款字數等建中元年顔真卿書高九尺濶四尺七寸在西安府孔子廟後南向

王記侍家
發乎天均

金石圖說卷四　三十二　聚學軒劉氏藏本

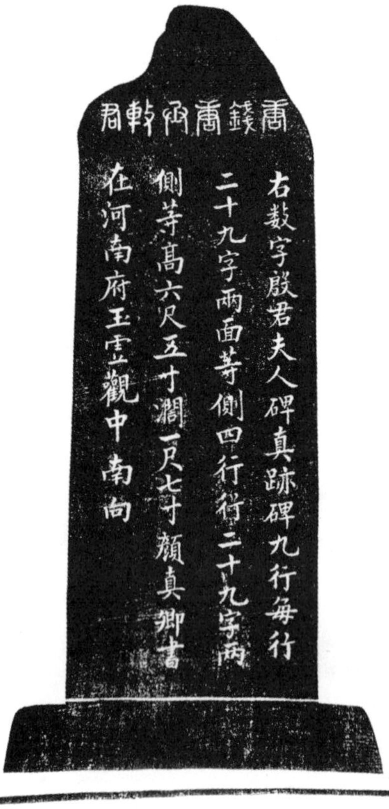

賢同德君　恊志
於詞雕煥始發如
旨館郞照姬卓
難名　暉不昧環

金石圖說卷四　三十三　聚學軒劉氏藏本

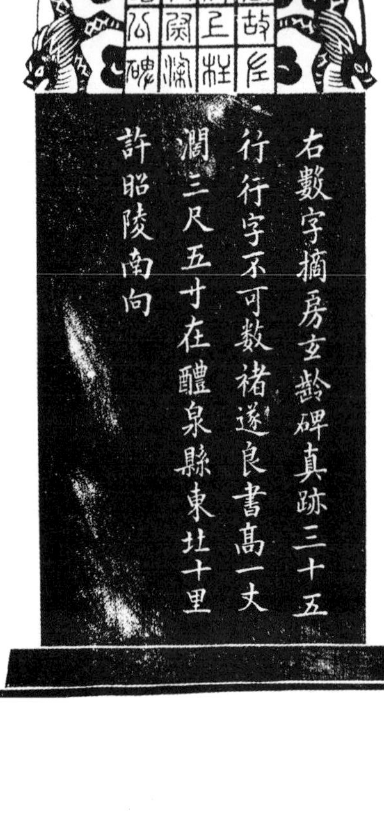

金石圖說卷四　三十四　敬學軒劉氏藏本

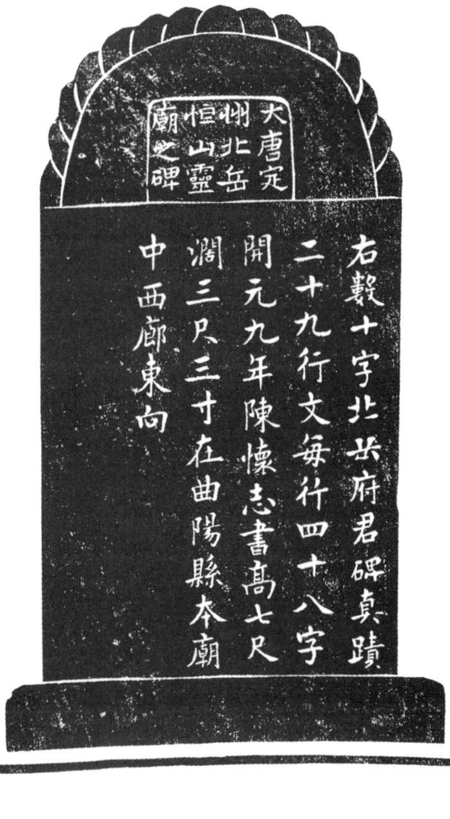

金石圖說卷四　三十五　敬學軒劉氏藏本

雅尚山林迫以祈
乎東亰向風靡然
極之用之外之功
閣千界興熙於熱
絕客居巴峽三抗

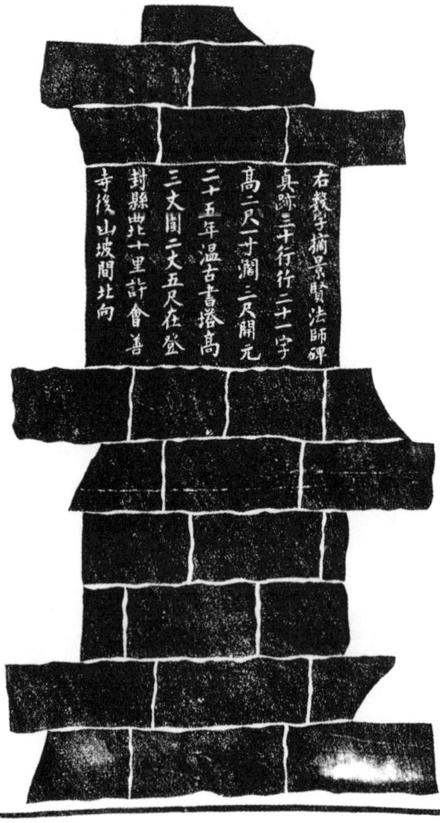

作則安
法侶大啓禪
陂法在此比
頗之有

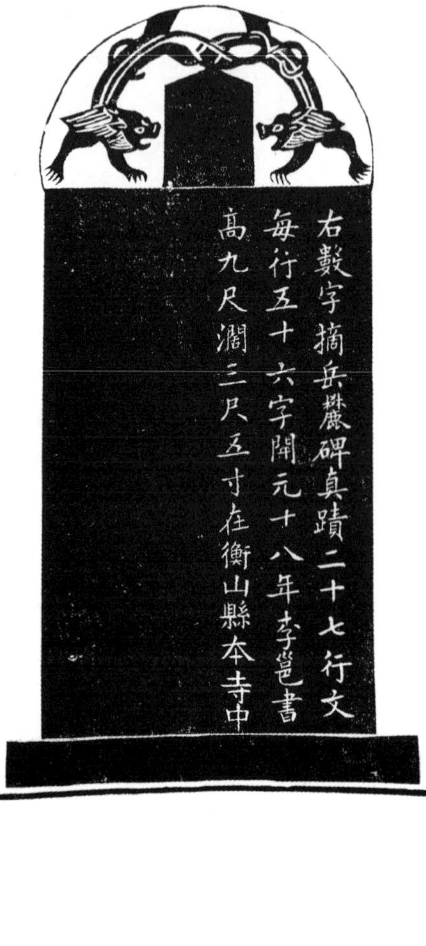

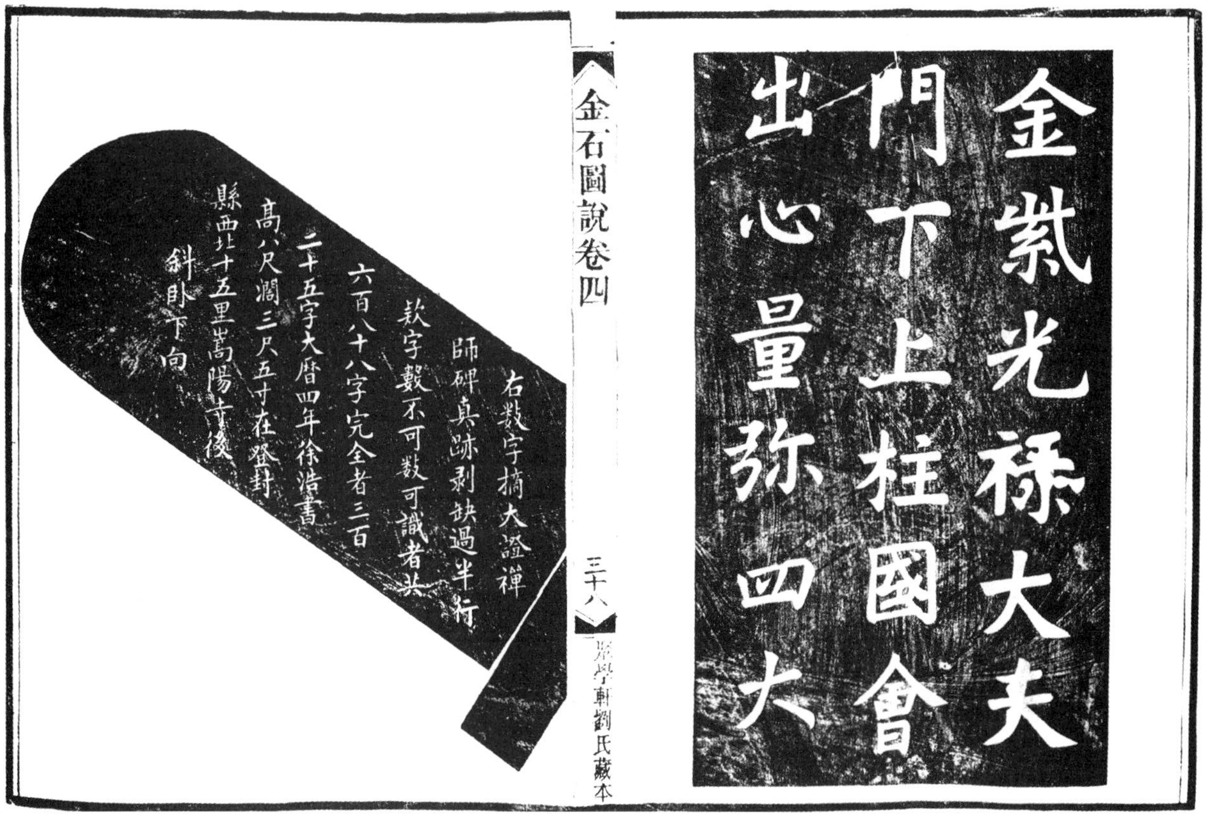

金紫光祿大夫
門下上柱國會
出心量弥四大

金石圖說卷四　三十八　聚學軒劉氏藏本

右數字摘大證禪師碑真跡剝缺過半行款字數不可數可識者共六百八十八字完全者三百二十五字大曆四年徐浩書高八尺闊三尺五寸在登封縣西北十五里嵩陽寺後斜卧下向

我皇

金石圖說卷四　三十九　聚學軒劉氏藏本

右二字中興頌真跡二十一行每行二十一字大曆六年顏真卿書刻字處高八尺闊八尺四寸在祁陽縣山壁磨刻

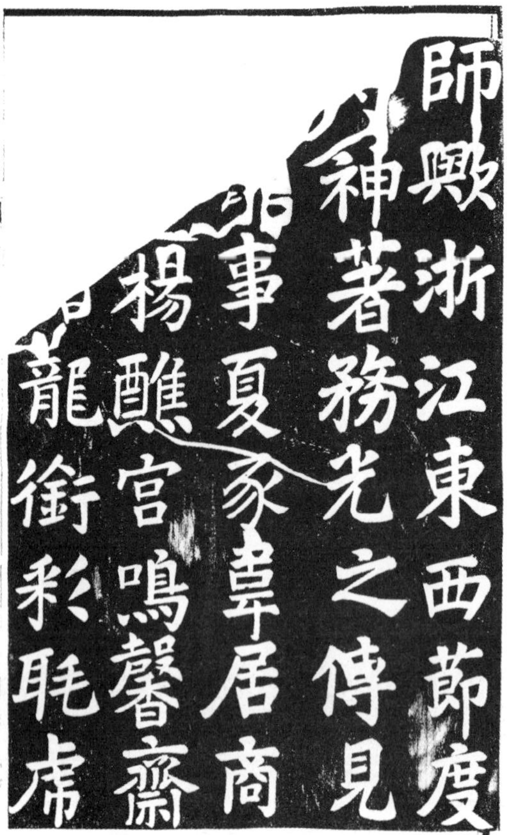

金石圖說卷四　四十　聚學軒劉氏藏本

右數十字景昭法師碑真蹟貞元三年竇泉書碑高七尺五寸濶三尺二十五行文每行五十六字在句容縣茅山北十里許玉晨觀西辟間東向

金石圖說卷四　四十一　聚學軒劉氏藏本

右數字摘鄭公碑真蹟二十四行文每行四十四字貞元十四年鄭雲逵書高四尺七寸濶二尺四寸在澄城縣南門外本祠内南向

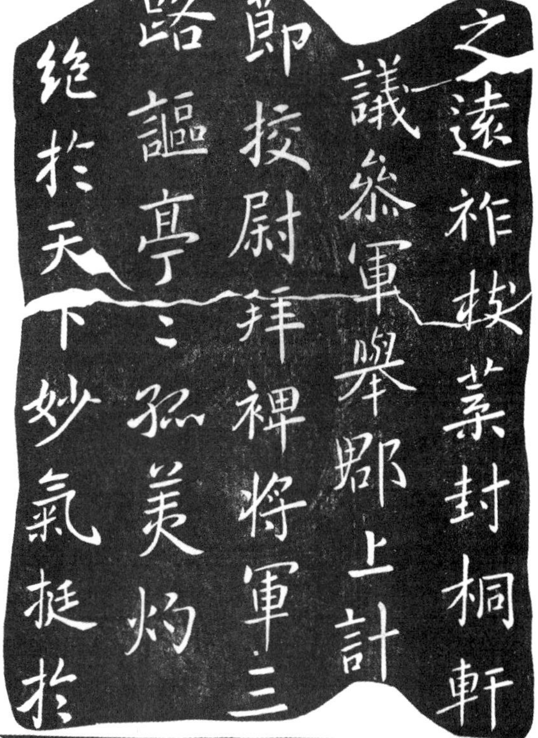

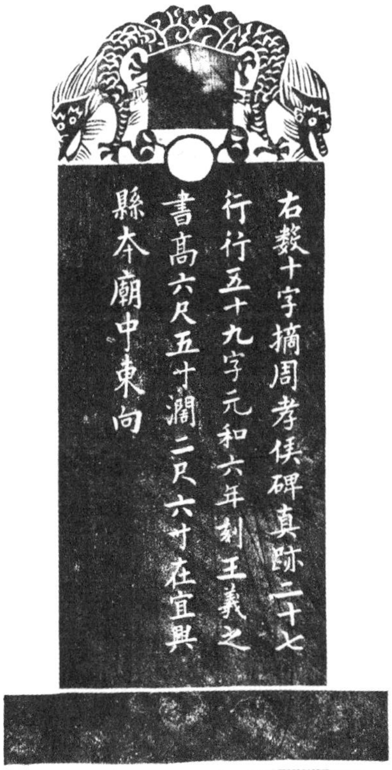

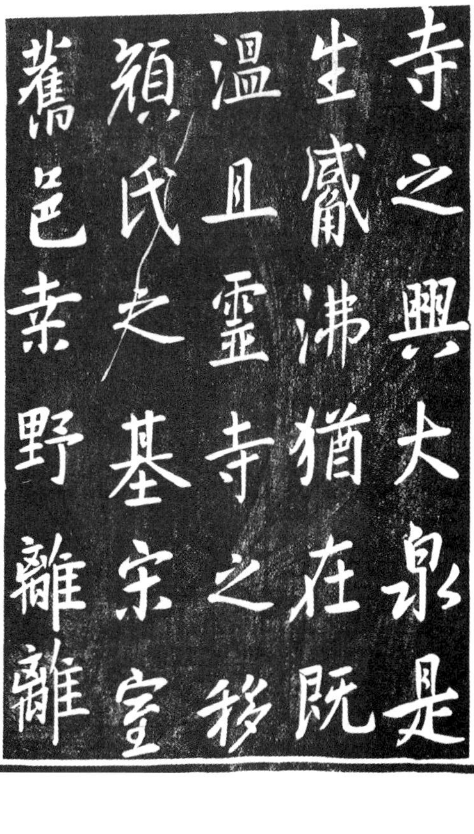

金石圖說卷四

聚學軒劉氏藏本

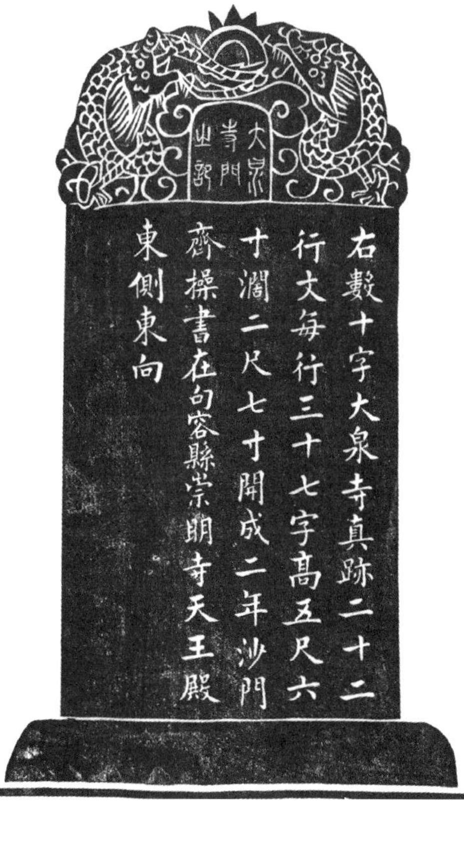

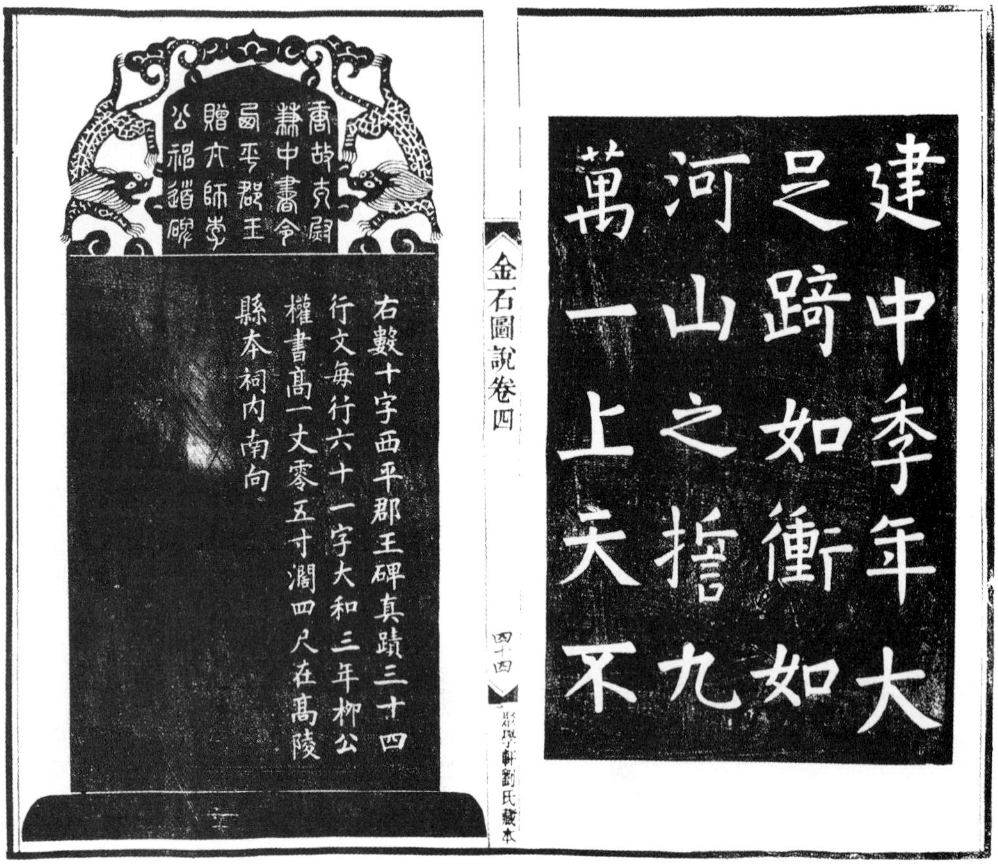
唐故太尉
兼中書令
西平郡王
贈太師李
公神道碑
右數十字西平郡王碑真蹟三十四行文每行六十一字大和三年柳公權書高一丈零五寸濶四尺在高陵縣本祠内南向
金石圖說卷四
四十四
聚學軒劉氏藏本
建中季年大
足踦如衡如
河山之指九
萬一上天不

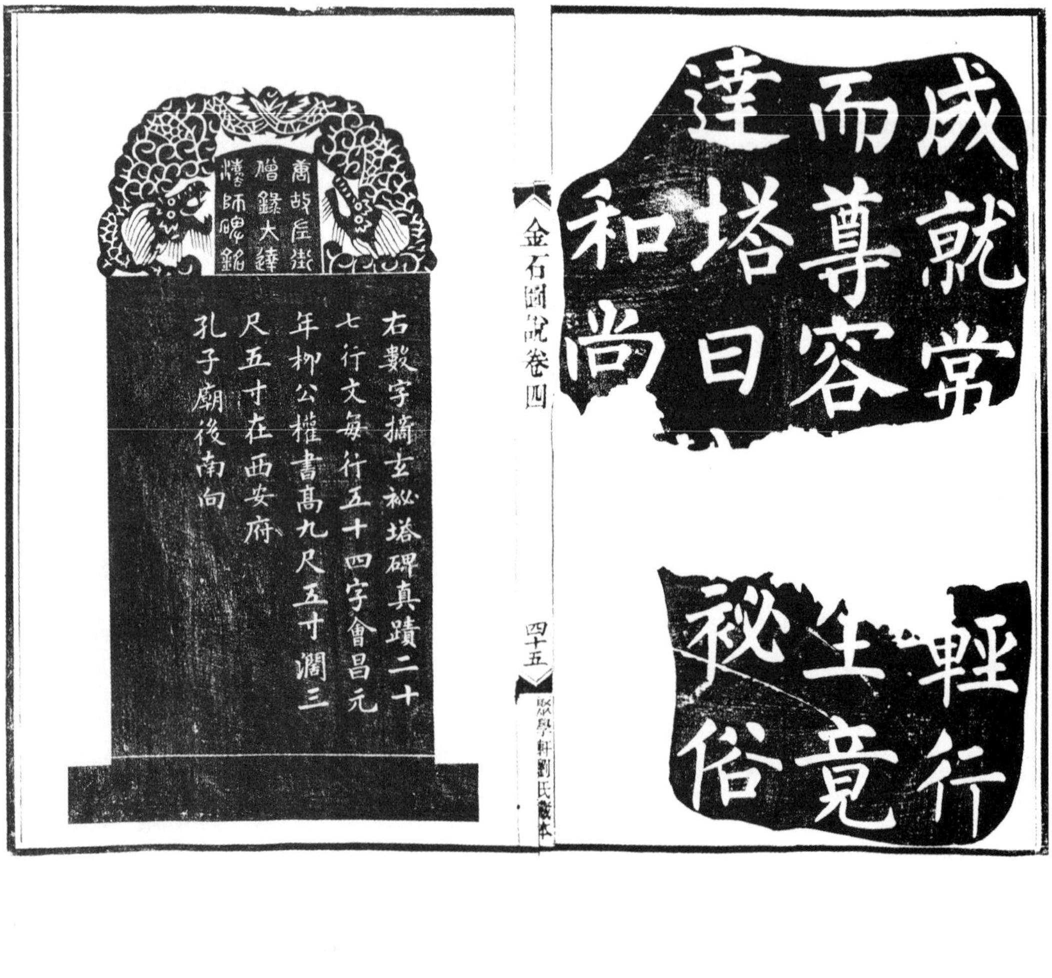
唐故左街
僧錄大達
法師碑銘
右數字摘玄祕塔碑真蹟二十七行文每行五十四字會昌元年柳公權書高九尺五寸濶三尺五寸在西安府孔子廟後南向
金石圖說卷四
四十五
聚學軒劉氏藏本
成就常
而尊容
達塔曰
和尚
輕行
生竟
祕俗

金石圖說卷四　四十六　聚學軒劉氏藏本

金石圖說卷四　四十七　聚學軒劉氏藏本

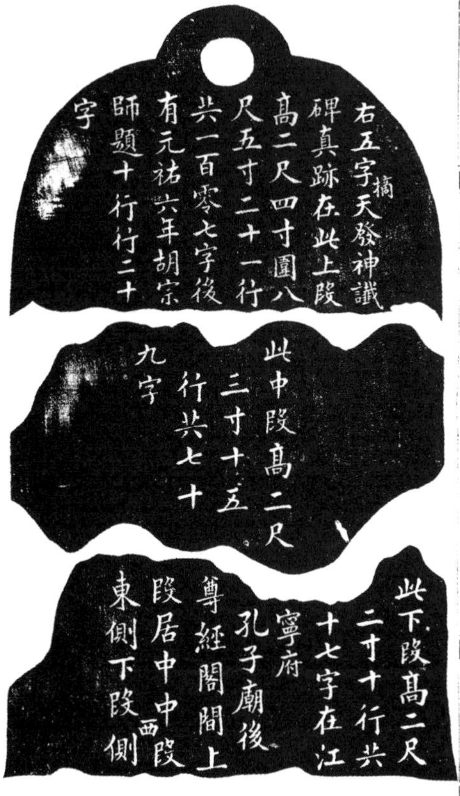

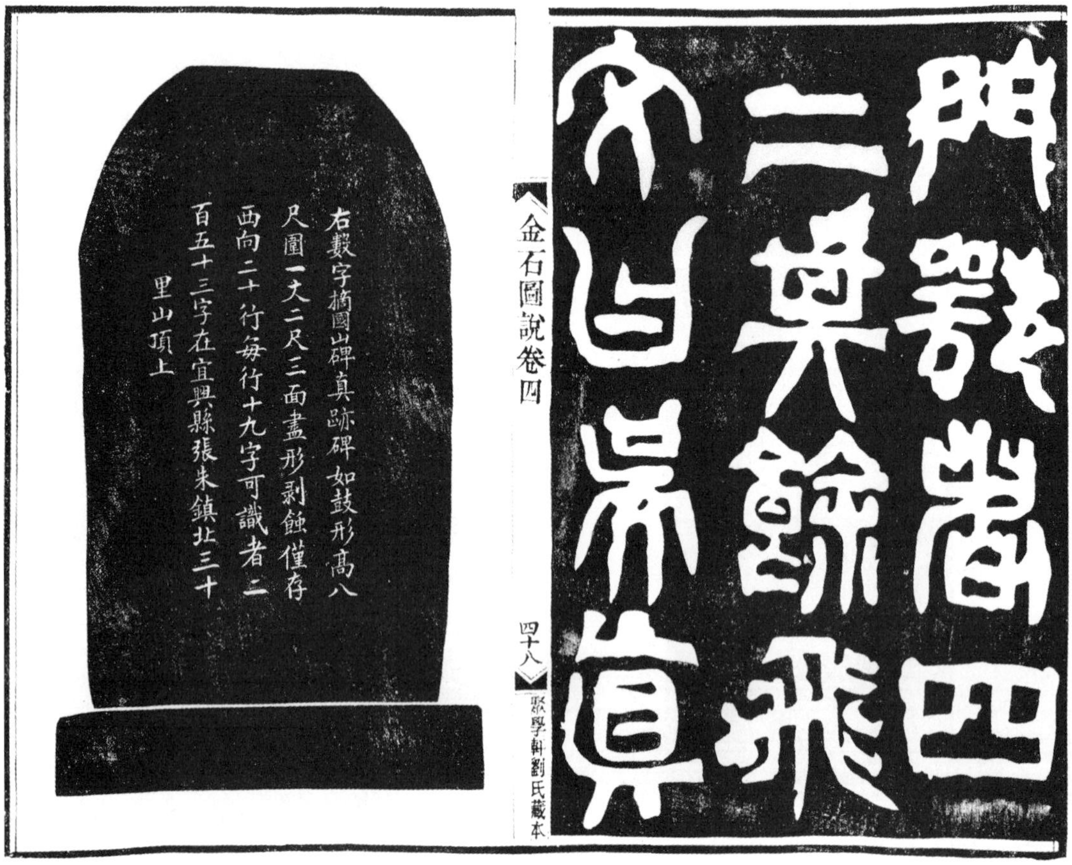

右數字摘國山碑真跡碑如鼓形高八尺圍一丈二尺三面盡形剝蝕僅存西向二十行每行十九字可識者二百五十三字在宜興縣張朱鎮北三十里山頂上

金石圖說卷四　四十八　聚學軒劉氏藏本

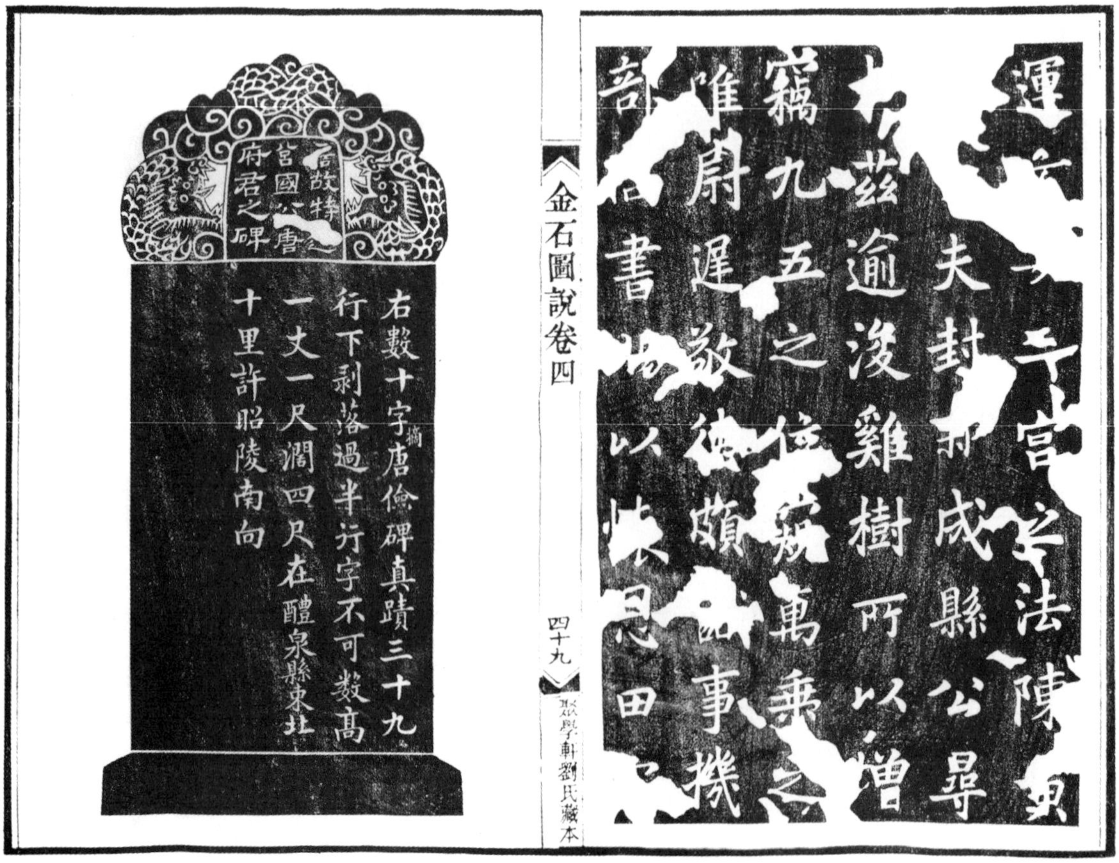

右數十字摘唐儉碑真蹟三十九行下剝落過半行字不可數高一丈一尺濶四尺在醴泉縣東北十里許昭陵南向

金石圖說卷四　四十九　聚學軒劉氏藏本

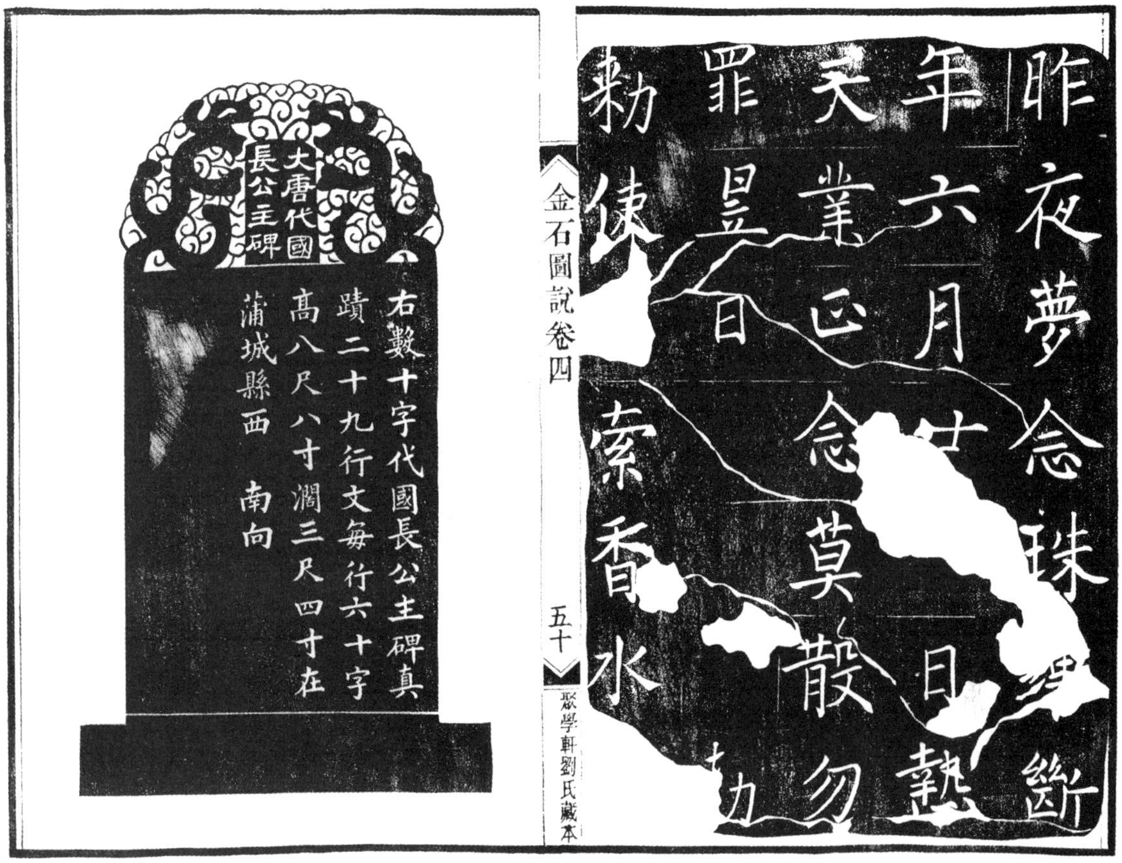

大唐代國長公主碑
右數十字代國長公主碑真蹟二十九行文每行六十字高八尺八寸濶三尺四寸在蒲城縣西　南向
金石圖說卷四
五十
聚學軒劉氏藏本
昨夜夢念珠斷
年六月廿日熱
天業正念莫散勿
罪昱日
勅使索香水

右五字摘瘞鶴銘真跡在此段中六行共二十九字
此段二字
此段三行十二字
此段三行十七字
此段三行二十字
在丹徒縣焦山亭中兩壁夾縫南向
金石圖說卷四
五十一
聚學軒劉氏藏本

馮翊郡丞京師擁叛
祿大夫賜物七百段
斯榆稽首庸蜀順化
草類風或博識該於
中權以申薄伐

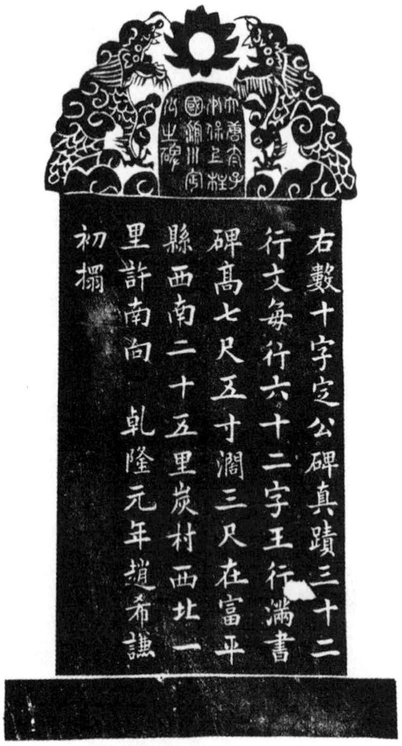
右數十字定公碑真蹟三十二行文每行六十二字王行滿書碑高七尺五寸濶三尺在富平縣西南二十五里炭村西北一里許南向　乾隆元年趙希譙初搨

風遂消佛
始無𢱢僧坊者
雖道弗屢空
千劫炳然而可

大唐福興寺碑
右數十字福興寺碑真蹟上張從申書高八尺濶四尺三十行文每行六十五字在上元縣南八十里銅井鎮本寺內東側西向　乾隆元年車永昭初搨

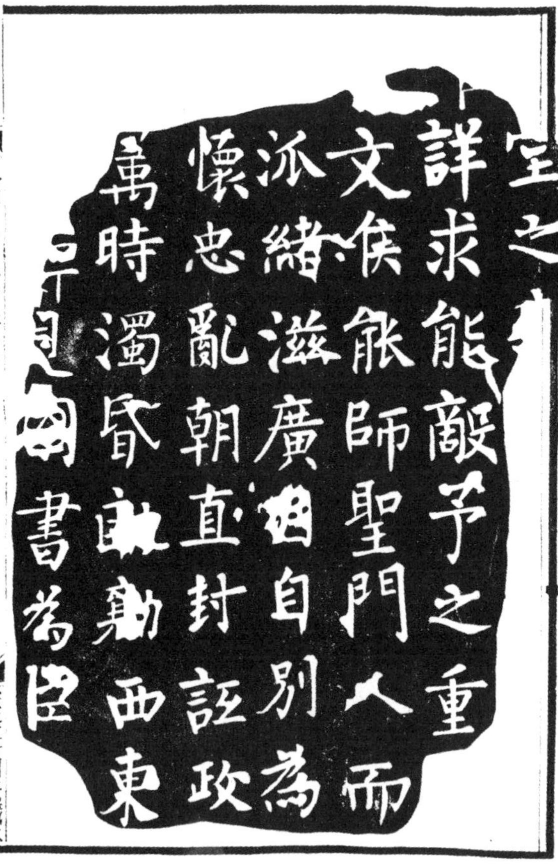

金石圖說卷四　五十四　聚學軒劉氏藏本

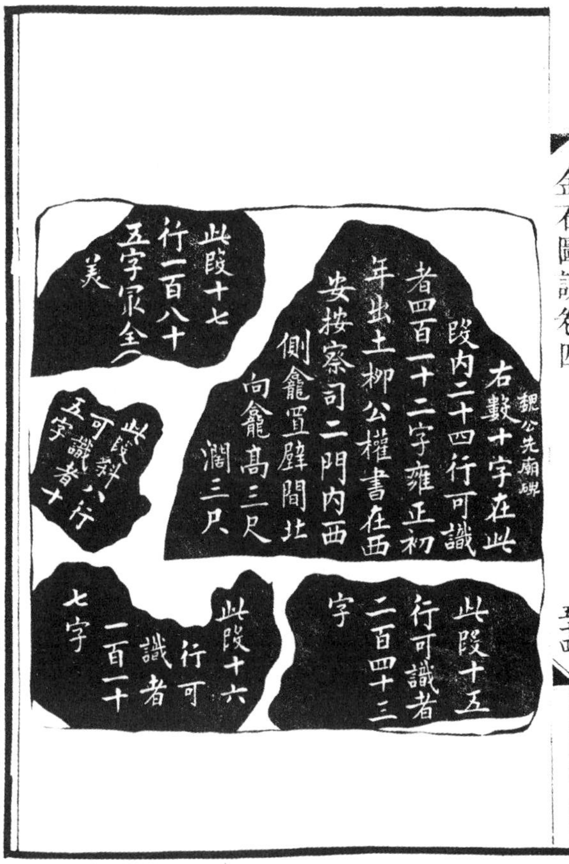

金石圖說卷四　五十四　聚學軒劉氏藏本

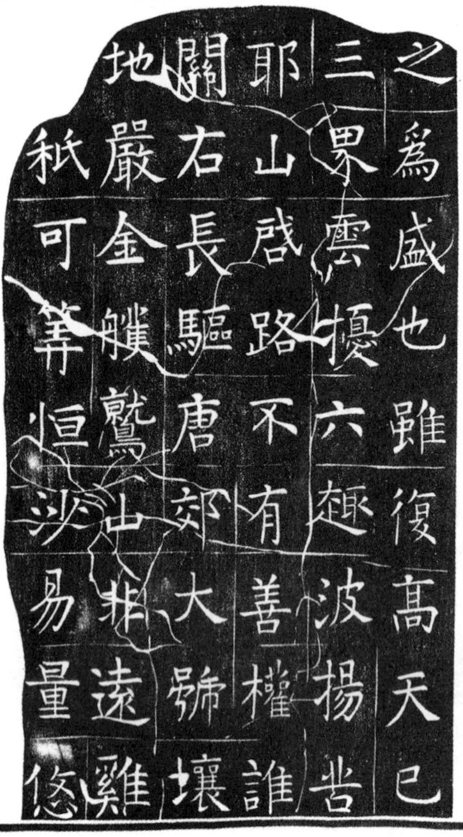

金石圖說卷四　五十六　聚學軒劉氏藏本

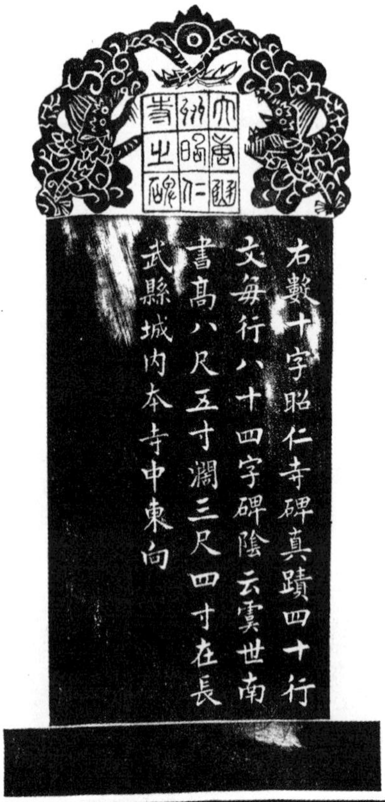

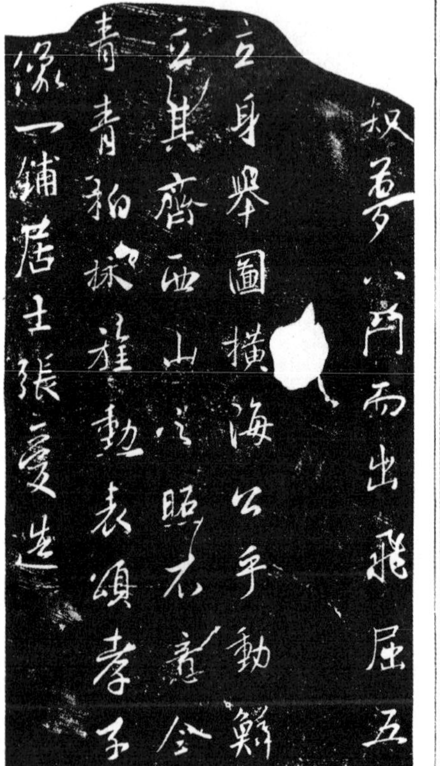

金石圖說卷四　五十七　聚學軒劉氏藏本

右數十字興福寺半
截碑真蹟三十二行
行字不可數大雅集
王羲之行書高二尺
濶二尺七寸在西安
府孔子廟後龕置
西壁間東向

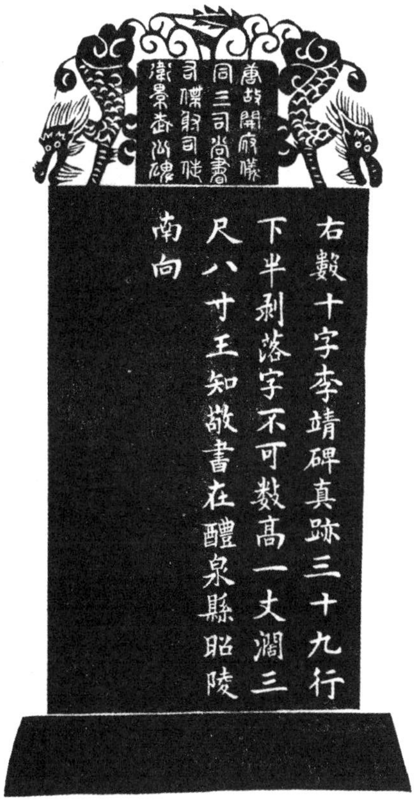

金石圖說卷四　五十八　聚學軒劉氏藏本

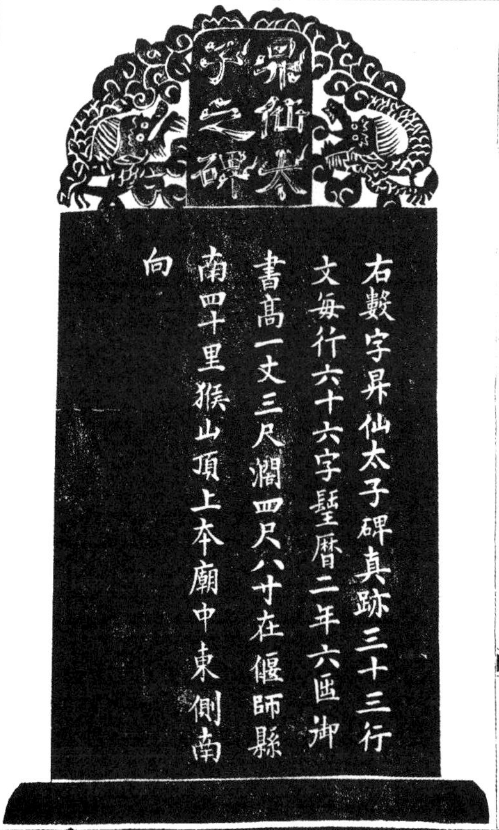

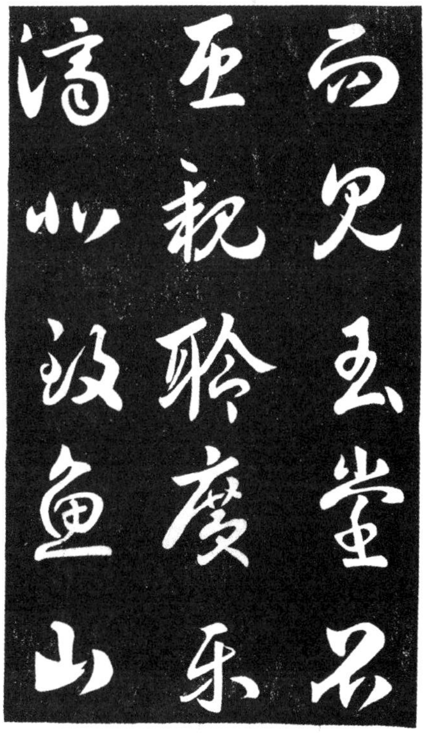

金石圖說卷四　五十九　聚學軒劉氏藏本

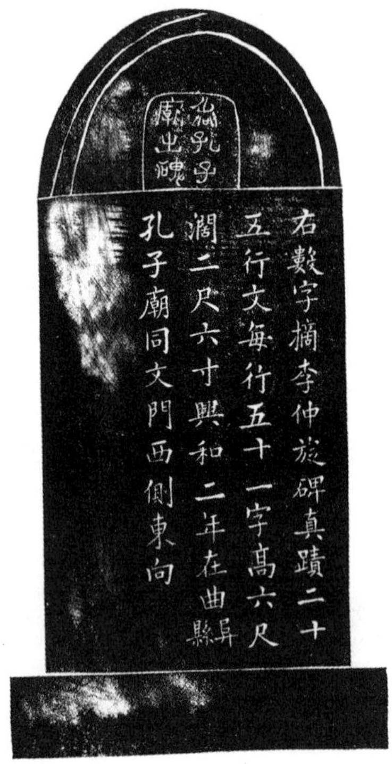

維古以製器之由所以記年月頌功德誌氏名也往往於碑塼銅錢之屬靡不係以文字迨流傳數千百年風霜剝蝕悉成殘文賸字後人偶得之遂辨認前朝故物多有著錄加以攷証編為書帙播諸後世稱之鑿鑿則金石文字之學起焉自唐宋以來文人學士風流相扇專家者覔僕難數矣而我朝人文蔚起潛心斯學如朱翁諸家最為顯著惟所編諸書多有說而無圖有圖而無說雖學者潛心索攷究多模黏影響之弊今經眼錄弌書為褚千峰先生所編凡跋涉山川采按於荒榛斷礎之間遇吉金貞石咸加載記手搨其圖繪質牛空山先生遂為之說自周迄唐元元本本綜括精詳歷數十寒暑而書成梨訂無多一時海內推善本焉後原版散佚書遂不多覯矣余於金石最為愛慕見殘塼片瓦零銅碎鐵咸為審定擬編一書以補金石之賸故往來坊間見有零金碎玉必得而後快前年鹺遊廣陵購得是書披覽之餘真闕以甚多嗣聞友人處藏有此帙遂假觀焉幸尚完好尤為寶貴思既為余所見何不供

諸衆好因付手民越年工竣細按一通其中尚有未經詳攷者竊為此書憾焉爰妄加攷据會萃羣書而增入之如泰室闕上谷墳壇等闕字有為翁王所未見而於他書得之亦皆詳原編之末惟惠安表是否碑五瑞圖三種先生均未加說未知為當時之闕抑後來之散亡歟因復加說以補是書之缺但原本經眼錄為上卷金石圖為下卷今特易其名曰金石圖說蓋鍼芥合併所以成兩先生之志也

光緒二十年太歲在焉逢大律之次辜月上浣棣

谿釣客跋尾並隸古於一簣山堂之左偏

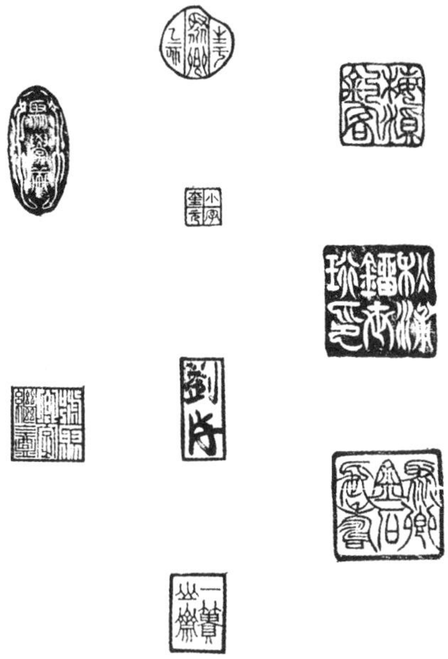

金索

光绪丙申十月

安吉吴俊卿署

光緒丙申正月聚學
軒主劉氏葱石斠栞

金石契序

宋元以降志金石者多矣或詳於鐘鼎或詳於碑碣金石往往不並載即所詳載者其類亦或不盡備古人器具留遺閱數千百載大都沉霾於泥沙荊棘之中毀棄於牧豎樵夫之手偶尔傳於人間一二好古之士往往秘之篋笥守為家珍古物之流傳甚少其不終於湮沒者鮮矣海鹽張生燕昌孝親信友有至行以其餘力蒐羅金石之文多前賢往牒所未詳金凡若干物石凡若干物卷為摹勒付之剞劂題曰金石契蓋其網羅金石有夙契焉有他嗜好不能易也壬辰丁酉之歲余一再奉

命視學兩浙初拔生於郡庠再貢生于成均比來京師士大夫雅重之爭出所藏以資欣賞京師百物菁華萃於都市吉金貞石寓目尤多生異時重訂是編日有裒益按其圖可以廣見聞考其文足以供訂證其為功于經籍甚鉅不徒補前代諸家金石之書之遺也豈得以識小目之哉閱既竟因樂為書之時

乾隆四十三年歲在著雍閹茂陽月友生王杰譔

三代器物之款識金居多至岐陽之蒐而有石鼓秦泰山之封而有石碑于是乎刻石之文詞盛焉金石之制不同其垂諸不朽之意同也唐人重臨摹而岐陽之鼓泰山之碑以及比干銅盤銘一十六字吳季子墓碣十字始以楮搨傳于墨本然未及鍾鼎尊彝之文也宋皇祐命太常摹歷代器款爲圖洎政宣之間古物奇器蘊沒于窮谷敗冢者盡出金與石始並著于世其時博雅君子呂大臨劉原甫歐陽永叔葉少蘊李公麟纂集于前趙

明誠董彥遠黃伯思王子弁翟耆年薛尚功收輯于後大抵考辯篆籀古文者詳于金較正史傳謬訛者詳于石爲書各有所主合而觀之金石之文可謂大備矣芑堂張子博雅好古搜奇剔隱有出于前人所未及者錄成一帙名之曰金石契置巾箱中行住與俱偶有所見剜苔剔蘚依形肖質搨而存之往往于荒榛朽壤之間躑躅呼嘯鳴其得意又或知己好友臨窗坐對各出其所藏弆者奇字相質必手搨以歸積十餘年裒成若干冊其中錢笵古磚瓦頭似爲剏例然鄭漁仲金石略載金幣貨布趙明誠金石錄有漢陽朔磚字采擇亦有元本乃因錢及笵因磚及瓦頭則又于前人諸編充類以及不襲不倍其意固欲與前人並傳也余考前人之書趙明誠所錄多至二千條劉原甫先秦古器記僅十有一物原甫之言曰終此意者禮家明其制度小學正其文字譜牒次其世謚爲能盡之芑堂所載不多能守此三言爲例于金石有心契焉矣

乾隆三十有六年冬十一月友人朱琰題于武林寓舍

金石契序

三代以上金多石少三代以還金少而石多
金之大者鍾鼎小者槃盉敦甗齊子尾嫁女
之犧尊甄邯殉葬之威斗皆是也湯之盤銘
三言凡九字見大學正考父鼎銘八言凡十
一字季武子因齊人之力以銘魯功鑄林鍾
不知其言幾何又不知其字幾何禮至掖國
子而投之城外作鼎以自諱二言凡九字叔
向引讒鼎之銘曰昧旦丕顯後世猶怠不知
鼎銘祇此八字抑不知前後尚有詞而叔向

不之引耶鄭子產刑書鑄鼎而火作刑書一
字不傳於世後世法家者言亦無有稱引之
者多寡繁簡莫得而考也此皆斑斑見於春
秋傳者禮祭統言衛莊公賜孔悝烝彝鼎其
銘凡百十有五字考工記栗氏為量嘉量之
銘凡六言廿有四字攻金之工有六而栗氏
居一則量亦煎金錫以為之矣海鹽張子芑
堂得乾壽昌區拓本於吳門吳岑諸家其文
曰乾壽昌作區凡五字晏子數齊舊有四量
豆區釜鍾區即嘉量之一也夫物壽莫如金
石經歷兵燹埋沒糞壤其精氣光怪雖歷千
百年必有媕雅好奇之士泅淵破冢出之於
荒厓斷谷之中摩挲傳玩登載於歐趙呂薛
之書迄今在人耳目金石雖壽仍壽之於其
人芑堂即今之歐趙呂薛也經歷齊魯燕趙
之區搜遐剔隱得古磚異瓦奇器錢笵凡若
干件手自摹搨題曰金石契誠張氏一家之
金薤琳琅求余一言以徵信於天下芑堂有
至性思親詩九章歸愚沈宗伯歎以為蓼莪詩
人後一人欲為序以贈而不果師龍泓丁敬

既歿而猶守其說不敢倍遠之山左弔其師
門之喪敦崇古處希風千載以上客歲得乾
壽昌區適逢
今上皇帝甲子甫周今年
聖母八旬萬壽又得萬歲磚於吳興華芹圃
家神物應運昭示天貺獻之
闕下宜蒙褒
異芑堂恐蹈新垣平之欺妄甘守衡茅默伸
芹曝制行高而宅心粹為何如也余重其人
獲申末契語不云乎執此之信堅如金石永
以為好書此以弁其端并以為贈以竟歸愚

未竟之緒以志龍泓取友之端行一物而三
善皆得者此之謂也
乾隆三十有六年龍集辛卯辜月廿有一日
秦亭老民杭世駿

題辭

錢大昕

癸亥十月讀芑堂徵君重定金石契

率成二絕句

吉金樂石費冥搜摹得廬山面目留不獨
金蘭聯海内此身直與古人游
古文篆籒辨形聲剖析源流翻水成比似
嘯堂尤奥博新都十布細分明

魏成憲

芑堂同年以金石契見示題奉是正

嗜古張徵士都楊見後身酸鹹殊所好金
石老斯人謀野花扶杖探奇雨墊巾龍泓
高弟子翠墨照千春

重定金石契

燕昌性嗜金石文字是集弱冠即付梓未及研攷舛譌良多今老矣重加刪定竊附識小之義用正　大雅謹述凡例八則

一是集不分卷帙以五音字分冊所存器物約略類舉其中有僅載跋尾或兼采諸家攷證間及題詠不拘一例也

一款識大小悉依形肖質惟彭城郡王鐵券用縮本以形制寬大故也

一所録不限時代兼收近制如趙忠毅之鐵如意徐忠烈之鐵彈凡有關忠義者尤以登載爲幸

一石鼓文曾集北宋本刻石於家今復雙鉤并拙著釋存一卷附後即出

一古瓴近年出土倍多詳拙著三吳古瓴録兹不悉載

一所見金石無款識者附録于後以備參攷

一敬録

高廟

聖製詩歌冠諸卷首并附　親王所作以尊　國體

一所采諸家著述局於見聞不免挂漏補遺嗣出

目次

附録

金三　泉母　釼　錢彈

石一　画象甎

續録

戈一　芊子

戟一　敔

男開福校字

重定金石契

卷首

嘉興府優貢生薦舉孝廉方正加六品銜臣張燕昌恭録

高宗純皇帝

聖製觀錢鏐鐵券作歌

表忠觀永祀錢唐鐵券却在台州藏久聞其名未覩物秋卿同族今呈将向曾問及刑部尚書銜錢陳羣云在台州今其族姪錢選自台州攜来陳羣即以呈覽作歌仍還之俾為世寶鑄鐵如瓦勒金字乾寧歲月猶存唐皇帝若曰洛爾鏐董昌僭偽為昏狂披攘凶渠定江表祲清嬴泰保餘杭用錫金版永延祚克保富貲榮寵長恕卿九死子三死承我信誓欽毋怠以上八語檃括券中語徒觀剥蝕字漫漶鐵猶如此人何方龍門致誚帶礪誓趙宋轉眼為新王俊傑識時有弗較善存桑梓功斯良其時鐵券固不出南遷後出方鐔鄉作歌裝匣付珍弆所嘉謝表撝謙光鏐謝表有云君親屬念皆云必恕必容臣子為心豈敢傷慈傷愛詞旨剴切可為善居功者

聖製戲題錢氏鐵券三首

長腰十斛換漁人什襲傳貽永世珍歷
數從來曾賜券問誰終獲保其身
伊呂功勲豈不巍未聞賜券貸其非設
逢烏喙終何益少伯真能早識幾
納土歸誠本在茲子孫世守亦其宜獨
憐片鐵唐時物秘寶其將安用之

成親王

趙忠毅公銕如意歌

銕花繡澀生寒風誰其用者忠毅公銘
辭二十有八字義類直與丹書同有牌
煌〻殿門東胡爲戍所埋孤忠彼人黃
袱持作券靈芝六葉生獄中如意雖一
物重是公名鏨其上犀杯玉杯世已無
對此懷賢意惆悵

重定金石契

區一
乾壽

海鹽張燕昌過眼

右區文曰三壽□□□壽下三言曼患莫辨按魯頌三壽作朋鄭氏云三壽三卿也晉姜鼎銘曰保其孫子三壽是利王應麟云三壽蓋古語周搏釋三爲乾乾壽者臣下頌君之詞按三古文乾周謂乾壽合之天子萬年義可通也乾隆辛卯得揭本於吳門吳岑渚家

周搏跋區量器左傳豆區釜鍾之一形如盂文曰乾壽昌作區乾爲君象蓋臣下頌君之詞即無疆之謂

金錞一
虎鈕

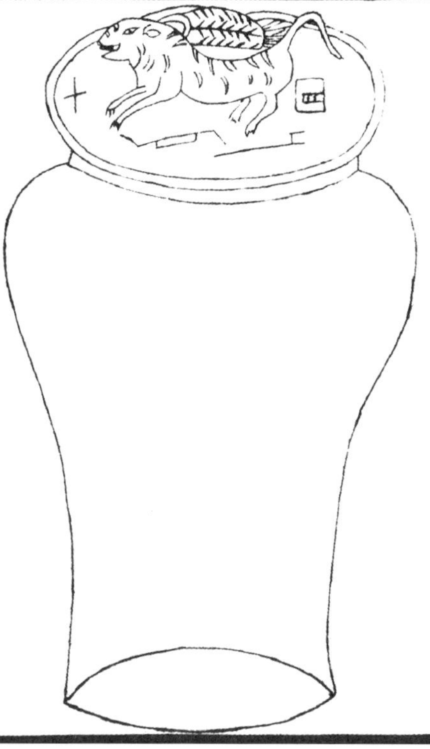
縮本

右金錞載宣和博古圖周禮鄭注錞即錞于圜如碓頭大上小下樂作鳴之與鼓相和今海寧吴兎牀騫所藏與鄭注符丙寅春二月訪兎牀于拜經樓得觀是器鈕作立虎形鈕旁右魚紋一左弓一戈一上十字下宜字宜下剥落較博古圖所載稍異古色斕斒叩之其聲清越以長可知大上小下故能聚音余既摹其面復縮摹其全形因世所罕見特詳焉兎牀金錞〻于辨云錞樂器錞于爲軍中所鳴非樂器按說文錞字注大鐘湻依汲古閣刊本于之屬所以應鐘磬也北史斛斯徵傳樂有錞于者近代絕此器有自蜀得之皆莫之識徵見之曰此錞于也衆弗信之徵遂依干寶周禮注以芒筒振汲古閣本作捋之其聲極清衆乃歎服此與南史齊始興王鑑所得略同然則許鄭二家釋錞即錞于爲節樂之器同物異名可据也若据國語戰以錞于分錞與錞于爲二不特與許鄭相戾恐亦

泥於戰以錞于之文也

吴騫說予得周虎錞一面有虎鈕以建初尺度之高一尺六寸六分上逕長一尺闊八寸五分下口逕長七寸闊六寸二分虎鈕首高二寸三分身長三寸尻高一寸四分重一十二斤錞面右一魚左一弓一戈上十字一下宜字一宜下剥落疑有關文皆陽文青綠極深厚其聲清遠昔人謂錞即錞于予別有辨周禮大司徒鼓人以金錞和鼓釋者謂虎

陽獸魚陰類取陰陽和鳴之義今此右有魚而左列弓及戈形記曰諸侯賜弓矢然後得專征伐又作立戈形皆子孫孝享其祖考而銘其功德于斯器者也上有十字葢和鼓之錞非一是以大小輕重各不同此其第十錞與下有宜字宜下關文當爲子孫字也自宋以來鐘鼎款識等載金錞頗少惟宣和博古圖列錞一十有九爲獨多然皆無銘字今此錞出後宣和六七百季而又有銘字不尤可寶也哉

吳騫金錞錞于辨周禮地官鼓人以金錞和鼓康成注錞錞于也圜如碓頭大上小下樂作鳴之與鼓相和騫按金錞與錞于形雖相似而所用不同疑當微有別故賈公彥疏以金錫金鐃金鐸爲大司馬在軍中所用而金錞不見在軍所用明作樂之時與鼓相和南史齊始興王鑑傳什邡人段祖（一作祚）以錞于獻鑑高三尺六寸六分圍三尺四寸（原注東坡志林作二尺四寸）圍如筩銅色黑如漆甚薄上有銅馬以繩縣馬令去地尺餘灌之以水又以器盛水于下以芒莖當心跪注錞于以手振芒則其聲若雷清響良久古所以節樂也又北史斛斯徵傳樂有錞于者近代絕此器有自蜀得之皆莫之識徵見之曰此錞于也衆弗之信遂依干寶周禮注以芒筒捋之其聲極清衆乃歎服徵仍取以合樂焉竊疑金錞乃樂中和鼓之器而錞于軍中和鼓角

之器故國語趙宣子曰戰以錞于丁寧儆其民也又黃池之會吳王親就鳴鐘鼓丁寧錞于秉鐸韋昭注錞于形如碓頭與鼓角（原注俗刊本國語脫角字宋明道本有）相和至金錞如攷古博古等圖所列雖有龍虎龜魚諸形然皆如鐘之甬印之鈕初無孔竅可以水灌又何從著芒筒而振之今此錞面有弓戈及宜子孫字其爲祭祀禮器而非軍中所用灼然可知又按說文錞矛戟柲下銅鐏也詩曰厹矛沃

錞音徒對切又曰鐏大鐘涫于之屬所以應鐘磬也据叔重說不以錞爲涫于而以鐏爲大鐘涫于之屬云應鐘磬不云和鼓亦与周禮微别且今注水著芑之錞于其制亦無可攷此東坡志林所謂記者能道其尺寸之詳如此而拙於遺詞使古器形制不可復得其彷彿甚可恨也

洗四

吉羊

右漢銅吉羊洗藏吳門陸秀才允康起曾家中有紋作羊形篆文曰吉羊按說文羊祥也漢元嘉刀銘宜侯王大吉羊洪适隸釋云漢代器物多以羊爲祥

蔣士銓詩象物而制器于義𢔶兼取笵
金別形模量䣝集升㪷自鐘磬鼎鼒盤
盂及樽缶鑄夔龍虎雎犧象饕餮有角
齒耳目鼻腹背身足首各獰猙婆娑法
戒判美醜商周逮秦漢法物各垂久不
但函人函合甲三百壽銅洗東京濴滌
器吳人守銘鐫吉羊字腹以虛能受不
黨吉事宜昏禮贊无咎繁露羊爲祥充
贄儀亦厚是以元嘉刀宜爾侯王某說
文與釋隸雖各相辨剖儀禮置洗疏考

据難可否存之几席旁儼若對耆耇嗟
我髯主薄莫是癡龍耦偕識初平兒疑
卽修羊叟博古亦大難眞贗孰繩糾癸
匜已乙鼎慧季禹州卣比附互矛盾聚
訟謫十九玩物恐喪志辛苦注魚蚪勿
貯蘊之湯請盛陸胥酒羊脂能軟銅老
羝防骨朽中有未位神不与臧穀友爾
羊呂来思吡〻蘇卿藪
翁方綱詩客從吳下陸超曾摹此羊形
吉羊洗雙魚四泉誰度之非駝非麟腹

之底中平刻獸亦在左年世雖無製可
擬我犧我將滌所眂飾羔飾器築攸啟
周官漢宮用物同象物煎金鑄作工籀
文試溯隸文祖（原注籀文祥作羊）吉祥還識吉
陽通洪盤洲記章武鼎張鎮臉蓄元嘉
銅吉語詒爾嗣孫子盥薦祝爾侯王公
凫金義取爲羊悅吉金象卽維羊設律
準誰論博古編禮圖巧得徐家說（原注徐鍇
說文繫傳云礼說羊祥也）卽看陽識妙轉旋猶似柔
毛濯清潔銘詞指事無外徵銘字形聲

那分別漫從篆法例評論點畫區〻晉
渠盆天祿辟邪久剥泐石羊鄧冢空塵
昏寄煩陸君拓數本欲仿薛帖補軼聞
上作羊鐙下水注兼擬鏤式同犧尊
程晉芳詩披圖宛覩金斑駁博士不羸
顏轉渥羊祥訓義古来通宜大吉昌歸
卷握篆書二字漢京文製自何年考雖
確拓之不下髯如雪極目吳門川路邈
此器亦是匜之類盥手齋心水漉濟以
銅以鎮分貲賤非斅非盂妙鑱斲誰𣁽

設此直東榮絶異西榮張素幄昏姻之礼在阼階不羃不巾昭愿慤門闌喜氣爾全知無竿壺觴無竿樂古人事往後来珍用舍流移經巳數不爲鐙照漢宮秋墜葉從風上窗撲不爲鼎載勢腥殽殽俎同升風味濁二千年後閱晨昏蛩訴嘵〻雞喔〻主人筆硯想精良墨花和汁相磨濯雖無筐篚佐威儀冷淡猶甘伴文學無血奚妨聽士刲有藩更不庱羸角吉金惜未手挼掌存古揩之存

告朔

大吉羊

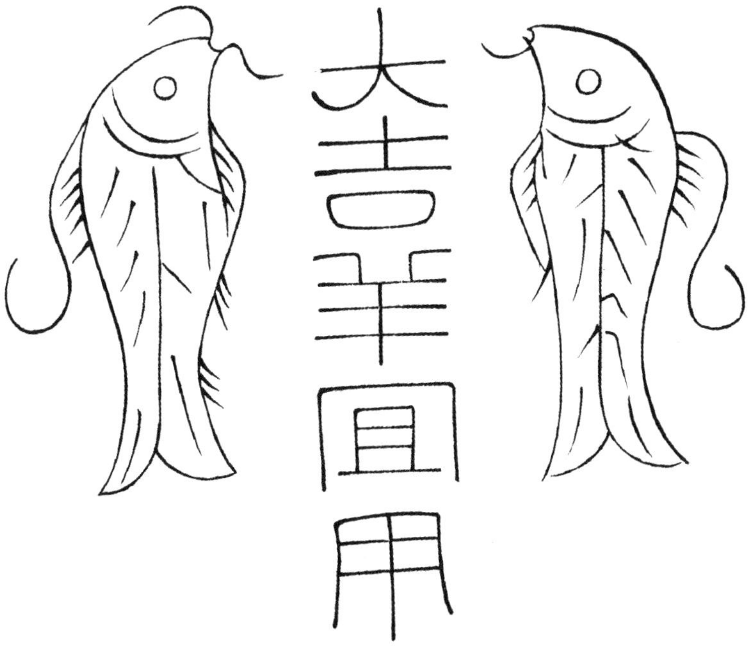

右洗底有文曰大吉羊宜用五言吾友李一徵聘從粤東購得土花錯繡翠色斕斒与所藏五鳳瓿及漢唐碑刻舊拓本共貯一室一徵奉母課子外無它嗜好日樂味此數者其吉祥孰大焉

富貴昌

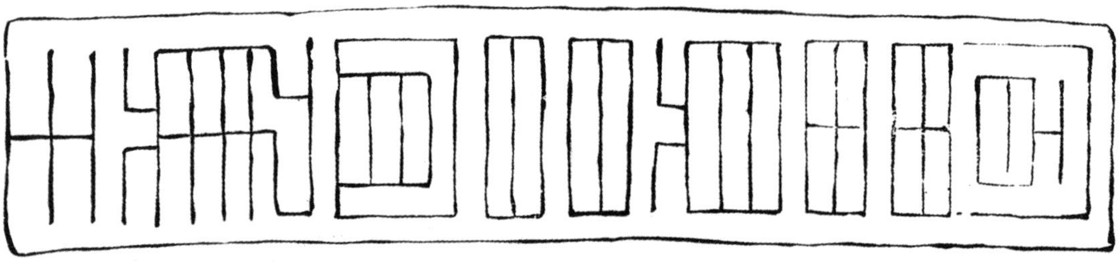

商十三

右漢銅洗篆文富貴昌宜侯王六言旁有雙魚紋口徑漢尺々有五寸高七寸底廣九寸外有兩獸面爲提洪适隷續所謂若駝非駝若麟非麟者與

金石契　富貴昌洗二　商十四

富貴昌

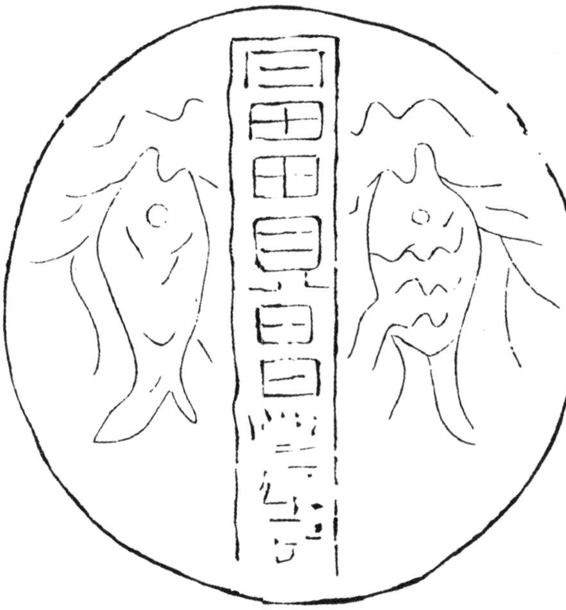

右漢銅洗篆文曰富貲昌口昌下字曼患剥有雙魚紋隸續云富貲昌乃蜀昭烈帝鑄器之名

吳騫曰廣川書跋政和中饒州得雙魚洗六銘皆永元〻和季号又有隱起篆富貲昌宜侯王字攷元和乃漢章帝紀年永元乃和帝紀年而洗有富貲昌字則似漢世本有此文昭烈但仍舊制耳

又按洗古承盥水器也士冠礼設洗直於東榮賈公彥引漢礼器制度云洗之所用士用鐵大夫用銅諸侯用白銀天子用黃金然則銅洗者大夫之器也

鼎一

隃麋陶陵

蓋

《金石契　隃麋陶陵鼎一　商十七

器

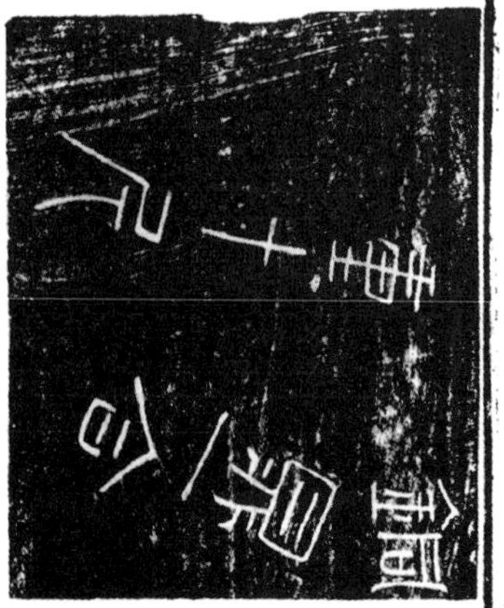

右西漢隃麋陶陵鼎蓋文曰隃麋陶陵共廚銅斗鼎蓋并重十一斤凡十有五言又横書四言曰汧第卅五器文曰隃

《金石契　隃麋陶陵鼎二　商十八

麋陶陵共廚銅鼎一合容一斗并重十斤凡十又七言又横書十又六言曰汧共廚銅鼎容一斗重八斤一兩第廿一中丞阮先生積古齋物嘉慶壬戌之秋置於集山與周鼎並列且賸之以詩事可傳也昔余曾偕李伯里家駒江文沝振鴻訪周鼎与瘞鶴銘題名崖石今伯里已化去而古物增一漢鼎他日重過枯木堂摩挲太息山靈有知其能起伯里駕鶴歸來乎

阮元詩并序西漢陶陵鼎以漢慮俿尺度之高七寸三分身高四寸二分蓋高一寸六分蓋上有三環各高一寸二分兩耳高二寸三分三足高二寸銅質五色斑駁腹有稜純素蓋鑿隸書銘大字十五曰隃麋陶陵共廚銅斗鼎蓋并重十一斤小字四曰汧第卅五器鑿隸書銘大字十七曰隃麋陶陵共廚銅鼎一合容一斗并重十斤小字十六曰汧共廚銅鼎容一斗重八斤一兩第廿一桼

漢書地理志隃麋汧二縣屬右扶風後漢書耿弇傳建武四年封耿況為隃麋侯續漢書郡國志作渝麋又續漢志定陶在濟陰郡本曹國後漢屬兖州刺史部郭璞曰城中有陶邱史記云穰侯出之陶卽其地定陶共王康元帝子哀帝父永光八年自山陽徙封漢書丁太后傳建平二年上曰太后宜起陵恭皇之園遣大司馬票騎將軍明東送葬于定陶貴震山東共王傳哀帝二年追尊共

王為共皇帝水經注濟水自定陶縣南又東逕秦相魏冉冢南又東北逕定陶共王陵此器云陶陵是定陶共王陵也隃麋汧二邑合共此器故曰共廚銅鼎鍾鼎款識漢好畤鼎銘云今好畤共廚金一斗鼎汾陰宮鼎銘云汾陰共官銅鼎上林鼎銘云上林共官銅鼎漢器體制如是漢陵廟皆有廚三輔黃圖昭帝平陵為小廚裁足祠祝款識漢孝成鼎銘云長安廚孝成廟銅三斗鼎是也此

鼎蓋與器銘辭不相應者當時共鼎正多不知何時互錯也器銘云并重十斤又云重八斤一兩云器重八斤一兩則蓋當重一斤十五兩矣今除蓋以庫平法馬稱之重五十三兩七錢二分銘云容一斗以今官倉斗較之得一升八合定陶故城在今山東曹州府定陶縣西南予得此鼎因思焦山祇有周鼎若以漢鼎配之經史引徵可增詩事爰以官牘達之鎮江府丹徒縣付焦山寺僧永

守之并加冊于櫝繪圖搨款鈐印紀之
以詩時嘉慶七年季秋月
碧山一角浮春潮中有周鼎開雲歒古
文十行照江水百家詠釋窮秋豪千年
古篆變為隸西漢款識多鑿雕我有漢
鼎五十字隃麋汧鑄供定陶斗斤無記
古權量汾陰好時同禋祧濟水東流帝
陵起巨莽掘廚金不銷齋中拂拭出古
澤鼎雖轉徙猶堅牢烟雲過眼莫浪擲
送爾安穩棲松寥原注焦山閣名卣鉼觶爵共

相餞雁鐙翦燭吟清宵壬戌之秋木葉
脫海門風起江飛濤蛟鼉踏浪避金景
蒼然古意生單栿此時此鼎入山去江
天寶氣騰輕艘海雲堂中多古木兩鼎
扃耳初相遭周儀可補覲禮闕原注周鼎呼史
冊命之儀可補禮文之不足諸家詩攷未言及此漢事志傳徵
班曹倉籀字破鬼夜哭八分不似周王
朝一波一磔湛水石同隱有似由與巢
胎禽仙去亦偶耳華陽銘尚鐫嶕嶢可
知古人皆好事以詩媵鼎各訂交他時

得暇執相訪雲帆一片橫金焦
徐熊飛詩荒陵野火驚栖烏濟水無聲
秋樹曉寶衣化盡玉魚涼銅葉銅苍泣
哀州共王古鼎垂獸環龍頭菌蠢苔痕
斑金精入地歷年久寶氣騰躍蓬蒿閒
六丁雷電收不得故物長為天愛惜何
年飛出右扶風古色蒼寒凝活碧未央
前殿宮苍香銅丸擿鼓聲礧硠惟王生
小妙才藝天顏有喜春風長桐圭一片
分仙掌回首觚棱月東上此日青蒲感

史丹他時白骨愁王莽百年繼統撫金
甌鷊然寢廟圍松楸鎔金作考勒文字
祭典還与諸陵侔鴛央瓦墮齋宮廢耿
耿炎精生古翠燕泥零落丁姬墳蟲絲
駁蝕陶陵器隃麋款識青模糊紫霓貫
日黃雲斆陰房鬼燄失玉椀墓門秋雨
凋珠襦巴山石牛向月吼鑿破銅山鐳
威斗摩挲金鉉嘆滄桑園陵白露荒涼
久
許珩詩海門日射春潮紅寶氣直壓鮫

珠宮天生神物美必合臧舉獨畀陳留
公昔周龍興漢天眷制典萬禩雲仍宗
酬勳太室祝冊告加禮藩服儀文隆南
仲事軼名則惠定陶謚著賢俾恭甲戌
鑄器世守重隃麋給鼎皇陵崇麇箕禍
烈威斗作西京移簴姬劉同郟鄏振搖
汾寶伏勳戚故物隨萍蓬兩鼎飄泊任
否運不知淪沒誰西東周鼎先出攷訂
缺何人首置山靈供鈐山豪奪故讕語
神異那得汙奸凶汧鼎韞晦歷逾久款

識未見詳河東時來輾轉發光采龍津
劒躍吳山峯一朝斑駁絢幕府賓佐動
色凝雙瞳拂拭歎賞快先覩亟檢紀志
稽歐洪主人是日大召客尊罍羅列珍
羞充酌酒奉鼎告四座熟計藏弆謀初
終僉云主人世澤厚仁器來託神昭融
物聚所好况古語應保千祀傳無窮主
人曰嘻寧有是雪泥鴻爪宜觀空雲烟
過眼證陳迹遠期後世皆愚惷焦山法
物久乏侶安得申甫留銘鐘西岐陪邑

疋豐沛置此配食誰雌雄布金舍衛想
異域鎮玉方丈闢鄰封永離塵俗託江
水祖帳椽筆煩朋從深識快事息羣喙
爭獻薄技夸雕蟲主人立業每不朽建
碑峴首懷高風諸子詩卷勒專集牽連
紀載書重〻海雲堂上問鼒器摩挲黝
澤生枯銅雲紜雷回辨篆籀黍龠斤兩
徵權筒鼓完劒合本同出此獨異代聯
奇蹤昨占星象望斗分有氣光怪凌穹
窿山僧驚起坼龜兆黃耳玉鉉雙橫縱

我無原父集古識贈別聊附廬陵翁歸
舟他日請迂道訪尔峭壁洪濤中
王宗敬詩海門潮西江水東天吳罔象
游其中浮玉東南逼揚子江心傑立焦
山峯驚濤怒吼若鼎沸斯山盤覆浮空
濛古人壓勝賴金鎮夏禹貢物傳神工
沈薶廢縣盡陳迹可無金景藏琳宮吾
師得鼎考之古隸字鐫定陶王供隃麋
汧銘西漢作惟王毓帝騰潛龍師曰斯
鼎天廟器 珍奇豈得常寶庸韞之以櫝

置譙頂尊嚴當有神明通沃雲烹露擘日月舟行不若終無逢往歲師嘗振大旅海艘萬盜鏖雄風害金消盡吉金出鐘鼎款識王薛同今兹賦詩媵漢鼎墨灑翠綠榴皮紅允符嘉瑞配周鼎銘壓瘞鶴超前蹤玉鉉黃耳兆已得濟川調鼐功彌豐敬昔曾秉濟陰鐸今來浙見陶邱銅循牆傴僂憶孔父詩謌率爾相追從他日扁舟若訪鼎單棩莫遺雲霞封

顧廷綸詩乖龍耳截秋濤奔金焦兩點浮海疊梵宇紺碧江氣昏中有寶鼎藏雲根琅嬛積古〻器蕃就中陶鼎尤不羣喻麋沂供銅廚溫量容一斗重十斤五十二字篆蚪文刻畫饕餮蒸回云吾師寶此如瑤琨汾陰好畤不足論肩隨周鼎若弟昆寶器不合傳子孫曰鼎合付僧寮存銅巻銅葉扶金輪莊嚴佛相獅象尊寶巻瓔珞同氛氳江流過眼皆烟雲萬年長鎮空王門大江截㠏天險

分驅策鯤鱷如雞豚馮夷浪駕天吳翻太乙餤熾昆吾燔列缺怒攝飛廉魂黃龍盤拏白虎蹲捃摭星宿披崑崙以手觸之不敢捫卜惟墨食龜筴焞筮人諏吉千芊純厥簏綺組青黃纁奔以楙櫝載秋艙驚潮拍岸海水渾浮玉一角睎朝暾吉金巻兩翔彩鷗珠光照耀譙山屯兩鼎合如昏与烟以鼎陪鼎同軌倫魚有比目文有鴛玉則同珏篪吹壎扛之不須勇士賁媵以篇什古誼敦餞以彝卣鐘敦尊松麥高閣旃檀薰周銘漢祝不可聞截江恐有蛟鼉吞

張鑑詩琅嬛館中定陶鼎濃綠忽壓焦山巔焦山之鼎古莫攷神物黯澹愁雲烟詩人詠謌共光價造為詭僢吾不然吾師好鼎如好士不令墜地遭屯邅宣德彝器列譜系云靁饕餮相新鮮唯兹繡澀類寒餓知与人海殊腥膻一朝刮垢露光怪耳根碌〻金鐶圓頂高一寸腹四寸漢律黍尺通刀錢鑿款隸字得

六七鈞勒勁直星辰躔金牀不歸怨春
韭寶衣已化羞寒泉隃麋汧供記地志
黄圖三輔斜陽偏珊瑚鐵網豈易遘得
之乃復遺其筌朱門摒擋厭粱肉雲扃
妥帖隨臞禪以鼎致鼎古無例髩鬜合
浦珠牽纆不為已有得常有衣盋要与
傳鐙傳大江寒潮捲秋雪載此亦有沙
棠船精靈月墨闇爾汝過閱人物同千
年飛廉魂苦列鈌怒雨〻虹氣相騰旋
華陽石墨令感歎摩挲不異金銅仙枯

木堂空揺海影松明夜炷清無眠東西
離立比夷惠銅卷銅葉璀瓊筵仰天一
笑石鼎句寒濤落〻長松前
焦循詩隃麋鼎之鄉陶陵鼎之國自西
而徂東祀事薦鬼食歲月既久遠漂泊
不得息所歷知幾家主人今始得澹寧
精舍中摩挲辨古式平湖朱孝廉老古
有特識定陶亦稱陶沛水逕東北將軍
大司馬送葬奉上敕定陶恭王陵宮廚
器不啚此鼎汧所共有據匪私臆僉曰

鼎幸哉得依主人側主人曰否〻萬事
寧易測我生保護之子孫難世德萬一
鼎失所我心能無惻為鼎計久長窮思
周四極焦山江海間卜之蔡食墨筮人
陬日吉飭匠備褢飾匵以文木雕衣以
古錦織設醴衎嘉賓酬酢日西昃人各
譜新聲工詞壯行色從此鼎入山煙霞
自深匿評議任遊人永勿墮貨殖鼎身
廿一鐫鼎蓋卅五刻陳列非一枚消磨
歸朽蝕悠〻二千載獨傳豈人力寄語

山之僧晨夕慎瑩拭文王舊鼎存與山
同不泐此地無譁囂相從守元默
朱爲弼詩中丞夫子得寶鼎量容一斗
重十斤隃麋汧供陶陵器厥色黝赤青
黄纁票騎奉使山東震回中鑪橐蒸圜
雲出土幾載藏者某呂薛圖識無明文
中丞曰嘻此奇寶奇寶安得常相保部
莒甲父舒壽夢鼎録名傳器難考炎漢
金景披龍文美陽汾陰鼎官抱昆吾失
守螭夔飛銅葉花凋茂陵艸先民大律

期永年不然銷没隨鴻爪焦山林壑環
濤波無專鼎壓高盤陀枯木修竹映活
翠九十五字蟠蚪科繆云老姦肆饕餮
西樵好事多傳譌海雲堂中閱今古龕
裝燕子依娑羅延津水立劒雙躍滄溟
月出珠連柯珊瑚交枝蒼璧合丹山鳳
嘯鳴鸞和自來神物必有耦似玉名珏
穎同禾此鼎奇古周鼎匹行將什襲歸
山阿夫子動業仲山甫共宗孔鼎肅傴
俯有功不居保三壽有器不私貽千古

弟子學古慚君謨手編歐陽吉金譜詮
釋篆籒多豕魚癖好鼎彝入肺腑對此
濯冠焚茶蘭案頭一日千摩撫傳觀同
含摹奇文僉為斗鼎賀得主惟弼結契
實最深通鼎精神傳鼎語鼎云劫火陶
邨紅六丁下攝扶風銅咸斗銷鑠契刀
鈌銅鋪長吼咸陽宮此時縱鳴有誰惜
汚泥潛匿苔斑紅自從拂拭入仙館肩
隨卣爵儕鈃鍾鹽梅菜菽助鬺鬻黃耳
玉鉉光熊熊願勒立戈舉冊象光昭鑑

繹鑾敭形願鐫綽綰多福字子孫寶用
無終窮公堅此意若金石鼎縱能言議
無易舍人不達一哂之圖形作詩合三
冊裹以蒲萄古錦綈香荼匧匱加鏤刻
封題嘉遣歸名山衕齋肆筵羅酒食濡
染大筆揮琳琅徵詞媵鼎壯行色百千
祀物含精靈臨別依依衞門戟大江白
日蛟鼉高山靈夾護登晴霄古仙下視
黃鶴駭海門湧出朱霞標夜深炬火照
烏鵲离魅罔兩紛遯逃江雲海日互摩

盪撞鐘伐鼓飛廉朝周京漢京兩神寶
萬年永鎮長松寮
方廷瑚詩吉金重鼎彝精神孕山嶽銅
蒼齧蝕餘得一夔已足吾師富藏弆古
器羅枌櫝商周鼎嬴秦審定劇精確就
中西漢鼎隸古銘可讀器益菽煮湘鼻
耳苔斑駁共自腧麋汧量衡咸紀錄漢
帝尊陶陵烝嘗表虔肅五色敲浮雲金
景爍盈目火炎草木焦碩果幸不剝拂
拭入仙館賴免汙萊辱吾師位鼎衡說

士甘如肉愛士貢廟廊俾為蒼生福愛
鼎不自私永圖置巖谷突兀古譙山大
江繞其麓中有南仲鼎光焰四山燭丹
山珠交柯藍田壁合珏自古物通神有
耦而無獨海雲枯木堂厥鼎寄幽躅丹
青繪作圖琳琅書作幅送鼎載沙棠綑
縕雲氣覆翻唫饕餮者岑賡紛爭逐壽
夢應晉求甲父饜齊欲名或誇嗜古寔
不能免俗孰如此一舉鼎壽無疆祝奇
光奪珉碑佳話壓玉局遙夜山靈朝皓

月照黃鵠
吳廷琛詩焦山之麓青童々寶氣煜爚
騰琳宮古文周鼎孰所置詩家徵引鮮
折衷更有漢鼎新鑑別千里走送珍緘
封形模款識目未見紙上摹繪尋遺蹤
定陶追尊起陵廟優禮備物鎔青銅隃
麋浉鑄定有數糸々閑置陵廚中此鼎
銘作第廿一自一至廿誰稽終盍銘次
第不相合有如錯簡難強同攜呵古器
賴神力會合當作延津龍斗斤記注頗

瑣褻猶似周禮攻金工隸體大字五十
二鏤鑿瘦硬中藏鋒泥沙埋裹質不蝕
土苍斑駁生青紅瘞鶴銘古耀崖辟海
雲堂迴來松風僧寮清供曷需此要與
山水傳無窮名人舉動輙不朽豈以玩
物娛心胸金山玉帶焦山鼎前有蘇公
後阮公

鐎斗一
元康

商卅三

右漢鐎斗按顔師古急就篇注鐎斗温
器也似銚而無緣王應麟曰鐎斗刁斗
也温器三足而有柄趙希鵠洞天清禄
集刁斗無足鐎斗有足是器三足且有
柄温器耳柄下文云元康元年考工〻
賢友繕作府嗇夫建護萬年股長當時
主令長平丞義省重一斤十四兩凡三
十有五言攷漢宣帝晉惠帝皆以元康
紀號審其文當是漢制薛尚功鐘鼎款
識云凡漢器必謹其歲月與夫造器之

金石契　元康鐎斗二　商卅四

官記所謂物勒工名以考其誠是也漢
孝成鼎云左丞輔掾譚守令史永省漢
太官壺工伍輿造考工令史由丞或令
通主太僕監掾蒼省漢綏和壺云塗工
乳護級掾臨主守右丞同守令寶省上
林鼎云工史榆造監工黄佐李貿芻是
器與之同例又義省如永省蒼省寶省
薛氏釋省為省〻者察也猶漢碑之有
察書人姓名耳夫一器而造作鄭重如
此考工記某氏某氏疏謂義有二官有

世功族有世業是又可約略而得之矣
翁方綱兩漢金石記萬年下一字芑堂
釋作般子按當是縣字漢書地理志曰
左馮翊萬年縣高帝置師古曰三輔黃
圖云起萬年陵是也百官表曰縣令長
皆秦官掌治其縣萬戶以上為令秩千
石至六百石減萬戶為長秩五百石至
三百石皆有丞尉秩四百石至二百石
是為長吏又云嗇夫職聽訟收賦稅此
器自府嗇夫以下凡四人建當時平義

皆名也上一人云繕作者工之職下四
人摠言省者官所司也胖雖似股字股
亦縣名然股屬勃海郡不應遠與三輔
之邑連書故知是縣字也其曰右丞者
百官表止言縣有丞不言左右是又可
以補史家所未及矣
翁方綱詩張文學藏漢鐎斗我不見器
乃見銘兩行隸書細在柄府嗇夫建令
長平其年鳳集甘露降佐史受賜民協
寧大烹大酺戶牛酒考工〻氏煎湅精

時稱百器匠巧備廚人治湆咸中經量
深槩稅物不耗令長嗇夫賦有程誰歟
佐史擅小字橫直毫髮皆模型西京書
蹟世益少五鳳年石垂千齡林華谷口
拭彩出永叔原父交眼青此前五鳳又
十載小篆一變無畦町我愛曲阜禮器
刻鏘〻鸞鳳來充庭珊瑚碧樹籀書後
孰桐百尺芝九葉今朝觀此揭柄字天
咫儼縮招搖星史皇文果自鳥迹禮器
碑乃希象形摹以漢尺〻中律因之想

象杅篋銂世間更有客亭子杜陵語記
龍眠聽原注宋湻熙中江陵揚冠卿有古銅鐎斗頌客亭其號也
程晉芳詩鐎斗拓文舉贈我翰林學士
覃溪兄云是嘉禾張氏所藏物古尺量
度四寸贏上狹下寬〻寸許芙蕖一葉
從風輕元康元年繕作府考工嗇夫暨
右丞皆漢職官令史屬其為漢物尤分
明始末文字三十五隸古筆法傳西京
當時歐公恨不見我輩何幸同商評因
思孟康注漢書刁斗鐎斗為一器晝炊

夜擊在軍中白月當天寒響厲洞天清
禄說又殊温器為鐎與刁異有足無足
辨精核龍首𠑹首刻瓌麗此徒一柄失
黃流為刁為鐎費詳諦卽今　王府所
藏鐎斗九西清古鑑流傳久此偏可誦
可臨摹落在人間伴尊卣人間武帝曾
孫某樹葉蟲書青不朽也似斯文一兩
行炎精威治垂衣受第三改元樂康阜
莎車王子初傳首拓邊奏績馮將軍大
旗捲風鳴刁斗此斗曾經應用無倘隨
虎士持弓手書生嗜古復耽書描畫精
心不容茍丸經墨譜並收藏長與先生
宜左右

《金石契》元康鐎斗五　商廿七

鐙一
建昭

商卅八

右漢建昭雁足鐙王侍郎述菴先生所藏準今十六兩權重廿有四兩文曰建昭三年考工〻輔為內者造銅雁足鐙重三斤八兩護建佐博嗇夫福掾光主右丞宮令相省中宮內者第五故家凡四十有五言在盤下其體篆兼八分而無飛筆又今陽平家畫一至三陽朔元年賜十有三言在脣後大廚三言在趾下皆篆書杭郡趙晉齋魏考定元帝建昭時制成帝陽朔時賜陽平侯王鳳之

一

趙魏考雁足鐙銘計六十一字隸書建昭三年考工〻輔為內者造銅雁足鐙重三斤八兩護建佐博嗇夫福掾光主右丞宮令相省中宮內者第五故家四十五字在槃下篆書今陽平家畫一至三陽朔元年賜十三字在前脣後大廚三字在趾下蓋元帝建昭時制器成帝陽朔時賜陽平侯王鳳之一也案隸銘所云漢書百官表少府屬官有考工室

武帝更名為考工中書謁者黃門鉤盾尚方御府永巷內者宦官八官令丞皆屬焉漢時制器有屬尚方者世傳尚方鑑尚方劍尚方故治帳構銅三輔黃圖所稱作室上方工作之所是也有屬考工者臣瓚所謂冬官為考工主作器械元康鐎斗所識考工〻賢友及此器是也內者名附見少府下甘泉鐙內者字凡二見外戚傳稱許廣漢女當為內者令歐侯氏子婦王莽傳天鳳元年莽欲

行巡狩之禮詔內者行張坐臥師古注宣帝紀內謁者郭穰曰百官表云內者署屬少府是內者即內謁者省文黃圖云署在未央宮續漢書云掌宮中步帳褻物薛尚功云內者有令丞奄人之職知漢時服御器物皆由內者傳宣銘故云為內者造兼以避至尊也護建佐書無明文綏和壺有護級掾元康斗有建護長疑當時鎔冶之職隨時而設故第見于諸器嗇夫之名不一外戚傳有暴

室嗇夫張釋之傳有虎圈嗇夫韓延壽傳高陵有縣嗇夫王莽傳宗祝卜史官皆置嗇夫佐齊安宫爐有典宫嗇夫元康斗有繕作府嗇夫當時在在有此職其文可互見右丞宫令屬衞尉銘末云省者即上林鼎監工之義綏和壺曰寶省太官壺曰永省元康斗曰義省其旨同曰輔曰博曰福曰光曰相者所謂物勒工名以考其誠其例較周秦為尤備已篆銘所云陽平家者鐘鼎款識有周

陽侯家鐘武安侯家鈁西漢多此稱謂案恩澤侯表陽平侯有二陽平節侯蔡義昭帝元平元年封以宣帝本始四年薨陽平頃侯王禁元帝初元元年封永光二年薨成侯鳳嗣成帝陽朔三年薨侯襄嗣又孝成帝紀即位以元舅侍中衞尉平陽侯王鳳為大司馬大將軍領尚書事陽朔三年秋八月丁巳大司馬大將軍王鳳薨據銘按之宣帝紀詔賜丞相陽平侯義者時為不合而鳳之沒又在陽朔三年洵為王氏所刻無疑矣外戚傳載王氏之盛自鳳始成帝特重懿親斥先世之器以遺之銘云畫一至三是所賜不止一器而鳳遂鏤識以榮君賜斯時篆體紕繆帝不考文而銘文不失先秦遺意此應如班氏所云通敏人事好士傾財以相高尚而致此耶後大廚三字刻以志所藏之地猶孝成鼎言長安廚好時鼎言供廚金也飾以雁足拗始宣帝時鐘鼎款識有黃龍元年

造者一永始四年造者一邗江馬氏有竟寧元年造者一

武億金石三跋漢銅雁足鐙王侍郎所藏銘文建昭三年考工工輔為內者造銅雁足鐙重三斤八兩護律佐博嗇夫福掾光主君丞官令相時中宮內者第五故家凡四十五字橫寫後大廚三字又橫寫今陽平家畫一至三陽朔元年賜十三字書勢雜以篆隸鐫勒工巧他刻罕與倫比案元帝建昭三年造此器

至成帝陽朔元年始賜陽平王鳳也鳳以永光二年嗣父陽平頃侯禁歷二十四年薨則銘云陽朔元年鳳于是時實被賜也考工〻輔古者物勒工名制器之不苟如是漢有書佐今云律佐亦史闕文

兩漢金石記薛尚功鐘鼎款識載漢鴈足鐙二行鐙二內者鐙一鹿盧鐙一耿氏鐙一其款文皆止年月一條未有更起年月為二文者獨是鐙造於建昭三

年賜于陽朔元年一器之中有西漢文二焉尤重可寶也。後大廚三字著其度置之地故家二字著其所賜之家此二文蓋皆陽朔元年所補鐫也詳驗故家二字筆如錢絲亦與前文微有不同。戊申冬述菴調江西布政使予適以試事在南昌借此器來諦翫古光凝澤槃仰底覆中承以脛下卓三趾其字建昭至故家四十五字旋于槃之下今陽平十三字六行在槃之側後大廚三字

在底之跟以漢建初尺度之其槃凡為圜二重外一重圜逕五寸內圜逕二寸其周輪高八分厚一分底楕而微長前近趾處微寬後近跟處微殺橫度之則前寬三寸一分後二寸六分通計高六寸云以今營造尺度之通高四寸四分耳然此款文云重三斤八兩而以今權權之重一斤八兩則漢權之較今權殺不及半而漢度之視今度殺不及十之八此予親見其器而得其權度之槩如

此者

王昶詩鴈足鐙一形模奇槃徑三寸高倍之厥底暨側鐫文辭曰漢建昭三季遺省中考工〻輔為右丞宮令職所治嗇夫護建咸其司博福光相名次垂迄陽朔歲星十期陽平繼封箸土貽後廚秘置嚴屏幃長安好時同遺規三斤八兩匭豪氂勒字毋乃鑱金錐年深世遠罕鈌虧蠟茶之色兼瓜皮名類食器寔則違大羹非可調芳滋想當禁籞置更

遲官官謁者相提携燃以朱火沃以脂
金釭銜璧明彤闈酣卄謌恆舞千蛾眉擁
髻詎照長門悲渭陵多藝幾文思洞簫
琴瑟工娛嬉掖庭待詔歸荒陲新室文
母本翠嫣絳緣諸子意稍怡丙殿甲觀
森逶迤畫堂幸毓天人姿外家恩澤數
不貲十侯五將雄宗支將軍司馬尢崔
巍當時賜出羣愕眙黃霧四塞遮炎曦
豈顧星茀昭乾維稽古治氏精鑪錘攻
金尚象伻工倕取諸鳥獸靡弗宜殿名

鳳皇繪參差觀號鳷鵲圖匯屭虎圈鹿
館蕪龍池飛廉屬玉縈罘罳茲仿陽烏
淩秋颸乃寓一足如靈夔雪爪宛作鱗
之而蹼屬相着愁翻飛獨鼓翁雜增光
輝當年雕刻誠何其射鴻臺爐燕餘基
或留蹤跡存依稀或因屬國老牧羝端
藉帛書讋蠻夷抑時水患方渺瀰取象
中澤多瘡痍昔賢寓意深然疑上林榮
宮恐已蘼首山蒲反渺莫追甘泉林華
見亦希今幸獲此珍珣琪往客紅橋歲

指寅玲瓏山館花馚馡賓從動色來揄
搋定窑一盌熒熒暉樊榭傑句人交推
痛飲竟到千留犁卅年如夢欣重持生
平嗜古懷軒義王子飲鼎高奴鼒伯戔
類盤李姬匜木父已卣單從彝饕餮花
甗蟬紋卮法物淪落艱尋窺西京古製
良足私書法矧復叅高斯六十一字陳
珠璣似篆似隸盤蛟螭斑斑古質無邪
款李菊丁緩何能幾望古遙集生嗟咨
八篇墨瀋爭淋漓原注星岩少山晉齋赤霞黃山伯扶夔齋

升淵先有作繼聲援筆成此詞一物差可覘
興衰繩聲紫色火德移寧憶朱雁登歌
詩
趙魏詩卯金運黯秋無迹汾水雲飛雁
沉赤徵火原注莽傳卜者王況語師古曰徵竹里反何由辯
爪泥一燈傳自銅駝陌盤承一足足承
盤幕蹼呈姿活碧搏幢幢幾逓長門影
跕跕疑賓東海翰粵稽此製宣皇始後
代元成孰繼美原注宣帝紀黃技巧工匠器械自元成間鮮能及之
銀鉤又識建昭年內者還資考工紀

誰從千載折充宗原注百官公卿表建昭元年尚書令五鹿充宗為少府考工少府屬官也分刌偏遵幼眇工原注元帝紀黃帝多材藝鼓琴瑟吹洞簫自度曲被謌聲分刌節度窮極幼眇師古曰幼眇讀要眇九龍五鳳復何有西漆南油詔始通齋宮焜爚神光起泰時甘泉祀初已洞簫吹徹遏雲寒幾度霜蛾落芳苡石火炎〻允不陽原注成帝紀山陽火生石中改元為陽朔孝成敘傳炎〻爍火亦允不陽輕烟散入澤侯傍三冬未伴青藜熖五夜遥臨黃霧光漸臺土山高復隃外杜高都絶炙輮原注並見鳳本傳施

殘猶自說侯鯖鰲短誰能徵帝火我生癖古類狓猖再拜忻逢大雅堂榮宮舊憶李常造蒲反寧推賈慶良原注二鐙並見鐘鼎款識春風秋雨長安道玉椀金魚縈蔓艸往事何從問壽夫里詞幸得要坡老原注謂廉使菴先生述二三同志亦可求相將載酒城南遊會須樂此看無盡目送離〻野燒愁

汪照詩秋夜沉〻爇樺燭涼雁一繩聲斷續滿堂賓從競傳觀銅冶鐙鰲象雁足其高周尺八寸餘兩盤層疊中空虛紀元建昭識斤兩環脣鐫以蠣匾書其聲硿冷其製好原為中宮內者造秀華掩暎熖騰芒幾費龍膏与鳳腦何時幕蹼掠洪鑪飛廡熵炭鑄璇趺交睛不似睡瀏鵜側翅堪唼薵鷓鴣挺特亭〻踏盤磴翠緑砂斑光黝龍鷺翹鶴立宛呈姿雅配金塗虹燭錠舊置廚官在廣門原注三輔黃圖長安城北第二門曰廚城門水經注廚門其內有長安廚官故曰廚門也如淳云廚門今名廣門也流傳廚鼎涴苔痕鐙

趺後大廚鐫字常沐光輝禁籞恩陽平朱邸尊元舅豪華高踞五侯右拜賜時當陽朔初畫一至三榮世守那知火德漸冥〻潛燃王家青瑣廳吉金入冶還能躍橫飛爥爆移炎靈長安巧工曹不少九龍五鳳鐙奇妙飄蛾塗鼻影連盤詎獨兹鐙炫庭燎荒壟秋風石馬驕金鳧銀雁各漂採千年寶器薶塵土恍同鴻爪雪泥消先生好事開蓮幕博考廿泉与蓮勺摩挲暗緑洗銘詞輕翰香煤

手模拓西京遺製足探求瓦當銅鑑迯研搜碧綾錦贉供裝界原注：時拓得漢瓦漢鑑款識各十餘種裝潢成冊珍藏肯使污膏油

余鵰飛詩長安秋淨雲如繒書空㞧遠鴻飛騰斜行篆隸忽生目一府傳看雁足鐙是鐙第五考工誌孝元遺器遺佳制藏處中宮內大廚賜歸外戚陽平第陽平甲第連上林拜舞回時禁漏深熟食曾聞分蠟燭鼎烹合擬供廚金其時內者居丙舍帝火煇〻諢舞夜戶外駝頭取

次燒輦邊鳳腦何曾卸豹髓魚饞入貢多閒房重榻總鳴珂不同青玉枝〻照祇見紅榮的〻過蜻蜓綴眼蛾飛怯儘敎徹曉啼鶤鷄寶帳應游鼻足龍金塗好鬥連盤鴨千載摩挲換刼灰舞筵蠟泪舊成堆鳳銜纔是朝飛出燕啄俄驚夕入來豈知冶鋏乘空戲豈知流星光逐地恩澤私戕如毀詩垂〻王室同檠棄君不見首山分賔幾枝殘何處榮宮更覓檠祇應集古歐陽録拓與雞壇歗

咏看原注：時述菴先生彙古今金石文字成書銘所收入故云

史善長詩先生手搨鐙檠銘云是傳自漢掖庭文劉淺墨力深細筋骨瘦埶龍蛇形滿堂瞠目顧先覩出袖聲作寒玉玎檠徑三寸趺半殺身長以倍抽亭〻徵名為雁刻惟肖有若一足拳沙汀元精鬱律發蒼潤千春土蝕苔花青其文在脣或在趾駢行疊字鐫瓏玲建昭始造暨陽朔紀注前後分畦町畫夫令掾工曰某考勒必謹奇衺刑渭陵晚愛禱

祀術河東閒歲鸞輿停神光所集仗銜照燭夜時見齋宮星自從太孫任元舅戚晼飛燄由天廷當時五侯勢炙手吐納霜露旋風霆承恩拜賜敞清燕蘭膏燒徹騰芳馨座中食客偏田竇幞下娟族皆譚邢交烟結爈不知曙欲匹五鳳長安丁可憐禍水行已及涎〻燕刷昭陽翎彼哉執埶若先乇幾致竈鼎移冲齡讖金德火運中圮此物無乃炎劉靈鬼燐散滅刼灰死五陵佳氣飄秋螢何

年光怪出古冢陰風吹落魚鐙腥摩挲
款識感疇昔美人瑤殿哀銅缾到今一
千七百載瞥眼短夢回忪惺曾聞玆器
掫宣廟榮宮蒲反維先型遜榮獨尔托
矦邸幽寢未與皂纛扃遺際騷雅資好
事翦燭傳翫當風櫑裝池郙惜摹萬本
恐使遺蹟薶塵冥我慚鑒古謬操翰戔
戔寸擊洪鐘莛客愁黯澹吟思苦觸檐
霜葉驚宵藹雪泥鴻爪堪一喟不妨留
照雞窗經

楊之灝詩我讀歐陽集古録漢世知有
雁足鐙清秋官閣靜無事忽聞傳看懽
聲騰昂然々足立縣几目所未覩名先
稱取義略同鶴有瀰象形絕異觚無棱
蚖脂燒餘舊款在土花蝕處斑紋凝八
分小篆識巔末建昭三年維杜陵工者
輔為内者造賜來侯第光榮增曾見將
軍宴華屋迢々銀漢低秋繩輕烟散盡
紅燭炧鮮鱔膾殘翠釜澄豪華轉瞬竟
烏有此鐙千載殊堪徵玉盌久埋今復

出漆缸不滅嗟安能幾時却被樵蘇拾
大雅獲此如百朋滿堂賓從各嗜古摩
挲紀述紛相仍且搨百本作鴻寶所貴
在字他何憑伊余末座慚授簡抽思花
落圓荷氷吟罷推簾見涼月々繩新雁
翔雲層

金式珪詩砂明綠暗飛古色三寸銅盤
雁足峙攷工蠵匾鐫建昭流傳孝成纔
再世却從陽翔賜陽平後大廚中供奄
寺秋老荒原坼壘痕千載苔花骨含翠

炎々帝火倏蒼涼玉雁金鳧塵坱闕雲
烟過眼空三歎長安市上看儲置是物
郙憂豪勢奪秪應集古求藏弆太原廉
使嗜金石亟持清俸旋羅致其時金天
正蕭爽傳觀賓從紛排翅羣才幕府感
秋心篇什煇煌滿篋笥嗟我浪迹同泥
爪飄搖怕聽哀鴻唳一室愳參無盡禪
青藜蓮燭久忘意此鐙曾自漢宮出精
奇巧逾宣皇製若照長門冷落人不如
牆角遭捐棄上林繫帛起悲謌漸臺壘

土生深喟蒲反榮宮足永寶復徵銘識
將軍第摩挲入手不能釋對之怳讀西
京記只今摹拓供紙墨寧惜龍膏徹宵
熾
吳騫詩君不見咸陽青玉銷沈久七尺
蟠螭希世有先生睎我六寸鐙清光徧
照西湖柳攷工制度窮形模寉脛高拳
雙雁跗注膏未見安丶樣中規壁羨穿
青蒲（原注攷古圖載京兆蘇氏鐙盤中有丶以注膏此鐙盤中穿如壁羨而無主制稍別）林華宮觀迷華飾恆滿蓮枝虹

金石契 建昭雁足鐙十六　商五三

運熄（原注恆滿鐙即常滿鐙見西京雜記）鹿盧龍虎非其
匹黃鵠蹡丶嗘蘋食甘泉蓮勺車宮槃
貢金不待梁山銅五鳳黃龍飛上天誰
歟更守宣王軒得無巧匠葪與緩護建
惟憑奄寺選（原注王莽傳內者令為傳太后張媪蓋內者主供張奄人職也）籀文斯篆錐畫沙蟲魚細鎖昆刀
剡炎精八葉承晏安渭陵多埶史所傳
建昭乙酉（三年）歲肇造畫夫丞令星羅纏
駸丶陰氣盛沙鹿懷月巳符政君卜賜
子便蕃降內家紀元乃復鋟陽朔陽平

行序爭驕貴何異鴻軒及鱗次大廚想
炤作美鯖蚖脂怒挺芝蘭穗鐘磬喧闐
鄭舞催土山漸臺高嵬崑家僮千指競
攜舉璧帶金釭何有哉鉅平京兆無憑
籍輕擲牛衣撼恩澤身已不待九囚呼
血化應先土花碧十侯五將總傾朝文
母徒知守黑貂弥天步障一朝散詎有
殘焰風尚搖孤鐙泠落二千載泗水汾
陰同顯晦內史風流獨見收耿丶涼宵
短檠對檠光雁影兩差池猶憶西京晚

金石契 建昭雁足鐙十七　商五四

祚時木門倉琅燕啄矢啄破緑綈縢方
底鴻冥夫豈避雌伏瞥眼繁華同錠燭
知公雞足山頭禮佛還宣和不録傳鐙
録（原注博古圖不載諸鐙）

符二

樂安王　臨袁侯

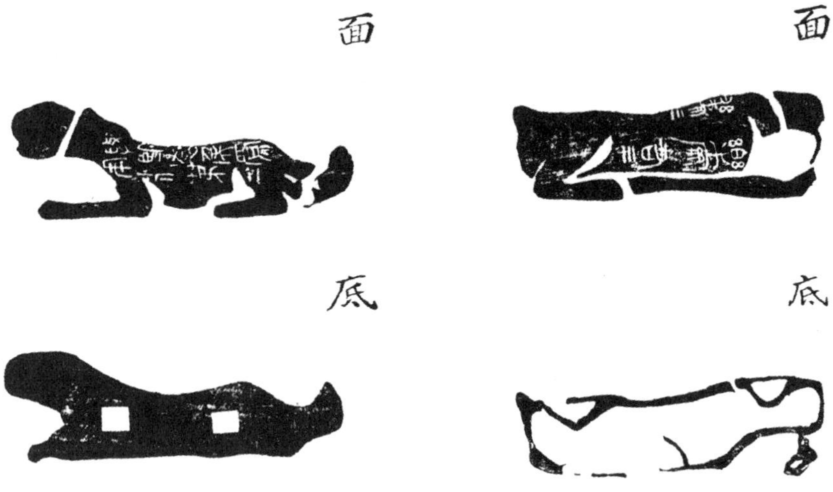

右漢銅虎符二一曰樂安右三又一行樂安王□□□下三言剥蝕凡十言一曰與臨袁侯爲虎符第二凡九言皆篆書金錯按漢書文帝紀二年九月初與郡守爲銅虎符竹使符應劭曰銅虎符第一至第五國家當發兵遣使者至郡合符〻合乃聽受之師古曰與郡守爲符者謂各分其半右留京師左以與之今符有右三字所謂右留京師者也又按史漢功臣表戚鰓封臨轅侯文帝時爲鰓之子觸龍也袁轅古通

吳東發曰按漢書匡衡傳建昭三年七月以丞相封樂安侯

泉母八
五銖

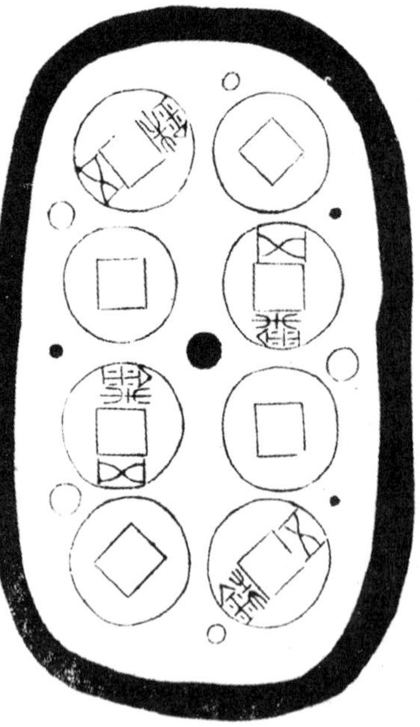

依翁宜泉太史訂正

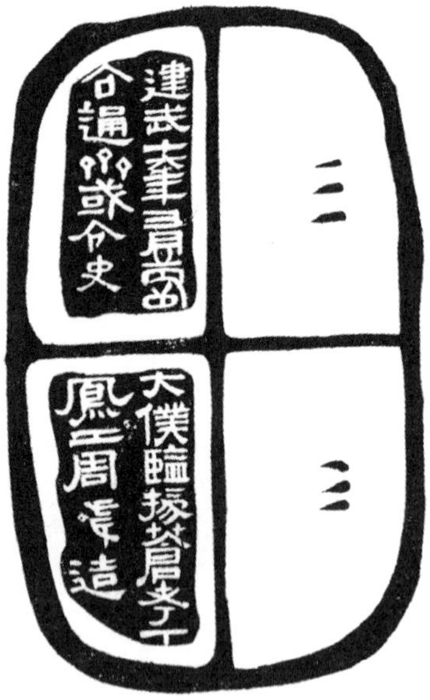

右五銖泉母列泉八枚四面四漫篆文曰五銖底有建武十六年三月丙申太僕監掾蓍考工令通齊國令史鳳工周錢造凡二十有七言書體在篆隸之間瞿萇生中溶云建武二十七言疑後人補刻乃張端木泉録稱其篆文遒美兩存之以備參攷云

張端木泉録端木於乾隆七年在京師見林太常公子坤平案頭有建武年泉范乞以歸上列五銖泉漫文各四形質

文字精好特甚較今所見五銖泉范頗大背有識云建武十六年三月丙申太僕監掾蒼考工令通齊國令史鳳工周錢造篆文遒美較新莽泉范文質俱遠過之

陳以剛跋貨泉莽制也重五銖得輕重之中与漢泉不異而黄牛白腹之謡不思貨泉而思五銖則民心未忘漢也故建武十六年復行五銖泉政在順民心此之謂乎宋景祐時校定尺度丁度等

上泉尺二内一陷古泉十以漢志云貨泉徑一寸故也參校以大泉錯刀貨布分寸正同自来求古尺者莫善于此今以建初尺度笵中貨泉與漢志合則是笵也不但見新莽舊制幷爲建武銅尺留憲跡矣陳君号竹厂海寧諸生博學勤著述乾隆戊戌夏訂交京邸風雨過從甚相得也燕昌南歸後聞竹厂以病卒去秋過其里訪其遺集不可得爲録此跋以見一斑耳丙辰冬日識

五銖

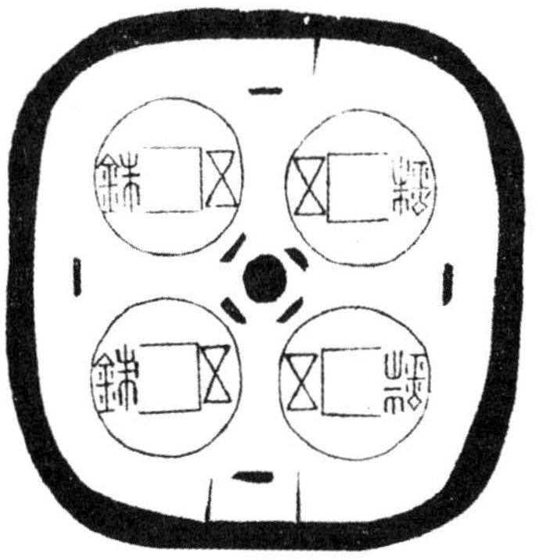

右五銖泉母列泉四枚篆文曰五銖底左有ノ卌字右字畫隱〻莫辨家尗未所藏比二一面一漫惟此底有題字録其一可因此識彼矣

張廷濟跋廷濟家藏五銖泉面背具全陽范泉四無字陰范泉四有字曰五銖每范重今等七兩三錢陰范背篆細如針青緑重掩惟卌可辨葢作泉者之紀數也昔人謂泉之有字處為陰無字處為陽与鏡陰之有款識皀器物之識必書於底同義今紀數之字正在范之背又一證也

大泉五十

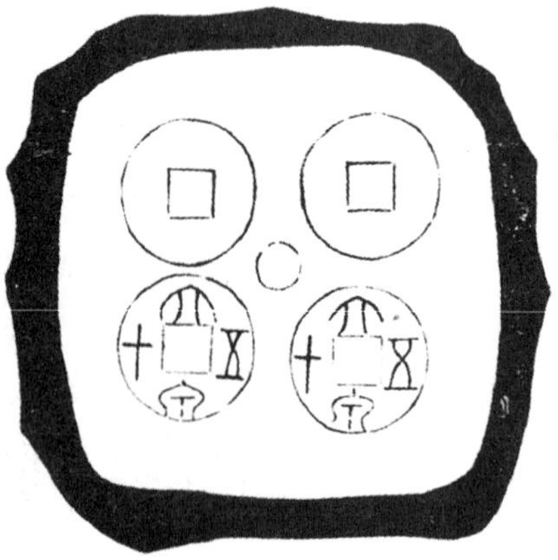

右新莽泉母列泉四枚二面二漫篆文曰大泉五十海寧周明府松靄春所藏云卽竹垞太史見於衎齋者惟底有篆似口金字何以竹垞跋語不及也又王述菴先生藏一笵與此正同詳江同年聲跋尾

朱彝尊曝書亭集新莽泉笵文易龜貝為泉布師尚父立其法退而行之齊周官則泉府掌之景王分小大二品權其子母為利溥矣然仲尼之徒無道其事

者利固孔子所罕言也新莽閏位特重錢法錢凡六品刀凡二品布凡十品既而以剛卯金刀合劉氏文乃禁盜鑄挾銅炭者入鐘官其時鼓鑄多故至今猶有存者若夫錢笵竊疑排纂譜録圖志諸家或未之見也歲在丁亥夏觀于衎齋上舍小葫蘆山書屋笵形正方中央輪廓四其二有文曰大泉五十徧體青綠詩家所云活碧庶幾近之上舍得之石門故家案頭古銅器雖多當以此居

第一矣

江聲記此泉笵之母少司寇王公所藏也匚形而圜其四隅廣三寸六分縱三寸七分中列泉模四圜徑寸二分上二枚有文曰大泉五十下二枚無文四旁中央皆有樞紐國語曰景王將鑄大泉唐尚書云大泉重十二銖文曰大泉五十韋昭引鄭君周禮注偁王莽之大泉文曰大泉五十唐君所謂乃莽時泉非景王所鑄案韋氏駁唐誠是其引周禮

注則不然鄭君云大泉徑寸二分重十二銖文曰大泉直十五貨泉不云五十也漢書食貨志云王莽居攝變漢制以周泉有子母相權于是更造大泉徑寸二分重十二銖文曰大泉五十此其是矣

附翁樹培說鄭康成周禮注云大泉直十五貨泉而江君引之遂謂大泉直十五貨泉不云五十此說非也漢書王莽傳居攝二年造大錢一直五十

與五銖並行則曰五十者直五銖之五十也始建國元年更作小錢文曰小錢直一與大泉五十並行則曰五十者直小錢之五十也食貨志天鳳元年作貨布貨泉貨布直貨泉二十五貨泉枚直一則鄭氏所謂大泉十五貨泉者乃指天鳳元年距居攝二年已經八年之久原注王莽傳以造貨布貨泉系于地皇元年下則又在天鳳之後矣夫貨布之重二十五銖者僅直貨泉二十五則大泉之重

十二銖者止直貨泉十五理固當然且天鳳元年改作貨布貨泉之後大泉與貨泉俱枚直一則是錢所值之多寡原因時為變通曩之直十五者且直一矣烏可復泥其初制歟夫大泉為莽初年所造第一品迨其後也小泉等俱不行而大泉仍終莽世鑄之故有直十五貨泉之說今世所見大泉固有稍薄小者應是與貨泉同時所鑄宜其非復舊式不直五十而

直十五矣然泉文明曰五十與契刀之直五千同義則後之考古者亦惟溯其始作之本意可耳賈公彥周禮疏云大泉直五十不云五十言十五者誤當從五十為正此語是也夫直十五貨泉之說鄭氏必有所據固非誤引然初造大泉時實直五十鄭氏不應引十五之語以相證蓋鄭氏止云文曰大泉竟似不知泉文為大泉五十者此鄭氏之疎也予所見大泉

又有傳形者使鄭氏見之必當讀為大泉十五以為直十五之明證矣豈可哉

汪孟鋗詩紫色虵聲厄陽九改制水衡翻覆手平生口實是周官誤會前人權子母流傳六品今尚多鑄泉々范形何模眼中漢制忽得一萬貫千緡價無匹妥安硯席如槃方古尺約徑二寸強兩文兩幕相對當惜乎失其半向背牝牡難推詳當年范金合土出鑄樣漫費史

氏詞鋪張豈知代遠亦成寶欲與彝鼎同千霜吾友有張子五銖錢范見都市建武十六年監掾工令史（原注五銖錢范篆識云建武十六年三月丙申大僕監掾蒼考工令通齊國令史鳳工周錢造）二者沈思迭廢興白腹黃牛蜀謠起攜歸差免行囊空搨出生憐篆文美巧偷一吷落誰何對此情知悲作喜此物何自自衎齋金風亭長題最佳赭斑翠滴忍弃置評錄且可台揄儕

大泉五十

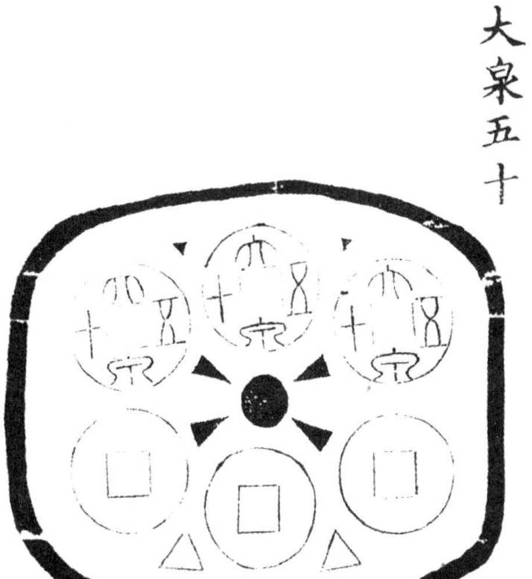

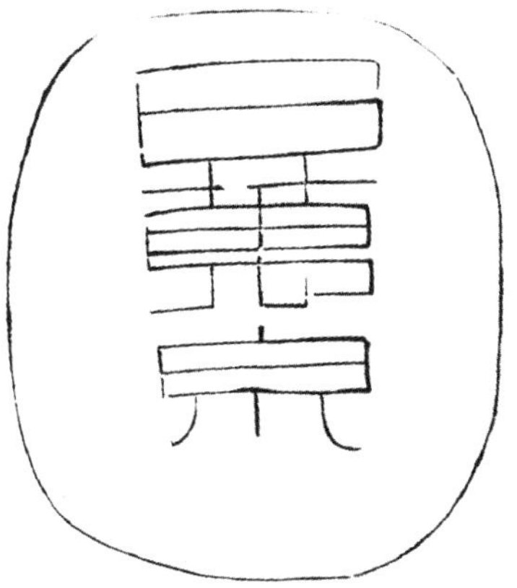

右大泉五十母列泉六三面三漫篆文曰大泉五十藏家粥未清儀閣較周松靄所藏泉多二枚字畫尤精勁底有隸書曰萬泉三言泉范自竹垞太史拈出世乃知珍重近且出土日多鑒藏家各有幾枚余所見不下數十限於力未及徧摹

張廷濟跋范重今等十兩泉面背各三肉好周正大泉字皆作方折張台泉志所載大泉五十泉有字畫俱方者此也背有日萬泉三字篆法遒勁余所見泉范背文宜泉吉利富人大萬日利大吉皆語取吉祥存之亦可備鍾官一佳話矣

大泉五十

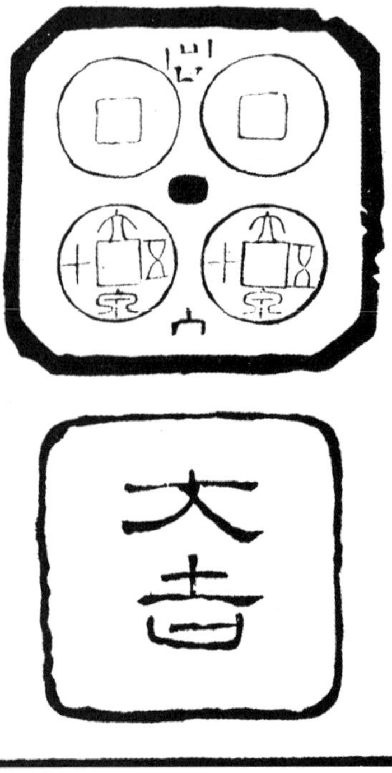

右泉母向藏余家文曰大泉五十陰有分書大吉字甚佳

錢坫古器款識右泉范厚五分面寬二寸容大泉五十面背各二背寬一寸七分有大吉二字隸書新莽泉范大概並取吉祥語漢書食貨志載莽時泉刀諸事頗詳獨不及此何也

大泉五十

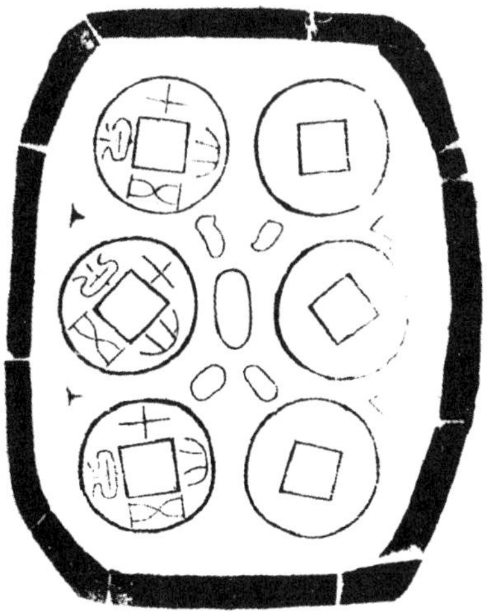

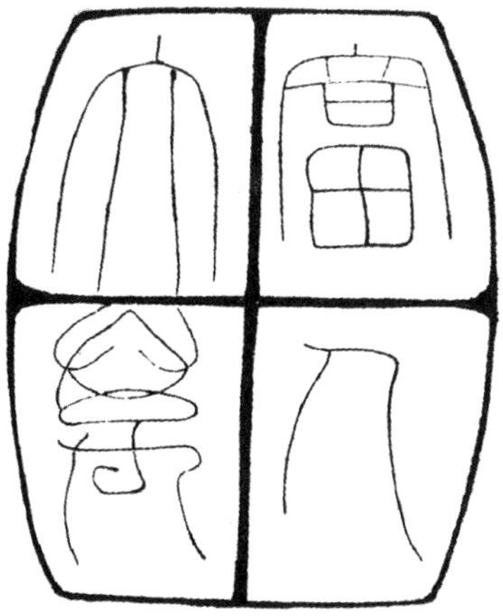

右泉母文曰大泉五十陰有篆文富人大萬字乾隆甲寅醉司命日余寄居外家卒歲無聊趙晉齋以金石拓本見贈此其一也時与梅花水仙同助清興亦足以慰我寥寂矣

錢氏古器款識右范厚六分面長五寸寬三寸七分四邊寬三分内容大泉五十面背各三位置不正稍蝕不清背長四寸五分寬三寸五分中四字文曰富人大萬篆書遒勁余所得泉范甚多獨此大而奇

貨泉

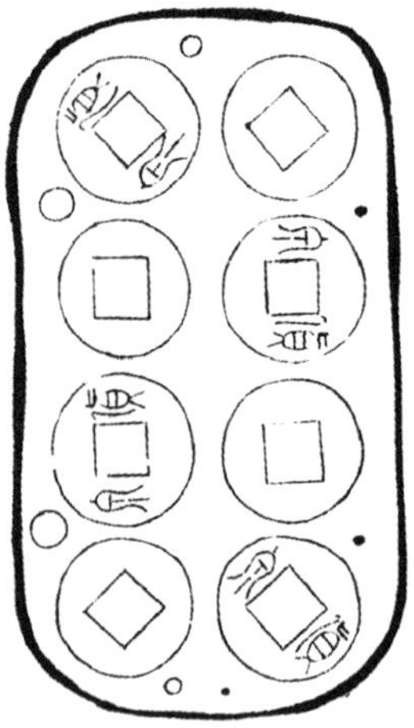

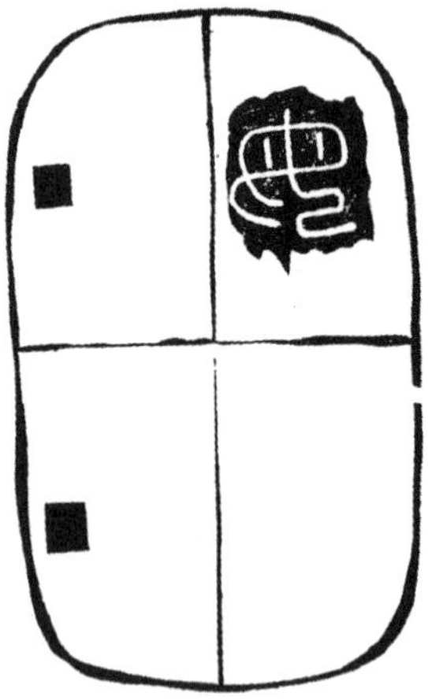

右新莽泉母列泉八枚面漫各四篆文曰貨泉底右上有篆文母字前人所未見者吳門江鄭堂藩所藏少詹錢先生泉母之說本此又按漢唐人泉字篆法直筆不連如九成宮醴泉銘額泉字亦然今說文刊本却作連筆据此可證說文傳寫之失矣

錢大昕跋新莽錢母一其形橢圜中容貨泉八枚其四有文其四無文交錯列之背之右隅有文曰母蓋當時呼錢模爲母也秀水朱氏所見大泉五十之母强名之曰笵由未得見此異聞耳己酉歲十月十七日江鄭堂訪予春風亭携此見示喜而識之

江聲記吾家子屏嗜古于叟人處購得一赤銅泉母形橢圜廣三寸二分袤五寸三分中容泉模八枚皆圜徑一寸好匚四分有文無文各四作兩行間錯排列焉其文右曰貨左曰泉其兩旁一相爲牝形二一相爲牡形二兩耑則各一

牡一牝其背有篆文母字扗右旁半以上因是遂名之曰泉母寔則泉范之母也案鄭君注周禮外府職偁王莽泉布十品存于民間多者有貨布大泉貨泉貨布重二十五銖直貨泉二十五大泉重十二銖直十五貨泉貨泉徑一寸重五銖右文曰貨左文曰泉直一也此泉模形制正如鄭君所偁貨泉也若欲鑄泉則湅泥使戠寔填其中印取其泉文牝牡之形以爲型范如是者二以對合之牝牡鑿枘相入則泉型面背相滲便可鑄矣旃蒙單閼之且月

大布

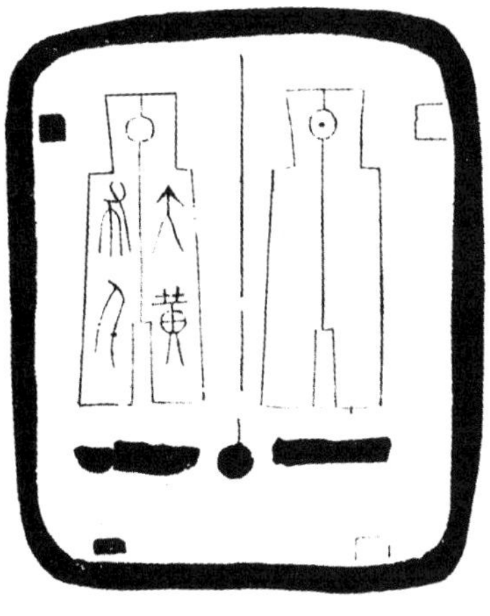

右莽布母重今廣平十兩又二錢嘉興金硯雲忠渭所藏列布一面一漫篆文曰大布黄千乾隆甲午二月同秀水蔣春雨元龍觀硯雲癖嗜古泉貯藏甚富與吾鄉馬元石廷保海寧陳誰園萊孝相伯仲又聞曲阜顏明府運生崇槼藏金錯刀母形似葫盧惜未寓目也

洪遵泉志舊譜曰重七銖長二寸三分文曰大黄布刀張台曰此亦王莽所鑄文曰大黄布刀莽自言黄虞之後又改

平帝定安太后為黃室主即大黃莽之自稱也意者豈非莽之初謂刀布一物後分為二耶李孝美曰按此制作切類貨布但足外差廣銅色稍赤耳食貨志與莽傳皆所不載余按此布今世所存尚多

趙彥衛雲麓漫鈔新莽大黃布刀文譜家皆云布刀細觀篆文中一點重即千字也此幣有布形無刀形謂之刀誤也況布與刀二物不可得兼曰千者當千用之

張氏泉錄余得此布有二品形制稍異乃是大布黃千則漢書所云莽布十品大布價值千錢意謂是歟而泉志所云大黃布刀了無意義且篆文刀字豈有中多一點者乎蓋千字也但觀幺布差布第布三式形制似覺相彷彿研究自明表而出之

泉十六

連幣

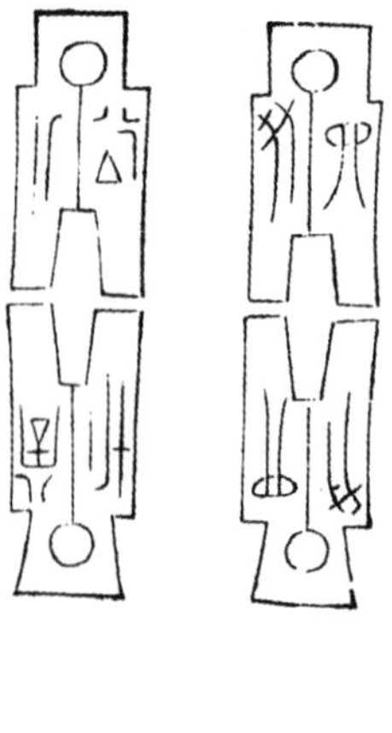

右連幣兩面有文未詳或釋四布當千

按連幣之名見於高似孫緯略及鄭樵通志略蓋出范後未經剖析者兩家俱定爲商制洵古泉奇品粵東潘舍人毅堂有為好古君子也已酉冬歸自京師道出錢唐泊舟江上余与趙晉齋造訪賞其所攜書画及古泉貨幣達旦別去晉齋以連幣贈行余亦贈以石勒豐貨而毅堂則以金錯刀相報美人之意令人服膺弗失矣

貨布

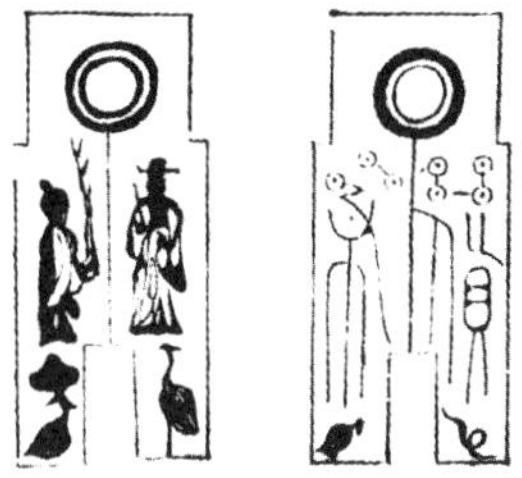

右貨布異品洪氏所未收余於戊戌春得見于顧蘆汀鉄濟寓齋面有貨布文上北斗七星下龜蛇形幕文二人並立手有所執下二物若雲鶴壓勝品也

五男二女

右布作五男二女形上中下凡六孔香奩中穿青絲者亦厭勝品也按洪氏厭勝品載永安五男泉伍男貳女叄公九卿泉五男二女泉凡三品又　國朝龍眠方氏嵩年蕭：齋古泉録載五男二女泉徑八分重九分半幕作嬰兒狀洪氏所未收并摹列于後

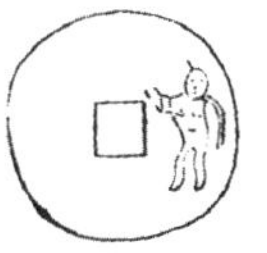

蕭蕭齋古泉録右徑八分重九分半面文五男二女小篆黝綠色背作嬰兒戲弄象與泉志猒勝中李譜所載異朱子明詩傳遺說曰今人言五男二女亦有所本詩疏所謂武王有五男二女蓋出于此五男者如左傳邘晉應韓爲武之穆與成王則五矣二女者大姬下嫁陳胡公其一也詩何彼穠矣王姬下嫁齊侯之子則二也

莽布十

大布　次布　第布　壯布　中布

差布　序布　幼布　幺布　小布

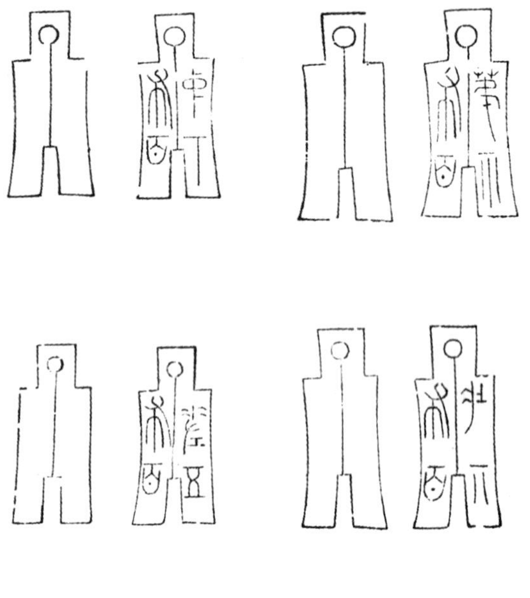

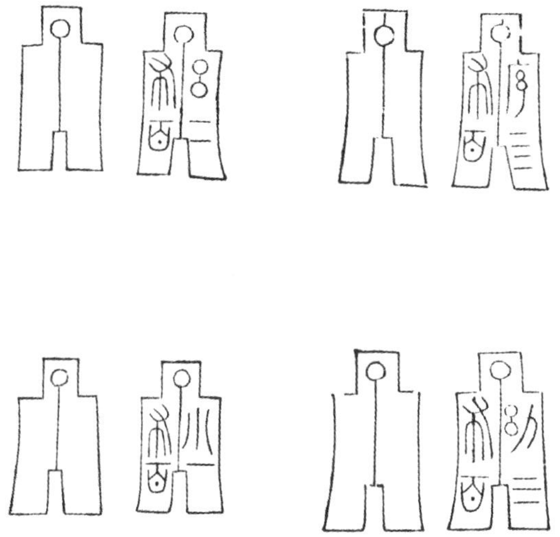

右莽布十品洪遵泉志未詳其制蓋真
本不傳後人依漢書食貨志繪之耳余
留心三十餘年隨所見鈎模之如大布
黃千次布卌百弟布卌百壯布丌百中
布丁百差布五百序布三百纫布三百
幺布二百小布一百是也由大布遞至
小布說詳瞿莀生續泉志其六七八九
字皆以一作五數丨作一數象籌筭形
今以直橫紀數猶存古意余初得僅八
品後莀生響搨序布三百見貽甲子九
月于趙晉齋處見壯布丌百十布方備
足以訂刊本之謬矣
兩漢金石記食貨志小布長寸五分重
十五銖文曰小布一百自小布以上各
相長一分相重一銖文各為其名直各
加一百上至大布長二寸四分重一兩
而直千錢矣是謂布貨十品注師古曰
布亦泉耳謂之布者言其分布流行也
宋祁曰各加一百當刪一字按十品者
謂大布次布弟布壯布中布差布厚布

纫布幺布小布也自小布以上各相長
一分者謂幺布長寸六分上至大布長
二寸四分也各相重一銖者謂幺布重
十六銖上至大布重二十四銖也直各
加一百者謂幺布二百上至大布直千
也一字必不可刪假如宋說一百當刪
一字則一分一銖何不亦刪一字而必
一百之是刪乎凡宋祁校漢書所云某
字當省者大約類此○此四字每二字
皆橫書所謂長寸五分者是連布之上

下言之也今以建初尺度之並與漢志
相應也
錢坫古器款識右序布長一寸八分文
曰序布四百四字作三古者一二三三
字皆積畫也新莽十布一曰小布一百
長一寸五分二曰幺布二百長一寸六
分三曰幼布三百長一寸七分四曰序
布四百長一寸八分五曰差布五百長
一寸九分六曰中布六百長二寸七曰
壯布七百長二寸一分八曰弟布八百

長二寸二分九曰次布九百長二寸三
分十曰大布横千長二寸四分小布重
十五銖由小布以上遞重一銖遞加一
百故大布重一兩而直千錢其命名之
義則以大小相對次弟壯中差序幼幺
兩〻相同今漢書食貨志乃譌作厚布
非矣莽十布余收獲皆全獨此可以證
史書傳寫之誤大布可以正時俗解釋
之謬故錄入之益以見古物之留存於
世為功不小豈特供展玩而已哉

瞿中溶續泉志大布　案十布之文皆
先自上右至左復下右至左讀之張君
以大布黄千即十布之一極為精確詳
予十布總跋中据泉志引舊譜張台並
讀為大布黄刀則知從前著錄家皆誤
非始于洪氏也且即以莽所造一刀絜
刀之刀證之其文作𠚣與此迴異其為
千字無疑又案禮記緇衣狐裘黄黄陸
元朗釋文云黄徐本作横則又黄即横
之明證也。次布　案此布名次葢所

直次于大布也攷周禮廛人絘布陸氏
釋文云絘本又作次莽好依古或曰古
有是名而造此歟。弟布　案小尔疋
廣疋應劭漢書注服虔左傳注俱訓第
次也此布之直又次于次布變名曰弟
者以示分别耳其寔第訓次次亦訓第
（原注見王逸楚詞注）展轉相訓義本同也又案次
第字古人即用兄弟之弟爾雅釋親曰
弟弟也相次弟而生也說文曰弟韋東
之次弟也隸書變ㄙ為廿楷書又變廿

為竹也第字見孔龢魯峻諸碑則知漢隸已有从廿之字此布篆文从艸正依當時隸書為之繆于六書之指矣。壯布　案莽先鑄大泉復造壯中幼幺小五泉共為錢貨六品壯對幼言則取禮記三十曰壯之義也又案方言秦晉之間凡人之大或謂之壯又爾雅釋詁詩毛傳楚詞王注皆訓壯為大則壯亦有大義故為大泉之次布以壯名殆與泉同意歟。中布　案此布亦用錢貨中

泉舊名中之數增于幼減于壯攷禮記儒行鄭康成注荀子非相篇楊倞注俱訓中為間則此蓋曰居壯幼之間猶人之中年故以中名之歟抑長與幼對壘子有中同長也之文古人中仲通用仲有次義豈又曰長于幼次于壯之意得名歟又案說文中籀文作𠁩蔡湛頌劉脩碑俱作𠁩夏承高彪二碑則以上左二畫亦移于右作𠁩臧伯著碑又變四畫為四點分于四角作𠁩唐公房碑又

省上二畫作𠁩漢人隸書有此數體而布文又作𠁩則上下各省一畫與作𠁩之意略同也。差布　案說文差貳也籀文作𢀩从二廣雅釋詁差次也則此布曰差殆取差等之義以其直數次貳于中布得名歟。序布　案釋名厚後也有終後也則厚與差義亦相近𠬝莽作十布其六皆用六泉舊名所增次第差序四品次第轉相為訓差亦訓次而序為次序（原注詳見廣雅及易虞注三禮鄭康成注公羊傳何休注）

（左傳杜預注國語韋昭注）皆取同類字兩兩相間錢君以序為解于誼較長又案詩大序厚風俗釋文云厚本作序可知二字形相似易于殽亂也。幼布　案說文釋名廣疋及楚詞注皆訓幼為少且在壯泉之下幼對壯言正取人生十年曰幼之義布以幼名蓋与泉同意。幺布　案說文幺小也象子初生之形顏師古注漢書訓幺為小蓋本之說文又案爾雅釋獸豕幺幼郭景純注最後生者俗呼

為幺豚釋文引字林云小豚据此知幺本訓小說文幼字从幺取義皆同故幺泉居小泉之上而承幼泉之下也布与泉同意○小布　案說文小物之微也从八丨見而分之此布名小對大言之与泉同意○又案右十布大布居首小布居末餘則以次遞降於泉貨壯中幼外加次第塋序四品兩〻相閒即食貨志所謂布貨十品是也莽于居攝二年原注本傳作五月漢紀作四月更造大泉五十至建國元年又增壯泉三十中泉三十幼泉二十幺泉一十小泉直一共為錢貨六品自壯泉至小泉則由大泉五十遞減而下又為布貨十品則準大泉五十遞增而上倍之而為小布一百餘皆如泉貨之例也莽之更張漢制皆貌為依古寔則好異其始造栔刀也隱放齊刀之制藉以矯異于漢因栔刀而造一刀以黃金錯一刀二字而易左右之制為上下并于五千上加平字則又欲示異于栔

刀也至建國元年春嫌劉字有金刀罷除刀泉復曰圓錢謂之泉貨形同漢制而以四字為文以異之小泉不足四字則加以直字緣直与平同義也又曰古人用布乃更造布貨十品原注食貨志云莽更作金銀龜貝錢貨之品名曰寶貨又云凡寶貨五物六名二十八品中溶案五物者銅金銀龜貝也六名者錢金銀龜貝布也二十八品以志所列錢貨六品銀貨二品龜寶四品貝貨五品布貨十品計之止得二十七品竊疑志謂黃金重一斤直錢萬朱提銀八兩為一流直一千五百八十它銀一流直千則銀貨寔係三品令本作二或轉寫誤脫一畫耳又案本傳下詔更造在建國二年冬傳云于是造寶貨五品愚意品字當是物字之誤否則五下當脫物六名二十八六字附識于此以俟世之善讀史者亦以四字為文增至大布不足四字則又以黃字足之猶之以直作小泉也黃即橫之省文橫与衡通原注詳鄭康成周禮禮記注漢人訓平直皆為正原注訓平為正見詩何彼襛矣及魯頌毛傳又常棣鄭箋周禮大司馬鄭注訓直為正見詩碩鼠鄭箋及礼記曲礼郊特牲哀公問注衡又訓平訓正原注書太甲孔傳君奭鄭注詩長發箋周礼地官攷工記礼記曲礼注皆訓衡為平又漢書有衡平之文禰衡字正平皆其左證也平直黃三字展轉相訓可知義寔相同莽特好

異故為異文以區别耳而俗儒不學輒憑肊見妄改史文其貽誤來學豈淺鮮哉洪氏泉志徃〻就書史紀載約略為圖其引漢志於小泉下誤加直字以五字為文離于相稱遂第列布名如貨布之制而皆去泉數并緣張台等誤讀大布黄千不知即十布之一而别為二文之大布列于十布之末今如洪所圖十布從未一見而右十布則皆予目睹手摹絶無可疑者以漢志所謂自小布以

上各相長一分之言度小布至次布次布至大布黄千無不脗合又攷漢書食貨志及莽本傳並不列載大黄布刀一品諸家泉譜誤謬顯然矣又案十布之數小布一百幺布二百幼布三百序布三百皆用積畫如其泉貨之文差布五百亦同泉文作𠄡而中布丅百壯布丌百第布丌百次布丌百又如今民間所行號碼此古書所罕見試詳論之數目之字古人用以記算故其文如算之形

算數也原注本爾雅說文儀禮禮記論語鄭注漢書曰數者一十百千萬也所以算數事物世本曰隷首作筭數舍人注尓疋曰釋數之曰算〻數有物其物即名為算故儀禮鄉射記曰容八筭大戴禮及禮記投壺篇曰算長尺二寸鄭康成曰算長尺有握〻數也原注漢書筭法用竹徑一分長六寸二百七十一枚而成六觚為一握又謂之籌儀禮大射禮賓之弓矢與中籌皆止于西堂下鄉射禮箭籌八十鄭康成曰籌筭也史記留侯世家

運籌即術書所謂運筭籌又與疇通疇人子弟即算人之子弟也原注如淳注家業世〻相傳為疇年二十三傳之疇官各從其父學又謂之馬禮記投壺篇曰司射請為勝者立馬當其所釋算之前一馬從二馬鄭康成曰三馬即勝算也别出此三算以紀勝算謂之馬者若云技藝如此任為將帥得乘馬也說文竹部有筭算二字其觧筭字云長六寸計術數者从竹从弄言常弄乃不誤也觧算字云數也从竹从具讀若筭

而示部別有祘字云明視以筭之从二示逸周書曰士分明之祘均分以祘之也讀若筭一切經音義以此祘字為古文算葢古文正象筭之形也竊意古人布算始但橫列積至五則其位多而恐亂乃以二算邪交為乂原注說文乂古文五象陰陽交午也六則以一算橫列一算豎列作丅而不交由是變五為一變一為丨而七八九則遞加一算皆豎列為別矣積至十而數全則以二算一縱一橫正交說文

所謂十數之具也一為東西丨為南北四方中央備之義是也葢天地之數皆五於文一在上為天一在下為地故一可代五也以丅丌丌丌為六七八九字始見于宋司馬光潛虛潛虛以乂為五正用古文交午而一二三亖亦豎列作丨刂川川為異元李冶測圓海鏡記算有縱橫二體縱作丨刂川川川丅丌丌丌橫作一二三亖亖丄亠亖其積算也首為橫則次為縱次又為橫如百廿

三作非是也首為縱則次為橫次又為縱如六百七十八作丄川是也推其意殆恐並列易混故以此為別耳較之潛虛則五亦積畫以下皆可橫列為異若今俗所行號碼作丨刂川乂〥丄亠亖文惟丨刂川亦作一二三以別之而六七八不用縱體以〥為五鄙意以為即艸書午字以文為九予友同里吳君凌雲云葢用久字也原注今以瓊玖之久為大九字已見唐人五經文字中惟以乂為四最不可解且與古文

相敘必非古義號碼之碼即禮記立馬之馬後人加石旁已見于明會典中溶學淺質愚不喜穿鑿傅會竊謂温公為宋代名臣博覽載籍其文必有依據故因十布詳論及之世有博雅尚冀糾其紕繆為幸原注元和李君銳深于算學常以此論質之有予所未及者今附錄于此李君曰宋秦九韶數學九章布算之法与李冶測圓海鏡益古演段二書不異其式縱橫相間所謂卧算豎算是也古書雖無算式然孫子算經有云五不隻六不積云五不隻則自五以下必以一算為一數云六不積者則自六以上必以一算為五數与秦李二君所用之算式同矣又云凡算之法

一縱十橫百立千僵十千相望萬百相當一者今人所謂單位也立即縱僵即橫十与千相隅一位百与萬相隅一位亦是一縱一橫相間与秦李同也孫子不知何代人或以爲孫武要其人當在魏晉前耳

兩甾

右兩甾泉見洪氏泉志刋本譌甾爲畱按甾錙字省文也洪氏引敦素說禮記鄭注云八兩爲錙〻字譌當是錙字八兩爲錙雖本之鄭注說文錙六銖也此泉重如其文若以八兩爲錙則兩錙合成十六兩於泉亦不符此必有譌又左邊之字不當爲鏽〻字譌疑是甾字如此讀則敦素說亦以甾爲錙非讀甾爲畱至董氏曰考字書無畱字畱字譌疑是甾字下云披緇翦髮明以緇字相證洪氏所引未嘗讀甾爲畱皆是傳寫之譌耳洪氏此泉載大小二品今大興翁比部宜泉樹培所藏是其大者余并其

小者摹之又敦素云重四銖洪云重四銖三參或疑与六銖之説不合蓋古今權衡輕重不同此泉形同秦半兩當亦秦制援今以證古未可偏執也

洪氏泉志敦素曰此錢重四銖徑一寸三分微有外輪背面無好郭其文篆書右曰兩左曰嵒形質大抵似半兩制作古異源流莫知按禮記鄭元注云八兩爲鉛錙據其輕重非如其文然左邊之字不當爲繿嵒但未識耳董逌曰考

字書無嵒字又不与篆合按釋真觀書曰割愛辭親披繿䌯翦髮乃知此自梵書中出其以繿爲嵒又省文也此錢疑在南梁北齊閒余按此錢今世所見者形質夷坦字文著明背面內好皆無輪郭徑寸二分重四銖三參嵒字与諸譜不同制度亦小今兩存之

翁樹培曰審其形制与秦半兩相等因思古人二十四銖爲兩半兩者十二銖也秦半兩錢重如其文説文曰錙六銖也兩錙則亦十二銖乃半兩之別種省金爲甾亦猶五銖之有省金作朱者耳漢州輔碑涅而不緇武班碑謁者景君碑陰斥彰長田君斷碑菑並从嵒廣韻菑同甾菑川太子家金熻盧菑亦作甾是皆足證嵒之爲甾陳鵠耆舊續聞曰鯔魚人皆不解作圖音讀唐明皇注道德經輜重輜字偏旁作嵒乃悟鯔爲鯔也

陳焯曰按漢書地里志惟甾其道師古

曰甾字或作淄古今通用又裴漼嵩山少林寺碑云申緇林之敬又褚遂良書房元齡碑臨淄定公臨淄侯緇淄作緇淄与此均可互證

漢鑑一

宜子孫

角廿二

右漢鑑黃棥升錫蕃得於京師篆文宜子孫三言旁有紋七乳三瑞四靈悉具蠟模之最精者色澤光怪奪目棥升用充帰囊足見雅人深致矣

黃錫蕃跋嘉慶庚申春正月余得漢宜子孫鑑於京師日南坊骨董家重十五兩又十五銖以慮俿尺度之徑七寸時翁學士方綱趙光祿秉沖咸相鑒賞各有題句云

翁方綱詩錦囊古篆丹砂紅日浴百寶光熊〻春雲結作吉祥字遠光正注冰奩中我録尚方諸漢鑑宜子孫語圜徑同銘居中輪外環向四神八衛永寶充以該玉泉仙棗頌壽溢四海台三公其文圜旋勢鼎峙蓝珠簇蕚如金蟲誰家玉臺搴繡幰想見絡繹明房櫳交加慶祝縮綽引長年萬億康彊逢宜富貲昌宜日利恰与印文鐫同工黃子手摩方寸鋏星池玉氣蟠長虹雪後鐙宵月環照七乳報尔煑石農新鸎高枝日送喜

蘇齋一氣春蓬〻
趙秉沖銘精冶鍊炎室遺銘三言子孫
寔三瑞蟠四靈隨對歡顏葆華姿命褚
氏圖厥規君子弑其鑑兹

《金石契》漢鑑三

角廿四

尺二
建初

角廿五

右漢慮俿銅尺篆文曰慮俿銅尺建初六年八月十五日造凡十又四言孔東塘尚任故物與秦熺鐘鼎款識所載晋尺强弱相等昔余過曲阜曾與孔中書繼涑民部繼涵觀於玉虹樓今二十餘年來銅尺無恙而兩先生已作古能無對此增感乎

孔尚任記江都閔義行博雅好古所藏銅尺一朱碧繡錯爲賞鑒家所玩余既得之乃不敢以玩物蓄焉古者黃鐘律歷疆晦冕服圭璧尊彝之屬皆取裁於尺而周尺爲準自王制不講鄉遂都鄙之間各從其俗於是布帛營造等尺代異區分遺法蕩然況禮樂之大者乎此尺有文曰慮俿音盧夷銅尺建初六年八月十五日造慮俿乃太原邑建初則東漢章帝年號也考章帝時泠道舜祠下得玉律以爲尺與周尺同因鑄爲銅尺頒郡國謂之漢官尺此或其遺與吳騫云晋書律歷志漢章帝時零陵文學史奚景於泠道舜祠下得玉律度以爲尺相傳

謂之漢官尺未聞有鑄銅爲尺之說又隋志載十五等尺漢官尺與晋始平銅尺居第四等視周尺爲長三分七豪今慮俿尺既與周尺等則長短亦不同也漢代去周未遠且禮經皆出漢儒漢尺之存即周尺之存也聞之先王制法近取諸身遠取諸物然後尺寸之度起何休曰側手爲膚按指知寸布手知尺此則尺之取諸身者也律歷志謂一黍之廣爲分十分爲寸十寸爲尺此則尺之取諸物者也指有長短黍有巨細每不相符漢儒因有指黍二尺之辯吳騫云此段大槩剌取宋陳祥道之言而以爲漢儒因有指黍二尺之辨則孔氏之誤也宋聶崇義被命檢討禮書及禮器圖因準前代制度造指黍二尺以進凡冠冕尊彝用木之類用黍尺圭璧琮璜用玉之屬用指尺請下少府監制爲定式時人頗議其非是宋以前弁未有指尺黍尺之目故隋唐而上諸言尺者亦並未之及不知東塘何從得漢儒辨來至側手爲膚按指爲寸實何休注公羊語而布指知寸布手知尺則家語之文此尺取指取黍固不能定今以中指中節量之適當一寸無毫髮差及累黍試之正足一百何指與黍之偶符若此邪廣一寸厚五分重抵廣法十八兩歸之闕里凡造禮樂器皆準

之準周尺也吳騫云東塘此記俱沿明郎瑛之謬詳予尺考訂譌

盛百二柚堂筆談右漢銅尺武陵夋子栗堂荃於闕里摹得見贈文云云慮俿屬太原郡令五臺縣此江都閔氏贈於曲阜孔東塘先生者也先生湖海集有銅尺記余以歷下衣工尺較之爲六寸八分弱以木工尺較之爲七寸二分以車尺較之爲□寸□分

兩漢金石記右漢建初銅尺今藏闕里孔東塘有記載王文簡居易録記云漢

章帝時泠道舜祠下得玉律以爲尺與周尺同因鑄爲銅尺頒郡國謂之漢尺此或其遺歟又引郎瑛云劉歆銅斛尺後漢建武銅尺與周同自注云建初間得玉律以爲尺謂之後漢官尺疑其非漢武也按隋志列十五尺一周尺即劉歆之銅尺建武之銅尺祖沖之之銅尺荀勗令劉恭所造之尺謂之晉前尺者是也二晉田父玉尺則世說所稱田父於野中得周時玉尺者也此比晉前尺

爲一尺七釐矣四漢官尺即以文學奚景所得舜祠下玉律而度之與始平尺同此則比晉前尺爲一尺三分七豪未嘗明言得周玉律以爲尺謂之漢官尺也玉海所云相傳謂之漢官尺是後人謂之非漢人自謂也然建武銅尺即晉前尺漢官尺即晉始平尺今所見建初此尺則固可据以證建武及周尺者耳

○後漢書郡國志慮俿隸并州太原郡前漢地理志注師古曰音廬夷建初六

年爲章帝即位之六年辛巳上距建武五十餘年矣然余嘗準此尺以度王莽時貨布及漢時諸器無不脗合者以此知建初尺與劉歆尺建武尺皆不相遠而周尺之制亦可因以類推明矣

陸費墀跋闕里所藏建初銅尺蓋即隋書志所謂漢官尺者十五等之一也顧何以荀勗諸人考古定律紛紛然求之縱横之黍求之指節而迄不可定豈皆未見此耶又漢法郡縣有鐵者方得鑄

鑪而後漢書志慮俿不言有鐵殆未可曉桂明經未谷搨其銘以示余謹志其疑以俟博古者

阮元山左金石志右銅尺有篆文十四字云慮俿銅尺建初六年八月十五日造本爲江都閔義行所藏後歸孔東塘民部尚任今在衍聖公府中新城王尚書居易録云漢章帝時泠道舜祠下得玉律以爲尺與周尺同因鑄爲銅尺頒郡國謂之漢尺此或其遺歟吳江沈冠

雲彤著周官禄田考未見建初尺然其所繪古尺圖與此尺正同冠雲云右圖摹宋秦熺鐘鼎款識册所載册又載尺底篆文銘云一周尺漢志劉歆銅尺後漢建武銅尺晉前尺並同按高若訥依隋志定十五等尺第一爲周尺即此也蓋此與後人所定周尺中爲近古且最著云江寗周慢亭槃云曲阜孔氏所弆銅尺重今廣法平十八兩面廣準此尺一寸側厚準此尺五分與沈冠雲所用尺同然則建初尺與建武尺同矣慮俿郡國志屬并州太原郡顏師古音爲廬夷孔民部尚任云建初銅尺與周尺同當古尺一尺三寸六分當漢末尺八寸與唐開元尺同當宋省尺七寸五分當浙尺八寸四分當明部定官尺七寸五分弱當今工匠尺七寸四分當今裁尺六寸七分當今量地官尺六寸六分當今河北大布尺四寸七分余之能定者以有建初銅尺也以上各說皆精覈元

於癸丑甲寅兩試曲阜四氏學皆借此尺置案頭摩挲文字試畢還入聖府特繪其式如左

錢載詩城南亭午槐陰涼拓文乃展漢孝章亦知此尺在闕里徒觀二七篆一行建武銅尺周尺同以校後代皆過長惜哉荀公此未見七品猶參微弱强世祖之孫好儒術四年虎觀下太常建初年去建武近中興以來民不忘隋書雖臚十五等此尺早出非難量建武尺憑

建初證周禮尺制應加詳其時鐵官屬郡縣縣官鑄器銅丹陽况於玉律度爲尺文學得自零陵驪林廬廬夷土俗别大陵有鐵扇熾揚慮俿豈由俗間鑄何以至寶傳玆方荀公不如我生晚可正古尺神彷徨同觀更辨字體好今日之樂樂未央

程晉芳詩慮俿尺藏在闕里東堂考辨昔曾讀羅子兩峰示搴本貴耳於玆方信目較今尺不盈七寸周制良然非漢

獨布指纚知紊黍同舊説奚爲分兩局想開浅土拭苔痕翠奪揚州烟柳緑星星不晝耀晴沙近硯惟堪鎮書牘單行小篆最矜嚴細搨殘碑共收録新莽舞智愚百姓遂使國師更斗斛中興則古貽厥孫長者臨朝建初六來年罸縑著功令準此輸官受程督布帛由來作正供有似論文酌篇幅古賢用短彌忺拓末學矜長翻局縮冬官所職在營繕近自神鐖逮遝服宮城嶽嶽井連連畫眣

跡川必齋遨那知分寸起璧羨王度愔愔美如玉清涼山下赤金鎔勤業無如晉風俗造尺恒依造鏡時商律平均取其肅縫裳織屨費裁量蟋蟀空堂又悲促隋朝名吏誇浴鐵唐代新規初尚木居今遥溯漢東京不異黄虞望驪陸測中古器定中聲胳合何容差杪粟雖云玩物懷深誡也助博聞稽往躅因之笑證晦堂禪直中未必皆無曲原注見洪覺範林間録

晉

右晉尺見秦熺鐘鼎款識冊篆文曰□尺漢志鎦歆銅尺後漢建□銅尺晉前尺竝同凡一十九言漫滅二言今冊歸中丞先生積古齋

葉奕苞金石錄補右尺背銘云周尺漢志鎦歆銅尺後漢建（闕一字）銅尺晉前尺竝同共十八字作小篆其面分寸如畫按古人治律一曰審度度長短者不失豪氂度有五分寸尺丈引而尺居中減之為分申之為丈故黃鐘而下率以尺起數馬班志曰其法用銅高一寸廣二寸長一丈而五度具雖孝武時樂官考正至元始中條奏最詳即此銘所謂鎦歆銅尺也鎦作劉後漢建字下所闕必初字肅宗元和元年待詔殷彤上言官無曉六十律者待詔嚴崇之子宣補學官生治律不能罷又九十四年為熹平六年太子舍人張先等閱舊藏乃得其器必尺在其中即所謂建初銅尺葢建初九年八月改元元和尺為未改元時所

造故稱建初也晉志云起度之法漢志言之詳矣故此銘以漢志為準又云武帝太始元年中書監荀勗較大樂不和始知後漢至魏尺長于古四分有餘勗乃部著作郎劉恭依周禮制尺所校五法有七品其七曰建武銅尺則予前疑建字下闕者乃武字非初也勗之時用魏杜夔尺而人稱勗精密惟散騎侍郎阮咸譏其聲高非德正至和之音必古今尺有長短所致會咸病卒武帝以勗

律與周漢器合用之即此銘所謂晉前尺並同也後始平掘地得古銅尺歲久欲腐不知所出何代果長勗尺四分人皆服咸之妙又按章帝時零陵文學史奚景于泠道舜祠下得玉律度以為尺謂之漢官尺校勗尺短四分比始平尺度同如杜夔所用調律尺比勗尺得一尺四分七釐又魏景元年劉徽注九章云王莽時劉歆斛尺弱于今尺四分五釐北魏尺其斛深九寸四分五釐即勗所謂今尺長四分半也蓋勗尺為調律之用未甚流布於人間元帝後江東所用之尺校勗尺一尺六分二釐而後知此尺之短止于調律也

阮元攷建下一字篆文戈旁可辨蓋武字也按晉志荀勗尺銘曰晉泰始十年中書攷古器揆校今尺長四分半所校古法有七品其七曰建武銅尺志又云魏景元四年劉徽注九章云王莽時劉歆斛尺弱于今尺四分五氂比魏尺其

斛深九寸五分五釐即荀勗所謂今尺長四分半是也又按隋志列十五尺一周尺即劉歆之銅尺建武之銅尺祖沖之銅尺荀勗令劉恭所造之尺謂之晉前尺者是也吳江沈冠雲彤著周官祿田考繪古尺圖即此尺并錄此銘云右圖摹宋秦熺鐘鼎款識冊所載所摹銘文建下一字正作武惟首多一字係誤衍程易疇云江慎齋永攷定諸家之說周尺得開元錢八枚以較此晉尺短一

寸一分漢尺得大泉十枚以較此晉尺長二寸三分又按曲阜孔氏所藏慮俿銅尺造于建初六年以較此晉尺長二分强皆不相合惟瑤田据王莽所造貨布貨泉及大小泉流傳于今擇其邊郭完好者互相比較定為莽時造錢布之尺與此晉尺豪髮不爽劉歆莽國師也然則尺背所謂劉歆銅尺者即余今所定之莽尺於此可見莽所造泉布無不精美也元謂慮俿建初尺獨長二分建初六年乃後漢章帝即位之六年辛巳距建武五十餘年矣時代既殊尺有贏羨不害其為同也

帳構銅一

景初

右魏景初帳構銅分書文曰景初元年五月十日中尚方造長一丈廣六尺澤涑平坐帳上廣構銅重二斤十兩凡卅又二言規制詳厲樊榭鶚詩序余惜未之見也僅于王句山楠處得搨本今其器不知歸誰氏矣

兩漢金石記右魏景初帳構銅字陰文隸書凡三十二字海鹽張芑堂以拓本見示其字微有出波厲樊榭詩自注云帳構銅狀圜如箭徑一寸長四寸許中

空而底方旁出岐枝有孔上有字云〻
邦上方西疇所藏愚按帳構銅之名樊
榭謂僅見于南史崔祖思傳然宋書江
夏王義恭傳及西京雜記巳皆有之不
獨南史也至於景初之字本不可臆斷
為何人樊榭詩中以為韋仲將筆者特
詠歎之詞未可以為据也而丁敬身復
作詩駁之謂當是邯鄲淳所書則亦同
無所据耳
盧文弨曰宋書禮樂志帳鉤不得作五

花堅筍形構作鉤亦見江夏王義恭傳
西京雜記銅帳鐫一具構亦作鐫
周廣業曰南齊書崔祖思傳劉氏取帳
鉤銅以充國用構作鉤王應麟玉海引
南史亦作鉤案王氏改構為鉤當避高
宗諱南齊書初無所避而亦作鉤何也
今觀魏物則知今本南齊書亦宋人所
改宜依南史作構
厲鶚詩有序帳構銅狀圜如筩徑一寸
長四寸許中空而底方旁出岐枝有孔

上有字云景初元年五月十日中尚方
造長一丈廣六尺澤漆平坐帳上廣構
銅重二斤十兩凡三十二字八分書邦
上方西疇所藏
霸城月照僊人淚不逐魏宮翁仲二銅
駝久作刼灰飛帳構猶存景初字洛靈
皃愛芳林好奪得蛾眉供灑掃彌彋想
像薄羅風傳與千年尚方造流蘇翠羽
光零亂土上出金妖讖換文成石馬大
討曺水吐玉蜍總效漢碧筩平坐朱竿

寀八分應認仲將筆元注魏明帝宮館寳器皆韋仲將筆
見太平廣記摩挲彷彿凌雲臺小縮波痕勁
無匹更聞昭烈能自貶御用都歸銷鉻
歛元注南史崔祖思傳劉備收帳構銅鑄錢以充國用帳構銅之名僅見于
此一枚古色出重緘留與人間鑑奢儉
丁敬詩魏宮帳暖春雲勢挈壺謾報銅
龍咽巧笑長蛾緝父風悼后至今沉恨
血淒涼往事逐飈風忽覩千年帳構銅
景初換朔希殷正土德黃矜見處龍元注
青龍五年正月黃龍見山茌縣即以是年改景初朔摩挲銘文三

十二格澤朱竿知舊製八分小字密于蠶筆蹤疑擅邯鄲勢元注樊榭引太平廣記云魏宮寶器皆出誕手此帳構瓆物恐未定出于誕邯鄲湻工小書有名與誕同時此細字或即湻書耳漳水衡洪日夜哀曾家陵寢久蒿萊哀王冢破亦見此云伴園〻鋟照子元注漢廣川王去疾好發掘冢墓哀王冢石牀上有帳構銅一具無異物惟鋟鏡數百枚知此物之製其來舊矣見西京雜記程晉芳詩仙人泣漢不泣秦其於魏也如路人景初帳構吉金鑄此物庶與當塗親行間細筆三十二隷體宜為仲将

字不比凌雲遺白頭信手揮成絶風致三年天子太匆匆猶令人思洛下宫宫中寶器令餘幾唯見苔花澁古銅朱竿銀索煩拘管大秦織帳雲垂滿玉釦凝氷氕著霜寒宵只傍流蘇暖哀王高冢出銅鉤舊事于今有匹儔近供冷客鐙前眼遥憶酸風野外秋可但墨痕看拓本摩挲記昔對西疇元注西疇方丈余近姻也辛巳春曾過其家索觀此物令閱十七年矣西疇樊榭嗟安往遺物遺詩紛可想鼎盉鄭重此誠徵金石

文猶歸秘賞

造象一

天寶

右唐天寶造象題名銅質金塗面刻蝇頭楷書云大唐天寶五載五月廿日上為皇帝下為一切蒼生又為七代先亡今為見存父母敬造阿彌陁像一鋪佛弟子張處万一心供養六行凡五十言大唐字書于六行之中上筆法極寬綽有餘杭郡黃松石樹穀所藏乾隆乙未春日偕鮑綠飲廷博訪松石令子小松易于武林門外借歸寓齋鐙下同梁侍講山舟先生觀

黃樹穀跋甲寅秋予得一造佛題名小銅碑大可二寸寬八九分許額以雙龍蟠其上負重在其下僅鑄前半身而中刻小字如半粟其文曰大唐天寶五載五月廿日上為皇帝下為一切蒼生又為七代先亡今為現存父母敬造阿弥陀像一鋪佛弟子張處万一心供養碑背有鼻鈕大略造佛既成而繫此碑于佛坐間者不知何時□□及予也虛舟吏部令嗣孟堅雅愛之欲豪奪不可

陳玉垣曰按後魏天平二年中嶽嵩陽寺碑銘於皇帝太后字皆不跳行不空關顧亭林以為猶存古式今此記列大唐二字正中似以尊君立義而皇帝字復存古式抑又何也豈三寶前固應作平等觀耶究昧尊君之義矣

山左金石志右碑連趺高二寸五分碑身寬九分額趺寬一寸一分弱額蟠雙龍趺負贔屭僅鑄前半身額題大唐二字記六行俱正書曰天寶五載五月廿

日上為皇帝下為一切蒼生又為七代
先亡今為見存父母敬造阿弥陀像一
鋪佛弟子張處万一心供養四十八字
字大如粟碑有鼻鈕錢唐黄氏得于濟
寧今藏兖州司馬黄易家

官印三

雞林道經略使

右唐官印銅質篆文曰雞林道經略使
之印凡八言背有文為活碧所化不能
辨今藏中丞先生積古齋按新舊唐書
雞林即新羅國劉隨州詩身帶霜威辭
鳳闕口傳天語到雞林是也至雞林道
與經略使所自設具詳許車駕宗彥瞿
莨生兩記

許宗彥記中丞師得舊銅印方二寸許
文曰雞林道經略使之印以示門下士
許宗彥宗彥按新舊唐書及通鑑冊府

元龜等書載唐高宗龍朔三年以新羅國為雞林州都督府授其王金法敏為雞林州都督咸亨五年新羅納高麗叛巳之衆又封百濟故地乃以劉仁軌為雞林道大摠管李弼李謹行為副以討之此雞林道之所自昉也二年仁軌破新羅勒兵而還以李謹行為安東鎮撫大使屯兵於新羅之買肖城以經略之語見新唐書新羅傳討經略之設當即在是時百官志於經略使之置略而不具攷唐時河西黑水皆有經略使固唐初官也自此迄五代新羅朝貢甚謹不復有征討之事唐以後又不聞有雞林道之名此印出于唐時無疑矣

瞿中溶跋何君夢華示予銅印文一方云雞林道經略使之印予意此為唐印質之外舅錢少詹先生亦以為然頃檢新唐書高宗本紀上元元年二月壬午劉仁軌為雞林道行軍大摠管以伐新羅又東夷傳新羅龍朔元年法敏襲王以其國為雞林州大都督府授法敏都督咸亨五年納高麗叛衆略百濟地守之帝怒詔削官爵以其弟右驍衛員外大將軍臨海郡公仁問為新羅王自京師歸國詔劉仁軌為雞林道大摠管雞林道之名始見于此唐制邊防戍兵摠名曰道道有大將一人曰大摠管已而更曰大都督而沿邊則別置經略使以領之雞林道始設于上元元年則此印想即其時所鑄也予方留心歷代官印所見宋金以來不下數十種而唐印則僅于范隋朱巨川兩告身窺其厓略今見此印如獲珠船矣

許珩詩并序案新唐書龍朔三年置雞林州大都督府以新羅國王金法敏為之上元元年法敏納高麗叛衆又收百濟故地上怒以同中書門下三品劉仁軌為雞林道大摠管衛尉卿李弼右領軍將軍李謹行副之弼旋卒二年劉仁軌破新羅以李謹行為安東鎮撫大使

不云為經略惟通鑑云為鎮撫大使以經略之乃序事之辭非書官也又按唐百官志有安撫使無鎮撫使竊意此時法敏反側謹行本靺鞨名將賜令姓名史稱其勇益軍中故令為經略使以鎮撫之温公書不知何緣倒置耳抑或鎮撫即安撫而以經略為兼官如景雲以後節度使兼官之例亦未可知再攷新羅傳謹行既為鎮撫三戰皆捷法敏乃謝罪入貢詔復其王爵嗣後往来皆用

藩國禮又自置九州都督當時國中不容尚有華官是經略實用以鎮撫一時旋即罷去而後此亦無雞林道之名則此印可直斷為謹行所佩矣

中丞漢印富藏蓄李唐官印何足錄中丞重印尤重人官印得人皆可珍經略使設自貞觀防禦邊州控蕃漢總管持節爰兼官龜鈕纍纍組重綰龍朔初建雞林州法敏時嗣金春秋新羅王攝大都督尚方金袋蟠螭虬招亡納叛惡反

復帝赫斯怒廷臣謀中書領軍升道出七城煲忽風驅漚當年未擬置漢吏到此躊躇虞詐偽將軍坐鎮擁旌節更握銅章司度計原注按唐書百官志經略使以計度為上考帝日謹行無遽歸一夫當關卧老羆三案重開判三日然泥洗滌刓無斁史書俾作鎮撫使百官志缺恐非是此官當以經略充一印足補唐傳紀邊臣此例何所仿英公安撫印常兩鴨淥海谷各異道惜哉未見符郎掌唐初蕃將多從戎

燕公最號功名終營州積石屢著績乾陵獨伴烏號弓原注本傳謹行卒封燕國公陪葬昭陵我稽唐印列名姓無者傳佩著為令何緣此印落人間絲髮模存紫花迸原注張舜民畫墁錄唐印文如絲髮買肖城邊戰血殷貔貅三捷虜心寒東南貢篚初通譯壯士長謌已入關歸来此印再拜上收印銘勳付司藏雞障空穰舞馬悲誰摩故物思邊將爾時銕劵旌功臣太息懷恩竟負恩懷光抵地事髮指不堪下示今茲人千二

百載護神物絶塞威名留髣髴想見高
鈐露布中莫婁勿吉寒生粟吁嗟乎李
唐拓地僅一方華官雜治非久長一印
流傳閱桑海武功照耀今猶在我
朝土宇三萬疆　天子守吏羅要
荒伊犂吉林斗大章鳳山鹿耳犄海疆
可知御遠重威德此印應為守邊惜詩
成擬作七德舞詩名試訪雞林賈

十都虞候

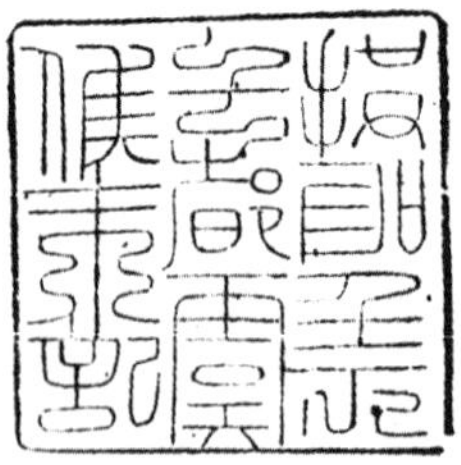

右宋官印銅質篆文曰拱聖下十都虞候朱記凡九言背有鈕刻上字又端拱二年四月鑄凡七言藏海寧吳兎牀騫家文有唐人曲疊遺意鑄法亦深秀可玩具詳山左金石志釿兎牀考

山左金石志右印方一寸七分朱文篆字九曰拱聖下十都虞候朱記上面正書端拱二年四月鑄七字中又有一上字孔戶部繼涵曰都虞候在京在外皆有之品秩尊卑不一惟殿前司為最所

稱三帥者都指揮使副都指揮使都虞候以刺史以上充故元祐七年王巖叟言祖宗以來三帥不曾闕兩人若殿帥缺難于從以超補姚麟係殿前都虞候合升佐步軍副都指揮使而馬步軍捧日天武左右廂等各有都指揮使每軍有都指揮使都虞候每指揮有指揮使副每都有軍使兵馬使十將將虞候承局押官此十都虞候葢每軍之都虞候十之云者殆猶步軍之十將爾其曰拱聖兵志云乾德中選諸州縣兵送闕下立為驍雄後改為驍猛雍熙中又改拱辰旋改拱聖此印背所鐫乃改拱聖之後至政和四年詔殿前都指揮使在節度使上副都指揮使在正任承宣使上殿前都虞候在正任防禦使上侍衛親軍其馬軍都指揮使副在正任觀察使上馬軍都虞候在正任防禦使之上步軍都指揮使副同馬軍都虞候而開封府都虞候月給廿千六軍都虞候月給

五千是其為帥為校品秩截然〻京外職司及諸軍將校給朱記其制長一寸七分廣一寸六分中興以後亦長官曰印僚屬曰記而楊巨源傳倒用合江司朱記亦即其證矣

吳騫考右宋銅朱記得於武林常賣家度以周尺得長二寸三分弱廣二寸二分弱厚六分鈕高一寸有奇重廣法一十二兩面刻拱聖下十都虞候朱記九字朱文篆書背刻端拱二年四月鑄七

字作兩行鈕刻上字一並楷書銅質既精而製作渾樸極有古意按宋史職官志殿前司有都虞候分掌馬步軍在都指揮使之下秩從五品昔宋太祖嘗為周殿前都虞候即此職也殿前都班直有捧日天武拱聖龍猛等軍每軍有指揮使都虞候等官而不載員數惟宋史高瓊傳嘗從容謂上曰臣侍先朝時侍衛都虞候以上帝（疑作常）至十員職位相亞易于遷改此十都虞候之確證也又

按輿服志朱記以給京師及外處職司及諸軍將校其製長一寸七分廣一寸六分今準諸宋三司布帛尺度制適符印文雖不盡合古繆篆然屈曲盤回殆即史所謂唐祝思言遺體刻法深而筆畫秀勁如絲故歷禩八百初無剥損漫漶非特視元明以來官印優劣判殊即子所藏宋招撫使印金勾當公事印皆遠不逮也昔厲樊榭徵君嘗從葫蘆井老嫗見周宣德軍節度使印摹其文以歸皆小篆因糾吾子行所云自唐以來印文屈曲盤回之說為不盡然不知五季之亂思言子孫避地蜀中故周偶以小篆摹印迨乾德中思言孫溫柔復歸于宋故官印不失舊法得此尤足以證史而轉惜樊榭之不及見也

錢大昕養新錄海寧吳槎客得宋印長二寸三分廣二寸二分厚六分柱鈕高一寸一分重十二兩其文云拱聖下十都虞候朱記凡九字鈕之左右刻端拱

二年四月鑄凡七字按宋史兵志拱聖指揮二十一乾德中選諸州騎兵送闕下立為驍雄後改驍猛雍熙四年又改拱辰未幾改今名蓋拱聖為殿前司所屬禁軍之一志云指揮二十一此稱拱聖下十都虞候豈每指揮下皆有都虞候而此印為第十指揮下之都虞候所用乎

都統

右金都統官印銅質篆文曰都統出字之印凡六言背有鈕刻上字又正大五年五月恒山公府造凡十又一言瞿萇生所藏并攷印之原委及武仙逸事補史傳所未備典且核矣按劉祁歸潛志王渥從赤盞合喜提兵援武仙此在封恒山公之前又曰恒山公武仙署李汾為掌書記于軍中當是置府州時又金史云仙令總帥王德追獲李汾鎖養馬平絶食而死則總帥又都統所屬之官

矣是更恒山公府設官之一證也

瞿中溶記嘉慶丁巳重九前一日於樂橋北舊肆中得金官印一方九曲篆文六字曰都統出字之印以宋三司布帛尺度之方二寸四分博五分鼻鈕高一寸一分縱徑一寸二分橫徑四分背有正書陰欵兩行右曰正大五年五月左曰恒山公府造考之金史恒山公者武仙也本傳云威州人貞祐二年率鄉共保威州詔權威州刺史興定元年真授

威州刺史遷洛州防禦使遥授河平軍節度使四年遷知真定府事遥領中京留守權元帥右都監封恒山公以中山真定府沃冀鎮寧平定州抱犢寨欒城南宫縣隸馬是年歸元宣宗以牒招之正大二年仍歸金五年復封為恒山公置府衛州以此印欵證之則正復封置府時也都統名官起于唐天寶末金太祖收國元年十二月以討高永昌張覺置南路招統司天輔五年襲遼始有内外諸軍都統之目以奚未平又置奚路都統司後改為六部路都統司以遥輦九營為九猛安屬馬凡猛安之上置軍帥軍帥之上置萬戶萬戶之上置都統至宣宗元光時招義軍更以卅人為謀克五謀克為一千戶四千戶為一萬戶四萬戶為一副統兩副統為一都統此印造于正所謂都統當承元光之制下有兩副者也金自貞祐之亂羣雄蠭起同時封公者九而武仙為最彊皆兼宣

撫使賜號宣力忠臣總帥本路兵馬得署置官吏便宜從事印欵稱恒山公府造則此都統乃武仙所置之官故印亦即其府所造印文又云出字者想彼時官無定員都統非一人係以字號以示區別耳猶之提控本屬虛銜而其時都統外又設總領提控即但稱提控散見于史者甚多曩予見興定年提控印亦有某字云云可知此類皆軍中權制增設不常所以加千文字號以識之史家所未詳及据此可補其未備

錢券一

彭城郡王

縮本

維乾寧四年歲次丁巳八月甲辰朔
四日丁未皇帝若曰咨尔鎮海鎮東
等軍節度浙江東西等道觀察處置
營田招討等使兼兩浙塩鐵制置發
運等使開府儀同三司檢校太尉兼
中書令使持節潤越等州諸軍事兼
潤越等州刺史上柱國彭城郡王食
邑五千戶食實封壹伯戶錢鏐朕聞
銘鄧騭之勲言垂漢典載孔悝之德
事美魯經則知褒德策勲古今一致
頃者董昌僭偽為昏鏡水狂謀惡貫
洊染齊人而尔披攘兇渠盪定江表
忠以衛
社稷惠以福生靈其機也氛祲清其
化也疲羸泰拯於粵於塗炭之上師
無私焉保餘杭成金湯之固政有經
矣志奬王室績冠侯藩溢于旂常流
在丹素雖鍾繇刊五熟之釜竇憲勒
燕然之山未足顯功抑有異數是用
錫其金版申以誓詞長河有似帶之
期泰華有如拳之日惟我念功之旨
永將延祚子孫使卿長襲寵榮克保
富貴卿恕九死子孫三死或犯常刑
有司不得加責承我信誓往唯欽哉
宜付史館頒示天下
中書侍郎兼吏部尚書平章事臣崔胤宣奉

右錢券正書文凡三百三十三言金錯
半漫滅唐乾寧四年賜武肅王錢鏐者
藏台州武肅王祠余每思往觀未果韓
城相國王先生視學兩浙時札致台郡
太守假至會城署齋縱觀累日并驗陶
㪍所云首行朔字有闕筆明太祖引佩
刀剔去視金錯淺深之跡余曾手模其
文質之山舟先生謂有唐人淳古風致
唐末賜錢券者不獨錢氏然惟錢氏奕
世承其法物是忠貞之德有以永之耳

表忠譜錢武肅王謝表恩旨賜臣金書
錢券一道臣恕九死子孫三死者出于
睿眷形此綸言錄臣以絲髮之勞賜臣
以山河之誓鐫金作字指日成文震動
神祇飛揚肝膽伏念臣爰從筮仕逮及
秉麾每自揣量是何叨忝所以行如履
薄動若持盈惟憂福過禍生敢忘慎初
護末豈期此志上感宸聰憂臣以憂極
多危慮臣以防微不至遂開聖澤永保
私門屈以常刑宥其必死雖君親屬念

皆云必恕必容而臣子為心豈敢傷慈傷愛謹當日慎一日戒子戒孫不敢因此而累恩不敢乘此而買禍聖主萬歲愚臣一心

陸游放翁題跋唐昭宗賜錢武肅王鐵券文游按唐昭宗乾寧四年遣中使焦楚鍠賜吳越武肅王鐵券以八月壬子至國是歲武肅始兼領鎮東節出師大敗淮南兵十八營定婺睦蘇湖州而錢券適至蓋其國始盛時也及忠懿王入

朝以其先王所藏玉冊鐵券置之祖廟不敢以自隨淳化元年悉上之于朝時忠懿王已薨太宗皇帝復以冊券賜王之子安僖王惟濬安僖王薨券歸文僖公惟演文僖公薨券傳仲子覊州防禦使晦覊州侍仁宗皇帝燕閒帝問先世所賜鐵券欲見之覊州并三朝御書以進帝為親識御書之末復賜焉文僖之孫開府公景臻尚秦魯大長公主游年十二三時嘗侍先大夫得謁見大主鐵券實藏臥內狀如箭瓦今七十餘年乃得見錄本于武肅諸孫槱家後十字蓋文僖手書游家舊藏文僖書帖亦有押字皆與此同武勝軍節度使印則文僖尹洛時所領鄧州節鉞也開禧三年六月乙巳

陶宗儀輟耕錄吾鄉錢炑琛氏贅乃武肅王之諸孫也其家在郡城外東北隅亭臺沼沚聯絡映帶猶是先朝賜第與余相友善嘗出示所藏鐵券形宛如瓦

高尺餘闊二尺許券詞黃金商嵌一角有斧痕蓋至元丙子天兵南下時其家人竊負以逃而死于難券亦莫知所在越再丙子漁者偶網得之乃在黃岩州南地名澤庫深水內漁意寶物試以斧擊之則鐵焉因棄諸幽一邨學究與漁鄰頗聞賜券之說買以錢價然二人皆不悟其字乃金也有報于炑琛之兄者用十斛穀易得青氊復還誠為異事時余就錄券詞一通炑琛又出武肅當日

謝表稿併錄之昨晚檢閱経笥偶得于故紙中轉首已三十餘年矣人生能幾何哉漫志于此券詞云〻按史唐僖宗乾符五年王仙芝餘黨曹師雄寇掠二浙杭州募兵使石鏡都將董昌等將以討之臨安人錢鏐以驍勇事昌為兵馬使中和元年昌為杭州刺史光啟二年昌謂鏐曰汝能取越州吾以杭授汝鏐攻克之昌遂徙越以鏐知杭州事三年昌為越州觀察使鏐為杭州刺史昭宗

景福元年為武勝軍防禦使二年為鎮海節度使乾寧二年昌僭號鏐遺書曰與其關門作天子與九族百姓俱陷塗炭豈若開門作節度使終身富貴邪昌不聽鏐以狀聞削奪昌官爵委鏐討之三年昌伏誅鏐令吏民上表請兼領浙東朝廷不得已以為鎮海鎮東節度使改威勝曰鎮東天復二年進爵越王天祐元年更封吳王梁太祖開平九年以為吳越王乾化二年加尚父末帝貞明

二年以為諸道兵馬元帥三年以為天下兵馬元帥龍德三年以為吳越王鏐始建國儀衛名稱多如天子之制惟不改元置百官有丞相侍郎客省等使唐明宗天成四年削鏐官爵初鏐嘗遺安重誨書詞禮甚倨及朝廷遣奉使烏昭遇韓玫使鏐還玫奏昭遇見鏐稱臣拜舞重誨奏賜昭遇死鏐以太師致仕自餘官爵皆削之長興二年鏐卒鏐寢疾出印鑰授子元瓘曰子孫善事中國勿

以易姓廢事大之禮卒年八十一史稱乾寧三年秋九月以鏐為鎮海鎮東節度使而券詞乃四年秋八月何邪史稱儀衛名稱如天子之制惟不改元程大昌演繁露云寶正六年歲在辛卯見封落星石制書辛卯乃唐明宗長興二年寶大元年羅隱新城縣記云癸未歲癸未乃唐莊宗同光元年以此知吳越雖稟中原正朔既長興同光年號與其寶正寶大同歲而名不同知吳越自嘗改

元審矣又僧文瑩湘山野録云唐昭宗
以錢武肅王平董昌拜為鎮海鎮東節
度使中書令賜鐵券羅隱為謝表追
莊宗入洛又遣使貢奉懇請玉冊金券
有司定議非天子不得用後竟賜之鏐
即以節鉞授其子元瓘自稱吳越國王
名其居曰殿官屬悉稱臣又于衣錦軍
大建玉冊金券詔書三樓遣使冊東夷
諸國封拜其君長幾極其勢與向之謝
表所陳處極防微累恩貫禍之誡殊相

戾矣禪月貫休嘗以詩投之有滿堂花
醉三千客一劍霜寒十四州之句鏐愛
其詩遣客吏諭之曰教和尚改十四為
四十方與見休性褊介謂吏曰州亦難
添詩亦不改然閑雲野隺何天而不飛
邪遂飄然入蜀鏐後果為安重誨奏削
王爵以太師致仕重誨死明宗乃復鏐
爵位夫武肅之踰越固莫逃于二書所
論
錢受徵吳越備史鐵券之制其形如瓦

方廣約一尺五寸許鏊鎔鐵而成又鏤
金其上者也唐昭宗乾寧四年八月遣
使焦楚鍠賷券以賜彭城郡王鏐券文
三百三十三字晶光閃爍天語溫純櫝
而藏之家廟久矣宋太宗淳化元年杭
州守臣以前券及竹冊玉冊各三副詣
誥百餘函進呈詔賜還忠懿王嗣子惟
濬收貯比仁宗登極覇州防禦使晦侍
燕閒談及鐵券進呈録本及先朝御書
元豐四年特令朝奉大夫權知開封府

事藻進呈鐵券仍降付本家永傳後裔
宋末元兵破台城沉之渭水中者五十
六年至順二年漁人獲而售之宗之世
珪家國朝洪武二年太祖大封功臣下
禮官議鐵券制學士危素奏唐和陵時
賜武肅鐵券見在上遣使即家訪焉世
珪子尚德奉詔券及五王遺像以進上
御外朝與宣國公李善長等觀之賜宴
中書省命鏤木為式給還券像二十一
年孫克邦以大臣薦赴闕吏部引見因

以錢氏納土至今子孫尚存諭壮方歸
降者已見東宫殿下亦問到今幾代除
授江西建昌府知府二十三年卒于官
都察院查勘任内税糧鈔劄到京子汝
賢供係吴越王嫡派有錢券為照本院
官引見蒙聖旨着孩子齎前来遂于奉
天殿丹陛前欽奉玉音云五代時天下
大亂各據偏方爾祖能使兩浙之民不
識兵革到宋朝来知道宋太祖是箇真
主便将土地歸附券與你保守田産家

財都給還一時縉紳士夫争為詩文贈
送歸台州即今藏于宗子鳳墀家雖券
文稍有剥落而千年故物世守弗墜云
齋名南敌錢券之制其形如瓦長一尺
八寸三分闊一尺一寸厚一分五釐重
一百三十二兩蓋鎔錢而成鏤金其上
者也唐昭宗乾寧四年八月遣使焦楚
鍠賫券賜彭城郡王鏐券文三百三十
三字其畫皆外狭中寛晶光閃鑠詞語
温純忠懿王入朝置之廟社不敢以自

隨宋太宗淳化元年杭州守臣以前券
及竹冊玉冊各三副詔誥百餘函進呈
詔賜忠懿王嗣子惟濬藏之汴京仁宗
登極覇州防禦使晦侍左右帝問券欲
見之晦遂進呈帝覽訖賜還券藏于昭
化坊賜第神宗元豐四年特令錢氏孫
朝奉大夫藻進呈仍降付本家永傳後
裔至駙馬都尉景臻尚主宗器屬焉券
遂安于都尉之第靖康元年金人入寇
詔公主子榮國公忱奉母出居于江南

以券行因避地湖湘間紹興元年還台
高宗遂即台城崇和門内賜公主第于
是券世藏于台之美德坊德祐二年丙
子元兵南下破台時其家人竊負以逃
莫知所在迨至順二年辛未漁者偶網
得之乃在黄巖州南地名澤庫深水内
一邨學究與漁鄰頗聞賜券之説售以
錢價然二人皆不悟其字乃金也有報
于宗子叔琛之兄世珪用十斛穀易得
之失水五十六年青氈復還誠為異事

具太祖洪武二年秋八月燕都西北州
郡次第皆平郊祀天地大告武成念開
國大臣勞烈将錫之以鉄券前一月下
禮官議立制度翰林學士危素奏唐和
陵時嘗賜錢武肅王其十五世孫尚德
字允一號存齋天台人元末官青田教
諭實寶藏之遣使者訪焉尚德即世珪
子也奉詔櫝券及五王遺像以進上御
外朝與丞相定國公李善長禮部尚書
牛亮主事王肅觀之鏤木為式敕省臣

宴于儀曹恩意有加陛辭日命還券像
劉基宋濂王禕等咸贈以詩尚德併其
祖王手跡各裝潢為卷歷代名賢俱有
題跋二十一年正月十六世孫克邦以
大臣薦赴闕吏部引見上以錢氏納土
至今子孫尚存諭北方歸降者尋授克
邦建昌知府二十三年卒官都察院引
見奉天殿諭孺子前當五代時天下大
亂各據偏方爾祖能保兩浙之民不識
兵革到宋朝來知太祖太宗是真主便

将土地歸附爾之祖先忠孝好處可延
賞也券像復與爾歸守永樂五年正月
禮部奉旨差行人曹閏馳驛至台十七
世孫廣西參政汝性同行人奉券進呈
覽畢以禮敦遣藏于宗子鳳墀家前後
數百年中其間或顯或晦皆若先靈式
憑致子孫之保守弗墜不然武肅同時
撫有一隅者號為十國計其士馬精強
城邑壯麗府藏充牣可謂極一時之雄
矣曾未旋踵而夕陽芳草萋然有餘悲

也安能望子孫之保其故物于數十世
之後乎由是觀之錢氏之樹德也深矣
台郡邑志俱以是券為古跡召南少時
即嘗觀表忠譜略知始末今幸恭逢
聖駕南巡其裔孫嘉禾尚書陳羣率
台族子選等進呈　御製歌詩垂訓
萬古是券遭遇夫豈鼎彝敦卣徒以世
遠得名者所可比竝也哉
翁方綱跋唐昭宗賜吳越王錢鏐鉄券
二十六行、十四字計三百三十二字

字畫全者一百四十七第十四行社稷自起一行書之第十九行未足顧功諸書皆作顯功此字尚宜審也是券之賜以旌破董昌功昌既敗昭宗以宰相王溥鎮越州溥請授鏐乃改威勝軍為鎮東軍拜鏐鎮海鎮東軍節度使加檢技太尉中書令券文所以首系新銜也鏐景福二年拜潤州刺史故云潤越等州十國春秋輟耕録諸書作閩越者誤也陶宗儀又謂鏐拜鎮海鎮東節度使在

乾寧三年九月而以券詞四年八月為疑然鏐拜爵後至次年始賜券自是兩事無足疑者鏐之稱天寶元年在唐天祐五年戊辰而輟耕録亦未之詳考也券字以嵌金故不可拓海鹽張君芑堂手摹其文見眎為書于後

錢大昕潛研堂金石文跋尾右彭城郡王錢券文廿五行〻十四字券重百三十二兩廣尺有一寸脩尺有八寸三分厚一分其文以黃金填之後九行漫漶者大半今藏臨海縣白石村民錢文川家蓋武肅廿九世孫也自忠懿納土其孫暄知台州有惠政子孫因居于台世守此券宋元之際失而復得今距賜券幾及九百年而文字如新遺苗猶什襲而珍之斯亦異矣鎮海軍節度本治潤州周寶為部下所逐奔杭州而潤遂無節帥景福二年武肅以杭州刺史除鎮海節度使至是又兼領鎮東軍節度仍兼潤越等州刺史以鎮海軍額在潤州

也舊唐書昭宗紀乾寧四年九月癸酉朔制以鎮海軍節度使錢鏐為鎮海軍節度浙江東西道觀察處置等使杭州越州刺史上柱國吳王攷其時鏐實兼鎮海鎮東兩鎮而紀祇書鎮海軍所領者潤州刺史而紀書杭州皆其脫誤且八月甫賜鐵券而九月旋有吳王之封除命頻仍亦恐未肰竊意吳王封號當在光化以後也

宋濂詩并序皇帝即位之二年秋八月

大將軍師師取燕都西北州郡次第皆平而天下歸于一統越明年之冬上將親御衮冕郊祀天地大告武成復念開國諸臣勞烈之多錫以鐵券以申河山帶礪之誓前一月下禮官議其制度近臣奏言唐和陵時嘗有賜于錢武肅王其十五世孫尚德實寶藏之上遣使者即其家訪焉尚德既奉詔櫝券及五王遺像上之上御外朝與丞相宣國公臣善長禮部尚書臣亮主事臣肅觀之皇

情悅豫勅省臣宴尚德于儀曹恩意有加焉已而尚德東歸陛辭之日命還其券與像以禮敦遣之余時待罪禁林尚德以余知其事頗詳請序其故而繫之以詩夫錢氏寶有此券已五百載宋湻化中杭之守臣嘗連玉冊進之元豐五年又進之宋季兵亂券沉官渭水中者五十六年元至順二年漁人獲之而售于尚德之父世珪迄今有道之朝而尚德又進之是嘗三登天子之廷其間或

顯或晦雖若類靈物訶護之亦其子孫之多賢始能保守而弗墜也歟抑吾聞武肅之有國吳越同時據有一隅以專威福者前後之蜀南北之漢以至吳楚閩唐南平號為十國計其士馬之精强城邑之壯麗府藏之充牣意盛氣得亦可謂一時之雄曾未旋踵夕陽芳草淒然有餘悲矣況望其子孫保其故物于十餘世之後乎由是觀之錢氏之樹德也深矣皇明肇造區夏媲隆唐虞凡前

代文獻之可考者莫不訪求之尚德之家世載明德且將出躋膴仕以佐明時斯券之徵蓋特為之兆爾余因不辭序而詩之于以見尚德遺逢之盛未止于此而他日相遇必當以余為知言云尚德字允一天台人

大明天子開鴻基雄兵百萬皆虎貔東征西討十餘載變化不翅雲雷隨功成治定四海一剖券分符恩澤施前王遺制久已泯錢氏世寶猶無虧天使持書

往徵取有翁橐負来丹墀鞠躬俯伏再
拜起旋解韜藉重〻披精鉄鍛成大踰
瓦中突旁偃形如箕又如圜瓢剖其半
一片如玉誰瑕疵鏨窾填金文絢爛筆
畫方磐蟠蛟螭誓詞三百有餘字河山
帶礪無孅疑繼陳五王有真像髣髴猶
是唐冠衣腰圍白玉金作銙吻角左右
分三鬚重瞳回光屢下照笑語愈覺天
顔怡便勅大官給珍饌上尊法酒澆瓊
卮憶初唐綱既解紐恣舞鰌鱓號狐狸

斗牛王氣果凌厲豫章占術元非欺八
都健卒猛如虎指揮不異驅嬰兒羅平
鳥圖騁怪幻内黄外白跳狂癡龍劍一
揮赴水死大勛星日同昭垂曰茲錫券
代牲歃彭城開府如三司衣錦城空嘉
樹老共守尚有三樓危滄化元豐兩進
入龍光曾受天王知炎精訖錄九鼎沸
一旦失去官河縻豈伊神物欲變化相
逐雷劍為龍飛孰知漁者一舉網所獲
非鼈還非龜終然鬼物所訶護不使光

采埋荒陂泥塗沙礫幸免累寶玉大弓
欣有歸我知天意實有在武肅宏烈何
堪微八州生靈數百萬拔出水火行中
逵子孫食報豈終極政如稼穡隨年肥
高牙大纛入黄閣金章鍪綬趨彤闈不
知堆牀定幾笏但見肘印懸纍〻七世
珥貂未足擬一門三戟終前泉况翁文
彩爛五色嗜古不管頭垂絲秦淮呼酒
話離別遠盼官舸如星馳于時同雲羃
四野勢欲釀雪增寒威行〻若過表忠

觀好剔蒼蘚觀殘碑

劉基詩并序天台錢允一先生武肅王
之孫也洪武二年奉命持其所藏鐵券
赴京師漫成三絶句以贈之

戡亂安民不為私英雄心事鬼神知金
書長共兒孫在又見山河一統時

日出咸池蜃氣消扶桑霞起赤城標春
風到處花如錦不用㨖蘿過石橋

一別須臾十五年白頭相見倍相憐天
台山下桃花洞應許閑人艤釣船

王禕詩錢君來自東海濱自言乃是錢王孫錢王到今十五世重珪疊組多後昆惟王武肅王吳越十有三州兼兩浙雖然五季事干戈獨使斯民樂生業憶昔武肅初起時揮戈指日一為低董昌為昏擾鏡水一麾梟獍生誅夷唐皇當宁深太息謂王之勳關社稷兩鎮節度未足多更須寶券為王錫元鐵作板黃金書字畫嚴勁言勤渠上言功勳果無敵下言信誓永不渝子孫傳家五百載

啟櫝星辰絢光采入水不泯火不銷神物懸知如有待聖皇御極百度新蒐網舊典昭人文錢君奉向明光獻重瞳盼睞天顏忻有詔還君作家寶商敦周彝奚足道從茲更可歷千齡物乃不朽須人保江南十月天雨霜早寒栗〻侵重裳錢君長揖謝卿相明發扁舟歸故鄉歸家教子用詩禮子復教孫〻更子婗余詞藻就荒蕪□□為君□世美

高啟詩妖兎初下含元殿天子仍居少陽院諸藩從此擁連城朝貢皆停事攻戰岐王已去梁王來長安宮闕生蒿萊天目山前異人出金戈雙舉風煙開羅平惡鳥啼初起犀弩三千射潮水歸來父老拜旌旗釃酒搥牛宴鄉里擊毬駿馬驕春風錦袍玉帶真英雄詔書特賜誓終始黃金鏤字旌殊功虎符龍節彤弓矢後嗣猶令赦三死盡言恩寵冠當時天府丹書未踰此摩挲舊物四百年古色滿面凝蒼烟天祐宰相署名在尋

文再讀心茫然古來保族須忠節受此幾人還覆滅王家勳業至今傳不在區〻一方鐵人生富貴知幾時泰山作礪徒相期行人曾過表忠觀風雨斷蘚埋殘碑

陶澂詩并序吳越武肅王錢鏐唐昭宗乾寧四年賜鐵券其事史載頗詳宋洎化中杭之守臣嘗進玉冊進御覽元豐五年又進宋末兵亂券沒入官渭水凡五十六年為漁者所獲其十四世孫世

珪始購得之時元至順二年推券之失
當是景炎元年也明洪武二年上將封
勲勞之臣下禮臣議制度近臣言錢券
其十五世孫尚德猶寶藏之遣使者訪
其家尚德負券及五王像來詣闕下上
特御朝與羣臣共觀命工倣其制不盡
肖上乃還券禮遣東歸元年台州亂其
二十五世孫琮負櫝匿山中乃免辛卯
四月予遊台州與顧子赤方得共觀券
券質以鐵為之狀偃如瓦高一尺一寸

廣一尺八寸厚三分正文二十六行〻
十四字計三百三十二字金色爛然因
沒官渭久後半多剝蝕獨首行朔字為
明高皇帝引佩刀剔去以觀刻畫之深
淺者世守垂八百年失而復得豈非鬼
物護持之力哉又武肅忠懿二王舊存
手蹟冊子後有米襄陽朱晦菴宋金華
諸題識觀畢即附詩于後云
昔在乾寧日君王尚武功藩屏茲獨重
蕩滌許誰同誓感星辰上潮回日月東
百蠻爭入貢羣醜盡從風鏡水波初靜
彭城位轉崇秦庭來赤黻周典錫彤弓
食報元無忝稱名本至公大宗承不墜
前代祀猶隆列像存芳躅浮雲改故宮
文章憑汗漫金鐵互昭融霸業應難續
天心自有終體宜真俊傑垂創亦英雄
沙鳥横江白碑螭覆蘚紅年〻寒食後
愁見六陵空
錢陳羣詩
皇帝初巡駐錢唐下
問鐵券臣家藏奏云僻守台州族向為台州

族人世守未及呈覽今齋至上覽之即賜是歌春臣忝扈
從不可將先臣生丁五代季秉麾簸仕
末造唐討劉破巢繼誅董蠓視竊據徒
猖狂表彰功德臣朴軾其時先後來守
杭臣軾又言射潮事江海東注澤孔長
券中所書僅一二已足令人不能忘風
茲有佐我　聖主五載虞典一省
方親舉　玉趾攬廟貌冕旒伏地家
五王三世五王壽同堂秩等倫上第一次巡浙幸表忠觀句也褒
臣先臣曰忠順勗臣孫子以善良勗我錢氏

族百世守家風上第二次所賜句也臣今老矣守宗祏
三陪祀事迎牲薌以謙承之以謙守大
哉
皇言日月光御製有作詞裝匣付琭弆所
嘉謝表撝謙光句
沈德潛詩錢唐錢氏王家孫忠懿以後
為齊氏家藏乾寧舊鐵券精采欲目光
彌新自言先世曾避賊亂離棄擲江之
濆漁人網魚得古鐵有如周鼎出泗濵
裔孫換歸十斛米世世什襲彌家珍文
云皇帝嘉賚汝官汝太尉兼諸軍誅宏

殺昌盪渠冠捍衛王室崇殊勳恕汝九
死子三死長河太華國永存欽哉汝鏐
其敬聽頒示天下文云云從来往事祇
陳迹唐家事業同烟雲吳越四傳旋納
土至今臨安宮闕皆成塵我来浙西訪
古蹟錢王寂莫留荒墳昔聞山林裹錦
繡今見壞道眠麒麟表忠舊觀亦頹廢
斷碣剥蝕叢荆榛隆隆霸業竟何在唯
有銘功鏤版傳千春子孫奕世念祖德
無忝忠孝承清門

齊召南詩錢氏初定吳越基八都兵能
生豹貔嗚呼唐末聚羣盜弱者先斃強
者隨中原五代更八姓雖有遠略安所
施十國瓜分各竊據爭城爭地時盈虧
南唐西蜀一黑子戕戕黃屋開彤墀廣
陵作史劇歎息哀世典籍慵繙披就中
錢氏稱忠孝五王三葉承弓箕始終保
障十三郡縱有稗政無大疵民安耕桑
兵不用厥後接跡佩銀螭一片鐵瓦亦
怪偉鼎出泗水堪存疑淳化元祐及洪

武三登玉殿覲袞衣其文三百四十字
黃金嵌畫縈鬢髭詰辭莊重字古雅儼
對彝器神為怡當時霸業雄兩浙酣謌
駟馬行瑶巵宏乎昌乎爾猖獗婆留視
爾如捕狸山號功臣樹衣錦斗牛無孛
人無欺西湖王氣何必占納土早識香
孩兒腰鼓城壘却悍敵智有晏嬰勇賁
癡萬弩臨江潮水退鐵幢鎮海大名垂
券是乾寧二年錫爵列郡王官台司天
冊荒艸道觀作神鬼呵護仍無危入台

世系有譜牒鄉相冡墓鄉人知明初慶
士拜辭闕共羨野趣廷中麋諸公觀券
詩滿帙劉宋逸興雲霞飛我　朝尚
有鮑太守拂拭至寶欽元龜鐫梨剛棗
載本末燦爛葩藻輝山陂原注康熙初知府鮑復泰
刻表忠譜我思漢世重竇氏祇為天命識依
歸錢氏後先濟其美不勞血双功詎徵
至今錢唐甲海內殷繁都會稱通達忠
懿鑄塔本鎖事猶傳奕禩銅花肥不然
鐵券等閒耳叛將亦得邀皇闈懷光行

瑜事可睹信誓仍見印鮮纍功如李郭
券何在簪紱寧延門祚衰獨留武肅姓
氏永龍蟠曲〻言如絲旂常竹帛遜汝
壽幾閱烏兎東西馳偶見其物空吟詠
猶覺落墨含餘威試問臨安之山有石
鏡曷弗為作摩崖碑
蔣士銓詩長尺八寸闊尺一厚分五釐
筩瓦式重百三十有二兩鐵質金書精
嵌飾皇〻三百三十字乾寧四年歲丁
巳八月丁未帝曰咨報爾勳勞承信誓

衛我社稷惟爾忠福我生民惟爾惠恕
卿九死裔三死史館欽哉勅領示臣鏐
再拜上表聞聖慮永保臣私門曲加容
恕感至德懼傷慈愛孤殊恩子孫保守
皆忠附歷世至元沈澤庫漁罾一舉返
台州千秋守器先靈護我聞洪武之初
褒功臣特命危素取券來稽勳濂禕詠
謌甫畢饗韓彭烹醢多游魂君不見李
懷光擲券地下聲琅〻疑人反者賜此
物臣有明信中心藏吁嗟乎唐賜帶礪

報爾功宋奪茅土表爾忠生兒浙臉符
佳夢半壁河山一券中
朱琰詩吳越錢王樹奇節曾博唐家一
方鐵指日成文字鏤金煜爚生輝表前
烈宋初國除入內宮宋季兵亂沈渭中
五孫一支天台住得之漁網傳無窮維
明封爵議洪武酬庸保世券摹古詔來
取式賜歸原青邱一謌壯文府自唐迄
今八百年舊物還向台州傳日銷月鑠
未剥蝕王家正喜多豪賢尚書之族吾

鄉里門才歷落照青史父子堂〻位列
卿一家忠孝追良軌　翠華南幸駐
錢唐　法駕三臨三祭王為懷舊德
重舊券更許尚書進尚方大書深刻雕
文匱冠以天章賜王族欽哉保世繼自
今不獨旌功重武肅憶昔稱藩浙水湄
昭宗此券在羈縻今日　明良謌一
德蚤知榮寵異當時錯繡雕金錦重襲
鳳篆龍文光奕葉錢王餘澤至今存從
此承　恩在黃閣為香樹尚書賦

陸以謙詩天生英傑臨安錢傳世忠孝
為根源尚書承家流澤遠乾寧鐵券垂
清門券高尺餘廣二尺製如半甑形中
分塗金鏤字土花蝕偏傷一角留斧痕
憶昔池龍初躍起蚊雷蟻市何紛〻雙
戈一揮八百里黃腰之獸喪其蒐金刀
既推越鳥死駿馬寶帶真天人九死三
死昭異數鎮東鎮海兼諸軍豈惟旂常
錄功績要令冠盖知君臣從來富貴亦
等閒名垂竹冊誠不刊三節還鄉誇畫

錦四傳納土如浮雲石鏡山空大木折
此券光景常鮮新況復隆〻啟後代王
家奕世多英賢即今尚書躋九列司秋
少昊仍高遷　九重特達邀知遇遭
逢明盛非偶然大信早已貫金石誓詞
無藉盟河山春風二月桃李妍　翠
華駐蹕西湖前尚書再拜稽首上蒼然
古色怡　天顏錫以銘詞藏以匣
詔還什襲傳家珍無忘忠孝念祖德
銘功勒鼎光千春為錢香樹大司寇賦

吳錫麒詩江上潮秋風來陌上花春風
開秋來春去六百載衣錦城空老樹灰
此券乾寧四年鑄前繫官階後駢句恕
卿九死子孫三金版煌〻叨異數聖主
萬歲臣一心此心亦願鑄如金三世四
王州十四可惜開門節度使西湖花鳥
夢蒼茫我是杭人感澤長表忠觀裏尋
碑讀絕勝區〻鐵一方
高醇詩唐末王氣鍾斗牛池龍墮地錢
婆留異姓王生五百載吳越開國十四

州當日八都為禦寇効卒先驅黄腰獸殲劉巳滅金刀讖討董更斷妖鳥雌跨據兩浙覇一方東南保障功難量信昭帝衿猶旒贊勳修職貢推錢唐特遣中使頒錢劵鏤金作字流澤遠褒德特酬王室勤策勲用作侯藩勸鎮東鎮海薫提封九死三死皆優容不數孔悝銘鼒鼎宜同魏獻賜歌鐘詔書封爵山河誓丹素旂常那足例寵榮長襲蔭子孫紀年幸在乾寧世朱梁革命恥稱藩戊辰

《金石契》錢劵廿九　角廿

天寶即改元閏統制書雖疊至大唐錢劵豈同論

龍簡一

錢武肅王

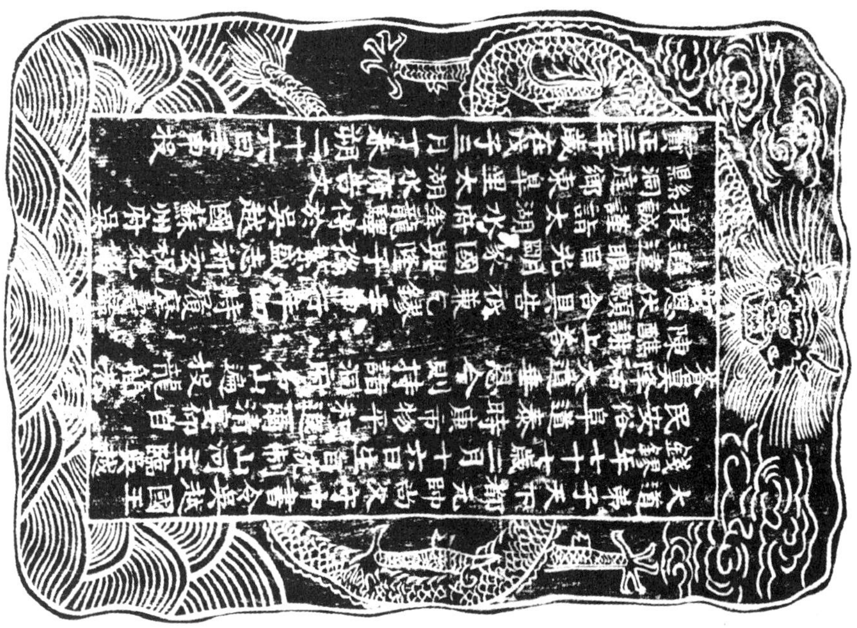

徵一

右錢武肅王告太湖水府龍簡嘉慶壬戌冬乍浦劉粹之淳以搨本見貽云順治初出水其質白金重二十兩以今布帛尺度之高五寸六分廣三寸七分周刻一龍上雲下水中刻正書文曰大道弟子天下都元帥尚父守中書令吳越國王錢鏐年七十七歲二月十六日生自統制山河主臨吳越民安俗阜道泰時康市物平和遐爾清宴仰自蒼昊降祐大道垂恩今則特詣洞府名山遍投

龍簡恭陳醮謝上答玄恩伏願合具告祈兼乞鏐壬申行年四時履歷壽齡遐遠眼目光明家國興隆子孫繁盛志祈玄祝允協投誠謹詣太湖水府金龍驛傳於吳越國蘇州府吳縣洞庭鄉東皋里太湖水府告文寶正三年歲在戊子三月丁未朔二十六日壬申投十行凡一百七十又九言知當日吳越名山洞府所在遍投不止洞庭鄉東皋里也惜其時有願以白金倍重相易不可卒歸

銷鎔今得拓本亦可流傳矣按葉奕苞金石錄補云錢鏐嘗于林屋洞投金簡宋淳祐丁未大旱山間人于水濱得之長一尺五寸闊六寸上刻字曰天下兵馬副元帥吳越錢王十一字閱是簡知其所謂十一字者特舉其列銜耳即所云高一尺五寸者或大小不一亦未可知餘詳翁海村廣平跋

翁廣平跋順治元年夏吳中大旱太湖龜坼居民于湖底得錢武肅王龍簡蓋

投水府之告文也其文一百八十九字楷法頗似麻姑壇記畧有剥蝕處四旁有一龍環之其質銀重二十兩雍正中先外大父拙齋沈公欲以銀四十兩易之不可乃假搨數十紙藏之後聞其子已鎔之矣嘉慶七年春余至沈氏索之尚存數紙因乞歸以附金石集錄之末云文中稱尚父吳越國王錢鏐年七十七歲又曰壬申行年後紀寶正三年歲在戊子按余公綽閩王事跡云梁同光

元年策錢謬爲尚父来年改寶正元年閻自若泛聞録云同光四年京師亂朝命斷絶謬遂僭大號改元保正余按同光元年是癸未若来年即改寶正元年則三年當在丙戌非戊子也司馬温公通鑑載錢謬止有寶正一號而王海載有天寶〻大寶正廣初四號薛氏甲子會紀曰天寶改于戊辰唐天祐五年朱梁之開平二年也寶大改于甲申唐同光二年也寶正改于丙戌天成元年也

夫丙戌爲寶正元年則三年實歲在戊子而余闓兩書紀載之差謬顯然矣又康熙中錢霑續吳江縣志亦載此文壬申行年譌作庚申寶正三年譌作二年蓋由壬申數至戊子正符十七歲之數若庚申則不符也歐陽集古録曰金石文字可与史傳正其闕謬余于龍簡文而益信云

潛研堂跋尾葉君言湻祐中所得而劉君粹之言順治間出水所述廣脩尺寸亦不同刻文又異或吳越有國時授簡非止一次葉所見本不言年号疑非武肅物文穆以後四王皆稱天下兵馬都元帥而無年号也〇十國春秋於文穆王世家注引湻祐時林屋洞得金簡曰天下兵馬副元帥吳越王此即葉九莱所見也吳氏定以爲文穆時与鄙見頗合

黃士珣詩茅山池起不睡龍主臨吳越翔雄風斗牛無孛慶安堵黃金鑄券旌

殊功享國四十州十四猶是開門節度使貢道常通淮海閒建元肇自唐梁際錢唐僭取築錢城人知妙句報龍神太湖捲起千尺水千載忽睹龍簡新詞云尚父中書令俗阜時康荅天慶兼乞遐齡眼目明家國興隆子孫盛東皐里隸洞庭鄉太湖水府龍之堂寶正三年歲戊子告投月日書尤詳是時壬年七十七都會堂開旱蝗滅文穆拜撰忠獻生祈祝能符簡中列拓本流傳又百年楷

法秀偪麻姑仙當時遍告此其一即令得一知其全粉盤書記恒申旦此簡寧非親染翰原注吳越備史王能書甚得體要紅紗未遇學士籠原注王昭羅隱疾因其壁隱以紅紗罩之題驪珠竟被漁翁鍛三千犀弩一莫存浩氣自足蟠乾坤行人曾艤湖濱櫂多少居民說

簡邨

舍利塔二

吳越忠懿王

右金塗塔画像見表忠譜高六寸重三十五兩

右金塗塔一版同杭郡鮑以文石門方蘭士觀於桐鄉金雲莊家

徵八

面

金石契　吳越舍利塔三

徵九

陰

面

金石契　吳越舍利塔四

陰

徵十

面

金石契　吳越舍利塔五

陰

徵十一

面

陰

右陳默齋騎尉所藏四面俱全惟闕塔頂

右舍利塔即朱竹垞所云錢武肅王金塗塔是也按錢氏表忠譜塔高六寸重卅五兩陰有文云吳越國王錢弘俶敬造八萬四千寶塔乙卯歲記凡十又九言下有保字外画象作飢鷹餓虎狀予見金比部鄂岩德輿所藏題識画象与表忠譜悉符惟保字作人字宋程珌龍山滕相寺記吳越忠懿王用五金鑄十萬寶塔以五百遣使須日本据此則武肅未嘗鑄塔而竹垞以為武肅何耶八

萬四千者水經注阿育王欲破塔作八萬四千寶塔葢佛家言三千大千者奇數之極八萬四千者耦數之極耳又慈山記及表忠譜与鄂岩所藏僅塔之一面近日山陰陳騎尉默齋廣寧得一座四面画象俱全并吳越國王一十九言与前人所記無異益知武肅鑄塔之説非也竹垞蓋承周青士之譌耳

程珌滕相寺記有西竺僧曰轉智冰炎一楮袍人呼紙衣道者走海南諸國至

日本適吳越忠懿王用五金鑄十萬塔以五百遣使者頒賜日本使者還智附舶歸

程嘉燧破山寺志明中憲大夫顧玉柱墓在寺東公遷于墓門之東偏營墓時掘得吳越錢忠懿王所造阿育王銅塔今尊藏寺中憨山大師清公瞻礼作記云昔世尊入滅荼毘得舍利八斛四斗分作三分天上人間龍宮各建塔供養爾時阿育王親受一分散閻浮提震旦

國得十九座明州阿育王乃其一也其式亦出自西域而舍利燦爛光明變現隨人各見亦有不見者蓋因障有厚薄耳二千年後五代時吳越忠懿國王承先業敬事三寶如式造小銅塔八萬四千座埋藏國內名山世未有知者我明萬歷初常熟顧耿光造其父憲副一江公塋地中掘出一小銅塔高五寸許如阿育王塔式內刻款云吳越國王錢弘俶敬造八萬四千寶塔乙卯歲記一十九字外四面鏤釋迦往因本行示相前則尸毘王割肉飼鷹救鴿後則慈力王割耳然鐙左則薩埵太子投崖飼虎右則月光王捐捨寶首文理密緻滲以金飾顧為太史錢公母舅因公爲忠懿王之後以塔付之公得此自號聚沙居士志因也乃送興福寺蘭若供養予適東游訪太史過洞聞上座覩其塔奇其事因記之曰佛以法界爲身即草葉縷結皆成佛真體況托象者乎良以衆生迷

本法身變爲三毒成八萬四千煩惱佛以普光明智熏三毒爲三德秘藏故變煩惱爲八万四千功德阿育王所造蓋表功德之數量也吳越王倣造銅塔如其數盡埋地中意表功德藏于衆生心地冀啟一塔則見一種功德即覩法界之眎之哉法身堅固歷劫不磨隨緣應現全身如從一隙見無際空見可以色相太史此塔豈從因地示性空之一隙耶萬歷四十五年佛生日憨山沙門德清

記

曝書亭集跋寺塔之建吳越武肅王倍于九國按咸淳臨安志九廂四壁諸境中一王所建已盈八十八所合一十四州悉數之且不能舉其目矣當日嘗于宮中冶烏金為丸繪梵夾故事塗之以金合以成塔鄱陽姜堯章得其一版乃如來舍身相陽穀周晉仙賦長謌記其事有云錢王本是英雄人白蓮花見國主身蛇鄉虎落狗脚朕何如錦袍玉帶稱功臣致羅平僭号王遺董昌書曰與其閉門作天子九族塗炭不若開門作節度使終身富貴無憂晉仙即演其辭使聞者足戒此詩人之善于取材者已鄉人蔣爾齡亦得一版作放下屠刀立地成佛相以施城東白蓮寺僧吾友周青士所目擊曾以語予及予帰田則爾齡青士皆逝詢之寺僧堅不肯承真跡不復可覩遂書其事附録晉仙之詩冀此瓦未鑠好古之君子或一遇焉

顧豹文表忠譜序余少讀書保俶塔下距丈十步許有一塔高不踰尋相傳為慶忌塔順治中圮有小塔百數陶製極工与錢氏所藏金塗形式吻合其為八万四千中物無疑

潛研堂金石文跋尾右吳越國王造塔記凡四行文云吳越國王錢弘俶敬造八万四千寶塔乙卯歲記即周晉仙所謂金塗塔也晉仙詩云錢王納土帰京師流落多在西湖寺納土本忠懿王事惟詩中太師尚父尚書令一語偶誤蓋忠懿未嘗有尚父之稱也竹垞檢討直以為武肅王造由於未見拓本故尔宋史吳越世家忠懿單名俶蓋避宋諱去上一字塔造于乙卯歲在宋受禪之前固無所避也

錢泳金塗塔致陳默齋騎尉所藏全塔頂已缺款識下有一保字与表忠譜所載正同泳謹按先忠懿王造金塗塔在周世宗顯德乙卯至今乾隆甲寅蓋八

百四十年矣憶自壬子二月泳寓鳩江長春園默齋出以見示曾經供奉案頭者累月

周文璞方泉集白石招我入書齋使我速禮金塗塔我疑此塔非世有白石云是錢王禁中物上作如來捨身相飢鷹餓虎紛相向拈起靈山受記時龍天帝釋應惆悵形模遠自流沙至鑄出今回更精緻錢王納土歸京師流落多在西湖寺錢王本是英雄人白蓮巻見國主身虵鄉虎落狗脚朕何如錦袍玉帶稱功臣天封坼開即退聽雨漸不聞笳鼓競歸来佛子作護持太師尚父尚書令一枚傳到白石生〻今但有能詩聲同袍方外銛師兄哦詩禮塔作佛事同喫地鑪山芋羹何曾薰陸綺牀供但見相輪銅緑明哦詩礼塔猶未畢蘆菸低飛山雨溼

周貿采山堂集銅塔如片瓦鎔鑄何工巧隆起欄楯形圖識尚可了知是五代

物厥惟錢王造是類萬有千聚散不可保幾歷兵火災存者今已少蔣生偶獲之什襲逾重寶施舍鎮精廬此意寔微眇諷公喜我至出示光尚皎窪處填黄金顯見諸相好屠兒額偏廣下放刀仗小一者既若斯諸餘皆可曉

周震榮詩鳳皇山前萬松嶺碧波雲崔空遺亭表忠觀但存二石金塗塔況餘千齡溪宮五夜範金土西域如来留影形白蓮蹟古僧難問白石齋頭詩可聽家山夢遠桐鄉好雅事人傳翠墨靈坐想臨安千載上篤生異人五季丁弩御胥濤樓疊雲排銜石筍山圍青萬姓依王〻佞佛〻身千億千穹寔蜀漢同時紛割據觸蠻一角悲燐螢叢〻誰衣山頭錦戚〻終憐牛角艇翠鈿紫陌春巻輦私第黄金海物瓶還鄉唱羅王孫去保琳崔巍月入櫺烏井荒祠遺老拜北邙宿草東風醒君去更尋握髮殿蒼苔敗瓦或有功臣型

翁方綱詩錢王瓦閒晉仙詩朱檢討昔
覿見之一瓦云落白蓮寺是耶非耶吾
弗知四王三世八十載十四州塔八萬
奇寶所保併留不得黃妃語記訛黃皮
併也上體祖父志合什讚歎經尾詞幽
州殿軍著臣節不獨獻納完城池繪象
何必梵夹事桑麻雞犬皆恬嬉白衣相
光来入夢蹹錢牛兒當是誰夭斜陰款
記乙卯多寶山石劉同時象之碑目未
搜採弔古復思姜夔鍥幢鍥券不可拓大

書已泐東坡碑吾嘗手剔南漢塔城東
蕪絕古冢基豈知杭人念遺物一瓦一
字猶寶持術奇那必執歐史從来仁暴
由人為模糊赫虢廣倍寸簷鈴髣髴湖
風吹黃書張贈同日至一月印出千潭
奇禾中秀卞待親訪書報錢七令無遲
蔣士銓詩表忠譜載金塗塔高六寸重
卅五兩造自錢王乙卯年入土無人拄
牛杖是歲忠懿立八秋顯德二年王佐
周銷鎔銅佛鑄錢貝詒嚴僧寺来杭州

錢王造塔懼功令埋塵地下同幽囚史
稱吳越重聚斂裸民以箴為衣裘支提
塗金滲膏血求福恐累王清修古来阿
育王生金色子妒妻易以彭亨豕遂令
八万四千婦王怒殺之同日死後思懺
罪建浮圖各以舍利承其趺道人手掩
日光影旭采下射閻浮區窣堵徒多恐
無益茶針棗葉牟尼力輦載如山納汴
京劫殺雖逃民骨立此塔出土萬歷初
顧家搖自虞山隅鄞易姜与秀州蔣各

各所得形模殊塔輪面〻鑄佛象割肉
捨身鷹虎飼王能納土救衆生不在區
區諸變相嘉禾張生示搨本桐鄉金氏
收藏謹五百獼猴試繞看乳滴菩提身
不損

程晉芳詩射潮之弩鍥券書武肅遺跡
今存無文孫建塔以金鑄搨本宛觀金
塗〻佛容模糊略可辨獸象馴擾如堪
呼豈其聽經在林莽擺脫殺戮開頑愚
此非白蓮寺僧所藏弆亦非晉仙向裏

所仿摹分明一片好烟雨入手翠剥山雲膚其背有文肖隸古歲在乙卯開范模姓名滚刻示恭敬下編人字爲合符南朝四百八十寺俢想要遣百倍踰寶石寶併費研考此塔倘在王宫隅是年長虹貫樓殿從晉伐虢嗟哉虞（原注吳越備史）乙卯歲周世宗勑王會兵擊金陵火輪小兒此見矣金輪廣庇奚爲乎山河瓦全人玉立衮衣赤舄中朝趍億人此人免兵革王与佛力交匡扶雖云奢侈厥功大歐公誚議毋乃迂近闇表忠觀初本出土照耀錢唐湖楷書端正字絶小不似摹本縱弗拘後先迭出果盛事寸緑大可聯碑趺仁人事〻足千古創造奚必追昆吾

朱珪詩并序塔高今尺五寸二分重三十六兩四版合成中刻吴越國王錢弘俶敬造八万四千寶塔乙卯歲記其一空其三下各有一條字外四面鏤佛歷叙捨身事蹟約略可辨上鑄浮屠七級旁出四角八觚外金剛八内佛相四其下趺每面羅漢三山陰陳明府聖脩之子廣寧得之于徐竹濤竹濤得之于紹興壽量寺僧並録明憨山僧德清記于冊云〻今視此塔与憨山所記是一是二未可知矣按薛居正五代史俶爲武肅王鏐之孫漢乾祐元年正月十五日胡進思迎立之是歲戊申玆塔造于乙卯俶嗣爵之弟八年爲周顯德二年距今乾隆壬子寔八百三十八年也又按宋史俶名本二字以犯宣祖偏諱去之今刻二名則在宋前無疑考周文璞方泉集姜堯章金銅佛塔謌所云上作如來捨身相飢鷹餓虎紛相向又云錢王納土歸京師流落多在西湖寺爲得其情事而朱竹垞檢討王漁洋尚書俱未見其物臆斷爲武肅之事則誤也朱又云鄉人蔣爾齡得一版作放下屠刀立地成佛相則知此塔所鐫故事本不一也今此完好無闕猶見五代時舊物亦可珍矣爲詩記之

陳君遺我古銅塔金塗𦁛駮般匼匝厥
高五寸重六錢范象鏤文辨可揭吳越
王俶乙卯年敬造八万有四千顯德二
載周禁烈原注是歲周世宗燬象鑄錢開國五世錢
江徧佛說捨身事茫眛薩埵餧虎同譌
利月光慈力解六根空色人天摹瓚碎
蹢肰四角環金剛功希孔雀阿育王江
潮歸海表忠峙十四州土完保障堯章
項禮譌文璞王朱傳聞譌武肅剎那八
百卅八春恒沙涌現金輪呈

朱琰笠亭詩集五代十國兵未戢臨安
一隅偏安集至今人思吳越王開心舊
物謹收拾不然佛塔治金塗聚斂民財
付殘劫胡爲得此競護持皈依不在佛
僧法四王五世八十年真人一出土早
納東朝安堵十四州那惜金錢供漁獵
晨鐘暮鼓喧十方聒耳不比軍鉦急保
世功勳信足誇豐碑早爲表忠立昔年
賜券鑄鐵書天台孫支寶什襲
聖主南巡到浙江　御筆輝煌爲題

匣射潮有弩排衙石山海稱名垂奕葉
可知功德重人間一塔流傳偶相及八
万四千今有無存毀倏忽轉目睫
吳錫麒詩吳越當年事杭人易感吾券
文迷鐵繡塔制辨金塗渺渺經千載稜
稜判八觚寶光騰煜爚翠墨拓模糊捫
有鬘雲逕披同貝葉腴法輪尊阿育梵
象變休屠活畫婆心熱生開佛面臞人
天驚慘淡鷹虎伺封剗即物呈諸相觀
空晤此軀坐來雙樹淨禮罷一鐙孤日

下催新詠錢唐夢舊湖王家宏夙頠沙
量紀浮圖匝地神爲守同時日可摸莊
嚴分種種輕重等銖銖象教慈悲托龍
門富貴俱能將刀放下冐有賦追呼長
養菩提子圓神舍利珠緣繩留後驗錦
樹換前模民懼干戈及君先版宇輸寧
官身偶現菩薩力相扶北闕恩誠渥西
方證不殊山河餘幻影宮殿付荒蕪綺
陌謌全歇銅山淚亦枯斜陽紛瓦礫好
事起菰蘆諦演傳衣侶談徵考古徒楊

枝宜嗽齒芋火共圍鑪詎比黃妃感常
供白日娛婆留稱尚誤顯德据非誣記
可憨山續文同秀水摹問年仍乙卯注原
塔為顯德乙卯造至今年乙卯蓋□□甲子矣閱世只須臾卷
雨飛空有潮音入耳無顧休功德海合
十誦南膜覃溪前輩屬題三十二韻
阮元詩并攷五代吴越國王錢宏俶金
塗塔自四角至底高今營造尺四寸二
分據表忠譜圖上有塔頂高三寸相輪
七級除四角㸃与塔身同高三寸故彼

圖統計高六寸也以今天平等之重三
十五兩塔分四面第一面佛象坐左右
各一人前有一𡗝佛作割肉飼虎狀按
周文璞詩言飢鷹餓虎紛相向釋德清
記言前則尸毘王割肉飼鷹救鴿此數
版皆無鷹鴿象此一面与張芑堂金石
契所載人字編號者無少異此面之内
鑄楷字云吴越國王錢宏俶敬造八万
四千寶塔乙卯歲記十九字下别有一
保字編號第二面一佛坐右旁二人一

立一坐左旁二人立持杵此面之内無
文字第三面一佛曲膝俯首一人持及
加其首一人承其下一人擒其後〻有
寶樹一株此當是月光王捐舍寶首事
此面之内有保字編號第四面佛立象
左右各一人前有二虎佛作割肉飼虎
狀此面内亦有保字編號四面下層皆
有佛象三窗鐙形二上層共出四角〻
三稜〻上外八面〻〻一金剛持杵象内
成四面一佛坐象其上頂平秃據表忠

譜尚有相輪七級今折去也塔底四角
有銅汁黏合故世有散成一片者考錢
宏俶字文德武肅王鏐之孫元瓘之子
佐之弟薛居正五代史漢乾祐元年胡
進思廢琮迎俶立之是為戊申歲茲塔
造于乙卯為俶嗣立之八年周之顯德
二年也吴任臣十國春秌俶本二字名
以犯宋宣祖偏名史乃單行今塔款二
名益可證矣俶造塔云八万四千者南
史云阿育王塔即鐵輪王〻閻浮提一

天下佛滅度後一日一夜役鬼神造八万四千塔此即其一又襍阿含經曰阿育王問大布施于諸比邱尊者云欲于一日一念之中起八万四千寶塔一時俱成又談苑載錢鏐說曰釋迦真身舍利塔見於明州鄞縣阿育王所造八万四千而此震旦得十九之一也太宗命取舍利禁中度寶寺地造浮屠十一級以藏舍利據此三說則斯所造不過剌取梵典成語且以闡揚先志未必當時

寔有此數此塔与南宋姜堯章所藏及釋憨山所記之二塔不同亦与周青士所見之一版作放下屠刀立地成佛者不合當别是一塔矣此塔完好工緻宏偉名字顯然一望知為忠懿之物使朱竹垞見此必無武肅之誤乾隆五十七年海寧陳騎尉廣寧以贈安徽巡撫朱石君師々於次年寄至京師命元考之如右並系以詩

晉仙居士白石翁哦詩禮佛書齋中當年此塔世巳罕何期手掃金塗銅金塗冶塔合四片寶象曇花開面々頂出觚稜窣堵空款字三方皆可見國稱吳越王姓錢敬造塔八万四千巳從阿育敬三寶乙卯奉朔猶周年迄今龍集歲癸丑物壽八百三十九黄金剝盡相輪摧本來面目仍長久摩挲面目認金仙珠林崖虎諸慈天月光寶首尸毘肉捐舍念比金剛堅錢唐金錫賦如土官民造塔多戊午（原注蕭山夏承厚鑄銅塔監軍節度使造雙塔皆戊午後

此三年）不似中原少貨錢盡毀金身付鑪鼓（原注乙卯造塔之歲為周顯德二年是年周盡毀銅佛象鑄錢）比邱七級須時成震旦東南施衆生一塔即具一功德如來隨放金光明梵夾劫塵成往事可憐鐵券鐫金字玉册錦袍歸大梁惟有浮圖鎮山寺白蓮詩衆山詞惜無款識空吟詩擅搥我喜得全相欲示小長蘆釣師

吳鼒詩人天妙相燦金碧浮屠插天幾十百忽然几案生光明莊嚴湧現不盈

尺吳越之富甲天下豪傑討叛卷若席
賁塩鑄銅火池煽三世四王手承澤佛
子度世忠懿王丈六前身夢來隅象犀
珠玉百不愛了棒纓絡飾帘釋當時佛
盛金尚賤八万四千遍塗液我佛大旨
貴忠孝惟王相時知順逆鯨鯢免封歸
真龍上傳列廟拜賜額下倚法力廣慈
悲一十四州脫金革不肰五代爭侮佛
鎸像石幢獃充亦無人著手為摩挲空
付雨淋赤日炙　本朝好古王朱周

未見全塔盧琢惜吾師考古辨時代銖
稱寸度書之冊憨山所見是此不要之
語遜經生核小子未敢著一字稽首回
首驚駒隙去年夏雨耕荷田辦香盧館
供朝夕茲來重禮金蓮臺倏忽春風生
紫陌人生難得不壞身六如幻景雙丸
擲一衣一鉢一鐙傳頤附公詩壽金石

為中丞朱先生作

方薰詩毛子有版銅蓄眼未曾見云是
金塗塔傳觀畫稱歎吾聞錢王造其物
世所罕白石僅購藏晉仙賦豪翰詩翁
周青士曾詒僧寮看留題武肅王歲月
靡可按竹垞踵其言彼此互參贊曰金
塗塔瓦繪畫絢爛頗聞顧氏墓得塔
在荒岈曾入聚沙居一佐禪鐙暗皆非
武肅遺入手便可斷其大二寸餘高約
廣之半砥平無瓦形欄楯如井幹面鑄
阿難師委身為虎啗爪牙觸手利儳肰
無漫漶數八万四千乙卯歲治鍛王弘
俶敬造文背字深鏨虞山与此同僧語

要非漫王時未納土巳請兵革亂出金
綺買鐙与民共娛玩笵銅為桐輪鑠金
供佛幔形模阿育古色相迦葉燦恒放
七級光不比千卷紺五季傳至今興廢
可推算角少硃砂紋身与翡翠緋歷照
星物移頻經劫火爨毛子偶得之供養
遜敏館寶此窣堵波羅列青玉案欲觀
衣先熏未舉手須盥塔枝四合成頂級
一重買今者知不全物久乃分散方泉
集可詳憨山記憑勘瓦而繪畫稱斯言

竟河漢毛子邗藏文
蔣徵蔚詩巢寇寸誅董昌孔鳥滅羅平
越霸矣祖孫三世共相傳半壁東南真
佛子烏呼割肉飼虎普救心月光捨首
尸陀林慈悲自作大願力布施豈藉千
黃金七級相輪六寸塔淨供人天真慧
業窣堵波中影共留十四州消無量劫
金剛持杵角覆垂虎力自猛佛自慈唯
王納土救臣庶以較割肉功相差我聞
歐公陰憾稱橫稅貢獻雖勤民亦敝雞　徵卅二

雛魚卵值幾何卻為淫奢勞會計又聞
史言阿育王〻闍浮區感佛滅度佛法
殊一夜鬼神弄鑪鞴造成八万四千金
浮圖先世曾思役龍象斲鐵令仍卅五
兩降旗獻裏太師身誰云止博諸王長
憨山僧記堯章藏塔象同異勞評量屠
刀放下立成佛王心豈願民胥戕顯德
乙卯誓力堅王嗣祖志鑄此虔與巳過
眼金甌缺不惜周季惜宋季
陳廣寧同徐山人華聯句銅塔昔壓藏

寧流傳自吳越幻妙相時現華爍爛光
未歇窪處或填金寧鑄日比鎔鐵救鴿
形模成華飼虎像鏤出首訴月光捐寧
百鷲慈力割投崖志願誠華然鐙肺肝
熱滲以莊嚴華寧重之文理密牽深含
蝕繡華歲久頂殘缺獨將本行示寧誰
把往因說惟昔忠懿王華正覺不磨滅
畫圖國籍朝寧實欲邦人活納土謀斯
藏華稱臣身非屈漫依卧榻睡寧難為
降王詰超妙禪理潑華慈悲佛緣結三　徵卅三

千法傳勇寧十四州棄決頑豈孛密同
華功實實融匹迷与悟芍殊寧實共罰
自別止觀原不二華定慧總歸一憶當
塔初造寧示夢現諸佛已教煩惱解華
豈遺功德絕西湖道潛師寧法像實始
乞永許供獅王華遂見歸象闕隨緣真
體露寧歷劫普光徹埋有八万餘華土
尚千百沒昔讀文璞詩寧曾禮白石室
或許處士覷華或許虎頭掘堪笑王朱
輩寧雖免考訂失試看繫姓名華且鍑

備年月何因稽古人寕竟指婆留物君家富搜羅華鼎彝頗排列此塔得珎藏寕會能悟解脱誦經時禮拜華焚香幾瞻閱轉思五季時寕遺事難覆述佛子希護持華梵字多散逸何年此出土寕寶筏見恍惚荼毘溯世尊華舍利留禪窟變化身成萬寕供養級數七宮殿範土金華製作猶髣髴西域應從繼寕南漢那能埒形影走鬼魔華像狀妙凹凸十方訝蓮吐寕衆生喫棒喝朝夕禮相輪華定當佑顛蹶寕

周顯德下層之面題字

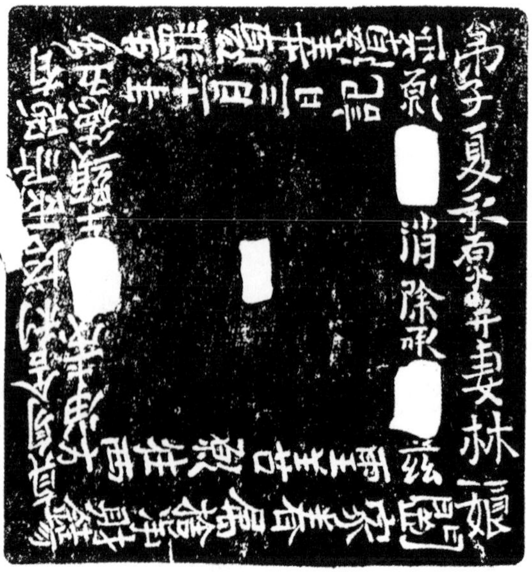

頂

金石契　顯德舍利塔二　徵卅六

四圍上中二層画象

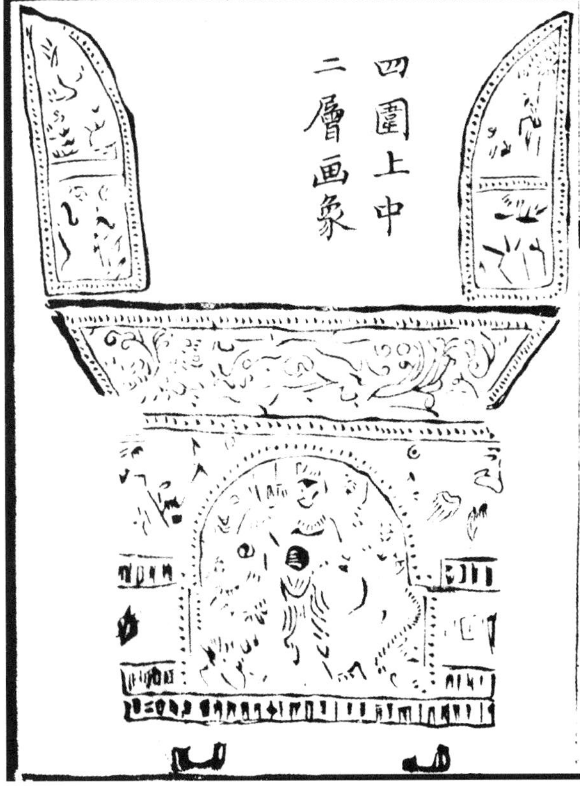

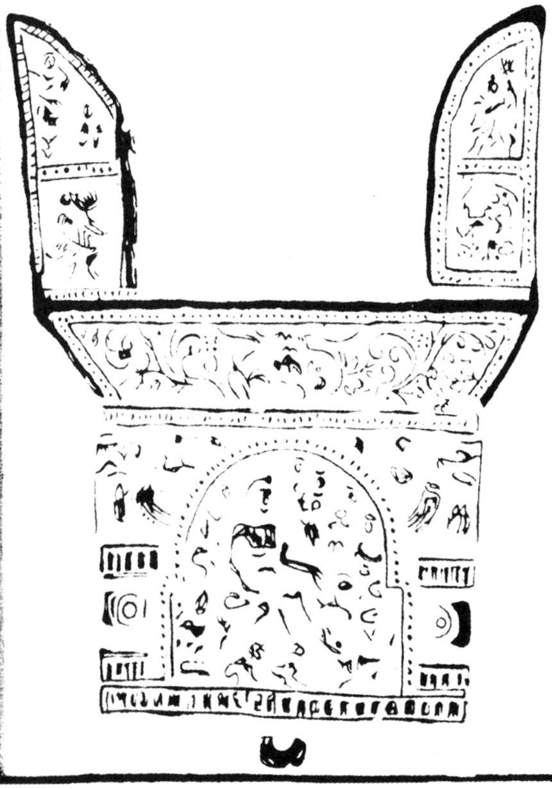

金石契　顯德舍利塔三　徵卅七

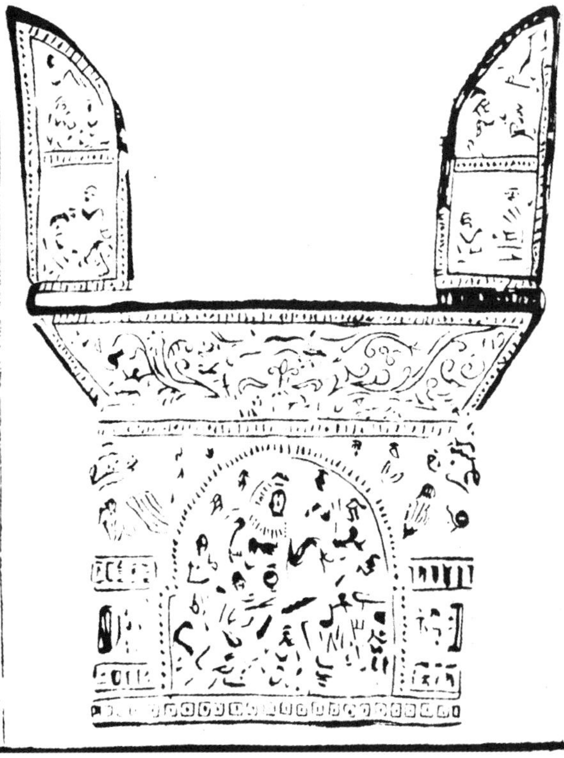

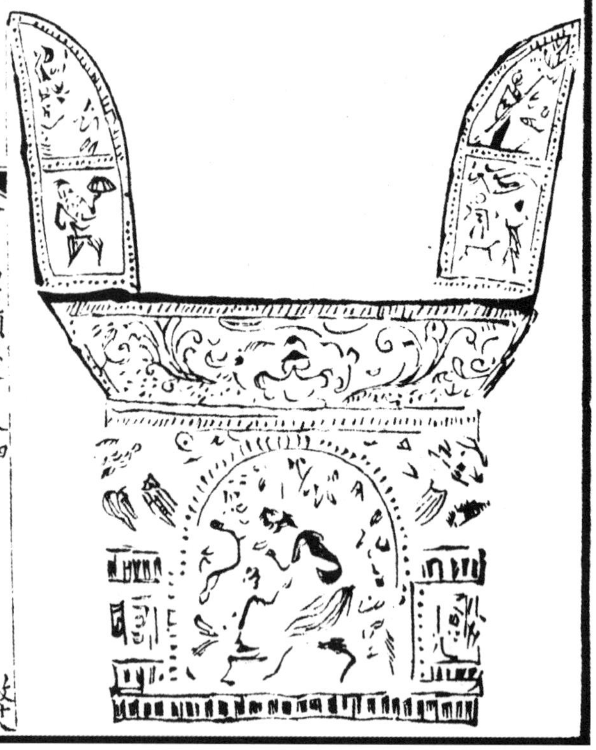

四角向内天王画象

《金石契 顯德舍利塔 四

徵卅八

四圍下層画象

顯德舍利塔

徵卅九

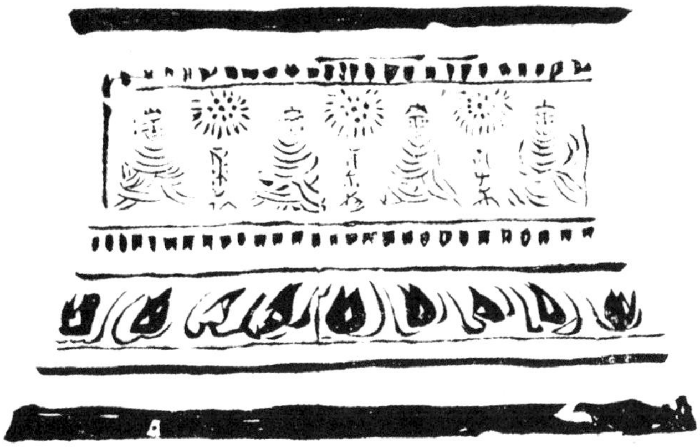

顯德舍利塔

徵四十

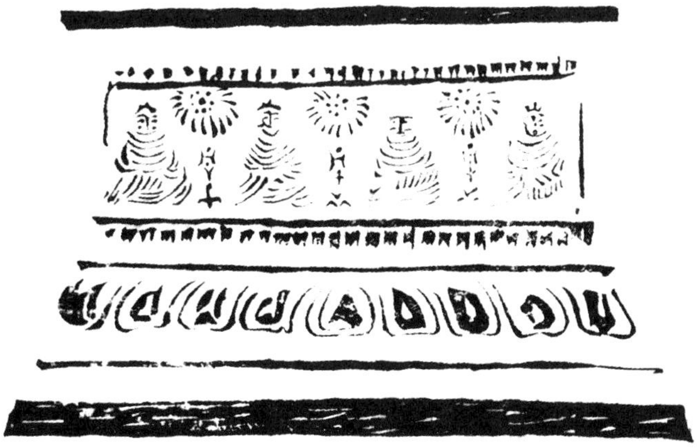

顯德舍利塔

徵四一

顯德舍利塔

徵四二

右周顯德舍利塔在蕭山祇園寺題名凡五十九言字體行楷之閒汪進士龍莊輝祖先以搨本寄贈并示蔡秀才雲白英所撰記余因渡江訪雲白同觀制度画象与錢氏金塗塔略同惟題名勒于下層之面餘詳雲白記

蔡英記祇園寺凡塔者四丙申海塘圮水及其二級水落崩其一寺僧拾壞塼得物焉范銅而方博五寸高七寸羸為兩截其下截類碣砆而正方而殺其要

五分之一作諸蠻女菩薩番蓮寶樹周其四圍其上截則自寸以上爲平頂而徹墳之作四銳角上矗高寸餘立四天王於裹向而其外及四面象与下截等其墳一孔應有事焉者而失之矣上截之底与下截之面相受也三楔而下受以孔則記于下截之面曰弟子夏承原并妻林一娘闔家眷屬捨淨財鑄真身舍利塔兩所恐有多生罪障業障並願消除承茲靈善願往西方淨土戊午顯

德五年十一月三日記凡五十九字方
折而旋以刀劃之其塔係供于塼塔之
第七級以内者故不爲風雨所蝕歲久
而質不失然已班剥可愛考舊志云祇
園寺方塔二座在正殿前梁岳陽王蕭
詧建圜塔二座在金剛殿前吳越監軍
節度使渤海公建而沈仁裒塔記大意
謂晉義熙間隱士許元度捨宅爲寺後
身爲梁岳陽王蕭詧除會稽郡守至寺
悟前緣建塔云云此即舊志所云二方

塔也記又云吳越監軍節度使側閑往
事載動信心遂与妻屬國夫人同蕤善
願起自戊午秋初訖于己未冬首甃成
雙塔此即志所稱二圜塔也今所崩方
塔而鐫記云戊午顯德五年正吳越王
奉後周正朔時所建舊志因傳聞之訛訛
方爲圜而沈記無方圜之別是以譌傳
至今姑記之以俟之修邑志者
潛研堂金石文跋尾右祇園寺銅舍利
塔題字海鹽張燕昌芑堂嘗爲予言在

蕭山之祇園寺乾隆丙申殿前方浮圖
爲水所圮寺僧拾壞磚得小方塔一高
七寸博五寸其制似錢忠懿王金塗塔
芑堂嘗与邑人汪進士輝祖煥曾蔡秀
才英雲白同往觀之癸卯歲予過蕭山
入祇園寺訪僧雛詭言在縣令所悵肰
而返丙辰秋煥曾始搨其文貽予凡五
十九字周圍刻之云弟子夏承厚并妻
林一娘闔家眷屬捨淨財鑄真身舍利
塔兩所恐有多生罪障業障並願消除

承茲靈善願往西方淨土戊午顯德五
年十一月三日記葢吳越忠懿王嗣位
之十一年奉中朝正朔也蔡君記作夏
承原今審視之當是厚字
翁方綱詩芑堂金石我同契三載江頭
望燕薊渡江重爲訪祇園要与前圖衡
面勢寄我方旋五寸紙上云平頂邊徽
銳琺對番蓮貌不得字形宛轉枝柯麗
觚棱一一刀削痕楔孔誰來鑿因枘蔡
君記辨方与圜舊志蕭梁還晉世我聞

槁柱与鐘銘彖之目著錢王歲五季顯
德伐誰時一瞬江流户不閑但供白石
掐紫芝方趺想像金塗制軏壞金完水
不浸墨濡香蘞人来憩崇化塔基亦戊
午下元季次從唐系十國誰將款識編
表圖一準春秋例區〻鐫記非小補款
款書投如把鑾試摸滅樣縮巾箱攪鉥
重煩題艸隸

銅牌四

臨安府

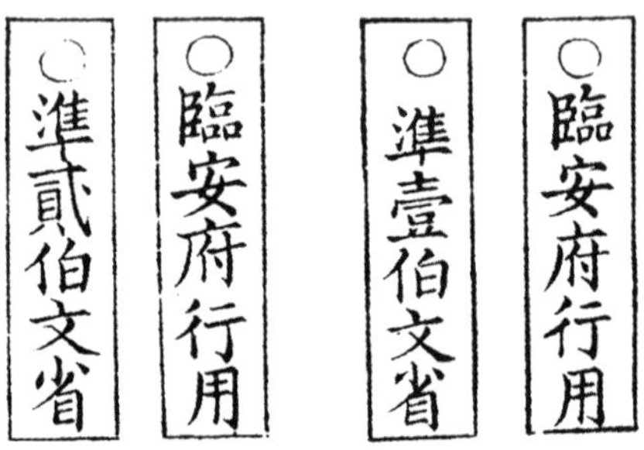

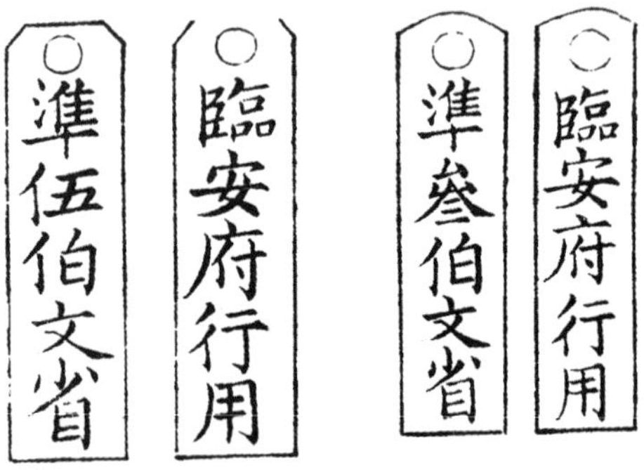

右宋銅牌杭郡龍泓丁先生舊居候潮門外掘地得數十枚上俱有穿一面臨安府行用五言一面準壹伯文省五言皆正書其他貳伯叄伯伍伯佘每見之大小不一詳至正直記

孔行素至正直記宋銅錡牌長三寸有奇闊一寸大小各不同背鑄臨安府行用五字面鑄錢貫文曰壹伯文等之類額有小竅貫以致遠最便于民近有人取以爲鑰鍉牌者亦罕得矣金忠湻曰就令所見皆鑄臨安府行用五字疑屬面文其曰準幾伯文省當作背文試觀湻祐當伯錢即知孔氏所云背面倒置矣

張氏泉録曾見杭人吳姓者有此牌字畫精好

顧鎮官續泉志高宗鑄其式如古貨布而足枝頂上有穿長二寸許面文曰臨安府行用背文曰準五伯文省又一種長闊差減頂無穿面文同背文準二三伯文省尚有一種準五伯文省上有穿皆高宗軍行鈌用鑄此權濟一時非常法也故史不著其事

李衛西湖外紀銅錡牌令民間亦有藏去者其面鑄臨安府行用背云準五伯文省亦有二伯三伯不等考容齋隨筆太平興國二年詔民間緡錢定以七十七爲陌自是以來天下承用公私出納皆肰故名省錢以九十爲一陌者爲長錢南宋定都臨安故鑄臨安府字所謂省者尚存汴京舊制亦可知當時用錢不能足陌而姑以是濟其乏也

厲鶚序胡道周續泉志道周于有宋一代諸年号泉之外又得銅牌徑二寸許其文爲臨安府行用準三伯文省予向讀郎仁寶七脩類稾云是南渡國窮補救變通之物交會錢引之類第不解所謂省者何考洪文敏容齋隨筆云太平興國四年因五季之制詔民間緡錢定以七十七爲陌自是以來官民出納名曰省錢肰則銅牌者殆亦支錢之劵當日錢無足陌故著省字非如楮幣之祇

以千百為準也銅牌廢而楮幣行此正可補宋史食貨志之闕

黄模跋古未有以錢為幾百幾千文者漢書食貨志周景王鑄大錢文曰寶貨秦銅質如周錢文曰半兩重如其文皆謂所鑄之錢文也至後魏食貨志云武定六年齊文襄王以錢文五銖名須實稱宜稱錢一文重五銖者聽入市用又楊道穆傳曰自頃以私鑄薄濫官司糾繩挂網非一在市銅價八十一文得銅

一斤又曰論今據古宜改鑄大錢文載年号以記其始則一斤所成止七十六文又呂隆傳曰西河之民不得農植穀價湧貴斗直錢五千文後世之以錢為幾千幾百文者當始此趙宋南渡建都于杭改杭郡為臨安府今所見銅版文曰臨安府行用則七修類槀謂此牌為南渡後物良是据容齋隨筆則省錢已始于太平興國之初南渡後第仍太宗遺制耳其曰準三百文省者此一牌準

作三百文之省錢也此又本前代一刀平五百大泉當千之例而小變之便於賫輕涉遠彼用刀用圜此用牌彼曰平曰當此曰準其制殊其義一也樊榭先生謂為支錢之券殆非果以券支不必云準矣

爵一
岳氏

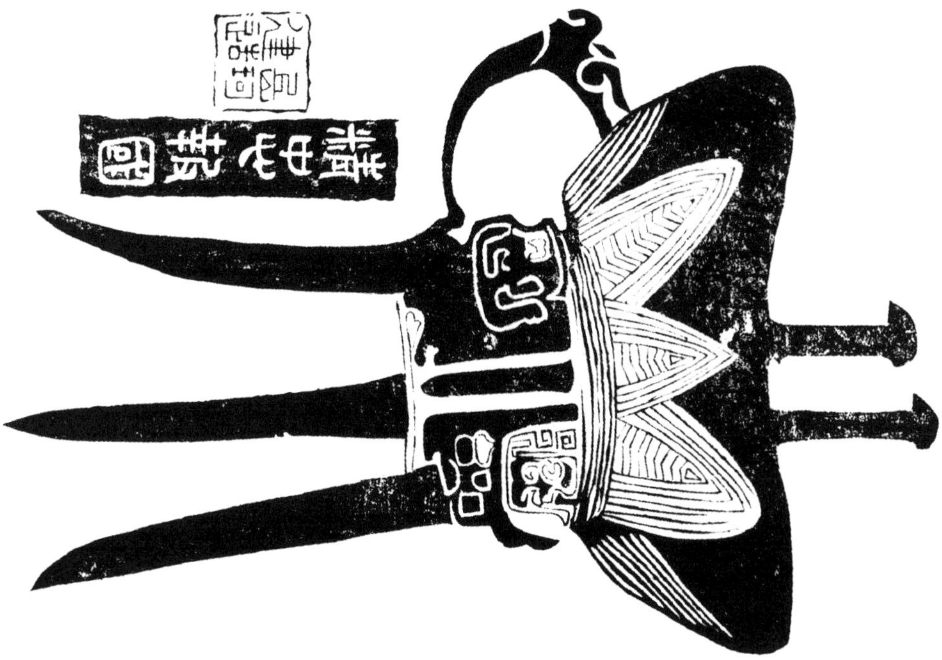

徵五二

右宋銅爵岳倦翁所造忠武王祭器之一扳内有岳珂建造印脣有篆文精忠報國四言向藏桐鄉汪氏後爲金鄂岩所得鄂岩曾繪縮本刻石并爵歸諸西湖廟中詳廉訪秦先生記

金德輿記爵高五寸六分深二寸七分口徑長四寸五分闊二寸三分腹容四合重五百十四銖中鐫精忠報國字左側有小印曰岳珂建造按岳元聲精忠類編宋孝宗扗潛邸念忠武之冤鑄全身銅象鐫南宋紹興三十二年壬午秋七月樞密司判樂則生造子霖敬祀綿綿永傳又岳珂于嘉泰四年鑄奉祀忠武祭器宋巳悉埋土中明萬歷間始得自諸暨山中歸奉金陀坊之家廟是爵蓋祭器中之一向藏汪明府庢家其所自来已不可考明府殁後爵歸余因徵詩文記之行將訪王之裔歸之廟中以垂永久竝可補入西湖志中也時乾隆巳酉秋九月

李集記歲戊申桐鄉金生德輿購得銅爵一高五寸六分腹容四合中刋精忠報國四字三足二柱左側豎耳有岳珂建造字上爲兩翅文形模甚古集諦觀而三歎曰此阜陵報忠後岳祠祭器也按鄂王父子遇難藁葬南山下道路以目諱曰賈宜人墓王有孫珂女安孃壻高流寓禾中不敢惕息及阜陵之初政也首雪其寃旌其功訪求裔孫厲及骸骨賜祭賜葬賜金給祠墓之田一門盡

子録用凡孩提之童垂髫之女悉官之且待年以官其壻報忠之典亘古未有至今棲霞之嶺巍然長存者王墓與祠也珂此時如死復甦始得奉朝請造祠器或曰阜陵初政上皇在德壽宮盡改其道可乎曰王之寃上皇蓋知之矣方韋太后北歸未入宮問左右大小眼將軍安在邪人曰岳飛死獄矣后曰非此人我安得至此遂終身道服蔬食以報飛宋之臣民外而馬醫走卒內而嬪妾

宦官靡不剌心飲血訟王之忠一旦重離繼體雷厲風行玉札頻頒非常錫典天子有諍臣父有諍子一身兼之孝宗所以爲孝也或又曰子言似也何以王之事學士家議之而并許曲端道學家議之而咸推張浚集曰何必浚也稱秦會之爲茍文若矣跡其三上書留胡康侯聲聞藉甚南渡儒臣舉如是也不如是不足以彰王之忠而保有是爵王亦能文少力學埶左氏春秋復躡一表請

建太子手疏雖出師前後表何多讓焉元臣脩宋史稱王可方漢諸葛忠武信哉寧都魏禧著私議請天下郡國祠祀之如漢壽亭侯故事集曰此以神道事王也珂居吾禾金陀坊裔元聲駿聲著名前朝應于坊中立王祠以子雲牙將張憲配食刋王詩文于石春秋致享歲時則士女山農肅然生敬頌精忠于不替此爵所以志也生白唯唯行訪岳裔而歸之

秦瀛記事吾友桐鄉金比部德輿藏有銅爵一盞岳忠武王孫珂所製以祀王者也爵高五寸六分深二寸七分闊二寸三分口徑長四寸四分腹容四合重五百十四銖中鐫精忠報國四字三足二柱左側有小印曰岳珂建造舊傳嘉泰四年珂鑄祭器奉祀忠武此其一與比部以爵爲岳氏物不敢私將訪王裔而歸諸王之廟或曰珂家嘉興之金陀坊〻故有王廟爵故珂物宜仍歸金陀

坊余獨以爲不肰王之廟最著者曰湯陰曰西湖湯陰者王舊里而西湖則南宋故都王葬處也非金陀坊比王之精靈固無乎不之而西湖之有岳廟雖賤至丐夫竈婦無不過而生敬者高宗之敕王父子之象其守墓子孫至今藏焉是爵也歸于西湖之廟當亦珂之志也比部聞而韙之遂歸諸而余爲記其事并附以詩時嘉慶二年九月望日

金君家藏銅爵一倦翁小印字不滅阜陵以來重報忠堂〻子孫薦芳醑三足二柱珍如彝雲雷深護蟠璲踞璘斒古色歷灰劫還與桯史千秋垂皋亭山邊陣雲惡聞說錢唐江水涸白鳥金雁飛滿天何況區〻一銅爵冬青風雨徒悲哀龍津之劍去復回土花繡出會稽土神物終不薶蒿萊金石好古世希有銅爵仍歸祠墓守行人下馬酹南枝一卮當飲黃龍酒

汪淮詩仙陀巳廢倦翁圃白楊猶繞秋

墳語銀瓶迸裂銅駝愁安恃區〻一空甒獄底沉冤洗覆盆可憐肝蠻亦君恩金甌既缺弓影在千年告孝留清尊溪堂秋冷橫雌蜺主人爲客觴重設巳教縱飲失黃龍何處青山埋碧血古廟棲霞苔巳荒憑誰瀆酒墓門旁雞豚社散蒼烟積多少叢鴉哭夕陽

馮培詩不抵黃龍不飲酒嗚呼此志十年負金蕉賜罷金牌催（原注紹興三年以功賜金蕉酒器）陵寢中原無兇鹵一爵流傳自岳家

祭器名鐫倦翁手陀坊兩編籲泣深隧道重封褒邱厚范銅鑄就供几筵失而復得事非偶精忠刻銘字不泐重如山嶽光星斗想見紅羅高揭時旗影風翻敵驚走皇天后土鑒孤臣千載酸辛莫須有祠廟業肰湖水濱膀分宰樹姦尸剖居民一勺奠忠泉涕淚猶揮迸林藪此爵英靈疑護持栝棬毋忘世慎守方薰詩倦翁舉爵定追思恨負黃龍痛飲時應待王師收北闕便將家祭酹南

《金石契　岳氏爵七》　徵五八

枝遺文王楮同垂世歷刼金陀獨後期七百年来傳舊物天憐忠孝護宗彝趙懷玉賦西曹主人林居多暇惟古與稽架庋贉軸筵羅鼎彝中有銅爵璘斌色滋近購汪氏往来岳祠其祀伊誰惟王忠武有孫曰珂無忝厥祖爰采質于首山佐薦馨于嘉俎擬上尊之飾金陋飛觴之綴羽色非渙而留斑光異玉而侔古嗟乎鄂國幸遭阜陵官及髫齔功崇載胥賜葬則墓田長守啟祠則法器

頻增徒令義士雪涕孤臣拊膺望黃龍兮塞遠哭朱鳥兮魂升雖有味其焉食欲痛飲而未能爾其饕餮深鐫雲雷謹刻物扗酬忠文猶報國存湼背之初衷尋覆巢之陳迹葛公則五丈隕芒萇叔則三年化碧事少伯而已遲鑄申王其奚益一雁南翔六更夜長錢唐潮落諸暨山荒思犧象之不出酌兕觥以永傷隨銅駝以共没膢金椀以深藏刼火侵而彌耀土花蝕而自香終得顯于異代

《金石契　岳氏爵八》　徵五九

還舊觀于故鄉彼角散殊制琖斝異形小則蓮花蕉葉大則北斗東溟一升二升之器三字八字之銘徒足供夫浮白寔靡當乎汗青豈若茲爵陳列爲世典刑賚可擬乎山罍蒲勺義適合于子乙父丁也𢦏詞曰王之靈兮在天王之名兮在史珍此爵兮胡爲繫人心之不死又詞曰酌君酒兮旨且多灑熱血兮流江河顧昰忠孝心與銅長不磨傳之得所有天幸何必返璧歸金陀

魏成憲詩爵高五寸口徑四中勒精忠報國字金陀坊底相臺家嘉泰四年成祭器訟冤有録籲天名怯敵曾言撼山易垂手燕雲待雪讐長城自壞緣和議將星慘淡背嵬軍英靈颯爽紅羅幟可憐父老望南枝幸有文孫承大糦赤堇千秋躍冶心黄流一勺孤臣淚異代飄零此爵留合歸遺廟湖山地光堯刑賞竟何如謀醜犧尊早淪棄原注高宗十六年爲秦檜造祭器六陵麥飯亦無人剩有冬青起寒

吹忠武馨香天地間不闕當日金蕉賜原注金陀粹編上賜先臣金蕉酒器如韓世忠禮

吳騫詩銅爵復銅爵高者足虚者腹兕觥鸜螺非爾屬恨弗能平吞鴨緑想見金陀坊裏籲天成家祭還同九州哭一哭白日沉再哭愁雲紫哭絶朔風動地來紇干山雀凍巳死死不可生生可恥小朝廷僅降俘爾十六燕雲俄割盡若敖鬼誦冬青引落得精忠禮器存丹砂小篆縈春蚓斑駁雲雷不敢撫恐化長

虹牛斗吐西曹知我癖慕古蘭槳輕挐問湖滸手酌寒泉酹侯墓千秋淚溼墓下土卻顧南枝慘無色神靈咫尺威嚴逼山雨突来天潑墨彷彿當年獄底黑萬里長城甘自壞十二金牌那追得爵兮軒然若有翼何不高飛訴五國

書鎮一

延祐

右元延祐銅艾虎書鎮中丞先生鑒藏端陽節物之一詳山左金石志

山左金石志右書鎮縱二寸寬三寸四分高一寸重今京秤十九兩三錢作虎伏艾叢形正書延祐二年按荊楚歲時記五月五日以艾為虎以辟不祥此書鎮亦仿其意為之耳

陳文述詩丁巳五月日在卯海榴窺戶蒲含姿雪羅風葛順時令縛艾作虎几嬉袞師先生遣人招我至示我古器光陸離就中書鎮物尤妙原注是日命賦梁太平鏡宋宣和琥珀筆筒及書鎮三物巧匠製出形模奇似艾非艾虎非虎置之几案形髣髴之以手響徐歇知是銅質無蔽虧土古水古傳世古愧非特識難措辭但覺苔痕斑駁土卷碧把玩直使人忘疲細觀迺有延祐二年字筆畫燦列無纖翳我聞鎮書物古人多有之薛道祖詩詠金虎考槃餘事記玉蟾金天祿迺趙宋物青鳳子是楊家遺小連城与千金史歐陽文具九

無疵今之所見或此類勁骨盤屈光蔵㲉在昔仁宗國號本皇慶改元用以延洪禧其時初開國史館誰与作者揭傒斯左右兩楊舉賢俊多士濟濟盈彤墀大學衍義資治鑑譯以國語森昭垂趙承旨虞伯生輝煌廊廟生光儀在帝左右書萬軸得此作鎮尤相宜我師文章今燕許濡染大筆何淋漓藏書萬卷手自挍金題玉躞紅琉璃此鎮長作著書伴典重不讓古鼎彝況復尚象取威猛辟邪之義同蔡葵虎氣騰上發光怪午夜直可驚妖魑摩挲古物為公頌 彤廷指日躋鼎夔虎拜稽首祝 萬壽再譜 盛世賡颺詩

鐵如意一

趙忠毅

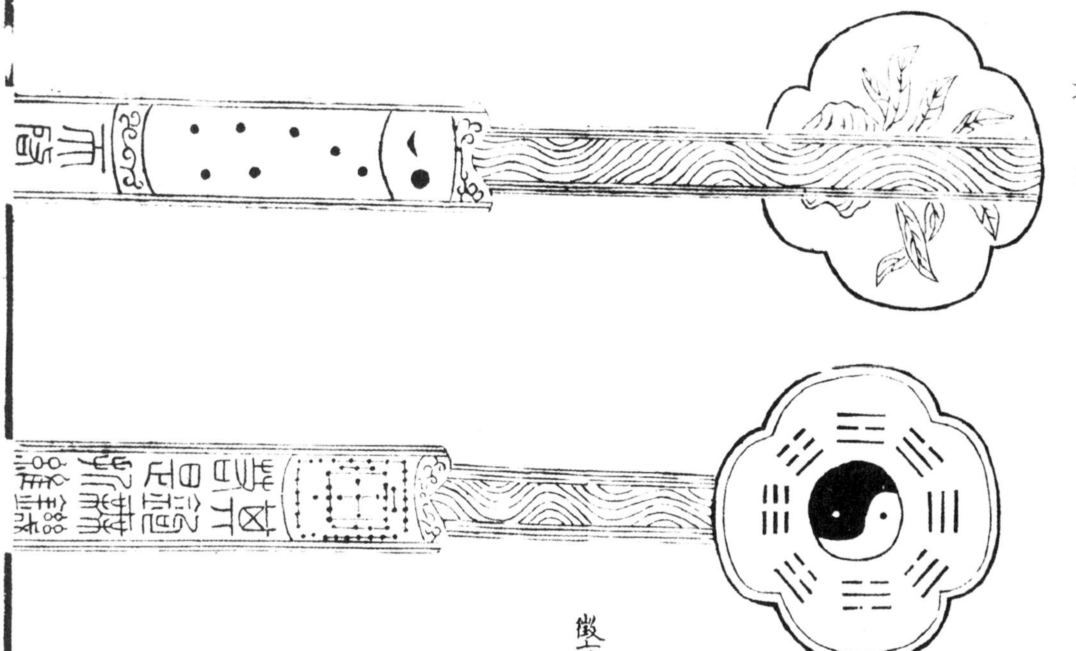

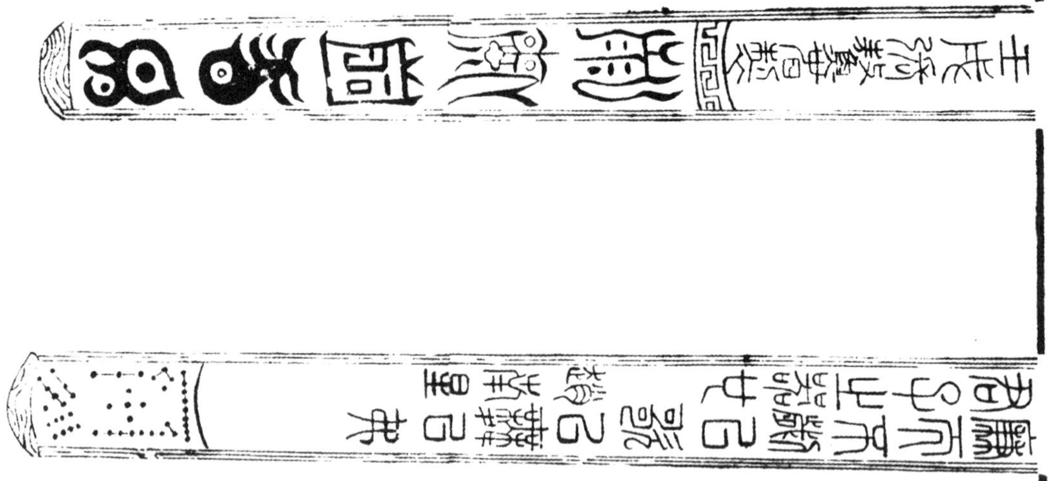

徵六六

右趙忠毅公鐵如意乾隆甲午六月四日同秀水朱清谷辰應同里朱祖香芳衡觀于吾竹房進愛吾廬八觚中圜長尺有四寸七分重二斤四兩金塗八卦河洛雲雷星斗五岳諸圖象銘曰其鉤無鐖廉而不劌以謌以舞以弗若是折惟君子之器也款題趙南星凡二十有六言背文曰天啟壬戌張鰲春製凡八言皆篆書考其時相臣如葉福清韓蒲州朱秀水皆端人也公亦偕鄒公元標魏公大中輩以激濁揚清爲己任然陳良訓章允儒等以非例責鄒維璉而傅櫆已通魏忠賢首攻維璉以撼公難端潛作明年秀水及福清蒲州相繼去位公偕鄒公俱踉蹌出都朝士之禍愈烈矣嗚呼公不幸生於戕賊方正之日不得與諸公大展其所學徒使孤忠勁節空託諸擊奸之物公心如鐵公之不如意豈獨事居八九哉觀是器也亦足以褫逆閹之魄已

徵六七

申如瓚曰忠毅鋏如意先君子舊藏一柄重一斤四兩長尺有五寸二分方頸圜身銀塗花草錦文首鏤一馬篆文曰天馬徠三言銘詞如其鈎云云惟姓名下多一印文曰夢白陰面圖八音極工緻篆文曰萬歷丁巳夏爲伯威大雅製十又一言蓋當時東林士夫各有一柄所見銘與題款畧同其人足重遂使碩鋏等於南金矣

韓騏詩妖蟇障日天地閉代州戍卒性

金石契　鋏如意四　徵六

薑桂手中剛鋏尺二長得共朱雲劔爭利額圖星斗背弓彎羅紋細蹙銀花斑銘詞奇倔篆文古彷彿鑄鼎昭神姦百餘年來親手澤古今義憤通呼吸想當邊城起舞時魑魅潛形鬼神泣千秋正氣座右存物因人重珍瑶琨指揮欲落崔魏膽把玩許招楊左魂嗚呼明社久已屋一器森芒奪人目風前還弔宗遺民擊將如意西臺哭

厲鶚詩鋏花鏽澀尺有咫一朶冷雲吹不起四周銀鏤篆畫嚴古器曾經近君子高邑趙公卓犖才東林黨籍標渠魁要扶衆正黜羣小不悟晚乃爲身災高皇辛苦營九有輕擲乾坤崔魏手椽人假手滿朝廷豈獨見泉竟無後（原注見泉無後趙公目南樂魏廣微語見泉廣微父允貞号也）廷推禍伏三案根遥遣荷戈出雁門匹如祥麐在苑囿貜貐檮杌驅之奔擊壺謌羆提攜舞壯闖闖心淚如雨恨不親將逆豎頭碎如王氏珊瑚樹力疏四害論四凶（原注公於神宗

金石契　鋏如意五　徵充

朝爲選郎上四大害疏光宗朝爲總憲斥亓詩教趙興邦官應辰吴亮嗣著四凶論）顱鑄禹鼎代天功人間萬事不如意佳名真與奇觚同鋏兮何清寒乃是公之忠義肝鋏兮何哭兀乃是公之戍死骨我購得此常賣家傳觀四座森不譁若采銘文備史事流傳億代可以箴官邪

沈德潛詩蔣侯購得鋏如意銀絲鏤飾存款識額圖太極八卦形背列天垣斗星位銘辭無多語詰屈廉而不劌君子

器流傳知是忠毅公年月日與姓名備維公生值桓靈朝婦寺秉政同宣驕紛紜鉤黨禍正慘孟博繫獄悲咎繇城狐社鼠不易去悲歌擊節心憂焦上方請劍空有志唾壺敲缺真無聊賢臣從古一網盡遺孽魑魅投邊郊邊艸荒〻斷行跡邊風蕭條邊月白尚書振臂忽起舞手持故物還拂拭一揮天地欲低昂想見鬢鬚立如戟賜環無詔來邊庭萬里忠魂歸不得陵谷變換廟鼎遷尚書

手澤令依然光采爛〻照四筵鬼膽震慴那敢前珊瑚二尺不足擊指揮并勿談枯禪蔣侯蔣侯知爾所寶在人不在物要令忠義之氣垂千年

黃文蓮詩空堂白晝生雷電倏忽光芒射星漢興酣决眼三摩挲知是尚書舊時玩尚書嶽立森孤標彈壓婦寺清羣寮陳詞直欲誅曹節抗疏何嫌劾趙嬈茄花委鬼相糾結忠義生平嘗憤切想象悲歌擊節時中宵起舞情嗚咽一自飄零別玉鑾荷戈遠謫雁門關徒聞竿下金雞放未見天涯戍客還東林舊事成千載古製蒼茫閱人代碧艸荒苔埋沒多天垣星斗依然在太息孤忠照古今留傳舊物等球琳試將銘語分明誦彷彿當時鋏石心

蔣士銓詩臣掌選司陳四害臣掌都堂論四凶澄清廊廟是臣職豈肯低頭魏進忠呼臣元凶具千罪皇天后土知臣衷坐贓遣戍心无悶不見逆案死且恨

平生烈性百鍊剛隻手焉能挽天運烏金如意翦黑雲誰其製者張鼇春七星五岳拱八卦圖書映帶雲雷文其銘二十有六字堅重真爲君子器廉而不劌鉤無鐖舞謌弗折孤臣志身圜頸方尺半長上有葵花向太陽雁門相伴死宜殉幸未入棺埋北邙袖中恨少司農笏虛說三君同兀〻（原注時稱公與鄒元標顧憲成爲三君）莫向宣州弔老兵此即錚〻忠毅骨

王文治詩曾公示我鋏如意乃是前朙

忠毅趙公之所持當時逆閹盜大柄欲
墮地紀傾天維二三君子苦營救交章
那得登彤墀計窮乃變〻乃奇〻功未
可憑毛錐奮袂一擊雖不中奸寃巳逐
如意飛偉哉如意鋏鑄之非刀非劍含
鎧鐖銘言可識不可讀竟體錯互蟠金
絲百年鏽澀鋏花紫陰寒吐燄無人知
鋏骨瘦硬駭蛟螭鋏肝凜〻鬼魅啼讋
言過剛易摧折乾坤正氣良在斯君不
見燕廷筑博浪椎丈夫血性何淋漓豈

惟不計身家安與危亦復不計青史名
常垂轉思如意有幸有不幸但問持者
爲伊誰噫吁嘻處仲叛賊首季倫暴富
兒珊瑚粉碎成底事唾壺空缺終何爲
錢世錫詩并序曹種楳上舍秉鈞所贈
鋏如意上有銀錯小篆文銘巳漫依厲
樊榭集及張芑堂明經金石契所載讀
之曰其鉤無鐖廉而不劌以謌以舞以
弗若是折惟君子之器也背有集雅齋
印又年月一行惟啟癸亥冬四字可辨

葢天啟三年也
吾不學珊瑚一擊應手碎亦不學唾壺
畫缺高謌醉書生安得有指揮談柄握
來聊作戲前朝高邑趙忠毅百鍊成此
君子器想見提攜起舞時肝膽吐出清
秋氣德陵朝局那可問炙手薰天崔與
魏禹鼎不鑄莫邪鈍世間何事如公意
封章空自別鸞梟荷殳終令禦魑魅雁
門戍死豈其天此鋏流傳七寶貲春波
橋頭一尺雪種梅齋前梅似鋏摩挲銘

篆讀橋舌持以贈我即以別袖裏寒光
九霄澈
曾燠詩一抹烏雲展書案其光隱約星
文亂捫之凜〻寒生風氣奪奸邪起庸
懦銘辭自刻忠毅名趙公當日何錚〻
揚清激濁太操切宵小失志爭相傾天
下三君比漢季誰能常令公如意東林
西廠門始分白馬清流禍方熾此器摩
挲在公手雁門西去相從否唾壺盡缺
心可知烏角生還夢何有原注郭澄之事趙公

趙公百鍊身此銘此器磨不磷當時鑄盡六州鋏大柄如何倒與人

阮元詩并序趙忠毅公鋏如意傳世甚多銘詞形製大略相同而年款各異其最古者施念曾宛雅所載一柄爲神宗戊申春製銘曰其鉤無鐵廉而不劌以謌以舞以弗若是折惟君子之器也此後屬樊榭韓其武沈歸愚所謌皆未識年月若壬申製者今在初頤園中丞處天啟壬戌張鰲春製者在吾貰一處天

啟癸亥製者舊在陸丹床侍郎處今成親王所藏又爲天啟甲子是當時所製非止一柄也戊申之銘作以弗若是利〻與劌器爲韻餘者作折或篆文相近摹仿之訛與或讀是爲絕句則折字又與下不屬矣

趙公老死不如意公如〻意國不墜逆璫鑄鐔滿六州三尺寒鏐天所棄公引正士盈朝廷在地爲岳天爲星小人倒竊君子柄二十六字空鏤銘我讀此銘重太息銀篆銷磨鋏花蝕指揮曾見三君來拝擊能教四凶踣嗚呼此器鉤無鐵廉而不劌古所稀天鑒搜羅出呈秀縉紳點竄歸廣微嗚呼此器以謌舞中外忻〻望政府清流終勸東林碑戍骨幾埋代州土嗚呼此器以弗折百鍊精剛正臣節一握難收婦豎權六人甘死銀鐺鋏公銘天啟甲子年是年十月公南遷五更一星尅殘月石硯與此同清堅（原注忠毅公東方未明之硯銘曰殘月暉〻太白睒〻雞三號更五點此

時拜疏擊大奄事成策汝功否則同汝貶）天不佑明致公貶公貶乃將縱大奄摩挲金氣動星文太白歸天夜睒〻

吳鼒詩公仕忠正從公黜羣邪集秉憲失楊左舉國授魏客太阿或可倒干將那肯歛遺此百鍊剛傳之萬世泣初操選郎印繼冠尚書幘臣志在澄清吏私拒賜白入手七星寒剖心一寸赤請劍動漢廷揮樂去會幕共聽喈〻鳳肯若泛〻鴨如意良復難求治詎嫶急聚鋏

鎔已成荷戈死亦得一訶朔風悲再舞塞雲逕逆案已如山毅魄不鎔汁

胡森詩天啟朝局大破壞趙公更進尚書臺一時所擊頗快意東林東廠門户開公聲鏦錚金石裂羣奸歷覷聲嗚咽匪惟獬豸能觸人豈有蛟龍不畏鋏鑄爲如意象公貞毆冶之手張鷟春銘辭古義搜七命篆法變態摹西秦首圖八卦背五岳芒寒色正今如新惜哉指揮難自專前有廣微後忠賢樹公大敵掣

公肘委鬼弄柄神凄然雁門西戍公身死夜夜忠魂定起舞埋椎誰落趙高頭呼酒來澆代州土孤憤衝冤不可平匣中長作湛盧鳴諸臣攀檻終一借二十四罪何由生摩挲舊物虹光燭毅骨稜稜鋒双簇莫教奮袖碎珊瑚爲公收拾刀劍録

郭堃詩三百餘年明社屋一器森芒奪人目流轉人間獨至今趙公之魂天地燭東林黨籍門户開要扶衆正殲渠魁彷彿神奸鑄禹鼎指揮如意名由來雁門關塞黄雲戍夜舞秋風鬼神怒楊左忠魂不可招崔魏頭顱竟如故摩挲此物疑有靈寒光一握流電星千秋以後公如意豈獨朱雲劍爭利

吴騫詩鐵如意既可歌亦堪舞白日長驅風電馳清宵每見碧花吐廉而不劌鉤無鐵卓哉銘語斯千古繄昔六州真錯鑄熏椓僉壬布宫府張湯有後見梟無崔傅朋奸九狗鼠翦鍛鸞鳳投鳥鳶

烹煮麒麟饗猰貐錚錚那敵四凶焰冷鋏幾膏饕餮釜荷戈遠戍雁門役眼穿不見金雞羽當其擊節苦悲吟氣摇五岳驊戟舉高皇開創三百年九千歲爺奉聖母金甌寧比美人額一槧猶容獺髓補徒教故物落塵劫炯炯丹心難朽腐先生何從得此柄述菴王少司寇黄龍宛卧春申浦觀書常鎮玉辟邪艸疏思敢諫鼓一朝親把度銅壁十萬貔貅隨破虜天生橋上俄指揮天遣神兵助我武

原注張亞子事師旋圖畫上麐閣鄂公毛髮鑑
可數即今功遂身江湖絳帳清堪代談
麈風濤謖〻萬松瀉正色寒芒凜心腑
東南學士遍摩挲謂斯允可續忠譜續
忠譜歌擊楚胥潮夜半越江來彷彿精
靈相對語
董喆熊詩愛吾主人學古裔說經鏗〻
捉麈尾一室以內多鼎鐘平生所重尤
忠義黑雲一朵七星垂光澤錚〻伊誰
製摩挲古物懷古人尚書趙公鐵如意

鳴呼明葉當惹皇太阿之柄落婦寺貂
璫妾鬼連茄花縉紳見泉無後嗣清流
更勝白馬悲毒焰難撲黃門熾維公素
具百鍊剛昏椓肯容擅抓媚四凶疏上
炳先幾三案獄興中陰計大臣百折不
迴旋天子九重方游戲城抓社鼠力難
除真乃不如人意事荷戈遠望雁門行
慷慨應知多悲涕東林漸已失渠魁北
關誰為消蒙蔽骸骨何心望賜環肝腦
終慚未塗地酒酣歌舞繞霜笳嘶壺聲

迸擊遝碎孤衷耿〻秉丹忱君子之操
銘此器立身無負三百年閱世長留廿
六字銅駝荊棘感滄桑直節爭令高邑
志至今手澤傳人寰翰墨淋漓發悲思
從來邪正關盛衰陰長陽消天地閉趙
嬈曹節漢祚危輔國朝恩唐業替劍請
尚方願莫酬笏擊司農志難遂安得如
意一指揮天門詄蕩開清霽鼇春妙手
精爽憑倔強依稀標奇致試向寒宵摩
弄看堅光定有鬼愁避我來何處弔忠

魂即此鐵心略可識太息王家玉辟邪
祇供清譚雄張幟願君什襲毋輕持此
是千古浩然氣為吾房賦竹
蔣徵蔚詩昔年曾見趙公東方未明硯
令日乃撫如意銘當時萬事不如意雁
門天遠雲冥〻中宵起舞悲風涼眼前
忽落星雷光摩挲古澤生太息相公柄
易中書堂中書堂空禍方熾揮淚私看
壬戌字誰能一擊去四凶鈎鑱弗折臣
之志福清之葉蒲州韓臺中鄒魏皆清

寒北司鎮撫勘三案忠臣與鉄同摧殘未年乃共餘姬逐荒塞荷戈即公福江南才子最堪憐楊左諸賢成大獄指揮安得開重昏大器淒涼不可論把酒空澆代州土邊城夜夜哭英魂

吳錫麒題詒晉齋詠鉄如意詩卷後夫千秋非可冀傳之者貞臣一器何足珍重之者君子是以奮司農之笏血灑元黃彈信國之琴聲淒風雨若夫邪蒿未拔隆棟將傾丹不忘心碧難埋地箕尾縱歸於天上精靈常託於人間吾蓋讀趙忠毅公鉄如意諸詩而尤有感焉方其祥麟特出威鳳初鳴嶽嶽於朝錚錚此胄絳四凶之危論掃羣豎之姦鋒用汝爲觸邪之羊風生搏擊用汝爲屈軼之草志効驅除捉搦興歌提攜起舞直欲唾壺擊缺珊樹敲殘而楚魄幾沉莫盡指揮之用秦冤難洗翻羅鍛錬之災嗚呼悲矣於是雁門戍去黯黯投荒郅墓經過迢迢訪古囊裏之冰虬欲吼雲中之蹇騎安歸東方未明硯偕舊侶原注東方未明公硯名也西臺慟哭竹奏先聲孤負佳名時事常居八九激昂動節摩挲何止再三鑄非錯而已成賜得環而終阻剛真不折堅豈能磨風將振世之懦頑物

亦為人之愛敬嗟〻茄花委鬼化何處之蟲沙石馬銅駝掩前朝之荊棘而一枝冷鉄幾字残銘苔鏽凝香銀絲鏤古入高齋之燕賞供名士之麈談追俊傑而論芳型合鄒枚而裁新句似吐成虹之氣肝膽先寒如聞擊筑之聲鬼神亦泣例非白戰且麾詩國之心兵事豔青緗菰助史家之談柄

磚八

萬歲

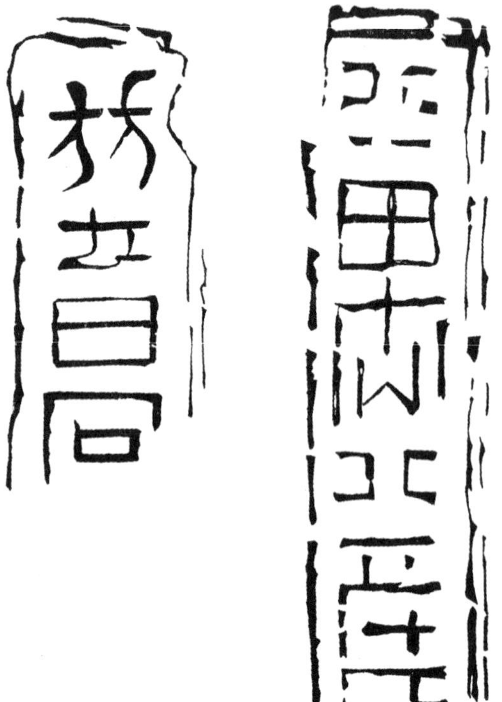

右萬歲甎乾隆辛卯吳興莘芹圃開得於湖城近年桐城胡雒君同季虔又得於長興側有篆日字日字下半有闕泐吳興多古蹟詳顏真卿石柱記是甎制甚古惜無年月可考按隸續載汝伯寧甎曰萬歲舍曹竹文甎曰千萬歲署舍邯君篆甎曰萬秌宅洪氏謂漢人無忌諱如此則此二甎蓋亦漢制耳

胡虔記右甎得於長興署齋頹垣間左側有文曰萬歲以隸續所載汝伯寧曹

竹文邯君諸甎例之知其為漢物按堯廟碑萬作萬孔耽碑歲作歲此隸省失其義而是甎篆文正同蓋民俗苟趨簡便不復究心字體然亦可考見變省之所自也又甎上面字不可識或疑為篆日字浙江金石以唐為最久而古甎時出于土莽及湖海之濱海鹽張徵君芑堂家所藏甚多阮芸臺學使得漢五鳳晉咸和二甎余在藩署既得晉永平永興八甎今復獲此可喜也是甎質細而

堅過為研趙晉齋為余題記它日攜歸環山當以漢磚顏讀書之室

寶鼎

羽四

金石契　寶鼎瓶二

羽五

右吳寶鼎磚拓本王勺山所贈文曰大
吳寶鼎二年歲在丁亥作凡十又一言
書法篆隸之間陽羨國山碑金陵天發
神讖碑皆孫吳時物較此篆多隸少一
面螭文筆勢遒勁如見曹不興畫龍手
也按姜學在跋云此是墓磚而朱竹垞
因有螭文疑是宮殿所用引孫皓起昭
明宮爲證然魏晉以前士大夫墓磚大
率有文字不特羽陽銅爵施之宮殿也
余昔年得古磚于海上有衆子湯猛之

文側有龍鳳紋亦墓磚也古人重送死
漢人營石室或圖寫故實表其行事後
世風漸苟簡而磚文遂絶矣
曝書亭集康熙四年吳之村民于小雁
嶺掘地得磚三識文大吳寶鼎二年歲
在丁亥作凡一十有一字蓋孫皓時紀
元通鑑晉泰始三年也面有螭文知非
民間物是年六月皓起昭明宮方五百
丈二千石以下皆自入山督攝伐木一
時摶埴之工陶瓬交作或分命吳郡助

其役理有肰者磚之爲用古人取材必精故羽陽銅雀香姜之瓦皆可制硯而是磚相之理㮇質暴若似乎火氣不交埒不孰者殆爲坊者所棄流轉民間未可知也二磚爲顧秀才肇敏所得分其一贈余〻既搨孔廟五鳳二秊磚又從侯官林氏搴甘泉瓦合此裝池作冊因濡筆識之

姜實節跋康熙辛巳吴中陸氏營塟吴山小雁嶺掘地下窂遂及隧道有若堂房取二磚出遂畚土掩之顧子紹敏購得以其一贈余視其文曰大吴寶鼎二年歲在丁亥作字大二寸非行非隸又一面作雙螭文〻俱凸起按孫皓嗣位改元寶鼎二年即晉武泰始三年至今辛巳葢二千二百九十五年矣

金石契寶鼎磚五

羽八

潘儒南

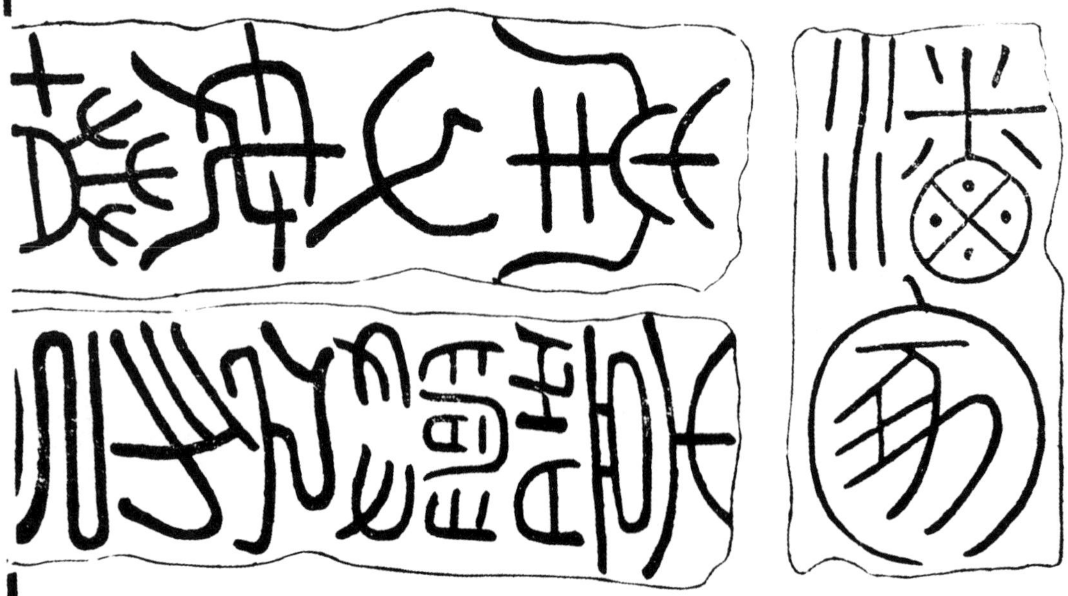

羽九

羽十

右甎兩側有文曰嘉興象西潘儒南父母墳塋甎兩端曰潘冢、曰潘墓皆篆書凡十又六言吾鄉海上委巷頹垣往往有之所惜多殘闕余迺集友人所得配合成文定爲孫吳時物按三國志吳大帝后潘氏又潘濬潘璋皆吳之著姓儒南殆其族與又按黄龍三年由拳野穀自生改爲禾興因以紀年赤烏五年避太子和嫌名改嘉禾爲嘉興是甎有嘉興字亦孫吳時所造一證也肰墓甎出

于海鹽甎文不曰海鹽而曰嘉興胡震亨圖經云吳嘗析海鹽南境地爲鹽官則今之海鹽地在鹽官之北孫吳時屬嘉興所以甎文言嘉興不曰海鹽耳象西未詳疑都鄙之小聚今已淪海中篆法絕佳潘字凡三變其體一作𤄊說文潘从水番聲古文番作[illegible]偏旁正合古文專作卓今磚作[illegible]可見去古未遠并可證說文傳寫之失冢說文从勹豕聲甎文正合

潛研堂跋尾甎文碎裂不全芭堂聚十數本排列成文真補天手也予讀春秋傳楚有太師潘崇及潘尫潘黨潘子葢世仕于楚爲賢臣由拳本吳地越既滅吳其後爲楚所併潘氏散處吳越閒固其宜耳

伊湯安跋潘墓甎文十又六言潘字三見結體亦三變按史籀石鼓文篆體畫一李斯繹山諸刻石漸開美茂肰不尚變易至李陽冰謙卦謙字變至二十體閱此知漢晉以來早有此風少温亦師古而已

金石契　潘儒南甎四　羽十二

亭長

羽十三

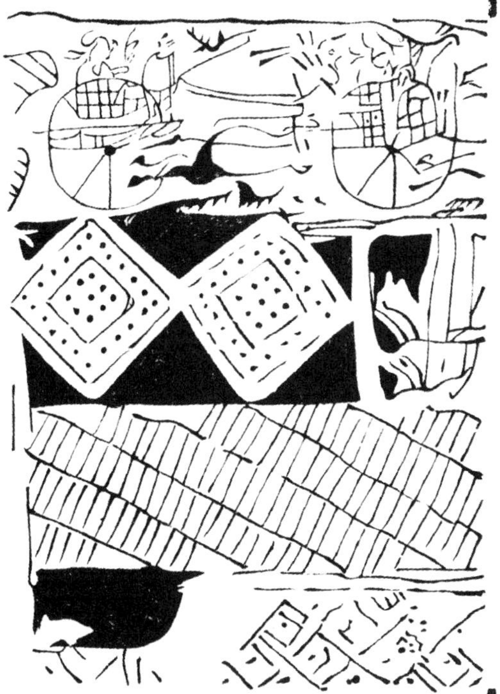

右亭長磚拓本羅兩峰聘所贈画象車騎外貌一人方面豐頤鬚鬑〻有須兩手執旗竿而立上題八分書曰亭長如漢石室画象蓋漢時亭長墓磚也按漢官儀民年二十三為正一歲以為衛士一歲為材官五十六乃得免為民就田合選為亭長是磚殆寫其行狀與

金石契　亭長磚二　羽十四

蜀師

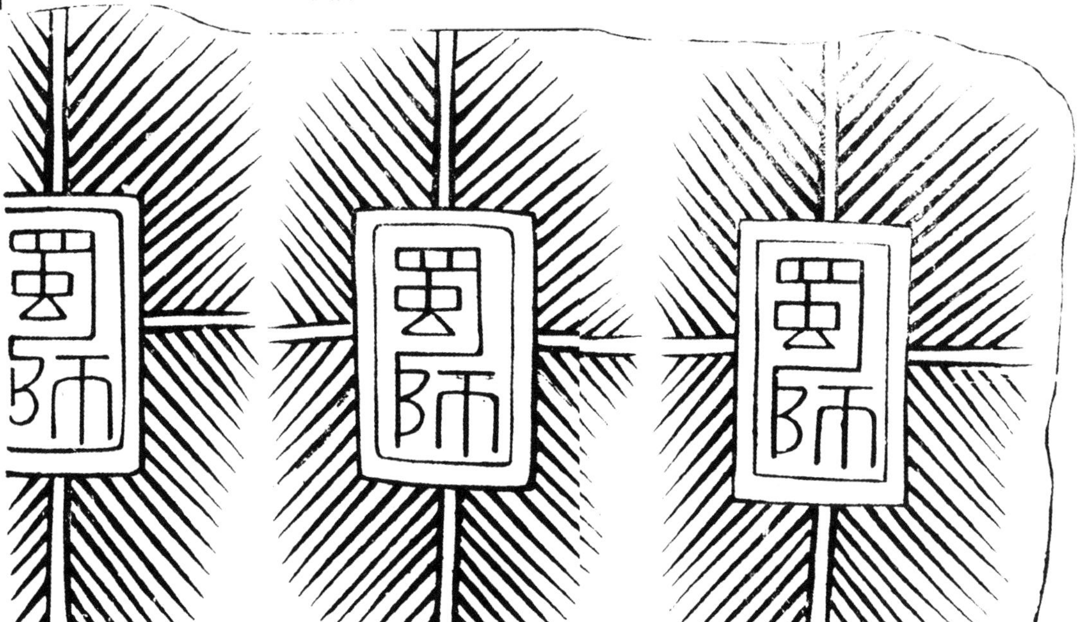

羽十五

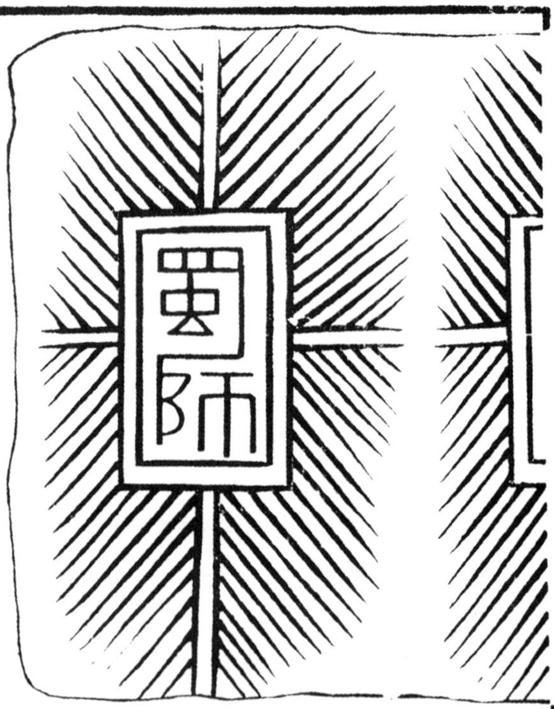

金石契　蜀師磚二　羽六

右磚隸古蜀師二言吾鄉海上常見之或謂蜀都城磚諸宮贊草廬錦謂是陶人之名徐友竹 堅 云昔揚州平山堂濬河得古磚有蜀師字近年蔡秀才 文起 於宅旁得蜀師磚側有永安三年字又蔡氏皆分書攷永安爲吳主紀年蔡氏者意其家墓磚也然蜀師義終未詳按隸續及婁機漢隸字源載景師磚又吳興筆芹圃 開 於湖城得蜀夫磚以此推之謂陶人之名殆不誣歟嘉慶六年冬陳南叔 克明 得磚文曰太康三年七月廿日蜀師所作凡十有二言則蜀師爲陶人之名無疑諸宮贊之言益可信矣太康去永安廿又三年此磚爲漢末晉初所造揚州三國時曾屬吳磚出于平山堂宜矣海鹽舊治淪入海中潮退時于沙際拾得古磚其文漢晉居多茲得一再相遇用資考證足備邑乘掌故也

金石契　蜀師磚三　羽七

阮元詩并序吾鄉平山堂下濬河得古磚文二曰蜀師其體在篆隸閒久載于張芑堂金石契中未知爲何代物近年在吳中屢見蜀師古磚兼有吳永安三年及晉太康三年七月廿日蜀師作者然則蜀師爲吳中作磚之氏可知案揚州當三國時多爲魏據惟吳五鳳二年孫峻城廣陵而功未就見于吳志本傳此紀與永安太康相近然則此磚爲孫峻所作廣陵城甓無疑矣

吾鄉江淮閒崑岡爲地軸井韓列雉堞如泥塞函谷漢末之故城當是濞所築

孫峻圖壽春將作曾親瞀遺此一尺瓿埋在平山蘼有文曰蜀師匠者或師蜀永安及太康蜀師吳所屬廣陵魏久據不領孫氏牧惟五鳳二年欽文欽為峻所蹙城城雖未成一簣已多覆殘甓今尚存吳志朗可讀孫峻豎子耳殺恪諸葛恪何其酷恪所不能城峻也安能續楊城無降將嬰守每多戮衆此古瓴甋屢受石與鏃原注汪容甫廣陵對云廣陵一城歷十有八姓二千餘年而巳城降子不出乎其間摩抄蜀師文千年歎何速

燕城既已夷廢池更喬木原注宋姜夔詞自北馬窺江去後廢池喬木猶猒言兵漸黃昏清角吹寒都在空城度劉宋及趙宋南渡時楊城荒蕪為尤甚吾鄉少古碑得此漢瓿足五鳳當延熙稱漢遵綱目原注朱子綱目吳五鳳二年為漢後主延熙十八年仙館列八瓿照以雁鐙燭刻燭或聯吟詩成受迫促清暇想李程日光照如玉

永寧

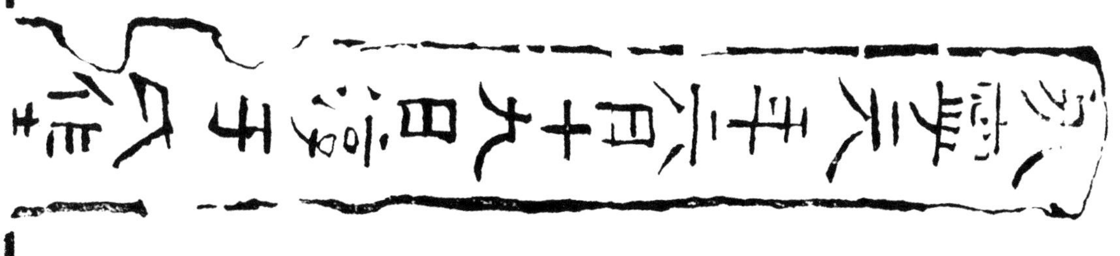

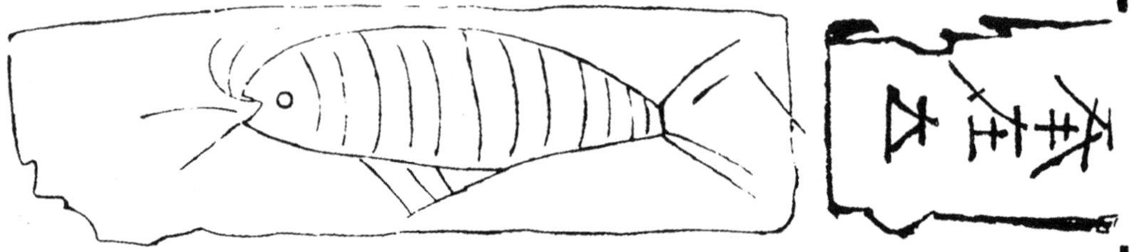

永寧磚二

右永寧磚陳明府酌翁樽於東城思魯
橋側拾得贈余分書文曰永寧元年六

頁二十

月十九日湻凡十言下半闕泐近日家
孝廉所未得磚上半文字皆同下半文
曰湻于氏作奉在立合之凡十又六言
又禄里山得陽武亭侯磚側有淳于康
字可想見當日淳于氏在吾鄉亦著姓
也

張廷濟跋乾隆乙卯廷濟于海鹽先後
得漢晉磚八因名讀書處曰八磚精舍
此永寧磚文曰永寧元年六月十九日
淳于氏作奉在立十有五字与家芑堂孝

金石契　永寧磚三　頁廿一

廉所藏永寧元年六月十九日淳殘磚
正合按唐憲宗名純詔姓淳于者改姓
于吾禾有于姓無淳于得此亦可備于
姓氏族之一證矣昔金陀岳農使珂得
永寧元年甓（原注見桯史古冢盆杅記）今後倦翁數
百年又得是甓且足徵海上故實不淺
可寶貴耶

永和

頑物千年遂不磨不知
蕩涵幾清波海上昭陵玉
匣今安在斷甓猶傳晉永
和
甲子初夏觀并題
時年八十有二

右晉甎文曰永和九年七月十分書凡七言晉人書承漢人八分之遺趙文敏蘭亭跋云會稽內史創爲新體蘭亭敘新體之最著者是甎與山陰脩稧同在癸丑猶是分書知當日所謂新體者特行于士大夫陶旂小民尚未徧習亦可證書道轉捩之跡也

天監

右梁磚文曰天監八年五月凡六言藏龍泓丁先生家云萬氏營塋得于西溪山中詳丁魯齋傳沈學子大成二跋至袁太史枚隨園詩話又嫁名汪秀峰家蓋傳聞異辭也

丁傳跋西溪安樂山之陽萬氏之祖塋在焉乾隆己卯六月萬爲塋事啟土是夜家童之宿于宗祠者夢有神頎長白皙衣朱衣々有圍卷冠烏巾々有垂帶謂其童曰吾瘞此已千年矣告汝主不可掘也工人掘得兩磚而遂掩之其磚一有卷者萬氏自藏而以此贈先君審其年號是蕭梁時物當爲築墓作穹隆狀故一端削狹也

沈大成跋往客西泠于丁徵君龍泓所觀一古墓磚云此得自萬氏其文天監八年五月而徵君之子名傳者記之而未詳也繼遇萬子近蓬爲余言當日既掩其墓攜二磚歸自西溪夜有衣緋而華飾者見于室其僕從旁指目曰此即

吾夢中所見者第其形視前小稷々又何多也吾兄呼叱之隱去後向瞑即出因召道士禬禳復延僧施餕口食如是者年餘一夕寂然矣徵君聞古磚事甚怪來索觀吾兄贈以一猶藏於家竟亦無它也夫窀而閟諸幽魂氣宜散矣而數千載後猶能作爲光景以驚動人鬼亦靈矣哉然精爽所憑終歸銷蝕以是年餘寂然彼道士與僧之說烏足信哉所惜誌銘湮没無可攷證不知誰氏之

子今得張子釆載此書其墓彰彰在人
耳目朽骨可保冥漠君庚無恨矣

瓦六
丰丰

右瓦當文曰丰丰篆文奇古嘉定錢孝廉既勤東垣鑒藏辛亥冬日得見搨本於少詹先生春風亭既勤釋丰丰爲豐定爲成周豐宮瓦引鄭康成大射儀注爲證震澤費玉衡士璣引漢書地理志新豐縣疑是新豐宮瓦文四葪圖朱鳥元武蒼龍白虎與錢別駕獻之所藏漢瓴千秋萬歲長樂未央圖畫略同錢唐朱氏陽曲申氏歙程氏諸家瓦當文字皆未有此即曰新豐亦可寶矣

錢東垣跋右丰丰瓦以周尺度之徑五寸圍一尺有八寸弱庚戌秋得之陝卥碑賈彼云丰丰籒文廿余審其文前後左右具朱鳥元武青龍白虎狀知其爲宮殿物非艸字明矣然攷字書不載丰丰字不得其説後偶閱儀禮注乃悟丰丰即豐字成周豐宮口物也何以知之説文豐字雖云象形然古文作𧯷是丰丰即曲也曲字鄦君不收而鄭康成注大射儀云豐以承尊也其爲字从豆曲聲是漢時的有曲字音與豐同然重不收者偶軼爾古人文字簡質豐年作曲豐鎬亦作曲曲之古文作丰丰故瓦文如此〻猶鐘鼎文之白爲伯兄爲況且爲祖也豐宮文王所作詩所謂既伐於崇作邑於豐是也在今卥安府鄠縣東三十五里程大昌雍録曰武王繼文雖改邑鎬而豐宮元不遂迣每遇大事如伐商告洛之類皆步自宗周而告其事於豐廟不敢專也左傳康有豐宮之朝則康王雖在鎬

而其受朝仍於豐宮猶循武王宗豐之意也宮毀當在東遷之後今又三千季而兹瓦獨存藉非鬼神守護曷克有此邪

程瑶田跋説文不載丰丰字而豐之古文从丰丰則丰丰即曲也然説文豐字从豆象形不曰曲聲故亦不收曲字而儀禮大射儀鄭氏注則曰其爲字从豆曲聲据鄭氏寔有曲字丰丰爲曲之古文無疑也此瓦當文一字曰丰丰既勤寶而藏之据

大射儀而爲之説定爲周室豐宮瓦近世人多蓄瓦當篆文至數十種然皆漢代物是瓦遠出三代不惟古物可寶在漢瓦數百年前而一字之湮没至於數千年雖有鄭氏豊聲之注非是瓦獨出單文以證之卒安能不以許鄭異義姑舍而擿之存疑之列邪抑余更有説焉丰从艸而再疊其文本豐艸字言艸之多也艸之蕡者穀故謂歲孰穀多爲豐年豐年多黍多稌周頌所以賦也从豆

者豕尊之器故鄭氏以爲近似豆大而卑是取形於豆而取聲於豊後世豐年字通用豐而丰之本字遂失矣余見古銅章有□文者有□文者又有□者諸譜竝闕疑余以爲皆私璽二文余又蓄古銅戈銘曰□□之戈蓋差勿字也今此丰字與三私字三璽字一勿字竝真古文久逸而存於吉金貞石以此見金石之壽能令古文存一二於千萬者不可不有以珍愛之也余曾見建安瓦硯

其瓦陰有銘篆書三字曰肁□豆余以爲建安下乃瓦字也知其然而不疑者以余又曾見銅雀瓦其銘隸書十四字曰銅雀三司匠王立監造建安十四秊爲兩行順文讀之三爲瓦字無疑矣彼篆作豆此隸作三積畫同而平透異按隸法變易篆文其畫類皆透者使平小篆□字象形爲兩瓦互合古文則五瓦積疊甎亦通稱瓦甎平而瓦透故瓦之制字畫不皆平篆文上下二畫寫其平

者中○一俯一仰合形∩則覆瓦形也隸書五畫悉令平之蓋體制應爾其爲五瓦積疊則一也漢末建安時古文瓦字之偶存者而不見説文必謂説文所無者即爲古無其字此論吾不憑也顧余所攷瓦字爲漢末人流傳之古文既勤所攷之古文丰字直得之周人法物抑又古矣吁可寶也頃余爲人題漢畫殘甎拓本上有青龍元武存四獸之二既勤是瓦丰字亦畫四獸環之虎在左

龍反在右殊可異既而思之瓦當垂檐向外人立檐下亦向外則對之居右者今轉居左矣余喜既勤考覈精審既勤復以拓本乞余論列遂記之如此乾隆五十六年六月廿有九日余以抱疴辭官請歸將與既勤別因牽連及之

費士璣跋錢君酉山偶出丰丰瓦拓本相示且爲之攷證定丰丰即豐字攷古之精莫踰于是矣抑竊有說焉攷漢書地理志京兆尹有新豐縣應氏以爲太上皇

思東歸于是高祖改築城寺街里以象豐徙豐民以實之故号新豐茲瓦或即其中宮室之瓦與酉山既定爲周豐宮瓦固無可疑聊書之以復於酉山未識可姑備一說否

阮元揅經室文集嘉定錢君既勤得古瓦作丰丰字上下左右作四神形甚奇古可愛並爲之攷曰周豐宮之瓦丰丰即聲引鄭康成大射儀注證之斯言諒矣元謂說文此卷豐豐二字注皆被後人刪

改其義久晦說文曰豐豆之豐滿者也从豆象形此誤矣當云豐豆之豐滿者也从豆山象形丰丰聲說文曰豐行禮之器也从豆象形此亦誤矣當云豐行禮之器也从豆山象形丰丰聲二徐尚不知丰丰之爲聲宜更不知拜之爲聲因而刪改耳鄭君大射儀注云豐字从豆丰丰聲此正鄭君精於六書之驗鄭注三禮多用說文此當許君舊說鄭引之也何以明丰丰之爲聲也丰字古拜切古音與豐

字同一部原注古音平聲脂微齊皆灰上聲旨尾薺駭賄去聲至未霽祭泰快夬隊廢入聲術物迄月沒曷末黠鎋薛皆同爲一部詩三百篇古韻朗肰可按丰字雖未見於詩而害字從丰得聲如泉水三章二子乘舟二章蕩八章閟宮五章其用韻之處皆與上聲禮體澧鱧最近則豐字之从丰得聲也明矣不特此也耒部次於丰部許云从木推丰元謂此下亦當有丰亦聲三字徐氏不知而刪之耳耒與豐亦同部相近也原注从丰得聲者尚有夆㓞二字从㓞得聲者有齧

挈契𢍰絜㓞六字皆与豐字同部 豐豐从豆丰𡴀皆聲山山爲象形山山與丰𡴀原可不相聯屬故古文豐字無山明可省去又說文豐字上六畫皆當左低右高作丰形今本作丰平畫者訛俗無以下筆舉此數證質之既勤審定之庶無蔡中郎不分豐豐之誚乎

錢大昕詩丰序既勤得丰字瓦當據康成大射儀注定爲豐字程易田先生引伸其說謂古豐年字本作丰可謂博而篤矣漢瓦當多四字或二字其作衛字者或指爲秦物此文尤古於衛謂爲豐宮之制理亦宜然因系以詩

邑作蒼姬世宮成受命年猶存旊人舊更在羽昜前古注尋先鄭奇文佚史篇瓦全良匪昜球壁久無傳

蘭池

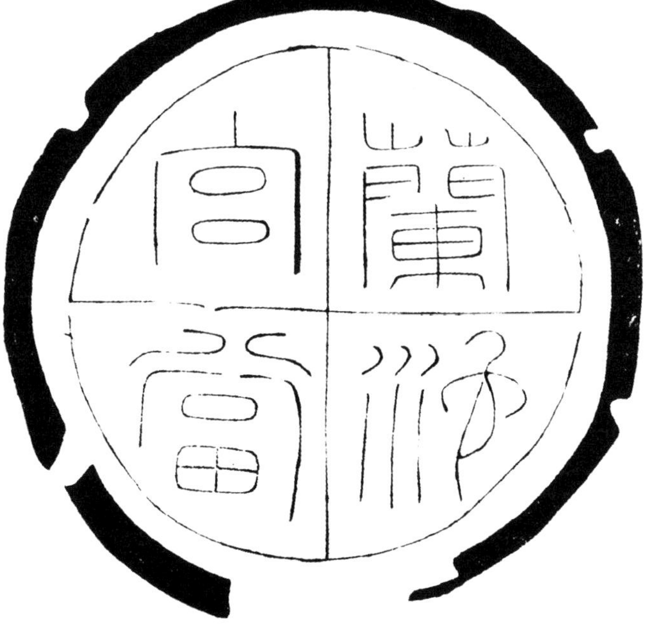

右瓦當文曰蘭沱宮當說文沱江別流也从水它聲臣鉉等曰沱沼之沱通用此字今别作池非是瓦文作沱正合蘭說文香艸也从艸闌聲瓦文柬作東豈古人亦不拘六書邪諸家定爲秦瓦葢非丞相斯手篆耳

朱楓秦漢瓦圖記右瓦得之漢城鹵攷水經注云渭城縣有蘭池宮秦始皇微行逢盜於蘭池雍勝略云咸陽縣二十五里有蘭池宮故定爲秦瓦其曰蘭池宮當當字未詳按三都賦云玉卮無當注云當去聲底也今當作底解未知是否再各志有上林儲胥亦爲漢瓦儲胥藩籬也宮底之與藩籬義亦相倣存以俟考

程敦秦漢瓦當文字蘭沱宮當一趙文學得自咸陽攷漢地里志渭城有蘭池史記秦始皇本紀三十一年始皇爲微行咸陽與武士四人俱夜出逢盜蘭池正義引括地志蘭池陂即古之蘭池在

咸陽縣界據此葢始皇因池以爲宮又即以名宮也斯即其宮瓦與

長生未央

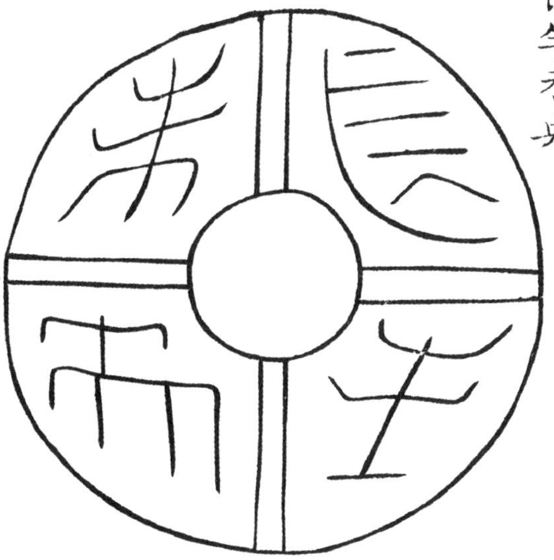

右甘泉瓦當文曰長生未央侯官林氏所藏名流題詠甚富録之以紀一時風雅云

林佶記漢甘泉宮瓦予家所藏也甘泉宮址在今陝西淳化縣治山中康熈辛丑予兄同人與祝丈光遠自三原往游其地見道旁畊夫鉏田積瓦礫如邱阜皆隱〻有文多刓缺不可識因憩樹下見有小物墳起者剔之獲此瓦甚完好字畫獨全亟懐以歸考三輔黃圖甘泉宮一曰雲陽宮秦始皇二十七年作周十餘里漢武帝建元中增廣之周十九里師古曰秦林光宮在磨石嶺〻側有甘泉故漢武建甘泉即取爲名其嶺高出他山距長安三百餘里而能望見長安城堞宮表有通天臺雲雨悉在臺下山中宮殿臺觀略與建章相比百官皆有邸舍帝嘗以五月避暑八月歸每邊警烽火通甘泉以人主不在長安故兩通之也今去漢二千年宮觀淪没人亦

無有向荒山古道而流連憑弔者家兄短衣匹馬裴回於夕陽隴畝之間田夫牧豎方且揶揄而怪訝之乃適獲此瓦時予始二歲稍長家兄輒舉以相示曰此不易得也既壯學書知摹古文奇字乃知是物可貴庚午學作詩漫爲謌以紀家兄亦從而賦之頗聞於人閒有屬和者又四方博雅之士多欲摹其文以爲傳翫因考圖記詳夫得之始末俾覽者有徵焉

徐釚記甘泉宮瓦閣中林子同人從父宦遊長安於亂山中得之徑五寸強厚一寸弱背平可研墨以水漬之有翡翠紋如古彝器即唐宋以來所謂瓦頭研也蓋入土歲久其質理亦溫潤可愛按甘泉宮址在今淳化縣距長安三百餘里一曰雲昜宮史記秦始皇二十七年造漢武帝建元中增廣之雕文刻鏤窮極奢侈與柏梁建章相埒今去漢已久遺跡都不可考惟當年瓦礫委棄荒烟

野艸中者久而未泐往往雜出於風霜兵火之餘如此瓦者字畫猶甚完好余把玩久之因思項籍入咸昜阿房既焚漢家創業宜崇節儉乃所謂長樂未央複閣飛樓千門萬户照耀於秦山渭水閒者周數十餘里即今三輔黃圖西京雜記所載抑何盛也及至炎祚一移玉城珠簾化爲灰燼雖片瓦僅存亦久摧剥於樵夫牧豎之手何意二千餘秊乃得博雅好古之士如林子者長鑱木柄搜剔於荒崖殘冢之墟懷之而歸如獲拱璧裹以古錦注以名泉時復爲之摩挲寶玩俛仰太息恍若置身西京以上則瓦之所遭不厚幸也哉甲戌五月余客三山同人令弟吉人出示此瓦并摹其文示余遂爲之記

萬斯同羣書辨疑候官林子吉人至京師示余以甘泉宮瓦圖蓋其兄同人游其地親拾於瓦礫中者其額有四字曰長生未央古而樸其爲漢物無疑也或

有問于予曰昔王子充作漢瓦硯記言未央宮瓦凡六等其面背皆有字一曰□□□□一曰長樂未央一曰儲胥未央一曰長生無極一曰萬壽無疆一曰永壽無疆無所謂長生未央者得毋僞乎予曰不然彼所云者未央宮瓦也林子所謂者甘泉宮瓦也未央作於高帝甘泉則作於武帝時之相去將百年未央在今咸陽甘泉則在今淳化地之相去又二三百里宜其制有不同也安得

執彼之説疑此之僞乎予充記謂瓦之
面徑五寸圍一尺六寸强厚一寸弱質
之林子之瓦其制皆合則其爲漢物何
疑或又謂未央之瓦乃篆字此則隸字
何以不同予曰隸即今楷書也當高帝
時去秦未遠隸書止行於民間故用篆
字至武帝則朝廷上下悉用隸書故制
瓦者即用其體書之也又何疑或人稱
善因題於圖後

兩漢金石記乾隆庚寅秋方綱在廣州

使廨録士事竣候官林道山名琮字用郊以
其家吉人所摹瓦文并前人題冊来示
其背有同人手題曰甘泉宮硯辛丑得
之石門山中方綱既爲賦詩并摹於硯
以志之後十年庚子秋桐鄉陸賢士又
見示吉人所摹製一硯文亦相同其硯
側八分題曰仿漢瓦製吉人凡六字方
綱於壬辰夏始得見漢建初尺以準漢
器漢泉刀無弗合者因以建初尺度此
瓦正得五寸有奇乃知烏傷王文節之

記所謂面徑五寸者乃是漢尺五寸强
耳若直以今尺度之則甫及四寸安得
云五寸哉由是以推則其所謂圍一尺
六寸强厚一寸弱者皆是以漢尺度之
昔郎仁寶在明代尚能攷證歷代諸尺
則烏傷之見漢尺可以無疑而益見攷
古之不可輕以臆斷矣

王士禎詩漢宮一百四十五横絶南山
包九嵕未央建章最廣麗渭北更起甘
泉宮甘泉之山化金碧千門萬户交玲

瓏通天臺高屹宮表下瞰雲雨青濛〻
武皇求仙跨滄海射魚牽犬東門東孫
卿已誅五利死飛廉桂館猶巃嵸上陵
磨劍勢一變雲陽烟艸悲秋風甲帳珠
簾盡黄土何況片瓦埋荒叢林生好古
極幽蹟短衣匹馬空山中太乙壇邊弔
鉤弋悲詞躑躅斜陽紅此瓦出土事非
偶長生古篆疑神工濯以清泉襲綈錦
携歸嶺海光熊〻令弟繪圖亟示我使
我懷古心忡〻終南渭水舊游歷漢家

陵闕隨飛蓬豈知一瓦供賞識遠與石
鼓岐陽同兄視羽陽弟銅雀鐵兒慎勿
加磨礲
朱彝尊詩卤京無書家但有急就凡將
篇其後闕里闢乃得五鳳二年塼滕公
石室閉巳久文體倜詭乘自然芝英鶴
頭書歲遠俱沉湮孰能抉淵奧冥索崔
張先傒官林倜媥蒼雅䄂中忽出甘泉
瓦長生未央字當中逸態橫生恣塗寫
定州漢廟不足珍銅雀香姜盡流亞吾

聞甘泉本是祖龍之所遺武帝因而恢
拓之非無益壽延年字令巳蕩盡蠲鎦
鼇金銅仙人去渭水椽桷自毀化作龍
鱗而當知是瓦定有鬼神護不然安得
團圝如鏡勿使纖毫虧伊誰擅此隸法
古毋乃史邈丞相斯下至元封人物能
爾爲倜也耽奇莫與並手搨硬黃墨一
挺裝池作冊索客題重之不異焦山鼎
吾生亦好金石文南踰五嶺西三雲手
披叢篁斬榛棘殘碑斷碣搜秋墳攜歸

蓬屋少香芸壁魚散走飢鼠嚙蝨涎粉
蛀徒紛紛倜兮倜兮真好事殿闕遺墟
靡不至短衣匹馬尋昭陵陪葬諸臣表
銜位剥及降王一十四右先咄苾左什
苾殿以阿那范頭利舊史闕漏新史刪
倜也爲之考其次試入儲藏蘭話堂長
物何論金一筒君家嚴君政不苛至今
秦地猶謳謌年過八十尚健飯丹砂不
餌朱顏酡兼珍之養樂事多長生瓦兆
本爲此請君一日三摩挲

查慎行詩林生老立專門學金石遺文
卷盈握曾經從宦走長安斷碣殘碑蘚
親剔昭陵蹟廢補亡闕磨石山高穿硌
确冰霜裂面虎豹嗥沙礫堆中拾完璞
摩挲銅狄自何年万棟灰飛片瓦全爲
按黃圖考宮殿始知地是漢甘泉底平
面正規而圜肖形似鏡還如錢其高半
寸徑三寸剪具輪郭中不穿土卷蝕後
文留識上有長生未央字龍拏鳳攫結
撰奇肉厚肌踈形體異與人作硯不中

用抱質如初無變置吁嗟乎楊劉不作識者希時俗誰能辨眞僞巧多滋僞樸者眞此瓦人間蓋無二豈同氷井香姜閣娗埴紛紛託疑似勸君勿更加礱磨本色須教存古意生領此意索我詩我詩質直無姱辭請煩拓致十數本徧乞羊何共和之或恐流傳入人口陶甄又復成今手

林侗詩阿房煙飛渭水赤六國美人楚人索蕭相急營未央宮萬户千門重金碧婁敬羊裘定帝京被山帶河長安城四帝垂休七十載百金露臺還未成上林苑牆連太乙武皇朧騎旌旗疾漢闕開拓種葡萄中流簫鼓橫汾日北山紫霧樹濛濛甘泉如醴多清風君王避暑深駐輦渡渭涉涇萬國同珠簾玉戶山谷裏中有傾城尹與李集靈臺上青鳥鳴是邪非邪徒徙倚回中烽火照夜來江充巫蠱事堪哀神仙未有長生術幸聞明詔罷輪臺君王一去變滄海豈但

榮華能不改雄關百二鎖秋煙終南惟有夕陽在未央前殿百牛犁長樂朱草路人悲敗瓦斷甓時隱見無有完好足稱奇甘泉虎豹之所穴九月寒氷蹴霜雪天南游履來者誰我同祝叟便搜抉儲胥鵁鶄漫經過紫殿芝房失山阿從人躋險披荆棘獲此完瓦若隋和土人失色嗟未有幾見來人祇空手長生未央字陸離恍覩商敦與周卣君不見銅雀高臺漳水濱何曾一日斷行人朝求暮取古已盡縱有流傳疑非眞又不見秦時更築羽陽宮千歲萬歲空青蔥秦人持瓦獻天子宣和御府轉飄蓬玉盤金盤成倏忽陳跡遞遷王氣歇茂陵芳艸逐春生天外三峰照漢月

林佶詩甘泉漢宮遺古瓦何年棄擲荒隴下泥沙埋沒風雨剥誰人物色求諸野阿兄遊宦西入秦嗜奇好古搜沉淪西京文字傳絶少何意長生四字完形神周圍一尺有二寸水清翡翠光鮮新

非篆非隸含古意不雕不琢歸元渟歐陽集古見未到劉攽博雅誰探真二千餘年復寶重轉憶飛廉太乙俱成塵當塗銅雀非儕偶歷十四朝真可久寶器逾晦逾光明肯讓漳河片瓦傳不朽

都司空

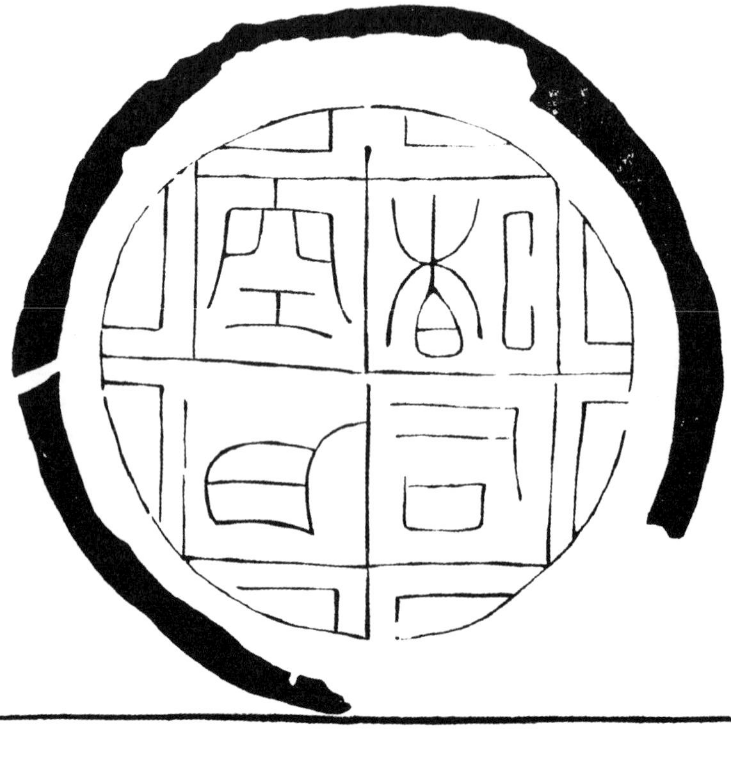

右瓦當文曰都司空瓦秦漢瓦圖記及瓦當文字皆云得於漢城程氏引漢百官表云宗正屬官周芹圃廣業客皖録

云都司空主摶埴之官存以俟攷
秦漢瓦當文字都司空瓦趙文學得於
漢城攷漢百官表宗正屬官有都司空
如淳曰律司空主水及罪人又少府屬
官有左右司空
周廣業客皖錄都司空瓦一周方伯任
陝時所得也案漢地理志京兆郡有船
司空縣水經注引地理志渭水東至船
司空入河服虔曰縣名都官三輔黃圖
有船庫官後改爲縣王莽之船利也然

則都司空爲主摶埴之官名矣

長毋相忘

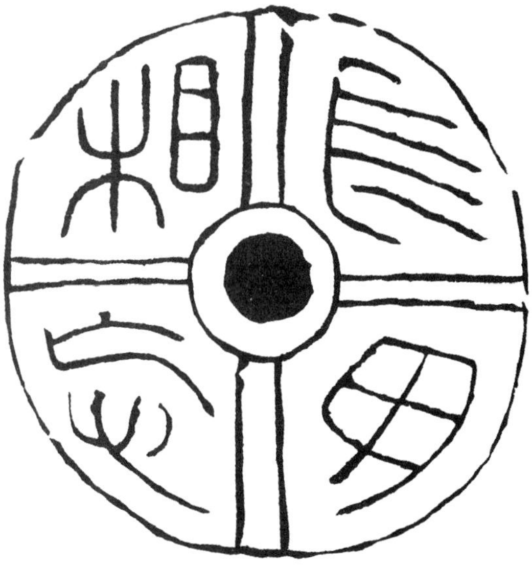

右瓦當文曰長毋相忘篆法與上三瓦
同太原申鋏蟾得於漢城鋏蟾癖於金
石搜購不遺餘力嘗手臨漢魏碑百餘
種題曰延真閣仿本欲刻石未果今遺

墨猶藏於家
秦漢瓦當文字長毋相忘瓦一申朝邑從張舍人拓本徵出長安賈人云得於漢城此瓦不知所施敦疑爲後宮殿瓦漢書外戚班倢伃傳云爲倢伃居增城舍應劭曰後宮有八區增城第三三輔黃圖云武帝時後宮八區有昭陽飛翔增城合歡蘭林披香鳳皇鴛鸞等殿長毋相忘者或即合歡鴛鸞之屬殿瓦銘與朕長安志引漢宮殿名有相思殿不知所在又漢書叙傳有宴昵殿張宴曰親戚宴飲會同之殿也瓦銘四字亦類此等存以俟攷焉

蔣士銓詩賈生痛哭諸陵改炎漢山河同瓦解尺土遷移屢換人流傳片瓦今猶在瓦形團〻如魚鱗考工埏埴泥沙均土崩石爛變桑海瓦全留此隨人珍沈初明死悲陵谷通天臺下無人哭銅仙十二且飄零舊社邱墟俱已屋君臣夫婦恩愛長幾人富貴毋相忘誰盟帶礪勒鼎券却笵土礫承楣梁功臣盡誅美人死玉碎紛〻宮苑圯涼風只在殿西頭故劍前魚都已矣唐陵宋寢相繼亡一炬豈但燒阿房碎君此瓦君勿怒三十六宮瑶草荒君不見漢宮雨滴梧桐落檐溜淒〻同劍閣何似茅椽覆土階雕牆奚取圍榱桷
吳錫麒詩瑶宮櫛〻銀雲流魚鱗密織蘭江愁苔錢繡地涴紅錦六百鴛鴦泣秋枕棄捐羅扇歸長門冷螢夜照相思

魂土香一片凝荒綠字與迴腸同九曲榴子斑斕心苦酸露華不瀉仙人盤白楊風起紅桐死銅輦淒涼殘夢裏夕陽瓦礫滿人間地久天長只如此
趙懷玉詩秦宮已灰漢宮作靈臺置酒面寥廓淒朕誰使漢王憐共舉當時薄姬約主家謳舞稱平易承恩特賜千金裝一朝上車入宮去拊背但說毋相忘漢朝故事有如此片瓦銘詞誓終始毋忘若比天久長〻樂長生皆妄耳甘泉

忽譴奉夫人紈扇風多華殿塵君心反覆那可恃少翁空致帷中神鴛鴦易冷琉璃脆滄桑幾見秦山碎瓦乎土質獨能空中有多情萬古淚色帶霜華形滿月四字分明辨毫髮銅爲沓冒玉作階曾蓋何宮覆何闕爾來好古集良朋金石搜奇得未曾昨見封宮傳舉契早聞鈎弋出遺鐙侯官林（侗）昔作瓦圖記排山（朱楓）近日尤能事如何搨撫尚見遺天意將爲舍人賜我交舍人近廿載素衣漸

化朱顏改寒牕風雨一摩挲車笠前盟宛肰在好裁壁友伴愁吟（舍人制瓦爲研）莫問蘭池與上林鼠鬚成冢魚牋盡歷劫難磨耿耿心（爲張舍人塤賦）

長樂萬歲

右瓦當文曰長樂萬歲甲子冬日吳明經晉寄示按秦漢瓦圖記及瓦當文字所載止延年萬歲一千秋萬歲七獨未收此因摭之樂字中作自疑古字通用

長字末筆曲折連下歲字戈㔽連筆已
啟後來草聖之漸矣
吳晉跋瓦當文字近日山右出土倍多
余家所藏長樂萬歲瓦合之青浦王氏
陽曲申氏錢唐朱氏古瓦圖獨少此一
種亦希世之珍也長樂字蓋古人造作
吉祥語不必鑿鑿為長樂宮所造萬歲
字亦臣下頌禱之詞自後世琉璃瓦興
秦漢舊制斯絕矣

寶正

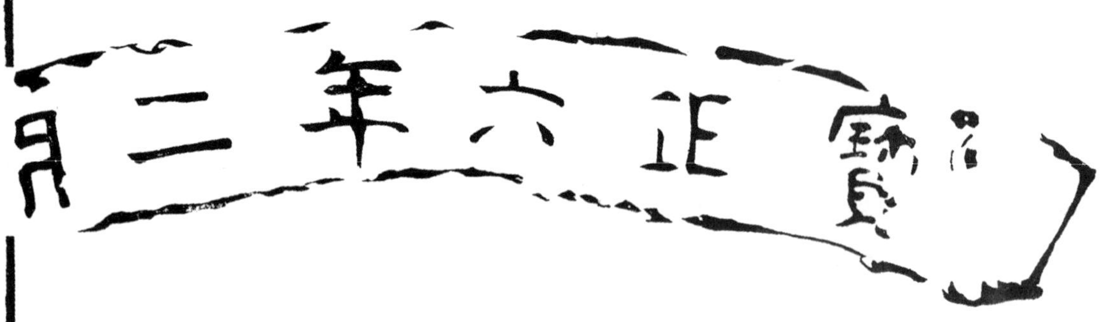

右瓦文曰寶正六年二月造七言正書
按吳越有國日金石不多見於世寔歐
陽公五代史有不改元之說今考梁太

祖戊辰改元爲天寶唐昭宗甲申爲寶
大丙戌又改寶正迺知不改元特終唐
之世耳余所見寶正年者太湖龍簡武
康風山靈德王廟記并此凡三亦足補
史家之闕也
沈銘彝記乾隆乙卯秋余於海上得晉
甎二曰太康咸康是年武林趙晉齋贈
元康甎因名㪚廬爲三康書屋既爲文
記之越三年戊午三月獨行湖州武康
山中見路旁一瓦訝其形古且完好拾

之側有字云寶正六年二月造字畫端
勁按輟耕録謂史稱吳越儀衛名稱多
如天子之制惟不改元史者歐陽公五
代史也然歐陽公著十國世家又云聞
之故老亦自改元而事無可考獨得其
封落星石爲寶石山制書稱寶正六年
辛卯耳此與輟耕録所載程大昌衍繁
露之說同蓋賜錢鏐封越王封吳王皆
在唐代故終唐之世實未嘗改元及昭
宣帝丁卯梁太祖受禪後次年戊辰即

建元爲天寶元年唐昭宗同光二年甲
申又改爲寶大元年丙戌又改爲寶正
元年其見於石刻者李君實紫桃軒又
綴云朗慶寺白傘蓋陀羅尼幢曰吳越
國女弟子吳氏十五娘發願于天寶五
年壬申九里松觀音尊勝幢曰寶大二
年乙酉建水月寺幢曰寶正元年丙戌
十月錢鏐建招賢寺幢曰丁亥寶正二
年又小昭慶金牛瑪瑙等九幢皆二年
至五年所刻貢院橋柱寶正六年歲在

辛卯建又高澹人天祿識餘云至正中
海寧縣得古墓有誌甎爲吳越將許俊
志稱寶正三年皆堪與此瓦互證然則
武肅固嘗三改元矣寶正六年乃唐莊
宗長興二年其明年三月武肅薨子文
穆王立奉唐正朔辛丑忠獻王立奉晉
正朔丁未忠懿王立奉漢正朔後又奉
周正朔迨宋太祖登極則奉宋正朔三
王皆不改元豈非稟武肅子孫善事中
國之遺訓而善爲繼述與武康舊爲前

溪古冢纍纍土人耕地屢得有字之甓
因濡毫記之
徐熊飛詩吳越一王當亂世但有改元
不稱帝張君廷濟示我古冢瓦大書寶正
六年字其年誅死安重誨起王致仕復
其位年号雖從境內行頭銜只署都元
帥瓦形方廣堅有稜字體瘦硬盤秋鷹
何人陶此築幽隧野火燒過邱陵崩張
君好古積金石拂拭長伴書牕鐙長興
二年歲辛卯中朝正朔何艸艸惟王建

國在江表寶正改元年已老玉冊金符
轉眼空尚有遺瓦出烟篠土花凝碧苔
紋麄銀鉤半蝕青模糊冢中之人失誰
某黃蒿古岍鳴雄狐英雄割據事非偶
小物亦與尋常殊防風古碑落星石留
傳同證歐陽書

莂一

太康

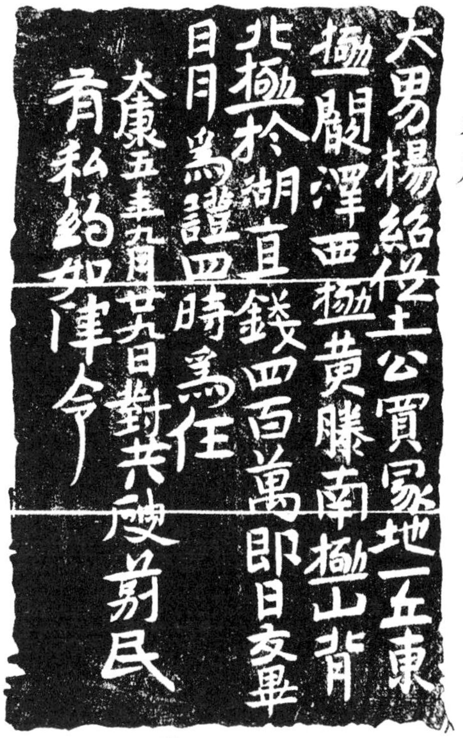

右晉莂文白沙質外釉霏〻如玉屑文曰大男楊紹從土公買冢地一丘東極闞澤西極黃滕南極山背北極於湖直錢四百萬即日交畢日月為證四時為任太康五年九月廿九日對共破莂民有私約如律令凡六十又五言詳載四至葢營葬時買于神者按陶穀清異錄葬家聽術士說例用朱書鐵券若人家契帖標四界及主名瘞墓前甃石若甎表之面方長高不登三尺號曰券臺金又

九皐抱甕集墓前地名明堂一名券臺朱子語錄不曉所以後見唐人文集言某朝詔改為券臺 今閱此莂足證券臺之制書瀍以錐畫沙先後淺深之跡歷〻可驗舊為徐文長物今藏山陰童二樹鈺家辛卯冬日遇二樹于吳門龍興寺出此見示同觀者為陸白齋紹曾

金石錄補萬歷初元會稽倪光簡冢地内掘得晉太康間冢中杯及瓦券〻文云大男楊紹從土公買冢一丘東極闞澤西極黃滕南極山背北極於湖直錢四百萬即日交畢日月為證四時為伍太康五年九月廿六日對共破莂民有私約如律令柳元穀以是物易徐文長畫雲間范武功詳玩右文即今祀后土之券版耳後世未嘗以文鐫刻而此刻于瓦歷千有餘年不毀為可異也

陸紹曾跋此晉時瓦券也狀如破竹陶瓦為之面有兩篠若古之竹簡然高五寸廣三寸八分文六十五言草隸八分相雜六行萬歷初出于山陰古冢中後

為湘管齋秘藏詳徐文長集其釋文云
四時為任誤作伍九月廿九日誤作廿
六日對共破莂誤作破翦按券任說文
任保也釋名莂别也大書中央破别之
也即今市井合同古文為公周禮為别
說文云别分解也廣韻為莂分别也分
契也又分竹也周禮天官小宰八成聽
稱責以傅别鄭注為大手書於一札中
字别之一云傅别券書也類篇為梸兵
廢切音肺券契也急就章云簡札檢署

槧櫝家槧與莂古葢通用想當時券契
多書在竹木之上故从竹从木又有从
艹者是章草分隸之體文長集中傳寫
誤耳晉世甎瓦遺文流傳絶少唯王獻
之保母甎志為世推重此則更在中令
以前尤足寶貴辛卯夏六月二十一日
山陰二樹童君屬余審定如右

潛研堂金石文跋尾右楊紹買冢地莂
文云大男楊紹從土公買冢地一卯東
極闞澤西極黄滕南極山背北極于湖

直錢四百萬即日交畢日月為證四時
為任太康五年九月廿九日對共破莂
民有私約如律即律字令案古人稱分券
為别若今人合同文字也周禮小宰聽
稱責以傅别鄭司農云傅别謂券書也
傅傅著約束於文書别别為兩兩家各
得一也鄭康成云傅别謂為大手書於
一札中字别之傅别故書作傅辨鄭大
夫讀為符别辨与别聲相轉其義一也
說文無莂字釋名莂别也大書中央中

破别之也廣韻莂分契也莂種槩移蒔
也古者書契多以竹簡故傅别字或从
竹隸變作莂與移蒔之莂相混釋氏書
往往用記莂字亦取受記作符券之義
魏晉以前契券之式傳于今者惟此故
録其全文以諗好古者

徐渭詩并序柳元穀以所得晉太康間
冢中杯及瓦券來易余手繪二首券文
云大男楊紹從土公買冢地一丘東極
闞澤西極黄滕南極山背北極於湖直

錢四百萬即日交畢日月為證四時為
伍太康五年九月廿六日對共破莂民
有私約如律令（談遷棗林雜俎同）詳玩右文似
買于人若令祀后土義非從人間買也
二物在會稽倪光簡冢地中於萬歷元
年掘得之在山陰二十七都應家頭之
西尚有一白瓷獅子及諸銅器銅器出
則腐敗矣獅尚藏光簡家
遥思冢中人有杯不能飲孤此黄兎窑
半千三百稔券鏹四百萬買地作衾枕

想當不死時用物必宏甚尊罍羅寶玉
裹袜賤繡錦豈有纖纖指捧此鍛泥蕈
存亡隔一邱華琢迴千仞活鼠勝死王
斯言豈不審古人笑不飲此說豈無見
五斗吽劉伶哀來淚如霰嗟彼太康子
冢中亾杯坫固知好飲徒無咺可澆嚥
杯出黄土中忽復受傾灌譬彼避秦人
洒不知有漢我欲學盧充詣市賣金盌
庶幾遇小姨知是崔氏玩

五鳳塼

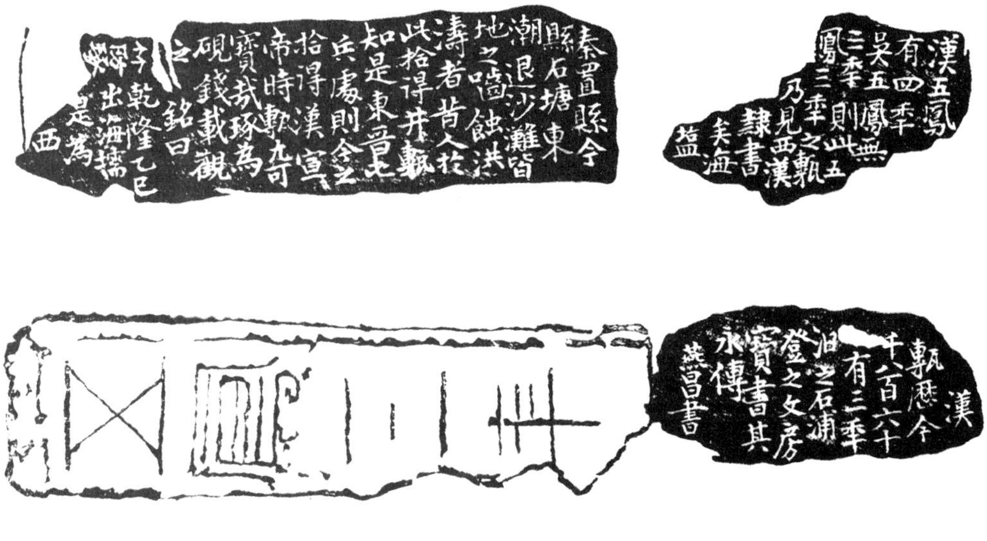

右漢五鳳甎嘉興李上舍一徵得于吾鄉海上側有篆文五鳳口年字吾竹房為琢硯錢宗伯籜石先生製銘今藏中丞先生八甎吟館按甎文舊釋五鳳三年按吳五鳳三年十月改元太平似是為吳五鳳矣然三字中一畫獨短心竊疑之既讀中丞先生定香亭筆談釋三為五且引翁學士覃溪先生攷云漢五鳳僅四年何以云五年曰五鳳之四年其明年春三月改元甘露而浙澔去陝闊遠則此春三月仍稱五年云〻乃恍然于三字中一畫猶存篆文五字筆勢其為漢五鳳無疑矣

江德地跋五鳳者漢宣帝之年號也山左脩葺孔廟得二年殘石於池攷古者爭相寶貴之以東漢之碑石甚多而西漢之存者僅此片石耳予于丁巳游虎林見五鳳三年甎于阮芸臺學使署中狂喜已極然亦竊疑之因五鳳之號吳嗣主嘗用之據為西漢物得毋過乎然漢至四年而改元吳僅二年而易號此甎款紀三年謂為西漢物誠無疑議第論如聚訟以三年定此甎或又有以二年議殘石者要之三國時有五鳳之名而無魯之號也曼卿之跋不可與籜石先生之識為二物之攷據耶斯甎質堅結字古勁嗜古之士當必見而心喜也

翁方綱記并詩漢甎一就其側有字處以建初尺度之長七寸弱厚二分弱蓋稍有磨去也餘三面皆經琢研時磨平矣面背僅闊三寸四分則非甎之原制矣研左側四周複邊中作陽文五鳳五年四字〻皆一寸許下五字視上五字稍長年字下直似極長而磨殺也研右側下有小隸書竹房琢三字近時張芑堂以小楷書錢籜石銘并序于研四圍竹房琢三字幾為所壓籜石家澉浦芑堂家海鹽皆與吾子行居相近而二君皆若不知有吾竹房者何也阮雲臺侍郎自浙江得之攜來京師以示予為記

之曰薛尚功稱漢器必謹其歲月即記所謂物勒工名之遺意也周秦以前尚矣漢武帝始有年號宣之五鳳距建元纔八十年此以年紀器之最古者而曲阜五鳳二年石則字在正面其文陰此則陶旗所成故字在側其文陽其文陽則模型所成也文陽而居器之側者未有先于此者也班史謂孝宣之世工匠器械咸精其能故此一甎也可以見工度焉漢五鳳僅四年何以云五年也曰

五鳳之四年其明年為甘露元年李善西都賦注引漢書宣紀甘露元年詔曰乃者鳳皇至甘露降故以名元年攷此詔乃甘露二年撮叙之詞不言甘露降在何時而元年夏特書曰黄龍見新豐据詔詞甘露瑞在黄龍之前而五鳳之改元於前冬書其事此甘露之改元則前一年不書其事而本年夏特書黄龍見此則班氏文章詳略閒伏之妙使人知甘露降在次年春也則甘露之改元

在其春三月閒而浙湝之地去陜闊遠則此春三月仍稱五鳳五年何疑乎故此一甎也可以見史法焉此側四字其上五字中閒二畫直交用隸勢而下五字中閒彎交用篆勢是為西漢隸古去篆未遠是篆初變隸之確證嘗於曲阜石刻已詳言之而此下五字中畫視曲阜石刻更顯故此一甎也可以見書藝焉昔歐陽集古以未見西漢字為憾而今於五鳳既見曲阜之石又見海鹽此

甎宜乎吾竹房琢之而阮侍郎寶之亟宜表其文於金石著録者也為記其槩而附系以詩

漢紀五鳳無五年五年字以斯甎傳斯甎斯字制何昉尚在未改甘露前甘露之降月未紀是春陶旗浙海堧拊埒方厚無薜纍樹膊繩引齊中縣工度技能比衡律綜核所以推孝宣時距建元年未百初勒年紀於側邊庚庚横直鬱起立如器參綱規方圓其文陽仰未磨蝕

是受模範非雕鐫大小二篆初變隸菊
無波拂岌不騫何讓甘泉未央瓦甍標
翥舉騰星躔昔魯靈光殿基石紀年款
與漢史愆違時吾友共論此史表之例
奚拘牽原注錢辛楣疑五鳳二年不當云魯三十四年予謂史表書魯安王光嗣四十年甍是以元朔元年為安王元年以征和四年為孝王元年則三十四年不誤也曼卿記又百年後洞簫道士
神翩然百四十宮列錢壁三十五舉珍
珠船墨雲飛起石塘夢篆脚一瞥西泠
烟侍郎得此壓裝褚書銘如對張與錢

二子家居近太末未及良佑原注樟石銘芭堂書
搜遺編莫輕區〻一方璞多少寶刻難
齊肩試拓百本廣著録西京隸古爭流
涎欲為竹垞解嘲否五鳳此刻方真甎
原注竹垞以曲阜五鳳二年石目為甎

徐君甎

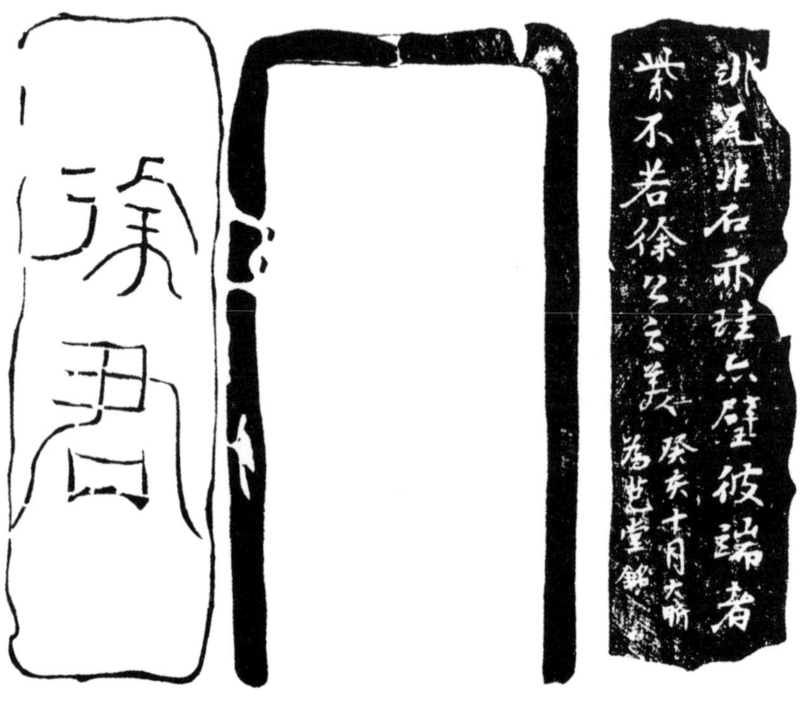

右甎得於吾鄉海上側有篆文徐君二言筆法類漢人碑額葢墓甎也質堅潤如玉色紫與五鳳甎相埒余制爲硯少詹先生作銘〻曰非瓦非石亦珪亦璧彼端者紫不若徐公之美從此硯林中添一妙品矣

胡焯詩徵君蘄硯得古甎側有徐君二字篆年深入土溢精采叩以時代嗟莫辨攜向錢公乞作銘一十八言何切典譬彼文士無重名藉口有力身乃顯元

康寶鼎未爲奇銅雀香姜應不滅從知二公力量大戲弄小物成圭琢不肰世人耳食但解聲影趨奇材埋沒誰吹噓未免棄擲同瓦礫那有珍賞抵璠璵徐君徐君者誰子千烁應快知已死晨夕得結石鼓鄰紫氣態〻耀圖史

徐熊飛詩幷序芑堂徵君於海上拾得古甎琢爲著書研甎有徐君篆書二字葢東漢所埴也近予訪甎故里得徐詳墓甎於烟霞隖有太康元年九月徐氏作凡九字材質猶暴不及是甎遠矣因操長歌詠之

我昨訪甎溪上路艸閒辨識徐詳墓山雲十里莾回互左有是儀右丁固（原注詳墓在武康五里牌与丁固是儀二墓相鄰近）甎文入手光鑿落太康元季九月作寶之不異璆琅玕肯與兒童抵黃雀今來海上夜泊船徵君眎我東漢甎誰探九地割元玉千畝不易東皋田蛟螭盤拏鸞鶴舞徐君二字篆瀍古赤氣旋爲火捺紋星精散作桃

雩雨彼何人斯東海君但有其姓名不存黃腸零落漆鐙滅怒潮夜齧荒山雲得非雷電啟幽隧毋乃狐兎搜荊榛不然閱世已千載何来寶氣昭乾坤媧皇留此補天石鬼神狡獪不能奪名陶出土暈凝碧曾伴東京舊魂魄徵君嗜古足清暇手挽銀河洗蒼璧直取華峰作研屏欲捉蟾蜍當書滴我甎薜暴浮青苔君甎堅栗紅玫瑰晴窗拂拭鬥邪尹上駟那肯齊中材炎劉典午皆終古石

馬銅駝盡荒土城北徐公莫浪求墨雲
一片精靈聚

金石契　徐若甎研四

羽十六

咸和甎

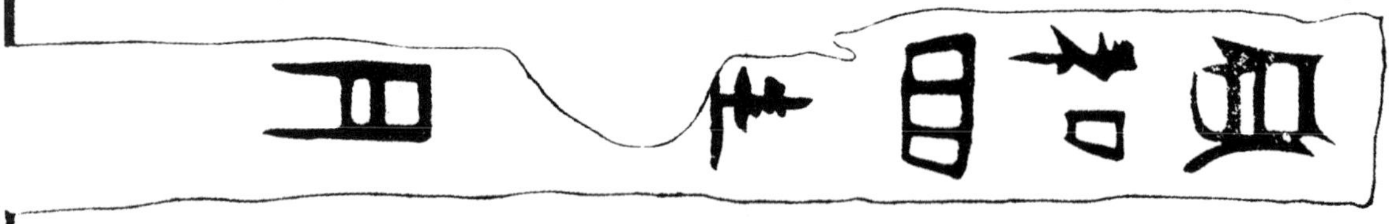

羽七十

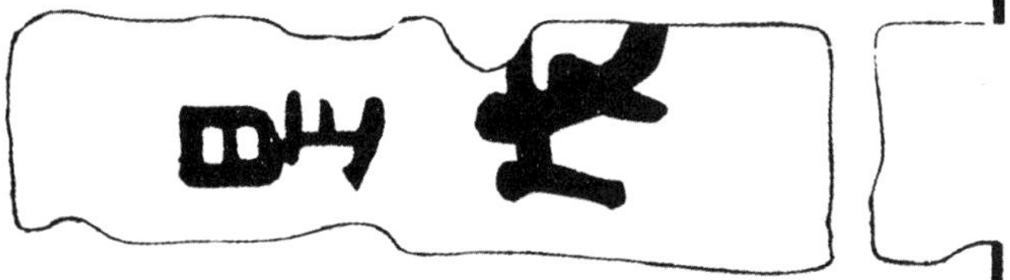

右晉瓴藏錢蘀石先生家制爲硯左側有分書咸和四年八月立凡七言上側二言曰是戊下側有古泉形云得於武康古墓中

潛研堂金石文跋尾右咸和瓴文乾隆初武康蔡方逸者於屋後掊土見一穴極深啟之乃古墓〻有七壙〻中無棺槨惟古泉數千枚中一壙有陶盆一盆心凸起爲巵形試以花插之信宿輒生根壙皆瓴甃兩面無字左側有咸和四年八月立七字右側無字上側刻是戊二字意其人姓名也三國志是儀北海營陵人本姓氏孔融嘲言氏字民無上可改爲是乃遂改焉儀既仕於吳子孫散處吳興間亦理所宜有矣下側刻一錢有好郭〻外復作四出文瓴質觕不可爲硯材然典午遺刻存於今者罕矣秀水錢庶子坤一得其二汪舍人康古得其一形製款識並同庶子嘗搨其文見貽且爲諗其本末

汪孟鋗詩并序湖州德清縣某邨之民耕地得古墓瓴數甴有咸和四年字咸和晉成帝年号也蘀石攜其二歸以一作硯爲賦詩以一見贈他日蘀石客京師作詩寄之時蘀石亦在憂故有末句云爾

乾隆十一年錢子歸自德清塊塙贈比瓊瑶英其長徑尺闊半殺厚則徑寸猶

餘甗咸和四年八月立又題吳戊疑工名長眠者誰其纍纍築成阜一鉏脫一甎乃落山農手盗發雖非汲縣民傳覯頗似永嘉守是年蘇逸竄延陵七月大火災相仍衣冠古邱爾何幸塼埴不廢窀穸興甎乎紀年幸自保好事攟摭迹如掃西晉有一東晉三原注太康甎見劍南詩注永和甎見洞天清祿集太元甎見輟耕錄義熙甎見吳郡志即今歲月且同考或者又稱是姓在古無齋大夫後傳不誣是云是奴改雖後惟民無上嘲

豈徒千年不墜藉茲表彼冢中人反不可以呼嗚呼子不云乎一者以贈一留作硯矣春風淚眼吾與子布衣艸屨長安市柰何柰何不枕此

錢載詩永安山破蔡叟鉏寄我古墓甎尺餘咸和四年八月立七字我識非虎魚謂叟頗知廷尉否其年小馬餓歸走吳興水溢月書七西北天裂歲在丑瓦鐙熒熒愁篆文喚蕹留白彼獲軍八州都督四公子績麻樂土方云云邑雖巳

改山猶昔筮吉龜凶落斯甓泉生日見總心嗟原注後魏高流之破一古墓得銘曰我死後三百年背底生流泉香鬱玉深誰淚滴遐年可討名不留原注任孝恭祭雜墳文邈兮遐年討方甎而不記甎兮甎兮發一邱餘不半露直輸孔咸康竝時應識劉原注石柱記餘不亭侯孔愉墓在城山下甎甃半露西吳里語西余山寺僧道孜作壽藏乃得古冢刻字云晉咸康間中大夫劉造妻管氏燒之不堅異石性原注樓鑰王大令保母甎刻詩古人燒甎堅如石制硯不良況成鏡壙中尚有古錢遺乞我一枚明日更

泰元

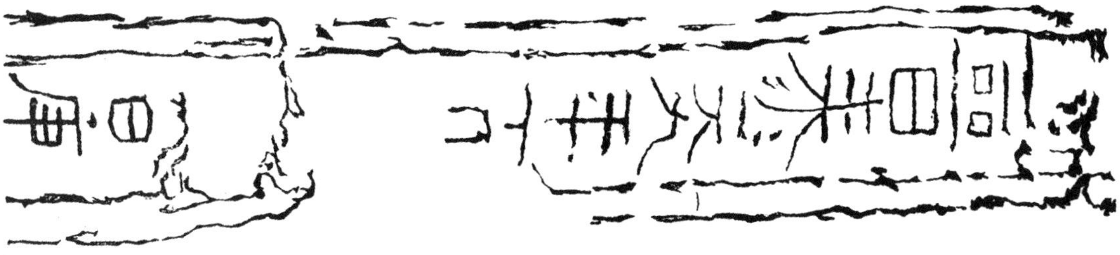

羽二

右甎文曰晉泰元九年□□□□日庚子立作凡十又四言吳興淩去非鋐於壬午中秋葺舍得之琢爲研華枚先相姚季和世鎏陳心蘂啟道皆有詩

羽三

蛻

右硯側有篆文蛻字沈房仲心所藏定爲唐劉復愚物有聯句詩載沈觀察楙園廷芳隱拙齋集今藏中丞先生譜硯齋

吳騫拜經樓詩話予嘗見沈楙園廉訪舊藏唐劉蛻硯以虹橋板爲匣硯石紫色長不及三寸餘厚四分旁有蛻字篆書按唐詩人尚有陳蛻肅代間人見唐詩紀事此不知何以定爲劉蛻也硯今歸陳仲魚孝廉故戲稱之曰君家硯

沈廷芳隱拙齋集聯句詩并序硯紫色石長二寸餘廣半之厚得廣之半而殺焉其制殊樸仲兄得之吳市頃訪予東萊暇日品硯出此謂爲唐時物余視之旁有籀書蛻字篆刻古雅無匹因考之載籍定爲劉蛻硯按唐書蛻字復愚少與孫樵齊名曾論鄉飲酒禮及論江陵耆老書著有文泉子盛稱于時懿宗朝官左拾遺彈令狐綯之子滈納賄貶華陰令是其人其文皆足重其遺物洵足

珍也爰相與聯句識之

巧匠割紫雲廷芳遥溯晚唐久方寸堅同心吳可馴流轉喜入手嘉名妙雕鎸沈心隻字迴蝌蚪依微蟻脚滋廷芳剥泐松皮醜慨然思前脩可馴礌砢垂不朽職並少陵翁心筆追孟縣叟杰才挺萬類廷芳碩學窮二酉義宣祠祀書可馴禮正鄉飲酒糾彈白衣相心蹇述黃絹婦文泉子幸存廷芳銘冢詞獨有當年未共瘞可馴歷世頼勤守韞櫝合琉

璃心陳几配瓊玖闕補疎寮箋廷芳凹
肖陳倉臼兎管霜凝纖可馴麝煤露滴
瀏絶品堪張軍心清娛愜尚友碣嶲鋏
槎山名節廷芳回憶玉井藕遠道隨行滕
可馴小言恥心覆瓿摩挲汗簡刻心貞吉
協長壽廷芳
陸以謙詩俯古軒中理緗帙碧梧翠竹
垂清櫼查君攜將小硯來開匣璘玢古
光溢石脩三寸廣半之墨堂凹若吟詩
鉢膺紋剥蝕類松皮色理殷紅疑蟮血

刻鐫蜺字辨依徽屈曲槎牙古篆一嘉
名肇錫晚唐年知是復愚之故物先生
碩學貫九流詞源袞〻曾何竭墨池一
滴湧文瀾珠璣不昧崖不結疏〻禺謗
逞雄詞弔郢懷湘抒悒鬱儀嚴鄉飲古
禮存版易申胥祀典核慷慨還投知己
書從容自驗活人術想當風雪閉門時
伸紙濡染淋漓筆原注風雪滿硯不獲多書見文泉集懿
宗之朝常釋褐拾遺曾並杜陵秩同官
一德藉張雲偪〻相將著風節白衣宰

相挂彈章縱讁華陰何足恤硯如端人
侍其刻發伏摘奸助英傑此物流傳幾
百載歷盡巧偷與豪奪卻共文泉遺集
存不隨銘冢埋兜率查君飲食慎勿忘
原注飲食不忘于文見文冢銘農文兵文追往哲祭如
貝氣黯如雲復愚精爽應難滅試陳此
硯几席閒定有星光凝一室為查耕香作

斷碑

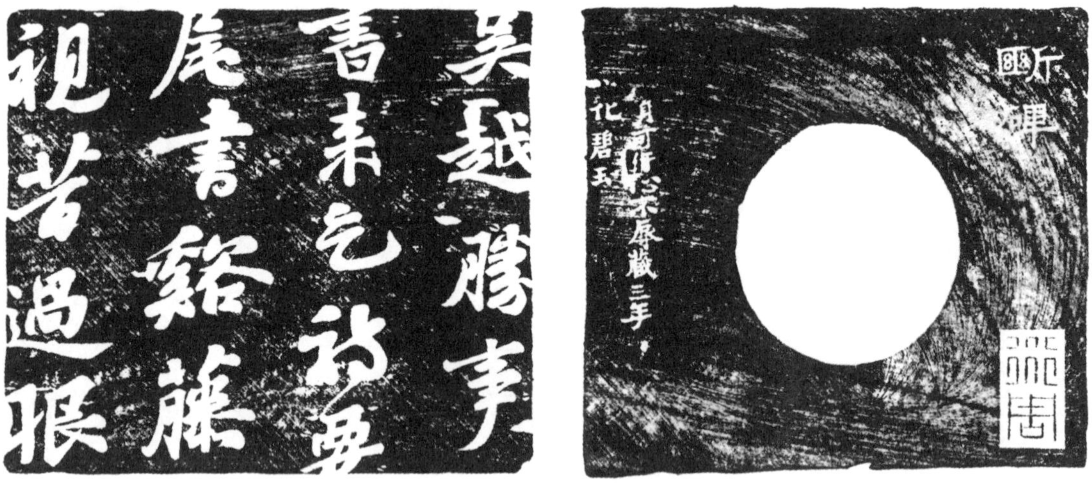

右蘇文忠墨妙亭詩殘石石齋黃公得之琢為硯存字四行曰吳越勝事書来乞詩要尾書谿藤視昔過眼凡十又七言吳興姚玉裁世鈺所藏後歸桐鄉汪氏同門俞通賢朝泰以拓本見貽因憶庚辰冬雪夜與陳無軒焯沈芥舟宗騫遊墨妙亭登六客堂時太守李肯莽堂愛古慕素惜未得見此硯也

朱辰應記先太傅文恪公舊藏米海岳硯山閱三傳至公曾孫竹垞太史攜至

京師王尚書阮亭見之嘆為奇物賦長謌焉先時公少子尚寶公諱大定曾出以贈公門下士石齋黃公〻以先師所寶不敢受祇題斷句四章而去太傅文孫上舍諱茂暘闡德錄疏其事且云行篋中止斷碑一硯則是物蓋早與石齋周旋矣其後石齋譴戍下獄備歷艱苦莊烈帝終以儒者優容之則所云親從霹靂推車過又得滂沱自在春是硯蓋亦患難中一友也讀其銘詞猶可想見明命

既傾石齋致身唐藩先尚寶間關東浙石齋寄尚寶手簡以隆中有子畫錦有孫為勗不知仍用是硯否耶又聞石齋兵敗婺源其夫人致書石齋言忠臣有國無家勿以內顧為念所用者更有他硯耶是不可得而考已雖然宋王伯厚得士如文〻山千古傳為盛事先太傅主天啟二年會闈是科先後自靖者凡二十有三人石齋寔不愧文山後死尚論者即以先太傅海岳研山擬王氏校

士之硯而石齋之斷碑以之並文山玉帶生夫何歎哉是日既展閱吾友張芑堂所摹拓本適拜掃先太傅賜墓暨尚寶碧血埋藏之所仰見松柏烈〻不啻親聆石齋鬼門相候云〻也向見黃公與尚寶手簡

厲鶚詩并序東坡先生墨妙詩殘刻十七字石齋黃公得之琢其背以受墨曰斷碑今歸桐溪汪氏拓其文裝於冊來索詩

吳興太守珠湖客繕亭蒐碑聚名蹟誰其詩者長帽翁鉤勒溪藤上樂石後來烏臺有追勘蔡奴之兄未擯撫衆碑零落一碑存又復缺斷真可惜誰知此碑為此硯世間物化等兒劇漳浦黃公署名在箕尾中天映奎壁文章氣節兩不虧汪子寶之永無斁

丁敬詩并序碑為蘇文忠公墨妙亭詩手蹟缺泐之餘僅存一十七字明漳海黃公石齋得以為硯上隸刻斷碑二字

下勒道周小印微凹其中以受墨汁土花周遭入手輕膩蓋古甎也今歸吾友汪子學山求是齋中學山手拓墨本裝冊請數交好斐章以紀清勝時則庚申歲之余月

黃公遺硯何嵁崿曾是蘇詩斷碑作縱幾三寸廣羨黍略就礱磨謝雕鑿搨本誰傳墨妙亭硯材今壓香姜閣藏歸石齋記小印搜出蒿垣煩大鑁模糊苔髓尚漬面斑駁土痕猶透膜裂餘遺字如

踈星色正芒寒炯聯絡篇章鉠折句雖頗策掠横飛驥仍渴愛之欲與三日卧原注米海岳得南唐寶硯抱卧三日然後請蘇公作銘見米公外紀寶以須開一宵攪元祐黨人碑足重闢下完人硯堪恪原注黃公自稱闢下完人常刻印章用之乘雲騎尾各千載俯仰摩挲增嘆噩襲來直可並瓊瑤用處宰徒寫糟粕君不見同時蔡魏碑磊落牧豎恥將牛礪角

蔣士銓詩墨妙亭碑幾時斷我及見聞存兩硯前有易明後石齋各抱寒雲收一片易明之硯歸裘公我曾賦詩銘旌東及今又見石齋遺四方平正凹其中十二字銘身不辱已拚三年人化玉道周小印鈐西隅久伴孤臣同竄逐背十七字坡公書廣四寸高三寸餘較易明硯多五字後來寶者同瓊琚先生幼年居石室自號石齋堅以栗平臺抗論辨忠佞不如鄭鄤言真失君臣本無際會緣難以口舌爭賢奸豈若龍場驛中住灘江永戍天公憐烏程宜與交射影多

謝吳甡蔣德璟國亾虛擁九千兵碧血丹心愧公等嗚呼文山石友玉帶生疊山賣卜栖橋亭東華門外心如鐵血洒殘碑哭孝陵

裘文達公曰修得斷碑硯高廣各三寸長四寸易明先生謫龍場驛時得之碑乃東坡題墨妙亭詩存十二字凡四行曰鐙他年曰憶賀監曰時須伏曰孫華老背面左刻守仁二楷字右刻篆書易明山人四字側刻分書驛丞署尾硯五字今按石齋之硯亦四行合之易明所得為上截中尚隅四字耳未知海内尚有幾片芒堂好古之士幸博徵焉士銓附識

附録

泉母

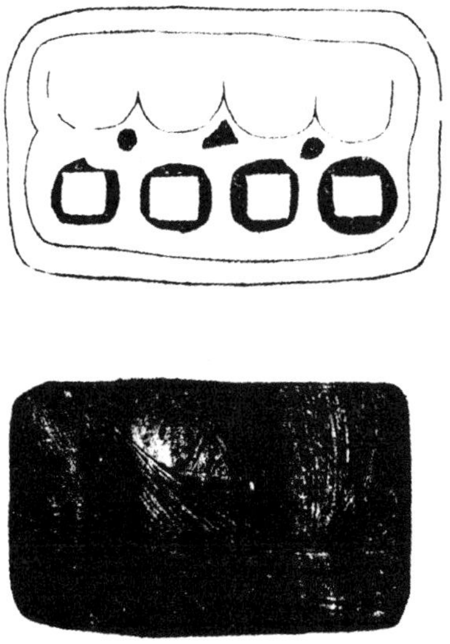

右無文泉母四面四漫有凹凸大小益分底面也按古泉面隆漫平古幣金秦半兩皆如此惟漢以後刀布兩面有輪郭厥制奇古應是漢以上物

劍

右古劍邑侯惠堂任先生所藏戊午冬日公子壽一樹福出示云今年秋光州固始縣會家岡居民掘地得之旋斷為三從兄某以米易歸按考工記桃氏所為下制下士所服尺寸悉符又證之程易疇同年瑶田通藝録所載四劍脊棱臘莖後及吹劍之義於經義倍晰則是劍雖斷裂猶可寳也○劍色如青萍有紋如古琴與通藝録第四劍相同昨在維揚晤孫觀察淵如星衍云近得一古劍莖容一扶餘一指禮投壺鄭注鋪四指曰扶此劍身長三扶有奇與古人絜度之法亦正相合他日以此證之不識有同異否

程瑶田通藝録桃氏為劍臘廣二寸有半寸臘者何臘之言鬣也前承劍身而後接於莖豐中而漸殺焉以横趨於兩旁如髮鬣鬣然故謂之臘釋文臘一音獵是也横者臘之廣則中豐者其從也劍身閒之故有兩從從半於廣故廣二寸有半寸從則一寸有四分寸之一矣莖者何人所握者也莖之言頸也在首下鬣被於其前望形立名惟其似也以臘廣為之圍則參分臘廣之一其莖圍之徑也中其莖者何當莖長之中也設其後者何後之言緱也以繩纏之謂之緱緱之言喉也當莖之中設之以容指而因以名其所纏之繩史記馮驩國策作馮煖有一劍又蒯緱説者謂劍把以蒯繩纏之劍把者莖也莖必纏以緱故知中其莖而設之者在是也首者何戴於莖者也首也者劍鼻也劍鼻謂之鐔鐔謂之珥又謂之鐶一謂之劍口有孔曰口視其旁如耳然曰珥面之曰鼻對末言

之曰首是故曲禮曰進劍者左首疏云劍拊鐶也而武叔之圉人示公若劍僞固而授之末蓋欲殺之故僞為不知禮而不進首也劍之名物見於莊周書凡五事曰鋒鍔脊鐔夾原注莊周書說劍篇天子之劍以燕谿石城為鋒齊岱為鍔晉魏為脊周宋為鐔韓魏為夾諸侯之劍以知勇士為鋒以清廉士為鍔以賢良士為脊以忠勝士為鐔以豪傑士為夾据其所次者言之則鋒者其耑也原注說文作鏠兵耑也鍔者其刃也原注說文作剟刀劍刃也脊者身中隆者也鐔者其首也夾次鐔後繼夾遂言包裹

則夾者其室也原注釋文司馬彪云夾把也先後鄭氏亦並以夾人所握者為夾是謂莖外著本如今之刀劍拊者古劍無是物也戰國策馮煖彈劍鋏歌曰長鋏歸來鋏為劍室故呼長鋏劍把安得謂之長乎夾為室鐔為首明矣首及莖竝與劍同物鑠金而成自首至末一體也少儀云澤劍首鄭氏以為金器弄之易於汗澤是也去三分臘廣之一以為首廣則其廣與其圍竝視莖而倍之身長五其莖者何也亦畧以人況之人身五其頭之長也莖五寸五倍之則連莖長三尺也四其

莖者長二尺有五寸也三其莖者長二尺也上中下異制者何也人貌異形服劍宜稱上士服中制則病劍短中士服下制則病形長矣辛丑六月瑤田在揚州得古銅劍以同身寸度之長中中制而加羸焉蓋鄭注所云今之匕首也臘之廣從倍半及莖圍之法靡不應度莖中為二物帀莖以閒之所謂設後以容指者中閒最短容中指也近臘一閒長於中閒蓋大指食指繞而容之近首一

閒最長所以容無名指與季指也繩纏之痕爛在翡翠斑上歷錄可見折劍首兩鍔垂末皆小敝脊隆而中無棱將及鍔乃為發硎之棱殺而趨於刃原注或以為鍔謂此棱也重當今之十一兩記言參分其金而錫居一謂之大刃之齊今劍末見金本色紫而微黃殆金齊宜然與得劍之明日汪容甫又得一古劍以遺余重當今之十三兩臘莖法與前劍同脊有棱折其末身長不可知疑中中制者然有

劍首形如覆盂宛然而中空可以證考工制度也吳栖玉過余見之因為余舉一證曰莊周書夫吹管也猶有嗃也吹劍首者吷而已矣原注釋文司馬彪云劍首謂劍鐶頭小孔也劍首必如此乃可言吹吹聲異於管者管空長故其聲高劍首空淺不能有嗃聲但吷然而已原注釋文吷音血司馬彪云吷然如風過然則劍首之義可定矣豈惟劍首劍首名鐔鐔之言蕈也是于于者非蕈之形乎茲其所以名鐔者乎說鐔之義頗多異聞證以是劍吾能擇而從之矣原注說文云鐔劍鼻也釋名云劍鼻曰鐔鐔尋也廣所貫尋也廣雅云劍珥謂之鐔廣韻三收鐔字為尋淫覃三音釋劍鼻者二釋劍口者一莊子釋文鐔三蒼云劍口也徐云劍鐶也司馬云劍珥也又引一云鍔棱也鐔從棱向背鈌從棱向刄也漢書韓延毒傳取官銅物鑄作刀劍鉤鐔師古曰鐔劍喉也又曰似劍而小陋又案說文云璏劍鼻玉也玉篇璏與鐔同釋竝曰劍鼻也王莽傳莽進玉具寶劍於孔休解其璏蘇林曰璏劍鼻也雋不疑傳帶欘具劍應劭曰欘具木標首之劍欘落壯大也晉灼曰古長劍首以玉作井鹿盧形上刻木作山形如蓮花初生未敷時今大劍木首其狀如此然則劍鼻玉為之謂之璏以物施置其上則曰具竝謂劍首也古劍首鑄銅為之後世異其制而飾之以玉與又案呂氏

金石契　劍六　羽一百

攷古圖載璃玉璏引李氏錄云蜀張惡子廟有唐僖宗解賜玉具裝劍其室之上下雙綴以管紹正此物余見今手器中常有此物俗呼昭文帶者以此物為璏以璏為施於劍室恐並誤矣其明年正月余家居汪容甫又自揚州寄余古劍一其末折損大半矣長雖不可知然形較麤大當為上士所服者中莖所設之物為人鑿毀其痕尚可見劍首平如錢孔大於邊若瑗之好倍肉者鐶之名可徵已原注削瓜頭抈謂之上環玉藻瓜祭上環環又謂之鼻初學記載魚龍河圖曰瓜有兩鼻者殺人說文帶瓜當也帶謂之當則環宜謂之鼻鼻即首之義且言有孔也劍鐶與瓜環相似故亦謂之鼻也此可為劍鼻即劍鐶之一證好通於莖深如好之徑雖與前劍小異然有空可吹則一也先是巴子藉有古劍在漢陽云取來見遺而未至及三月二日子藉劍至首末完善略無折損處青綠鮮妍有細裂如古琴之斷紋真周人物亦真宋磨蠟物也長中中制子藉作八分書以銘其櫝曰上士之劍殆欲勉余使不限於中人與初余之說劍也据記文定之懼其與注異也今四劍若一首莖後

金石契　劍七　羽百一

朧身無不與桃氏合周人舊物未帀歲皆來會以徵余言斯亦異矣並圖於後

胡焯詩世傳寶劍吾未窺公子遠自光州攜得非匕首徐夫人分寸不異桃人為惜哉誤落斷其首不與全璧爭光輝詎知至寶有本性精剛寸折風霆馳出示張公詫神妙吾亦快覩平生奇乍訝樞星散霄墀斷虹渴飲昆吾谿又訝老蛟斬江水鱗鬣森動血淋漓天工所忌祇神物瓦全斷非千金姿戈頭鏃頭兩

不惜纂入金石神完持摩挲轉念希世寶易米但療終朝飢倘勿備衛值君子鬼物驅遣又安之我有懷中一片心舉以贈劍人不知浩歌獨立作龍吼白晝空堂風兩飛

董詰熊詩古圭一斷得難再前年法物傷三代今觀寶劍悲英雄墮地碎盡青芙蓉昆吾之石誰鍊此銖兩分抖宜下士名應虞帝徐夫人鑄定風胡歐冶子何年飛落大梁城紫氣沖霄星斗橫始信水經注善長豈徒雷佩躍延平刼灰歷盡露霜鍔定見純鉤驚薛燭二尺光寒秋水清千年色透青蒲綠懸此應封萬戶侯平生恩怨總宜酬誰知剛勁甘身碎不作盤旋繞指柔由來神物難完好埋土翻憐出土早具眼豈能在須臾莫嗟知己天涯少知己如侯有幾人歌彈長鋏不嫌貧爨桐椽竹材無棄玉鑑氷壺賞定眞數片攜來光灎灎茂先博物觀無厭太息懷才迫欲售斷圭未幾

更斷劍斷圭斷劍漫摩抄猶遇名流相賞過璞玉荊山渾不識鹽車峻坂復如何天外空青倚獨惜髣髴破山輕一擲試聽夜半匣中鳴虎嘯龍吟聲欲泣

錢彈

吾鄉忠烈徐公守萊日為社稷死於飛礮事詳國史燕昌學於太沖陸先生先生妹壻叟珂忠烈四世孫也與先生嘗言公守萊及死萊事并礮中錢彈猶寶藏焉乾隆甲午六月朔日燕昌登公之故第致遠堂額為周忠介公書跋云丙辰下澥徐老師命題門人周順昌公孫玉珂鳴珂出觀錢彈〻圍四五寸許半則丹碧相雜對之心隱遂裏之而銖兩未及衡也嗚呼死守封疆公亦自完其為臣之分耳而百餘年後猶令登堂者撫碩錢而弔忠魂天理民彝不可泯滅忠孝之心豈必在身當其任哉是可感也

画象磚

四百六

右画象甎玩其規制當是漢人墓中物按范史趙岐傳岐自為壽藏圖季子子産晏嬰叔向四象居賓位自画其象居主位是甎或狀其平生宦游之盛己亥春日余歸自京師揚州羅兩峰聘以拓本見貽迄今三十餘年猶憶兩峰屬飛白題其壽藏謂百歲之後千里間隔恐不得君書噫兩峰真達士哉

金石契　画象甎三　四百七

戈一

芊子

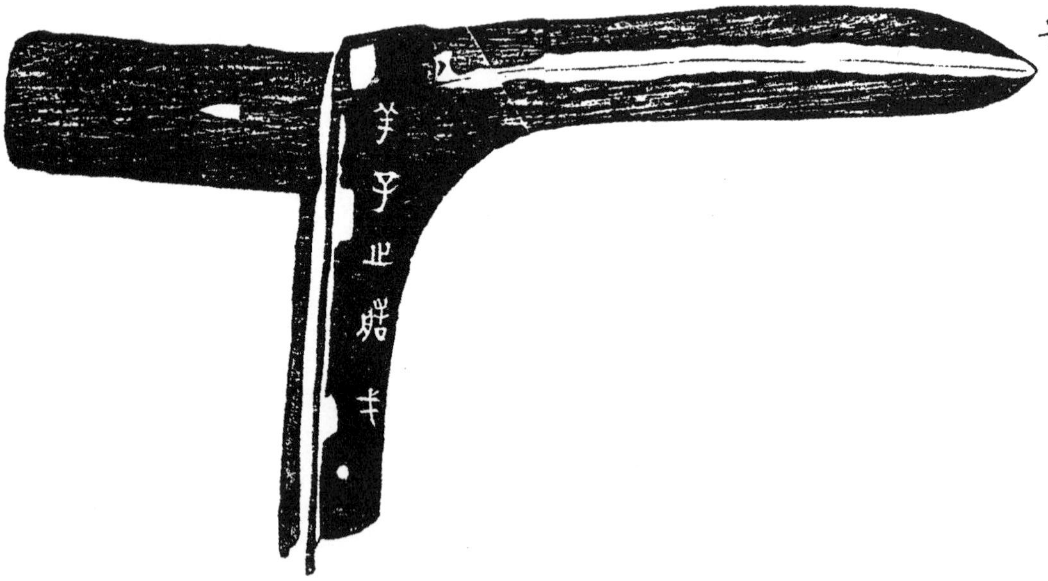

續一

右戈文曰芊子之𦩻戈諸家釋芊子或釋芊子按說文羋芊鳴也从芊象氣上出與牟同意此戈文羋字不上出當是芊字友人吾以方進藏古金印文曰大羋家印可知古人羋字皆上出今本說文篆法雖不精然猶可證芊羋之別據此爲芊字無疑矣𦩻古文造字見說文程易疇同年瑤田通藝録釋𥧌恐非乾隆丙申四月孔氏部莊谷繼涵從京師貽書并惠搨本

孔繼涵手帖曾於咸淳臨安志卷首見芭堂飛白題字四月晦日庚午蔣寅谷泰来来觀唐石刻画天龍神示蓮花諸象曰金石契中多有此種詢爲誰氏之書曰吾鄉芭堂張君也大軒渠曰余識之寅谷問識之何自一於咸淳臨安志卷首見其手書一於吾友汪思顥泰寄余書述其逸事而知之也遂介寅谷寄芭堂漢銅尺及銅戈拓本而索芭堂作詩並爲金石契中添一古物若漢石人

字及居攝壇字則石刻流傳尚多於金
故不寄即書以爲柬
翁方綱跋銅戈一曲阜顏氏所藏得之
周公廟側土中者也重今等八兩三錢
視鄭氏考工記注三鋝爲一斤四兩者
尚不及三之二而所謂内倍之胡三之
援四之皆與經合惟廣二寸則以周尺
度之才寸微强聶崇義三禮圖曰廣二
寸謂胡也其實援亦廣二寸今度以周
尺皆不及而胡磬折倨句與呂大臨得

於壽陽淮南故宮之戈正相合則可以
補聶圖之不及也胡有銘五字曰芊子
之艁戈江寧周秀才棐釋曰羋楚姓也
吾邑朱學使筠曰羋象氣上出今芊不
上出知是羊字且子爵無與姓連稱者
疑羊子是大夫稱也方綱按春秋莊四
年傳楚武王荆尸授師孑焉以伐隨注
孑句孑即考工記注俗謂之曼胡者也
楚熊通於周桓王十六年僭王其伐隨
在莊王七年耳其始立當平王三十一

年通稱尊号之辭曰今諸侯皆爲叛相
侵或相殺我有敝甲欲以觀中國之政
史記於晉曲沃鄭[illegible]段宋華[illegible]之亂詳
著於熊通之世家者爲通之辭張本也
諸國之叛亂曲沃最先曲沃莊伯之弒
晉孝侯當熊通之十七年爲周平王四
十七年則熊通僭王之漸當自此時始
越二年而春秋作矣此戈銘曰芊子蓋
猶若敖蚡冒之舊稱其曰艁戈則其始
造此器之辭至莊四年乃用子爲陳正

義曰往前未以此器授師可證也羋字
固應上出然此銘造字既用古文而羋
下告上皆變直爲曲則羋从芊聲亦可
形舉該之矣惟爵名與國姓罕有連稱
之文是所當闕疑者至謂芊子爲大夫
稱蓋無可据矣顏孝廉崇椇冊索題因書
其後時乙未四月八日
山左金石志第一字以原戈細審之字
畫清朗豪無剥蝕芊頭實不上出難定
爲羋字朱學士謂羊字近之羊乃氏也

通志略謂爲羋舌氏之分族春秋時有羋斟爲華元御戰國時有羋千著書但不知造戈者爲何如人耳䑳古文造字無可疑者

桂馥跋準周尺者其法不一或秬黍或蕖粟或蠶絲馬尾要莫如周器爲可據頖運生教授藏銅戈一文曰羋子之䑳戈周器也考工記戈廣二寸內倍之胡三之援四之鄭注內謂胡以內接柲者也賈疏戈廣二寸者據胡寬狹內倍之

者據胡下柄入處之長胡三之據胡之長援四之據最上刺刃之長也案戈主於胡與戟異者戈磬折戟中矩故經曰已倨則不入已句則不決長內則折前短內則不疾所謂廣自磬折下至胡也內胡下有橫內接柲處非直柄也長內短內以胡較援也度以周尺胡上及磬折長二寸經之倨句外博注之廣其本指此胡下橫內長四寸經之長內短內指此胡六寸援八寸莫不合然後知鄭說爲長賈氏未見此器不知有橫內接柲誤以柄當之而廣狹修縮皆荒矣王得臣麈史周尺當今尺七寸五分所謂今尺蓋宋三司布帛尺陳野夫所定周尺即此既度以戈益信其可據而黍蕖諸法并可援器以定矣

梁履繩詩并序四氏學教授頖運生名崇㮚家有古戈頭一見者目爲彫戈余婦兄孔叢伯識其銘云羋子之䑳戈爲篆五字䑳古文造此字稍關蝕故譌爲

彫戈也復度以周尺爲說示余云援長八寸又三分寸之一上廣一寸又十分寸之七下廣二寸胡長六寸又三分寸之一廣一寸又四分寸之一胡本廣一寸又三分寸之二內長三寸又五分寸之四廣一寸又五分寸之三厚三分寸之一重鋝有半胡外廉有緣〻上三孔胡本一孔徑半寸五分其徑以其三爲之廣五分其徑益二分以爲中孔之徑益一分以爲末孔之徑益三分胡本一

孔之廣去一以為其孔之廣英飾于是乎綴矣三分其內一在上二在下以設其孔所以關戈柲者孔徑五分寸之三三分其徑去二以為上廣下廣半上廣胡內廉有銘在焉遂歌以紀之邀余同作

禹穴之時銅為兵鑿開伊闕通龍門於越獨聞兵冶鐵三軍威服天下驚奄征南海王荆楚古法仍存黃鐵取國中況復多利金只許他鄉鑄鐘簴授師以子

傳熊通荆尸而舉爭强雄百濮群舒盡編伏撞刺何必持[illegible][illegible]戈戟為用本相似左右有支𢿱異同淫名自大假不反造作肯遵周官冬工尹工正庀乃職尺度别捌違遺蹤得毋古人置寢戈曰援曰胡原殊科是銘艁戈疑有意不号彫戈應非訛子之名字芊其姓紀諸內廉久堪證人言初封爵列子鑄器焉敢輕變定何為不著荆與楚特標國姓非其正又謂稱子或芊蠻私艁此戈誇執操

蕞爾僻陋奚足數那有軍實垂不刊物勒工名成可攷所司供進覲拙巧王孫厲劍空使氣伯棼竊矢難自保此戈不藉圭作柲英飾脫落刃完好我聞大屈產寶金高庫藏兵留於今摩挲詎比岑鼎贗不與浩劫同升沉

戟一
敔

續九

右戟文曰敔之造戟四言敔字與考古圖周敔敦字同此戟或即其人所造考工記戈戟異制鄭氏注戟今之三鋒戟說文戈平頭戟戟有枝兵其制皆不可考今是器同戈制正合鄭氏所謂雞鳴擁頸而銘辭顯曰戟豈戈戟同物異名與曲阜顏氏藏羊子戈大興翁氏藏□公戈皆與是戟相同獨勒銘異考古器多勒銘於陰是戟以左手執之則銘在陰蓋軍尚左之義戟之内入柲處微有

損向藏余家海寧吳兎牀博學嗜古著戈制考因以爲贈

曾燠詩南朝四百八十寺大暢宗風迄五季富貴巳極求生天帝子王孫有同志臨安況是財賦地錢氏享之歷三世貢輸巨萬猶有餘佛事不修更何事台州刺史方未歸德詔先幾頒靈異常宣兵刼偏難消府舍天災郡曾避人言一塔一功德銅鏞苔斑尚珍秘錢王功德在納土免使杭人見烽燧不然梁武帝與唐憲宗豈少石函〻舍利

蔣知讓詩忠懿造塔歲乙卯八百年餘尚完好求利衆生求自利願力隨心爲大小史稱其政竭民力貢獻豐華施捨亟咎歸武肅始作俑用世手高人不識銷磨智術惟著書才賢奉勅爲腐儒銷磨英鷙惟懺悔勳業通朝歸性海神通小試成偏安忍辱身披十重鎧紛〻都將虎與鷹鬬門節度苦行僧力回兵刼平反側十國中照長明鐙憯哉忠懿猶貪痴慧劍不即斬進思忠遜退院足供養分明此意人天知八萬四千阿育塔

回向有心靈響答禮賢宅結善因果軿軿夢醒他人榻二千五百同拜官頭面頂禮悲耶歡給孤獨園祇樹下成佛不易生天難舍利光中掣飛電西軒星墮生辰宴相輪獨此佳人閒合供臨安妙因院

詹肇堂詩沉香翁臨安何處尋鬼工旖旎山沉水燒盡空屭贔十三州土汴京納肯令玉羊軿卧榻聚鐵竟鑄一鐙字尺土不留〻此塔〻高五寸〻有奇式仿阿育王製爲開門節度臣俶施其左薩埵前尸毘怖鴿餓虎饑鷹饑割耳截鼻血淋漓天王戟〻執長鈹威光四照閻浮提閱八百載斑陸離大衆合十瞻拜儼舍利一枚相輪閟八萬四千功德感佛家因果雜舒慘偏安他日小朝廷十三州仍歸浙臉

陳燮詩十國〻主多佞佛建塔紛〻讓吳越九廂四壁八十八合十四州竭膏血四八之相始柯山新昌石壁雕屭贔

婆留施與已及萬〻貫孫倂乃復增二
菩薩於其閒金塗塔造歲乙卯忠懿模
笵分人保八萬四千阿育王欲將功德
除煩惱堯章一版傳自文璞歌如来妙
相知非訛白蓮寺僧憨山秘真跡不許
竹垞詩老親摩抄歷劫流傳出初地全
鈌形模辨同異題名款識雖有徵家法
何殊大錢寺福慶尊勝陀羅尼寶林銅
象鬱蔥氣東井銀塔一十有五層元徽
四年舍利二顆出幽秘睡龍歸去玉羊

来千春既建七寶開奇木香成觀自在
白光煥發高崔巍南廊鑿羅靈鰻現報
國何如禮賢院銷磨夔子作浮屠星芒
夜墮生辰宴噫嘻吁大安供養銕脚鑪
勾當姓字吳主俱廣州相輪二丈餘光
孝寺紀劉鋹愚此塔精工不相讓曇華
散落錢唐湖不如表忠觀前一片石有
人剜苔剔蘚思髯蘇
黃郁章詩顯德詒檢　西湖寺忠懿造塔
乙卯歲塗液金賽八百載十九款字詳

可識法界瑣碎摩天人辨形畧與憨山
異詩家或見或傳聞故物定知非一致
黃金布施誠願奢慈雲尚識功臣意當
年蠻觸紛內哭戰血模糊慘塗地鷲鷹
唬虎闞神器不鑄銅容鑄鎔字錢家王
帶鎮江東一國五王歷三世貢獻餘資
造此塔威光不共鈔鑼堅十三州土納
須彌妙手空〻大智慧我生癡鈍本俗
人畧從大衆辨忠義笵象拜佛理則那
笑彼南漢誇鑪錘吳子好古事推拓一

葉蓮花現根蒂光明几上舊傳鐙哦詩
代續英雄記
郭堃詩毀佛鑄錢佛不呵奉佛鑄塔〻
不磨佛豈與人論施報何若鑄錢利益
多造塔皈依原俗諦收銅鼓鑄亦冗事
英雄顛倒世法中怖鴿飢鷹爭啖噬如
来喜捨耳與頭安在區〻數州地方隅
力保兵戈侵歸誠納款武肅心須来銕
券纔幾日尚工忽懺遍地金銷金鍋畔
空雲烟人閒已無顯德錢未必八萬塔

盡在相輪一一藏山淵英雄用世佛持世鑄鎔搏沙等兒戲勳鐘功鼎半銷磨何處毫光尋舍利八百年來小劫過惟賸鐫題數行字

俞國鑑詩吳越國主崇浮屠范銅作塔黃金塗塵埋苔繡八百載相輪寶相多模糊世言一塔一功德梵夾故事紛形模豈知佞佛盛五季回向究覺人天殊溯昔異人出天目鄉兵奮擊劉董誅八都勁弩射潮水控引蠻島連江湖子孫

世守茲強富瓦全自足安偏隅胡為朘民奉釋氏壁廂侈供光明珠熚煌金碧半膏血龍天帝釋應愁吁祟家有諂廢僧寺銷磨丈六歸洪鑪八萬四千獨供養埋藏沙界同幽拘史稱重斂務求福歐九直筆良非誣表忠觀碑劇褒美曲筆久已疑歟蘇東南半壁等甌碎太息後嗣蔑雄圖錦衣鉄券難復睹摩挲窣堵嗟哉愚

吳錫麒詩搏雷夜逐妖狐起野壙中穿電光紫故鼎陵荒出定陶邊銘地古稱汧水汧水隃麋壤本通共廚當日隸扶風蓄苔不蝕千年字野火能堅百鍊銅三環兩耳攢三足一斗能容受之腹款雲寶氣涌紺青漬雨銅花裏寒綠我聞恭王才藝最承恩類我幾移神器尊繞伏青蒲全太子誰招飛燕啄王孫龍池一夕尊新主天子兒為天子父樂府登歌寢廟增祠官上祭原陵補范金為鼎

禮亦宜洪鑪鼓鑄驅風師芒搖星斗昆吾治冥合雲雷雕壞祠私親一例渠盛薦衮衣曾拜共王殿香火難教後代延波濤易濟前和見即如九廟鼎孰陳赭鞭不管神靈瞋銅仙掩泣歌辭漢金匱行封頌美新寶衣零落飛灰冷鬼唱秋墳過無影陰房但作鎮山傳異代誰知覆餗警仙館琅嬛幸許登風塵賞識荷中丞短長度用盧傂尺波磔摹從雁足鐙一經歐趙親題後光怪時時生户牖

定知寶物鬼神呵要付花宮龍象守清歌唱到渡江雲故鼎譙玥若喚羣文字三生謀作合烟山一席許平分松寥去去輕舠泛海衆歡迎響清梵坡老真同玉帶留辨才豈受蘭亭賺從来好事足流傳攷訂唯憂累後賢老鶴不知苔字古月明自守墓門眠

古金石契以宮商角徵羽為分冊首冊例言序目餘載器物銘跋海鹽張芑堂燕昌譔青浦王德甫侍郎蒲褐山房詩話芑堂屏居村落孤介為褢夙嗜金石尤愛小品搜奇採癖凡齾缺零星都為一集名金石契余所藏西漢鴈足鐙亦並著焉嘉興張叔未解元桂馨集感游詩序文魚兄名燕昌字芑堂手有魚文因號仲魚又號金粟山人海鹽人乾隆丁酉優貢嘉慶丙辰薦孝廉方正甲戌卒年七十有七吳中黃氏丕烈士禮居藏書題跋記芑堂愛古年已七旬所見古書甚多與長塘鮑氏淥飲相友善觀此數則芑堂之為人可知已余乙未夏校訂金石圖說畢段觀於姊聟徐積餘氏愛其淹洽秋江陰繆筱珊丈來與之揚搉前人集錄謀覆刻之筱丈適曩獲祇兩冊即例言所謂弱冠付梓之本不圖足本尚在人間筱丈博雅多觀佳刻喟賞若是是可珍矣然蒲褐山房詩話又謂先生常往來寗波范氏天一閣在藏書中獲北

宋石鼓文搨本摹勒以歸重刻之因譔石鼓文釋存證以篆籀考其偏旁點畫較薛楊潘董諸家更爲精審云云今此例言云坿後即出是本書尚未及坿入也按先生卒年七十有七爲嘉慶甲戌此書序作於乾隆四十三年戊戌下距甲戌凡三十七年是刻此本時方四十也前爲弱冠付梓之本故較今本爲略則既坿石鼓之書又必後於今本而加詳前人心血萃於一書二十一刻四十再刻此後三十七年未必

遂輟鉛槧則定本之外抑尚有待本而今未之見耶或石鼓文與金石契終於兩美未合猶分寄人寰耶然而延平雙劍終有儷時余之欣賞是書者其古趣斑駁固已暉暉溢目而各器跋尾滂葩偉麗乾嘉間文章鉅公詞筆具在如遊閬圃而窺積玉迺亟倩寫官景鈔付鏤用餉同嗜校凡三次於原刻亦頗有規正是書於攷据無有㬎章作者之用意別於諸家蓋不同於叩澀木腐鼓與畫古帝王而遺其龍卷也先生故工於詩青浦侍郎入之湖海詩傳以王孟而爲鄉鄭故其興寄如此侍郎又謂先生撰有古來飛白書攷今並未見傳本叔未解元詩云獨有昂藏鶴風姿似列仙論文金石契話舊孝廉船金石契者蓋其實錄先生譔述甚富前人傾倒獨在是書今所存亦僅是書自爲最精之作而別本琳瑯竟沈石墨望古遙集曷其已夫光緒丙申九月初五日貴池劉世珩檵盦父記於江寧寄廬五松七竹九蒲之齋

光緒乙未九月景寫丙申正月刻十月竣

蒙古崇藻拙庵再校丹徒茅謙肺山覆校

江都李義存刊

金石契跋尾

跋

余家龍山之側禾堂落成面山臨水芑堂愛其清勝每扁舟過我手攜所輯金石契一編酒闌鐙灺言之娓娓如操五都之奇贏者短長輕重具有程度葢其寢饋于斯久矣余雖衰老興復不淺將蠟屐扶筇與芑堂共登秦駐之巔探秦皇遺跡或更有輔于金石之萬一芑堂幸勿以老而舍我也乾隆丙申十月禾堂弟查夢齡

余因芥舟翁得交芑堂垂十秊矣芑堂好古成癖留心金石文字而於歐趙諸公所未經捃摭者尤三致意焉嘗扁舟訪舊蓬牕中羅列名流書畫古器泊宅於漁磯柳岍閒摩挲展玩吳下好事者比之米家書畫船云今日芑堂從垂虹亭返棹過余易鶴軒出示金石契共賞辨名析義有大道焉非徒物聚于所好也乾隆四十二秊夏日閶川竹坡弟楊建

道光元年開鐫

金石索

雙桐書屋藏板

題金索拓本原序

沇州試院見壁間字幅科斗龍鳥諸體悉備喜其奧博審為滋陽大令集軒明府之昆晏海先生所作集軒名進士有治聲洵難兄難弟也兜而集軒出此本相示余惟結繩而後書體代變學者欲知古文舍金石奚據顧石易泐而金可久且崇碑巨碣移搨維

辛序一

艱自不如金器之易摹宣和博古圖所載皆金器也古金器著錄者多矣然非親見而手搨之則恒不足為據即如一比干銅盤銘也嘯古堂集錄與汝帖所刻迥殊其他可知往嘗見翁宜泉前輩所搨錢譜至於極古刀布極小洋錢字畫人面花紋細入毫芒嘆其精妙今觀馮君此本摹搨之

工殆與相并且考訂精當信而有徵不獨古器與銘賴以不朽其開益學者亦不少也歐陽子有曰物聚於所好而常得於有力之彊余謂有力非難好古者難耳馮君一游山左而所得已如是自茲以往游歷益多不盡收天下金石文不止豈特此編已乎因憶余以袁州昌山峽水迅激多壞舟至崖碑

辛序二

文字奇古不可識相傳罕能讀者金壯立見余嘗舟過其下以程急未暇登覽也古博好奇如馮君倘一過焉其必有以辨之矣

嘉慶二十三年歲在戊寅夏六月

菊谷愚弟辛從益謹跋

趙序一

古人之精神託諸文字而有裨世用者其氣常與天地相流通出之也有時而精力亦與時相代謝其未出也若常留不敝以有待逮於既出散亦及之而其出相踵仍不以敝而絕金石刻識之傳流者多或百名少或片語蓋文字之小小者耳而其於拾遺補藝有功於載籍昔之人博博言之歐趙引其端洪薛暢其支自爾以還流日益長趣日益博攷據日益確歐趙所見今不盡見也賴歐趙以存今人所見後人未必盡見也則賴今人以存繼此而有所見者相與引續於不替凡志古者皆與有責焉矣古人所為守先聖待後學其意豈越於此乎通州馮君晏海與其弟集軒大令所輯金石索郵書見示所著錄多前人所未見又亟亟問余所藏弆將并以入錄余既嘉馮君搜覽之勤而弥歎其篤志於古為不可及也李大令申耆嘗為余言曩游粵東閱郵肆見壞銅槩槩中有一鼎跂耳穿而銘文數十字尚可讀越日攜泉往贖之則已雜諸敗器投冶矣嗟乎藏而出出而敝理數之常然也有傳之者即敝亦何憾斯鼎何為而出哉金石尚不能以自壽固如斯夫馮君其蓋勉之矣吾年衰晚不能息肩君魯我秦各有所陷吾雖滯跡關中屢更寒暑而身已衰病不能跋涉縱有名勝付之夢想何如君兄弟偕行有奇共賞雖殘垣斷壁絕壑窮岩欣欣然自慶其遭者哉道光二季七月武進趙懷玉序時年七十有六

是歲十有二月瀟水鄭勉書

趙序二

薈粹金石之刻至今日而極盛以余所見如青浦王氏偃師武氏山陽吳氏陽湖孫氏儀徵阮氏平湖朱氏諸家皆蒐輯繁富考據精審覽者如入琳宮而觀海藏矣近又得馮晏海先生金石索二編乃嘆天地間奇寶時出不窮而好古績學之士之所見聞乃日新而不已也金索自鍾鼎以逮鏡鑑石索自碑碣以逮瓦甎靡不賅備自三皇以至有元自中土以至外國靡不綜掾陸離斑駁閱卷爛然又皆手自摹寫詳加釐訂其於青浦諸家不知其孰為後先要其書洵文海之珠船藝林之寶鑑矣先生喆弟起家進士作宰名區先生矻窮年人以是

為大馮君惜吾不謂然天欲以吉金樂石不朽先生固不在紆朱懷金為先生涵也嗣君子朗館余家久得備閱先生學行辱索弁言於是乎書

道光甲申小滿節歙鮑勳茂謹叙

鮑印勳茂　樹堂

余官江右時即聞馮君集軒令滋陽賚善政及來兖州益審其詳暇乃叩其所學則曰某之學受於某先宴海某先生平無他好獨嗜金石文字若性命竭數十年心力搜羅考校得金索六卷石索六卷至今猶晰夕以之也竊窺其意若甚得者然習宴海來言之尤娓娓且曰吾每夜料量諸事畢必爇燭手校不見跋不已也蓋其所得者深矣夫為其事而無所得者其入之也必不深則其傳之也必不永今馮君兄弟之所得如是其必有以永傳乎抑聞顧亭林先生有言金石碑刻可以考校經史謬誤蓋其傳

賀序一

常千百年多古文字所賴有心者收拾之尤賴有識者辨正之也經史之學榛蕪久矣然則是編之作厥功不其偉歟道光三年秋七月年愚弟賀長齡敘

賀序二

臯稽湯盤孔鼎肇自商周迨夫董薛諸家備載周鼎秦權類皆模範吉金而石墨尚少雖夏禹有岣嶁之碑周宣有岐陽之鼓宣尼有季子之銘後人尚疑信參半大抵三代以前金為多迨秦斯刻石以來漢世紀頌功德多在樂石梁元帝碑英一書今不可見自歐趙諸家下至吾子行及近代

梁序一

都穆趙崡輩遞相著錄考據益詳往往訂經史之闕譌非苟焉已也通州馮晏海集軒昆季皆好脩博識尤篤嗜斯事探源溯本其用心致力不啻寢饋於斯故於游歷所經掇拾剩訊四方交游又或拓本餽遺齋器商定集軒旋宰嵫山即漢瑕邱亢父之遺墟憑吊古蹟網羅浸廣遂相與圖形寫象心摹手追鉤元索隱閒以題詠凡有質證發明多前人所未道幾數十萬言積累寒暑合手釐正勒為金石索十二卷將以信今貽後承示卒讀不覺慨然興歎竊謂六書相沿時代遞嬗曼衍數千百年中閒千態萬趣舛離踳駮未堪更僕顧古人往矣僅僅藉簡策流傳復雜以傳寫承譌

梁序二

鴻都審定在漢獨得中郎後人守祭酒之說斤斤然嚴畫疆界而好奇之輩又多飾辭逞臆動引古人之疵纇誕妄破壞小學放紛將奚賴耶蓋古人之典章制度與夫雅俗風尚於金石文字中求之稍稍得當緣其流傳既古縱不免於沉霾土壤然斷爛破缺之餘苟遇好學深思者罔不藉資

考證至若稱伐樹勲錫命鐘鼎脩身律己垂訓槃匜即砥行立名亦多裨益後之人既重其器又重其文於以生仰止景行之思豈得謂之玩物喪志哉今集軒活泯有聲廉靜為治晏海履道含貞有子成進士將出膺百里之寄三不朽之原正未有艾則金石索一篇為庭誥為治譜胥於是乎寓又匪僅考證之資云爾是為序

道光丁亥初春福州梁章鉅撰并書

凡物必聚於性之所好與情之所專又必才足以傾倒一世學足以博極群書識足以鑒別千古而後卓然成一家之言以信今傳後而無疑晏海先生江左宿儒洽聞強記於探幽索隱之功為尤多余耳其名久丁丑春余守是邦適　先生哲弟集軒明府以名進士來尹滋邑始獲與先生互聆其言論風旨彬彬儒雅益心折其人聘同閱試卷者再且延主講東魯書院多士咸服其公允滋為南北之衝冠蓋往來輪蹄絡繹　先生佐其弟為賢令尹公餘輒手一編不輟故其著作等身人所共覩近復以所輯金石索一書見示披覽之下陸離斑駁古意盎然覺周

鼎商彝槃然在目其間或賸之賈肆或得自贈遺或搜羅於深山邃谷之中蔓草荒祠之內大而熔冶尊彝小而片甃片石允屬先代所留傳前賢之手澤銘詞足據文獻有徵無不彙然具備其攷核之精詳論駁之確當實有發前賢之未發為唐宋諸儒拾遺補缺者而又手自勾摹工細曲肖

不知幾經歲月萃精會神而後成此不朽之盛業也非其性情之好且專而才識學三者之過人而何以得此而後嘆哉

考据之學遠過前代而天地之菁英山川之寶藏方且日出而不窮噫洵足為宇內之大觀矣　先生今偕集軒明府蒞任膠東於其行也書以贈其後即以為贈行之作可也時道光三年歲次癸未七月既望知山東兗州府事長白景慶序并書

金石索序
今使道移咸飾紀綜提挺
紬續閱旨奚宂學業博士
采入同游化始結紬而治
苟閱元辰則本論正本正
以不命寧封亦將五量五
權以不審子數秬黍鬼實
其實莫識蒼帝之臺禮豈
級音韻捐黃靈之籍天下
相安于耕鑿吾欲大源其

識知物或諱閱運開括據
居變化日常永參蹈自乎
王者蘇鬱金歐不鼓劫本
犧尊象鼎常登清廟明堂
玉冊金函下逮綆樞谷編
山川之精上評寶氣騰天
圖書之府宗開文光燭乎
九柯十匠何魏留物後世
爻五典三墳誰不識皇初
之字豈非極按奇之樂事

嗟思古之幽情哉而乃龍
戰元黃鴻爭蠻觸摩莅金
狄閱競作之紛沙淺泣銅
仙掩莽虛之荊林火燹焚
庫燼飛唐漢之遺賊劫秦
陵浸灩鐘王之蹟九鼎韜
泰于泗水八會未傳于函
涸十宇辛王衛述其世系
紵繞枝手莫辨其文章塗
高典今之文乙乘故物推

蓋勝覽而外難爲遺文是
足悲焉茲可德也則爲山
丘寓公江南傳吏名高儀
廣望重機雲與擁古尺以
同量手握知珠而若燭度
流芳載流古曉乎獨晨觀
纏遺函綜今德論奏夕暇
數練錄百括兄以評有間
鄉隨殘碑呼僕夫而善隻
守博識乃本也所願異見

異聞樂事洵世間所無軼
寢輟食忘歐陽之錄補宣
龢之圖增博物之志薛論
書之志是則大備小備而
後零今傳入于金索石索
一書見擁僕從廿乙鐵木
金之難名自古杜昔彭鈴
彤綠鏽紅窽延中斷小棧
之異名拾獻訓義之昧勅
入非數百歲韓知柏寢之

徐序三

陳器容七八及莫辨由數
之物罔乾德之潛號大兮
四及魏黃初之紀元本無
二月藍田美王璽辨先秦
罔地邑杜鼓鳴東普上清
童子形化金錢之樂碧雲
譽入采閣咸陽之市乙亡
滄桑屢變款識難來丘設
吉兮名祖征伯鈕莫寶莫
名其器買莫櫝而還莫味

作訓單三語或有改之者
文繳鼎一名煩後儒之
辭字非精辯校讎法煩冗
若木石刻流傳者收灋稿
龍跡鳥跡攜穴大小史中之
說搜尊邏鸞翔與一字一
金而篆籕源委戒馬洪蘭
詒吉清樓有負隱耕牛隱
踵于視龍章下羽陽乃歲
難承秦漢之互當元豐二

徐序四

及莫辨王即之蠹菓是叩
雖晚狸怙勃鉤蕪托錦贈
隸源鄰零館畫四佗兮分
不默石鼓乙歸來者鸛畱
銘常若江流而激向殷寡
而必東廣微讀紀及一書
自爪而來鹿子山語韓陵
片石也或遺文於碑環目
跡古字於寶軌離敝正渡
河之文繇莫定藏山之業

于我　君湛思勇沖徐遠
標舉驥麟咸育采如泊隸
取不靡衛龍燭之華象知
雁鼎振沖珠之彩自照茲
書法數定殷賞也蘇極巋
凝能賾之地說誨異代之
河山結枯蘇爛之場積弟
旨王之采泰耕耘小豎荷
鉅不必錢磚留魯大儒載
酒不詢奇字禪數十年之

徐序五

全所勒十二卷之成書已
爲鑽貲之糧則貲見彙富
引爲考古之鏡則古人得
生一字金堅家目再賞片
言錢譜巧舌皆噤忽蒙大
著之謠須弓貴小言不爲
序儀曉惟一孔讀未十年
媿剛日柔日之往勞魂目
治手治之未及義銅聖錢
敘搜美奎乎皇輿駱湯縣類

發空谷遺響茲夢帙廬陵
嘆漢物之難得叔重識古
文之不知五子謎離如人
浚斯之藏火書璀璨收搜
家考之編游大水不朽元
珠登泰山不迷白練負聲
蘇分陰句難猜茲光怪之
宏鼎湯盤違敔自矜萬璞
燦神奇於夫文繡字只然
宜銘章書

徐序六

時
道光四年歲次甲申嘉平月望日
姻愚弟徐宗幹拜題
北平呂佺孫少菴書篆

自敘

寓内之奇珎備矣而壽世者惟金石匪壽其器之異壽其文之古也自趙宋來譚金石家莫顯于歐趙洪婁王劉呂薛而隸釋隸續等編每詳于石而略于金考古愽古諸錄又常于金而缺于石嗜尚不同也鵬兼斯二癖而好為苟難用是有金索石索之役而索于舊間者二三索于新得者七八焉年来薄游吳越間見收藏家有款識者輙繪錄之嘉慶二十年季弟鵷筮仕穀城廿一年以来仕瑕邱鵬昕夕與偕暇則訪尋古蹟羅列滿几以相與賞晰瑕邱于兖郡為附郭邑春秋元命苞曰兖瑞也信也地連曲阜泰山任城亢父古碑林立彝器會萃天不愛道地不愛寶可云瑞矣信矣奚必鉅甕金船山車澤馬而後謂之祥符戩廿五年秋始命畫工繪圖稍稍付梓道光元年四月朔旦日月合璧五星聯珠直照奎婁分壄益忻肰感觸乃鳩剞劂氏五六人分功效程鵬又苦于酬應紛沓每至宵深人靜始能握管夜之所書供次日所刻而從來縉紳以及書院從遊解事之士時以拓本相持贈結

緒紛懽遂曰積日多三年而竣凡三十餘萬言皆手自鈔訂其考証則與季弟彙之裒為十二卷金石別部不相混淆是亦可觀矣雖肰猶有憾儻由齊魯而燕趙而秦晉川蜀跨孟門越汧隴過秦漢之故墟捫褒余之邃谷披沙獲鼎剔蘚求碑所謂刊丸都之山銘不耐之城者夫復何限善乎洪氏之說曰得黃金百如視涕唏獲一漢刻津津肰盱衡擊節輟寢罷食意世間樂事無以右此者是又在四方土仁大人先生惠寄新異匡所不逮擴所未見以謀續編則幸甚

是為敘

時

道光二年青龍在敦牂霜月之望書于

東魯書院仰山堂

崇川馮雲鵬晏海識

金索卷首

敬列

純皇帝欽頒 闕里廟廷周笵銅器十事謹錄

御製詩一章 幷序

釋奠而飭豆籩新型既備登堂而觀車服古澤莫存繫棨
臚犧象諸尊第欵識元和所鑄雖協吉金用享還疑贋鼎
無稽矧辨名溯三代以前何知有漢而學禮景當年之志
亦曰從周昨脩太學落成曾列姬朝雅笵惟此昌平故里
靈實憑焉每徵法物奮章心恒恝若宜陳禮罍以煥宮牆擬
俟鑾迴内府檢西京彝鼎將從鄒置成數充東國几筵意
在尊
師體尊王之有素守當永世勗永寶之無愆既沛十行爰㷊成
八韻
二千年閱古禮罍惜徒言車服郱輕補鼎彝頗尚存肆筵瞻闕
若由驛致更番後漢徹時降尊周緬意敦穆如陳几棐潔用薦
蘋蘩國學依成例昌平本
聖源徵仲敬
師志益勗作君原庶協崇文願與賢共坐論

罍
備
從
先

辛卯三月臣于敏中奉

勅敬書

金索 卷首 一 邃古齋藏

木鼎 甲

以下圖俱減[illegible]

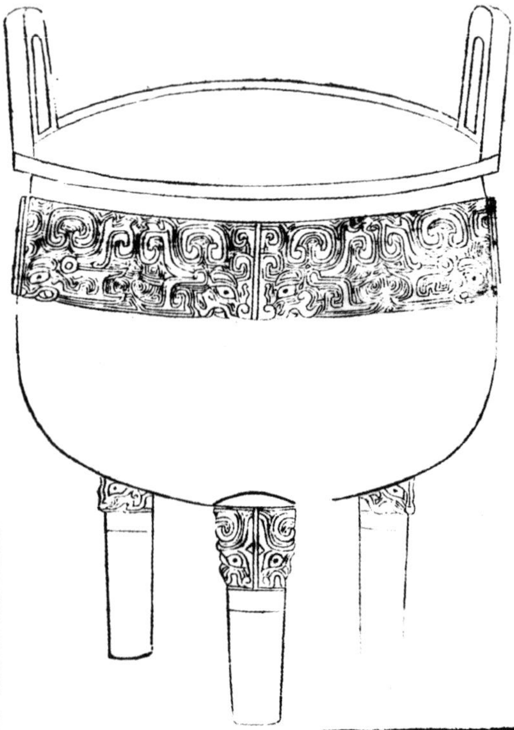

金索 卷首 二 邃古齋藏

銘

作父考孟
木工冊

右高七寸九分深四寸六分耳高一寸八分濶二寸口徑七寸七分腹[illegible]
二尺四寸四分重一百二十五兩按古食器之重莫如鼎其笵形[illegible]
宣和博古圖詳言之兹器銘為木銘多自識其名魯有后木[illegible]
子木此其類歟曰冊作昭君賜也立戈以象武功兼是數義而以
夫鼎用銅之制合之則兹罍正當時大夫所謂論譔其功烈酌之[illegible]
罍自成其名以明著之後世者可徵矣
臣[illegible]敬觀是罍銘文七字在腹内近口處其外徧體朱碧不露銅質[illegible]
漆碧如翡翠[illegible]望之有光奪目驚人眞希世至寶允為古罍之冠故[illegible]

亞尊　乙

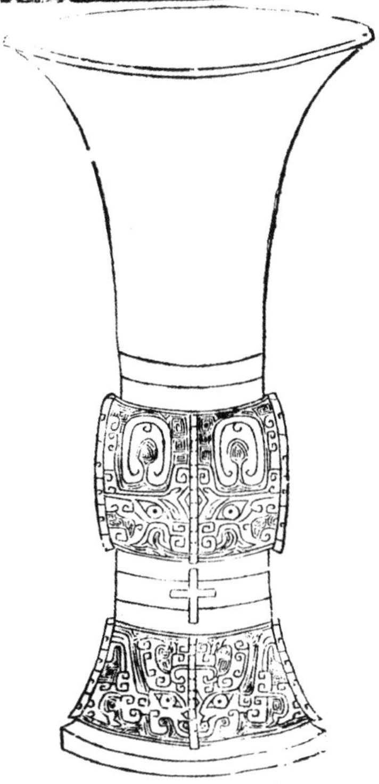

銘

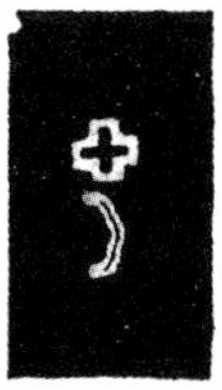

亞弓

右高一尺二寸深七寸四分口徑六寸四分腹圍九寸二分重六十五兩

按周禮司尊彝掌六尊而壺尊爲壺山尊爲罍是形製迥不一矣茲器狀如觚博古圖所載多類此者銘作亞形又爲弓古者䠶必有飲而亞則有廟室之義意此爲䠶宮飲器歟

鵷敬玩斯尊徧體朱斑亦有結翠溫潤光澤可與木影相伯仲銘二字在足口之裏腹下有十字穿孔而透未知何義他觚亦每有此制

犧尊　丙　無銘字

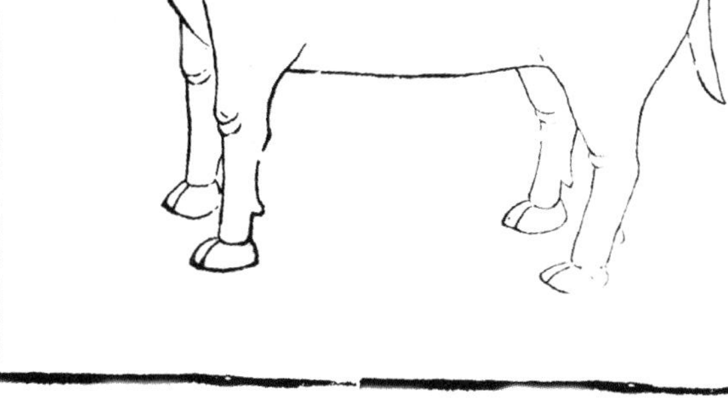

右高七寸二分深三寸口徑二寸一分身長一尺一寸三分濶三寸九分重九十九兩按明堂位犧象周尊也魯頌犧尊將將注言有沙飾也傳謂飾以翡翠阮諶禮圖又云飾以牛惟王肅註禮謂犧尊全刻牛形鑿背爲尊博古圖載二器以證其言無不脗合茲器形製與博古圖同則知王肅之可據正不獨魯郡所見齊子尾送女犧尊爲然也

鵷謹玩是器色備斑翠不施刻鏤天然渾古宛似全牛非秦漢以下所能爲者背上穴空受酒其口有轉捩處有鈕釘想先有平蓋而失之

伯彝　丁

銘

伯作○彝用
○○○○○
○○○○○
人○永○○

右高五寸深四寸口徑七寸二分腹圍一尺九寸重五十六兩兩耳有珥案周禮六彝注彝亦尊也以其同是酒器但盛鬱鬯與酒不同故異其名茲其銘曰伯作考博古圖有周伯英彝封彝皆以為名字茲器亦其似顧周制伯為五等之爵又為伯仲之次則亦未可槩定為名也

鴻敬審是彝銘文似作四行每行五字共二十字磨滅難辨中二行尤甚但存數筆不可推測末行似子孫永用寶而未敢定

冊卣　戊

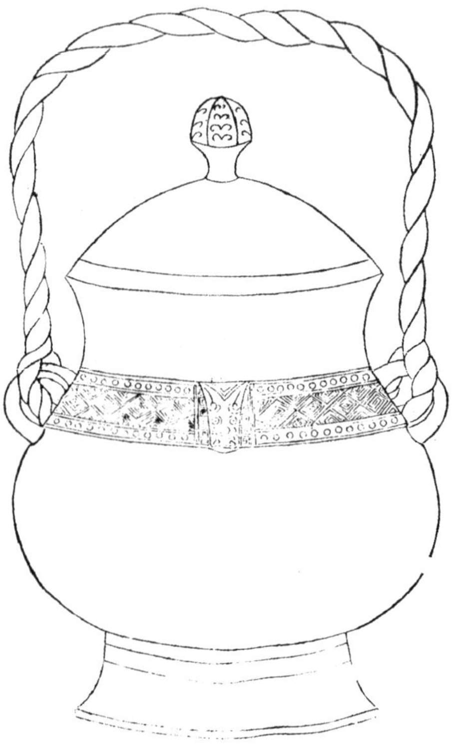

銘

冊父乙

右通蓋高九寸一分深五寸九分口縱三寸五分橫四寸五分腹圍一尺九寸八分重一百四十兩兩耳有提梁案爾雅疏卣中尊也在尊罍之間以實鬱鬯詩書紀周代錫功皆言秬鬯一卣則知卣所以承君之錫故銘冊以紀君命父乙蓋廟號次序

鴻敬觀斯卣口下腹上作斜方雷文緣以連珠提梁若索綯與考古圖所載立戈父乙卣相似彼已失其蓋此為全璧銘在其蓋內

蟠夔敦　己

無銘字

右通蓋高七寸二分深三寸八分口徑六寸腹圍二尺三寸八分重一百三十八兩兩耳有珥案禮記明堂位有虞氏之兩敦鄭康成云制之異同未聞周禮玉府共玉敦儀禮少牢禮主婦執一金敦黍其見於三禮者如此是知敦制原無一定博古圖所云制作不同形範不同者是也禮圖乃謂鏤龜爲蓋繪形赤中驗之茲器與博古圖所載則彼說亦足爲憑矣

寶簠　庚

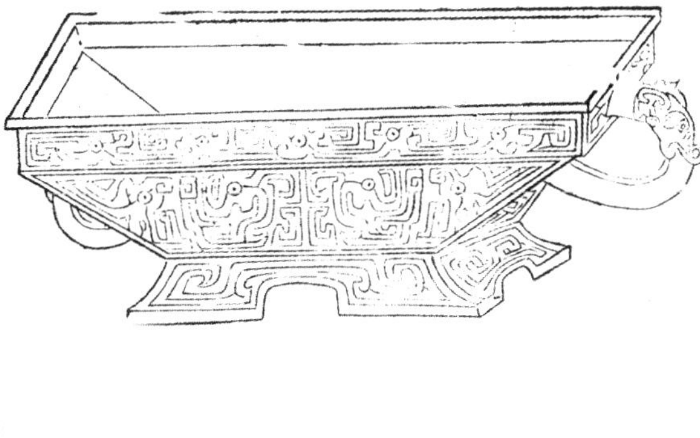

銘

寶自作

簠其子

孫永寶用

右高三寸深二寸一分口縱七寸橫八寸四分重八十五兩獸耳案周禮舍人共簠簋注方曰簠又公食大夫禮進稻粱者以簠禮家以簠爲列木爲之外方而內圓而博古圖以爲出於冶鑄證以當時所見如周䣄邦簠之類銘載粲然豈刻木者所能仿彿茲器形制正與周䣄邦簠同足驗所言之不謬

鵷敬審是銘作字下尚有泐文一字殆不可考

蘷鳳豆　辛　無銘字

金索　卷首　九　邃古亝藏

右通蓋高七寸八分深三寸口徑五寸二分腹圍一尺八寸四分重一百一十一兩金銀錯案爾雅木豆謂之豆然明堂位有楬豆玉豆獻豆考工記旊人瓦豆則知豆不專以木博古圖載銅豆四器以證昔人於彝器未始不用銅而禮家仍泥木為豆其亦未嘗目覩而沿襲舊說耳

鵬敬觀是豆有蓋器上有兩圜圈作耳與博古圖所載周魚豆疑生豆蟠虺豆諸器形制不同與漢雷紋豆大畧相似然此作蘷鳳之飾以金銀片鑲嵌寶貴耀目蓋周器而沿商制非漢人所能為者

饕餮甗　壬　無銘字

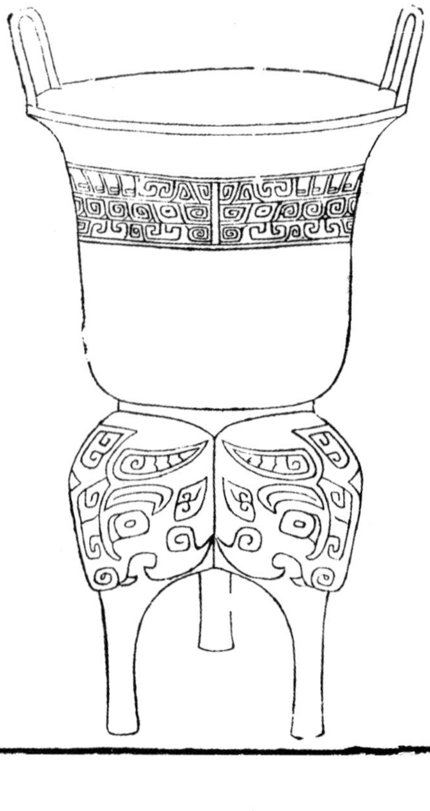

金索　卷首　十　邃古亝藏

右高一尺三分深自口至鬲五寸一分自鬲至底三寸四分耳高二寸濶一寸九分口徑八寸三分腹圍一尺九寸二分重一百四十四兩茲器與博古圖周雷紋饕餮甗形製相似案圖說云周禮陶人為甗而此悉以銅為之考闕以東謂之甗至梁乃謂之鉹鉹從金則甗未必為陶器又考鄭注以甗為無底甑宋人以文從獻從瓦言鬲獻其氣甗能受焉蓋甑無底者所以言其上鬲獻氣者所以言其下也以茲器驗之益信

甗中蔽

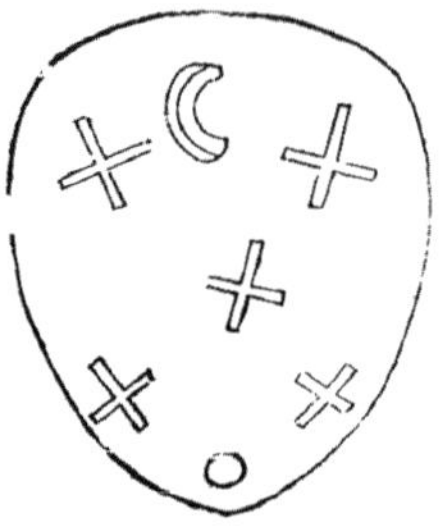

鵬敬玩是甗中間有銅片相隔上有十字穿孔者五可以獻氣又有關捩啓閉考古圖所謂疏底蔽也說見單槩從彝第五器中謹補畫於後

四足鬲　癸[illegible]銘字

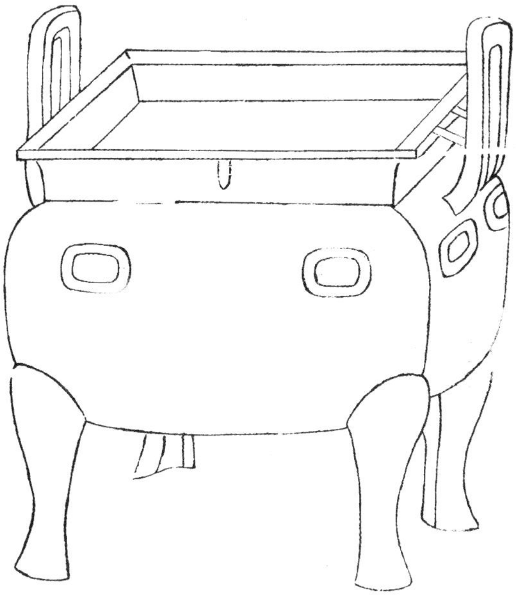

右高六寸六分深四寸六分口縱五寸二分橫六寸六分腹圍二尺五寸二分重一百五十五兩兩耳四足按爾雅鼎款足者謂之鬲索隱曰款空也博古圖言其用與鬲同祀天地鬼神禮賓客必以鬲常飪則以鬲其制自腹所容通於足取爨火易達故常飪用之又考周禮鬲為陶人所司肰與鼎同用則不專為陶器漢書郊祀志禹收九牧之金鑄鼎其空足曰鬲可證也

䳘敬觀是器四足與博古圖所載諸三足鬲形制雖異款足則同其正側四面各有突起圓圈者二餘無藻飾極其古素有繪作三重緣飾者未見眞器也

右周笵銅器十事係乾隆三十六年

欽頒內府寶藏分甲乙十干次第陳設

至聖殿廷並

御製詩章考釋圖冊給衍聖公孔公昭煥以為世守迄今已六十餘年敬藏內庫如故惟春秋二大祭請出陳設其冬夏私祭亦不敢陳

所以重

國典謹守藏也䳘於嘉慶二十一年初至滋陽時逢丁祭日即至曲阜獲瞻十器竊歎其神彩貔人不敢逼視續見潘氏縣志所刻雖云遵依圖冊而鏤文不類且以敦為鼎以鼎為敦以卣為尊以彝為卣以豆為彝以尊為豆顛倒錯亂人無知者心滋懼焉每欲修改而力有未逮今羈棲曲邑乃請于冶山上公慶鎔於丁祭後暫將十器存諸念典堂中兩日得以細意觀摹實係目所未睹其古厚醇皇之氣更在太學所藏十器以上足以仰見

高廟尊禮

素王之至意亘古未有於是手拓其銘選工繪圖悉遵原式又敬錄

御製詩及考釋原文從山左金石志之例冠於金石索之首俾得遠通流觀不至貽誤簡末綴以所見以傳實蹟紀榮幸焉

道光十二年歲次壬辰閏重陽日小臣雲䳘謹誌

金石索總目

金索一

鐘鼎之屬

紫琅馮雲鵬晏海氏
雲鵷集軒氏　同輯

泰古之衣啜土塯飯土形而已無所謂鐘鳴鼎食也無所謂爵鹿祖柉也三代而後曰趨于文范金鑄辭可銘可寶惟是歲遠器淪索不多得就邇日所獲與所見者而手摹之亦巖炳可觀自商而下凡敦盤爵洗之類得數十事皆從鐘鼎之屬

商斧木爵

以下三爵晏海自藏　圖象大小悉準原式

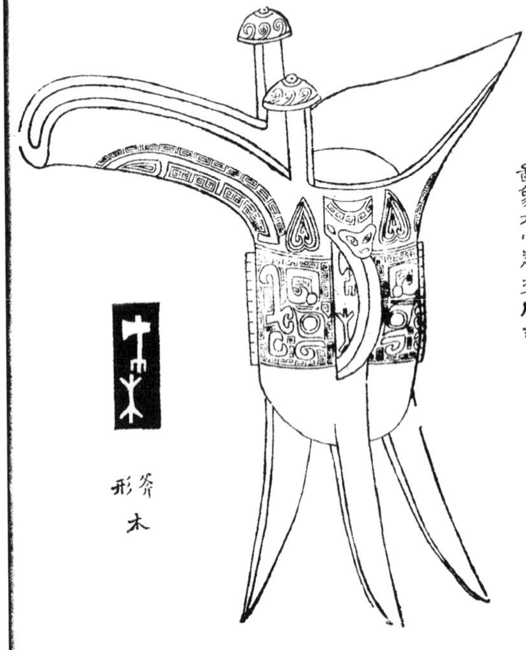

斧木形

金索

商癸父爵

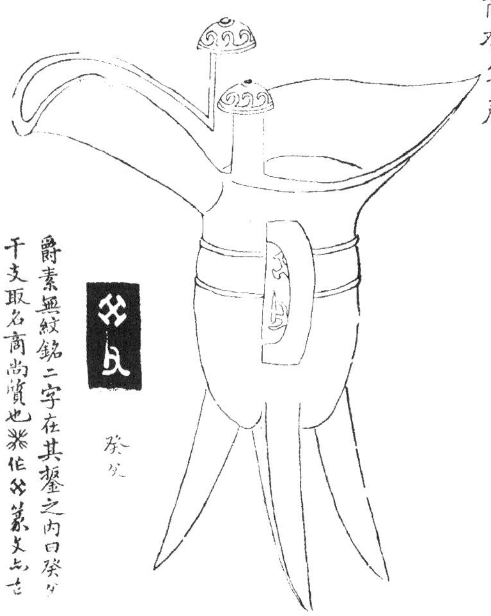

爵素無紋銘二字在其鋬之內曰癸父干支取名商尚質也癸作𢆉篆文亦古

右商爵一以漢建初尺度之連柱高八寸八分口徑長七寸六分濶三寸三分重今庫砝二十四兩三錢兩柱三足有流有鋬銘二字曰斧木在其鋬之內鵬于嘉慶二十一年夏得之平陵按商器有斧爵有木觚此与相似亦商制也博古錄云爵之字通於雀前若噣後若尾兩柱為耳足脩而銳若戈形然求之禮圖則刻木作雀形背負琖是漢儒臆說使觀此三代之器豈復有此陋説又云天子之服十二章黼作斧形取其有斷惟有斷則不流于沈湎亦飲者之戒也今此爵銘斧下有木似不專于戒飲者木從斧則成器詩云伐柯如何匪斧不克又云伐柯伐柯其則不遠則斧木之義大矣爲之贊曰

撫茲飲器遊神太初象形篆古雲雷與俱銘兼二妙斧爵木觚如夏四璉方殷六瑚紫碧凝重金銀錯踈闓肰典重能勿寶諸

雲鵬

遯古盦藏

金索

商父庚爵

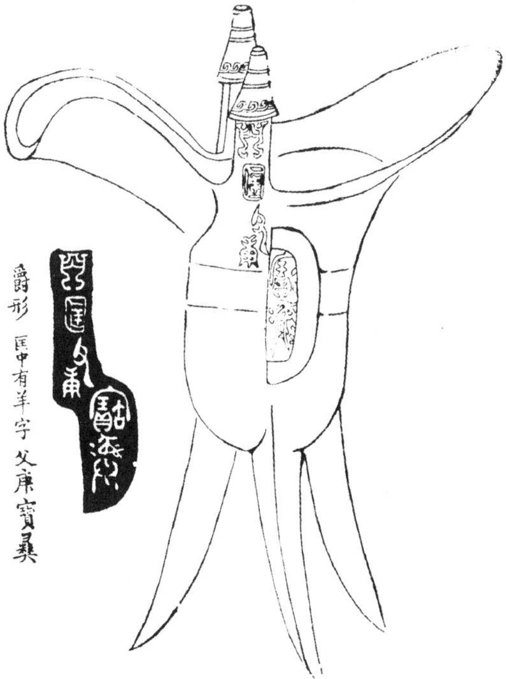

右商爵一體素無紋有銘在其面自柱下迤至鋬內凡六字曰爵羊父庚寶彝按商器爵有作爵形者鼎有銘虎父丁者虎在亞形中今羊在匜中未審何義此爵也而云寶彝者如商招爵亦稱尊彝也博古錄云彝取有常而與變商人作禮器多銘之其父字未畫垂筆甚粗漢印文及宜子孫等鏡銘俱效此法此與前癸父爵皆于嘉慶廿五年冬先後購於任城者癸父爵新出土金泥混沌得之者意其中有銀日以柴火熏燒之冀可化出銀汁二兩予知之即以銀二兩易之此父庚爵朱綠鮮明有藏之而不識者或告之曰此廟中供器其人懼亟鎚而斷其柱折其足裂其腹將鎔之予亟止之轉居為奇貨後終歸于予已失其一足為修整之嗟乎使二爵不余值俱燬于火矣肰山左為齊魯故墟往往掘得古器俱毀于俗手頃晤胡明府世琦云春間攝沂水篆時有農民畊出古鐘磬各十二枚其人輒病疑其祟也碎其磬而沈之未愈又欲碎其鐘有止之者令出售諸富戶求百錢一鐘不得乃鬻諸莒州為小兒玩具有江南估客得一枚貨于蘇市有知之者云此周齊侯鏄鐘也索值千金矣餘十一枚不知所往惜哉

遯古盦藏

商父辛爵二器

謝龍門司馬藏

二爵形制如一字畫少異

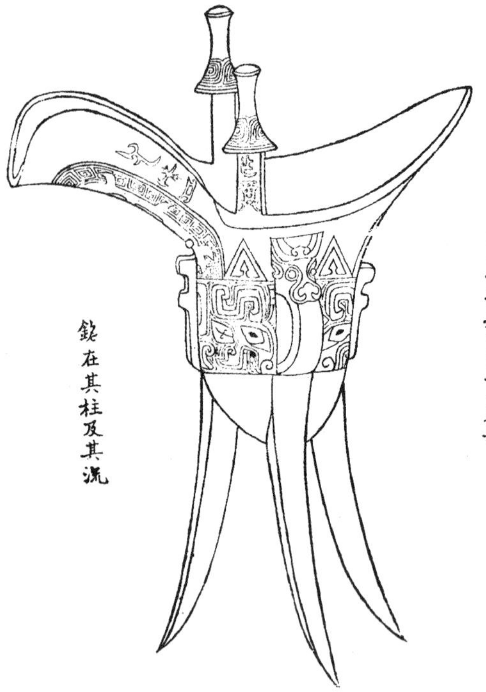

銘在其柱及其流

金索

銘一

作尊

銘二

文同上惟作字反書

此主祀者為其父辛作爵也而銘之曰尊曰舟蓋古人多通用之商之臣子非必盡用天干取名而爵名每不出十干之外蓋商人未有謚法或取其伯仲之次否即其昭穆之序未可定也長山縣畊地得而爵一卣一鬲售于歷城市肆沈州謝司馬龍門獲此二爵可云合璧

邃古亝藏

商雙冊父乙卣

任城李君壖藏　縮小

金索

蓋　縮小

銘　底蓋同文

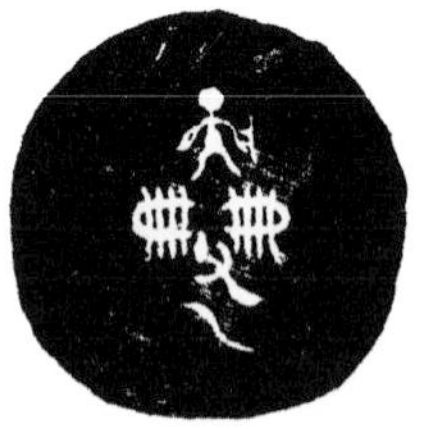

孫持戈形　冊　冊　父乙

任城李侍御瑩號瞓亭博學耆古鵬辛未同年友也其詰嗣聯壇號杏壖甲子孝廉亦大有父風所藏古器以此卣為冠銘曰孫冊冊父乙其孫字作持戈形蓋有戰功于王事者而奉冊命而為父乙作卣以用於廟祀也制甚古質寔屬商器

邃古亝藏

父乙旅車卣

漢陽葉東卿藏

縮本

金索

邃古亝藏

銘

作父乙旅車

葉東卿釋云曾
子問別作尊彝
陳之主車示敬也
或即此義

商大己卣

晏海藏
畧減小

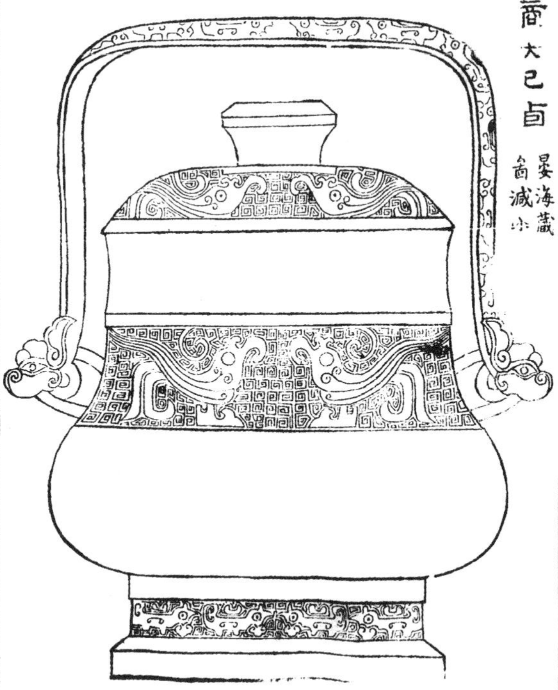

金索

邃古亝藏

盖銘

般作冊
商作冊
錫東大
己寶鬲

罍連柄通高
漢尺一尺二寸六
分方而匾其腹
廣徑七寸八分
直徑六寸一分重
今秤九斤銘十
二字盖罍如一
此其盖銘口徑
準此重言般
商者如詩云殷
商之旅及文王
曰咨咨女殷商之
意東字博古齋
釋練

父辛卣 縮本

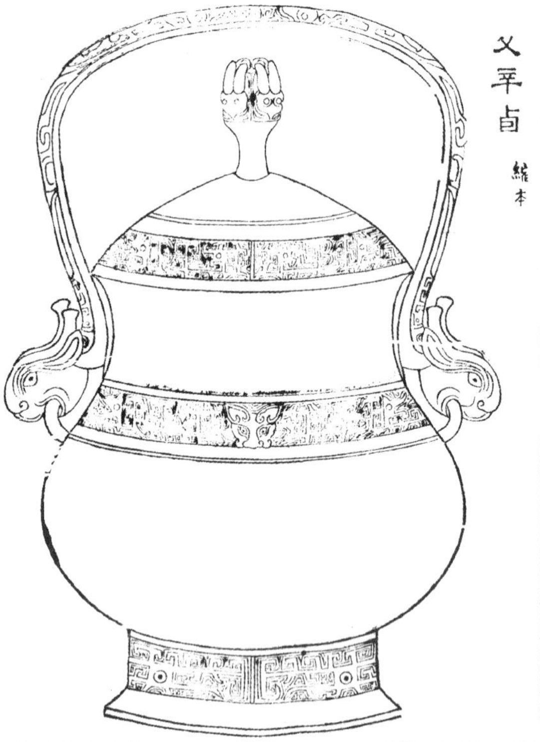

金索

遵古堂藏

銘

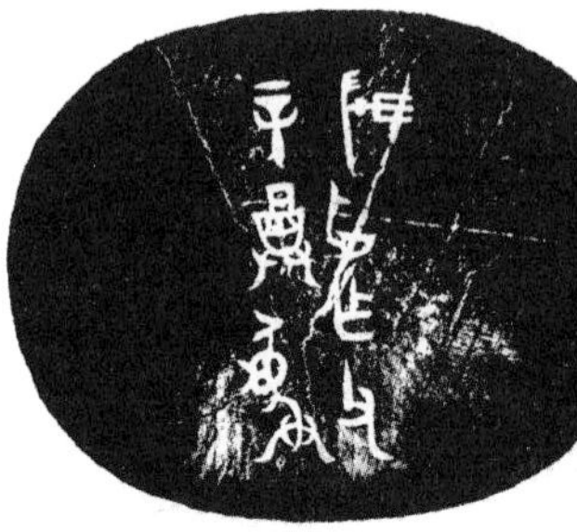

孫占作父
辛尊彝

卣盖無銘〻在其器
首二字難識姑釋作
孫占二字似孝

右器高九寸四分通盖高一尺
二寸七分連柄一尺四寸一分以建
初尺度之如是〻器与謝司馬
所得父辛二爵俱同時出於
長山縣田野惜爲農民鋤破
其腹長山齋之於陵地也

周子孫卣 晏海藏 圖減小

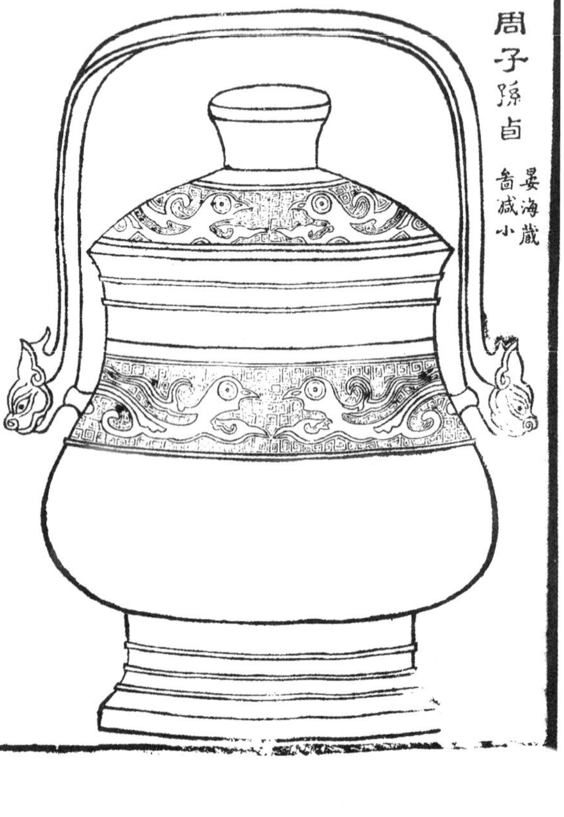

金索

遵古堂藏

盖銘

子〻孫〻
永寶用

器連柄通高漢尺
一尺四寸一分橢員而
匾腹廣徑九寸直徑
七寸重今秤七斤有半
盖底二銘如一此其盖
銘也盖之負口準此
其器内外般紅淺紫
濃緑淺碧九色瑞斕
其翠珠如瀝真昔
人所云潑翠者洵
足玩也鵬得之章邱

商魚觚

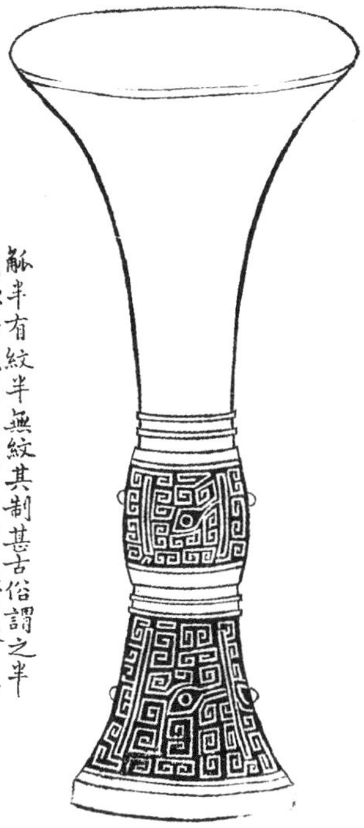

觚半有紋半無紋其制甚古俗謂之半截觚此觚重綠深翠如大珠小珠落玉盤也予得之任城

金索　遯古齋藏

銘

命魚

銘二字在其足圈之內旁蓋其底不與足平尚有空隙也魚者人目之名此奉命而作觚者文甚簡必商制也古文命字有作[illegible]者此与相佀

商蠆觚

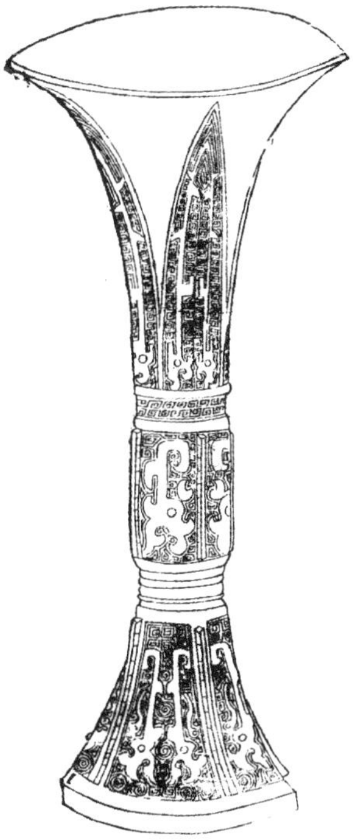

金索　遯古齋藏

銘

蠆一字在足圈之内底之外

右蠆觚一高漢尺一尺一寸七分口徑六寸六分足徑四寸四分重今秤二斤十兩隱隱有金錯痕銘一字曰蠆按考古啚汲有蠆鼎以爲其字全象蠆形疑蠆爲人名如公孫蠆之類今此字中多八點尾作尖鉤則更似蠆形疑与鼎爲一時物非後人倣造者濟寧衛守備張子啓周夢熊得之德州市上

周父舟斝

漢陽葉東卿藏 縮本

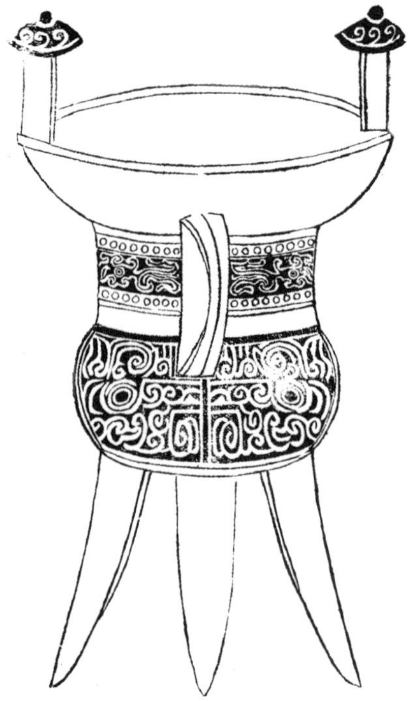

金索

邃古亝藏

銘

父舟作兄丁尊彝

葉東卿云文曰舟作獻尊彝父丁此器與積古款識父癸父乙父辛三斝文同當是一時所造此葉子所貽全形拓本縮刻如右斝通柄高漢尺一尺六寸較它斝為巨積古款識載父舟三斝引曾子問云祭殤必厭此父祭殤子之器鴅竊疑父祭殤子未必如此多斝其舟字恐仍是兄字父舟者父名舟舟与周通父与甫通甫者男子之美稱又書曰父義和注云同姓稱父若但作父母之父則晉文侯非平王父也凡鐘鼎稱父母曰考妣此或是弟為兄作祭器耳古人文義難曉鄙見如是願質諸高明

周文王鼎

縮本 集軒所藏

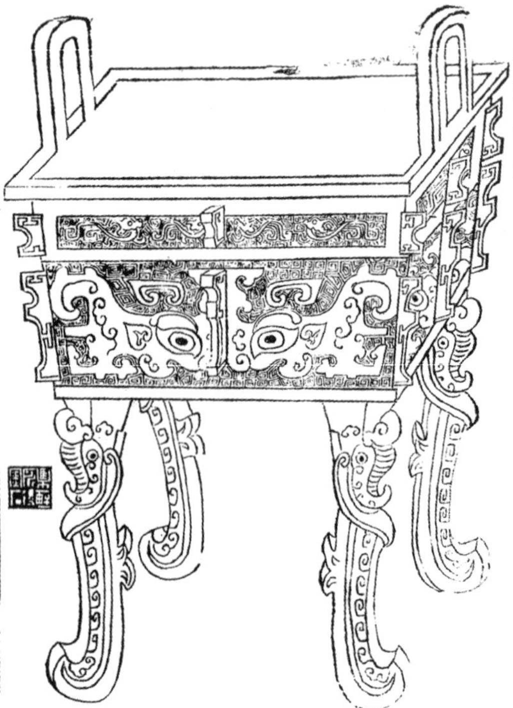

金索

邃古亝藏

鼎高漢尺一尺四寸四分連耳高一尺七寸四分長徑一尺二寸六分闊九寸四分深六寸五分重今秤二十二斤

銘

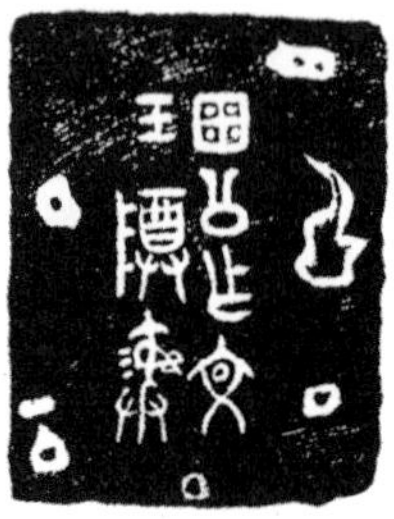

魯公作文王尊彝

博古錄云此魯周公為文王作祭器也鹵字說文云象鹽形鹵即魯字也尊說文云酒器从酋廾以奉之今加阜旁取高大之意彝說文云宗廟常器从糸綦也廾持米器中實也彑聲也今彝首作彑乃彑也左作黙象米形右作8糸也下作廾廾也尊彝者舉禮器之總名鼎身四周獸面盖饕餮形四足象蜼形上鼻下尾蜼之為物昂鼻而長尾尾有兩歧遇雨則以尾塞鼻取其有智也

顧得是器銘款文飾与博古圖正同惟彼器高八寸九分重十二斤三兩為不同耳彼器于宗元祐時進入太廟仲忽被腐儒之誚其器未必至今尚存今倣造者甚多此器猶合古制且帶剝蝕故錄之

金索

周燕專鼎

在鎮江焦山寺鼎高今二尺三寸六分口徑一尺四寸耳腹徑一尺六寸八分深八寸二分耳高三寸濶四寸二分足六寸七分

按此鼎緣外飾以蟠夔腹間比以鱗次与伯碩鼎相似

遷古亝藏

鼎銘　在腹内近口處直下

惟九月既望甲戌王格于周廟烝于圖室司徒南仲右無專入門立中廷王呼史習冊命無專曰官司紅王頫側弗作錫女元衣帶東戈琱戟縞緌彤矢鋚勒鑾旂無專敢對揚天子丕顯魯休作尊鼎用享于朕列考用匄眉壽萬年子孫永寶用

鼎在焦山銘九十四字僧行載焦山志云鼎傳于吾鄉魏氏分宜相嚴嵩當國以不得此鼎將罪之嵩敗魏氏恐子孫終不保送焦山鵬于癸酉冬曰在焦山曾見此鼎闊然渾古今曲阜張潤浦明府自京江取得拓本見貽即摹刻之

金索

周遣𤔲鼎　曼海自藏晉減小一寸

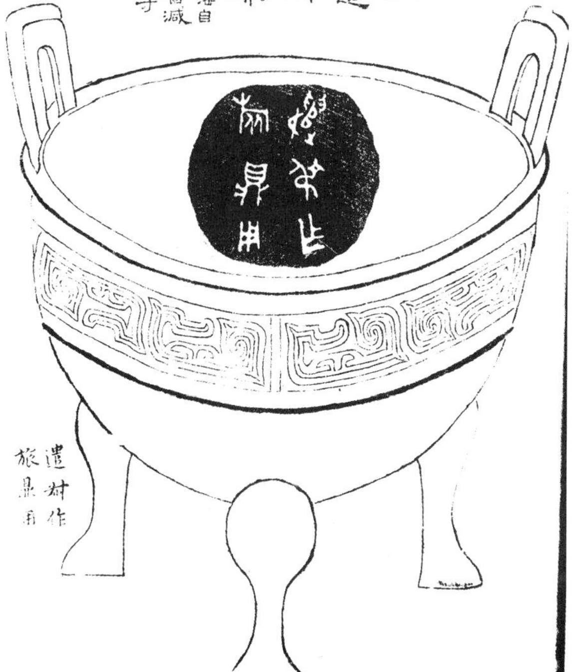

遷古亝藏

右遣𤔲鼎一以建初尺度之口徑一尺一寸耳高二寸足高四寸九分連耳足通高九寸九分深五寸厚六分重今市秤七斤二兩此縮刻也銘六字雙行直下在其口之下曰遣𤔲作旅鼎用其腹帶作盤夔之飾制甚古朴朱綠斑厚疊如珠真周器也此予於嘉慶丁丑得之任城者遣𤔲之名無考惟積古亝載遣小子敦豈其族與其鼎稱旅鼎与伯貞旅鼎同義薛氏云昔人謂有衆一旅之言非一耳又孟皇父作旅匜博古錄云旅者非止一器鵬按旅猶旅鬲之旅蓋為其祖若考作鼎則曰寶鼎曰尊鼎曰尊彝鼎如魯公作文王尊彝伯碩父作皇考𪏰仲王母乳母尊鼎之類專用于祭用于旅若旅鼎則燕享皆得用之所以別於尊鼎若但云非止一器恐不足以盡其義也

鵬又案積古款識載有郜鼎及郜遣敦考春秋襄十三年魯取郜杜預云今亢父有郜亭水經注云春秋詩國在任城堺今此鼎適于任城得之蓋遣𤔲為郜臣郜國小早亡故遣氏之族不見經傳也

周太師鼎

式依樣

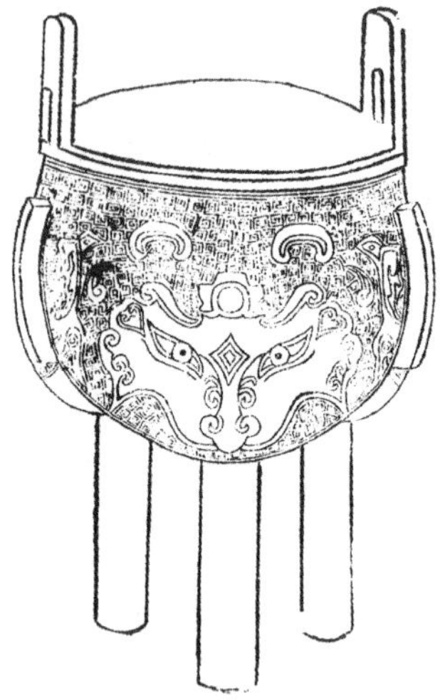

金索

邃古亝藏

銘

太師小子
望作子孫
永寶用之

按博古圖有太師望簋銘
云太師小子師望作將鼎彝
此即其入此鼎子辛巳歲
得之平陵令以贈同里劉
君既圖

周父丁鼎

晏海藏
式依樣

金索

邃古亝藏

銘

尊彝乃
古罍之
通名此
鼎而言
尊古人
質也尊
字古文
作冥又
有渚作
冊者此
六尊渚

周尗夜鼎銘

叔夜鑄其饋鼎以征以行用𩰫用鬻用蘄眉壽無疆

此即八士中尗夜之器饋飪也𩰫爲粥也鬻即羹

太祝鼎銘

太祝禽鼎

此芸臺先生所藏蓋太祝用以薦禽獸之鼎也

魚治妊鼎銘

魚治妊作號妃魚母賸子孫孫永寶用

妊即詩稱太任之任薛國姓也魚宋司馬子魚之後爲魚氏賸送也

陽鼎銘

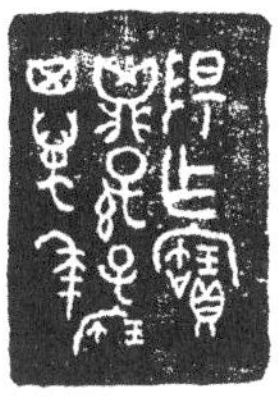

陽作寶鼎孫子寶其萬年

此程彝齋關中拓本

商己舉彝

減小　晏海藏

金索　遯古齋藏

銘

己舉

器高漢尺五寸一分口徑五寸通兩耳濶八寸八分銘己舉二字在其腹考商爵往往有己舉癸舉主人舉彝鼎亦通用之此器剝蝕殊甚而渾古可珍定屬商制其口緣中負畲飾以金四鳳飾以銀其足緣八蛟飾以銀兩耳則金銀間之今人率以鑲嵌爲商器不知有宋嵌之别須合其形製字畫觀之乃可定耳

周伯彝

晏海藏
畣依樣

金索

邃古齋藏

銘

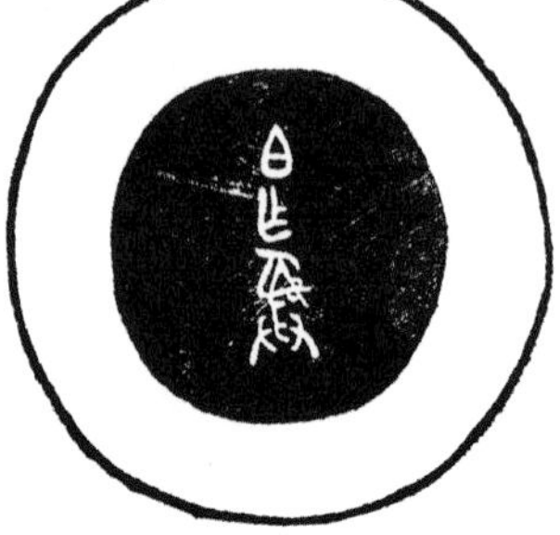

伯作彝

有器無蓋其伯之上下無字未知何伯此彝甚小而做造多偽此尚古質銘在其腹內

周伯彝

孔伯海儲公藏

伯作寶彝

彝字筆畫不全蓋泐文也字在其腹

金索

邃古齋藏

彝圖

此彝形制甚古色亦斑斕腹外俱作斜方文有乳突出两耳作虎首形與考古圖所載虎彝博古圖所載乳彝相似真周器也壬辰春暮有自任城來售者予極愛之而力不能得孔伯海儲公以百緡得之裝飾俱佳可為閭里增一寶玩矣

又一彝銘

伯作旅彝

此陳秋堂拓本

又一彝銘

伯作旅彝

此余鐵香拓本

析子孫彝

晏海藏

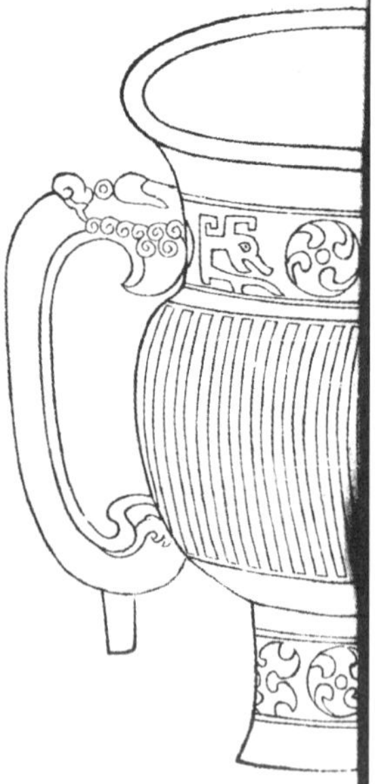

右彝高漢尺六寸七分口徑九寸通耳濶一尺一寸八分
重今秤六斤二兩有器無蓋口緣為饕餮鮫螭之飾
腹文直楞周身有朱綠細點

金索

邃古齋藏

銘

析子孫父丁

銘在其腹析子孫
取分析子孫之義
非癸器矣其孫字作
卯角之形

周壽敦蓋

依原樣
集軒藏

器惟蓋存高漢尺二
寸二分口徑七寸八
分重今庫秤十八兩
六錢三分以古爵容
一升量之此可容一
升八合以漢斤約之
此可重三斤許銘十
三字在其內其外作
盤螭之飾古色黝碧
真周器也舊為曲阜
顏氏所藏今歸集軒

金索

邃古齋藏

蓋銘

壽作寶敦
其萬年子子
孫孫永用

周追敦

晏海自藏
啚減三寸

金索

邃古齋藏

敦之爲制上古用瓦中古用金明堂位曰有虞氏之兩敦其形制不傳小宰職曰主婦執一金敦黍則敦盛黍稷與簋同用矣亦或飾以玉可盛牲血爲尸盟者所執所謂珠槃玉敦是也此惟蓋存鵷於嘉慶二十一年秋得之嶧昜按其形式與仲駒敦蓋相似而差小亦周器也積古款識亦載是銘其壽字釋作司蓋從拓本摹入者此從真器摹刻依桂明府馥顏明府崇槼說釋作壽蓋壽自爲敦傳之子孫者

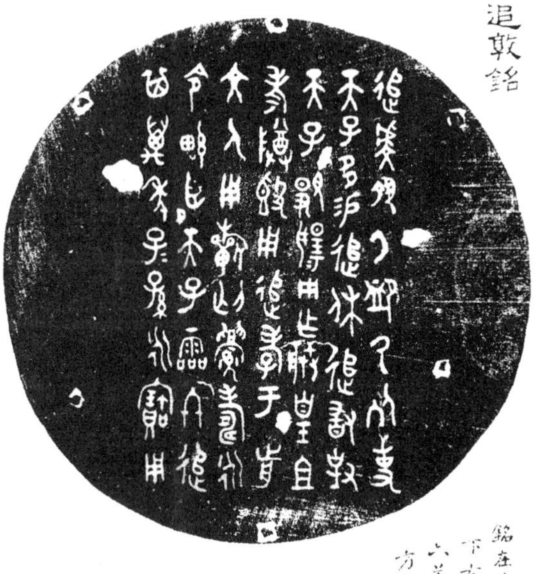

追敦銘

銘在其腹其上下左右有釘眼亦蓋所以聯方座者

金索

邃古齋藏

此敦形製與周毀敦相似博古録所謂哆口圜足之下連方座者也兩耳爲龍飾以漢尺量之口徑一尺一寸四分高六寸七分連座高一尺二寸三分連耳高一尺四寸五分兩耳間横一尺八寸九分方座濶一尺二寸二分高五寸六分四如一以周爵量之容三十二升重今秤二十五斤

追虔夙夕䘏乃死事
天子多錫追休追敢對
天子顯揚用作朕皇祖
考尊敦用追孝于前
文人用蘄（祈即）匄眉壽永
令畯臣天子（令即）終追
其萬年子子孫永寶用

此追敦銘五十九字已錄入積古齋款識蓋據陳秋堂拓本其敦葦為凝綵所掩今就本器臨之故少缺葦實無二器也芸臺先生云追王臣名䘏死事者䘏戰陳死事者之從禮有春饗食孫子之文左哀二十七年傳齊師將興陳成子屬孫子三日朝齊侯鑄鐘亦云䘏乃死事是也鵬愛此敦下連方座制度凝重其文辭醇正無古僻不可讀之字在周器中為難得者此与郜敦同售彼器朱綠可觀為試備卿觀察所擇此敦内綠而外闇黝故為鵬所得耳

金索

邃古齋藏

周𨚵臨敦

集軒藏器
畫準原式

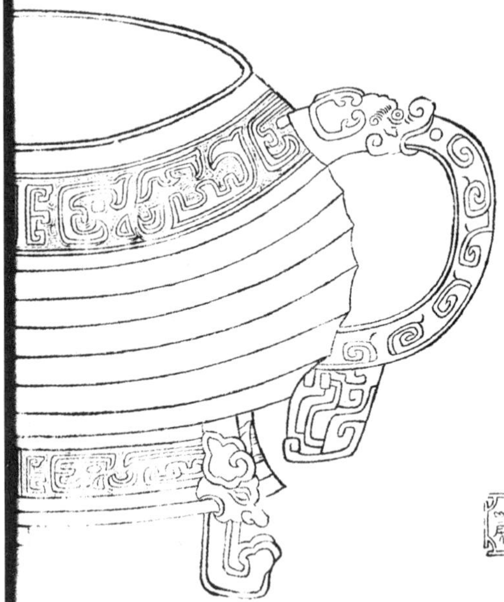

此敦與周宰辟父三敦形制文飾相侶口圜弇上[illegible]
首口徑漢尺八寸有半寸連耳廣一尺三寸七分高六寸八分[illegible]
爵重今秤六斤八兩此鵬于嘉慶廿三年得于任城[illegible]

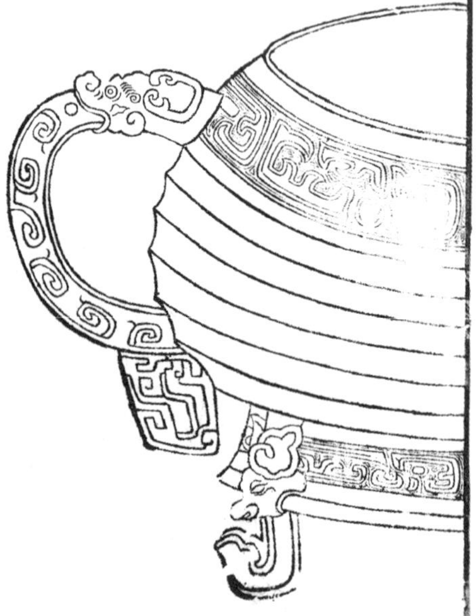

金索

邃古齋藏

𨚵臨敦銘

金索

叔臨父作寶敦
其子子孫孫永用

右銘文十一字重文二在敦之腹鵬按叔臨父爵里無考敦
言其字不舉其氏蓋如叔邦父簋之類臨字三口平列在
底与師㴱敦中臨字畧相侶其制作圓密銘字平正殆
周末時物也

集軒明府得壽敦㕕於嶽陽得叔臨敦于
任城因彝其藏書室曰寶敦山房今觀二器古
味淵然洵足寶也
道光元年上巳日嘉興楊大受觀記

遂古堂藏

周頌敦銘

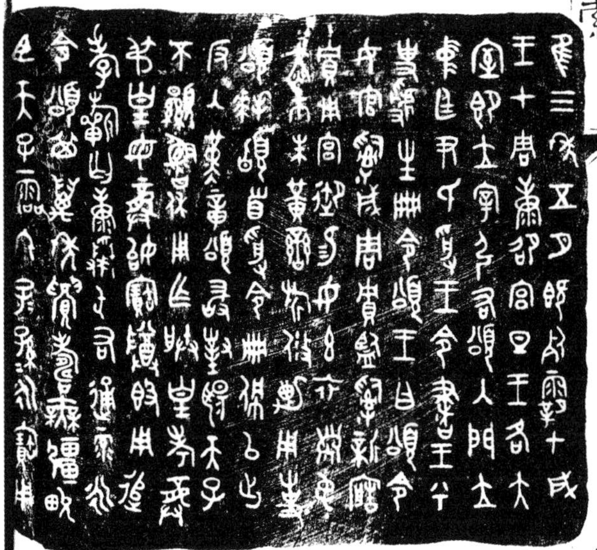

金索

惟三年五月既死霸甲戌
王在周康卲宮旦王格太
室即位宰宏右頌入門立
中廷尹氏受王命書王呼
史虢生冊命頌王曰頌命
汝官司成周賈監司新廟
賈用宮御錫汝元衣帶東
赤芾朱黃鑾旂鎣勒用事
頌拜稽首受命冊佩以出
反入覲章頌敢對揚天子
丕顯魯休用作朕皇考龔
叔皇母龔姒寶尊敦用追
孝蘄丐康寧純佑通祿永
命頌其萬年眉壽無疆畯
臣天子令終子子孫孫永寶用

右頌敦銘一百五十字重文二此劉吉甫喜海所藏器葉東卿志詵
以拓本寄予者積古款識亦刻是銘鵬按頌周臣名其云司成
周賈監司新廟賈用宮御者蓋掌司成周虎賁之屬更監司新
廟虎賁之屬得以用宮御也若非廟中頌安得用宮御乎頌之見
云賁廿家其賁作賁可見矣賁為王之衛士周禮有虎賁氏旅賁
氏書稱虎賁綴衣又百尹御事每連而及之也廟字篆文作庿
右旁从舟今舟在左而淆其阜之下故作𢉜非造字也既立新廟
有衛士有寺御之屬王蓋命頌得以司其職耳龔即共字蘄
即祈字鎣勒見石鼓文康寧純佑俱見周書其寧字似比干銅
盤文但筆畫有拙泐處不敢定為虔字也鵬雖未見其器爰其
古藻動人故摹錄之夫頌也有敦復有鼎有壺其銘詞俱六
同而小異頌亦好大喜功之上封

遂古堂藏

金索

郜遣敦

郜遣作寶敦用追孝于其父母用錫永壽子子孫孫永寶用享

郜即詩說文云附庸國詳遣尉鼎長白斌儕卿先生觀察克沂時得之曲阜子得拓本未見其器牛叶商茂才云器有三道底蓋同銘

郜季敦

寺季故公作寶敦子子孫孫永寶用享

積古款識云寺即郜之渚郜為魯所取郜季殆亡國寓公故曰故公也

邃古齋藏

金索

遣小子敦

遣小子𩏂以其友作招男王姬𩰫彝

遣氏郜國之族已載遣叔鼎積古款識云小子父在之稱𩏂其名以與也招男王姬之配此器在平湖

孟姜敦

器在洪洞縣衛氏圖減小

邃古齋藏

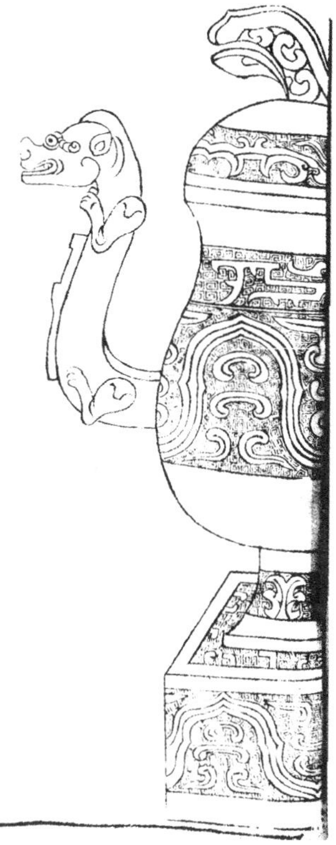

銘

叔孫父作孟
姜尊敦綰綽
眉壽永令彌
生萬年無疆子〻
孫〻永寶用享

孟姜敦收入博古圖者形制似叔臨敦有足無座今此器乃下連方座而無足較似敦狹而高器蓋銘詞与博古圖相同而篆法殊異疑是倣造但青翠滿器非千餘年不能致此積古款識刻作綰綽眉壽敦實予門生衞肇榮所藏孟姜敦也

周蘇公敦

孔荃溪方伯藏

蓋銘

蘇公作王妃䭢敦永寶用

器銘

與蓋銘同字畫小異

敦圖

準原式

此器係孔荃溪方伯廣訪關中時所得器蓋俱全銅質粹美古色斑斕字畫渾厚閱有為重緑凝蓋處可以意測之其銘云蘇公作王妃餴敦永寶用按詩何人斯小序云暴公為卿士而譖蘇公傳云暴蘇皆畿内國名正義曰蘇忿生之後春秋傳載武王克商使諸侯撫封蘇忿生以温為司寇杜注今河内温縣是

蘇稱子此云公者蓋子爵而為三公也今此器云蘇公作王妃餴敦必蘇公有女為王妃故作此敦以媵之也蘇公在武王時為司寇封國於温至春秋時以陽樊温原攢茅賜晉侯則温非蘇有蘇亦不得稱公此敦當屬西周時物其云餴敦者説文餴府文切滫飯也亦作饙詩泂酌云可以饙饎爾雅云饙餾稔也孫炎曰蒸之曰饙均之曰餾考古器有叔夜餴鼎𣪘君餴簋戲伯餴齍邛仲餴盦文俱作餴或作餴此乃作奔去其食旁古文從省其實一也蓋銘蘇作[illegible]器作[illegible]均屬籀文可見積古款識載魚治妊鼎魚字作[illegible]亦應釋作蘇字魚無木旁也以建初尺量之敦高七寸三分連蓋高一尺一寸濶一尺一寸四分連耳濶一尺五寸蓋重今秤三斤六兩器重十一斤六兩洵屬寶玩故細考之

金索　邃古齋藏

周齊侯鎛鐘

從博古圖縮本

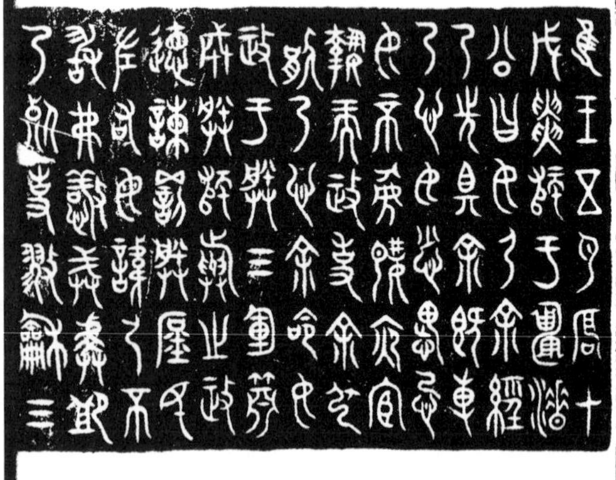

惟王五月辰在
戊寅師于淄陲
公曰汝及余經
乃先祖余既敷
乃心汝忠畏忌
汝不墜夙夜宦
執而政事余宏
猒乃心余命汝
政于朕三軍肅
成朕師旟之政
德諫罰朕庶民
左右毋諱及不
敢弗敬戒虔卹
乃死事勠和三

金索　邃古齋藏

金索

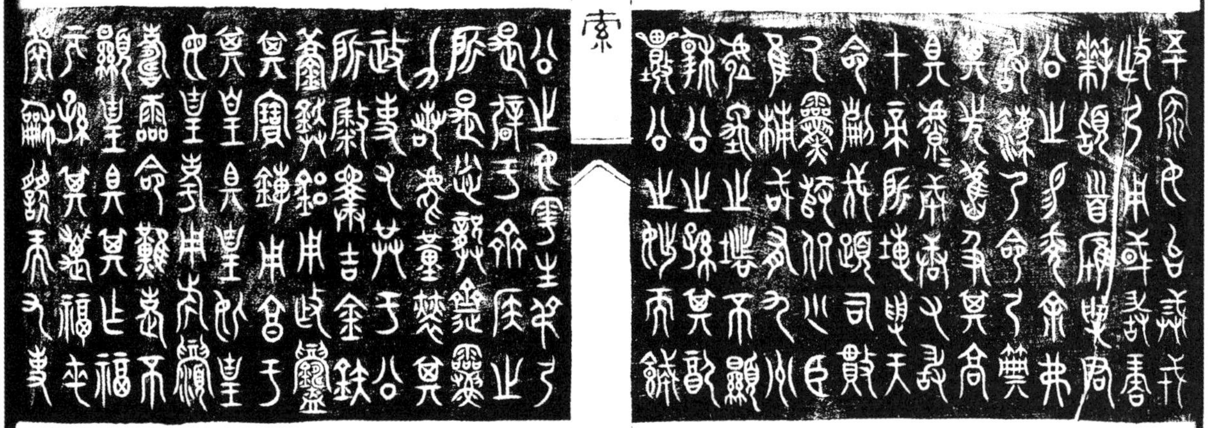

辝家汝以戒戎
作及用或敢再
拜稽首應受君
公之錫光余弗
敢廢乃命及典
其先舊及其高
祖虩虩成唐又敢
在帝所敷受天
命剪伐履司斁
乃靈師伊小臣
惟輔成有九州
處禹之都不顯
穆公之孫其配
嫈公之妣而鹹

公之女雩生叔及
是辟于齊侯之
所是忠龔齊靈
力若虎謹恪其
政事乃共于公
所敷擇吉金鈇
鎬鏻鋁用作鑄
其寶鐘用享于
其皇祖皇妣皇
母皇考用祈眉
壽令命難老不
顯皇祖其作福
元孫其萬福純
魯和協而有事

邃古齋藏

金索

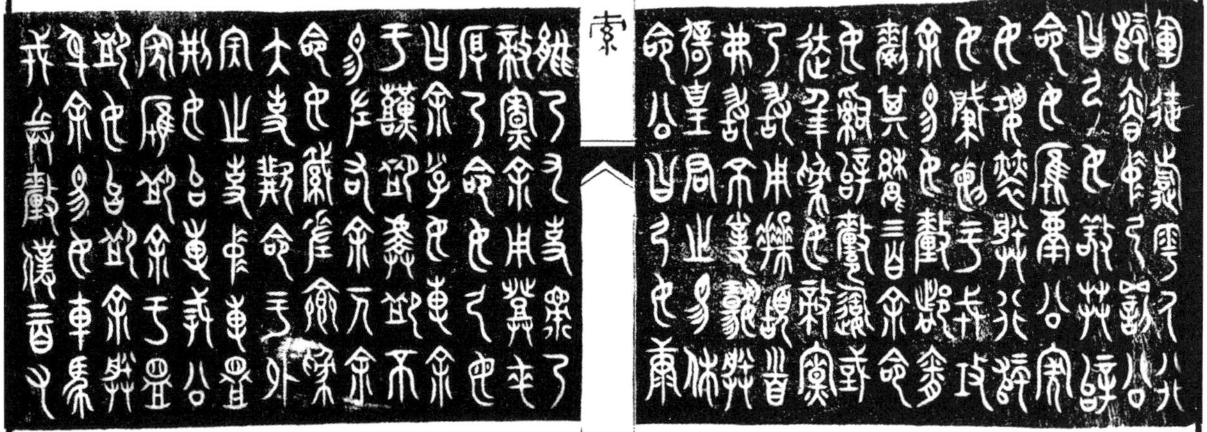

軍徒淜雩乃行
師愼中乃罰公
曰及汝敬共辭
命汝應鬲公家
汝恐恪朕行師
汝肇敏于戎攻
余錫汝釐都脊
爵其縣三百余命
汝司辝釐造國
徒三千為汝敵寮
乃敢用拜稽首
弗敢不對揚朕
辟皇君之錫休
命公曰及汝康

能乃有事率乃
敵寮余用登純
厚乃命汝及毋
曰余小子汝敷余
于艱卹虔卹不
易左右余一人余
命汝緘差卿為
大事繼命于外
內之事中敷盟
刑汝以敷戒公
家應卹余于盟
卹汝以卹余朕
身余錫汝車馬
戎兵釐僕二百有

邃古齋藏

俾若鐘鼓外內
列辟都〻俞〻造而
朋泉毋或承頪
汝考壽萬年永
保其身俾百斯
男而埶斯字肅
義政齊侯左右
毋疾毋已至于
葉曰武靈成子
孫永保用享

此齊臣名及者顯揚君命銘著功烈而作是鎛鐘也玩其銘詞稱公曰汝及又曰乃命汝及可見博古齒以為或受賜者非盖以及用或敢誤作及用或敢故翻本俱沿其誤而不察也是鐘據齒錄高一尺七寸五分鈕高二寸一分重一百五十二斤八兩銘四百九十二字可云巨制又其文詞宏麗𠀤為周鐘之冠鵬極愛其銘詞未獲親見拓本每苦其字畫沿譌又為註釋不清迺掩姑就博古及欵識校對摘其錯悞以順文義餘不能盡悉也

正誤

公曰汝及（至大重修博古悞作汝反）郇乃死事（追敦亦有此文　薛氏悞作郇故）毋曰余小子（俱悞作毋）盟刑（薛氏誤作温刑）剪伐（俱作剗伐　伐偲非）或敢（薛氏是博古作或敢非）敱（博古作敗非薛釋作責或疑是勘字）師伇（伇疑即积字逸周書大人积維卿、积維大夫　薛作保字非）少臣（臣即小）九州（博古云齊之封域有所謂臨淄東萊渤海高密膠東太山樂安濟南平原蓋九州也按此係後世之名杜指五侯九伯言）蘷公（蘷亦不似蘷字姑從薛氏作蘷博古以為蠍公則非也）鹹公（疑即成公）媸（疑即出字出甥也左傳陳厲公蔡出也薛作妣非）雩（薛作粵非）外內列辟（博古薛氏俱作閒闢非　剔一鍾鐘釋作僔詞更非）毋泰毋已（毋毋二字古文相似博古薛氏俱作毋未毋已亦不合）千葉（猶千世銘亦有稱萬葉者　博古薛氏俱作于葉恐非）

金索　邃古齋藏

紀侯鐘

歙吳氏藏

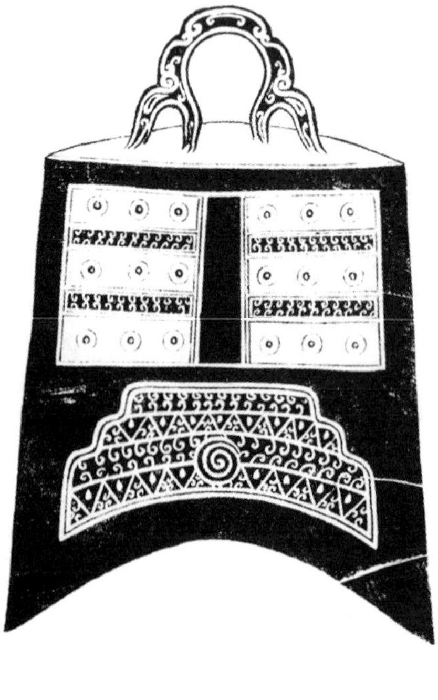

銘

己侯作寶鐘

右鐘連紐通高漢尺一尺二寸有半寸其形制似与周鐘不類肰紀亦作己鐘亦反書与紀侯虎鐘絶肖固一國之制也葉子東卿以全形拓本見貽即摹刻之

金索　邃古齋藏

鄭邢𡚸綏賓鐘

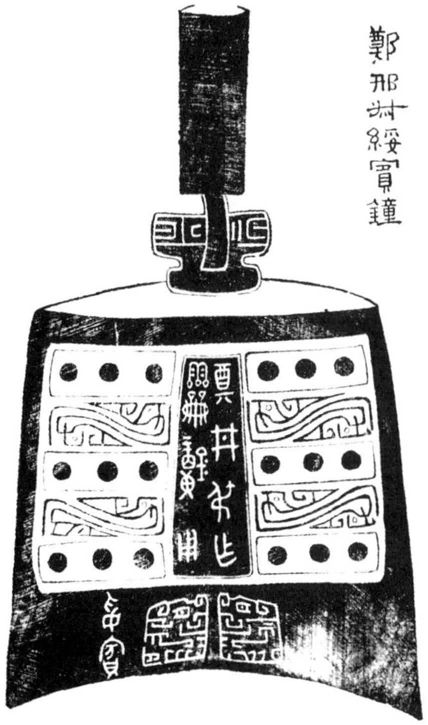

鄭邢叔作靈和鐘用

妥賓

右鄭邢𡚸綏賓鐘銘八字曰鄭邢𡚸作靈和鐘用在鉦間又二字曰妥賓在鼓右未見其器从㧓木摹入金石云邢𡚸必鄭大夫食邑於邢亭者靈作霝龢作龠古㳙文霝龢字作𩏂又合文古器銘如西夏小子之例妥即綏綏賓即蕤賓程易疇云蕤賓律管長六寸八十一分寸之二十六是鐘度以今裁尺得四寸二分以周尺通之爲六寸一分强適符蕤賓律度也

金索

邃古亝藏

周紀侯鐘

諸城劉氏藏
依原樣

銘

紀侯虎作寶鐘

金石志云鐘高五寸圍一尺一寸柄長五寸有一環徑一寸二分腹有三十六乳質厚五分壽光人得之于紀侯臺下銘六字曰已侯虎作寶鐘已紀古字通用鐘字反齊乘云壽光南三十里春秋時紀國此器在益都舉人李廓家

葉東卿以全形拓本見寄云此鐘向藏山左益都李孝廉廓今歸諸城劉孝廉喜海積古欵識謂虎字尚有偏傍剝蝕難辨諗諦審其文旁即亻字與廣虎尺之虎字同乃紀侯名也

金索

邃古亝藏

周徐王子鍴鐘

孔荃溪方伯藏

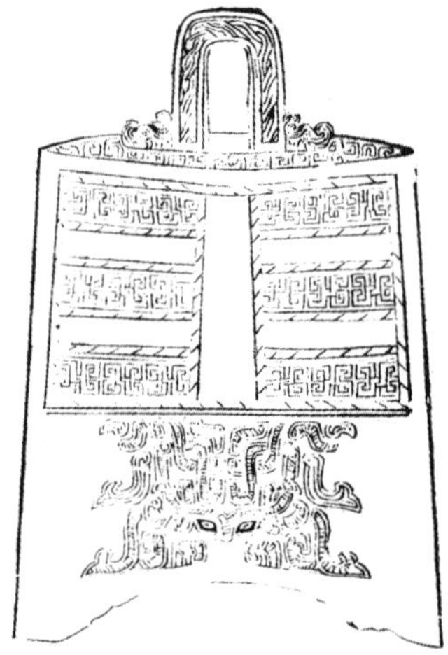

此鍾形製較小頂無甬而有方鈕與博古圖所載周宋公戌之鉦鐘前數器大畧相似而無枚

金索

邃古齋藏

鐘鉦　正面

背面

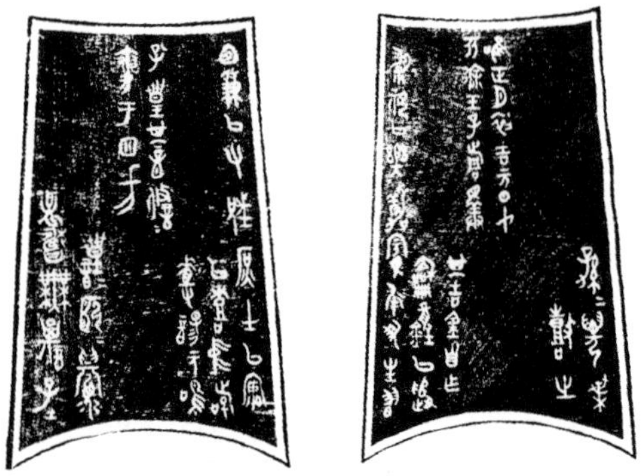

兩面摠文

惟正月初吉元日丁亥徐王子前擇其吉金自作鍴鐘以追祭祀以樂嘉賓及朋生習宜魚以父兄庶士以容以喜中懸且諹元鳴孔皇其音悠悠雷于四方韹韹熙熙眉壽無諆子子孫孫萬葉鼓之

諹即揚　韹即皇　諆即期

金索

銘詞自鉦間起下行至鼓之左轉至背面鼓右上行鉦間又下及鼓之左轉至正面鼓右而止共七十一字重文五字係鑿文有古秀之致其筆畫變異間有剝蝕亦復難辨以它器及復參考文辭乃備殆春秋時制也作者為徐王子前徐係顓頊之後春秋時徐偃王假行仁義為楚文王所滅此王子者或其嗣歟銘詞大致與薛氏款識所載許子鐘相似其云正月初吉丁亥及擇其吉金以樂嘉賓中懸且揚元鳴孔煌眉壽無諆等語皆與之合惟揚作諹悠作[illegible]敦作韹字俱從音匐古所未見耳其朋生二字見格伯簋猶詩言友生也其兄字作絓見分宰鐘此段三易韻士與喜叶揚與煌叶熙與期叶薛氏釋熙為越猶未之深究也此亦荃溪方伯在長安所得不及蘇敦之準古兩字畫間亦有重綠凝結當非近人所能仿造者故竝傳之

邃古齋藏

周楚公鍾

宋王復齋拓本款識

冊末又有北宋石國佐拓本題曰政和三年武昌太平湖所進

市。。孫子其永寶

。。公。其萬年壽

夜雨雷金故名曰。。八克

惟八月丁巳楚公。自作

丁巳吳侃叔釋作甲也良夫又公下字逆缺吳釋作廷謂即狂字雛按楚世家鬻熊之子曰熊麗孫曰熊狂此字上似二角下似鹿足或即是麗字之渻此商末周初之器文多奇古

金索

家古盈藏

紹興十四五年間　茂世先兄自成都運判除倉部外郎總領淮東軍餉邵澤氏見屬云我有雷鍾藏之久矣兩淂秦會之書見取度不可留爲我達之會之償以三千緡鍾高二尺有畸紐上坐一騾兜蓋雷神也五色相宣銘在鍾裏今諸處所刊咸其雲仍對之可見後四十八年當紹熙四年東州榮　芑記

次新

周寶林鍾

大興翁宜泉比部藏

縮小

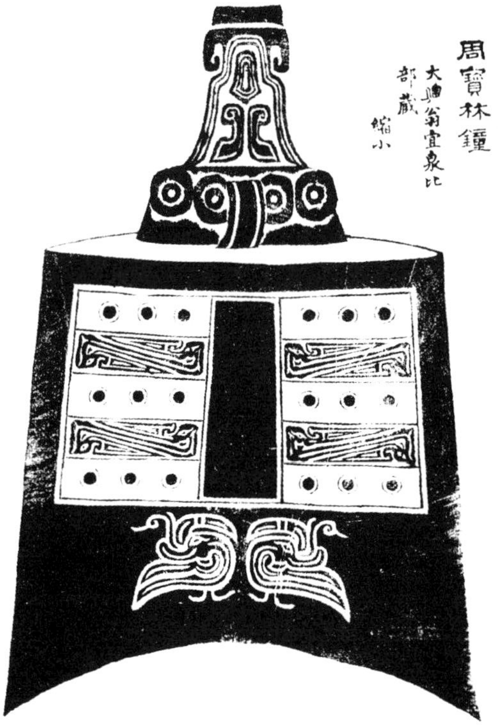

金索

銘

作朕皇考叔氏寶𦵏鐘用喜侃皇考其嚴在上𥃢𥃢降余魯多福無疆惟康右純魯用廣啟土

。身和于永。。父其眉。。萬年子子孫永寶用享于宗

鉦銘如其鉦之大

家古盈藏

此翁宜泉比部藏器葉東卿善于𨪐拓以全角見寄自甬至銑高
建初尺二尺一寸有奇銘在鉦間及其鼓左鉦第一行泐其半積古款識
亦載是器以為叔丁鐘今以長白素孟詹方伯藏鐘証之方知𪧶字下
乃氏字非丁字也𪧶鐘即林鐘佩樂也義同衎詩衎我烈祖是也嚴在上
翼在下見虢𪧶鐘此作廠㴞文耳𦣞字丑若反見司馬相如大人賦石鼓文
亦有此字積古無釋為能字未確又福下𩱴上脫去亡字用廣啟土釋作
用寅啟土亦未洽茲併將孟詹方伯鐘銘刻于次可以互參
䳭又按𪧶字或是林夷二字合文如靈和鐘作𩰲龢之類考古圖載
遲父鐘有𪧶字呂氏釋為林夷二字但云其聲甚下今不可考此鐘作
𪧶與之相似當亦是林夷相合不得為𪧶字也史律書林鐘律長五寸七
分夷鐘長六寸一分其間相距止四分其清濁亦不相懸疑二律皆可用此鐘
也姑以俟考

金索

又一器

此素孟詹方伯訥所藏鐘余鑄香具以拓文貽贈者釋文同前

楚公鎛鐘銘

楚公□自作寶大
鎛鐘孫子其永寶

積古款識云公下一字是楚公名不可識大下一字蓋專字疑鎛之
渻文此与夜雨雷鐘篆文相類奇古雄深与它國迥別當在未稱王時也

金索

澂古盦藏

楚曾侯鐘一

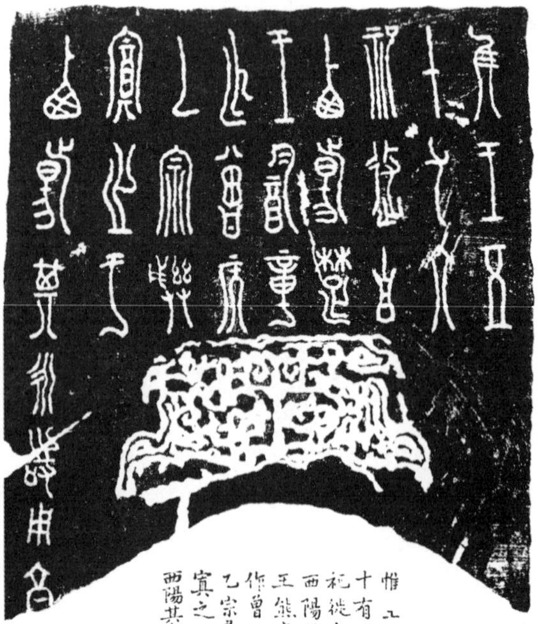

惟王五
十有六
祀徙自
西陽楚
王熊章
作曾侯
乙宗彝
寘之于
西陽其永時用享

背面

穆

商

商

薛氏款識云皇
祐二鐘皆得之
安陸前一器藏
方城范氏古器物
銘云唯王五十六祀
楚王韵章楼楚
惟惠王在位五十
七年此鐘爲惠王
作無疑前一鐘背
有一穆字兩商字
後一鐘背有卜羿
反宮反五字其義
未曉恐宮商通二
鐘所中之聲律
耳

韵章錢獻之釋
作熊章甚合

邃古亝藏

楚曾侯鐘二

作曾
侯乙
宗彝
寘之
于西
陽其永時用享

背面

卜羿反　宮反

鵬按卜羿疑即
半羽之意反謨
也

周五同

蔣伯生
明府藏
縮刻

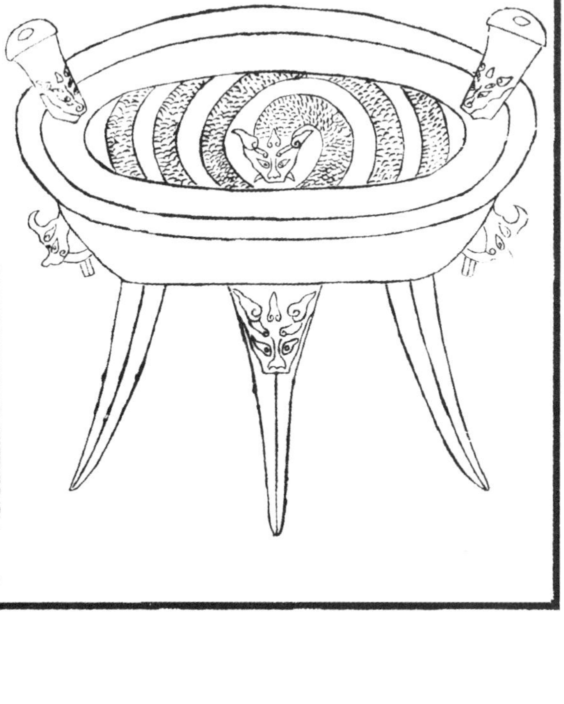

同口徑建初尺一尺九寸八分高
四寸深三寸六分柱高二寸八分
足高七寸通高一尺三寸六分柱
及耳足皆作夔首飾腹中作
夔龍蟠曲之狀底有篆文二
字陽識曰五同字大三寸

邃古亝藏

底文

此器舊藏黄縣庫中抵銀數百蔣君伯生攝黄篆時以百金得之道光
三年冬至予冒雪訪蔣君于沖寧求觀是器手自摹拓縮爲斯圖攷同
之爲器惟見于周書顧命云上宗奉同瑁傳曰同爵名書又云乃受同瑁
王三宿三祭三咤傳曰受同以祭禮成于三王三進爵三祭酒三奠爵正義
曰三祭各用一同非一器而三反也觀此可見王同三同併下文太保以異同而[redacted]
則此其第五同歟但其制甚鉅重十餘斤不可執持疑置于地以受酒瀝如
今之奠池肰者故其形似爵不得[redacted]五同爵也蔣君以予說爲肰仍名曰
同以補考古圖之缺云

漢高廟鼎 從博古圖縮本

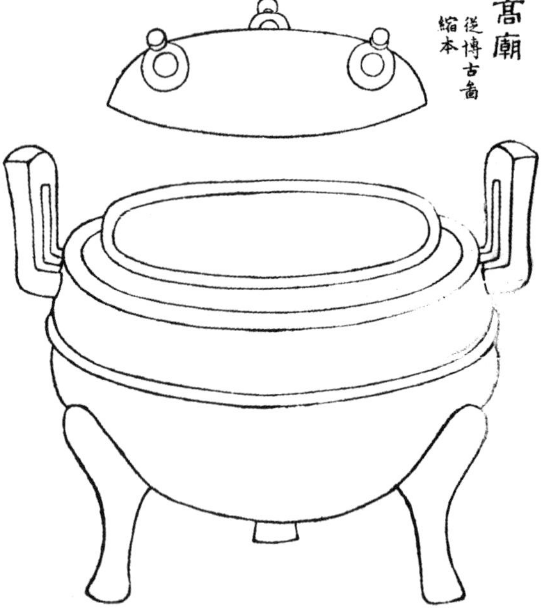

金索

遵古堂藏

蓋銘

高廟

器銘

郜 倉

定陶廟 容一斗并 重九斤 二兩

博古録云通蓋高五寸五分口徑四寸五分腹徑五寸六分容二升六合共重三斤孝漢十二年孝惠帝即位始詔郡國諸侯王各立高廟而是鼎於蓋間有高廟二字其字畫復有變篆為隸之體其為高廟祀器無疑又曰定陶廟者蓋漢初有天下旌功臣以定陶之地封彭越而王之是為梁王越既叛命乃削其地更以封高祖之子恢是為定陶共王其在惠帝之初許立春廟此鼎正在恢之世也

漢孝成廟鼎

鼎通蓋高八寸一分耳高二寸八分口徑六寸二分腹徑七寸二分容七升九合重共九斤質素無文從博古縮本

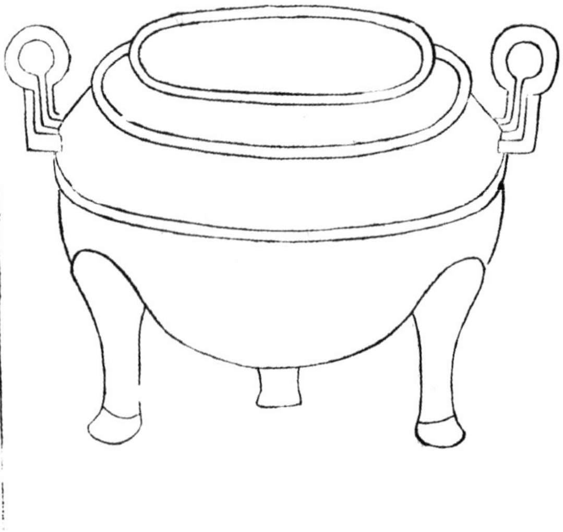

金索

遵古堂藏

鼎蓋

蓋銘

長安廚孝成廟銅二斗鼎蓋一合第一

斗字博古誤釋升 蓋字博古誤作籍

器銘

長安廚孝成廟銅鼎容三斗一合并重廿六斤建平三年十月工王蔟造左丞輔掾譚守令史永省

六字薛氏誤作八字

博古録云孝成帝乃孝元之子西漢第九帝也是鼎雖孝成廟器寔造於孝哀即位之三年　建平孝哀年號

金索

邃古齋藏

上林銅鼎銘

上林供官銅鼎具蓋重八斤十二兩工史楡造監工黃佐李負閉

薛氏云銘有監工黃佐李負閉後漢絕無一名此器蓋西漢時作也

漢汾陰宮鼎　從博古圖

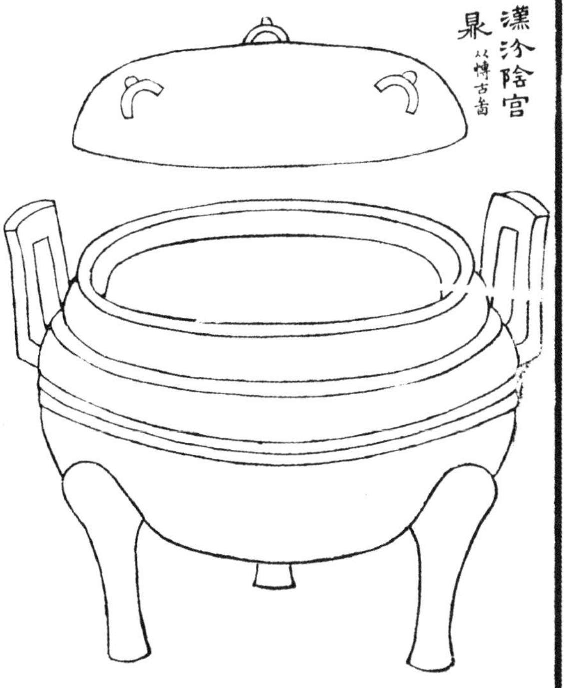

金索

邃古齋藏

蓋銘

汾陰供官銅鼎蓋二十枚重三斤八兩

罷銘

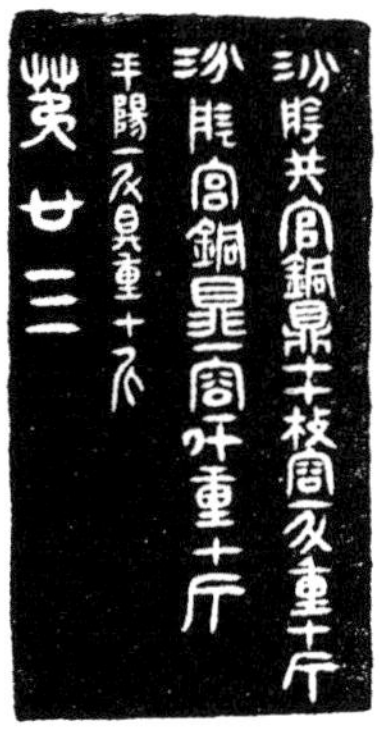

汾陰供官銅鼎二十枚容一斗重十斤

汾陰宮銅鼎一容一斗重十斤

平陽一斗鼎重十斤

第廿三

博古録云通蓋高五寸八分深三寸三分腹徑六寸三分容二升六合共重三斤銘五十四字

按前漢地理志河東郡屬縣有汾陰有平陽此曰汾陰宮則宮之在汾陰者也既曰汾陰供官銅鼎二十枚又曰汾陰宮銅鼎一者二十鼎供官之數一鼎其隸于宮者也又曰平陽一斗鼎蓋平陽有鐵官此紀其所鑄之地耳曰第二十三者總其鼎之在汾陰者為之次不必言鼎也又按郊祀志孝武皇帝始建上下之祀營泰畤于甘泉定后土于汾陰而神祇安之則作宮于汾陰者以祀后土之所此特其所薦之一器耳

漢好畤鼎 一

從博古圖稍減小

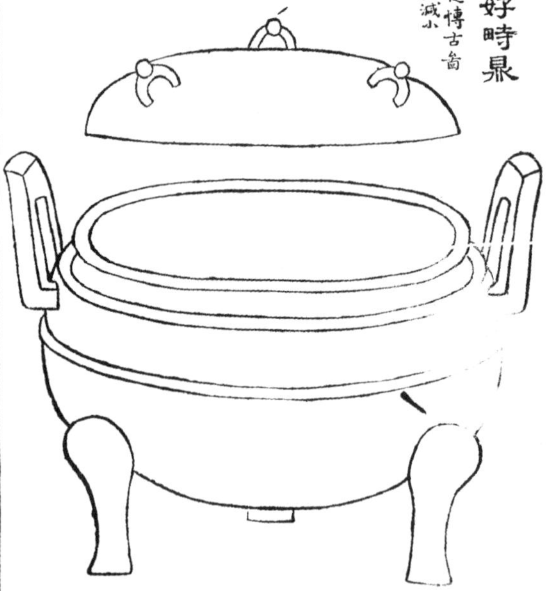

金索

邃古齋藏

蓋銘

長樂飼官二斤十兩四百卅五

太官中丞今第八百六十一

今好畤供廚金一斗鼎蓋重二斤十兩第百卅

二斤十兩博古釋作十一兩薛氏釋作二斤十一斤俱誤

款銘

好畤共廚銅鼎容九升重九斤一兩　山

博古錄云通蓋高五寸口徑四寸八分腹徑五寸六分深二寸一分容一升六合共重四斤按畤封土也冢而祀之昔秦襄以攻西戎始祠少昊作西畤秦文夢黃蛇口止于鄜為鄜畤秦宣于渭南祠青帝曰密畤秦靈于吳陽祠黃帝曰上畤祠炎帝曰下畤及始皇東游歷祀嶽瀆山川遂祠八神一曰天主二曰地主三曰兵主四曰陰主五曰陽主六曰月主七曰日主八曰時主而地主之祠蓋在泰山之下梁父之地以天好陰祠之必於高山之下故又謂之好畤漢祖有天下觀雍之四畤曰吾聞天有五帝而四何也蓋是秦襄有白帝之畤文有黃帝之畤宣有青帝之畤靈復有黃帝炎帝之畤而獨無黑帝之畤也又曰吾知之矣待吾而具五也乃祠黑帝于是後世咸有五畤之祠至武帝幸五畤獲白麟因旌其年為元狩則好畤起于秦而事于漢也是鼎乃好畤共廚之器而形制則漢物又其銘曰長樂飼宮長樂者漢宮也昔樗里子葬渭南其治時語人曰吾墓後百歲當有天子之宮夾其左右後漢興而長樂宮乃在其墓東則長樂飼官乃漢官名置官以祠神于古實不廢也

金索

邃古齋藏

好時鼎二

從考古圖摹本

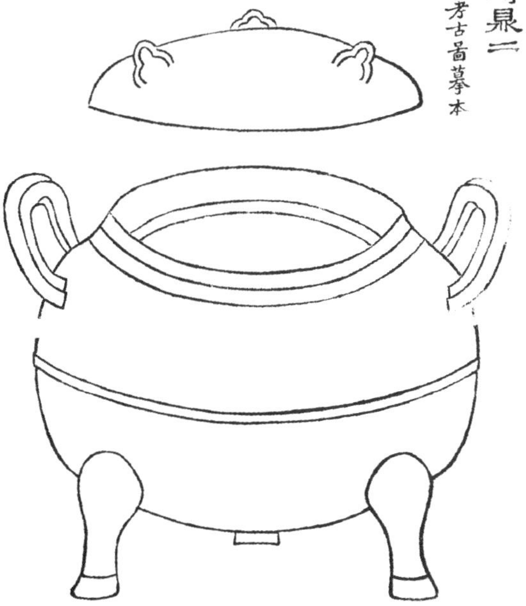

蓋銘

好時第百卌

大官中丞今第八百六十

長樂飼官二斤十二兩四百廿五

邃古齋藏

器銘

好時

供厨

銅鼎

容九

升重

九斤

一兩

山

此鼎藏廬江李氏与博古所載自是二器故蓋銘不同此器銘則無異惟彼作容九升此作九斗然大小相若不應升斗懸殊若是此必呂氏之訛鵬仍從前鼎改作九升

考古[illegible]深三寸徑五寸有半容三升一合重三斤六兩文曰好時共厨鼎又曰好時第百卌又曰長樂飼官四百廿五又曰太官第八百六十好時在雍東秦以東郊祀上帝長樂未央建章皆在長安太官從帝行幸移用其器次第不一皆刻以記之此器刻云重九斤一兩今重三斤六兩蓋今六兩當漢之一斤与車宮鼎之法同 鵬按銘非一時刻其加今第八百六十者後所記也

邃古齋藏

好時鼎三

器銘

好時

共厨

銅鼎

第十

八斤

一兩

銘[illegible]字在器腹近口處此從桂氏所藏古拓本摹入其形制未詳想与前二鼎不相遠也

金索

漢陶陵鼎銘 在焦山

蓋銘

隃麋陶陵共廚銅斗鼎蓋重十一斤

積古款識云此定陶恭王陵廟之鼎也隃麋汧二縣屬右扶風蓋二邑合供此器哀帝二年封定陶共王為共皇帝此鼎元所得于嘉慶七年秋送焦山配周鼎

器銘

隃麋陶陵共廚銅鼎一合容一斗并重十斤

鵬于嘉慶十九年秋登焦山寺欲拓此鼎而未之暇心常憶之茲值京江張潤浦明府燮来攝曲阜篆予言及此潤浦好古士也即寓書寺僧拓寄此紙始知器銘二行本一行直下刻于器之近口處字係鑿文其小字橫貫于大字中間甚有異致

邃古堂藏

金索

漢百乳鼎蓋 圖依原様

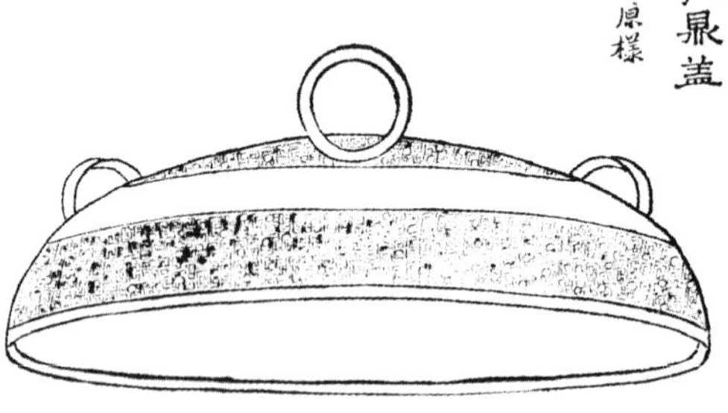

此蓋頂作三環飾以百乳間以雷文蓋內滿綠如翡翠疑于任城得之殆漢物也惜其器不存姑備此蓋誌之

邃古堂藏

宋牛鼎銘

惟甲午八月丙寅帝若稽古肇作宋器審䋣象作牛鼎格于太室迄用享億寧神休惟帝時寶萬世其永賴

舊本宋誤釋宗䋣誤釋厥迄誤釋造

在京畿豐潤縣文廟據汪師韓韓門綴學引曹鼎辨文云鼎重五十斤高一尺二寸五分徑尺有六寸耳高三寸三足具牛首形銘四十一字在鼎內凹字孝元初陳世崇隨隱漫錄載紹興初有獻是鼎于行都上賜白金三千兩賜杭州吳山三茅觀鼎高一尺三寸兩耳旁出三足皆具牛首形鼎外周環紋如篆籀内篆銘曰維甲午八月丙寅帝若稽古肇宗彝審厥象作牛鼎格于太室迄用享億萬寧神休維帝時寶萬世其永賴乃五代宋孝武帝孝建元年八月二日肇作以享太室者鼎銘與此銘稍有増減亦共四十一字但武帝時未立明堂未有太室且孝建時亦無甲午惟北宋得三甲午此蓋徽宗之政和四年其丙寅則八月之二十三四日也其時詔求天下古器更制尊爵鼎彝之屬明堂之建雖降詔于政和五年而鼎或先鑄于四年是則紹興所獻亦北宋而非五代之宋矣　鵬按此辨甚明惟銘中宋字誤釋作宗其審䋣之䋣目旁氏本無難識乃俱釋作厥寧迄字从乞下之亦無難識乃俱釋作從不知肇作宋器迄用享億猶詩言肇禋迄用有成也若作從用何解沿誤相傳將萃編亦因之今正其失

金索　鑒古堂藏

元大德簠

銘

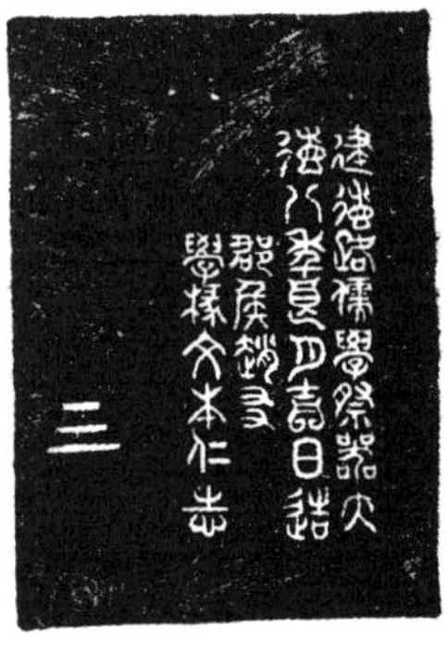

建德路儒學祭器大德八年良月吉日造

郡侯趙友

學掾文本仁志

三

此簠于濟寧市上見之高漢尺三寸八分口徑長八寸九分廣七寸六分銘共二十七字建德路在唐爲睦州宋爲建德軍元至元十四年改建德路其領縣則建德淳安遂安桐廬分水壽昌也末有三字蓋記所造器之數簠盛黍稷其緣邊以蟬爲飾取其居高而飲清也

金索　鑒古堂藏

元天歷薑

藏南通州周左池家

惟天歷庚午二月
龍興路醫學
教授劉則行

天歷庚午元文宗圖帖睦爾之三年也龍興路在江西元至元二十年改隆興府為龍興路領六縣二州則南昌新建進賢奉新靖安武寧富州寧州也醫學教授唐已有之謂之藥醫博士正八品掌以醫術教授諸生元百官志有醫學提舉司掌考較諸路醫生課義則醫亦綦重矣

金索　邃古齋藏

薑圖
縮刻

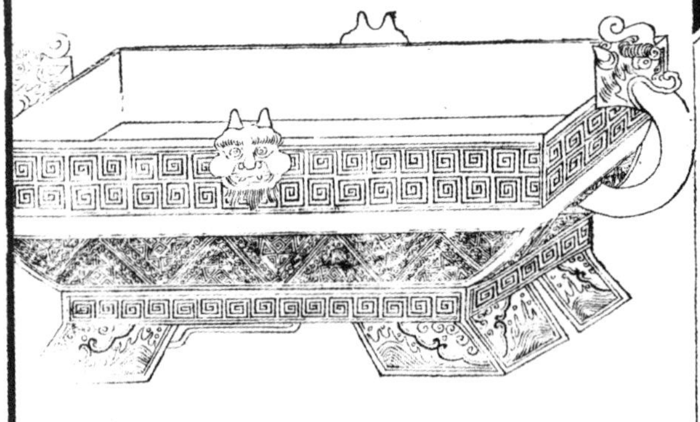

此薑失其蓋惟罷存焉以建初尺量之自獸首至足通高五寸連兩耳長一尺三寸八分濶九寸二分深二寸八分重今秤五斤二兩此鵬幼華習見于愛蓮書屋者今内弟優貢生周子左池孫猶傳守之銘文作惟大歷然唐代宗之大歷十四年内不逢庚午且無龍興路當是元之天歷無疑為補其上畫焉夫醫學教授微員耳而能以薑傳且形式有合于周制則其人必有不可沒者鵬羅栖山左而故鄉藏物轉不得見迺屬書其家借出此薑摹刻之以列于鐘鼎之末

金索　邃古齋藏

道光元年四月朔日鏤板于嵫陽署齋怡時日月合璧五星聯珠記之

金索二

紫琅馮雲鵬晏海氏
雲鵷集軒氏同輯

戈瞿之屬

周禮句兵刺兵形制不傳肰稱戈立錞武備所重惟古人以銅爲之不佀後人用鐵蓋耀武之中猶寓不嗜殺人之意焉茲取其有欵識者畣而錄之藉以想見古制所謂折戟沈沙鏽未銷自將磨洗認前朝也凡一瞿一鏃皆得例載从戈瞿之屬

金索　邃古齋藏

商癸鑺

一面　亞文中　虎形　癸

一面　亞文中　子執旗形　足跡形　蛇形

鑺者三鋒矛詳下注欵有亞文自屬商器癸其名也虎形取其威也旗形取結隊也蛇形取利刺也欵識亦有此器其字左右不同茲从吉金齋摹之

商象形馬戈戣

阮芸臺制軍藏

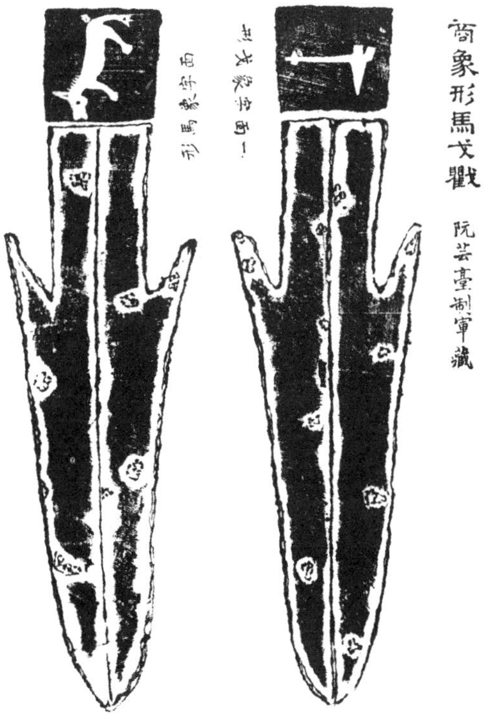

一面象戈形

一面象馬形

積古齋作馬文句兵云面銘馬形項有鬣尾有三岐背銘即此器形如立戈象此器如戈橫援之本不爲内而爲銎上下相穿以安柲銘在銎長出處

金索　邃古齋藏

寶戈戣

黃小松司馬藏

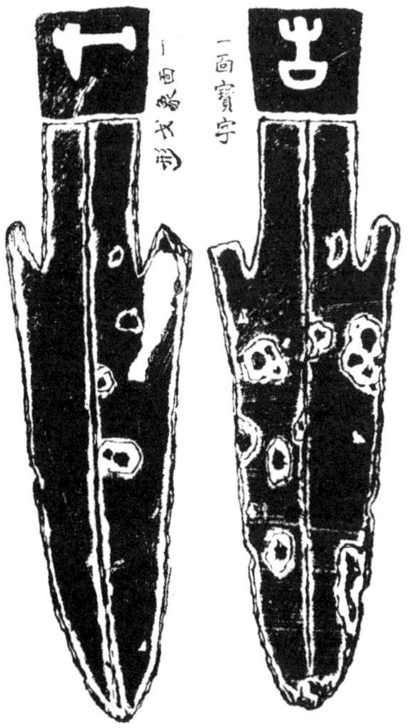

一面寶字

一面象戈形

古字積古齋釋作寶黃小松橫讀作戊以爲似戊字今從積古款識作一橫一直讀取寶戈二字義爲長

周單癸鑺

單癸瞿

說文鑺兵器也廣韻戟屬或作钁茲从瞿古法㴞文器長建初尺七寸七分強

鵬按瞿即懼也書顧命篇一人冕執瞿即此之謂薛氏款識等書無遺及有茲據桂未谷拓本摹入寔屬周器考款識及博古圖載單癸卣云單冏作父癸卣疑即此人且篆法亦相類薛氏云癸於單族是其宗也今錄此鑺可補金石諸書之缺

鵬按周書鄭康成注云瞿蓋今三鋒矛觀此可知其狀矣

金索　邃古齋藏

古戵

依原標無銘字

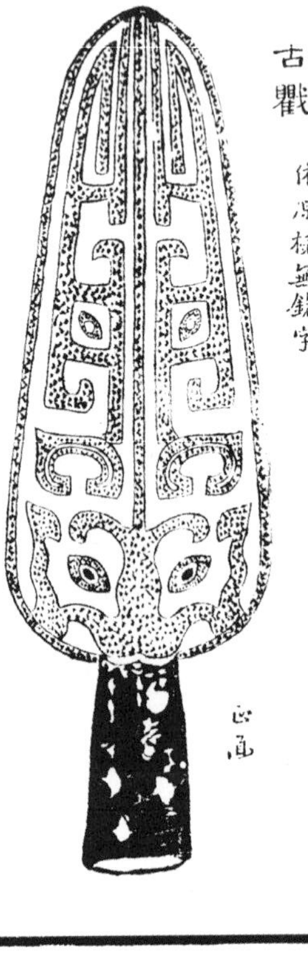

正面

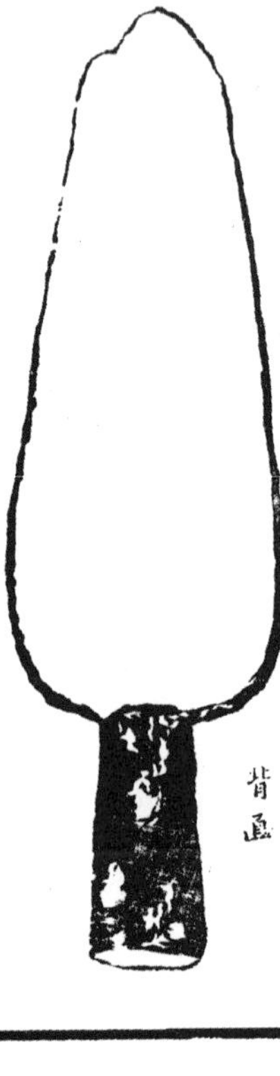

背面

此器甚古見于孔蘅浦家面三稜而背凹或以為農具桂未谷云此亦古鑺也

金索　邃古齋藏

商琱戈

漢陽葉東卿藏

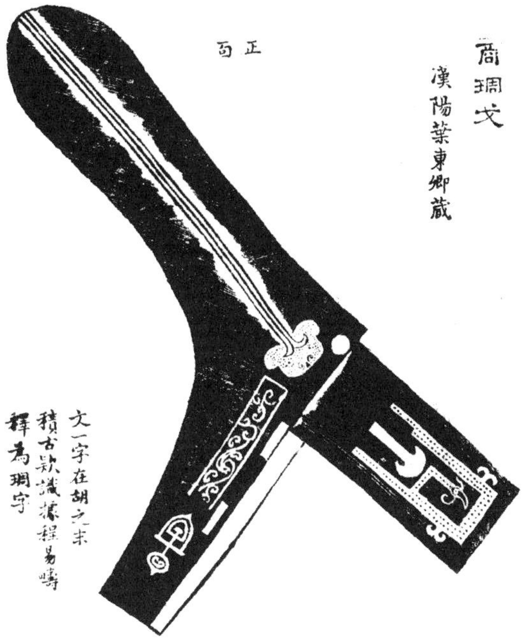

文一字在胡之末積古款識據程易疇釋為琱字

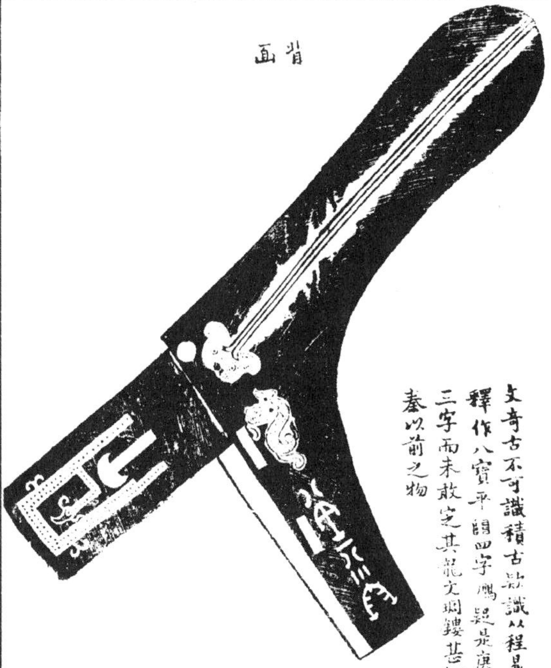

文奇古不可識積古款識从程易疇說釋作八寶平甬四字鳳疑是庚永用三字而未敢定其龍文琱鏤甚細恐周秦以前之物

商舟戈

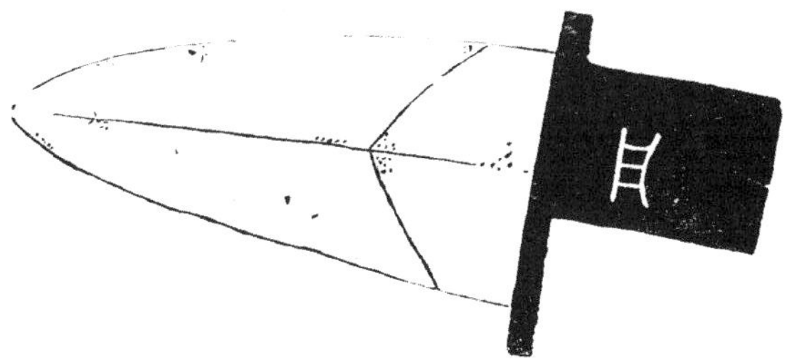

此器似戈似戵、無胡戈之胡不如是之短与考工記不合疑商時戈也内銘止一舟字蓋人名古之舟与周通用鼎彝中每有此名

戈字戈

此疑商末周初時物与前一戈皆桂氏拓本

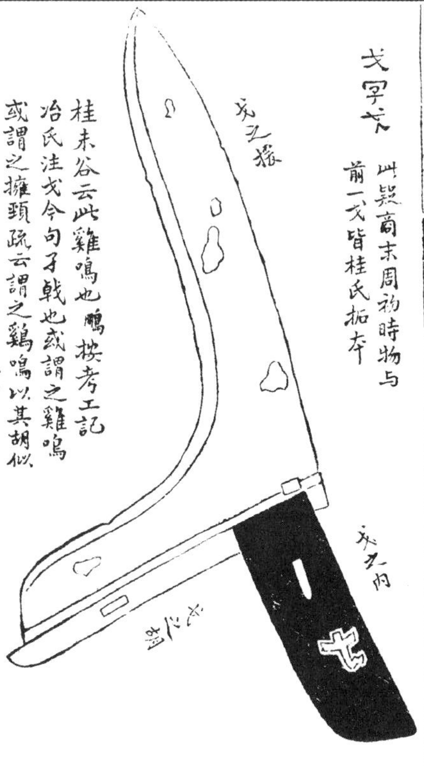

桂未谷云此雞鳴也鵬按考工記冶氏注戈今句孑戟也或謂之雞鳴或謂之擁頸疏云謂之雞鳴以其胡似雞鳴謂之擁頸以其胡曲故也

又按冶氏之制戈廣二寸内倍之胡三之援四之今度以漢尺内長四寸胡六寸援八寸皆不相懸遠惟援廣無二寸或磨殺也内銘似一戈字文甚古

金索

周芊子戈

芊子之艁戈

曲阜顏氏得之周公廟側東土中今藏馮氏

孔氏金石拓本載翁覃谿先生題跋是戈甚詳不能具錄其末云乾隆三十九年周秀才拓其文俾方綱審定明春顏孝薰持去以三月晦三十三日錢學士載孔主事繼涵檢討盧森馮孝廉敏昌集詩鏡軒同觀

戈文五字重今庫平八兩三錢孔户部繼涵以貨布準之為十八兩一分三釐視三埒為一斤四兩者不足十之一用久致也所為肉倍之胡三之援四之者皆與考工記合銘在其胡

是戈之名窾題辯論甚詳唯芊字迄無定說舊釋羊周秀才渠釋芊芊楚姓也張芑堂金石契及翁覃谿先生金石記皆从之舉楚武王授師子焉證朱學士笥河仍釋芊芊謂芊从半書宜上出且國姓與國爵無連及之文阮芸臺先生金石志从之曰晉芊舌氏之分族為解詞各有見今並存之惟艁字釋古文造之據未有引證者桂廣文未谷札樸引武王銘造矛亦系造字非艁字也鵬按濟南府神通寺之千佛崖題壁云顯慶二年南平長公主為太宗文皇帝敬艁象一軀顯慶三年青州刺史趙王福敬艁弥陁象主清信女設𩍐敬艁一軀之類造皆作艁初唐時人猶見古文遺意可取以證也為綴以詩云

周公廟側得周戈質如碧玉痕如莎戈胡五字精而力曾经歎款其名人多芊子芊子且莫定審為周羅且無訛空山齋頭見此物為余羅致相抄摩夏后琱戈不可見鉤鋘鏝胡如飛梭拾得哥舒半段槍猶將磨洗時吟哦况此硬軍出婬戈之寶貴當如何

邃古齋藏

金索

郜太師戈

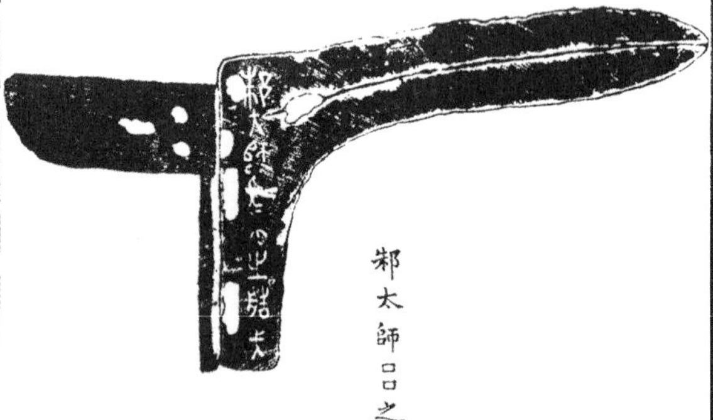

郜太師呂之艁戈

戈銘八字在其胡磨泐二字蓋其名也此黃小松司馬藏

吉戈

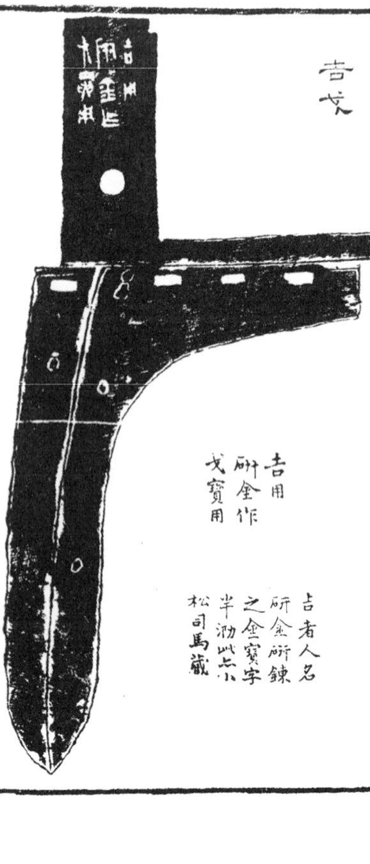

吉用研金作戈寶用

吉者人名研金研鍊之金寶字半泐此黃小松司馬藏

邃古齋藏

周良山戈

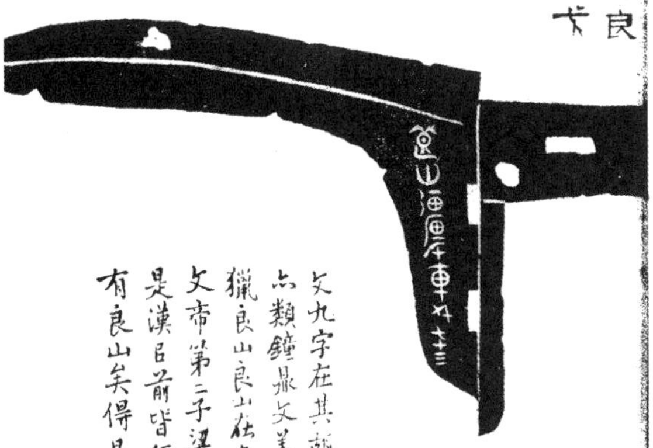

良山彊千車戈　七十六

文九字在其胡与竿子戈形製正同其字亦類鐘鼎文蓋周制也按史記孝王北獵良山良山在壽良縣即今之壽張縣因漢文帝第二子梁孝王田獵于此改名梁山是漢以前皆稱良山今知有梁山泊而不知有良山矣得是戈可以正之

金索

邃古盦藏

丙子秋初見此戈於濟南府市肆間愛其朱碧凝厚更佳于竿子戈價須白銀一觔未能得也因手拓其文以歸明日以遂有淄陽之行此戈未知屬于誰氏心甚憶之然它人得之而未必傳之予亦嘗得〻而轉爲傳〻未始非此戈之幸也

周在陰戈

黄小松司馬得之虞山

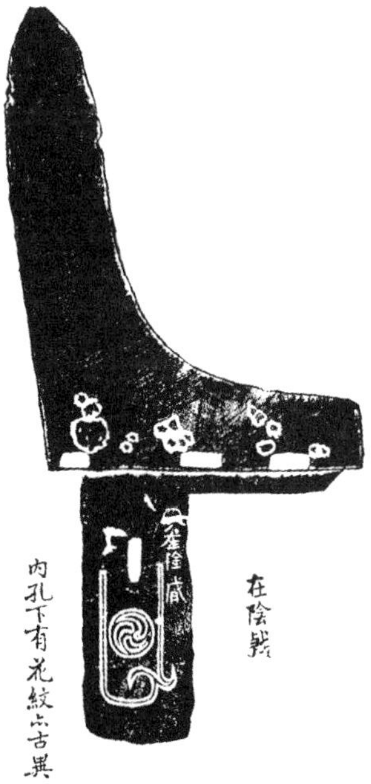

在陰戟

內孔下有花紋亦古異

右戈內長建初尺三寸二分弱胡長三寸八分強援長五寸五分所謂內三之援五之者与周制合亦周戈也惟胡末平故稍短耳小松司馬自釋其銘曰平陰寶鵬按在字上有泐文非平字戚乃戟字非寶字戈而曰戟制相似也

金索

邃古盦藏

雙鉤文戈

此福山明府如皋韋直齋寅所貽戈〻無銘字而丹翠錯落其內有雙鉤文如前戈

高陽左戈一

曲阜顔心齋藏

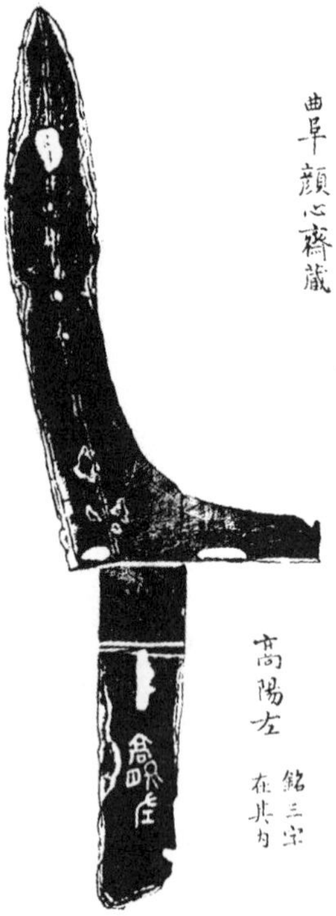

高陽左

銘在胡三字

此高陽所造戈或古高陽氏之後人也陽從日旁古字通用如書洪範時暘若漢五行志作時陽若其稱左者古諸侯行有二執戈者在前此其在左者所執否則左軍之戈阮芸臺先生論之甚詳

金索

高陽左戈二

漢陽葉東卿藏

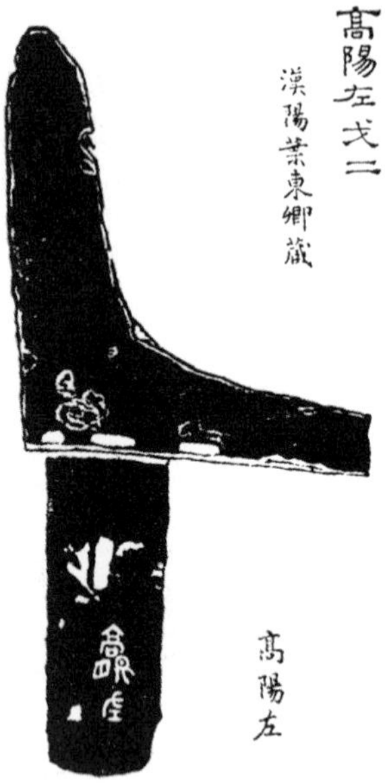

高陽左

銘字相同而前戈之胡較短此戈之援較短知非一時造

邃古齋藏

高陽戈

高陽

衛公孫呂戈

衛公孫呂之告戈

告即造字之省

蔓戈

蔓之戈

三字橫書左讀疑在其胡

敔戈

敔之造戟

此海寧吴槎客所藏戈而曰戟說文戈平頭戟也

金索

欒左軍戈

欒左軍

此欒氏左軍之戈齊有欒施晉有欒書欒枝蓋齊晉間物

公戈

公乍

邃古齋藏

周龍伯戟銘　從積古款識摹入未見其器

龍伯作奔戟

款識云此旅賁氏所執之戟故曰奔戟漢百官公卿表更名虎賁郎注云賁與奔同言如猛獸之奔鵬按今工匠所同大斧俗亦稱奔斧觀此知奔之命名古矣

周何伯槍銘　從積古款識摹入未見其器

罬作槼
可伯再

款識云罬說文网也可何之渻再稱之渻舉也可伯稱罬作槼六字左行言舉羅網以田獵作兵器也槼曰槼者槼訓法言法器也鵬疑六字右行罬為人名言罬作此美鎗為何伯所稱舉也義亦可通

秦廿亖年戈　桂未谷明府舊藏今歸葉東卿

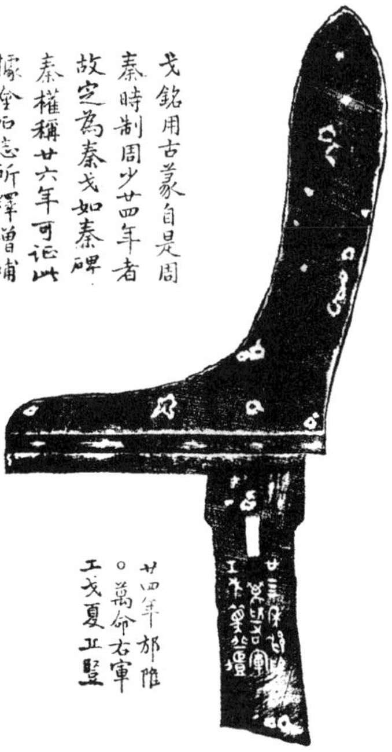

廿四年邡陰
○萬命右軍
工戈夏工豎

戈銘用古篆自是周秦時制周少廿四年者故定為秦戈如秦碑秦權稱廿六年可證此據金石志所釋增補萬字尚缺一字俟見此原戈再審之

漢正師戈

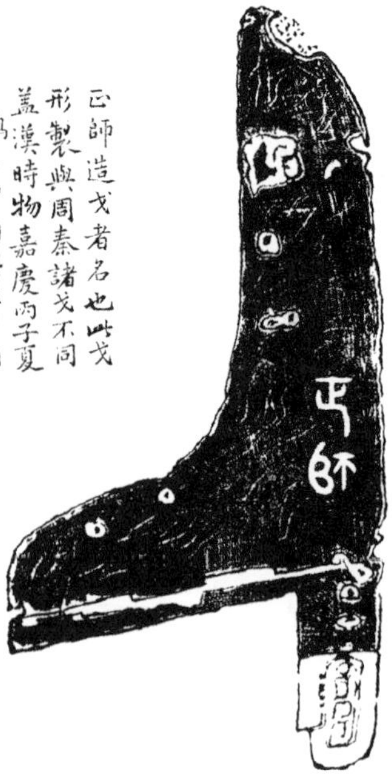

正師 銘在其援

正師造戈者名也此戈形製與周秦諸戈不同蓋漢時物嘉慶丙子夏日鳴在濟南與保少柏王霽塘登歷山同見此戈得之

周吳季子子逞劍

吳季子之子逞之永用劍

劍銘鳥篆文十字其季字用字与夏琱戈鉤帶相類精古非常以周尺度之長三尺臘廣二寸半重九鋝上士之劍也銘在其臘此康熙八年孫退谷侍郎得于睢陽袁氏所謂一字鼎以十金者積古款識述之甚悉

金索

邃古齋藏

乙劍

乙戈

此黃秋盦司馬拓本銘乙戈二字劍而曰戈乃古人通用之文猶彝而曰彝卣而曰鬲也臘上隱有鹽鑄之文已磨泐莫辨

古劍

頃自任城得一古劍較謝楪園劍長一寸濶一分形制畧同亦有朱綠銘刻二字陰文錮金爲之在其臘曰千馬此庾蘭成刀銘所謂價重十城名高千馬者也或云係千萬二字言所值千萬也

陽武劍銘

錢陽武用

積古款識云司馬達甫所藏罷穲拓本摹入程易疇以爲𠆢即人矢即雙口艸即二人鵰椄字不从刃而从戈古字不拘葢劍亦戈屬也今亦未見其罷秖摹其銘

古劍

祥符謝楪園藏

長廣依原劍無銘字

畣此爲式餘可類推

此劍通長漢建初尺二尺微弱又

紀秋永明府

曾贈一古

劍較短

不具

錄

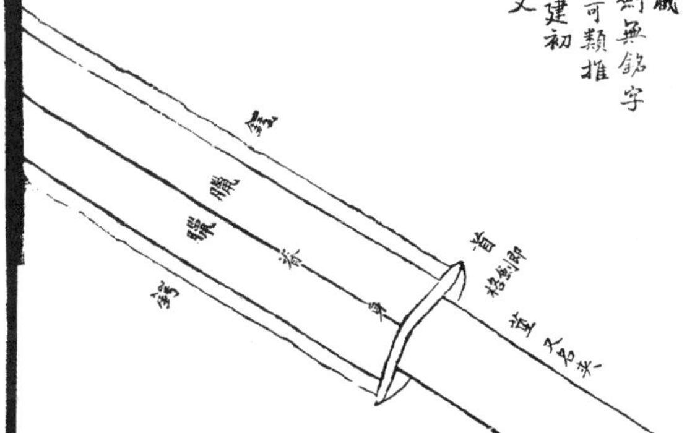

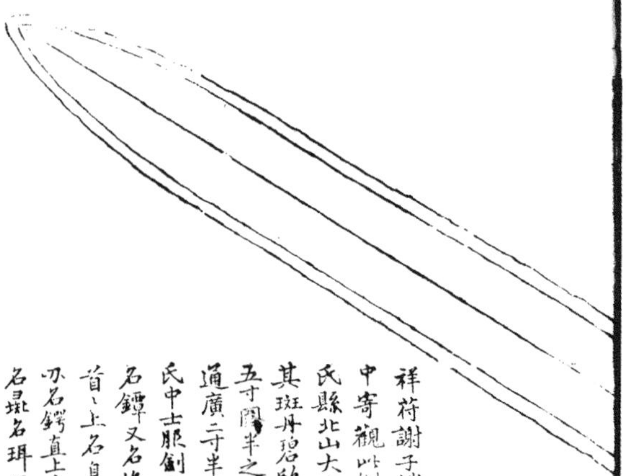

祥符謝子樸園慎修自濟寧莫司馬署幕中寄視此劍自作古劍考云嘉慶乙亥夏盧氏縣北山大出水土中得古銅劍一具其色蒼翠其斑丹碧質朴而鍔利無銘字握莖長周尺五寸闊半之空其中內柄以便設金玉莖上接刃通廣二寸半脊隆身長二尺五寸与考工記桃氏中士服劍之制合又按畬注劍後稍大空處名鐔又名後再上名莖又名夾莖上有隔名首首上名身脊隆居中中外微凹名臘臘外出刃名鍔直上末處名鋒鐔下名鼻以貫帶又名璏名珥匯名櫝衣名夫襓其說甚詳

金索

邃古齋藏

商距末

曲阜顏心齋明府藏

悍作距末用鑵商國

山左金石志云此器曲阜人掘地得之計高一寸九分八䘑䘑各濶三分頂縱七分橫五分下口空縱八分橫七分銘字狹長用金填之下有小穿徑一分距末不知何器沈心醇據戰國策蘇秦說韓云谿子少府時力距來皆射六百步之外疑此為弩飾孔檢討廣森亦以為飾弓簫者二說皆近之特此末字甚明斷不得疑為來字其器中空一面有隔負而向下確是弓簫末張弦之處以合弓末驗之可知此蓋周器宋人物也鵬按單谿先生以為商器自是不爽此填金古篆體瘦而長本合商制又愕作距末用鑵商國又絕似麋狐箕服實亡周國之文周稱周國則商亦可稱商國矣距末者距來之末也

金索

邃古齋藏

周龍虎節

吳門陸貫夫藏

王命道寶一棓載之

此節制作精古真周物也舊釋命下重文為𠃌棓疑作𢦏飤釋作飲鵬按桂未谷拓本命下實無重文棓亦非𢦏竊謂天文紫微垣外右為天槍左為天棓即此棓字且飤亦非飲孜石鼓文載西載壯載俱作𩛥此从渻不肰即𢦏有缺筆其為載字無疑所云王命道寶一棓載之者謂奉王命以此為道路之寶可建一棓以示威載車而行也𢦏詩所云命彼後車謂之載之者意甚明顯且與周禮地官用虎節澤國用龍節意亦相合所云王者指周王也積古齋款識从吳侃叔說釋作王命王惠賃一棓飲之引後漢皇甫規事以為王命賃一庵以棲軍之病瘦者為療藥以飲之似涉穿鑿

古戚

王虹樓孔琴南藏

圖依原樣無銘識

右面

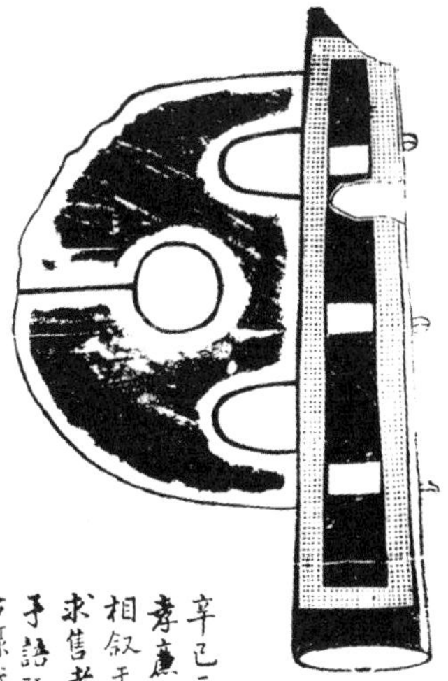

左面

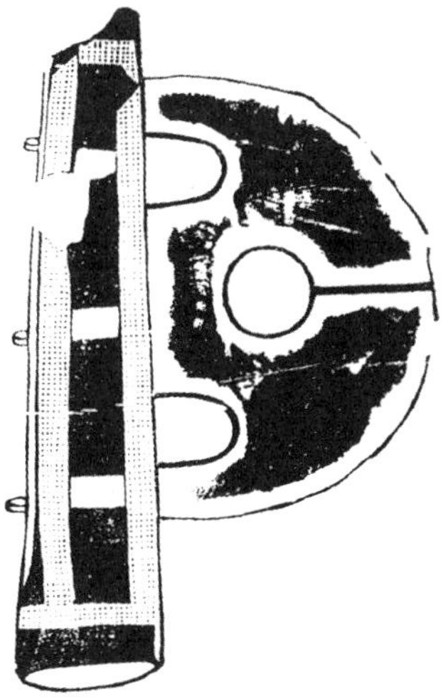

辛巳三月鵬遊曲阜訪孔孝廉琴南與趙君白亭相叙于玉虹樓下適有持此求售者其人不能自言其名予語琴南曰此古戚耳與博古錄所收片雲戚器同彼云樂器然禮籍朱干玉戚冕而舞大武此以銅為之或是軍器及天子諸侯鹵簿之屬必秦漢以上之物琴南忻然以錢五貫得之

古戚

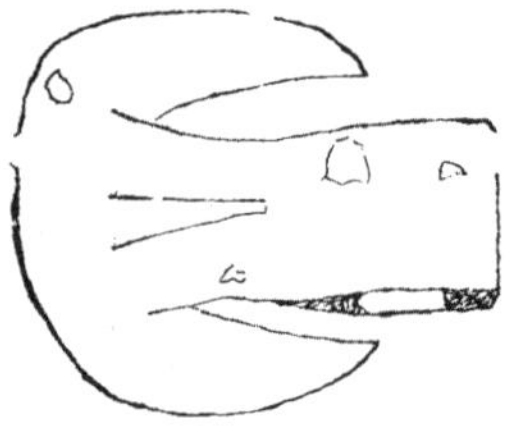

桂未谷云小銅戚一，辛丑七月得于洛陽

金索

邃古齋藏

古鉞

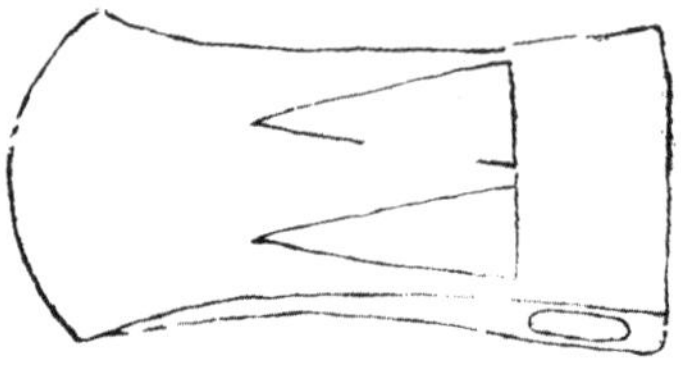

謝樸園云嘉慶癸酉秋得于盧氏縣有鑿可以受柄疑古時儀仗所用面有陽文，疑是戊字鵰。按，此乃花飾，非是字

古箭鏃

字上

古

同

背無文

箭鏃弩矢有字者絶不易見，此上二枚葉東卿得，下一枚桂未谷明府得

金索

邃古齋藏

旄首

漢陽葉氏臧

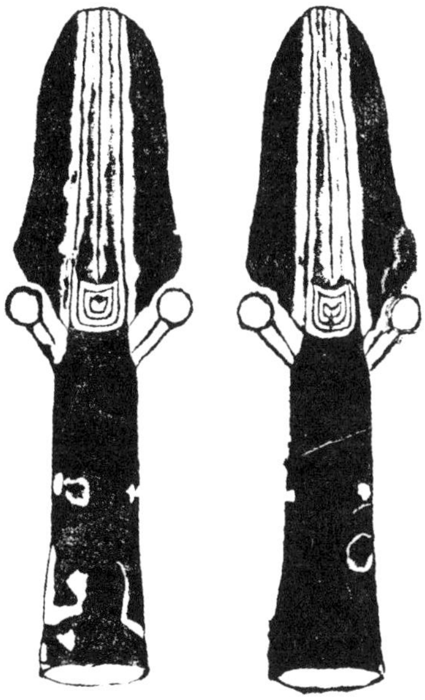

此在干旄之首旁出兩歧枝有穿孔蓋其繫旄處也兩面如一無銘字

金索

邃古盦臧

漢延光弩鐖

仿博古圖元樣

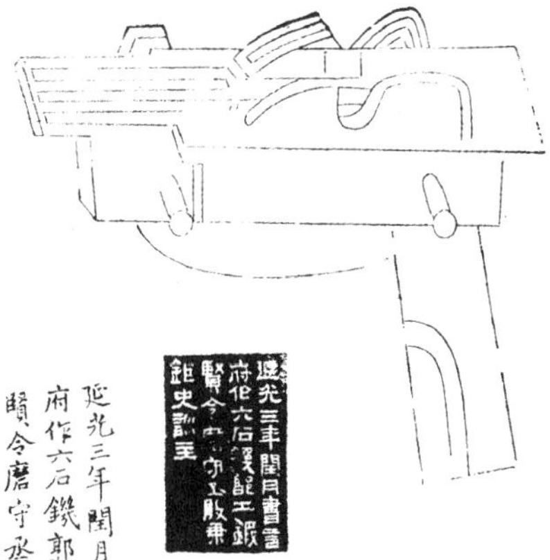

延光三年閏月書言
府作六石鐖郭工鍛
贖令磨守丞般秉
鉅史訓主

博古圖云延光三年蓋東漢安帝即位之十九年是年歲在甲子閏在十月此不言十月舉閏則知十月也書言府者左史書言猶天祿石渠之屬漢之武庫隨府有之若工若令若丞若史皆銘之於機則知除戎器戒不虞昔人尤在所慎者是機之形方且密紋鏤細若絲縷綰結則可賴此以固邦國者非特于前書孝宣之際也

鵬按是鐖已失其辟其圖式于郭面隆起處未能合度姑以博古圖摹入其銘中般字宛然般秉者守丞姓名猶鵬得延熹弩鐖有丞亮令熹之名博古圖釋作躬薛氏欵識釋作射俱誤此積古欵識以為一十七字陽識尤誤弩鐖皆鑿文陰字無陽識者

金索

邃古盦臧

漢元康弩鐖

濟東觀察何緩盦先生藏

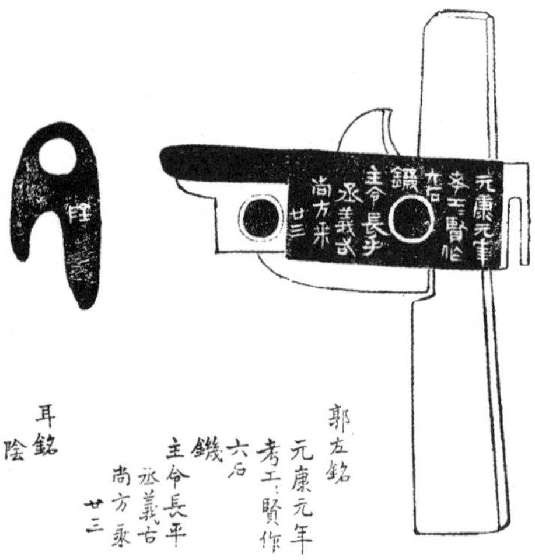

郭左銘

元康元年

考工〻賢作

六石

鐖

主令長平

丞義古

尚方承

廿三

耳銘

陰

金索

邃古盦藏

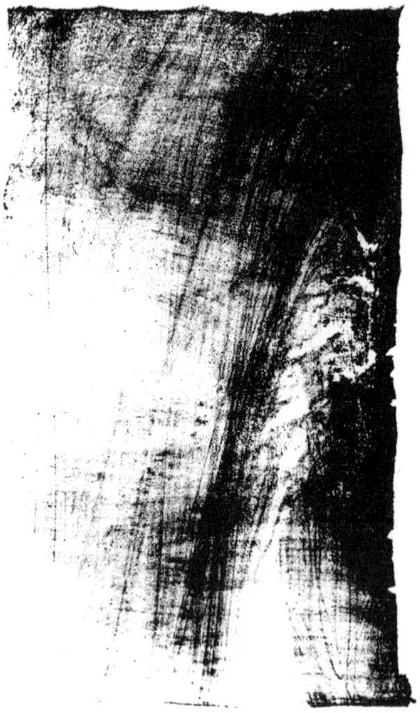

此鐖形製差小而字畫疎朗古碧瑩明洵可玩也郭銘隷書一十三字重文一字在其左耳銘篆文一字在其右曰陰侶平陰爻陰字隐其内不可見脫郤始見之亦它弩所未有者

漢建始弩鐖

濟東觀察何緩齋先生藏

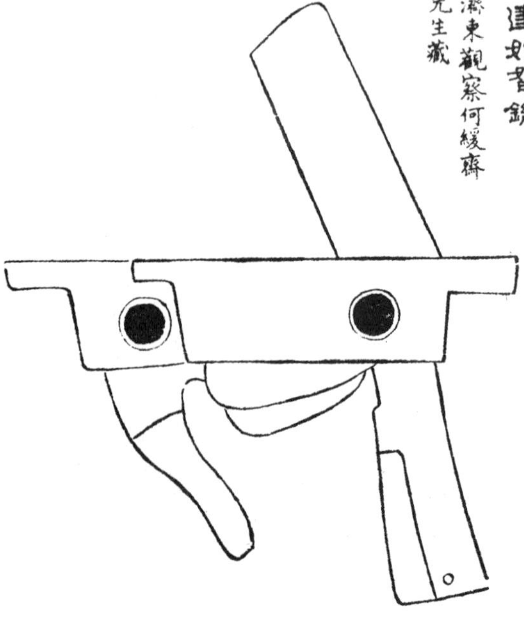

金索

郭面

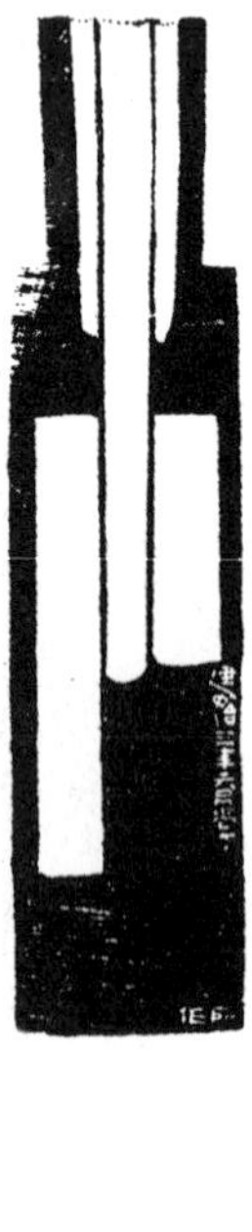

邃古盦藏

此鐖制作重大字跡細微色如翡翠郭面可見者建始三年六月尚方八字及所作二字依稀可辨其中尚有六七字為重緑凝結所掩不可臆揣考成帝建始三年上距宣帝元康改元為三十一年昔歐陽公云西漢物至難得今緩齋先生所得二鐖皆屬西漢洵可貴矣

漢延熹弩鐖

舊藏顏氏樂圃 今歸晏海

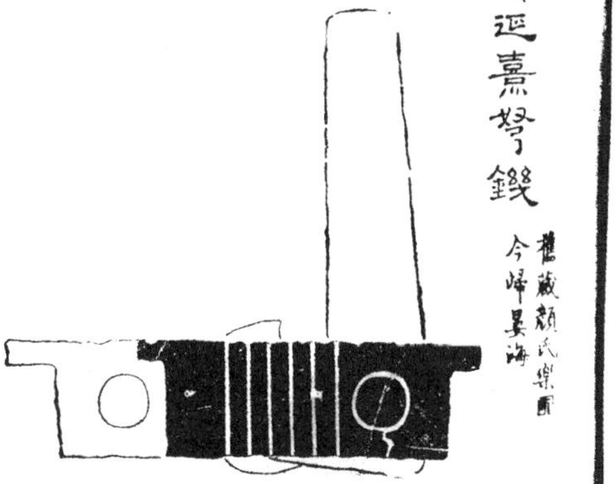

郭右銘　字畫細甚不能摹刻精為放大

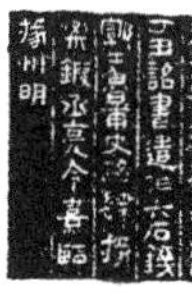

延熹四年十一月戊午五年九月丁丑詔書遣作六石鐖郭工魯甫史路肆掾樂鍛丞亮令熹臨掾州明

按延熹四年五年漢桓帝之十五十六年也蓋奉詔書而作鐖

金索

邃古盦藏

鐖郭右

郭底

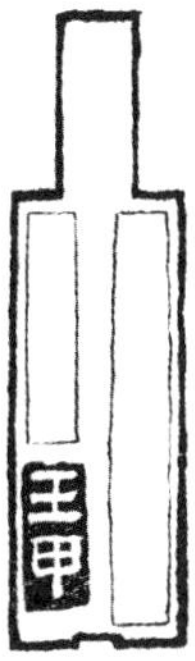

郭右有王廿二之文猶它弩之有兒十四法世也蓋守機者姓廿二其編列之次第

郭底有王甲二字在小孔之下藏于腹內裹弩不見脫乃見之

題辭

東漢延熹六石鐖四十字細如游絲隱入碧蘚半不見豪芒剖别第依稀郭工魯甫何時造四年五年雙奉詔是二年間正多事羽書疊檄長安道先零〻吾勒姐羌寇及三輔吞并涼五溪蠻叛長沙亂太守棄逃士民竄車騎將軍馮皇卿盪寇決勇神鬼驚誅首萬级降十萬得非此弩成勛名千年重器難磨泐樂圃能藏不能識王甲何人幸并傳究轉歸余重拂拭延熹四年華山碑不同其人同其時我想金石壽永久願与華山碑不朽

庚辰七夕晏海題

漢建安弩鐖

建安廿三年四月十三日所市八千五百師稽福

積古款識云建安廿二年東漢獻帝之二十九年陳司師見靈臺碑師者工師也稽福其姓名

右中郎將弩鐖

右

中郎將曹悅赤黑閒

卷轉辟

積古款識云續漢書百官志右中郎將比二千石曹悅史無考轉讀為郭卷束也赤黑間當是弩名古弩有名黃間者見漢李廣傳註有名黝間者見陸機七導云操黝間之神機是也

金索

邃古盦藏

桂未谷札樸云程君數於西安得銅弩機有金錯隸書十二字云右中郎將曹悅赤黑閒卷轉辟陸君繩剔其金而拓以示予按弩有名黃間黝間白間者此云赤黑間者考工記弓人凡相幹欲赤黑而陽聲當取此義卷轉辟者卷正作䅂借作卷說文䅂纕辟繩也漢李陵傳發連弩躲單于張晏曰三十絭共一辟也又矢盡道窮士張空拳文穎曰弓弩拳也顏曰拳与絭同文選閒居賦谿子巨黍異絭同機五臣注絭發箭處李善注言弩絭雖異而同一機也說文曹司馬法从革作䩻此轉變由从曹又加寸曹辟謂辟者也說文弩弓有辟者釋名弩其柄曰辟似人辟也

鵬按建安弩金石志以為宋芝山藏積古以為張𡍼未藏中郎弩積古作卷鞹辟札樸作卷轉辟兩存其說俟再考焉

薛弩機

黃小松拓本未定時代

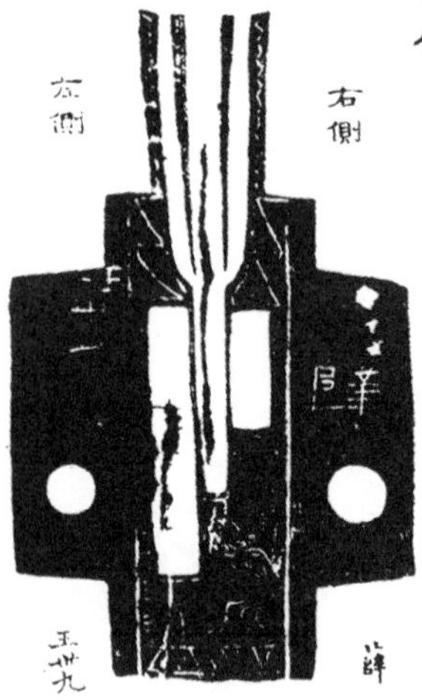

右側薛字左側王艽其款識甚簡正面嵌銀絲制度數拓本合為一非此制獨巨也

薛一字在郭底面上向外處

宛仁弩機

宛仁

工師姓名積古款識云春秋傳有宛射犬宛春此宛仁殆造弩者名

左尚方弩機

兒十四

左尚方　十一

兒即倪工師之姓

二器為阮芸臺先生所藏積古齋未及明款識所在未能備錄

金索　邃古齋藏

蜀漢景耀八石弩鐖

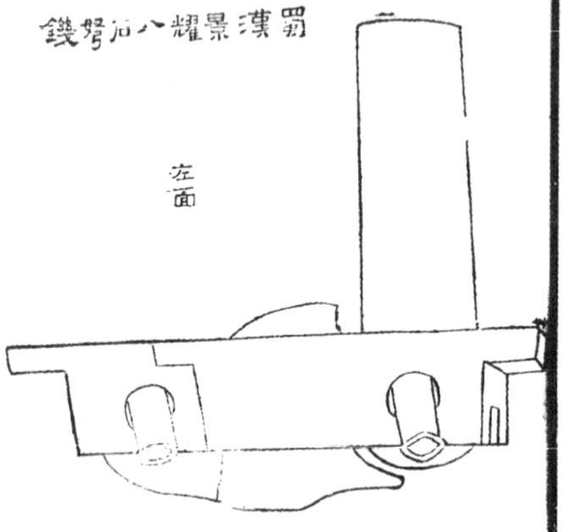

景耀四年六月廿日中作部左典業劉純業吏陳深工蒲細所作八石重三斤

此鐖係齊東少尉陸春舫在甘肅時掘土所得一獲五弩三弩無文此其一器今贈曼海景曜二年蜀漢

景曜八石弩機歌二章贈陸少尉議

庚辰冬仲陸少尉自齊東攜弩機來觀歌以贈之

香尉耽于古弩鐖獲其五此在中作部絶勝書古府（款識内中作二字并書初觀但審字為別錄出之）（乃中作二字按漢制有中尚方左右尚方及將作大匠今名中作部想稍變其制矣書古府鐖見前）我思景曜二年時六月三王分胙土（志称是年是月立子諶為北地王恂為新興王虔為上黨王）分土何能不備兵彊弩將軍先傑侮予得延熹六石鐖此八石者尤奮努巧思曾傳丞相亮制作精堅森部伍損益連弩弓踊元戎至今生氣當旗鼓千載幽泥塗餘勇猶堪貫人嗟古色斑我羨良工苦對此重摩挲乃識武侯武

越日春舫少尉以此鐖見貽因復作歌贈之時將有粵東之行

延熹弩里如錢景曜弩紅于血二弩相當難缺一延熹弩東魯得景曜弩甘肅掘二弩相隔不相識陸子來齊東示我蜀漢銅亦我即貽我漢氣凌長空取冒前弩側兩漢如追風嗟乱三國分爭蜀勢弱景曜而後將衰微後主庸愚丞相死一片孤忠無寄托不逢千古有心人安得遺制傳金索感君惠我八石鐖我心便作千金想君向粵東游約重相見臨別匆匆續短歌與君萬里常相念

金索　邃古齋藏

魏正始弩鐖

左面

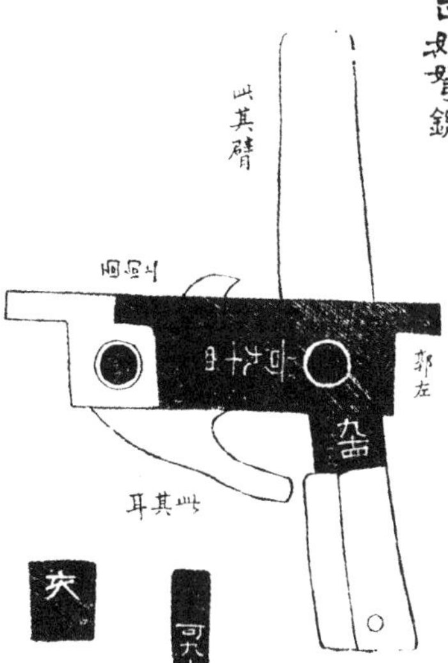

正面

正始二年五月十日左尚方造監作吏鼂泉耳匠馮廣師郭夾臂匠江子師項仲

夾一字在郭底曲上向外處

右面

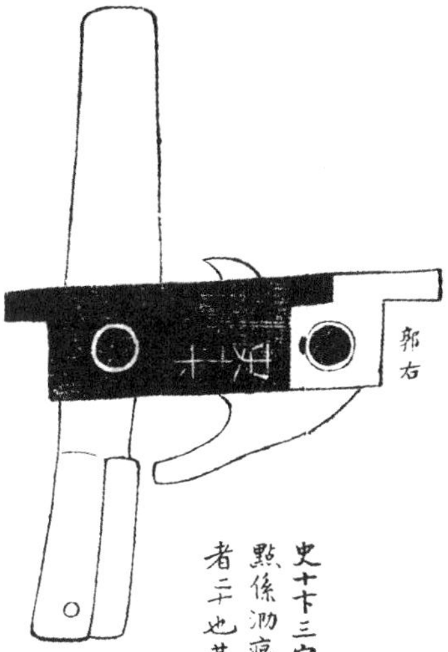

史十十三字難辯或云點係泐痕仍是十字十十者二十也其編列之次

此鐖乃姜小琊某得於長安者与下正始三年鐖尺寸全合信一時之制考夢溪筆談所載弩鐖有臂師廣士耳師張柔名目此云耳匠臂匠而匠復有師更為詳悉小琊吴門人筮仕於陝英年小吏剡跌時即拓此見寄洵好古之一助也

魏正始弩機

曲阜顏心垒拓本

正面

正始三年十二月廿日右尚方造監作吏李貞呂待詔孟胡師左轉駐待詔李呂明

右側

楊百

按曹魏帝芳北魏宣武皆有正始三年此款識工整近于魏隸因屬之曹魏其呂明下尚有二字極泐難辨故去之郭右楊字或為造弩者姓或為用弩者姓百一其編列之次也

晉太和弩機

江都汪孟慈藏

太和元年十二月三日左尚方治弩一具監作史吳儁司馬楊式辟師黑所置紫閣

嘉慶己卯正月二十九日鶚與汪中翰孟慈憙孫遊曲阜見此器于樂圃甚愛之摩挲不置主人見贈以魯縞四端酬之鶚考東晉帝與北魏孝文皆有太和年號此當是東晉時物吳儁者監作史之姓名吳音桂漢太尉陳球碑有成陽吳横景君碑有吳詩魏元丕碑有吳褒桂氏札樸引集韻云秦博士桂貞之後改姓吳漢末吳横被誅有四子一守墓姓吳一避難徐州姓香一居幽州姓桂一居華陽姓炔四字皆九畫一音也

鶚又考辟師者造弩辟之師逸雅云弩怒也有怒勢也其柄曰臂似人臂也夢溪筆談云鄆州發地得銅弩機其側有刻文臂師虞士耳師張柔今此弩黑下三字磨泐難辨去一闕字尚明姑釋作所置紫閣皆陸機七導云操紫閣之神機也

金索　遂古盦藏

東晉永昌椎

黃小松司馬藏

一面　永昌元年二月四日

一面　小將申雨造

永昌祇一年東晉元帝之六年也

積古款識云永昌著年不一此據字體定為晉元帝時物段赤亭松苓云永昌元年不但王敦舉兵武昌石勒亦遣騎士大寇河南此器於濟寧發土得之距武昌較遠安知非石勒部曲所造小將二字見漢書灌嬰傳吳志丁奉傳北史魏紀云放十二時置十二小將然則申雨實為小將非撝謙之詞也

金索　遂古盦藏

金索

東晉永昌槍

黄小松司馬藏

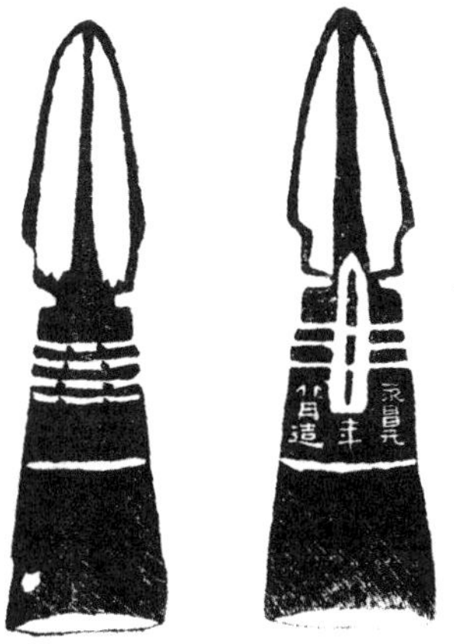

一鎗但識年月不言何人所造

永昌元年八月造

金索

漢元嘉刀銘

從宋王復齋款識摹原本未言銘刻何處想在刀背上因拓本長故截而爲二

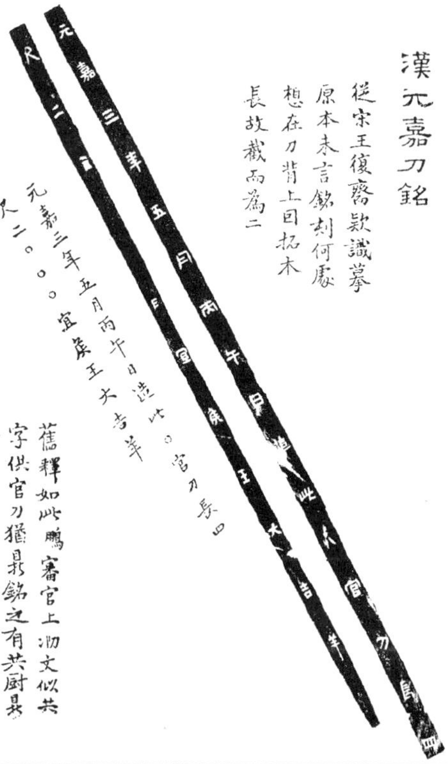

元嘉三年五月丙午日造此○官刀長四尺二○○○宜侯王大吉羊

舊釋如此鵬審官上泐文似共字供官刀猶县銘之有共厨县也二下似寸字宜上似吉字下半蓋服者宜侯王大吉祥耳而未敢補也

朱古甫云元嘉後漢桓帝年號是年四月改元永興是刀必作于四月以前而曰五月丙午者鑄以陽燧必于五月丙午日中之時取其火德之盛耳鵬考後漢書元嘉三年五月丙申改元永興非四月改元也惟五月中有丙子丙戌丙申而無丙午則造器者爲之耳

後涼刀銘

時在東晉武帝太元十四年

麟嘉

張氏曾太云後涼呂光以晉孝武太元中據河西僭號天王麟嘉其紀年也陶隱居刀劍錄云光以麟嘉元年造一刀長三尺六寸銘其背曰麟嘉

夏銅鼓銘

時在東晉安帝義熙四年

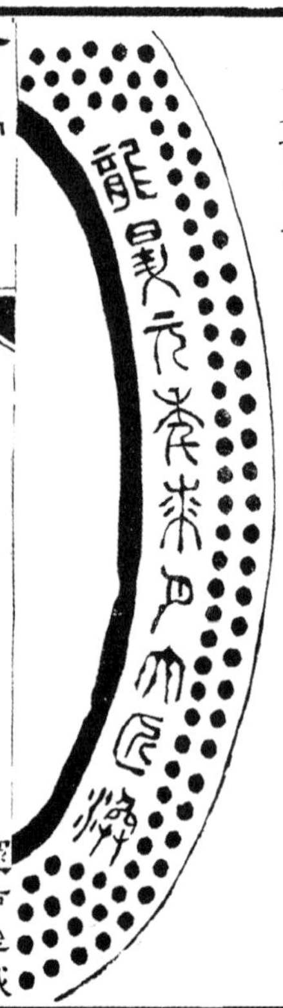

金索

邃古亝藏

張氏曾太云董氏廣川書䟦載陳材夏得銅鼓甚大銘曰龍昇元年七月大匠澳按龍昇為夏紀年崔鴻十六國紀赫連勃〻以銅為大鼓及飛廉翁仲銅駝龍雀以黃金飾之列於宮殿之前疑即此也此鼓形製絕佀西南夷所〻

鵬按七字作泰六朝時人每用之知不始于唐武后也

後梁招討使王彥章鐵鞭　舊在廟中今移貯汶上縣庫

五代史死節傳云王彥章字子明鄆州壽昌人事梁太祖為行營先鋒馬軍使末帝即位遷濮州刺史為人驍勇有力能跣足履棘行百步持一鐵鎗騎而馳突如飛軍中號王鐵鎗梁晉爭天下晉遣使招彥章〻斬其使末帝昏亂小人趙巖張漢傑等用事大臣宿將多被讒間彥章雖為招討副使而謀不克用龍德三年晉取鄆州梁人大恐宰相敬翔以死諫曰非彥章不可乃召彥章為招討使段凝為副末帝問破敵彥章對以三日皆笑之果以三日斬浮橋破晉軍巖等懼與凝各為捷書匿彥章書末帝勞凝不及彥章勒還第唐兵攻兗州末帝召彥章使守捉東路是時勝兵皆屬凝秖有保鑾五百騎皆新募之兵不可用以屬彥章兵少戰敗退保中都唐將夏魯奇舉矟刺之傷重馬踣被擒不屈見殺

鵬按汶上縣志載梁王太師廟在西門外感化橋西為彥章死節處有墓在焉蓋因晉高祖追贈太師故名其廟而不載其鞭畧矣兗州太守景纓樓先生因事至汶自縣庫取此鞭見示因備錄之非傳其鞭傳其人也

金索

邃古亝藏

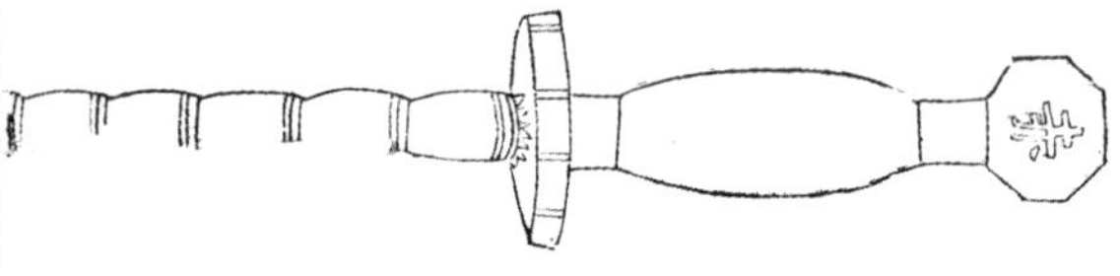

鞭以鐵為之長漢尺六尺二寸强重今秤十五斤凡十九節每節以銅條束之柄飾以木束以銅柄端如鏇四面環列赤心報國四字似鎔銅鑄就者款字色綠另摹于下

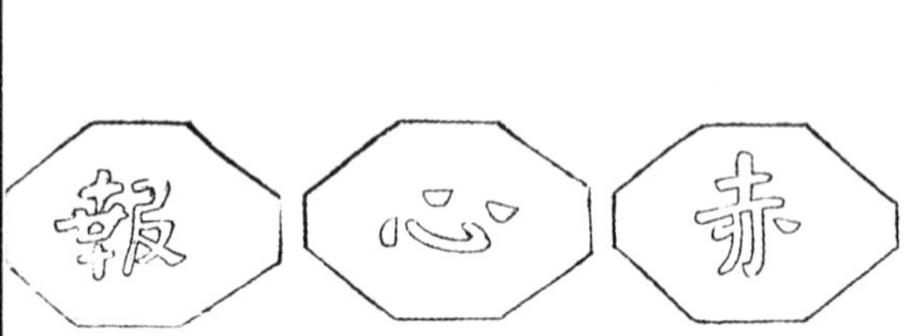

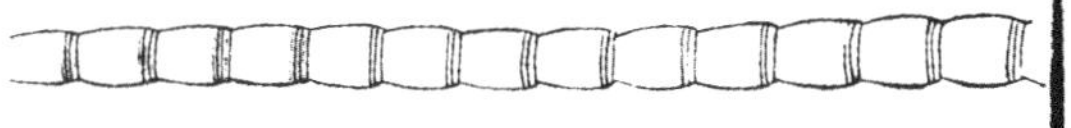

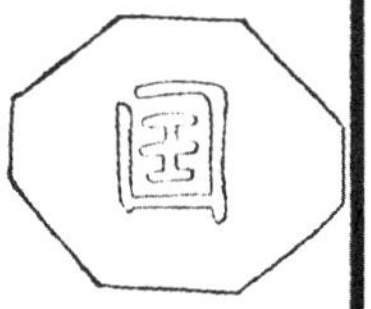

王鉄鎗威名揚十盪九決人莫當鬥鷄小兒視晉王斬其來使如犬羊末帝昏亂梟鴟張屢建奇勛匿不彰老臣寃憤摧忠腸授以劣卒驅沙塲失守中都〻敗遞坊招討一死梁即亡誰拾此鞭猶收藏中都〻在汶西南鄉〻遞坊之鎮不能詳荒祠古墓風悲嘆噫吁乾梁亡招討不亡人死留名鞭亦香人死留名豹死留皮即彥章語令我拂拭心傍皇凛〻猶見王鉄鎗

鉄鞭歌

雲鵬題

周立旗鐸

從博古圖減小

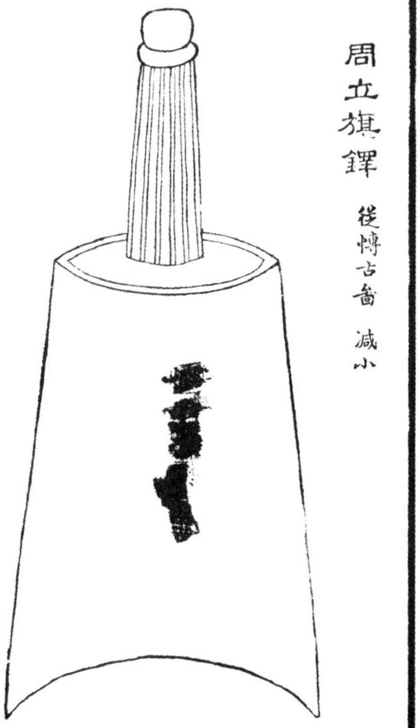

銘

象鳳栖木之形

鵬疑是立旗之形

博古錄云罷高六寸八分柄長四寸七分上徑長二寸四分橫三寸下徑長四寸四分橫五寸二分重七斤三兩銘作鳳栖木形是罷鐸也周官鼓人以金鐸通鼓凡樂舞必振鐸以爲之節銘之以鳳亦取鳳皇來儀之象　鵬按周禮振鐸作旗此疑軍旅所用之鐸以之作旗其銘文乃立旗之象也

金索

漢鐸

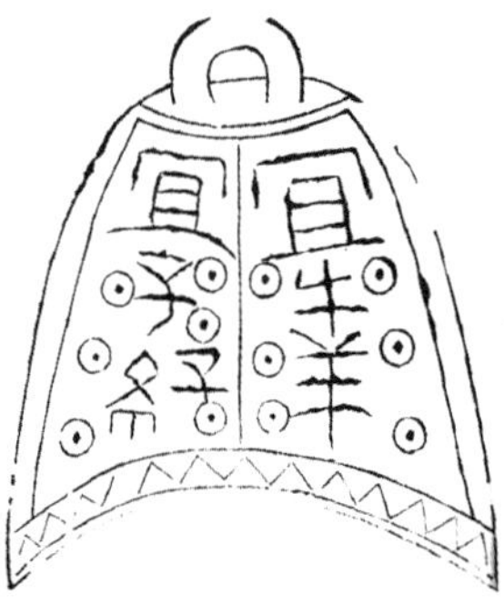

宜牛羊
宜子孫
葉東卿所得

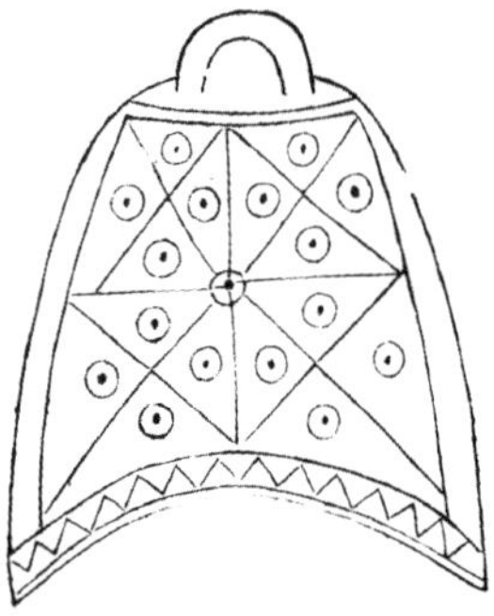

背無文

漢鐸

宜牛
妟海所得

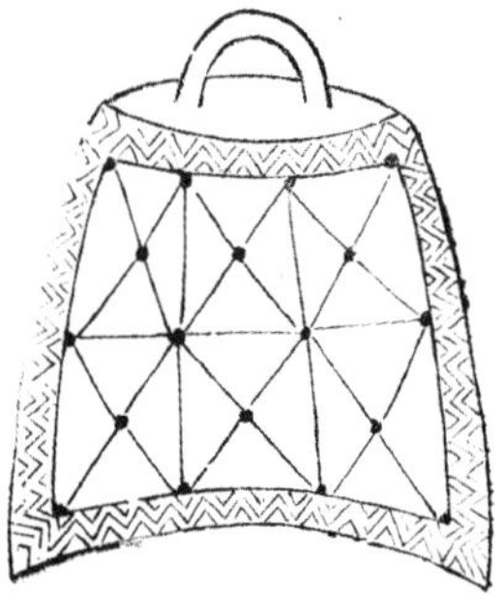

背無文

邃古齋藏

金索

漢鐸

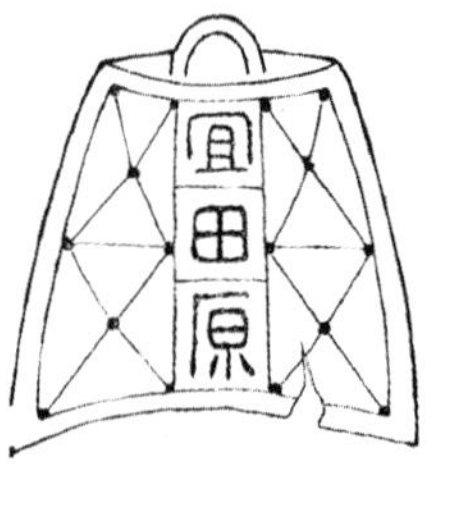

面文
宜田原
首尾二字極磨泐難辨

背文
宜子孫
此泗水縣廣文馬君所贈者與前皆牛鐸也馬君名爾泰字了洪濟南孝廉勤學好古

漢鐸

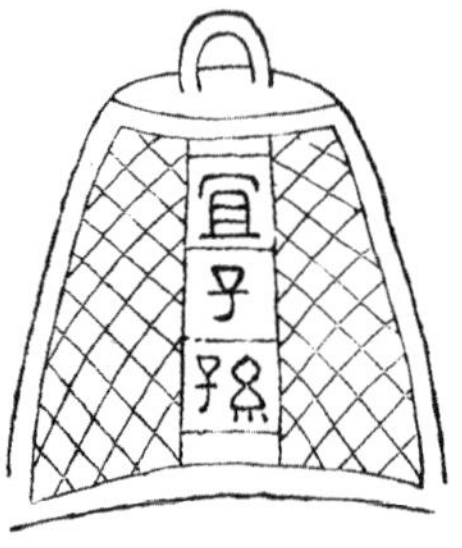

一面
宜子孫

一面
大吉利
此黃小松司馬所得

邃古齋藏

漢鐸

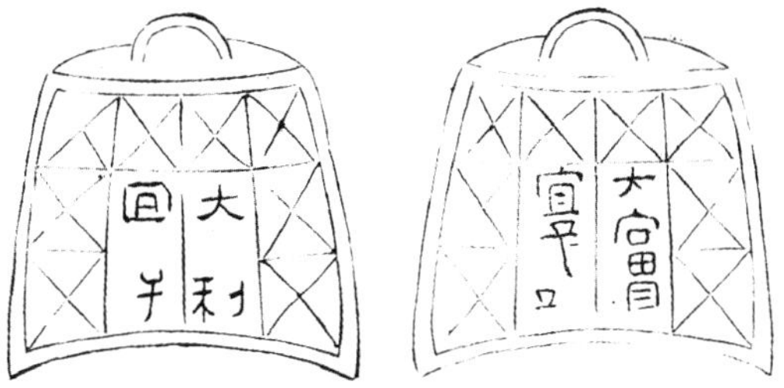

鐸一面為大富貴宜子孫一面為大利宜子其富貴二字相連以富之宗為貴之首借用亦是渻文漢人每用此法字在會意而已

小鈴

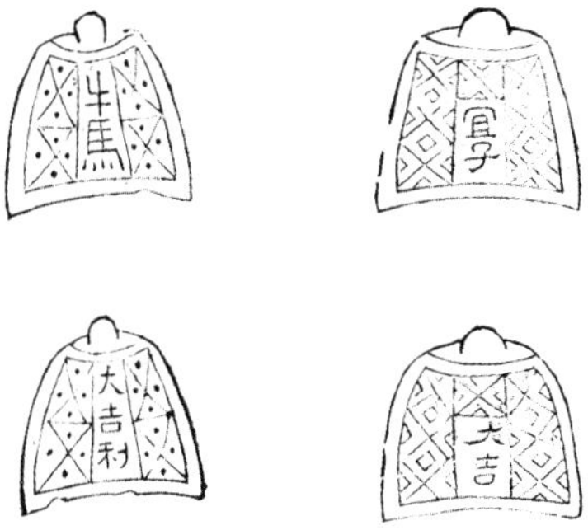

一面為宜子一面為大吉黄小松得之沛寧以為古人撤帳鈴也

一面為牛馬一面為大吉吉下一字泐从它本補之

漢永平小鈴

小鈴

一面永平二年一面宜子孫吉按永平東漢明帝年號它鈴皆陽文此獨陰文紀年亦異

一面大吉利一面無字

小鈴

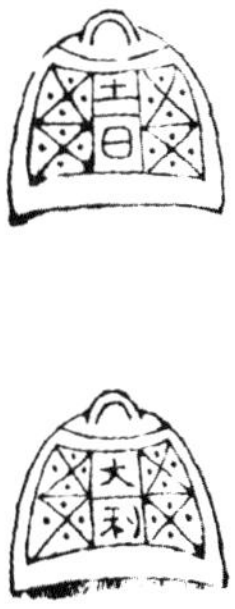

一面土日一面大利按土日二字未審疑是丑日所造亦宜土之意

金索

子孫角

漢陽葉東卿藏

縮本

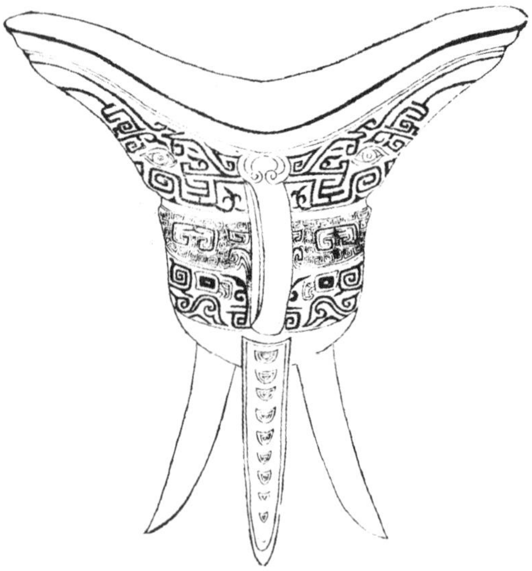

遂古齋藏

銘

子孫

銘亦在其鋬之內向外處子孫二字子大孫小孫即藏於子之胯下取義亦古

角者飲器禮〻器云卑者舉角疏云四升曰角〻觸也不能自適觸罪過也故此形制兩端如角銳不似爵之有流也博古圖亦有雙弓角

金索

指南車飾

旁無題識

未定時代

元朱德潤古玉圖云右車飾以黍尺度高一尺四寸二分下長七寸四分轄木口負徑三寸七分管立木口負徑三寸七分琢玉為人形手常指南足底通貫竅作旋轉軸蹈于蚩尤之上延祐中獲覩于姚牧菴承旨處嘗在姑蘇肆中見一銅人制度相似疑戰車所用圖摹刻于戈矜之後

遂古齋藏

周彭女乚觶

蔣伯生明府藏

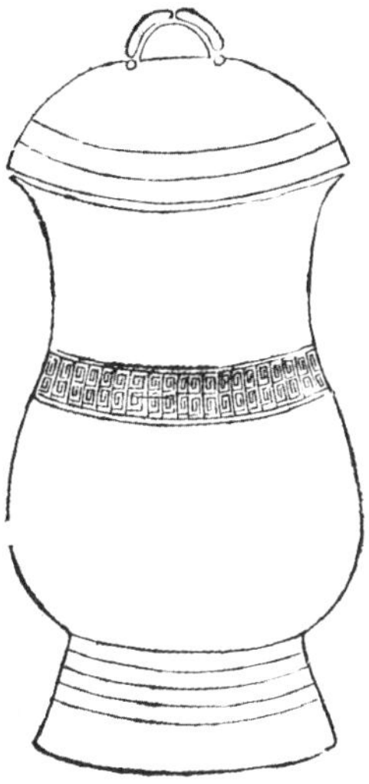

蓋

彭女乙舉

器

舉

禮尊者舉爵卑者舉觶又考工記梓人為飲器勺一升爵一升觚三升獻以爵而酬以觚一獻而三酬則一豆矣鄭註勺尊升也觚當為觶豆當為斗辥氏曰二升曰觚三升曰觶康成改觚為觶理或然也陳氏曰鄉飲鄉射言獻以爵而酬以觶儀禮亦云獻以爵酬以觶按此器言彭女乙舉猶彭女乙觚之屬也

量度之屬

二之下

書言同律度量衡禮稱正權概角斗甬而其制失傳傳者秦權漢尺莽嘉量數事蓋寥寥也古今大小殊制短長異宜難以強合茲就其有銘刻者集量度之屬

秦權一

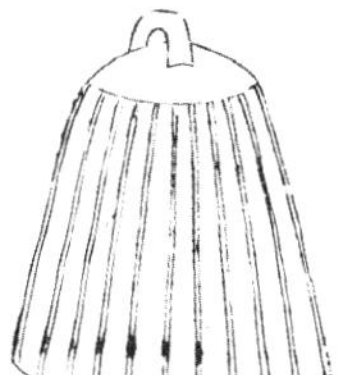

河南李氏

秦權二

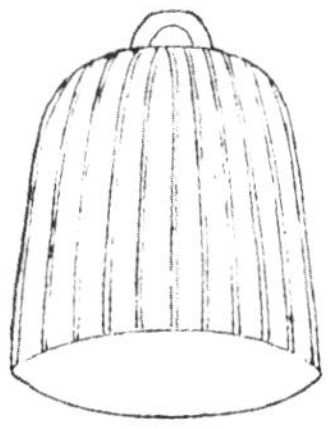

河東王氏　俱以考古齋

權銘一

廿六年皇帝盡并兼天下諸侯黔首大安立號為皇帝乃詔丞相狀綰法度量則不壹歉疑者皆明壹之

元年制詔丞相斯去疾法度量盡始皇帝為之者有刻辭焉今襲號而刻辭不稱始皇帝其於久遠也如後嗣為之者不稱成功盛德刻此詔故刻左使毋疑

平陽斤

此銘載考古齋十五行共一百字外有平陽斤三字一行

權銘二

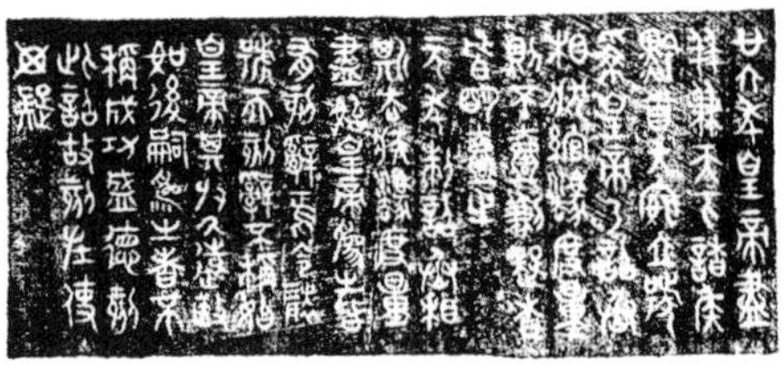

釋文同前

皆字令字与前異餘詞同

此銘載薛氏歟識十七行〻共百字末少平陽斤一行

考古圖云權各高二寸徑寸有九分容合重六兩銘一百有一字又有三字曰平陽斤王氏同又云秦本紀始皇廿六年平六國號皇帝一法度衡石丈尺丞相綰者王綰也二世元年皇帝曰金石刻云〻始言金石刻而卒止言刻凡據權之文云故刻左則史記石字當為左字丞相去疾姓馮

鵬按二銘皆權文無所謂秦斤者薛氏不察以一為權一為斤遂啓後人之惑不知斤乃斤兩非斧斤也權形上弇下侈環而刺之故銘字上窄下廣非別有一斤也平陽斤者斤法以平陽為則耳考古本以平陽斤為權銘惟銘百字悮以為百有二字

新莽銅權二器　未詳形制以積古齋摹陳仲魚臨本

一

律石衡蘭
奉○○容六升
始建國元年
正月癸酉
朔日制

二

律石
始建○元年
正月癸酉
朔日制

未知缺裝字

積古歟識云漢王莽傳以十二月朔癸酉為始建國元年正月之朔莽以十二月為歲首則此銘正月朔即孺子嬰初始元年之十二月朔也薛氏歟識載注水匜與此權蓋一時所制彼云律斤衡蘭此云律石衡蘭石與斤皆權也律石衡當是官名蘭當是人名莽傳載莽策羣司之辭有曰白煒象平考量以銓此即命鑄權量之辭也

新嘉量　見西清古鑑

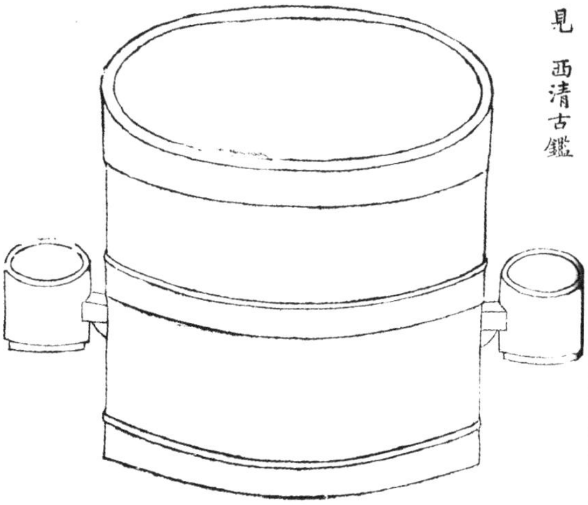

黃帝初祖
德帀于虞
虞帝始祖
德帀于新
歲在大梁
龍集戊辰
戊辰直定
天命有民
據土德受
正號即真

邃古齋藏

金索

改正建丑
長壽隆崇
同律度量衡
𥡴當前人
龍在己巳
歲次實沈
初班天下
萬國永遵
子〻孫〻
享傳億年

𥡴即稽字

律嘉量斛
方尺而圜其外
庣旁九釐五豪
冪百六十二寸
深尺
積千六百廿寸
容十斗

律嘉量斗
方尺而圜其外
庣旁九釐五豪
冪百六十二寸
深寸
積百六十二寸
容十升

邃古齋藏

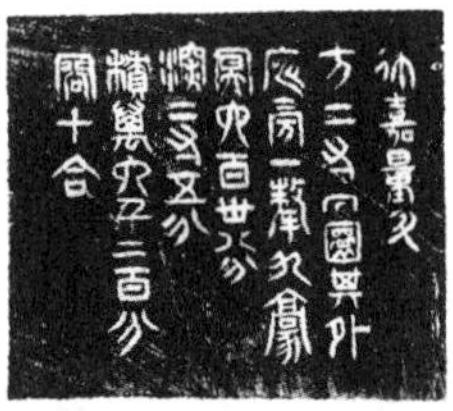

律嘉量斗
方二寸而圜其外
庣旁一釐九豪
冥六百卌八分
深二寸五分
積萬六千二百分
容十合

金石記作方寸不合

律嘉量合
方寸而圜其外
庣旁九豪
冥百六十二分
深寸
積千六百廿分
容二籥

律嘉量籥
方寸而圜其外
庣旁九豪
冥百六十二分
深五分
積八百一十分
容如黃鍾

西清古鑑云右斛斗升合籥凡五統曰量為一器合今尺通高八寸一分通潤一尺六寸五分斛深七寸二分徑一尺四分斗深七分有二徑與斛同升深一寸八分有一徑二寸一分合深七分有二徑一寸一分籥深三分有六徑一寸蓋莽尺每一尺當今七寸二分通重三百六十三兩王莽篡漢號曰新其僞詔曰予伏念皇初祖考黃帝皇始祖考虞帝此銘首四語是也歲在大梁龍集戊辰則居攝之三年改元初始矣戊辰直定則始篡之日按漢

書以戊辰直定御王冠顏師古注謂其日當定則猶言定日也莽妄稱火德銷盡土德當代故言據土德其曰改正建丑蓋莽以戊辰十二月朔癸酉為建國元年正月之朔也又漢書莽策羣司有曰白煒象平考量以銓攷其時為建國元年今銘云龍在己巳歲次實沈適合蓋銘詞先叙其篡位之始而制器則建國元年也大梁昴星季春之月實沈商星孟夏之月故戊辰曰歲在大梁己巳曰歲次實沈皆歲星所在也周禮㮚氏為量銘曰嘉量既成以觀四國而此器亦名嘉量蓋假周禮以愚惑天下於此亦見又據黃鍾之律積龠為合積合為升以至于斛居然有虞氏之制度故曰律嘉量也庣旁云云庣吐彫切廣韻謂不滿之貌莽為漢臣而盜竊名號至於改正朔異器制其銘詞曰初班天下萬國永遵子子孫孫享傳億年與秦一世二世傳之萬世者同一妄誕今採入斋録不書新而仍命之曰漢亦春秋遺意耳

兩漢金石記云莽時量銘五段前一段其銘文也後則分鐫于斛斗升合龠也漢律歷志量起于黃鍾之龠合龠為合十合為升十升為斗十斗為斛而五量嘉矣其法用銅方尺而圜其外旁有庣焉其上為斛其下為斗左耳為升右耳為合籥注鄭氏曰算方一尺所受一斛過九釐五豪然後成斛今尚方有王莽時銅斛制盡与此同也按王莽銅量未知存否今所見摹本篆文如此又云前一段篆文二十行行四字惟第十三行五字字大建初尺將及寸許斛斗二段各七行每字五分許升合籥三段各七行每字或二分許或三分許

鵬按金石記所録銘詞雖有摹本而篆楷相錯字畫不準且篆法亦未合如嘗作眥㴱作灖卒作㪍之類今從西清古鑑更定爲又市字翁釋作朮今觀隋志明是市字說文市周也言反之而周也器取帝德周而復始之義則字翁書實釋作寬鵬謹按隋志係是冪字此當為冪之省文冪百六十二寸者言圜圓之寸數以勾股法求之自見又以十乘之故積千六百廿寸也漢志但云重二鈞而不載其銘詞惟隋律歷志引後魏景明中并州人王顯達獻古銅權一枚上銘八十一字其銘云律權石重四鈞又云黃帝初祖德市于虞云云以新稱稱之重百二十斤與此第一銘同而多止六字六字當是別刻一處不與銘文相連其重四鈞較漢志則多二鈞今此量重二十二斤餘即以新稱衡之亦無四鈞當別是一器隋志又叙律嘉量斛銘入嘉量而以黃帝初祖銘入權衡蓋因其銘之上有律權石重四鈞六字故以此為王莽

金索

時銅權而斗升合龠四銘不録焉竊謂此即莽量蓋量之則爲嘉量衡之則爲權隋志誤分爲二也又考十六國春秋後趙録云趙王三年王和掘得圓石狀如水碓銘曰律權石重四鈞同律度量衡有新氏造叅軍續咸以爲王莽時物遂命下禮官爲準程云云銘文雖簡而畧同惟云負石殊不相合豈莽時亦以石爲權耶周之嘉量容一鬴故重一鈞莽之嘉量容一斛故重四鈞實不相遠也

遯古堂藏

金索

新莽嘉量銘

金石記凡六段悉依其原摹行次書之

釋文

黄帝初祖

德市于虞

虞帝始祖

德市于新

歲在大梁

龍集戊辰

戊辰直定

天命有民

據土德受

正號即真

改正建丑

市字隋志作帀按說文帀周也从反之而帀周義亦可通似其直畫上出乃市字與市字不同此市字音鏺說文草木市市然象形集韻草木盛貌又詩蔽芾本作市音沸亦訓盛貌此作德盛解義長

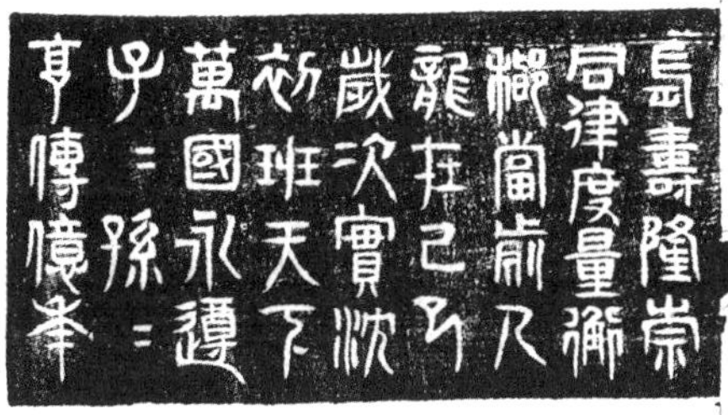

長壽隆崇

同律度量衡

稽當前人

龍在己巳

歲次實沈

初班天下

萬國永遵

子子孫孫

享傳億年

稽即稽字

亨即享字隋志作享

金石記云右篆二十行行四字惟第十三行五字大晉初尺將及寸許

鵬按隋律歷志亦載是銘引後魏景明中并州人王顯達獻古銅權上銘八十一字其銘云律權石重四鈞又云黄帝初祖德市於虞云云以新權權之重一百二十斤新稱與權合符契云云此即量銘惟多六字

遯古堂藏

金索

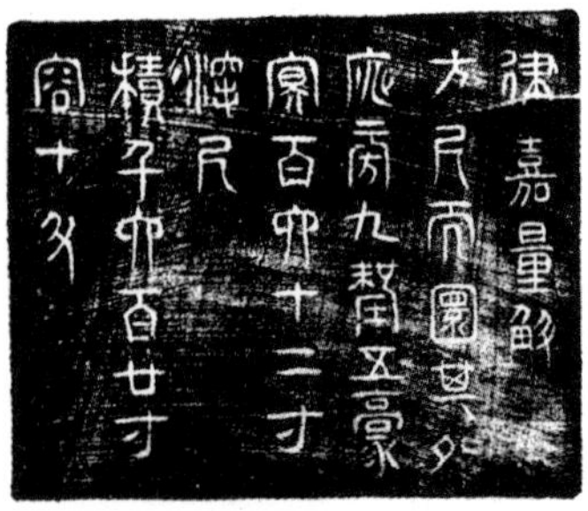

斛銘

律嘉量斛
方尺而圜其外
庣旁九氂五豪
冪百六十二寸
深尺
積千六百廿寸
容十斗

庣者不滿之之意猶今之缺處宲字金石記釋為寬嘗疑其不洽及觀隋志方知是冪字之訛文

斗銘

律嘉量斗
方尺而圜其外
庣旁九氂五豪
冪百六十二寸
深寸
積百六十二寸
容十升

金石記云以上二段各七行每字五分許

邃古齋藏

金索

龠銘

律嘉量龠
方寸而圜其外
庣旁九豪
冪百六十二分
深五分
積八百一十分
容如黃鍾

金石記云以上三段各七行每字或二分許或三分許

又云新莽時量銘五段前一段其銘文也後則分鐫于斛斗升合龠
漢律麻志量者龠合升斗斛也本起于黃鍾之龠合龠為合十合為升
十升為斗十斗為斛而五量嘉矣其法用銅方尺而圜其外旁有庣焉
其上為斛其下為斗左耳為升右耳為合龠注鄭氏曰算方一尺所受
一斛過九氂五豪然後成斛今尚方有王莽時銅斛制盡與此同也[illegible]
莽銅量未知存否今所見摹本篆文如此
又云莽初始元年即居攝三年戊辰也其年十一月戊辰莽至高廟拜
受金匱還坐未央宮前殿下書曰以戊辰直定御王冠即真天子位定有
天下之號曰新改正朔易服色變犧牲殊徽幟異器制以十二月朔癸酉
為始建國元年正月之朔此銘云龍集戊辰謂戊辰年也戊辰直定謂
戊辰日也直定者以建除之次其日當定也又曰龍在己巳則謂以此銘
量班行郡國在始建國元年己巳也
瓛按嘉量之名始于周官㮚氏為量鬴深尺內方尺而圜其外其
實一鬴其臀一寸其實一豆其耳三寸其實一升重一鈞其聲中黃
鍾其銘曰時文思索允臻其極嘉量既成以觀四國永啓厥後茲器維
組則此嘉量有銘之始然實乃一鬴重乃一鈞耳漢志詳其制亦云
重二鈞而不載其銘詞隋志叙二銘詞以斛銘入嘉量以黃帝初
祖一銘入權衡蓋因其銘之上有律權石重四鈞六字故以此為王莽

邃古齋藏

金索

漢谷口銅甬銘 从薛氏款識

谷口銅甬
容十斗
始元四年
南方
左馮翊造

谷口銅甬容十斗
重卅斤甘露元年
十月計掾章平
左馮翊府
廿方樂甬

薛氏款識引古器物銘云谷口銅甬舊藏劉原父家一器而再刻銘始歐陽公集古錄金石遺文自三代以來法書皆備獨無西漢文字求之累年不獲會原父守長安故都多古物奇器原父好奇博識皆求而藏之竟後得斯器及行鐙博山香爐模其文以遺歐陽公于是西漢之文始傳于世蓋收藏古物寔始于原父而集古錄自歐陽發之後來學者稍稍知搜抉奇古皆二公之力也

邃古齋藏

金索

漢建武太官鍾 从博古圖減小

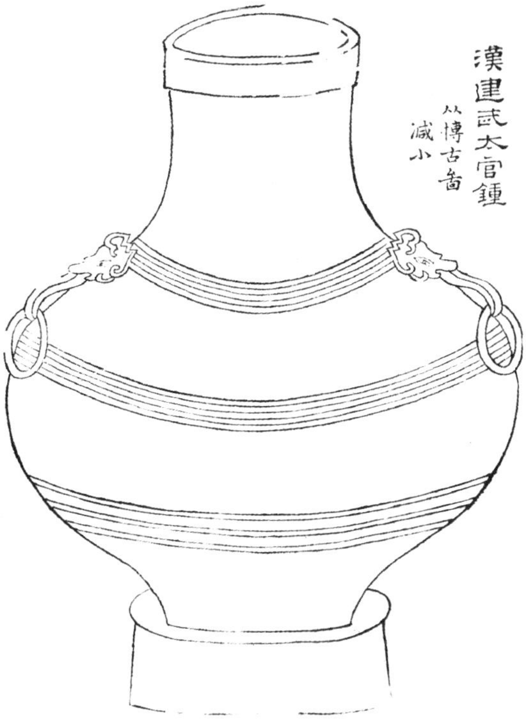

銘

太官銅鍾容一斛建
武十十年工伍輿造
考工令史由丞或令
通主太僕監掾蒼省

博古圖云器高一尺五寸五分深一尺三寸口徑五寸八分腹徑一尺一寸容二斗九升五合重二十一斤二兩建武二十年歲在甲辰乃東漢卒衆內附正極治之時器制類壺而銘曰鍾鍾酒器也鵬案此鍾乃量名如豆區釜鍾之鍾非酒器也

邃古齋藏

漢永建鍾

見西清古鑑

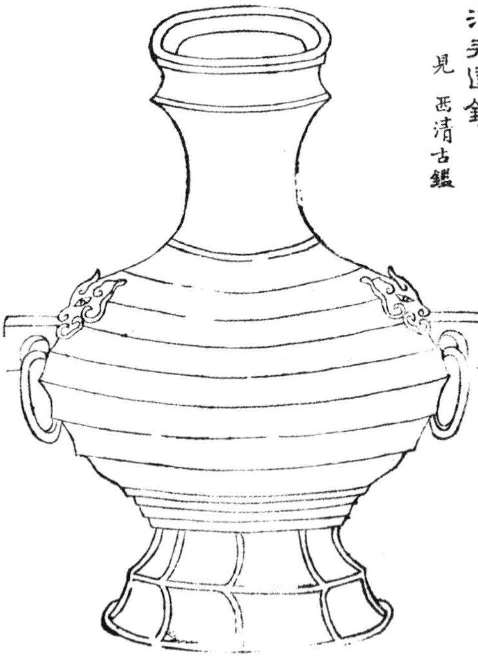

銘

永建元年四月廿五日○工張文高○○作○鍾

西清古鑑云古高一尺一寸四分深八寸六分口徑四寸四分腹圍二尺四寸六分重一百一十七兩兩耳有環銘云永建元年則東漢順帝紀元也

漢食官鍾一

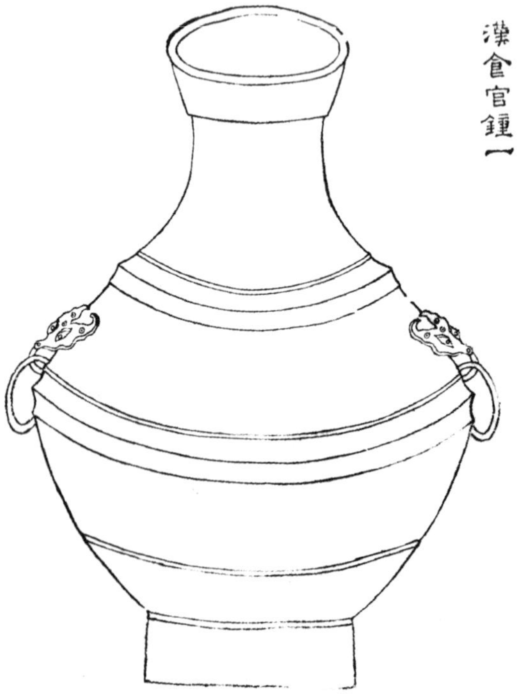

銘

食官一年造
重五十斤四兩

器高今尺一尺三寸九分深一尺一寸六分口徑六寸腹圍三尺五寸二分重今權十斤七兩銘十一字食官之名見周禮膳夫注食官之長想漢人亦沿其制一年疑即元年未改元之稱其年字似五鳳二年石刻

漢食官鍾二

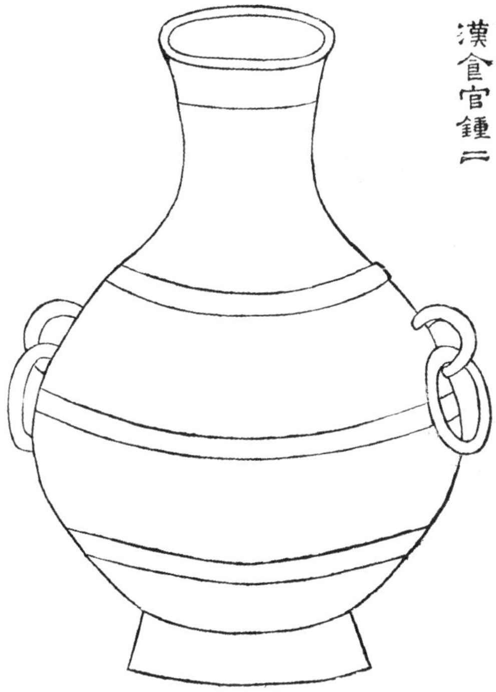

邃古亝藏

銘

食官鍾重五十斤十年六月乙未望日造

器高今尺一尺三寸七分深一尺二寸五分口徑五寸二分腹圍三尺四寸二分重今權十一斤四兩与前一年鍾相似前銘先紀年後記數此銘先言數後紀時一也

漢日利千金方壺

藏淄陽縣牛氏　尚減小

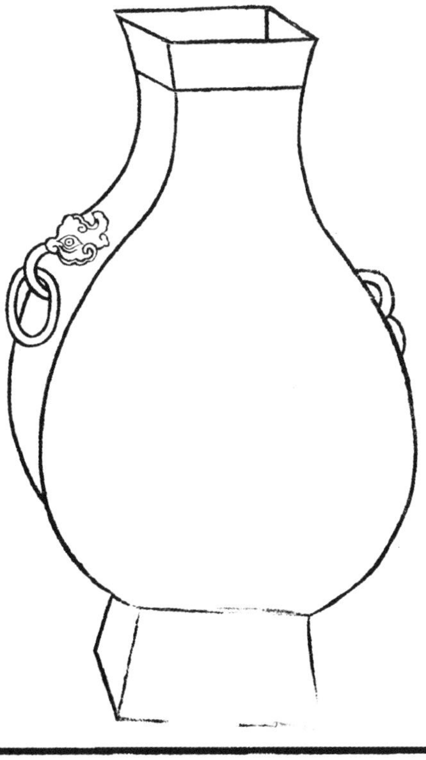

金索

邃古亝藏

銘

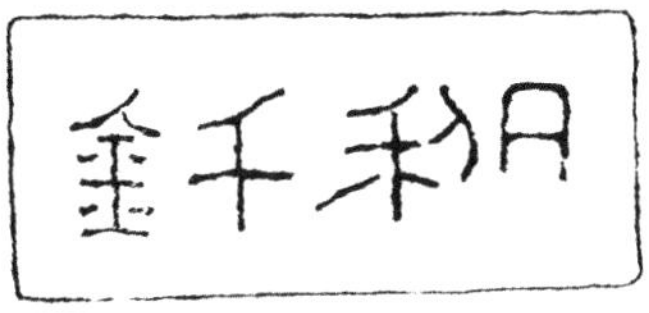

日利千金

右壺高漢尺一尺七寸腹徑九寸口徑四寸七分底徑五寸七分形方而區與博古錄載漢獸耳方壺第五器全相似其兩旁獸首啣環亦同惟彼器秖高宋尺九寸此較大耳銘陽文日利千金四字在其口之裡面乃漢人吉利語猶鏡銘之有日利大萬家富千金也淄陽漁者得于泗河邑人牛別墅以高粱一石易之別墅名夢英工詩好古由孝友端方任息縣知縣今其雲礽猶世守此器也芸臺先生收入金石志以為日利千金鼎蓋觀其拓本未見斯器鵬今攷之實漢方壺非鼎也壺以盛酒亦尊之屬

漢綏和黃塗壺

从博古圖減小

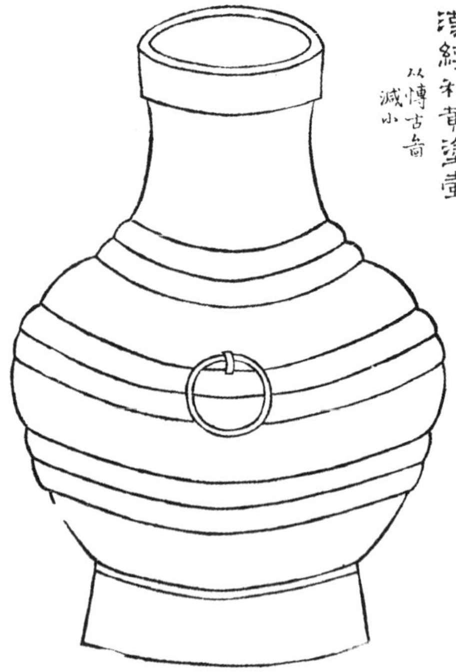

金索

邃古齋藏

綏和元年供王昌為
湯官造卅鍊銅黃塗
壺容二斗重十二斤
八兩塗工乳護級掾
臨主守右丞同守令
寶省

綏和元年西漢成帝之二十五年也楓窗小牘云宣和三年二月新鄭門官夫淘溝從助產朱婆婆廧外溝底得一銅器如壺而旁有環腹上有線其色翡翠文曰綏和云云第重六斤即謂此也

後漢延光壺

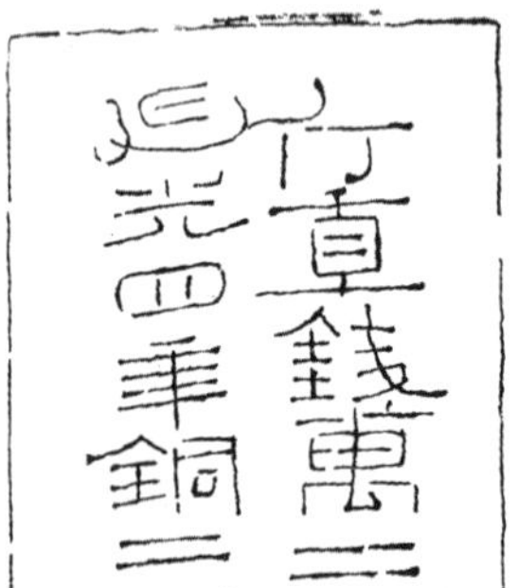

斤直錢萬二千
延光四年銅二百

延光四年東漢安帝之十九年此與下啓封鐙皆從宋復齋王氏本摹入其壺之大小不可知

金索

邃古齋藏

漢啓封鐙

啓封一斤十
二兩十二朱
宮一升

啓封即開封朱即銖一斤十二兩十二銖蓋一斤十二兩半也

漢丞相府漏壺

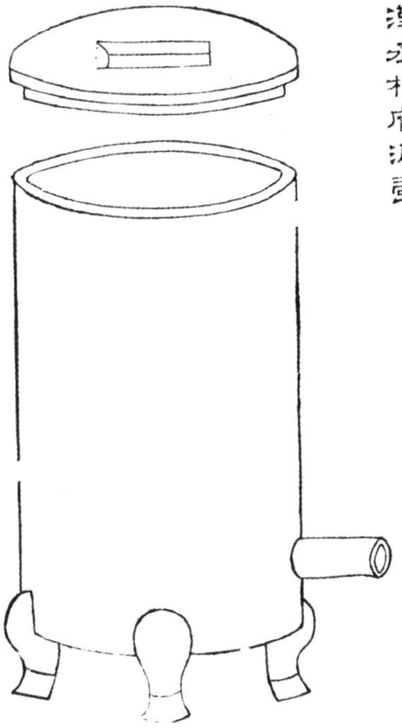

考古圖云麗蔵丹陽蘇氏高九寸半深七寸半徑五寸六分容五升有蓋蓋有長方孔底有流筩乃漏壺也銘廿有一字

金索

邃古齋藏

銘

廿一斤十二兩六年三月己亥卒史神工譚正丞相府

鵬按是銘考古圖及薛氏俱釋作己亥年竊疑漢人銘識年上不加干支且既云六年不當復云己亥年矣後見丹徒劉氏有一拓本作卒字乃知卒下亡係十字与年字相似故誤會為年字也孔廟有百石卒史碑

漢周陽侯家甗鍑

縮小

考古圖云藏河南文氏度量未攷

金索

邃古齋藏

銘

周陽侯家銅三習甗鍑一容五斗重十八斤六兩侯治國五年五月國輸第四

考古圖云說文鍑大口釜也鍑上有甗故曰甗鍑三習者其制三重習一作摺疊也雖字未詳漢恩澤侯表有周陽侯士淮南王長舅趙兼侯治國侯嗣位之年數也

又一銘

此積古款識所摹江鄭堂拓本銘与前同惟陰識作陽識侯治國作師治國未知是否故竝存之其師字与薛氏同其甗字足正考古之□

漢長區　見西清古鑑

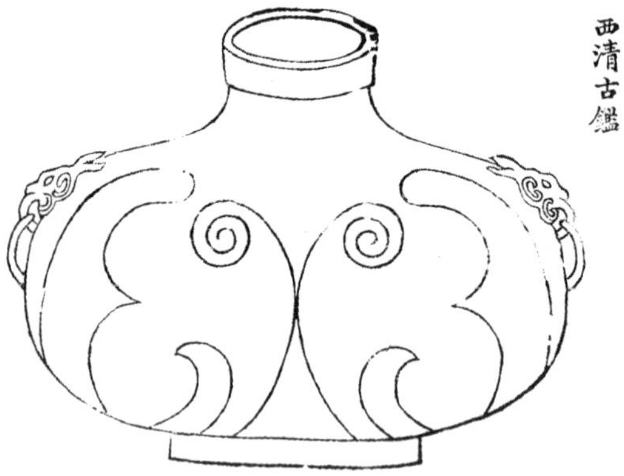

金索

邃古齋藏

銘

長區容一斗

西清古鑑云右高六寸九分深五寸二分口徑二寸一分腹縱七寸二分橫三寸二分重五十兩兩耳有環左氏傳齊舊四量豆區釜鍾杜預注四豆為區容十六升而此銘曰長區容一斗蓋自春秋至漢制之廣狹已不侔矣

周素缶　見西清古鑑

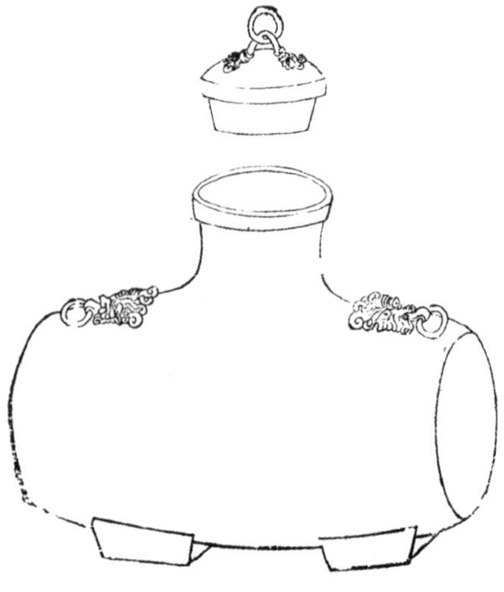

金索

邃古齋藏

西清古鑑云右通蓋高八寸二分深六寸五分口徑二寸八分腹縱五寸五分橫九寸六分重一百二十八兩兩耳連環按缶制大腹而斂口可以節樂可以盛酒漿爾雅疏謂是瓦罍而禮罍五獻之尊門外缶門內壺是缶尊彝之類又小爾雅釜二有半謂之藪藪二有半謂之缶缶二謂之鍾是缶亦量屬與豆區釜鍾同今二說與茲器覩之則缶制不得專屬之陶人矣

鵰按今人但知缶為瓦器而不知有銅器且不知其為量名故謹錄西清古鑑以為量屬增一器焉

漢純素方斗

見西清古鑑

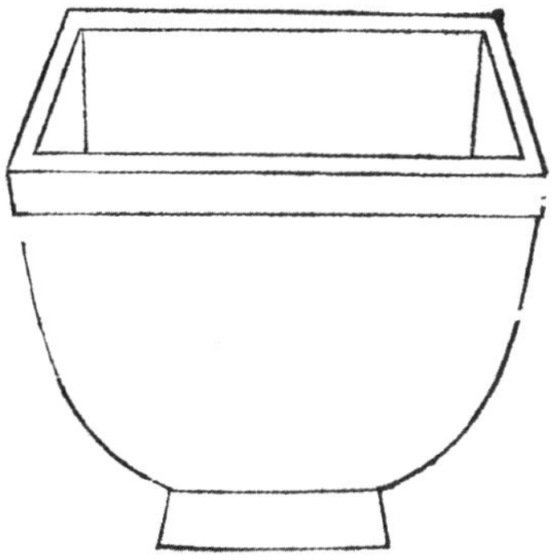

金索

西清古鑑云右高四寸七分深四寸口徑五寸九分足徑二寸六分重六十六兩

按許氏說文斗大升也此與飲器自别

遼古堂藏

漢建初銅尺

舊為江都閔義行藏

後歸孔東塘民部

今在衍聖公府

鶚至曲阜玉虹樓每從公府借觀是尺色無朱綠而醇古動人其尺廣此尺之一寸厚半之重今廣秤十八兩巢南語余云拓本長短不齊乃從原尺量倣二尺以其一贈余

慮俿銅尺建初六年八月十五日造

慮俿銅尺建初六年八月十五日造　郡國志慮俿屬并州太原郡　顏師古音為盧夷

山左金石志云居易錄云漢章帝時泠道舜祠下得玉律以為尺與周尺同因鑄為銅尺頒郡國謂之漢尺此或其遺歟吳江沈冠雲彤著周官祿田考未見建初尺然其所繪古尺圖與此正同高若訥依隋志定十五等尺第一為周尺即此也江寧周幔亭榘亦云曲阜孔氏所弆銅尺與沈冠雲所用尺同孔民部尚任云建初尺與周尺同當古尺一尺三寸六分當漢末尺八寸與唐開元尺同當宋省尺七寸五分當浙尺八寸四分當明部定官尺七寸五分弱當今工匠尺七寸四分當今裁尺六寸七分當今量地官尺六寸六分當今河北大布尺四寸七分以上各說皆精覈　鶚按宋省尺七寸五分七字當作八

金索

漢建初銅尺歌

城南亭子槐陰涼拓文乃展漢孝章六知此尺在闕里徒觀之之篆一行建武銅尺周尺同以校後代皆延長惜哉蕳公未見此七品猶嫌繳弱強世祖之孫好儒術四年帝觀下太常建初年去建武近中無以來民不忘隋書銘鑪十五等此尺早出非難量道武尺遇建初正周禮尺制應加詳其時鍰官屬郡縣縣官鑄範銅母陽淣於玉律度為尺文學得自零陵環林廬廬也土俗别大陵有鏡扇熾揚慮俿豈由俗間鑄何以寶傳茲方蕳公不如我生晚可正古尺亦傍徨同觀更辨字體於今日之樂樂未央

乾隆壬辰六月秀水錢載作

是歲八月辛丑朔十五日聽是乙卯乾隆癸巳三月廿有四日嘉定錢坫觀于白紙坊南廣舍

遼古堂藏

晉尺

以宋王復齋款識摹入　較漢建初尺短二分許

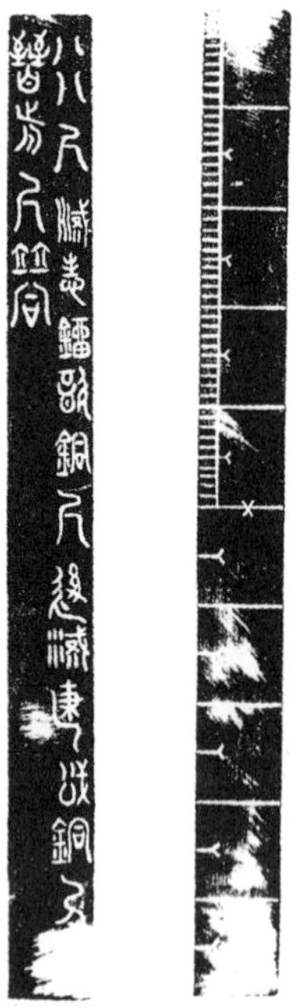

周尺　漢志鎦歆銅尺　後漢建○銅尺
晉前尺並同

舊釋如是鵬按周字武字々畫不全蓋銅質剝蝕之故吳江沈冠雲以為首多一字係誤衍者非也考篆文周字朱育集字有作𠁽者與此邊四畫同其為周字無疑武字古老子作䟫也

金索　蓬古盦藏

鵬又考晉律歷志云武帝泰始九年中書監荀勗校大樂八音不和始知後漢至魏尺長于古四分有餘乃部著作郎劉恭依周禮制尺所謂古尺也更鑄銅律呂以尺量古器無差勗銘其尺曰晉泰始十年中書考古器揆校今尺長四分半所校古法有七品一曰姑洗玉律二曰小呂玉律三曰西京銅望臬四曰金錯望臬五曰銅斛六曰古錢七曰建武銅尺姑洗微彊西京望臬微弱其餘與此尺同銘八十二字此尺者勗新尺也今尺者杜夔尺也晉志如是未有前尺之名前尺見于隋志々載十五等尺一周尺與漢志王莽時劉歆銅斛尺後漢建武銅尺晉泰始十年荀勗律尺為晉前尺祖沖之所傳銅尺近同二晉田父玉尺梁法尺實比晉前尺一尺七氂三梁表尺比晉前尺一尺二分二氂一毫有奇四漢官尺比晉前尺一尺三分七毫與晉始平時掘得古銅尺近同五魏尺杜夔所用調律比晉前尺一尺四分七氂六晉後尺比晉前尺一尺六分二氂晉氏江東所用七後魏前尺比晉前尺一尺二寸七氂八中尺比晉前尺一尺二寸一分一氂九後尺比晉前尺一尺二寸八分一氂後周市尺開皇官尺同十東魏後尺比晉前尺一尺五分八毫十一蔡邕銅籥尺後周玉尺比晉前尺一尺一寸五分八氂十二宋氏尺比晉前尺一尺六分四氂錢樂之渾天儀尺後周鐵尺開皇鍾律尺同十三開皇十年萬寶常律呂水尺比晉前尺一尺一寸八分六氂十四雜尺趙劉曜渾天儀土圭尺比晉前尺一尺五分十五梁朝俗間尺比晉前尺一尺七分一氂是隋志以晉前尺為本而一周尺云々又與是尺銘文相似則是尺疑亦隋時造非晉時造也

宋三司布帛尺

舊藏華陰王山史家　後歸曲阜孔東塘農部　此從桂未谷拓本

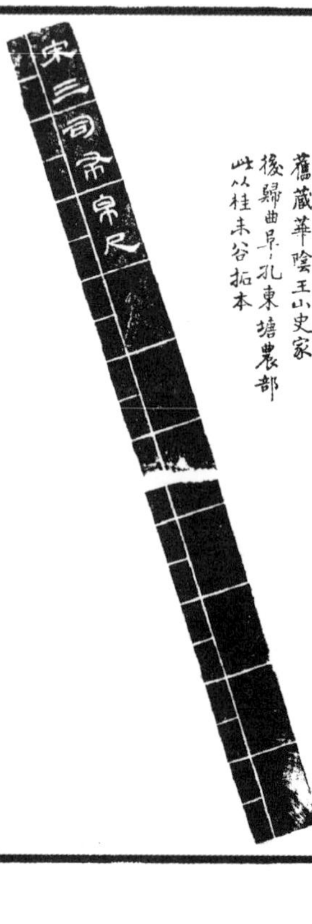

山左金石志云宋史職官志三司總國計應四方貢賦之入朝廷不預一歸三司通管鹽鐵度支戶部號曰計省位亞執政目為計相三司故得自置尺也又食貨志布帛宋承前代之制公私織造須幅廣二尺五分民所輸絹匹重十二兩河北諸州軍重十兩各長四十二尺此三司通管天下布帛有定尺也三司尺即所謂省尺與浙尺異孔氏所藏漢建初尺當省尺七寸五分當浙尺八寸四分鵬按七字亦當作八若此尺七寸五分止漢尺之八寸八分耳

金索　蓬古盦藏

鵬又按金石志又別繪五寸畫式云此奪三司尺五寸于此當今工部營造尺四寸三分強倍之可得是尺全圖鵬取而倍之以較泗水王君容谷家榕所刻桂未谷全拓本乃短至五分詳其懸遠細思之此必金石志拓本因墨燥而縮王氏所刻又遇裱背而伸也今從桂本減去一分摹刻庶幾近之若從金石志半尺之式則建初尺乃當此三司尺之九寸矣與前所云當此尺七寸五分者大相齟齬也

倣周尺二　附　以桂氏拓本

桂未谷云此尺拓本為裝褾者誤長分許嘱令截去分許以應宋布帛尺七寸五分之數

倣漢錢尺

以上三尺皆後人所仿造故附于諸尺之後

元大德權

正面

背面

嘉慶廿四年嶧陽縣南李社民周繼海儲之刨地得此權以為廢銅予主人後洗出字以為寶也攫而去之主人不服訟于典史斷歸周氏

權稱錘也虞書同律度量衡衡非權不足以定輕重此權區而六觚重今庫砝二十三兩六錢上刻濟南路總管府較勘相同大德九年造十五字大德為元成宗年號考泗水縣有重脩昭惠靈顯王廟碑文登縣有崑崳山東華宮記皆在大德九年史稱成宗時賢相登朝河清玫瑞褒國樂民為守成令主則其較勘權衡以同天下宜矣

大德權二

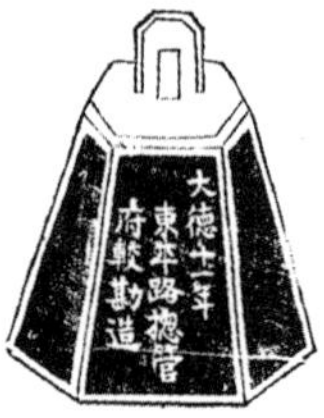

此銅權見于嘉祥制六觚而一面刻字与前稍異東平路即東平州地其領縣則須城東阿陽穀汶上壽張平陰也元太祖時嚴忠濟為東平路管軍萬戶摠管行摠管府事領五十四州縣則摠管府之權重矣

道光元年四月朔日鏤板于嶰陽署齋時日月合璧五星聯珠記之

餘論

律度量衡日用之至不可缺而亦至難齊古有栔累鍾錙鐶鈞銖鎰之目其詳不可得聞矣歟其可考者如漢志隋志言度則分寸尺丈引也言量則龠合升斗斛也言權則銖兩斤鈞石也黃鍾之重一龠容千二百黍兩之為兩十六兩為斤三十斤為鈞四鈞為石權生衡衡生規規生榘榘生繩繩生準是謂五則以為大小軌十斗為斛百二十斤為石斛屬五量之一石屬五權之一今人以五斗為斛十斗為石古未之聞也隋開皇時以古斗三升為一升以古稱三斤為一斤不過言其大略即以漢器比漢器亦互有參差況遠隔數千載後乎度較權量稍有可據然未得真器轉相仿傚贏縮隨時欲從紙上談兵殊非易易桂未谷明府集諸尺拓本以乾隆六年工部貯庫較準營造錢尺及衍聖公府所存漢建初銅尺為主自是定論建初尺當工部貯庫尺七寸四分工部尺當今時裁尺八寸八分鵬近得孔集南孝廉所比刻建初尺較金石志所載為長較王孝廉容谷所刻為短較公府真尺不爽庶可以測古器矣

道光元年四月朔日鏤板于嶰陽署齋時日月合璧五星聯珠記之

金索三

紫琅馮雲鵬晏海氏
雲鵷集軒氏同輯

雜器之屬

鍾鼎之屬已列首編乃有器不必登于郊廟名不必同于商周而有象可繪有銘可錄有年月可志者若鋗若洗若鐙若罏若釜甑若鐎斗以及浮屠造像田野鈴鐸之微皆可藉以想見古人制作精意自漢迄元得如干事入雜器之屬

金索

邃古齋藏

漢元康鋗

從博古圖縮小

博古録云罌高四寸二分深四寸一分口徑七寸四分

按說文鋗小盆也考西漢器物紀年号者莫先于此故列于雜器之首

金索

鋗銘　十五字在其脣

梁山銅二斗鋗重十斤元康元年造

鵬按梁字今博古圖篆作汖恐筆畫有悮處又一本作肆乃梁字非梁也兹姑从薛氏作肆

博古録云漢宣帝即位之九年乃改元康其末祇字乃稀耳如好時鼎之用山字也梁山銅者紀其產金之地梁山於漢初爲孝王之封依山鼓鑄爲國之富故在孝王時有罍尊直千金戒後世寶之則梁山之銅有自來矣

邃古齋藏

漢元延鋗銘

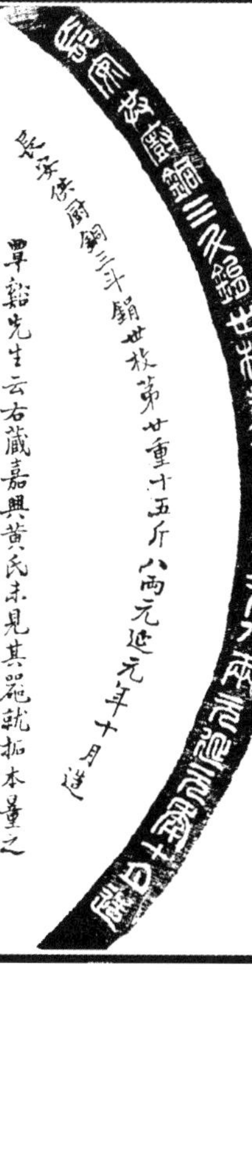

長安侯廚銅三斗鋗廿枚第廿重十五斤八兩元延元年十月造

覃谿先生云右藏嘉興黃氏未見其器就拓本量之口徑一尺四分漢建初尺之尺有五寸也銘在其脣之右分篆書二十五字直下与梁山鋗橫書之式不同而口徑大過之

又云說文鋗小盆也从金肙聲　肙从肉从口此器作𠮷漢人篆勢之變延內正字上畫內垂尚存六書之意

又載曾仲棣跋云辛丑夏同王石農觀于黃思堂家以今權權之秪得八斤以今量量之秪七升七合

漢章和堂狼洗

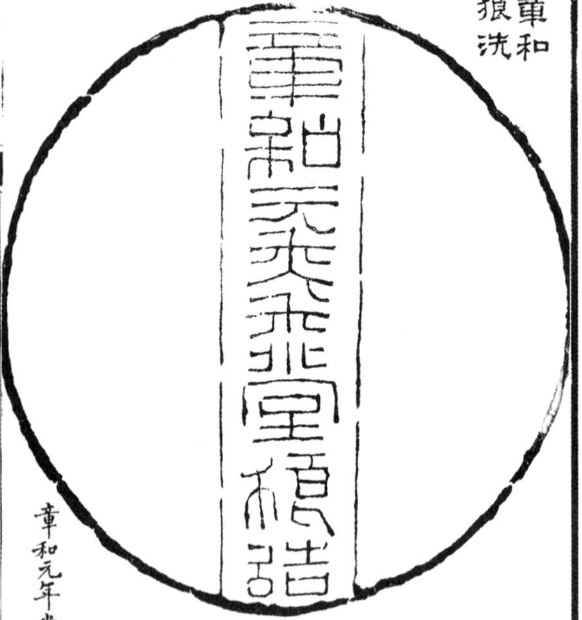

章和元年堂狼造

金索

邃古齋藏

章和元年漢章帝之十二年積古款識作十四年誤章帝在位祇十三年耳 堂琅縣屬犍爲郡見漢書地理志琅亦作狼見宋書州郡志

漢永元鷺魚洗

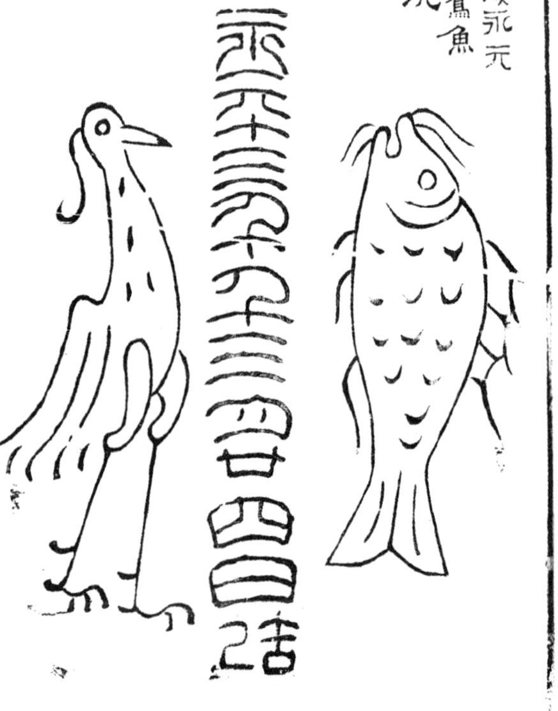

金索

邃古齋藏

魚形

永元十三年三月廿四日造

鷺形

永元漢和帝年號金石志載此器右鷺而左魚爲黄小松司馬藏器則右魚而左鷺爲蔣伯生明府藏器陽嘉洗亦作左鷺而右魚考漢鐃歌十八曲有朱鷺篇云朱鷺魚取義相合宋擬樂府作朱路篇失考旨矣

漢永建朱提洗　一

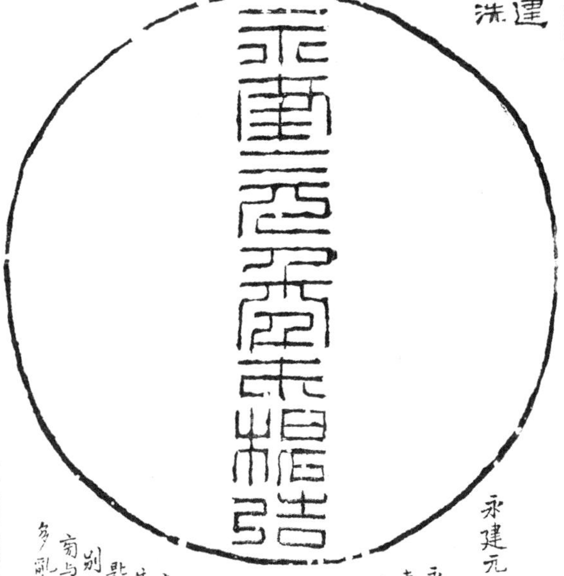

永建元年朱提造

永建元年東漢順帝即位之丙寅歲也積古款識云漢志犍為郡有朱提縣字本从手旁此从木作提考蘇林讀朱提為朱匙提乃匙之别文隸書手旁与木旁往往多亂也

金索

遂古齋藏

漢永建朱提洗　二

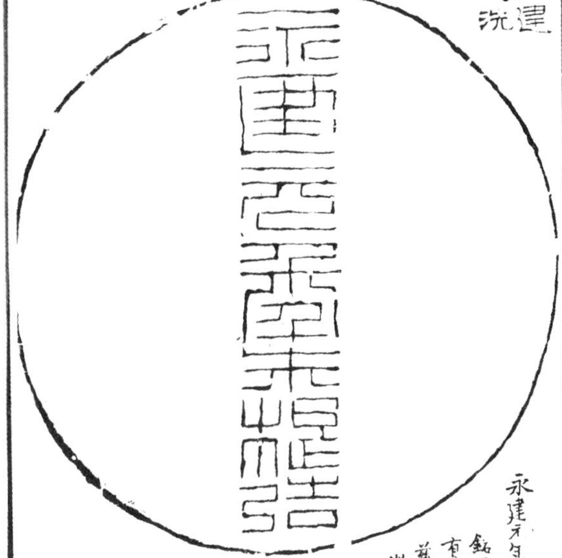

永建元年朱提造

銘同上兩旁有雙魚為慈谿鄭徵君勳所藏

漢陽嘉鷺魚洗

從博古圖縮小

按洗之為制小大不侔或深如盌或淺如盂周洗有足畫龜魚漢洗刻銘識茲為漢洗以此為式餘可類推不復圖焉

金索

遂古齋藏

銘

魚形

鷺形

陽嘉四年朔令

博古録云器高四寸一分深四寸口徑八寸八分容六升三合兩耳銘六字漢順帝即位之七年改元陽嘉曰朔者朔月也令者時令也洗盥手之器於此以奉祭祀交神人非苟然者

鵬按朔令二字強解且洗中無此銘識之式當是陽嘉四年三月造字耳各本沿悞已久其字必有錯亂處

漢陽嘉洗

陽嘉元年

末一字有朸誤疑是作字之譌

漢永和朱提洗

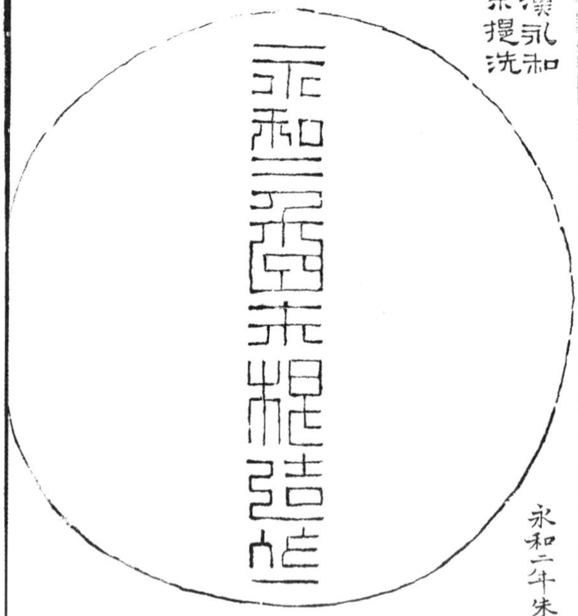

永和二年朱提造作

漢永和朱提洗

此葉東卿拓贈

文固上

漢永和鷺魚洗

永和三年造

魚　鷺

此黃秋盦拓本鷺雖不見其踪而字畫花紋工秀如見洵上品也

漢永和堂狼洗

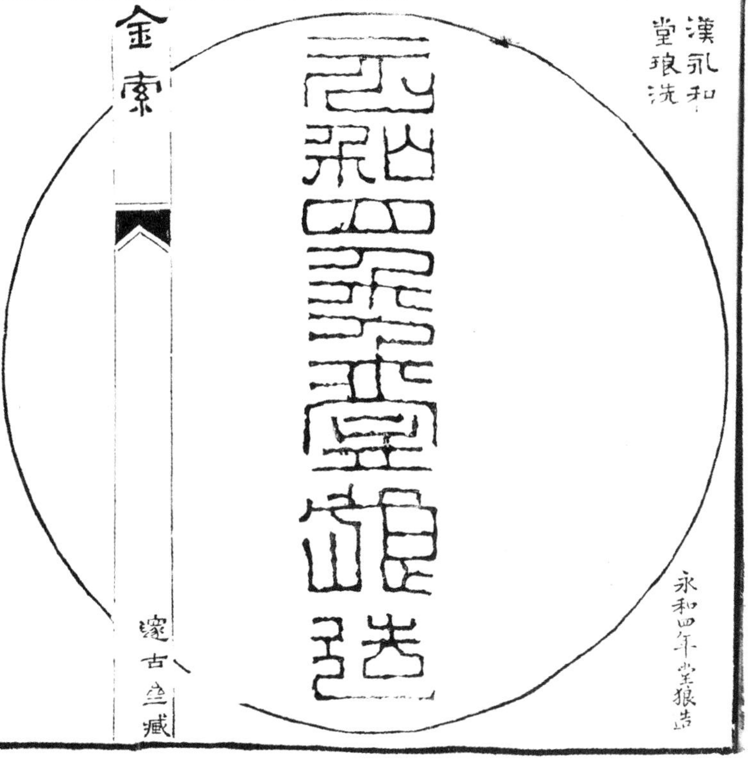

永和四年堂狼造

金索　邃古齋藏

此葉東卿所貽拓本篆文盤屈變動不拘常法猶漢印之用繆篆肰堂狼漢志作琅此不从玉傍从犬傍不但漢洗俱同即丸當文琅玕萬延亦作狼可見漢文之相通也

漢〻安平陽侯洗

漢安平陽侯　永　用

東漢平陽侯有二其一為曹宏在建武二年復故封宏子曠〻後無聞一為平陽公主之後公主適大鴻臚為順〻子奮〻襲之爵為平陽侯見勁淮為侯勁子邳為延光侍中邳子昭正當漢安之時此洗蓋憑伯器也積古齋論之甚詳

金索　邃古齋藏

漢〻安朱提堂狼洗

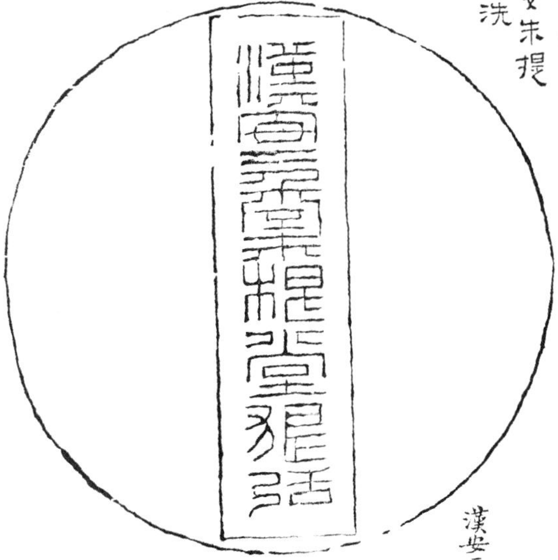

漢安三年朱提堂狼造

右有魚左有鷺鳥與永元洗同

積古款識云續漢書郡國志有朱提無堂狼後漢堂狼既省入朱提故此器云朱提堂狼也犍為郡故夜郎國禹貢梁州之境今貴州威寧州南東川二府地

漢中平洗

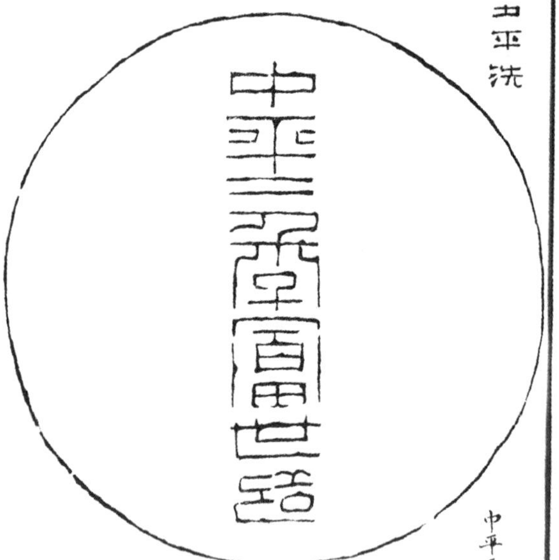

中平二年富世造

中平二年漢靈帝之十八年富世蓋造器者姓名金石記云其旁右魚左鳥桂未谷見此器於洛陽

漢初平雙魚洗

金索

邃古齋藏

漢宜侯洗

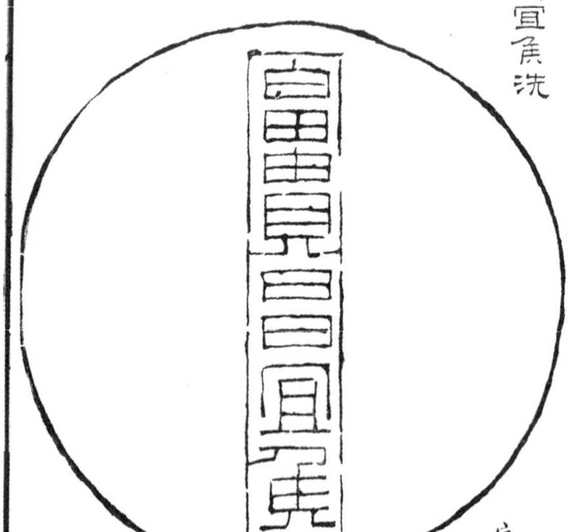

富貴昌宜侯

富□□古借□之法漢印亦往往有之

金索

邃古齋藏

太歲在甲戌初平五年吴師作宜子孫

魚

魚

積古款識云東漢獻帝以己巳年即位庚午改元初平初平止四年甲戌改元興平此稱初平五年者遠方未知改元猶仍舊號猶西漢五鳳止四年而元所藏甎稱五鳳五年也

漢宜王洗

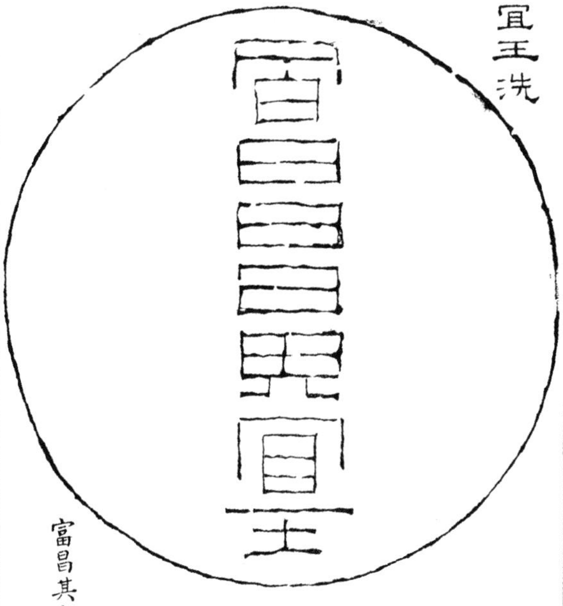

富昌其宜王

漢宜侯王洗

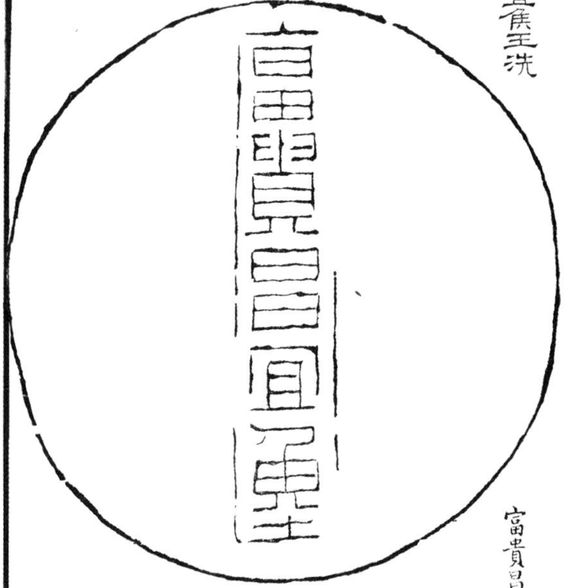

富貴昌宜侯王

邃古齋藏

漢宜侯王洗

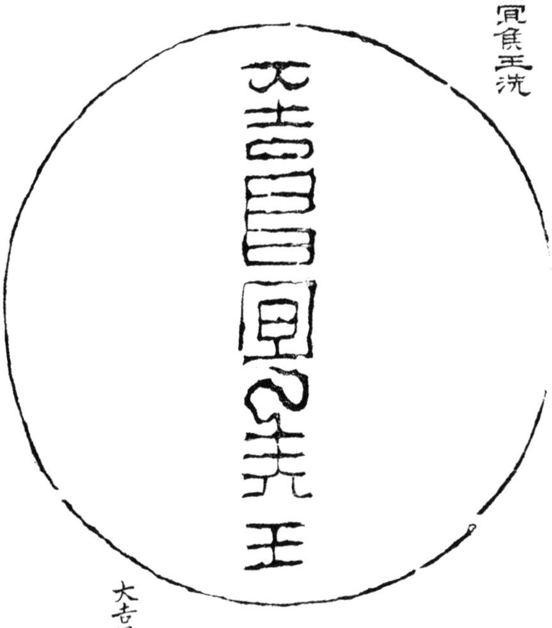

大吉昌宜侯王

漢宜侯王洗

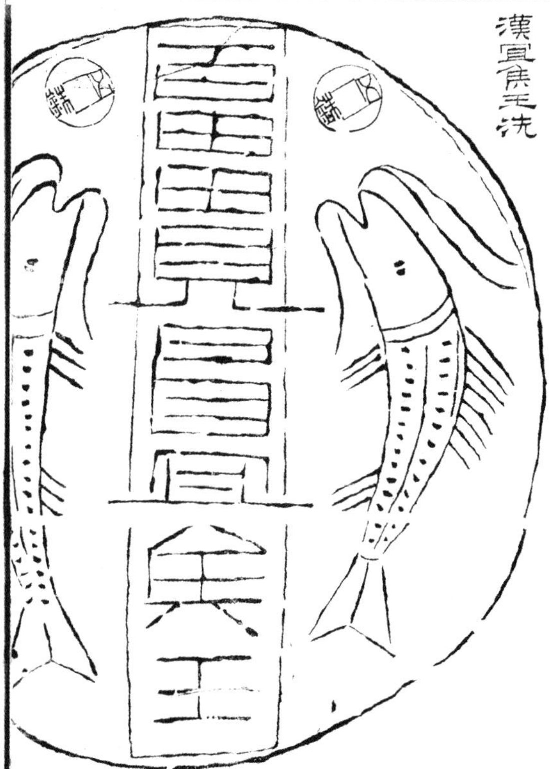

邃古齋藏

富貴昌宜侯王

魚　魚

考法書要録引鼎録云蜀章武二年作二著鼎一賜魯王銘曰富貴昌宜侯王一賜梁王銘曰大吉羊宜公王隸續云漢器物多有此文蜀鼎銘蓋采用前代之語是也此器為漢陽葉東卿藏

金索

邃古齋藏

漢宜侯王洗

宜侯王大吉羊

魚　魚

漢宜侯王洗

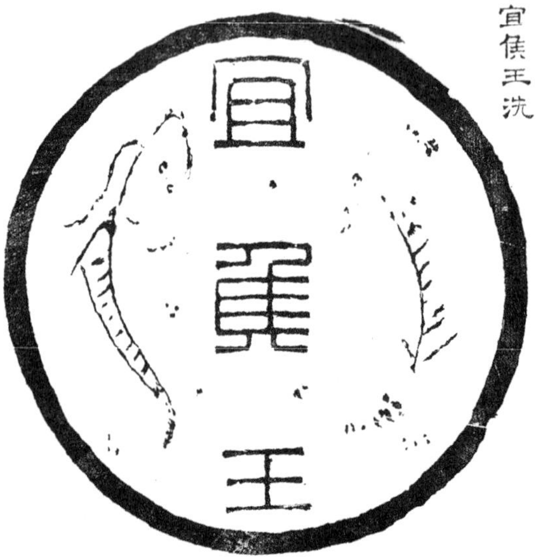

宜侯王

兩旁有雙魚紋一正一倒文亦模糊

金索

邃古齋藏

漢宜子孫洗

君宜子孫

魚

此與上宜侯王洗皆小松司馬拓本

漢宜子孫洗

宜子孫

金索

邃古盦藏

漢長宜子孫洗

長宜子孫　魚　魚

漢吉羊洗

吉羊

張芑堂金石契云吳門陸貫夫藏此漢銅洗紋作羊形銘曰吉羊按說文羊祥也漢元嘉刀銘亦作大吉羊惟吉作𠮷篆書所未有

金索

邃古盦藏

漢大吉羊洗

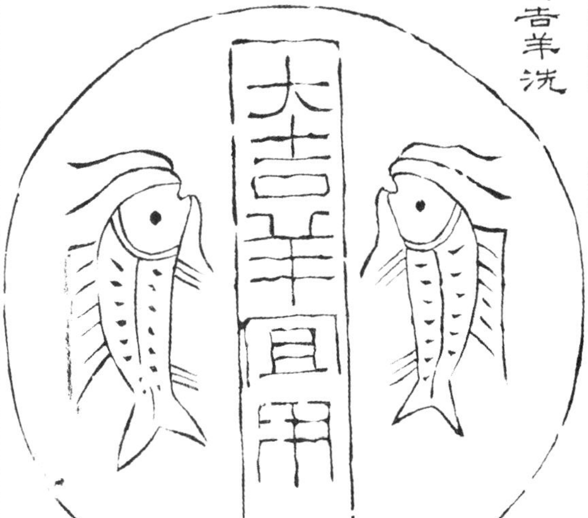

大吉祥宜用　旁有雙魚

金索

漢吉羊洗

吉祥二字下有一羊羊旁有樹集軒得之濰縣

漢大吉羊洗

大吉祥

洗皆雙魚茲取其單與字平列亦有別致此葉東卿洗

邃古盦藏

金索

漢大吉羊洗

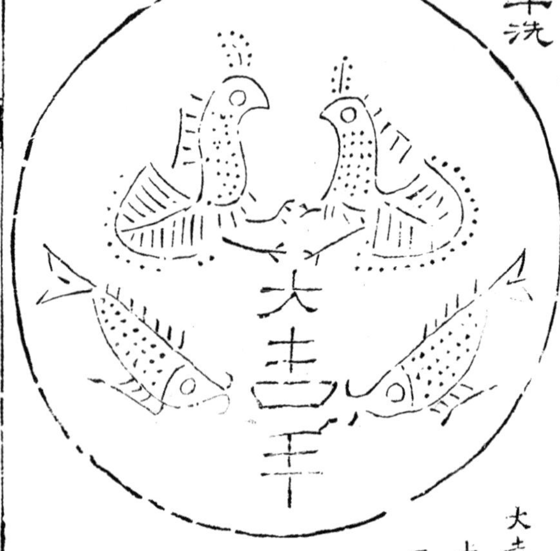

大吉祥

上有雙鷺下有雙魚積古款識以為蟾蜍者非也

漢大吉羊洗

大吉祥

魚

洗銘皆正此取其反洗魚皆雙此取其一亦別

邃古盦藏

金索

漢大吉羊洗

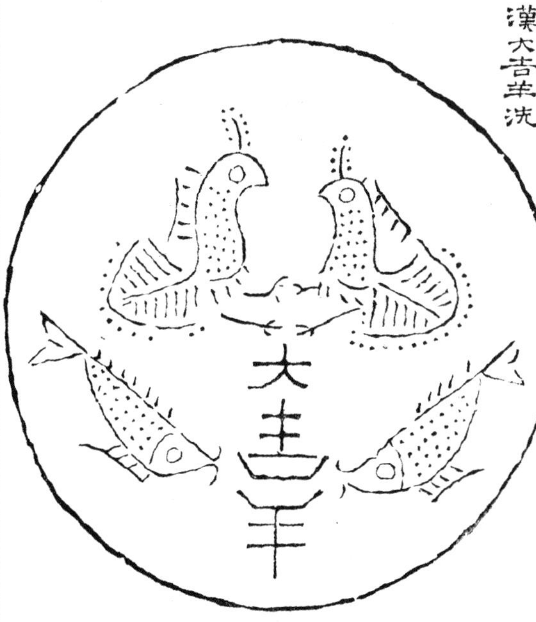

大吉祥三字上有雙鴛下有雙魚或以為蟾蜍非

漢大吉昌洗

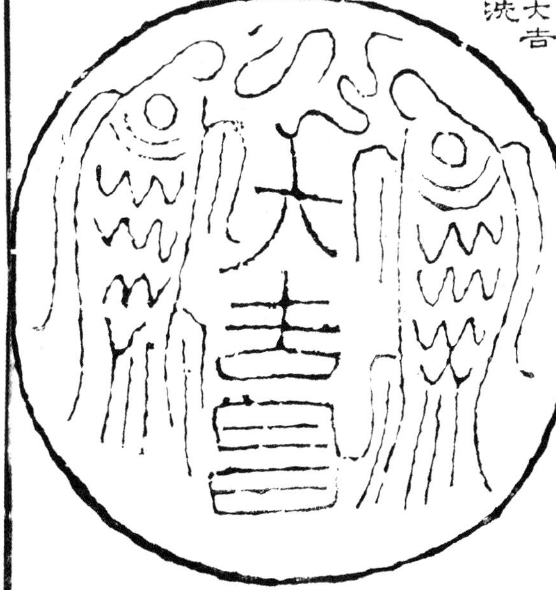

大吉昌三字旁有雙魚此葉東卿所藏洗

遂古齋藏

金索

漢董宗洗

董宗器

漢陽葉東卿所藏洗董作董崇作宗猶見古法漢書崇山俱作宗山可記積古款識釋作昌誤且其文亦不侶昌字其左作吉羊之飾

考隸續之十四載董氏二洗云一款其右曰董氏雖好一款其左曰董氏器中畫一鼎鼎上有禽今雖藏於二家乃一人所作者雖無年月可攷却非魏晉人字畫亦可證董姓之从童也今按此器亦从童其為一時之制無疑前二器祇傳其氏此并傳其名曰宗則東卿所藏可補洪氏之缺矣惟彼二器畫鼎上禽取鼎耳雊雉之義以為鑒此器畫羊取吉祥之義以為祝其意各有不同耳

遂古齋藏

金索

萬壽洗

吴雲海兵部藏

萬壽洗三字旁有雙魚陰文

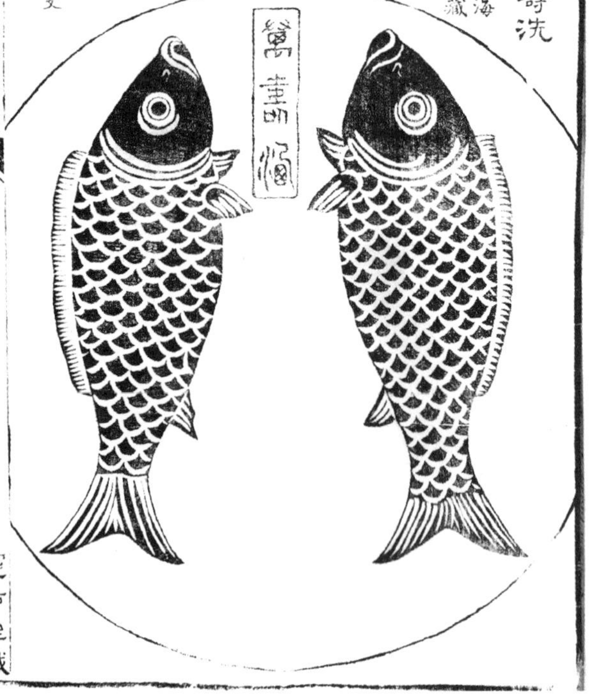

伏地小洗

伏地

錢塘何夢華元錫所得未審何義

邃古齋藏

金索

殷比干墓銅盤

墓前石

比干墓有二其一在河南汲縣一在偃師石刻在汲縣銅盤則得之偃師者也

殷比干墓

婁氏漢隸字原云水經注朝歌縣坶野比干冢前有石銘隸云殷大夫比干之墓今只四字復不完石公弼跋云殷比干墓四字在今衛州比干墓上世傳孔子書然隸法始于秦非孔子書必矣字畫勁古當是漢人書

銅槃銘

盤大四尺六寸上鑴文深二分

邃古齋藏

右林左泉
後岡前道
萬世之寧
茲焉是寶

一作左林右泉　前岡後道寧　一作藏　茲一作於

明萬歷閒知衛輝府周思宸作銅盤辨云武王克殷封比干墓若銅盤銘則傳自汝刻久矣元延祐閒衛輝路學正王公悅曾臨摹石上推官張琳記之其釋文云左林右泉前岡後道萬世之靈於焉是寶

此墓傍之舊刻也按一統志云墓在衛城北十五里即武王所封有石題曰殷太師比干之墓後魏孝文帝南巡視幸祭弔刻文墓上又云一在偃師唐開元中縣人畊地得銅盤篆文奇古云左林右泉前岡後道萬世之藏茲焉是寶則是墓有二而文不同然亦未嘗無辨也大抵衛爲殷墟比干葬此夫子亦嘗表而識之曰殷比干墓今石刻尚存則此墓爲無疑矣若偃師之墓因銅盤以立中州通志亦云信然哉

殷比干墓銅盤銘　此傳之偃師刻于汝帖臨于墓石者

右林左泉
後岡前道
萬世之寧
茲焉是寶

明萬歷十五年知衛輝府事周思宸作銅槃辯其畧云書武王克殷封比干墓若銅盤銘則傳自汝刻元延祐閒衛輝路學正王公悅曾臨摹石上推官張淵記之其釋文云左林右泉前岡後道萬世之靈於焉是寶此墓旁之舊刻也按一統志云墓在衛城北十五里即武王所封有石題曰殷太師比干之墓後魏孝文帝南巡親幸弔祭刻文墓上又云一在偃師唐開元中縣人畊地得銅槃篆文奇古云左林右泉後岡前道萬世之藏茲焉是寶則是墓有二而文不同然亦未嘗無辨也大抵衛爲殷墟比干葬此夫子嘗表而識之曰殷比干墓今石刻尚存則此墓爲無疑矣中州通志云偃師之墓因銅盤以立信然哉

鵬按吹景集引高似孫緯畧釋作右林方泉後岡前道於義爲順今从之

附錄薛氏鍾鼎款識所刻比干銅盤銘　筆畫小異

金索

邃古齋藏

石林左泉
後岡前道　錢云前岡後道
萬世之寧　錢云英字
茲焉是寶

右開元四年游子武之奇于偃師畊耘獲一銅片盤形四尺六寸上鏤文深二分其左右前後岡道与泉竝存唯林無矣考諸舊籍即比干之墓

以上錄款識

孟姜尊

器在洪洞衛氏舊藏小

金索

銘

叔孫父作孟
姜尊敦綰綽
眉壽永令彌
生萬年無疆子
孫永寶用享

此衛生肇榮所藏器其銘詞与孟姜敦全同姁孫二字之間似尚有一字未審姁从博古錄釋作姁孫父博古錄但有孟姜敦今并有此尊始知尊敦屬二器昔衛孔悝鼎銘云對揚以辟之勤大命施于烝彝鼎彝蓋尊也彝也鼎也三器而同一銘也

周蟠梁鷹熊盉

右盉連提梁通高今尺九寸八分連流通濶一尺一寸有半重今權七斤無銘徧體廻文雙鉤帶及鷹眼熊身皆金銀錯与博古圖所載周細紋熊足盉相似圖録云是器以三熊為足釋字者謂熊从能从火強毅有能而可以其物大之盖盉調味器也以虎為提梁鳳咮為流今此器以交螭為提梁而空其中以鷹為流鷹首復有一小獸三熊為足其背各立一鷹以負此盉怒目鉤喙寔鷹非鳳詩云時維鷹揚書云如熊如羆豈武王者定功成之後著象于盉以昭其武歟此為黃小松司馬所藏

齊太公豆

從孝古摹本

豆銘

姬寏母作太公郭公○公魯
中覽伯孝公靜公豆用蘄即祈
眉壽永命多福永寶用

孝古圖云器高五寸八分深一寸半有蓋銘二十字腹裡銘廿九字其一字缺也考齊世家太公之後丁公呂伋其後乙公癸公哀公胡公獻公武公文公成公莊公釐公〻〻九年魯隱初立其後襄公桓公孝公昭公懿公惠公則太公之後無郭公孝公之後亦無靜公此或不在世系之內如棠公之類也

周季姬匜

博古圖高五寸一分此減小

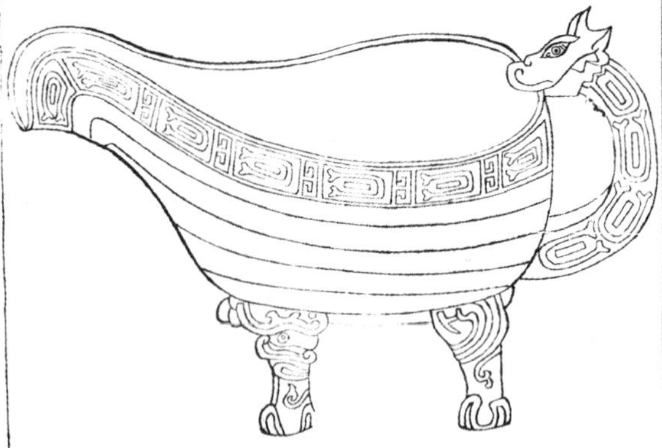

金索

遂古齋藏

銘

季姬作匜

博古錄云有流有鋬有四足銘四字昔晉文公毋曰季姬齊悼公妻季康子妹亦曰季姬必有一於斯焉是匜盥器也易曰盥而不薦則潔以致誠而已奉祭祀者夫人之職此以季姬自銘蓋其職歟鴟案匜字鉅伯銘作𠤷此作𠤷其字難識蓋因其器而知其字也

周南宮中尊

涇邑胡玉樵明府藏與博古圖銘同式異

器形橢圓高漢尺一尺一寸四分深九寸七分口徑橫九寸三分縱八寸二分腹徑橫七寸八分縱七寸一分重四斤有半玉樵明府宰沂水時得之

金索

遂古齋藏

銘

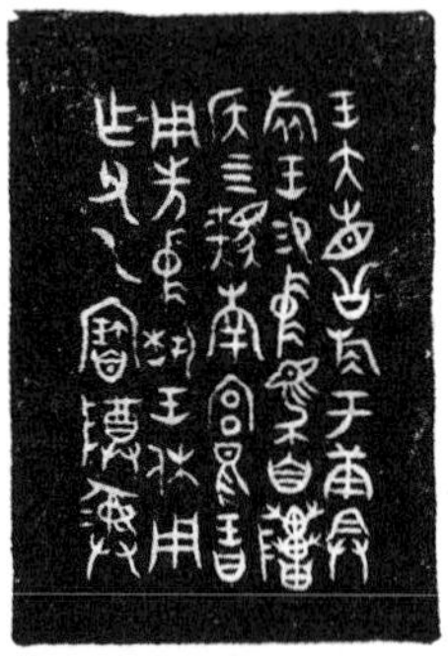

王大召公族于庚辰旅王錫中馬百貫侯四騋南宮獻王曰用先中揚王休用作父乙寶尊彝

此南宮中尊也南宮其族中其名博古錄稱召公尊而以南宮為廟者非銘蓋言王召見公族〻于庚辰日旅見王錫南宮中馬百匹所謂錫馬蕃庶也百書作自古文通用唐元次山峿臺銘中百步亦作自步貫侯〻可貫者馬七尺以上爲騋也獻如曾子問祭殤必獻蓋是時南宮氏遇獻王詔以用先人之禮猶記所謂能執干戈以衛社稷可無殤也之意中乃對揚王休作父乙尊彝以榮其先也舊釋誤今正之

宋象物簠

藏膠州張賓雁學博家

簠連足高漢尺四寸二分深二寸六分口徑長尺二寸七分闊尺一分腹作蟠虁文重今秤六斤半此係縮本

帝作簠象物用貽
事神〻永有潨綏
純佑命于我邦

此宋制也周銘詞稱王不稱帝其重文止用兩點此二神字用兩體書之當非周制味其詞旨與宋牛鼎相似彼云帝若稽古此云帝作簠彼云審眡象此云象物恐亦係政和時倣古所造其氣質凝重卓然可觀

周晉姬鬲

漢陽葉東卿藏

晉姬作己其齋鬲

姬作敀左右易位古銘多有之

周番女己鬲

葉東卿藏

王作番女己
齋鬲其萬
年永寶用

番字下女己二字橫書番女己鬲猶法書苑載慈女乚鼎之類積古款識釋作番妃誤也古文妃作配鼎銘無妃字蓋王為番女名己者作此鬲番疑即詩稱番為司徒者或云潘之渻文

周齊侯𦉜銘

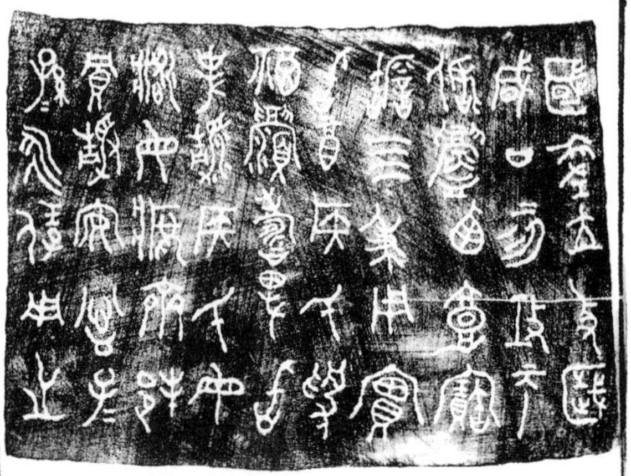

國差立事歲
咸丁亥攻市
佀鑄𨒅亭寶
𦉜四秉用實
旨酒侯氏受
福眉壽俾旨
俾清侯氏毋
咎毋痛齊邦
鎮靜安寧子子
孫孫永保用之

文官十斗
一鈞三斤

末八字後增與前不連當是漢人所刻以紀權量者

積古款識云齊侯𦉜銘六十字據趙太常搨本摹入𦉜即甔亦作擔或作儋史貨殖傳醬千甔徐廣云甔大罌缶方言云罃齊之東北海岱之間謂之甔應劭云齊人名小甖為儋受二斛此云四秉者作器所用之粟數甔所容僅十斗無容四秉之大甖也鵬按四秉或指四器言之猶其言十十枚也

金索　邃古齋藏

周兕觥　齊河蔣伯生明府藏

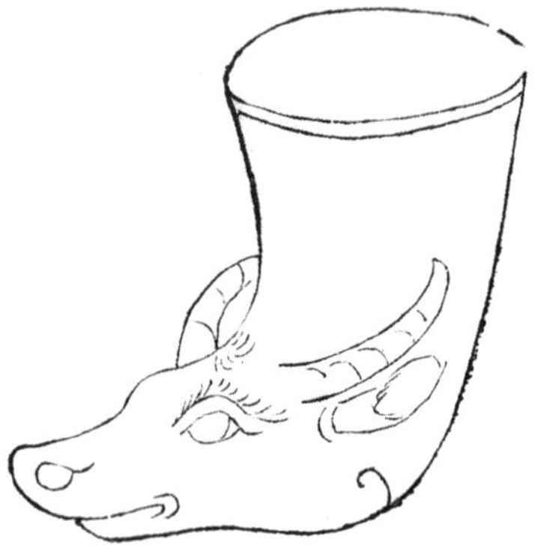

博古圖亦載此器而有索貫其鼻名為犧首杯不知此即兕觥也詩云兕觥其觩觩曲貌此器偏曲但可持飲置之則傾正與觩義合又云我馬玄黃我姑酌彼兕觥想當年馬上亦可持飲故用貫索隨處可掛今雖無索其鼻端穿孔自在也伯生明府每用以勸酒甚古雅

金索　邃古齋藏

周盥匜

旻海藏　
畫減小

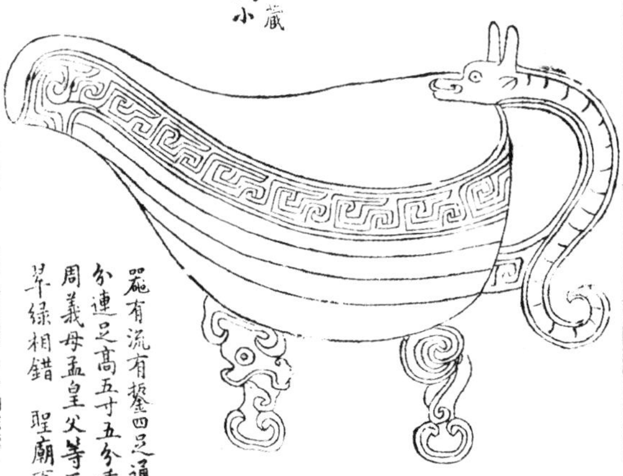

罍有流有鋬四足通長漢尺一尺六寸五分連足高五寸五分重今秤三斤十兩與周義母孟皇父等匜相似銅質青白翠綠相錯　聖廟百戶劉子超元所贈

金索

銘

魯伯服父作
秦姬年媵盥
匜其永寶用

此魯伯服所作以秦姬年媵盥手匜也考國語晉公子重耳過秦穆公歸女五人懷嬴與焉公子使奉匜沃盥既而揮之韋昭以爲嫡入于室媵御奉匜盥是也古者尊不就洗侍御捧匜盥手棄水於盤此匜方容二手可想其制與卮匜酒器不同道光庚寅歲滕縣人於鳳皇嶺之溝澗中掘出劉超元守衛購得以予嗜古轉以見惠洵足珍也或以其地近張圭墓疑即其墓中物然張圭唐人此蓋周制此外有盤有簋有鬲皆以姬年係之是必姬氏早亡即以其媵嫁諸器殉葬歲久墓圮土人畊出之耳惟年字未定姑釋作年

古銅磬　原樣

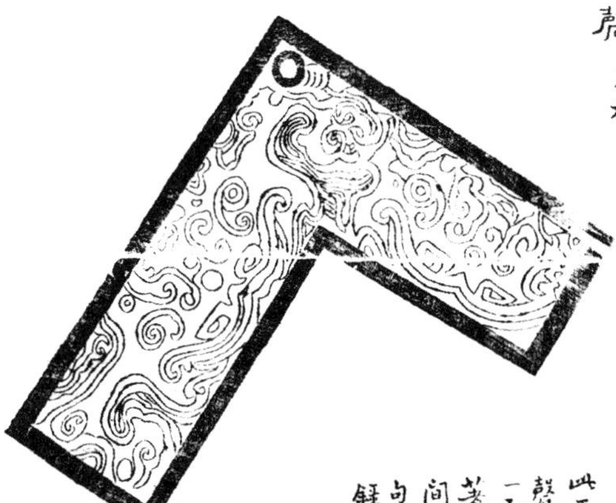

此王嘯逢侖別駕所貽磬其一面侶夔龍文一面作北斗七星雖未著其年代亦必唐宋間物其制有近于倨句一矩有半之義故錄之

金索

背面

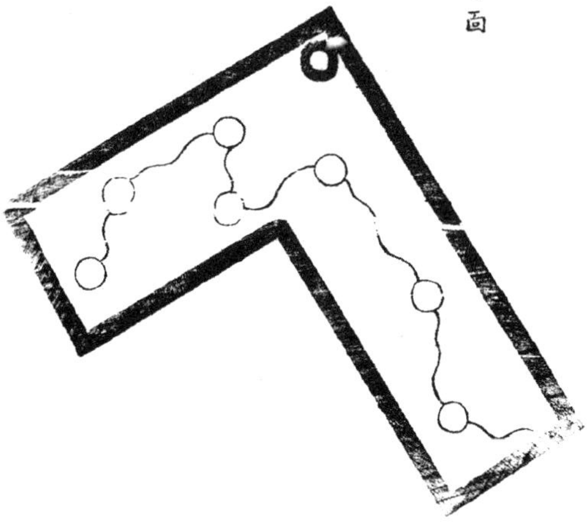

邃古齋藏

漢王長子鐎尊

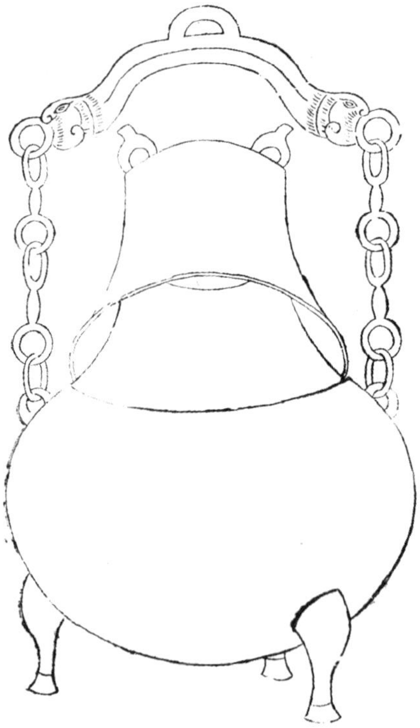

金索

邃古齋藏

銘

王長子鐎尊容十升重十斤

末二字為青綠掩蔽不全姑釋作十斤以俟考

右鐎尊一得之曲阜其制与它尊不同有提梁及三足蓋上有三環蓋甚巨仰之可作酒琖自提梁至足通高漢尺一尺一寸深五寸有半寸口徑四寸三分腹徑六寸八分蓋高三寸有半寸深二寸六分口徑五寸一分通重今秤三斤四兩銘作十斤与隋志所云漢三斤為一斤者近是王長子者漢人名漢印多有長子長兄之稱金石志載王長子鍾容一石重卅二斤豈即此人歟鐎尊之名未見于古然漢有元康鐎斗亦係三足廣韻鐎斗溫器三足而有柄此器有提梁無柄名曰鐎尊蓋所以溫酒者考周官鬱人注云以煮之鐎中傳于滌前可為切証考古圖收廬江李氏一器与此式全合目為連環壺鼎陋矣

漢安世搖鐘

見西清古鑑

金索

邃古齋藏

銘

孝武西園安世搖鐘己中角

西清古鑑云右高五寸角長三寸五分徑七分有旋兩舞相距三寸五分橫二寸五分兩銑相距三寸六分橫二寸九分枚三十六各長一分重五十八兩按漢書房中祠樂高祖唐山夫人所作孝惠二年使樂府令夏侯寬備其簫管更名曰安世樂此銘曰安世是已前稱孝武西園則茂陵也己者編列次第之號中角者意是鐘之律於五音蓋中角前云搖鐘意與摶擊者異然不可考

漢綏和搖鍾　見西清古鑑

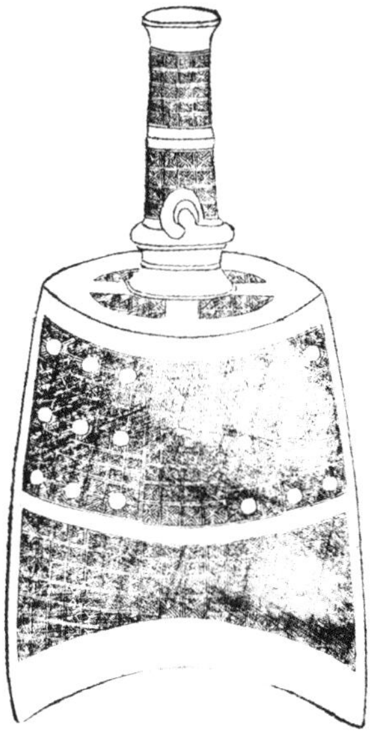

四時嘉至搖鍾未中角

銅鍾綏和二年考工宗造守佐常嗇夫欽掾豊主左丞惲令譚省

西清古鑑云右高五寸二分甬長三寸九分徑一寸二分有旋兩舞相距三寸六分横二寸九分兩銑相距四寸三分横三寸八分枚三六各長二分重一百九兩按漢書禮樂志高祖時叔孫通制宗廟樂迎神于廟門奏嘉至又文帝始作四時舞銘曰四時嘉至此樂舞時所擊也餘文與安世搖鍾同綏和二年蓋成帝時作考百官表少府官屬有考工守令丞掾皆其屬惟嗇夫無明張釋之傳上林有嗇夫上林亦少府屬宗等云云蓋其名耳

金索

邃古齋摹

漢元康鐎斗

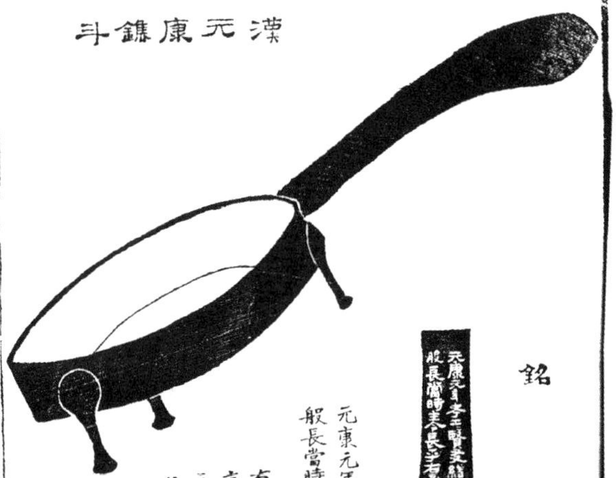

銘

元康元年考工工賢友繕作府嗇夫建護萬年般長當時主令長平右丞義省重一斤十四兩

右銘陰文三十六字在其柄之底金石契銘中脱去右字祇三十五字其釋文中有右字今依釋文補之

金石契云顏師古急就篇注鐎斗温器也佀銚而無緣王應麟曰鐎刁斗也温器三足而有柄趙希古洞天清錄刁斗無三足鐎斗有足是斗柄下有銘云元康元年考工工賢友繕作府嗇夫建護萬年般長當時主令長平右丞義省重一斤十四兩凡三十六言元康漢宣帝年號義省字分讀義爲工師效功之名省察也猶漢碑之有察書也鵬按義即右丞之名非工師名也元康元年爲漢宣即位之九年覃谿先生題跋所謂張文學藏漢鐎斗我不見器乃見銘而行隸書細在柄府嗇夫建令長平其年鳳集甘露降佐史受賜民協寧是也

金索

邃古齋摹

金索

漢內者樂卧鐎斗

黄小松司馬藏

底圖

內者樂卧重一斤十四兩第卌四

銘十三字第字下半銹蝕至邊細玩有卌四字卌者二十并也見谷口銅甬

內者係造罷之官續漢書百官志云內者六百石掌中布張諸衣物是也樂卧二字未詳按漢行鐙有温卧此當是長樂宮卧處所用之鐎斗也積古款識亦云但未知為鐎斗祇云樂卧銅罷耳

面圖

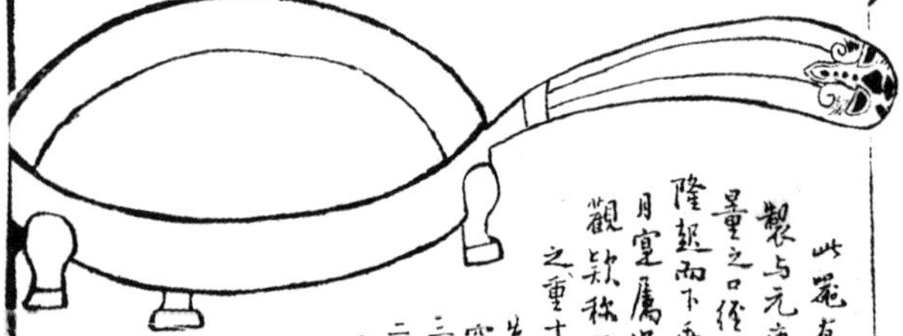

此罷有柄而三足其形製與元康鐎斗相同以建初尺量之口徑五寸柄長四寸五分柄隆起而下垂柄首則凹也雖無年月冟屬漢罷朱綠重積可觀款稱一斤十四兩以今庫砝準之重十一兩六錢一分汪容甫先生雁足鐙釋文云竟寧元年銅鴈足鐙重三斤十二兩今權得二十四兩二錢呂微仲考古圖漢好時鼎刻云重九斤一兩今重三斤六兩歐陽集古錄漢谷口銅甬銘云重卌斤今重十五斤以此鐙校之今六兩當漢一斤有贏有縮又漢權公私大小非一律也

邃古亝藏

金索

漢林華觀行鐙銘一

林華觀行鐙重一斤十四兩五鳳二年造第一

薛氏款識云林華觀漢書不載曰五鳳二年乃前漢時物字畫極佳此劉原父得之長安模其銘文遺歐陽公者

鵬案薛氏未言款識所在以式揣之上林宮之款在其底以在其口也

林華觀行鐙銘二

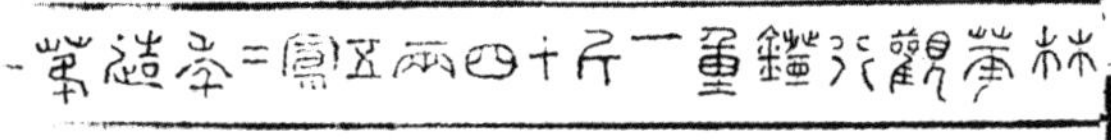

釋文同前

積古款識云陽識此江鄭堂所藏舊拓本

鵬按此與薛刻未知是一罷否因薛氏於字畫每多改動故竝存之其圖式無考想亦與上林宮相似

邃古亝藏

漢館陶釜銘

河東所造
三斗銅釜
釜重十二斤
長信賜
館陶家
第一

鵬按三斗薛氏誤作三年觀下四斗釜三斗甑可見

古器物銘云漢書外戚傳文帝竇皇后女封館陶長主又百官公卿表長信詹事掌皇太后宮景帝中更名長信少府張晏注以太后所居宮為名也銘雖無年月然其為竇皇后賜館陶公主物無疑也觀此明云無年月則薛氏之作三年亦矛盾矣

金索

邃古齋藏

漢軹家釜銘

軹家容四斗五升重十斤一兩九朱
三年工丙造第五

鵬按朱即銖二十四銖為一兩古五銖錢亦有作五朱者

軹家甑銘

軹家容三斗重四斤廿朱
三年工丙造第五

孝古圖云二器藏京兆孫氏形制與今器同更不圖焉軹家不可考

鵬按孝古圖言軹家不可考而薛氏乃言軹家容不可考將容字屬上何其謬也且釜甑銘文不同而薛氏同之更謬

漢甘泉上林宮行鐙

縮小

孝古圖云惟承盤存徑七寸有半深寸有二分

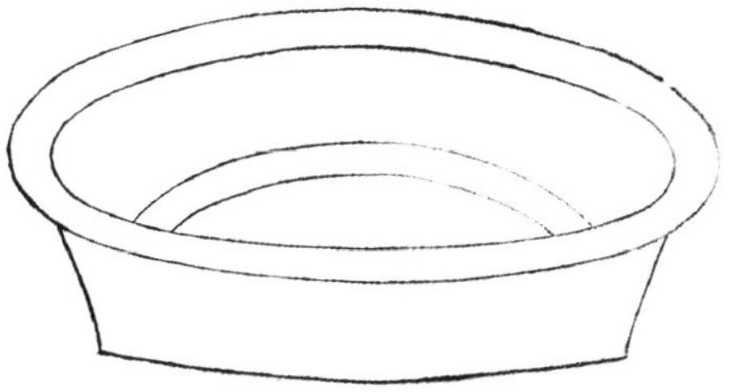

金索

邃古齋藏

銘

河東為甘泉上林宮造行鐙重
六斤十兩五鳳二年嗇夫山工
誼作第二
曾長

為字薛氏誤作泉

鵬按上林宮而冠以甘泉者別於長樂言之也漢瓦亦有稱甘泉上林者五鳳二年宣帝之廿二年也嗇夫名山工名誼孝古圖誤釋作王回夫久解薛氏承其誤而不察近時別刻俱因之不知嗇夫之名見于漢器者不一如建昭雁足鐙有嗇夫福杜陵壺有嗇夫宗陽泉熏爐有嗇夫充不得以為王回夫也予安得盡見古器為古人一伸其屈哉

漢車宮承燭槃

縮小

考古圖云𣪷藏京兆毋氏面徑七寸六分深八分底徑四寸二分重一斤五兩銘十七字

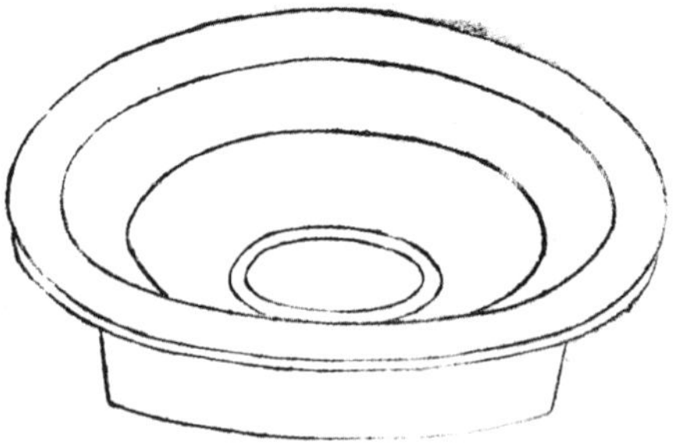

金索

邃古齋藏

銘

車宮銅承燭槃重三斤八兩五鳳四年造 扶

車宮未知所在五鳳四年漢宣帝之二十年明年改甘露矣造字下空未一扶字乃其𨿅或其工之名未可知也漢𣪷有扶字者甚多銘云三斤八兩考古圖云重一斤五兩則漢之一斤恰當宋之六兩在今猶不及耳

漢尚浴府行燭盤

黃小松司馬藏

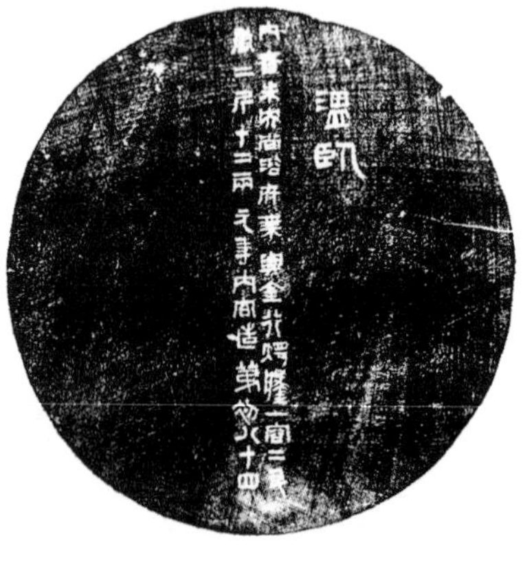

溫卧

內者未央尚浴府乘輿金行燭盤一容一升重二斤十二兩元年內向造第初八十四

此當是未央宮溫室卧處上深浴府所用之燭槃也尚浴如尚方尚衣之類槃即盤字可攜以行故曰行燭漢自文帝始稱前元後元武帝始號建元此但云元年當在西漢之初高惠時物也內向疑內者令之名

金索

邃古齋藏

小松拓本有此此當是口徑前溫卧款識在其底也

漢羊鐙

考古圖有鐙無銘此從桂氏所拓銘詞合之金石志云罷藏長洲顧文鉷家

大富貴昌宜長樂
黃龍元年李常造

大富貴昌宜長樂黃龍元年李常造

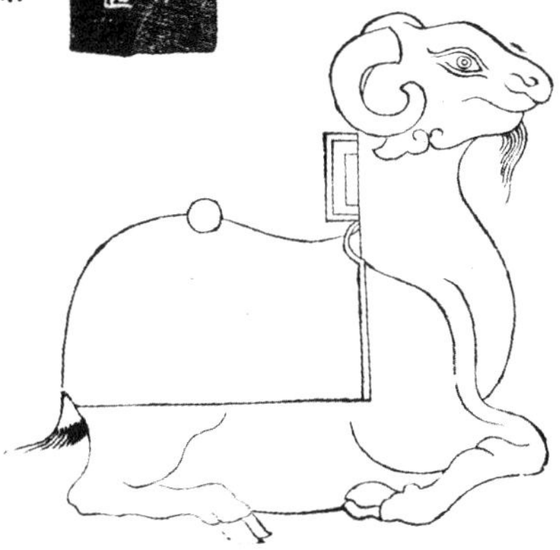

漢雞足鐙

從考古圖摹木無銘

金索

漢永始鴈足鐙

從考古圖縮本

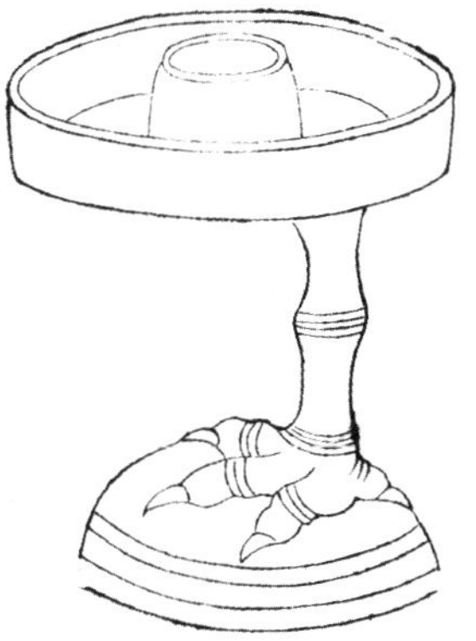

荳即鐙考古薛氏俱釋荳字非也

蒲反首山宮銅鴈足八寸荳重六斤永始四年三月工賈慶造

蒲阪首山宮銅鴈足八寸鐙重六斤永始四年二月工賈慶造

考古圖云罷藏京兆李氏高六寸三分面徑四寸半足縮四寸衡三寸七分銘二十四字薛氏云漢宣帝時罷地里志蒲反有首山祠其宮即祠宮也鴨按永始係成帝年號宣帝乃本始也

邃古齋藏

漢建昭鴈足鐙

王述庵先生藏

字在槃下

建昭三年考工輔為內者造銅雁足鐙重三斤八兩
護建佐博嗇夫福掾光主右丞宮令相省
中宮內者第五　故家

字横列槃側

今陽平家畫一至三陽朔元年賜

字在底

𠓗大廚

建昭至第五爲當時原刻故家至𠓗大廚乃陽朔年譜刻字畫亦異

金石記云戊申冬述庵調江西布政使予適以試事在南昌借此器未諦翫古光凝澤槃仰底覆中承以脛下卓三趾以建初尺度之其槃凡為圜二重外一重圜徑五寸內圜徑二寸其周輪高八分厚一分底橢而微長前近趾處微寬後近跟處微殺前三寸一分後二寸六分也通計高六寸以今營造尺度之通高四寸四分耳　款文云重三斤八兩以今權權之重一斤八兩則漢權度較今權度可知其槩矣

武虛谷授堂金石跋云元帝建昭三年造此器至成帝陽朔元年始賜陽平家陽平王鳳也鳳以永光二年嗣父陽平頃侯禁爵在陽朔三年此云元年正鳳受賜時

漢甘泉內者鐙

縮小　從考古圖

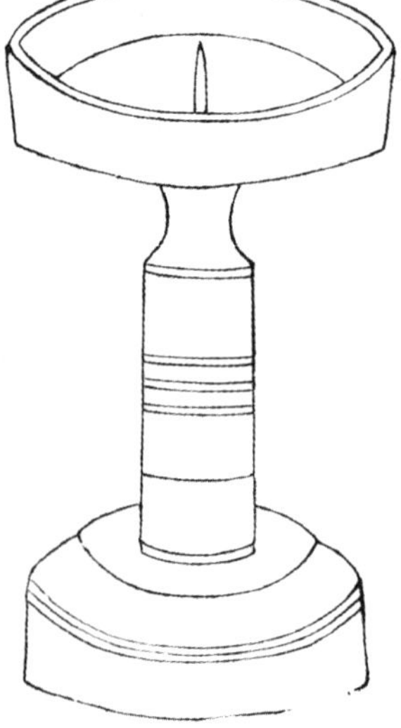

考古圖云器藏京兆陳氏高一尺一寸面徑六寸三分底徑五寸七分中有仰錐長二分

金索

邃古齋藏

銘

甘泉內者

內者元康二年三月河東安邑守者宣王軒造重廿五斤十一兩

右鐙上二銘考古不言銘之所在薛氏款識云甘泉內者下槃又云內者云云則次銘在下槃其前銘四字究未知刻于何處也薛氏又云甘泉上林皆水衡所掌內者猶今丞少府之屬掌中布張諸衣奄人職也

漢齊安宮熏爐

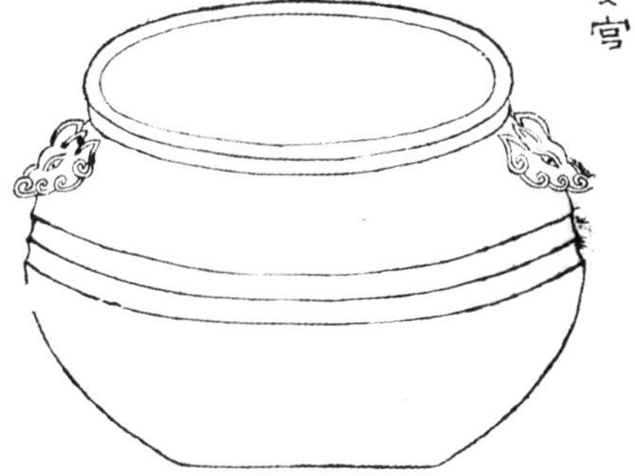

銘

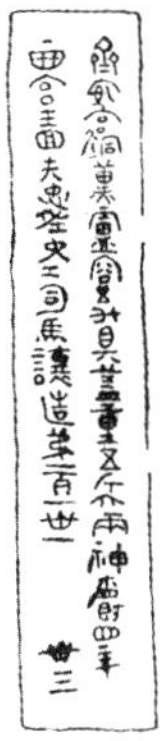

考古圖云器藏廬江李氏重一斤三兩銘云五斤六兩以今之權校之三兩十八銖當漢之一斤

齊安宮銅熏爐容五升具蓋重五斤六兩神爵四年典宮啬夫忠佐史工司馬讓造第一百一卌一　卌三

考古圖作一百卌一下作卌三

此銘以積古齋刻陽識

金索

邃古齋藏

蓮勺宮博山爐下槃銘

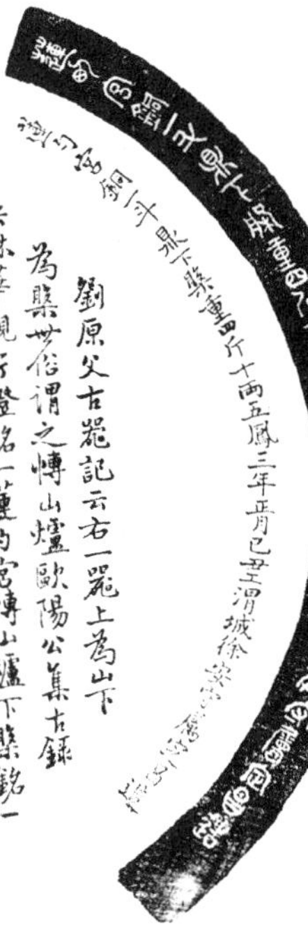

劉原父古器記云右一器上為山下為槃世俗謂之博山爐歐陽公集古錄云林華觀行鐙銘一蓮勺宮博山爐下槃銘一皆五鳳年造蓋此即博山爐下承槃考古圖不錄又其銘曰斗[illegible]故薛氏疑為此博山者然其實承槃惟炉洒有之故從歐陽氏之舊名也蓮勺縣名長安七十餘里宣帝紀云困於蓮勺鹵其中有離宮

博山爐

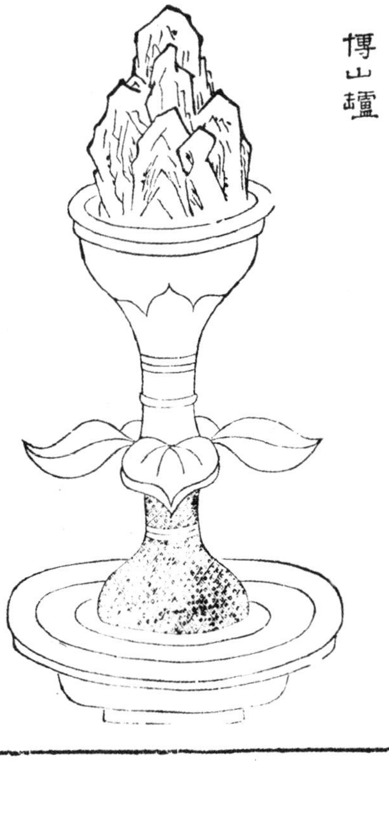

銘

天興子孫
富貴昌宜

金索

考古圖云器得于扶子山重一斤七兩中間荷葉有文曰天興子孫又曰富貴昌宜按漢朝故事諸王出閤則賜博山香爐晉東宮舊事太子服用則有博山香爐一云爐象海中博山下有槃貯湯使潤氣蒸香以象海之回環此器形制大小不一按考古敘論甚明薛氏刪改以為象海中博山下槃也語甚蒙混竊謂蓮勺宮博山爐下槃得于劉原父此博山爐下亦有槃得于廬江李氏未必即為一器然爐與槃形製自不相遠李太白詩云洛陽名工鑄為金博山千斲復萬鏤上刻秦女攜手仙則唐時猶重其器矣

邃古齋藏

金索

菑川太子金棆鐙銘

菑川太子
家金棆
鐙容二豆
半重十
斤八兩

積古款識云銘十七字趙太常所藏器
漢書王子侯表龍邱侯等皆菑川懿王子
陸元侯等皆菑川靖王子北鄉侯菑川孝
王子此菑川太子不知何屬棆字字書所無

陽泉使者熏鑪銘

陽泉使者
舍熏爐一
有槃及蓋
并重四斤
□□□三
五年六安
十三年
正月乙未
内史屬

邃古齋藏

金索

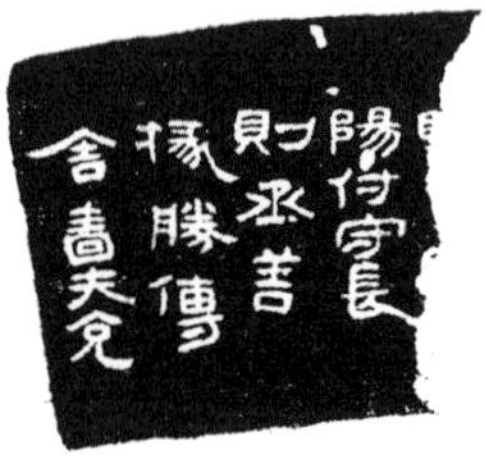

賀告鉛
陽付守長
則丞善
掾滕傳
舍嗇夫充

積古款識云銘五十一字磨滅者四字秦太史所藏器江鄭堂云罷
文洛作雒爲光武以後之器第五行剥蝕蓋兩數及年號既曰五年
又云十三年乃侯國紀年猶五鳳石刻稱魯卅四年也鶴按此莽時器非光
武以後之物漢書竇融傳有六安侯昭又王莽傳州從禹貢爲九爵從
周氏有五子男一則土方五十里故王蘭湖先生有順武男則相古印此有
則丞二字意者六安侯亦子男之國故稱則則有相必有丞此所缺一行當爲
新始建國四字但未見其器未知泐文不敢臆定要之屬西漢末年無疑

邃古齋藏

魏正始鑪

黃小松司馬藏

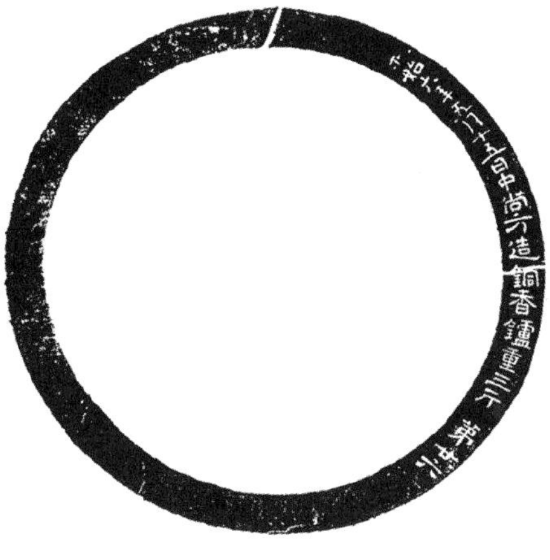

正始六年五月十五日中尚方造銅香鑪重三斤　第廿六

此鑪欵識二十二字未見其器未能畫繪按北魏宣武亦有正始紀四年無六年此當是曹魏帝芳時器也

金索

邃古齋藏

始建國注水匜

从博古圖原樣

銘

律斤衡蘭
注水匜容升
始建國元年
正月癸酉
朔日制

博古録云此器高一寸二分口徑三寸六分容三合重五兩漢新室當孺子嬰初始元年戊辰十二月改爲始建國明年乃言元年正月當是明年己巳歲制此器也此器如盂而設旁出一流與周匜不類其器特小當是几格所用耳

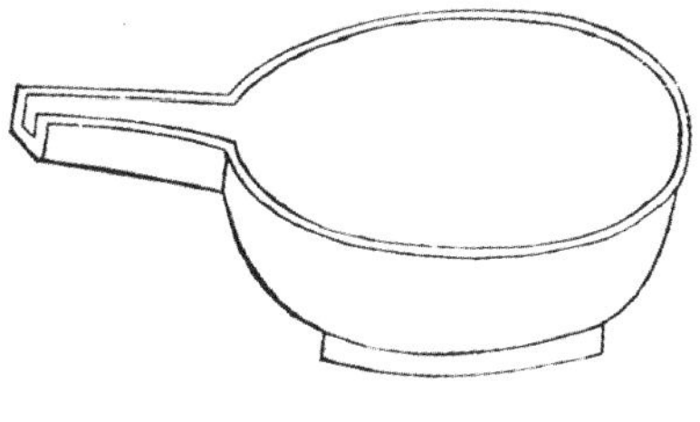

金索

邃古齋藏

古小匜

此姜子小珊所貽者高建初尺二寸四分長五寸三分其形似螺其足如豆古人有紅螺盃此制甚小不可以酌酒蓋亦几格間注水匜也無銘字不知時代因其流似始建國匜故附于後

漢長宜子孫帶鉤二

長宜子孫　字旁加粟點漢鏡有之

長宜子孫

以上三鉤黄小松司馬藏其拓本摹入

長壽半鉤

長壽　積古款識云陰字疑別有陽字半鉤合之

長宜君官鉤

長宜君官位至公　詞與漢竟同　據趙太常摸本未見全樣

丙午帶鉤二

丙午神鉤君高遷

丙午鉤君高遷

二鉤未見全式從積古齋摹其字字銀絲填文故作陽識積古款識云造器必于丙午日者取干支屬火余所見帶鉤有作丙午釗君官宮者有作五月丙午造者此鉤嵌金銀絲身作神人鳥喙捉魚食象首作獸面故曰神鉤君高遷亦頌禱之詞傳曰坐客滿堂帶鉤各異其是之謂與

漢舞鐃一

正面

此鐃面虛背實與博古錄所載山西空虛者不同其色重綠數層如翡翠玉真出土漢物沈州別駕王遂舟先生得於京師以鵬愛此脫手見贈洵可玩也

側圖

鐃大小依原樣重今庫砝十六兩九錢五分周禮卒長執鐃說文鐃小鉦也如鈴無舌今此器腹中含核搖之作聲似非軍旅所用漢魏樂府有鼓吹鐃歌想以此為鼓吹之節也

漢舞鐃二

正面

側圖

此鐃得之曲阜形製較小重今庫砝六兩二錢腹兩面瑚空如仁中含一核如博古圖式與前鐃半實半虛者想聲別清濁也

金索

邃古齋藏

魏景初帳邊構銅

眞賞

景初元年五月十日中尚方造長一丈廣六尺澤漆平坐帳上邊構銅重二斤十兩

帳構銅之制狀如甗筩上方下員上實下空其接續間削作八觚中一行隸銘卅二字眞魏隸也景初元年魏明帝之十一年此嶧易孝廉張文麓性梓所得今以見貽

題詞

余閱金石記兩記廣構銅此名邊構尤罕見赤金幻作硃砂紅尚方密鏤景初字三十二言眞魏隸蜀帝取銷太寒儉何不當年取大器（南史任思祖傳蜀先主取帳構銅鑄錢以充國用）幸此未鑄五銖錢入土出土苔斑鮮流蘇灰滅朱紫墜消磨多少英雄淚張君獲此費搜尋貽我絕勝千黃金入手便盈握可作花金屋對此如對素心人宜供幽蘭與幽鞠磚偕寶鼎傳碑共黃初古湯詩樊榭咏西疇我有奇珍得東魯

金索

邃古齋藏

魏景初帳廣構銅

見金石契

景初元年五月十日中尚方造長一丈廣六尺澤漆平坐帳上廣構銅重二斤十兩

厲鶚樊榭山房集載帳構銅中空底方旁出岐枝為卯上方西疇所藏作詞記之今觀此與邊構銅合實未有底乃其頂耳若以方者為底則字倒書矣所云岐枝者未見其器亦能摹入其歌行詳載金石契不贅錄

帳構銅之名見于西京雜記漢廣川王去疾好掘國內冢於魏哀王冢得石牀方七尺石屏風銅帳鐏一具或在牀上或在牀下似帳糜朽而銅鐏墮落者據此則鐏非一器意在其邊者為邊構橫其上者為廣構故邊構無岐枝廣構有岐枝也澤如字甚澤之澤澤漆猶今俗稱透光漆耳中州金石志云古以木為帳謂之榁俗作幄若今煖閣前施帷幔廣構銅乃撐木裹銅以蓋帳者

偽漢銅瓦

見山左金石志尺寸未詳

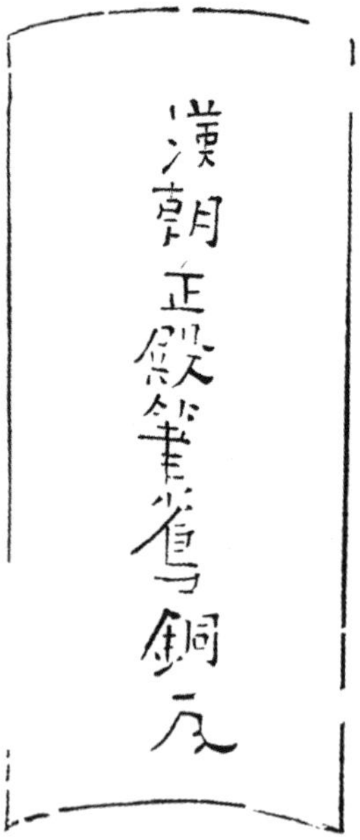

金石志云銅瓦二得之濟南桂氏札樸云阮閣學得銅瓦文曰漢朝正殿筆雀銅瓦案晉懷帝永嘉二年劉淵僭帝號自稱大漢[illegible]子聰立咸康四年李雄從弟壽僭立自號曰漢壽死子勢立[illegible]

此偽漢時造其字作楷體有古格故知為晉時物玉篇雋即雀字

金索

邃古齋藏

北齊天統銅佛像

錢塘黃小松司馬藏

正

背

天統五年正月十八日像已下歲

齊後主即位之五年也後主即自號無愁天子者以下二歲蓋佛像連趺言之

金索

邃古齋藏

北齊武平銅佛像

亦小松司馬藏

正

背

武平五年正月十三日宫江期顏家口平安造像一區

此後主即位之十年也金石志云齊武平五年為周建德三年是年武帝禁佛道二教經像悉毀而齊人猶亟亟鑄造是各從其上之所好矣此佛近出滕縣上中

隋大業塔盤

石隋塔盤隸書廿四字姚東樵云塔在蘇州上方山寺盤圍一丈八尺字徑六寸前人皆未集錄乾隆癸卯歲燬于火塔雖重建而此刻遂亡因縮刻以存其制

金索

邃古齋藏

唐南詔建極鐵柱題字　在雲南大理府趙州　縮刻

維建極十三年歲次壬辰四月庚子朔十四日癸丑建立

桂未谷札樸云鐵柱在趙州彌渡之西高七尺五寸徑二尺八寸有文曰維建極十三年歲次壬辰四月庚子朔十四日癸丑建立土人建廟號男女二像號稱馳靈景帝大黑天神案南詔佑世隆之僞謚景莊故稱景帝世以此柱爲諸葛武侯造誤也

鵬按唐書南詔傳豐祐死坦綽酋龍立僭稱皇帝建元建極自稱大禮國事在宣宗死後咸通嗣立之初則此十三年即懿宗咸通十三年也

又按南詔本烏蠻別種夷語王爲詔其先渠帥有六自稱六詔曰蒙巂詔越析詔浪穹詔邆睒詔施浪詔蒙舍詔兵埒不能相君諸葛武侯嘗討定之蒙舍詔在諸部南故稱南詔居永昌姚州之間坦綽酋龍者酋龍其名坦綽其官謂之清平官猶唐言宰相也此刻亡書字徑二寸係桂未谷仕滇南時所拓其孫樸堂以貽予者

金索

邃古齋藏

金索

吳越王金塗墖

塔銅質塗金狀如片瓦四片合成一塔以金石契摹本張芑堂云右金塗塔畫象見表忠譜高六寸重三十五兩

朱竹垞書錢武肅王造金塗塔事寺塔之建吳越武肅王倍于九國按咸淳臨安志九廂四壁諸縣境中一王所建已盈八十八所合一十四州悉數之不能舉其目矣當日嘗于宮中冶烏金爲丸繪梵夾故事塗之以金合以成塔宋鄱陽姜堯章得其一版乃如來捨身相陽穀周晉仙賦長歌紀其事有云錢王本自英雄人白蓮寺見國主身蚝鄉邦落狗跡朕何如錦袍玉帶稱功臣孜羅平僭偽王遺董昌書曰與其開門作天子九族塗炭不若閉門作節度使終身富貴無憂晉仙即演其辭使聞者足戒吾鄉蔣爾齡亦得一版作放下屠刀立地成佛相以施城東白蓮寺周青士所目擊以語予及詢之寺僧堅不肯承遂書其事冀好古君子或一遇焉

遂古亝藏

吳越王金塗墖

外面

內面

張芑堂云右金塗一版同杭郡鮑以文石門方蘭熏觀於桐鄉金雲莊家

程嘉燧破山寺志畧云明中憲顧玉柱墓在寺東營墓時掘得吳越錢忠懿王所造阿育王銅塔今藏寺中憨山大師清公作記云昔世尊入滅荼毗得舍利八斛四斗分作三分天上人間龍宮各建塔供養如時阿育王親受一分其式亦出自西域而舍利爍爛光明變現隨人二千年後五代時吳越忠懿三承先業敬事三寶如式造小銅塔八萬四千座埋藏名山明萬歷初常熟顧耿光造其先塋掘得一塔高五寸許內刻款云吳越國王錢弘俶敬造八萬四千寶塔乙卯歲記外四面鏤釋迦往因示相前則尸毗王割肉飼鷹救鴿後則慈力王割耳然燈左則薩埵太子投崖飼虎右則月光王捐捨寶首文理密緻乃送興福寺供養

金索

宋至德壇方鑪

底款

王漁洋居易錄通國子博士孔東塘尚任觀宋方鑪款識云紹興二年大寧廠臣蘇漢臣監督姜氏鑄至德壇用凡二十字小篆姜氏即姜娘子

鷗按紹興二年宋高宗之六年也此鑪做造者易混如興作興年作旹德作壇篆文乖謬惟有目者能辨之

遂古亝藏

鑪式

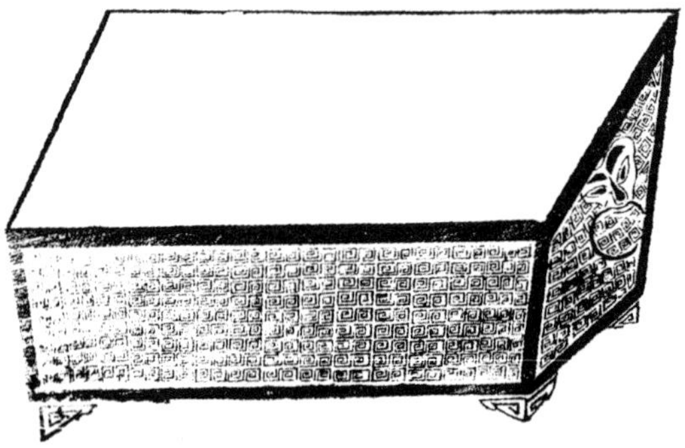

遍體雷紋兩耳作獸面銜環狀

元元貞鋳獅子題字

在濟寧州河道總督署東
旗纛廟門前東向

鑄獅有二此右獅東向者撫小獅題字在小獅之下一層獅連鑄座
約高三尺餘其下石座約高三尺五寸餘其左獅抱毬無字不錄

金索

門獅屯鎮大安縣銅匠付男政元弍十
子對宅吉陽北治人與付造貞年二月

題字徑寸三十字為十五行內缺蝕一字蓋前字也字陽文橫列東向山左金石志云政督署在元時為總管府治此獅鑄于元貞二年初題是總管府治舊物不知何時移于旗纛廟也然曰鎮宅大吉俗非官署神祠之器矣

邃古亝藏

元至正銀槎杯

尾底款識

至正辛丑朱碧山製　華玉

腹底題詩

百杯狂李白一醉老劉伶為渴酒中趣方留世上名

口底篆銘

貯玉液而自暢泛銀漢以淩虛

金索

銀槎杯以銀為之形如槎空其中有口以出入酒至正辛丑元順帝即位之廿九年也此器曾歸畢秋帆制軍後為畢柳塘所得攜至嘉祥縣柳塘者縣少尉蔣孟亭廷慧之甥也庚辰十月予至嘉祥尋武梁祠漢畫像為明府夏禮臣鑑所款留索銀槎盃勸飲而柳塘已攜盃它往矣為之悵然孟亭以所繪圖樣並朱竹垞題詩見貽因取以為金索雜器之殿

朱竹垞銀查歌　孫少宰席上賦

高堂宴客〻未眠主人愛客期開顏羽觴玉爵詎足尊勸我鑿落重三鍰槎杯老樹幾千歲霜皮崩剝枝柯刪陰崖自遭鬼斧劈積雨暗醫苔紋斑尋源之使出想像高踞兩膝頂禿驕觀其傲岸意獨得髣髴歸自明河灣流傳河畔逢織女所恨尚少雙煙鬟剡中鄉衡入其腹未解刀削何由彎傳之四座叫奇絕有如白馬蜚翻〻細看款識刻至正問誰為此朱碧山良工名臧心益苦顧兹毋乃經營艱主人博搜金石

邃古亝藏

文為戒更話天歷間丹止先生最奇古命製芝菌如初攀當時虞揭相敵能是物亦得留人寰自從闖賊躪燕市大掠金帛仍西還紛紛入肆尋鍛冶不亦道半委榛莒間之不慭三歎息可憐雙觶令成鰥吾鄉執事多絶倫奇巧不數古輸班張銅黃錫近乃出未若此老技窮孍殊方促坐但酩酊莫遣酒醒懷鄉關

晏海附錄

鴻閣前輩艷稱銀槎梧久矣今得此畜不可失也為付於梓

集軒

金索

邃古齋藏

道光元年四月朔日鏤板于嵫陽署齋於時日月合璧五星聯珠記之

金索四

紫琅馮雲鵬晏海氏、雲鵷集軒氏同輯

泉刀之屬

泉刀之判古今殊異漢食貨志云貨寶于金利于刀流于泉通志云自太昊以來始有錢太皥高陽謂之金有熊高辛謂之泉商周謂之刀通客齊魯間農民每畊出刀布文字奇古有為錢譜泉志所未盡錄者遂捃拾之併泉范及夷錢从泉刀之屬

金索

邃古齋藏

太昊伏羲氏金幣

背　　正

太昊始制九棘之幣形如干盾飾以龍按路史注錢譜異布中有作朱斤一金者乃太昊之九棘幣今未見之此紹興沈赤文所寄拓本與錢譜如于盾者合

葛天氏幣

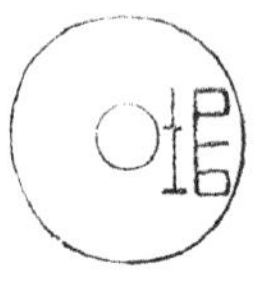

路史葛天氏紀注引李洎云幣文古葛字董譜云葛天氏之幣从土从日曰乃古之合字即爲聲也曷與堨同所謂田堨田堨土事古文曷多作昍𢱢此

金索

軒轅氏幣

鵬得此于歷下其指字土旁乃少一畫背平無文肉好皆無輪郭其質厚重當五銖錢六枚

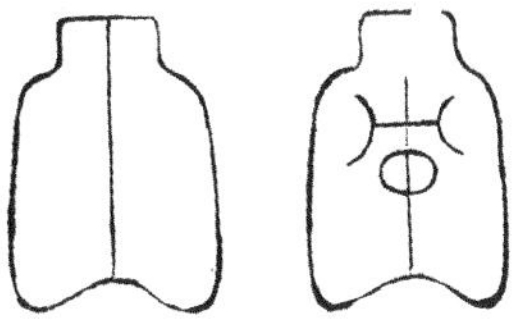

路史引王存乂云古文軒轅字合為一似与此合背文秖一直道譜又以安邑貨二金為軒轅氏幣鵬竊以為夏禹幣故不列於此

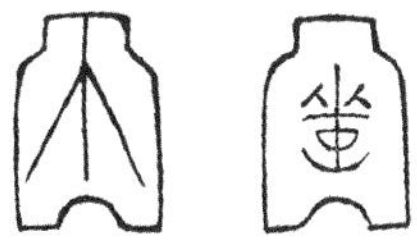

路史引錢譜有作金斤者黄帝貨有作當者軒轅幣也此作當亦相似背文三道
按軒轅古帝名非黄帝也黄帝單名軒字元律路史辨之甚詳

神農氏幣

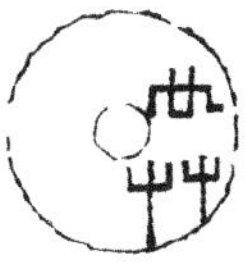

数字環繞無端惟金字可識餘未可定俗名鏁子錢按路史云太昊九棘神農一金又引杜祐云錢譜不知年代品有一大錢圓徑寸五分重七銖狀如半兩中有神字董譜又有幔由一金知貨自神農以來有之

此二種鵬見于桂氏拓本其小者有貨金二字排寫其斤即化字化乃古貨字若以為斤字則無所取也

少昊氏幣

幣文小昊二字背文一直道小昊即少昊周書作小顥路史作小昊

邃古齋藏

金索

高陽氏幣

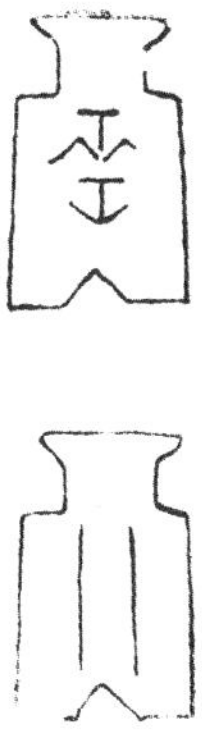

此舊譜所載以為少昊幣面侶金字背有直紋

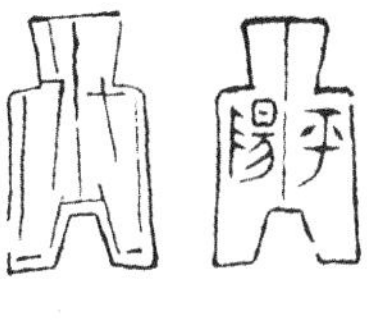

平陽

背有直紋

路史論幣所起云錢譜長平布中有作諭以合一乃作允陽侖陽平陽侖陽者凡五種有肉郭皆高陽金也朱近漪古金待問録云凡有陽字者皆高陽氏幣今有自平陽來者携　數種云一窖所得悉購之

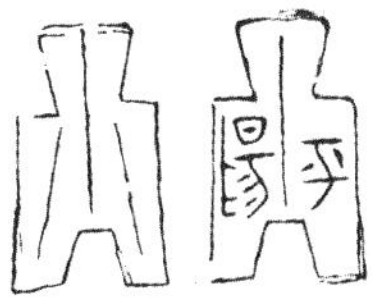

平陽

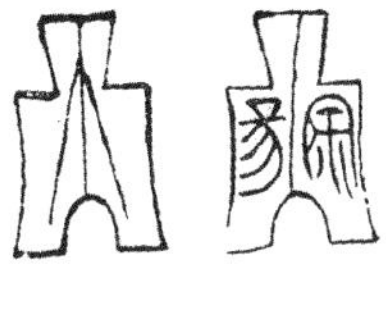

安陽

譜以為侖陽恐未合

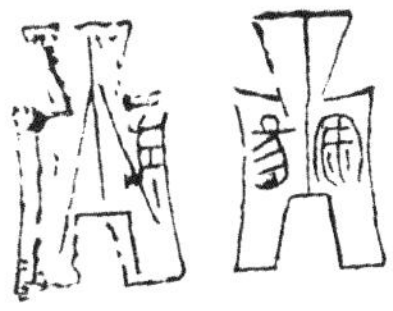

安陽

左十

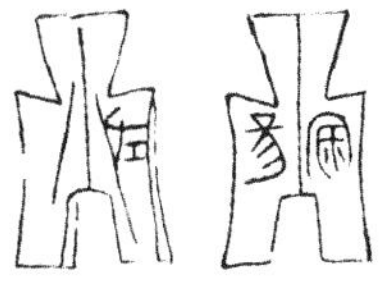

安陽

背文左字

安陽

方十

邃古齋藏

安陽

背文右

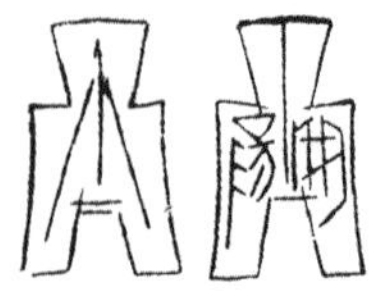

此亦安陽惟筆勢縱恣耳譜以為俞陽非

安陽

背文右干

安陽

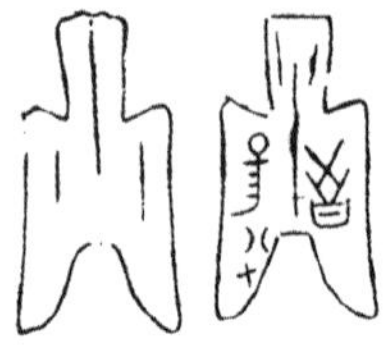

此疑安陽二字一正一倒陽下有八十字

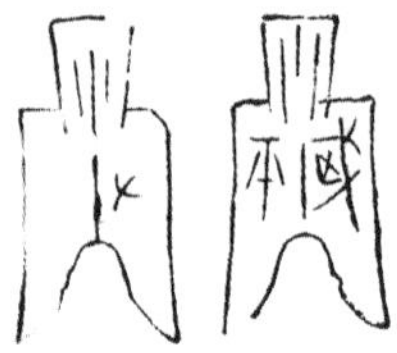

武平

此以下四布一時所出故附之

同上

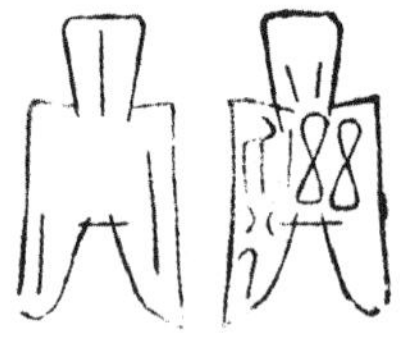

未審何字

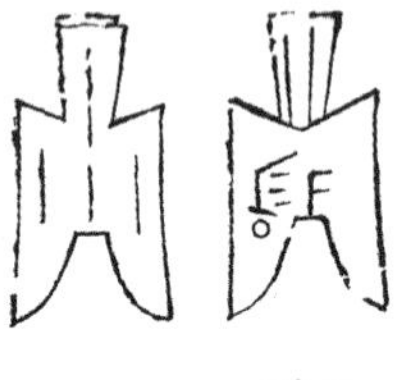

一陽字倒書

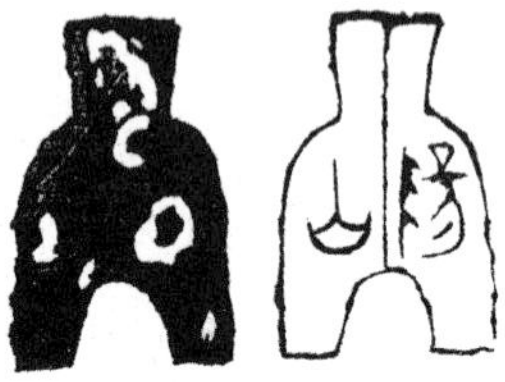

陽山

此幣得之任城未審陽山何在形製古厚面有郭背正平因有陽字故附于高陽布之後

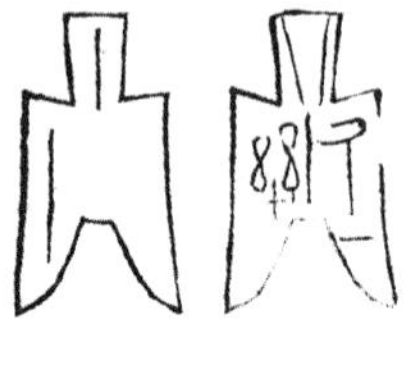

未識

堯布

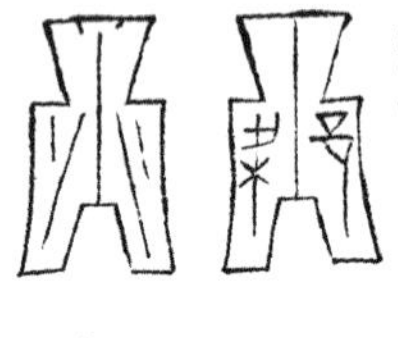

路史堯通刀幣為金三寺注云堯布文作上十全刂又作弓大止又一品小者日米古文泉字欠在水外詳董氏譜此作日来盖小布也

舜幣

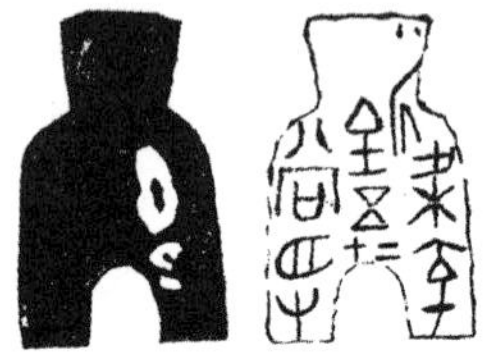

舜五二幣

乘馬

貨金五十二

當幣

未字難識姑定為幣字蓋其時珠玉上幣金中幣泉貨下幣也

此張子馥亭所貽幣極古背平無文

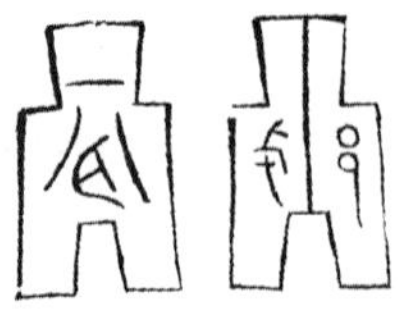

此桂氏拓本與上一布之各相似字二同一異

背文亦未識

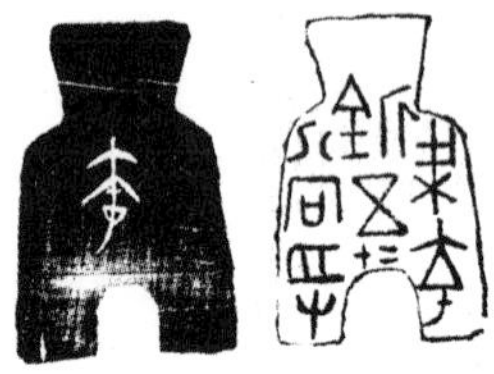

文少異

背鑿陰文侶庵字

舜當金幣
無五二十字餘相侶

策馬幣

路史舜得策乘馬之數乃割高陼倮太術輸犀害以作策馬貨當金貨一金二金四金二五金乘馬幣注引董氏譜云其文當為尚策為乘馬為正五二金者重貨也一金者輕貨也當金者當重金也攷之管子可見此策馬貨未即乘字又有文作尚金氶疋厝尹者

譜云此幣藏河間李氏其文不可識

鵬按此有六金字與五二相類故坿于舜幣之後

金索

邃古齋藏

夏禹幣

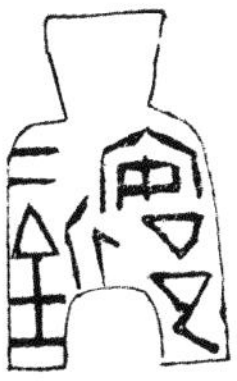

安邑貨二金

化即化即貨之渚
背文安安上鑿一字侶奄

鵬得此于任城

同上而文倒

背平無字

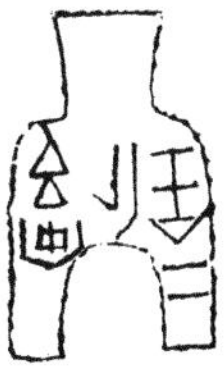

鵬得此于曲阜

商湯幣

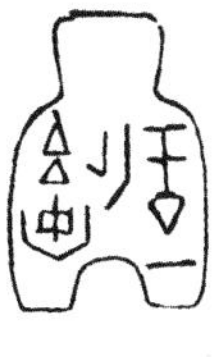

安邑貨一金倒書

錢譜俱以此為軒轅幣　鵬按此明作安邑二字非軒轅字禹都安邑當為禹幣譜又稱禹幣形方無文湯幣搆圜無文然傳稱禹鑄歷山之金湯鑄莊山之幣非不灼然豈有禹湯以前之幣有文而禹湯反無文者故表出之

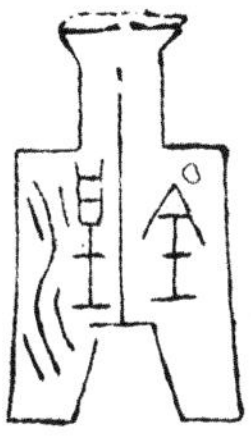

湯金二字左讀
鄭氏通志金石畧列商貨五品湯金第四此其是歟

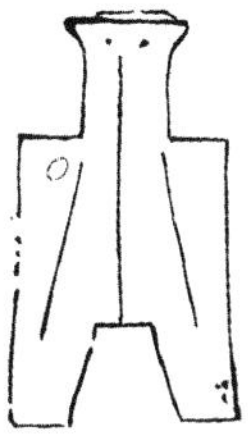

背無字

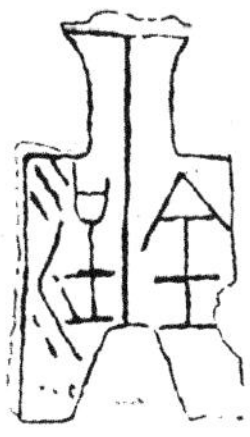

同上

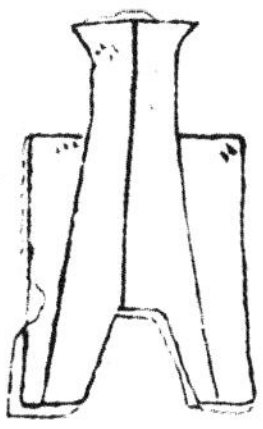

此二幣質與文俱極古

祥符友人謝子樸園愼修于乾隆五十七年得古金十一品于野王城山中貽予五品此其二品洵好古之一助也

金索

邃古齋藏

古布幣　六小六品

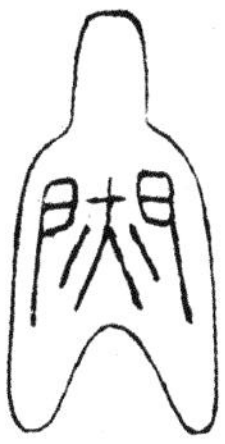

面文門中火未識

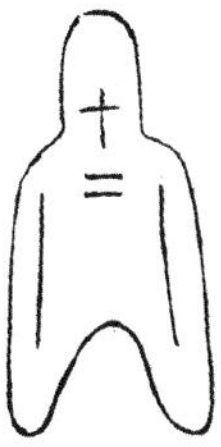

背文十二

面文林禺一石未詳按路史元為金三等禺氏邊山之玉為上幣或取此義歟

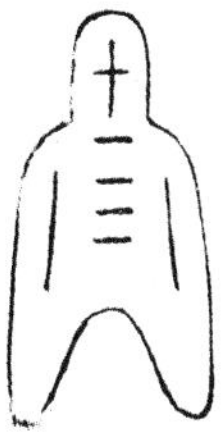

背文十四

面文大一金旁未識

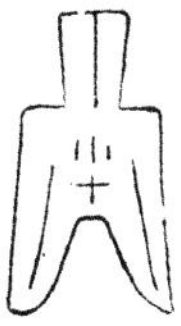

背文小十

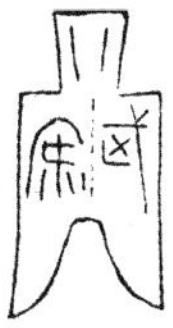

武安
背直紋

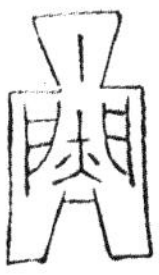

二幣未識

以上六品未定時代

又古布八品

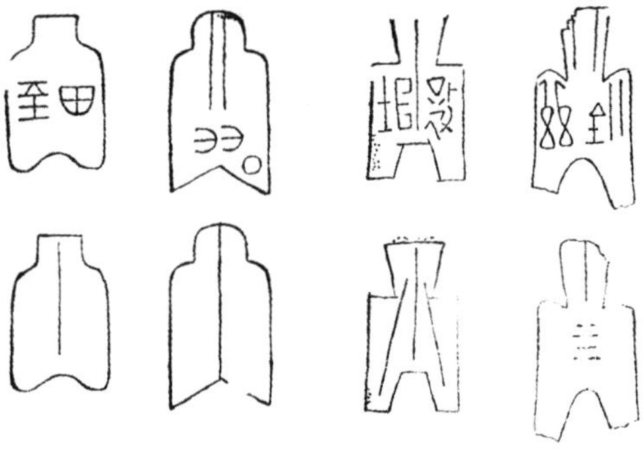

面文茲金二字左讀邉有二直疑茲二金也路史茲少昊後嬴姓國姑幕有茲城太原亦有茲氏城

背文古四字

面文二字或以為萬天氏幣未定背文三直道

此布甚異面文二直道下有文似兩山字橫書下文一圜不透背只一直道

面文田至二字背一直道與前布輪郭俱極圓正

以上四品紹興沈赤文所得

金索

邃古齋藏

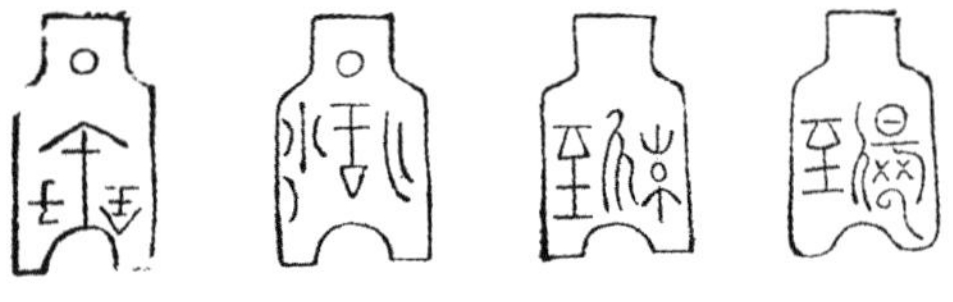

面文止有左邉至字可識舊譜云長寸八分足闊廣五分正圜無好及周郭重十二銖

面文五字不可識今按實未有五字也

亦止至字可識餘二字不可知

似小金貨三字倒書有好亦有無好者

子午金三字一正兩倒有好舊以為尭布恐未可定

以上四品亦未定時代泉志入異布

古鏟幣

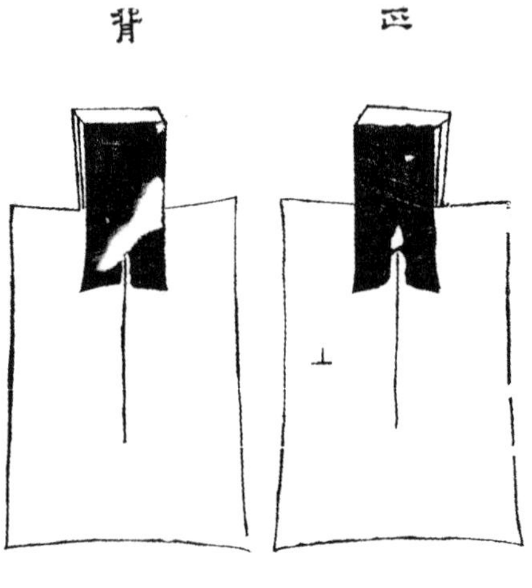

前人均謂之幣今藏古家別之為鏟幣其下單層其上夾層有口向上可以正納此幣尤大見于曲阜縣惠印山都尉昌運以玉牌易之其正面有古文上字甚小背亦一直道極古朴

金索

邃古齋藏

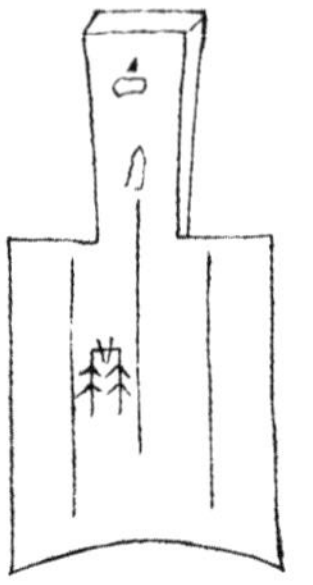

益

古文益作𦬸每見于鐘鼎文漢百官表亦云𦬸作朕虞　背無字三直紋同

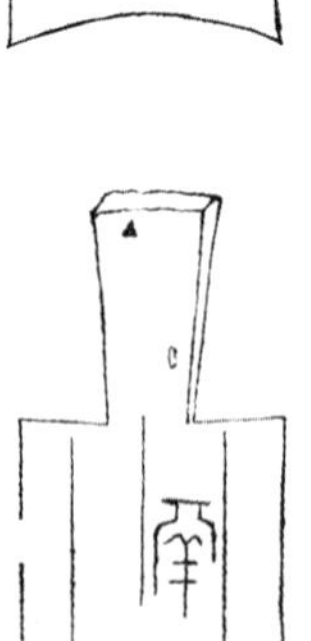

鬲

柄上俱有尖釘隆起有小破孔

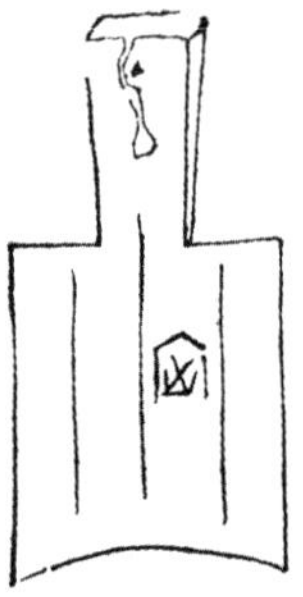

疑是奩字

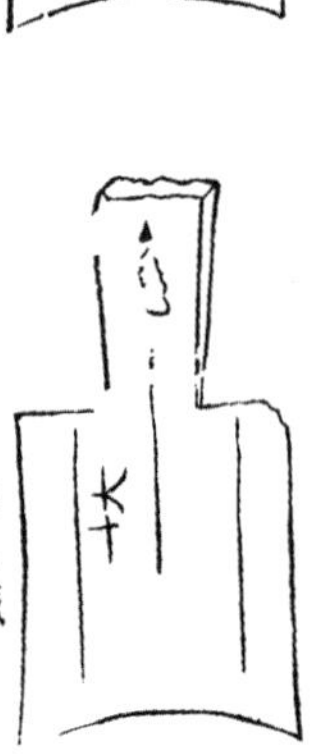

字未識

顏心齋明府藏幣十二品其嗣君庶門分四枚見贈即此

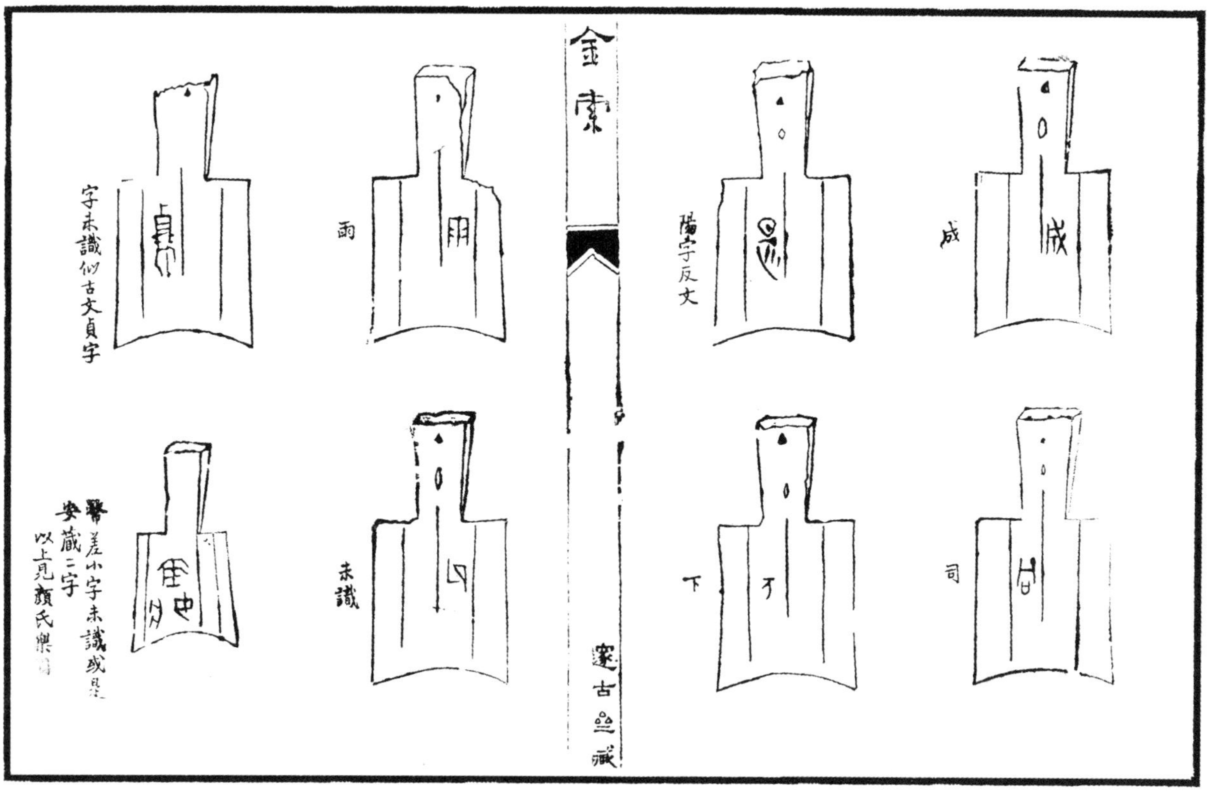
金索
成
司
陽字反文
下
邃古齋藏
雨
未識
字未識似古文貞字
邾差小字未識或是安藏二字
以上見顏氏樂

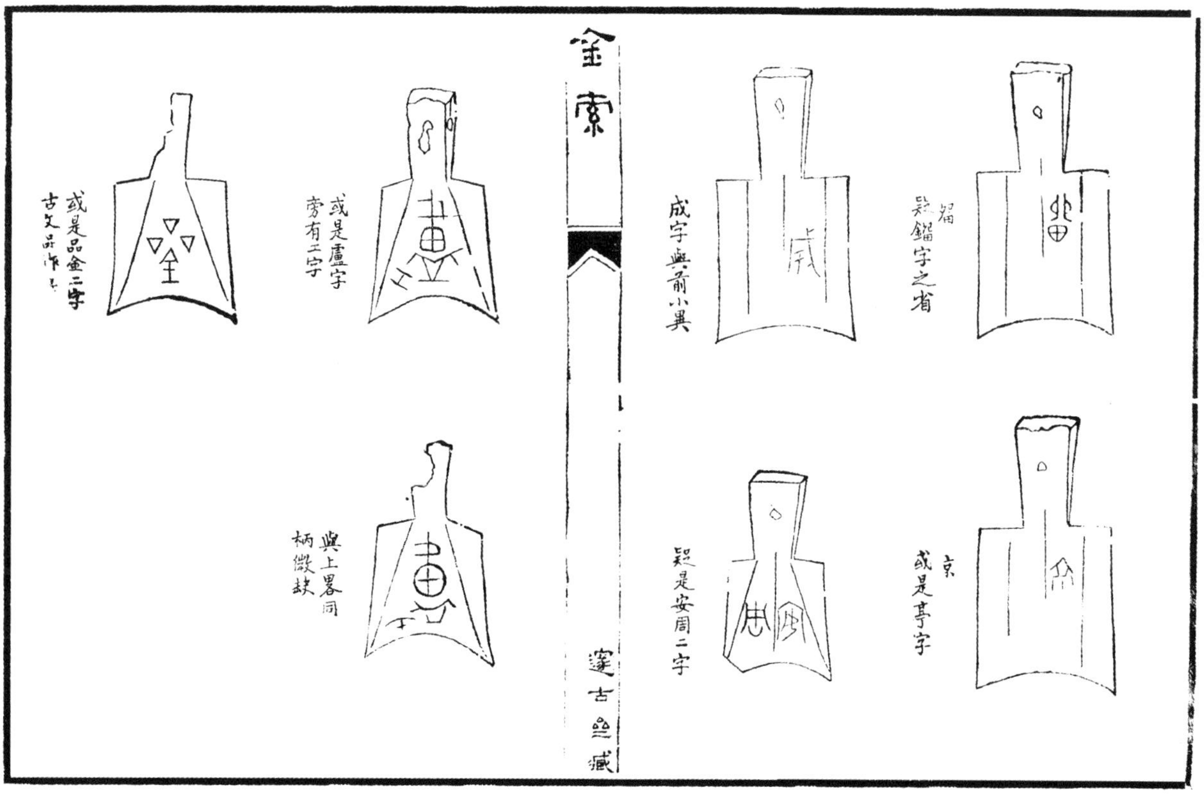
金索
錙
疑錙字之省
京
或是亭字
成字與前小異
疑是安周二字
邃古齋藏
或是盧字旁有二字
與上畧同柄微缺
或是品金二字
古文品作

周錢

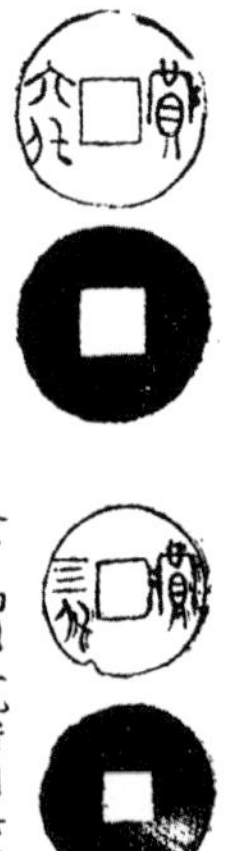

化即古貨字書懋遷有無化居史作貨居可證

太公爲周立九府圜法始名以錢錢負函方函孔也景王更鑄大錢文曰寶貨予見一錢于孔葒谷農部家文曰寶六貨又見一錢于桂未谷明府家文曰寶四貨

齊刀

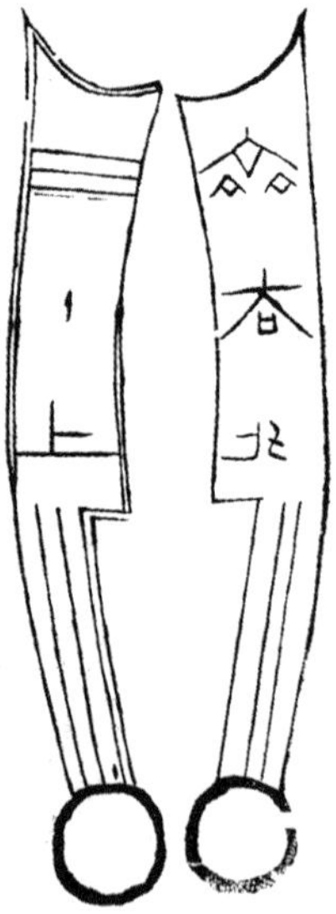

面文 齊寶貨

背文 上

此錢往往得于章邱臨淄等處嘉祐雜志稱爲齊太公杏九今人呼爲齊吉化皆非也緣不識古文寶貨字耳漢志太公爲周立九府圜法退又行之于齊

今觀此刀頭有環即圜法也桓公令輕罪者贖以金刀故齊刀爲多爲昔梅聖俞嘗飲酒劉原父家原父懷二古錢勸酒其一齊之大刀長五寸半其一王莽金錯刀長二寸半詩云探懷出敦二寶太公新室錢獨行齊六刀鑛形末環連文存半辨齊皆有模法圜次觀金錯刀一刀平五千其鑛形末環連句正合此刀之式其刀口厚一分許兩邊皆有郭隆起所謂皆有模法圜也惟長五寸半不合今以漢尺量之長七寸五分強以今裁尺量之可五寸蓋彼所量者宋尺耳至文存半辨齊則寶貨二字當時俱不識矣原父博古何不加考核也背文三畫者乾象也乾下爲丁或丁公時鑄或取丁男之義末一上字則編列六次也

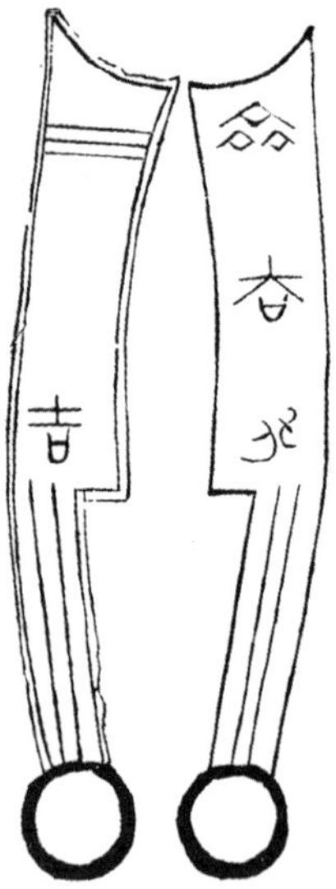

此背吉文方是吉字今人以杏爲吉誤

齊寶貨

吉

齊寶貨

貨

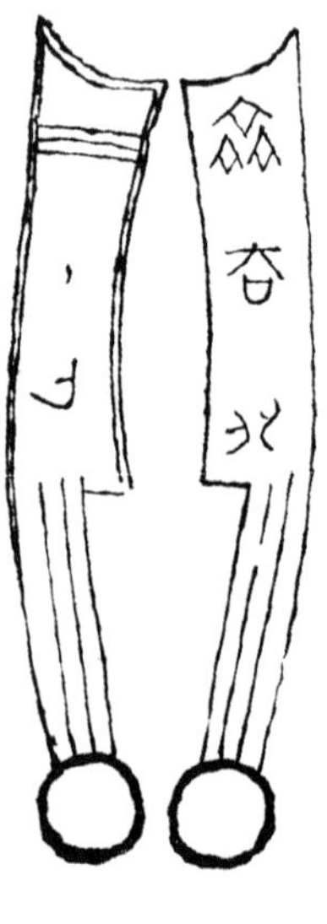

齊寶貨

貨

貨省爲化此又省化爲反匕

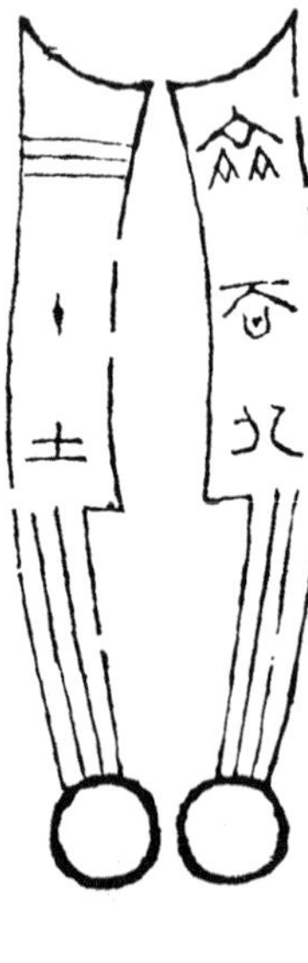

齊寶貨

土

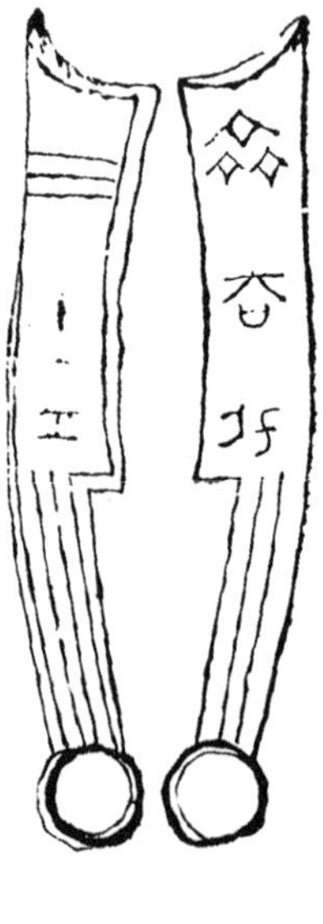

齊寶貨

工

金索

齊寶貨　行

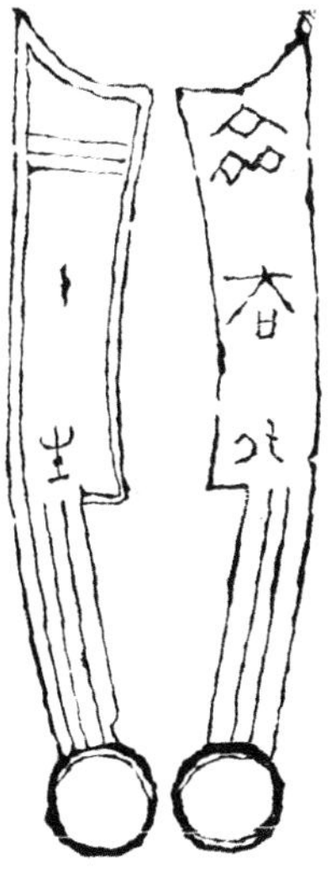

齊寶貨　生

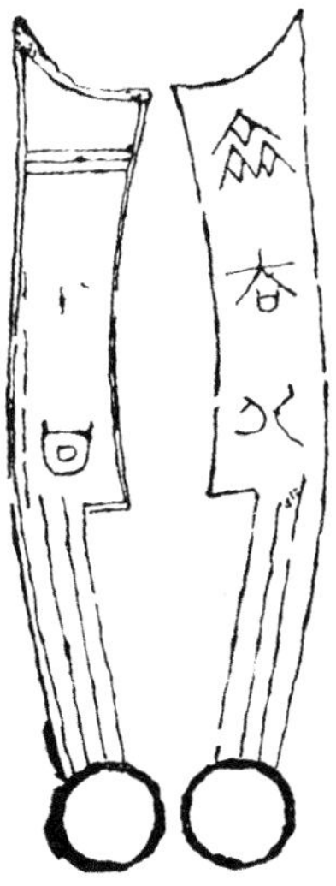

齊寶貨　廿

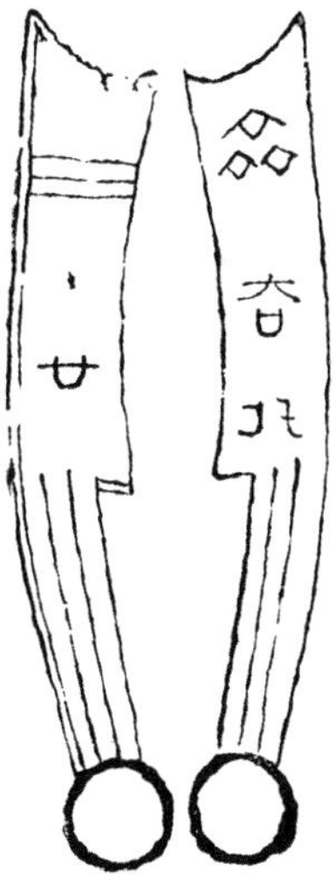

齊寶貨　廿

遵古齋藏

金索

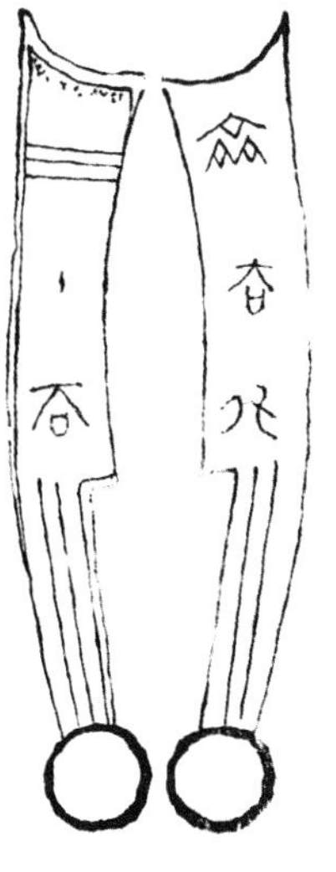

齊寶貨　寶

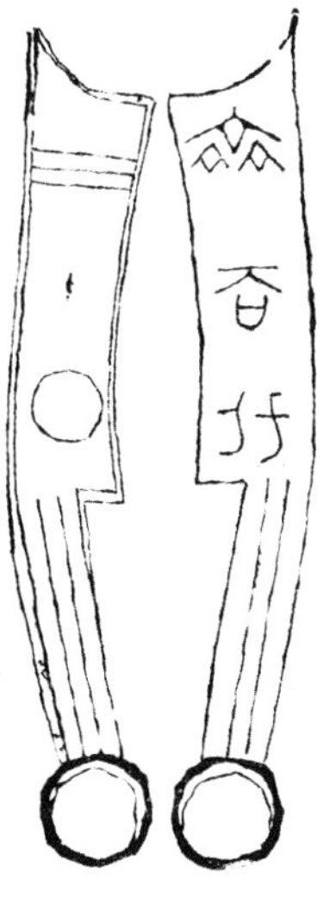

齊寶貨　圓

古詩云何日大刀頭蓋刀頭有環即隐用還字兹背文復有環其取回還義与

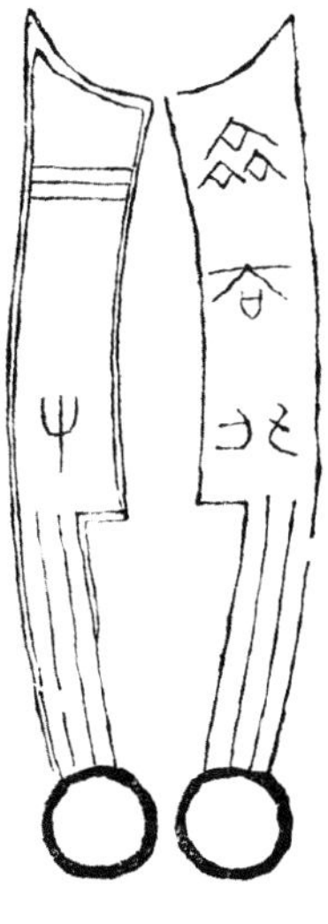

齊寶貨　未審

草字从艸古文有省作屮者未知即此否也

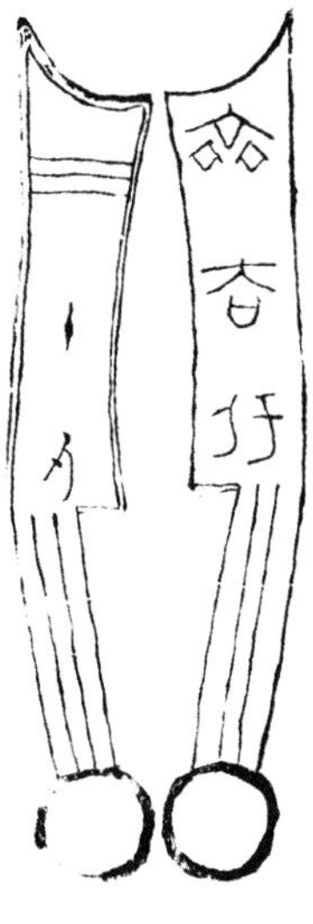

齊寶貨　[illegible]

遵古齋藏

金索

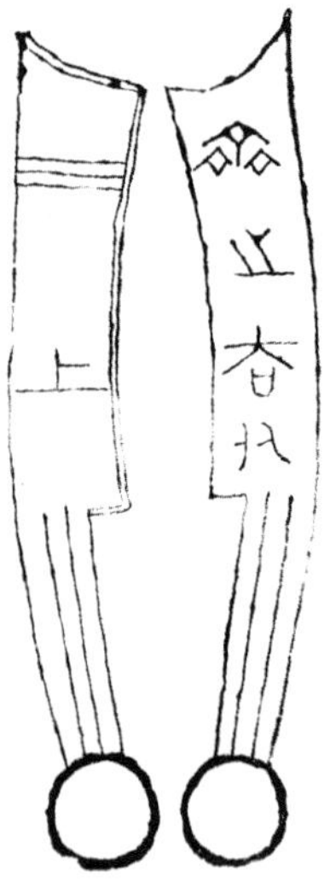

齊之寳貨

上

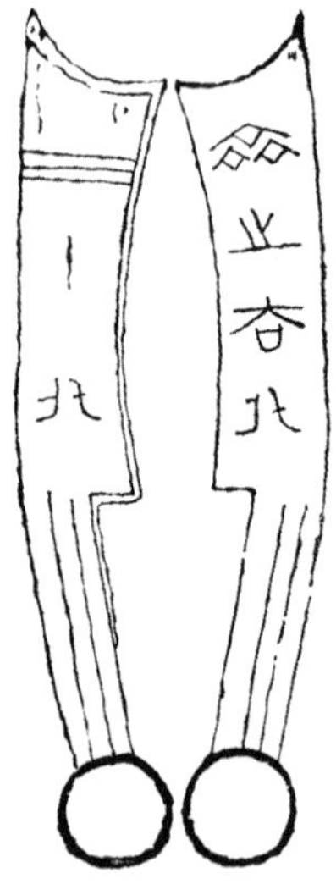

齊之寳貨

貨

邃古亝藏

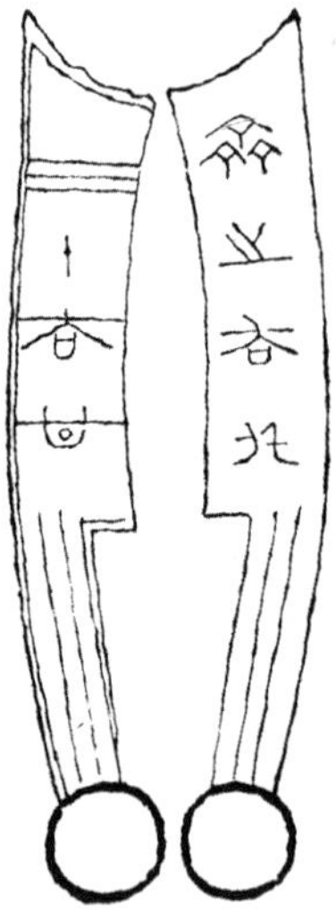

齊之寳貨

寳廿二字朱氏待問録以為太公二字非也

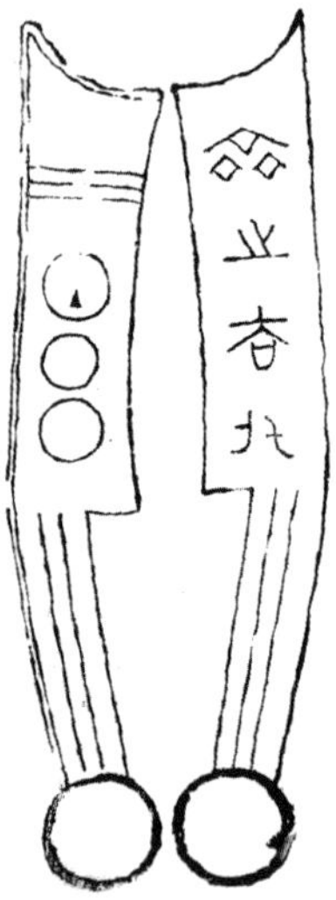

齊之寳貨

背文三圜

金索

齊途陽刀

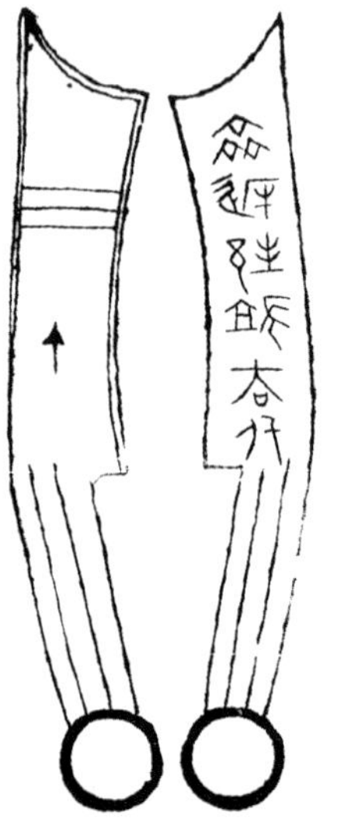

齊途陽〇寳貨

背文乾下丁

此刀顏鹿門所貽據金石志釋齊途陽疑是遲陽其第四字似坎似歆未審

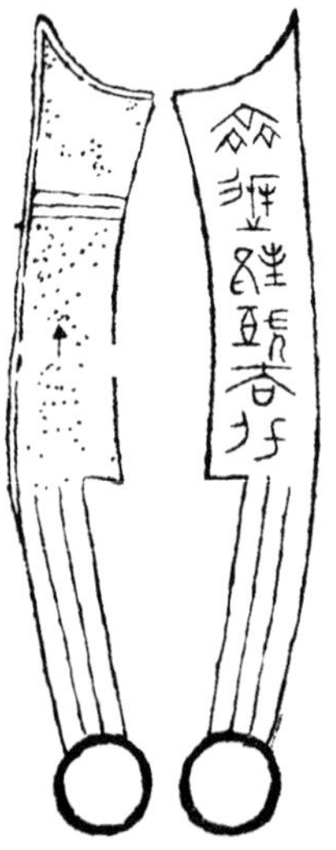

齊途陽〇寳貨

同

此刀濰縣人所得文少異

邃古亝藏

安陽刀

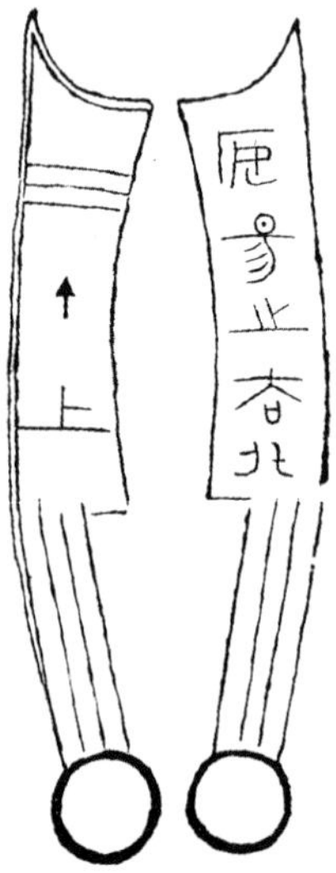

安陽之寳貨

背文与齊刀同

安字不从宀首乃从厂首可見古文通用此刀与即墨相侶較齊刀為精細

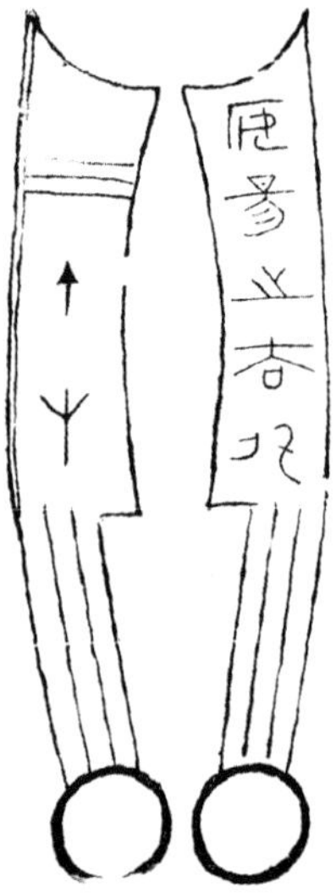

安陽之寳貨

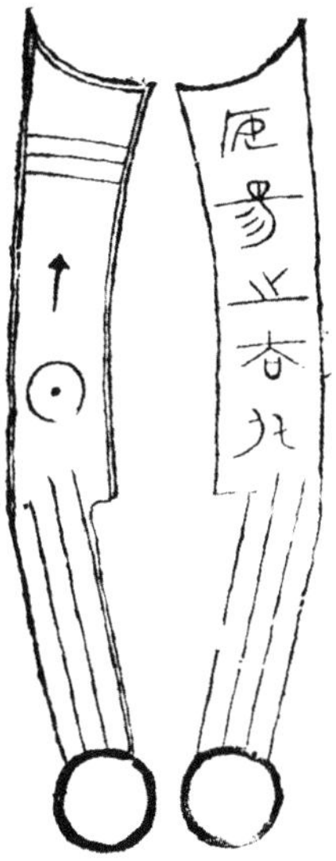

安陽之寳化

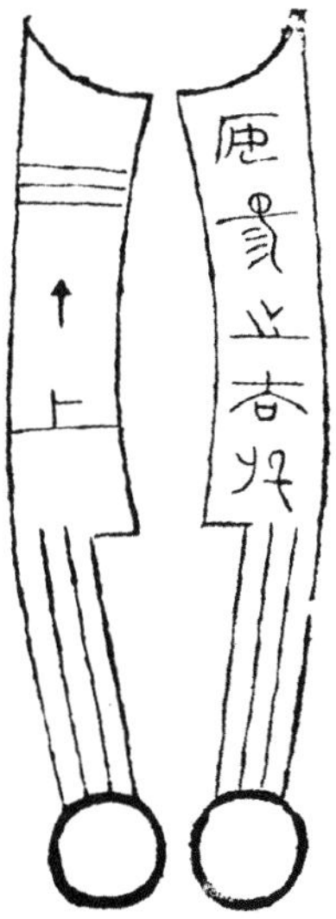

安陽之寳化

安陽屬豫州鷄按莒亦有安陽後漢趙彥傳云以賊屯在莒莒有五陽之地宜發五陽郡兵從孤擊虛以討之注五陽謂城陽南武陽開陽陽都安陽也

金索

邃古齋藏

附齊二種

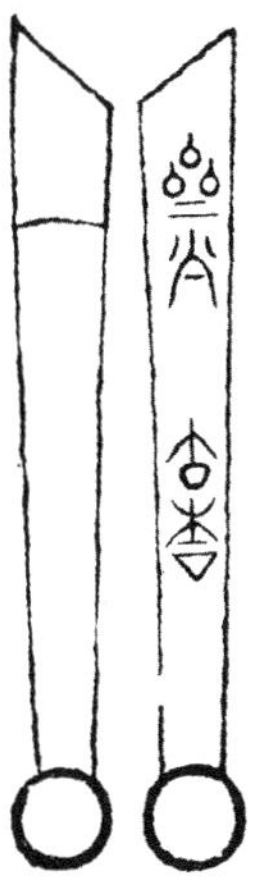

此刀色澤未古是倣造者其面文上二字惟齊字可辨下三字惟寳字可辨餘未可定嘉祐雜志云王公和罷沂州得銀刀一有齊太公杏九字中闕不相屬上有圜形洪遵泉志云吉貨誤讀作杏九今玩古字固非杏亦非吉乃寳字耳古文寳作𡧖也惟齊字一作齊字亦一作𡧖必傳刻有訛錯處

咸豐間兗海百姓掘得古銅片四千九百五十九片上有齊歸化三字亦古布之類今因其字各殊附于齊刀之末

即墨刀

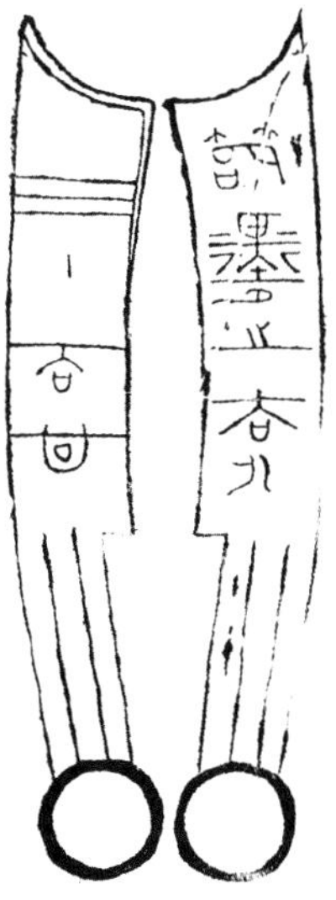

即墨邑之寳貨

寳甘

金石志云節即即古字通據此齊即墨邑當作節今作即者省文耳即墨以墨水得名古三齊之一古即墨城在田單火牛城也今屬萊州府

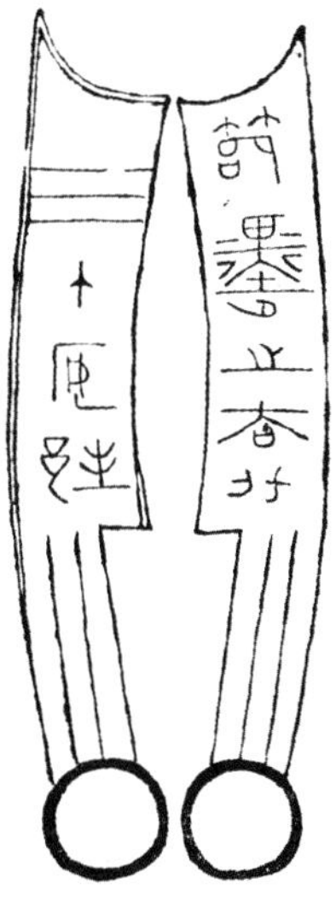

即墨邑之寳貨

安陽

金石志云安陽屬宋國齊或別有安陽鷄按安陽乃莒五陽之一近即墨詳安陽刀

金索

邃古齋藏

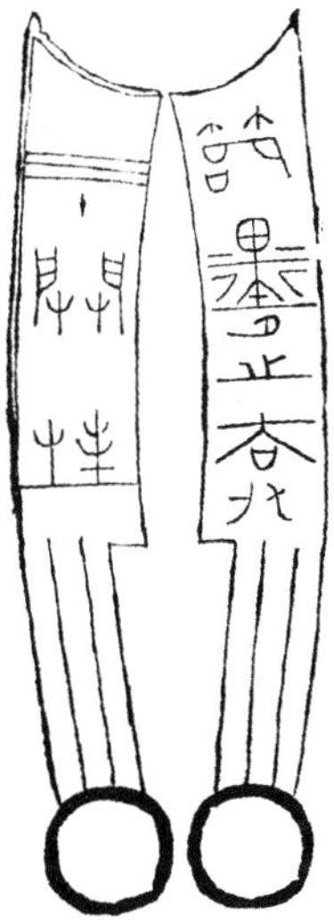

即墨邑之寳貨

開

下一字疑封字反文或竟是陽字開陽地名莒五陽之一也

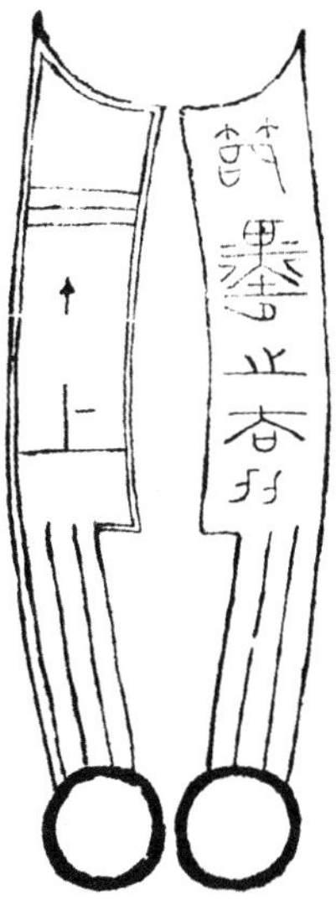

即墨邑之寳貨

上

鷄得之齊州色如銀

金索

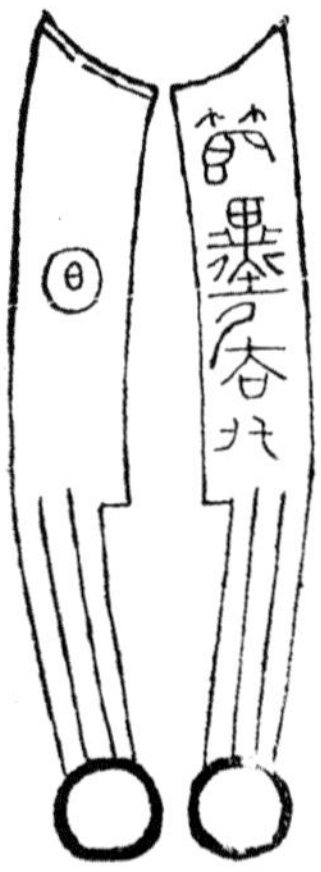

即墨邑寶貨

背文圜中似有日字

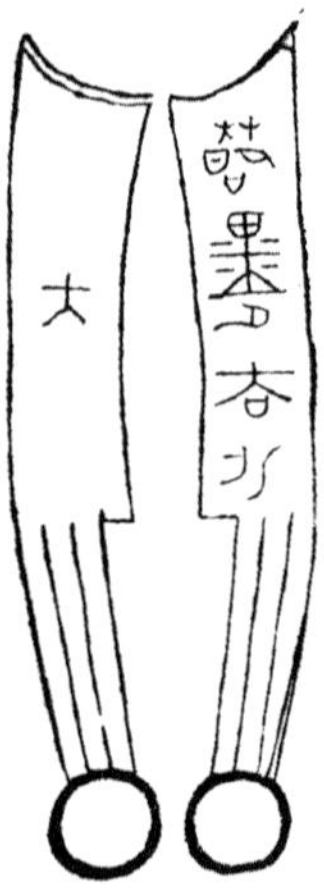

即墨邑寶貨

大

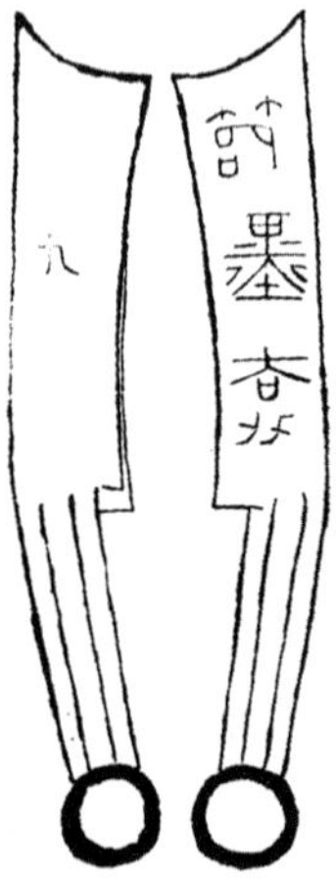

即墨寶貨

九

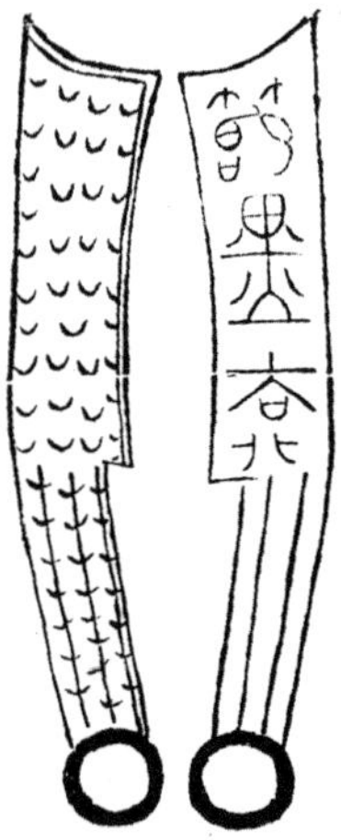

即墨寶貨

金石志云此通作魚鱗文亦齊刀中之别品也

邃古盦藏

金索

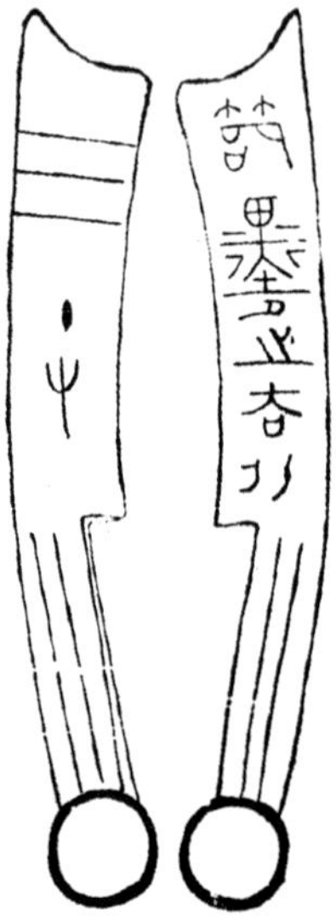

即墨邑之寶貨

未審

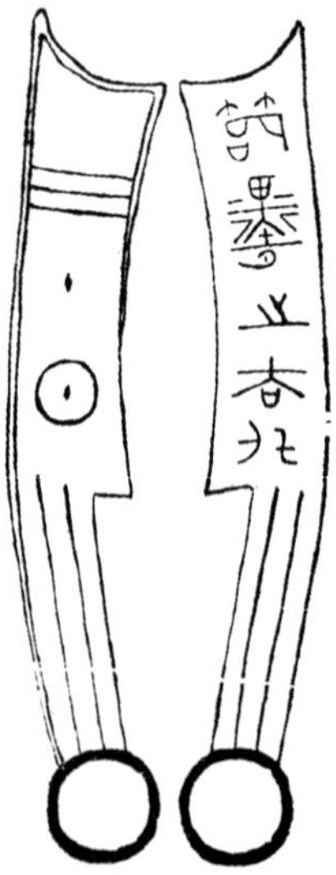

即墨邑之寶貨

背文圜中有點

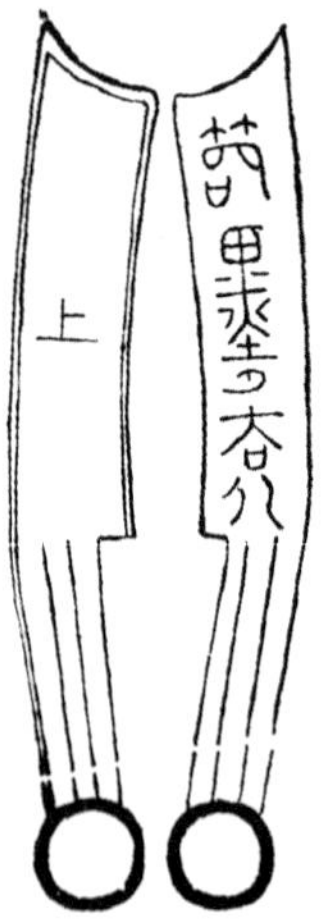

即墨邑寶貨

上

以下數品字較少其式亦差小

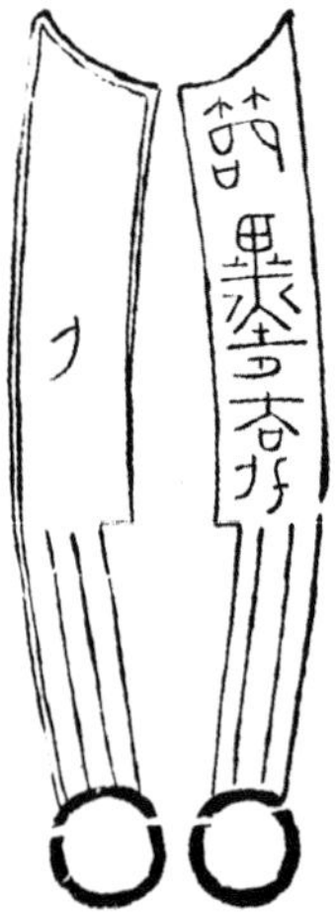

即墨邑寶貨

背文半貨字

邃古盦藏

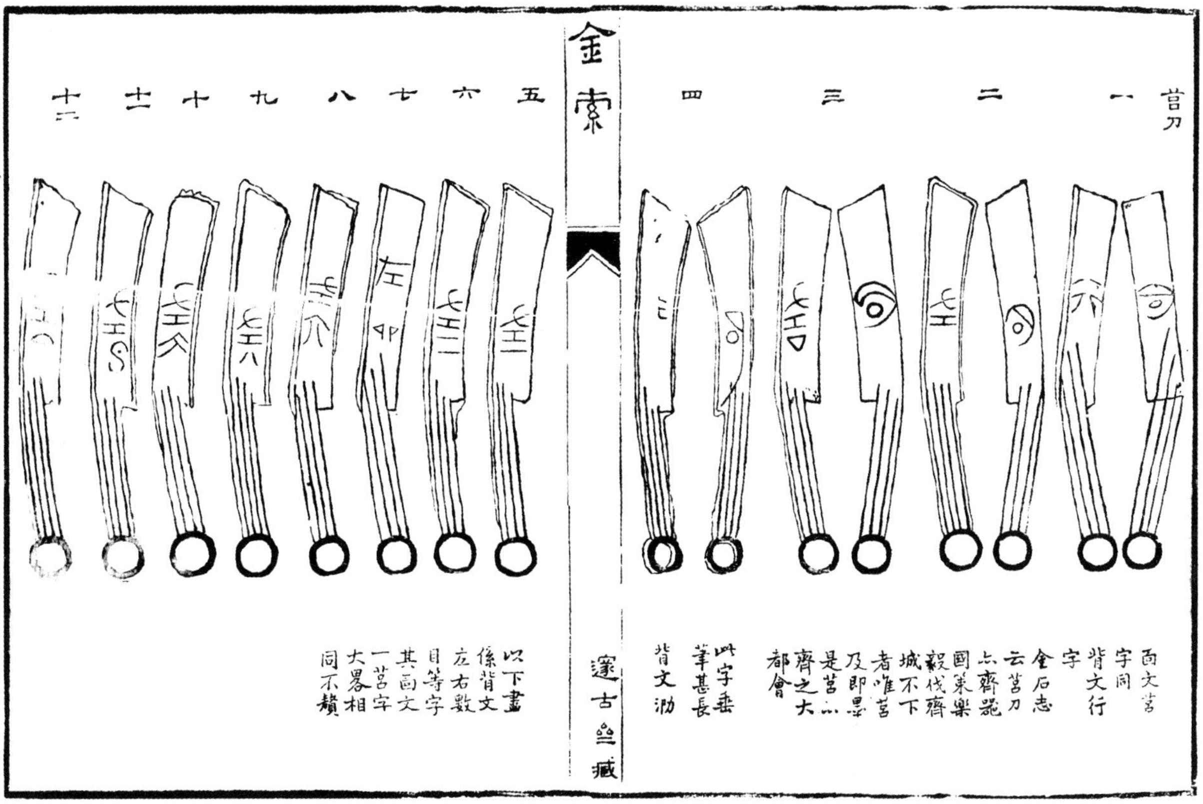
金索
莒刀
一
二
三
四
五
六
七
八
九
十
十一
十二
面文莒字同背文行字
金石志云莒刀亦齊器國策樂毅伐齊城不下者唯莒及即墨是莒亦齊之大都會
此字垂筆甚長背文泐
以下畫係背文左右數目等字其面文一莒字大畧相同不贅
邃古堂藏

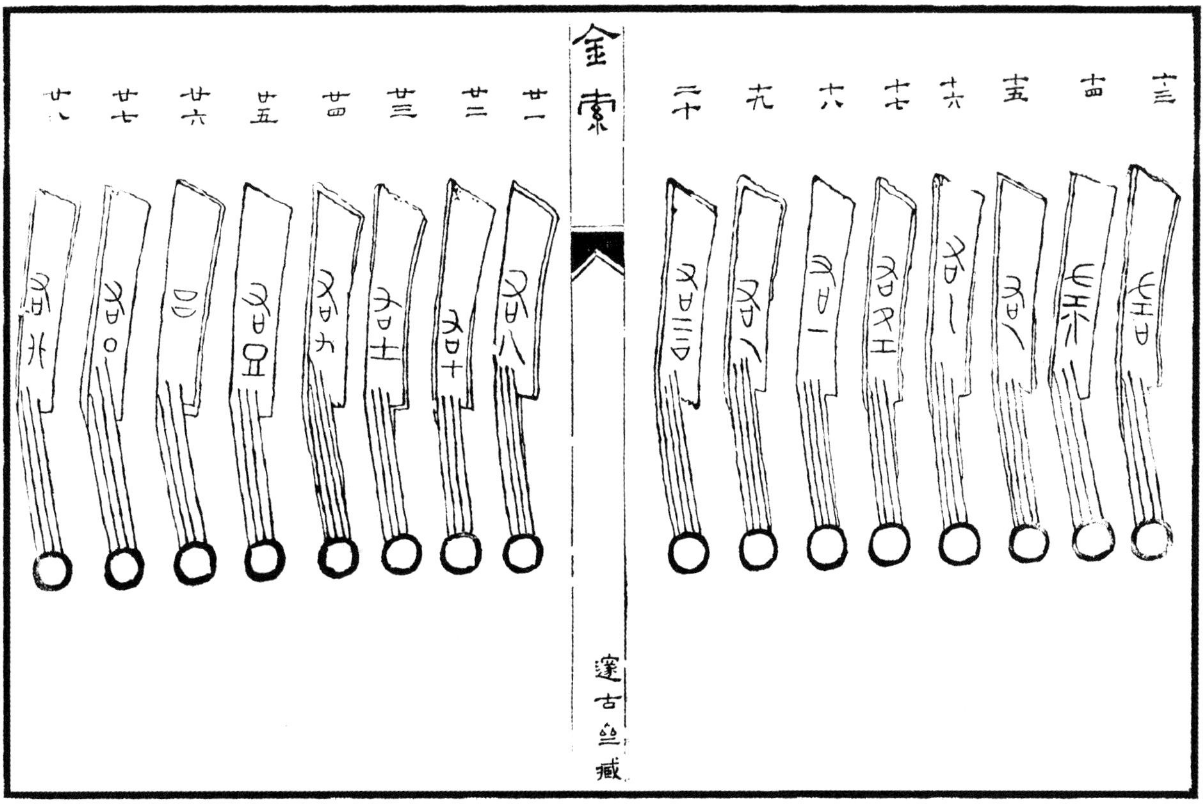
金索
十三
十四
十五
十六
十七
十八
十九
二十
廿一
廿二
廿三
廿四
廿五
廿六
廿七
廿八
邃古堂藏

廿九 卅 卅一 卅二 卅三 卅四

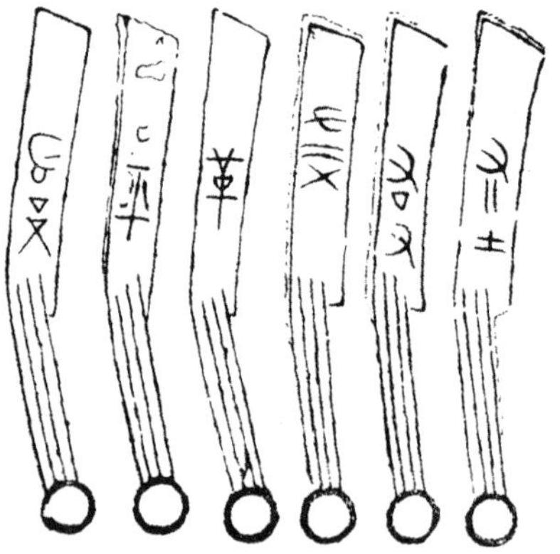

金索

邃古齋藏

古刀一 背

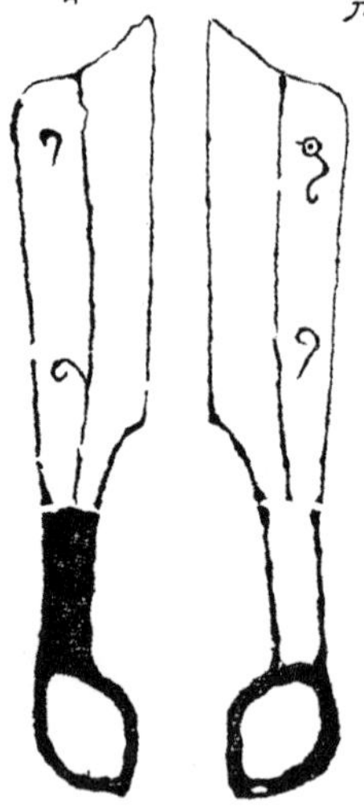

刀正背各二字不可識其首或是古鳥篆乙字餘剥蝕莫辨今已両毀

古刀二 背

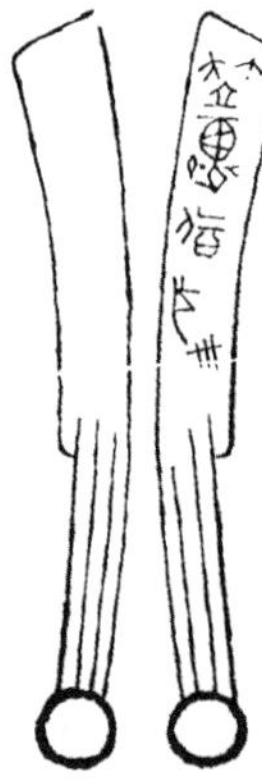

此淄邑廣文博山孫星舫所貽云博山之香峪村剧出一窖數百枚文不能辨惟廿字可識

此二種字皆奇古式亦各別但更在齊莒刀前曰無可考故列于後 又按黄帝制金刀立五幣刀圜不始于齊矣

古刀三 背

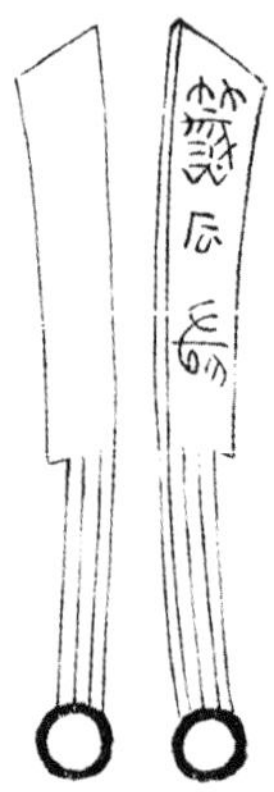

此刀與前刀同出一窖星舫廣文崇垣又自博山携寄此枚恐其易折以木嵌置而入手即斷蓋銅質已朽其古可知其字亦在有無之間勉為摹出与前小異終不可識或謂路史載莒國有箸邱此疑即箸邱長三字而未敢定

古刀四 背

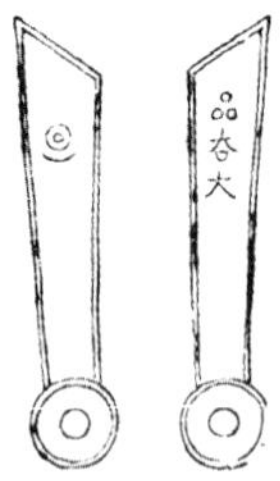

品寶大

此舊譜所載長平古刀云李幼奇于天寶元年得于長平溪澗中者文不可識今觀是品寶大三字古幣文亦有品金二字

金索

古刀五 背

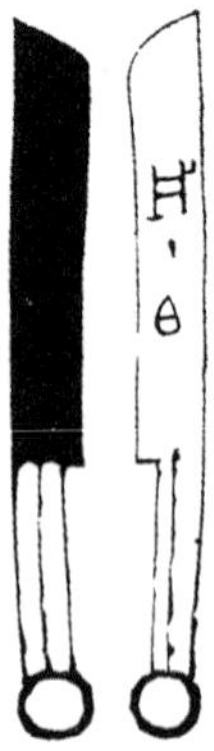

此種見于曲阜與莒刀不同刀薄背平無郭無文面文白字上一字不可識或云係邢伯二字或云井伯即邢伯未敢臆定

邃古齋藏

秦錢

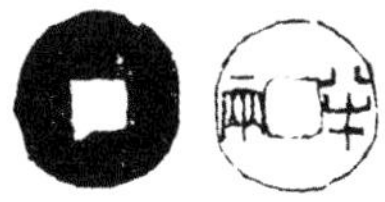

半兩

背平無文

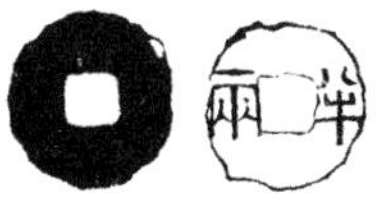

漢食貨志云秦錢質如周錢文曰半兩重如其文今觀此錢背平無郭恰與周之寶六貨相侶貨徑一寸三分半金石記云秦半兩稍重漢半兩稍輕大約以建初尺度之逕踰一寸三四分者秦錢也逕寸二分以内者漢呂后時所行耳

漢錢

漢呂后時半兩錢逕寸二分重八銖

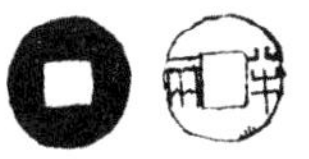

漢文帝時半兩錢

文帝紀云五年春二月更造四銖錢應劭注其文亦曰半兩今以漢尺度之逕一寸弱世所存半兩至輕小者是也

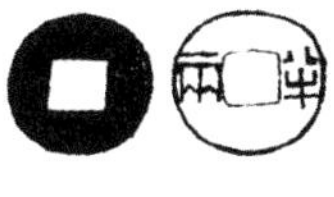

武帝時半兩錢逕寸有輪郭

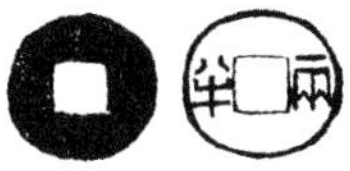

傳形半兩

亦武帝時錢傳形者錢之傳模也半字在左兩字在右

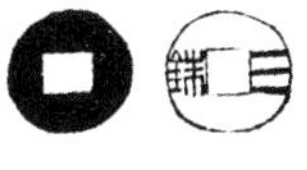

武帝又為皮幣令縣官銷半兩錢更鑄三銖錢重如其文盜鑄諸金錢罪皆死而吏民之犯者不可勝數

又一種中穿下有三直文

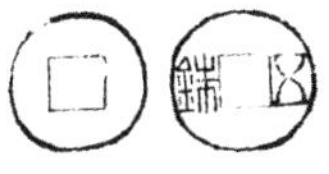

武帝元狩五年有司言三銖錢輕易以姦詐請郡國更鑄五銖錢周郭其質令不得摩取鋊注鋊銅屑也摩取漫面取其屑更以鑄錢　元鼎二年罷白金命水衡三官鑄赤仄錢一當五賦官用赤銅為郭俗謂之子紺錢穿皆五銖也

按錢幕為質五銖錢幕亦有邊所謂周郭具質也

漢武帝三幣

舊圖

龍幣

馬幣

龜幣

食貨志武帝又造銀錫白金以為天用莫如龍地用莫如馬人用莫如龜故白金三品其一曰重八兩圜之其文龍名白撰直三千二曰以重差小方之其文馬直五百三曰復小楕之其文龜直三百如淳曰雜鑄銀錫為白金晉灼曰呂半斤之重差為三品則馬重六兩龜重四兩師古曰楕圜而長也

以上三品俱依舊圖又古錢徵信錄云有一龜幣形制雖異亦如栞背作龍紋鳳紋形狀而置動龜于內可上可下首尾足具備

又二品　晏海藏

馬幣正面

馬一大一小似取子母相權之義足履一橫木首上有盤螭

背面

正面凸背面凹俱無字

金索

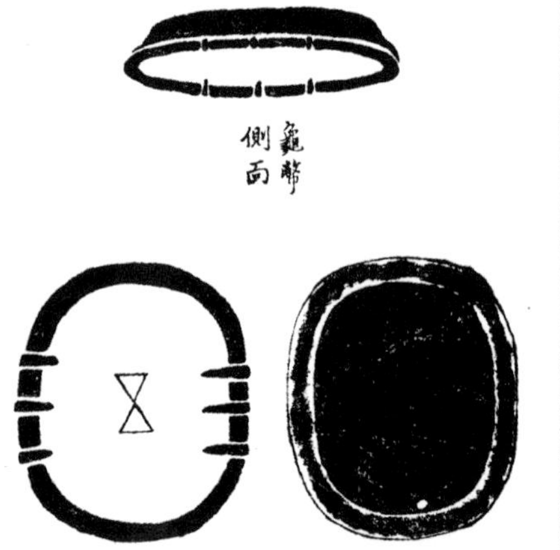

龜幣側面

正面隆起如龜背狀而無紋

背面如龜腹而內凹中有一陽文五字俗與直三百不合然莽時有公龜九寸直五百疑本于此

此二幣顏子鹿門所贈与錢譜所圖不相侶然馬幣有合于子母相權之義龜幣正合楕圓較前圖八觚尤優宜其中有五字為前論所未備朱翠編然洵足玩也

邃古齋藏

新王莽泉刀布

志云莽寶貨五物六名二十八品鑄作錢布皆用銅殽以連錫

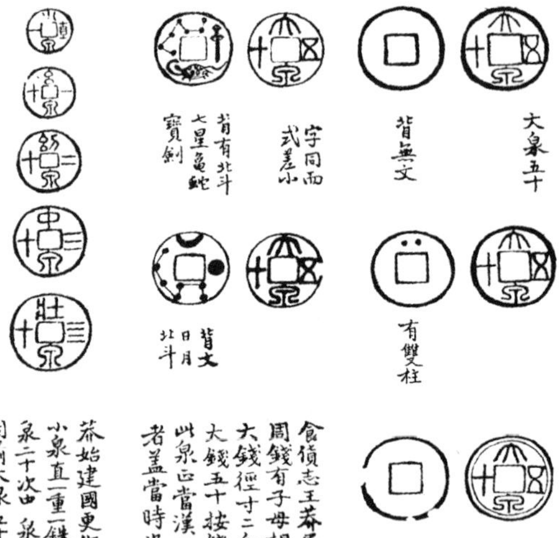

大泉五十

背無文

字同而式差小

背有北斗七星龜蛇寶劍

有雙柱

背文日月北斗

大小同前而郭有雙邊銅色微白所謂殽以連錫也

食貨志王莽居攝變漢制以周錢有子母相權于是更造大錢徑寸二分重十二銖文曰大錢五十按錢即泉也今觀此泉正當漢尺一寸二分其小者蓋當時盜鑄者也

莽始建國更作小錢徑六分文曰小泉直一重一銖次幺泉一十次幼泉二十次中泉三十次壯泉四十因前大泉五十為泉貨六品

金索

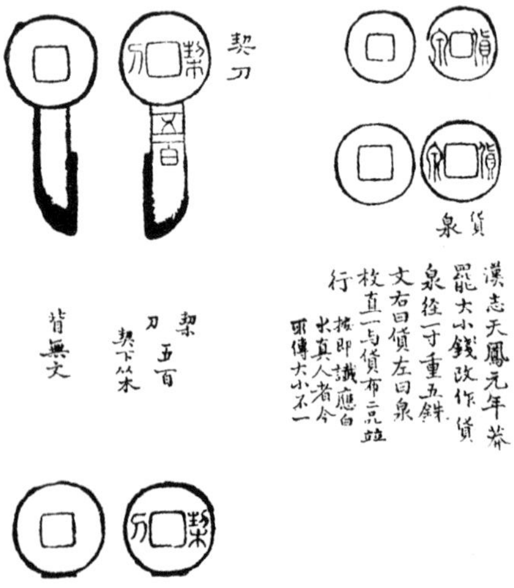

貨泉

漢志天鳳元年莽罷大小錢改作貨泉徑一寸重五銖文右曰貨左曰泉枚直一与貨布二品並行

按即識應自出真人者今所傳大小不一

契刀

契刀五百　契下从木

背無文

契刀　下無刀乃後人截去者非無刀也

漢志莽居攝變漢制造大錢五十又造契刀錯刀契刀其環如大錢身形如刀長二寸文曰契刀五百錯刀以黃金錯其文曰一刀直五千張晏以為契刀身不長二寸顏師古非之予得契刀二其一無刀而断痕尚在蓋張晏所見耳

金錯刀

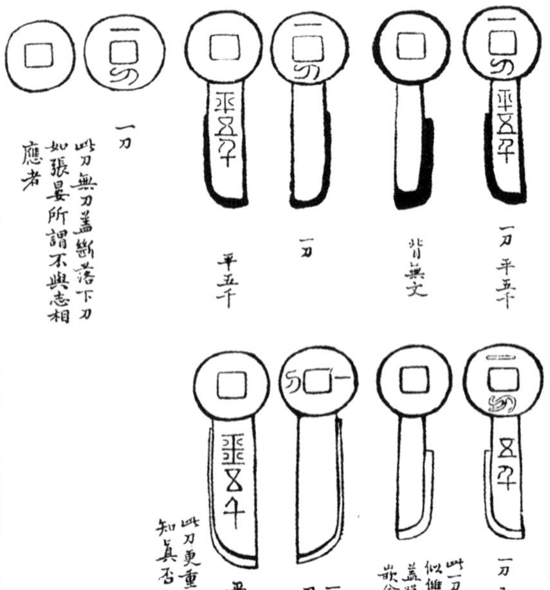

一刀平五千

背無文

一刀

平五千

一刀

此刀無刀蓋斷落下刀如張晏所謂不與志相應者

一刀五千

此一刀字似鑄鈎蓋脱去嵌金也

刀一

平五千

此刀更重大未知真否

邃古齋藏

漢志錯刀以黃金錯其文曰一刀直五千張晏曰錯刀則刻之作字以黃金填其文鵬所見錯刀皆輪郭隆起其一刀字嵌金片與體平正所謂刻之作字者亦有全字隆起者其七倏類稿所載似雙鉤者蓋歲久脫落金片正刻字之驗至平五千三字乃鑄成不填金也志云直五千者解平五千之義非謂刀文有直字也志又云大泉五十契刀錯刀與五銖錢竝行凡四品莽即眞以爲書劉字有金刀遂罷錯刀契刀及五銖而更作金銀龜貝錢布之品則錯刀之行未久古詩云美人贈我金錯刀何以報之英瓊瑤則當時已重其品矣宜今之罕覯也

又一種

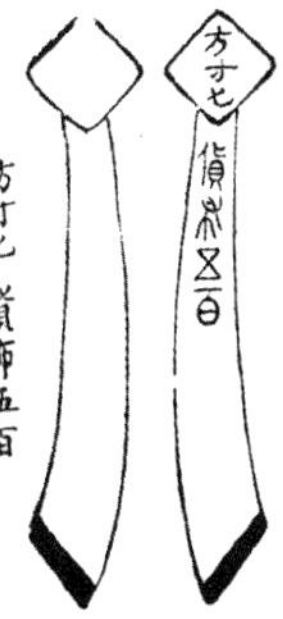

方寸匕　貨布五百

背無文

洪氏泉志宣和年蒙城人於田中得古刀柄端有方寸匕三字仿佛隸書身有文曰貨布五百疑莽所鑄予亦得此於太原縣

莽布

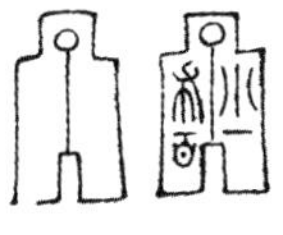

小布一百

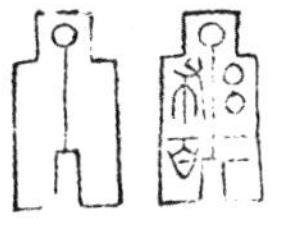

幺布二百

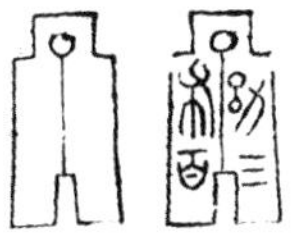

幼布三百

漢志小布長寸五分重十五銖文曰小布一百自小布以上幺布幼布厚布差布中布壯布弟布次布大布各相長一分相重一銖文各爲其布名直各加一百至大布長二寸四分重一兩而直千錢矣

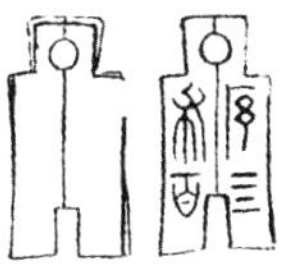

厚布四百

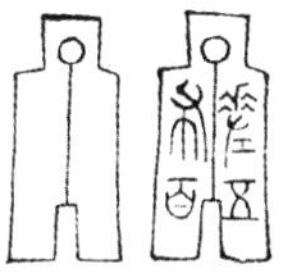

差布五百

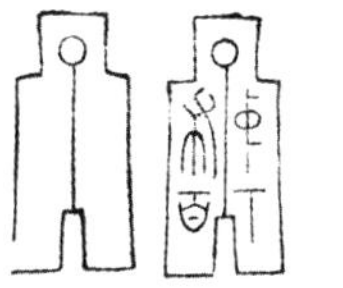

中布六百

六从一下一不可解疑以一爲五一爲一合成六

同上

金石記云五字中間多一曲

同上

見金石記

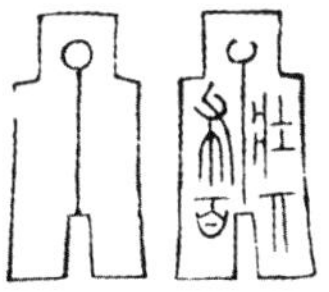

壯布七百

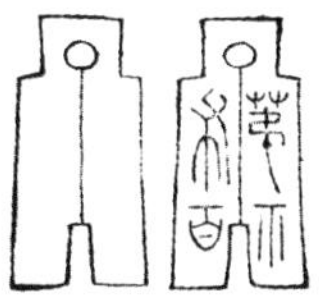

弟布八百

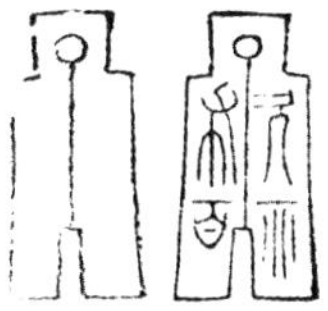

次布九百

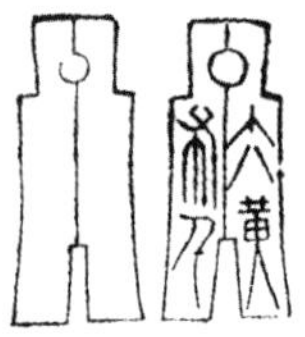

大布黃千

長短与志相應此布厚一分較外重今淸平六錢其千字絕不似刀字与篆作𠀆者不同

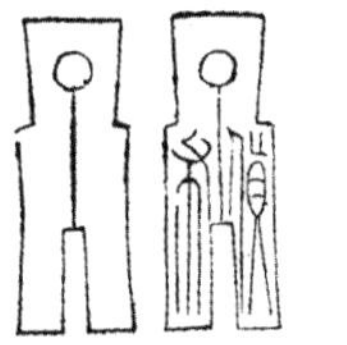

貨布

此布在十品之外漢志天鳳元年罷大小錢改作貨布長二寸五分廣一寸首長八分有奇廣八分其圜好徑二分半足枝長八分間廣二分其文右曰貨左曰布重二十五銖直貨泉二十五金石記云諸泉布惟此一品尺寸寬詳今以建初尺度之無不与志所云悉應是徵建初尺即劉歆銅斛尺也

四布當千

此布極大背文作十貨字諸譜未詳何代惟續夷堅志莽有端布當千或即此也

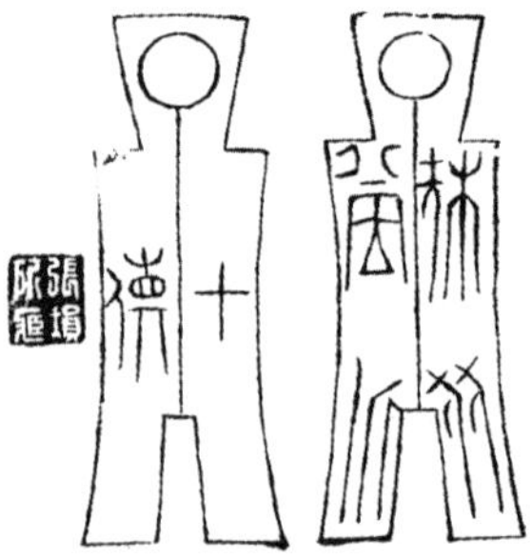

文同而字小異

附存嘗刻莽布

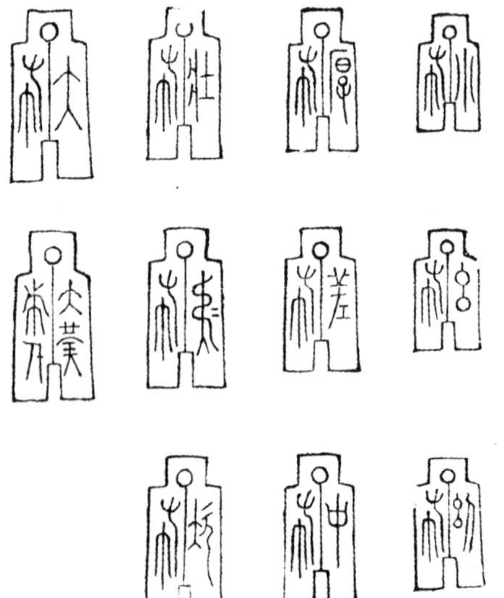

莽十布、各四字此止二字又別有大布亦大布黃千之外其式恐不足準也

東漢錢

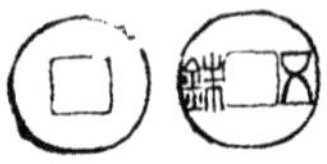

光武中興復五銖錢

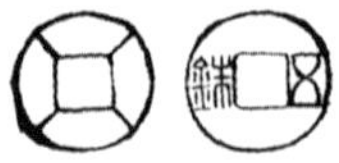

靈帝作角錢背文四出俗稱為四道五銖有銅鍍二等

獻帝小錢無輪郭文章

後漢錢

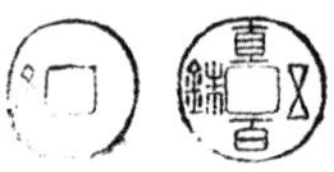

昭烈帝錢文直百五銖有徑九分七分者背有一為字或云指犍為郡

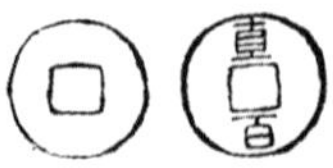

又一種上直下百無五銖字

泉志顧烜曰漢建安十九年劉備鑄直百錢文曰五銖直百

金索

吳錢

傳形五銖亦昭烈鑄左右相反銖字亦反穿上有十字

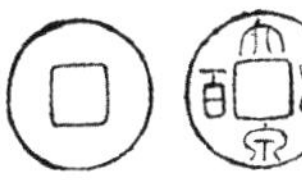

大泉五百吳大帝鑄

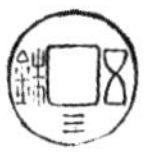

此錢文正字下有二星未知何時所鑄因亦上十字相類附錄之

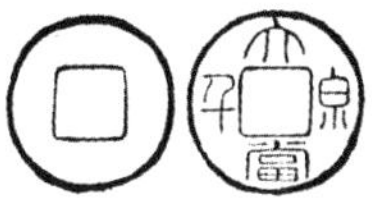

又鑄大泉當千式有大小二種

魏錢

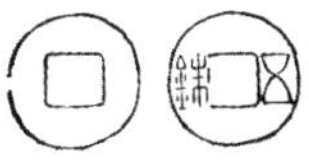

文帝初復五銖旋罷明帝復行五銖

晉錢

太元貨泉晉孝武鑄太元真書貨泉篆文錢用年號者始此

宋錢

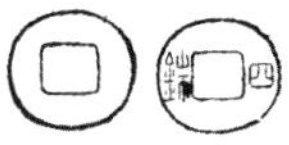

四銖宋文帝鑄重如其文

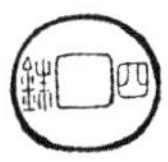

又鑄大四銖一當兩後罷去復鑄五銖錢與漢錢同

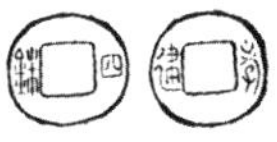

正文孝建背文四銖孝武帝鑄其後稍去四銖專為孝建

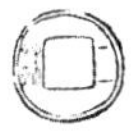

廢帝鑄二銖錢重如其文郭為重輪

又鑄小錢謂之鵝眼再小者謂之綖環文俱曰小泉直一有篆書真書二種

金索

景和即二銖錢無輪郭不磨鑪有耒子荇葉等名

永光錢重三銖上二種皆廢帝鑄

南梁錢

武帝鑄五銖皆無好郭惟此有之制甚精

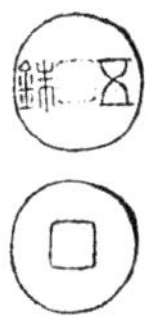

又別鑄五銖除其肉郭背有好郭者謂之公式女錢背無好郭者亦謂之女錢

梁初又有五銖稚錢穿文重出射雉戲用之

普通中鑄鐵錢面文五銖背文四出

武帝又有定平一百錢面文無定字右一左百下平

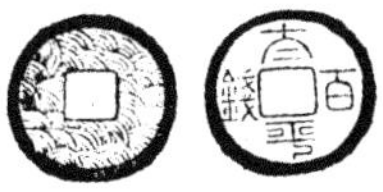

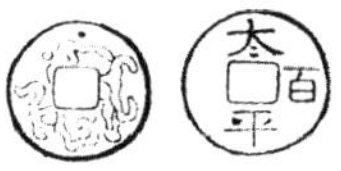

時又有太平四文錢文曰太平百錢有篆有隸有徑一寸徑七分六分者有重一銖四銖六銖者背有水波文龜背文及周繞雲物者

又大吉大通大富五銖亦武帝普通中所鑄鐵錢背文俱四出

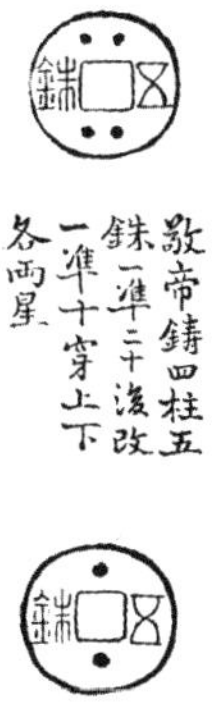

敬帝鑄四柱五銖一準二十後改一準十穿上下各兩星

又有兩柱錢上下各一星

陳錢

文帝改鑄五銖以一當鵞眼之十

又改鑄鷄目五銖與北魏宣帝西魏文帝雞目五銖相沿

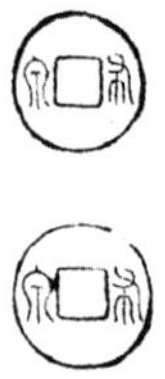

董逌錢譜云布泉陳文帝元嘉二年鑄一當百與五銖並行後周武帝寶定元年亦鑄布泉一當五今有玉筯篆者有柳葉篆者有重郭者藏曰泉流曰布

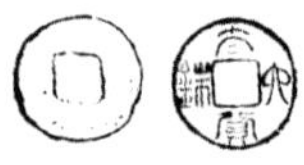

大貨六銖宣帝鑄以一當五銖之十有二種背無文

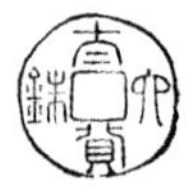

同上

北魏錢

太和五銖

泰和五銖

董譜太和五銖後魏高祖鑄泰和五銖獻文帝錕朕太泰古字通用太和為高祖孝文帝年號當皆屬之孝文若獻文年號乃大安與皇興耳

宣武孝莊皆錕五銖孝莊又鑄永安五銖背文四出亦有背無文者

北齊錢

常平五銖文宣帝錕

北周錢

布泉

武帝鑄布泉一當五其文左布右泉作玉筯文與陳布泉作柳葉文男錢作懸針文者不同

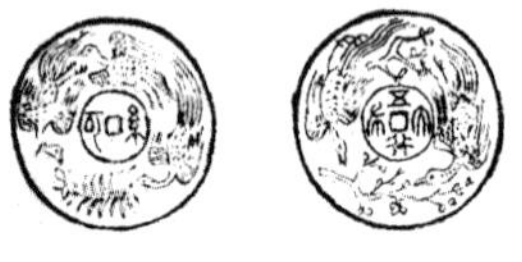

武帝又鑄五行大布與布泉竝行背有三雀銜孚及花草之飾泉志舊譜俱列入奇品佀即此布重出

五行大布

背有七星龜蛇寶劍之飾

五行大布

背文龜蛇雙劍

此種面背與上相佀其下有蓮孚承之更奇

面文五行大布背文團圓二字其穿孔俱有花辮文

五行大布

背文龜蛇七星劍

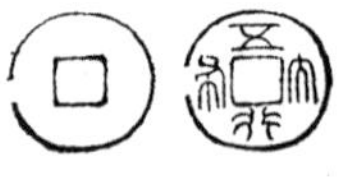

五行大布

背無文

金索

五行大布
此布甚鉅未必當日之制姑附于末

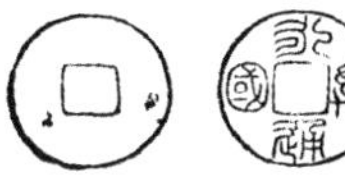

永通萬國
宣帝所鑄一當十

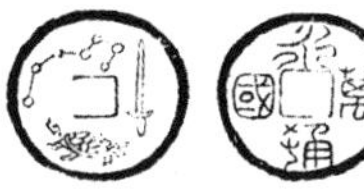

永通萬國錢背有為元武斗劍之象者

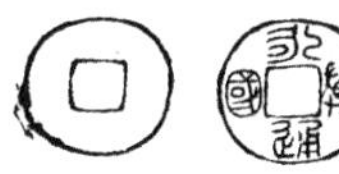

同上而國字小異

又鑄永通泉貨背有龍鳳与南唐元宗錢相似

邃古齋藏

金索

隋錢

文帝鑄五銖白錢五字近好處有一畫餘三面無郭用鑞和鑄故錢色白

二鑄小五銖徑二分凡八九萬纔盈半斛與綖環錢同

後趙錢　附

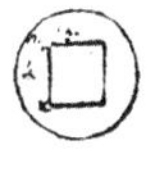

東晉時後趙石勒錢文曰豐貨謂之富錢背無文此沈子赤文所寄拓本字甚淮

蜀漢錢

李壽僭稱漢鑄漢興錢非漢高祖時鑄也又有漢興元寶錢

上見

唐錢

唐宋而後通寶元寶錢日用甚多擇而錄之不悉載

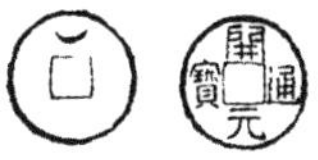

開元錢背有掐痕

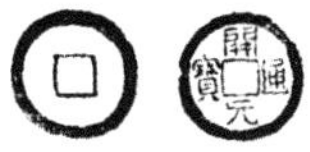

開元左挑錢

舊唐書食貨志高祖即位仍用隋之五銖錢武德四年七月廢五銖行開元通寶錢徑八分重二銖四絫積十文重一兩一千文重六斤四兩仍置錢監于洛并幽益等州又云開元錢之文給事中歐陽詢制詞及書時稱其功其字含八分及隸體其詞先上後下次左後右自上及左迴環讀之其義亦通流俗謂之開通元寶錢　鄭虔會粹云初進蠟樣文德皇后掐一甲迹故錢上有掐文　李孝美云此錢元字次畫端或有挑向左者世謂之左挑甚愛重背文亦有兩甲痕者　按此錢有十一品其一字含八分徑九分其二真書徑八分半其三元字左挑徑九分其四亦左挑徑八分其五作篆書徑九分其六惟元字作篆書徑八分其七背有甲痕徑九分其八通字背有甲痕徑九分其九背文上作半月形其十背文上作偃月形其十一背文上作仰月下作偃月今圖其二品以見其概

邃古齋藏

乾封錢唐高宗鑄　舊唐書食貨志乾封元年封岳之後改造新錢文曰乾封泉寶初開元錢俗謂之開通錢及鑄新錢乃同流俗乾字直上封字在左尋寤錢文之誤乃議用舊錢二年詔乾封新錢更不須鑄

乾元重輪錢肅宗鑄　食貨志乾元元年使第五琦鑄乾元重寶錢以一當十號乾元十當錢第五琦爲相復命絳州諸罏鑄重輪乾元錢徑一寸二分其文亦曰乾元重寶背之外郭重輪每緡重十二斤与開元通寶錢竝行以一當五十　肅宗實録乾元二年九月戊辰新鑄大錢其文依乾元重寶而重其輪以別之一當五十　舊譜云徑二寸四分　李孝美云徑寸五分　鵬得此品其元字作左挑蓋亦開元左挑之遺意

同上而小　金光襲曰乾元二年新鑄小錢一當一

金索　邃古齋藏

大歷唐代宗年號宜此時所鑄泉志稱其字畫遒勁

德宗建中初鑄每千錢費九百爲銅六斤鑄罷則斤得錢六百故銷鑄者多而錢益耗

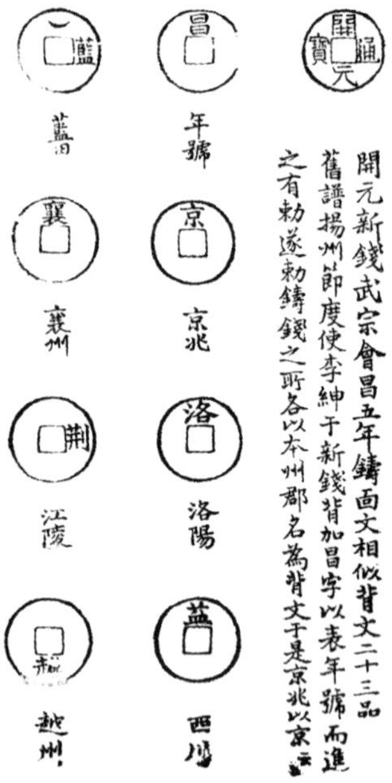

開元新錢武宗會昌五年鑄面文相似背文二十三品舊譜揚州節度使李紳于新錢背加昌字以表年號而進之有勅遂勅鑄錢之所各以本州郡名爲背文于是京兆以京云

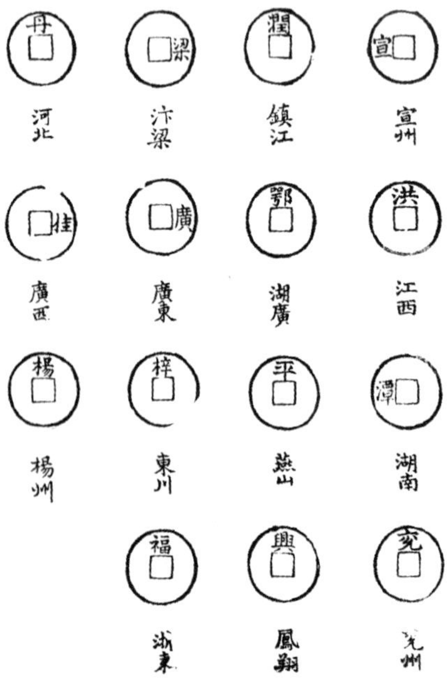

按食貨志武帝廢浮屠法以銅像鐘磬罏鐸皆歸巡院許諸道皆得置錢坊李紳請以州名鑄錢京師爲京錢而舊譜以京爲京兆又封演以昌字爲年號　董譜以昌爲成都姑兩存其說

金索　邃古齋藏

咸通錢　懿宗咸通十一年桂陽監鑄錢官王彤進尋有勅停廢

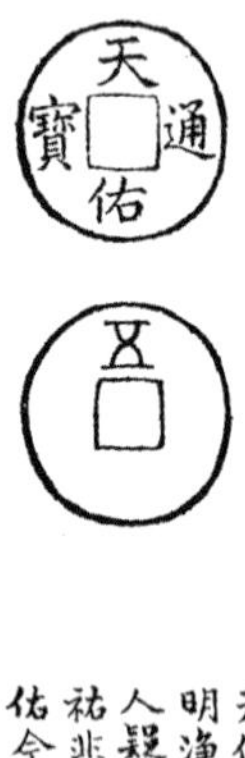

天佑錢背文篆書五字　此錢甚明淨鵬得之任城曰泉志失收故人疑爲元末張士誠僞錢然彼乃天祐非天佑也唐昭宗哀宗皆號天佑今列之唐末

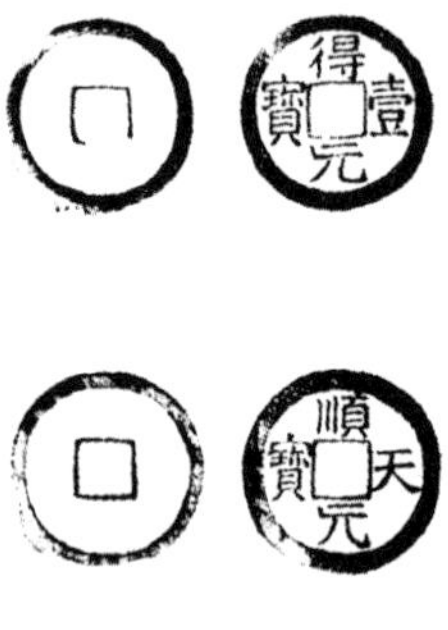

得壹順天二僞錢附　食貨志史思明據東都鑄得壹元寶錢以一當開元通寶之百又惡得壹非長久之兆改其文曰順天元寶　按此錢舊刻俱失實今得桂氏拓本其外郭皆濶元字亦左挑

金索

五代十國錢

後唐明宗年號天成

後晉高宗天福三年鑄又有天福鎮寶

後漢高祖鑄董譜漢元李譜漢通

周元錢世宗毀天下銅佛鑄

皆南唐元宗李璟鑄

亦李璟鑄有篆文龍鳳者

前蜀王建鑄又有通正天漢光天三品

王建子王衍鑄又有乾德元寶

後蜀孟昶所鑄

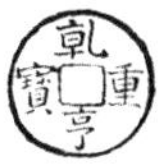

南漢劉龑鑄又鑄鉛錢十當銅錢之一

燕劉守光鑄背文穿上有万字

遂古齋藏

乾封鉛錢楚馬殷鑄見五代史　乾封鐵錢圖六寸見十國紀年　乾封銅錢徑寸七分見泉志

董逌云楚馬殷據湖南八州地建天策府鑄天策府寶泉志云徑寸七分重三十銖二篆銅質渾厚

開元大鐵錢閩王審知鑄甚粗重俗謂之銚砣貨見匋岳貨泉錄

閩王延羲鑄永隆大鐵錢一當鉛錢百見十國紀年泉志云又銅錢徑寸四分

天德大鐵錢閩王延政天德二年鑄一當百見十國紀年　董逌曰背文穿上有殷字泉志云王延政建國稱殷也

金索

宋錢

宋元錢宋太祖鑄背有仰月　宋初鑄錢猶承周制故其文曰宋元通寶猶唐初之有開元通寶非宋通也且年號開寶文不可重故不用年號

太平淳化至道三品皆太宗鑄　淳化御書錢有真行草三體錢文之用草書自太宗始也至道錢亦有三體

咸平景德祥符天禧四品皆真宗鑄　祥符者大中祥符也錢文不能六字故曰祥符元寶祥符亦有御書者有真行二體元寶通寶兩種

遂古齋藏

天聖明道景祐皇宋康定皇祐至和嘉祐八品皆仁宗鑄　景祐後改年號為寶元文不可重故用皇宋通寶

治平錢英宗鑄有篆隸楷三品亦有通寶

熙寧元豐皆神宗鑄字兼篆隸真行草其式至多大小五六等不一不能悉載

元祐紹聖元符三品俱哲宗鑄　字兼篆行二體大小不等亦行折二錢今錄其篆者

聖宋崇寧俱徽宗鑄　食貨志崇寧二年改小平錢鑄當五大錢以聖宋通寶為文三年鑄崇寧當十大錢

大觀政和宣和亦徽宗鑄　食貨志大觀元年首鑄御書當十錢轉運使宋喬年鑄烏背漉銅錢來詔行諸路　政和宣和字三體復鑄小平錢

靖康錢欽宗鑄　有通寶元寶二種

建炎紹興二品俱南宋高宗鑄　建炎錢篆楷二體紹興亦二體有背文穿上仰月穿下一星又有鐵錢皆當三錢也

金索

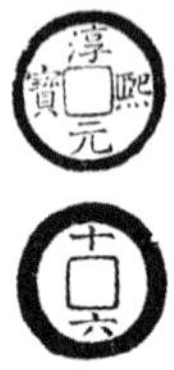

隆興乾道淳熙三品皆孝宗鑄　淳熙錢有元寶通寶二種背文編年淳熙有十六年故至十六為止

慶元嘉泰開禧嘉定四品皆寧宗鑄　食貨志慶元三年復神泉監鑄當三大錢此背文五字六字亦係編年非小平錢轉當六也

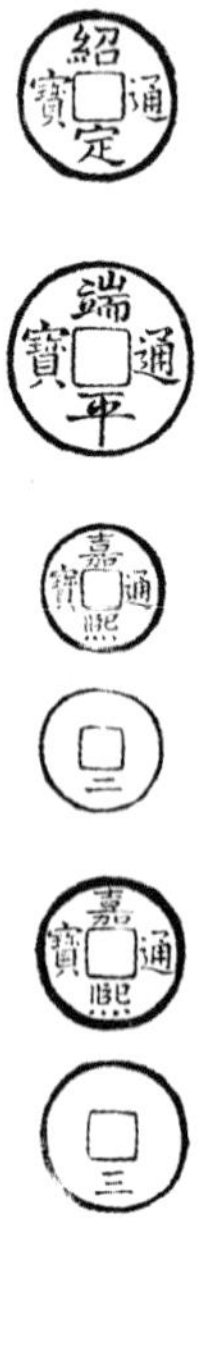
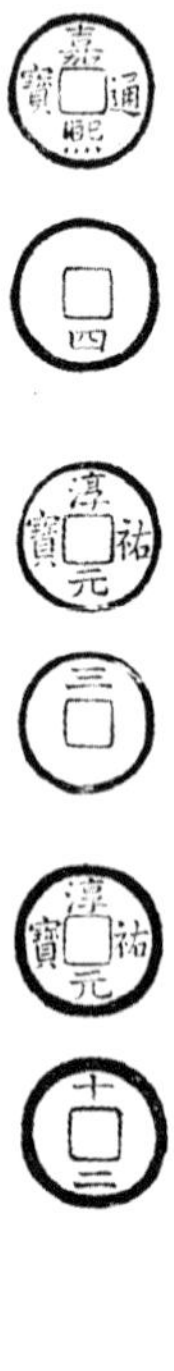

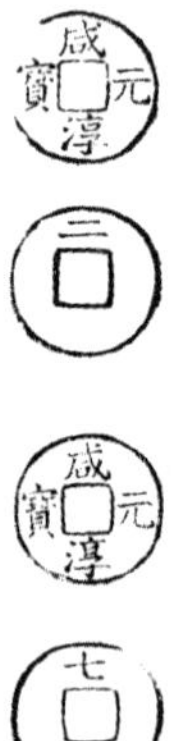

紹定端平嘉熙淳祐四品皆理宗鑄　淳祐大錢當百志所未載見　西清古鑑及古錢徵信錄又有大宋皇宋開慶景定四品未錄

咸淳度宗鑄　咸淳在位十年故背文有二七字

邃古齋藏

宋銅銙牌二

此牌見桂未谷拓本與金石契所收一枚相似

嘉善人曹米庵二尹以事至沈見佩此牌取而稱之重今庫平一兩一錢較前稍短

金索　邃古齋藏

元孔行素至正直記云宋季銅銙牌長三寸有奇闊一寸大小各不同背鑄臨安府三字面鑄錢貫文曰壹伯文之類額有小竅貫以致遠最便于民近亦罕得矣

金石契云龍泓外史嘗居候潮門外掘地得數十枚或準伍伯或準壹伯面文皆有臨安府行用五字

又一品

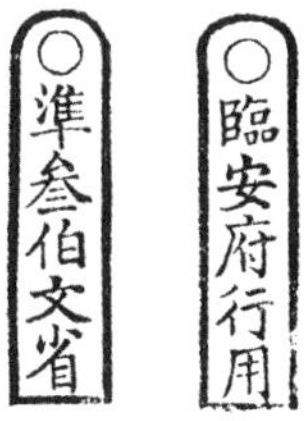

見西清古鑑

隨駕養豹銅牌

豹牌一具鴉得之曲阜周身紅暈鮮明疑唐宋時物

金索　邃古齋藏

御馬監銅牌

御馬監篆用九疊文

此牌見黃小松拓本其左側有忠字號三字右側有捌年頒三字而無年號未識何代時物

金索

遼錢

天贊錢遼太祖鑄　遼耶律阿保機于後梁末帝貞明二年稱神冊元年至龍德二年改元天贊　五代史四夷附録云契丹主阿保機僭號名年曰天贊　泉志稱契丹國錢

上二品左天右贊亦遼太祖天贊錢也下一品相似泉志類列之入不知年代品或亦係天贊錢穿下有二字上二品有郭下一品無周郭類圖法

乾亨錢
景宗鑄

統和太平俱聖宗鑄
聖宗于宋天禧五年時改元太平此錢背文丁字疑太平七年丁卯也

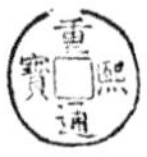

重熙錢
興宗鑄

清寧大康
咸雍大安
壽隆俱道
宗鑄

乾統天慶俱
末主天祚帝
鑄

感天錢　西遼天祐帝
蕭后塔不煙稱制號
感天皇后疑鑄此錢

千秋萬歲亦遼錢
董逌云遼宋通使時其
國人頗攜此錢入中國也

遼古金藏

金索

金錢

正隆錢海陵王鑄
有通寶元寶二種

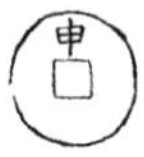

大定錢世宗鑄　世宗雍以宋高宗紹興二十一年改元大定　正隆錢郭厚文深已為佳品大定錢精美又過之背文有申酉字金史稱其中有銀也

泰和大錢章宗鑄　食貨志泰和四年鑄大錢一當十文曰泰和重寶與鈔並行　按古錢徵信録云此錢有徑一寸九分者有徑一寸七分者兩面皆作大篆予得此品止一面有字亦非大篆乃玉筯篆結體莊美似党懷英筆

貞祐錢
宣宗鑄

元錢

至大大元俱武宗鑄
西清古鑑云元武宗錢二品前一品至大通寶楷書後一品大元通寶西番篆　按食貨志至大三年初行錢法立資國院泉貨監以領之其錢曰至大通寶者一文準至大銀鈔一釐曰大元通寶者一文準至大通寶錢一十文

皇慶錢
仁宗鑄

至治錢
英宗鑄

遼古金藏

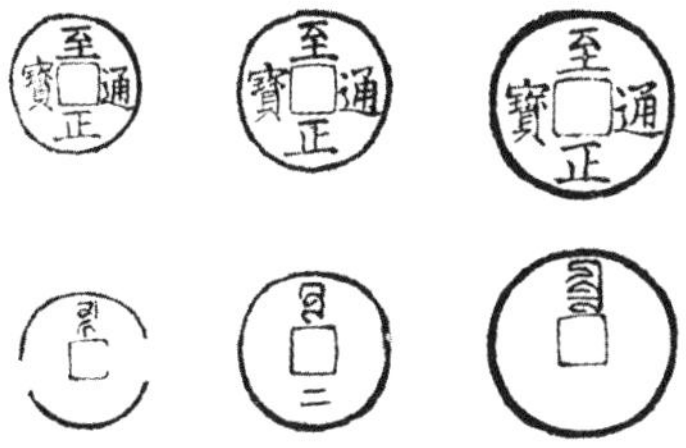

至正錢三品順帝鑄

西清古鑑云順帝至正通寶錢凡三種以次遞小前一種及第小一種背文西番篆讀若巴納蓋梵語錢字也其第二種背文上一字亦西番篆譜作額下楷書曰二蓋當二耳

古蟻鼻錢

昏墊水

背平無文

字同上少上一畫

背孔穿透

桂未谷云相傳蟻鼻其實爲昏墊水三字鎮水所用往往以錢鋸之又云真州有趙通著昏墊水之說甚佳

鵬按此錢俗名鬼臉子言黑而醜也桂氏取趙通昏墊水之說甚新但不知其詳其錢上廣下窄穿孔或透或不透予所得如是舊畚作上窄下廣文亦不同今附錄之

此四種錢譜皆刻所謂上狹下廣背平面凸汴中多有者也文不可曉或謂下二種係在之本三字或謂恠奉二字係鎮水恠用者姑以俟考

蕅心錢

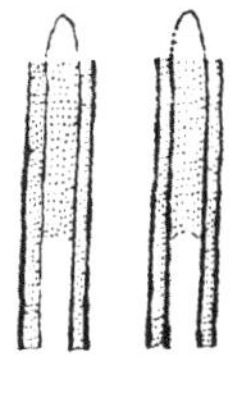

一

正背二面相同其形方

左側三直

右側二直

蕅心錢有六面分凹凸虛寔博古畚等畫作雙鉤斜文轉令人茫眜今各面畚之以黑者爲凸沙點者爲凹白者爲虛空庶不相混

二

正面

背面其制稍匾

三

四面俱直楞凹條頂平之峙頂有中孔

四

五

金索

七

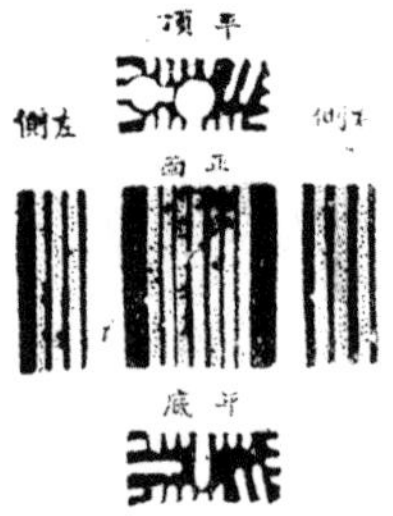

背椶八直同正面而寬窄不同

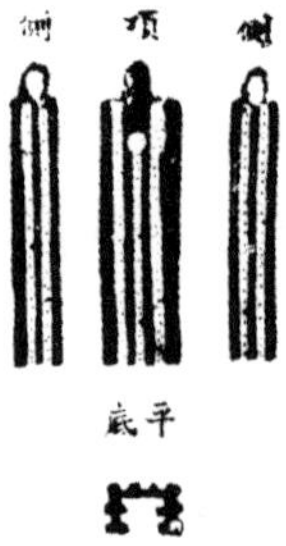

背面二直中四有一孔通正面

此錢如秤錘其穿孔在兩側与弟一錢同惟中心復有小孔較異重六錢二分

八

背同正面岐足

九

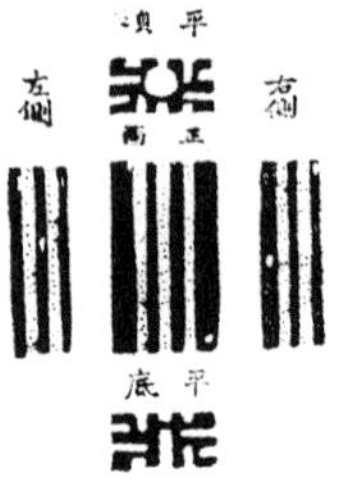

十

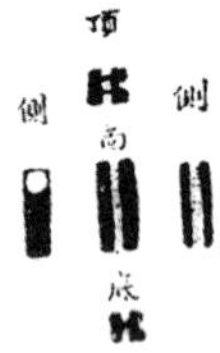

此種極小

以上藺心錢狀如藺挺中破形制不一叅會其十考宣和譜未詳時代丹鉛錄及潛確類書皆定為漢制又桂未谷云相傳為藺心錢其實

西南番夷交子也存叅

邃古齋藏

金索

馬錢八品

一面魏騎驥足四字

一面人騎馬之狀

此錢見于孔藹浦家

一面馬形其上下有千里二字

一面有長字在穿上

千里追電皆馬名二錢鵬所得

一面趙將廉頗四字

一面馬在穿下

此从舊譜

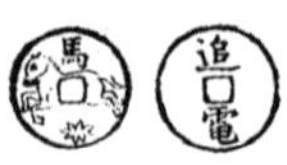

一面追電二字

一面馬形馬下有花

騕裊馬錢兩面如一見于沛寧

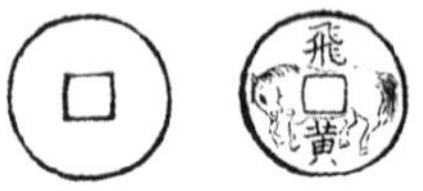

飛黃馬錢背無文

背日馬錢兩面如一見于曲阜

渠黃馬錢一面畫一面字

西清古鑑云飛黃為六閑之一渠黃為八駿之一所謂地用莫如馬耶

邃古齋藏

古異錢

面文直萬二字背無文未審爲何代之制以下三品皆見于曲阜桂氏

面文大泉五銖背爲星雲龜蛇較顧氏七種異錢爲大

面文鍣兩二字上下有雙柱穿孔不透中繫一帶可貫線背平如鏡制甚奇異

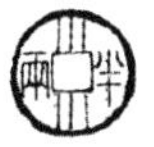

舊譜半兩肉好皆有周郭穿上下皆有三豎文

通典五朱源出稚錢但易銖爲朱

文半篆半楷李譜平當五銖或云漢代所鑄

五玉見舊譜

五金見徐氏

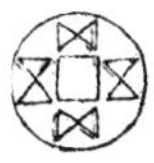

四傍皆五字董逌謂之四五錢

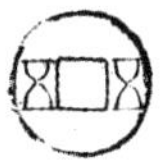

雙五

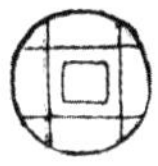

井字

雙十

日月

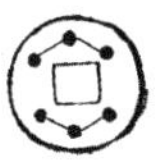

斗柄顧譜云雙五以下五錢竝奇異今世現有

舊譜文日明月

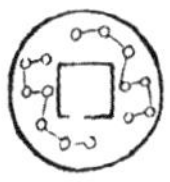

舊譜此錢面文大泉五十背爲北斗星謂之北斗錢

星月文見徐氏

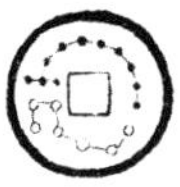

面文北斗軒轅之象背文龍鳳矛盾之形亦北斗錢

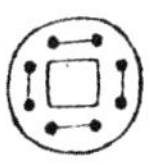

舊譜文爲八星

李譜雙星錢面文肉好

南齊世祖治湓城得一大錢文曰太平百歲

男錢文曰布泉好邊有雙緣者董譜引石氏云重四銖懸針書世謂之男錢梁書云婦人珮之即生男也

舊唐書元和元年靈武黃河岸壖得古錢三千三百其錢形小孔方而三足

面文千秋萬歲背文龍鳳予見一錢萬字作万

石勒時建德校尉王和掘得一鼎鼎中有大錢三十文曰百當千千當萬

敦素曰龍文錢制如半兩

金索

北齊文宣帝天保元年廣宗郡獻瑞錢文曰歸于聖帝

舊譜面文繆篆曰皇帝萬歲背文繆篆曰忠孝傳家

兩銖見顧譜及劉氏泉志

續銖見舊譜

顧譜守含八分背穿上有月形

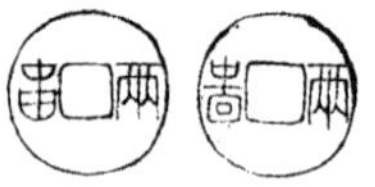

敖素曰面背俱兩𠚤字形如半兩錢按𠚤即錙字非𠚤

錢有四曲文左一字泐

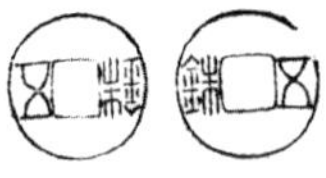

五銖兩面有字文一正一倒

大泉一千

錢文四天字內向不分上下兩面如一

大泉五銖顧氏所見七種異錢

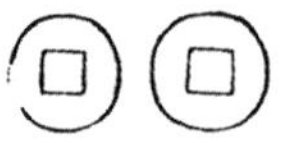

合背貨泉兩面無字

鰣文錢作雙魚見張台泉録

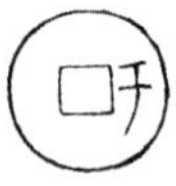

錢文止一千字見李譜

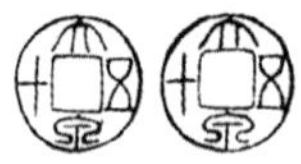

合辟大泉五十兩面如一

邃古齋藏

金索

五銖七千

錢中之王

顧烜曰中王之錢臺主衣庫今有此錢徑四寸重八兩文曰中王之錢背文五銖七千舊譜曰背文五銖𠄘千敖素云此錢寬大蓋謂一錢當五銖之千萬也面文為錢中之王背文五銖千萬嘅今觀泉志仍似七字

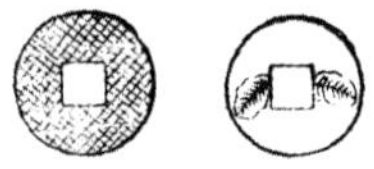

顧譜一錢六臺主衣庫錢一作翅文一作羅文

永傳萬國篆法古異中有四柱背無文形質蒼緑予見之沛寧疑六朝錢

面為二人對奕之狀背為五言絶句棋詩一首

一面辰巳午未一面龍蛇馬羊此必猶有二枚予但得一枚也

錢如此兩無文甚奇

邃古齋藏

古壓勝錢三十三品

正　背

余得此錢于廠下与博古錄所收第五壓勝錢相侶上為龍中為馬下為盤花界以粟紋其侶花瓣者非花乃空處耳博古錄不能定時代然亦取天用龍地用馬之義可知為漢制也

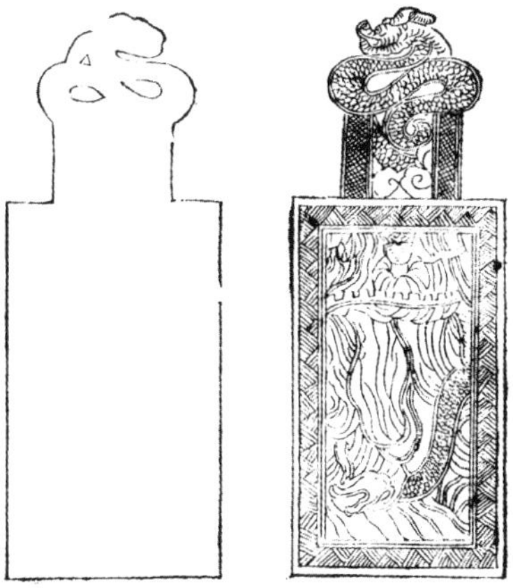

正　背同

錢上一神佛坐旗㙮上雲龍繞之不知所謂

金索

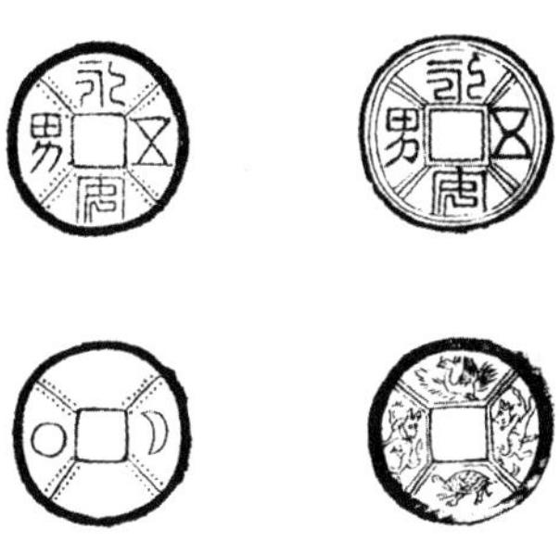

永安五男　此錢得之薛寧興李孝美所云面背四出文曰永安五男唯男字真書者同背作四神之狀与舊譜合惟四出及郭有重暈非粟文

此從舊譜所云四出粟文背文有日月相對者

君宜侯王錢　舊譜云徑寸重如其文故篆書形制与漢五銖同　按君宜侯王蓋吉利語漢人多用之

邃古齋藏

男錢　舊譜云徑寸重四銖文曰布泉懸針書世人謂之男錢言佩之生男也　又一品重穿者入異錢

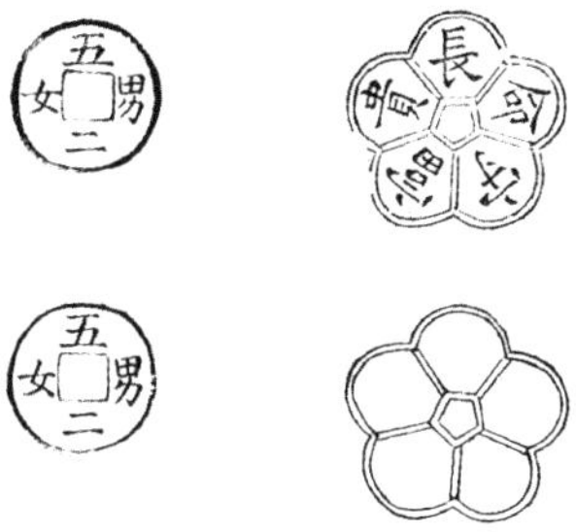

撒帳錢　舊譜云徑寸重六銖肉好背面皆有周郭其形五出穿亦隨之文曰長命守富貴面背皆五出若角錢狀景龍中中宗出降睿宗女荊山公主特鑄此錢用以撒帳敕近臣及修文館學士拾錢其銀錢則散貯絹中金錢每十文即繫一綵縧　李孝美云頃見此錢差大而銅體

五男二女錢　李孝美云徑七分厚分半重十銖背面有字皆曰五男二女

金索

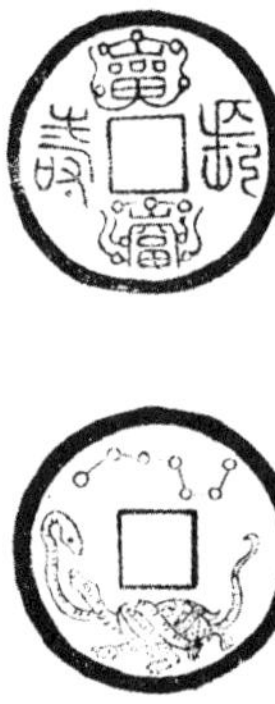

此錢一面貴富長壽四篆字其貴富上有三星一面作北斗龜蛇

此錢一面作神人雲月及蟠絛之状方窗中一福字作星斗篆文一面福德長壽四真字或云此唐時宮中祈福錢也其文爲朱绿所掩甚難辨

此錢一面保命長生四字一面七星月兔作擣藥狀兩旁似牽牛織女

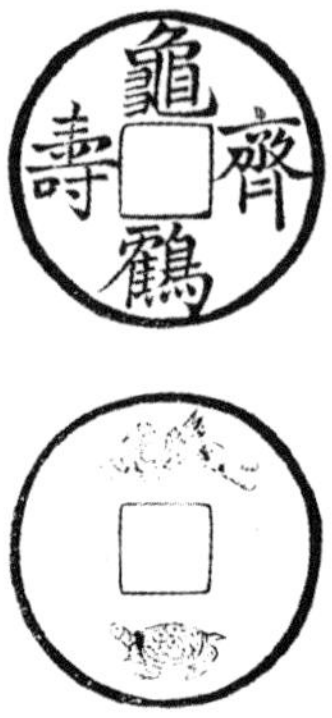

此錢一面龜鶴齊壽四字甚清勁類宋人書一面作龜鶴之狀

此錢兩文人物甚磨泐背文穿上福字穿下鹿形

此錢世多有之亦取戩福之意背無文

金索

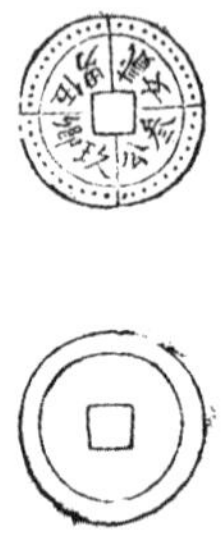

福慶錢 舊譜云徑寸二分半肉好皆有周郭亦有徑寸四分重十八銖者文曰伍男貳女叁公玖卿二五三九皆作大字郭邊連珠文

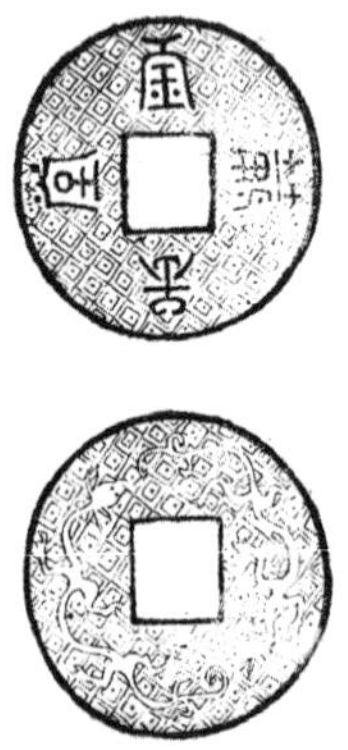

金玉滿堂錢 面文四篆字背作雙螭皆以錦地見 西清古鑑

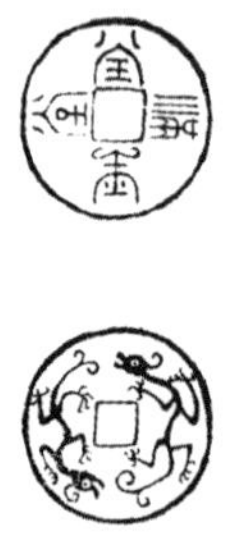

金玉滿堂錢 文同上而制小亦無錦地按金玉滿堂四字出於道德經古樂府五珠歌亦云信寶金滿堂非俗語也

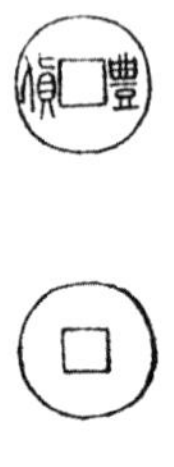

富錢 晉書石勒載記曰勒鑄豐貨錢舊譜云徑寸重四銖文曰豐貨世人謂之富錢言收此錢令人豐富

豊樂錢 舊譜云四字皆蝌十書其可識者豐樂李孝美曰此錢文曰天清豊樂

貴子錢 面文定生貴子背有十字

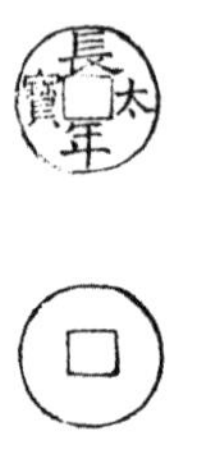

長年錢 舊譜云徑七分款文曰長年太寶

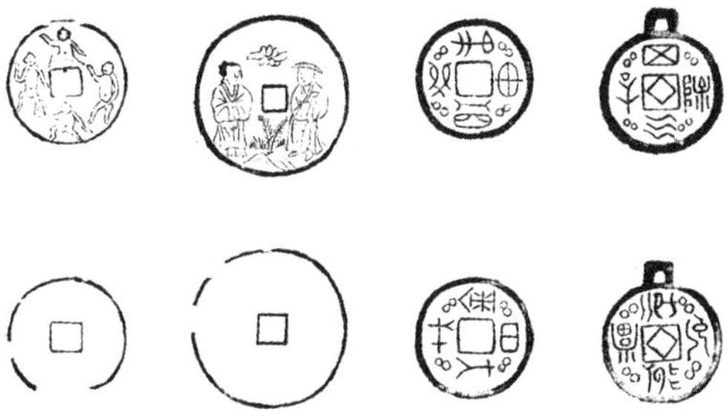

辟兵錢　舊譜云徑八分重三銖背面皆有周郭穿内更有小穿耶正安之一面曰去凶除殃一面曰辟兵莫當其閒有八柱外有小柄

千金錢　舊譜云形制類辟兵錢一面曰長毋相忘一面曰日入千金　按此二錢篆文必有傳寫之誤

七夕錢　舊譜云徑寸四分重十三銖肉好背面皆有周郭文爲牽牛織女相對形穿上爲花下爲草制甚古質

四子錢　作四子嬉戲之象見李譜

金索

瀠古堂藏

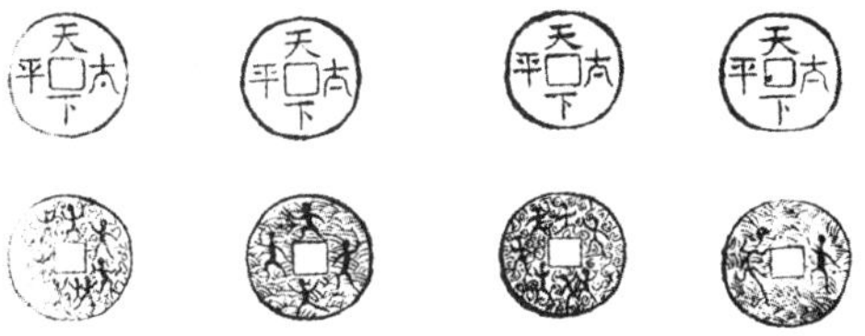

天下太平錢二品

李孝美曰此二錢大小不等面文皆天下太平大者徑寸重六銖背文爲持梃人旁有躍龍之狀平地作水文小者徑八分重五銖背文爲五男二女戲弄之象平地作毬路文疑亦厭勝之流也

又二品

泉志云又有二種其一面文亦曰天下太平背文爲四人持兵之象平地作水文其一面文亦曰天下太平背文爲九子母之形平地作毬路文

漢半兩錢范一

葉東卿所藏銅范

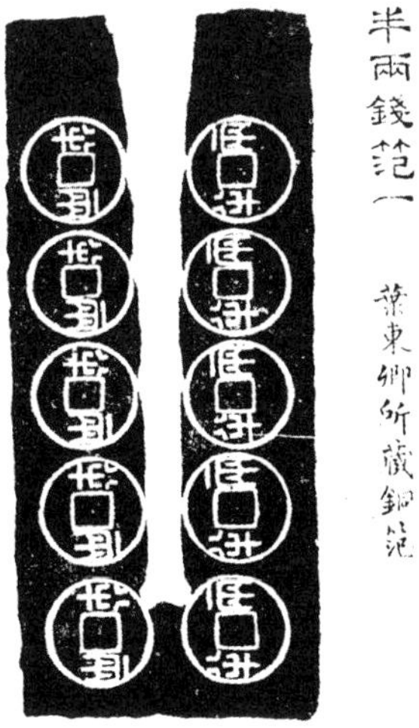

面列半兩錢十枚中有四道陰文反字背正平無文亦無四道

此真錢範也唐書謂之錢模但其類有三不可不辨其陰字反書無範邊有四道支流可以入銅鑄錢者爲真錢範陽文正字有峻邊有高鼻無四道而磨其背可以鑑者爲錢範鏡陽文正字峻邊不能鑄錢而小其底或有款識或有斜格者爲錢式爲小洗之屬雖概名爲錢範寔不無差別也

金索

瀠古堂藏

漢半兩錢范二

葉東卿所藏土范

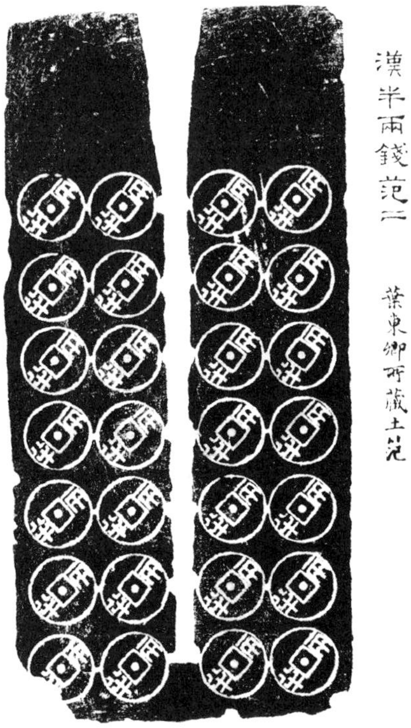

面列半兩錢四行廿八枚中有四道背正平無文

此亦真錢範可以入銅鑄錢其制以土爲之類于塼所謂範金合土也

漢錢范

底文

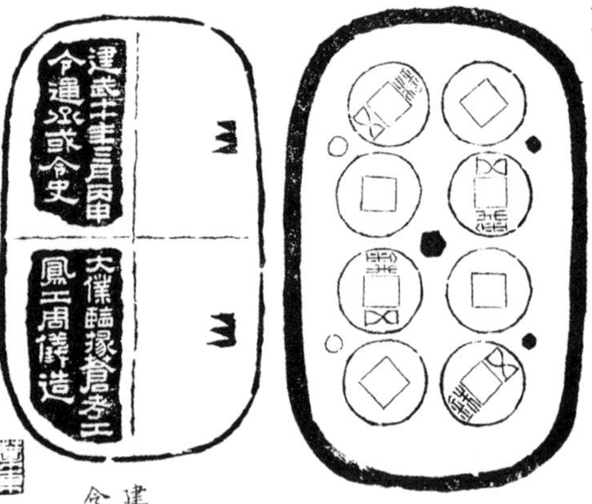

兩行列五銖錢八枚字背相閒

建武十十年三月丙申太僕監掾蒼考工令通丞或令史鳳工周儀造

金索

邃古亝藏

此友人葉東卿自京都所貽拓本款識妙好淳古漢鎌佳品覃谿先生目為東漢文字之冣古者是也肰猶見金石契所收張端木錢録中貨泉笵而未及此笵故有沿其誤者彼笵面列貨泉正背各三枚其座款云建武二年三月丙申太僕監掾蒼考工令通齋國令史鳳工周錢造以光武而鑄莽泉笵本有不合笵堂亦嘗疑之又以十六年始復五銖疑其初年尚仍莽制為解義亦可通肰終涉張冠李戴之嫌不如此直作五銖錢笵之為得也且以三月丙申刻作二月一丙申尤誤茲笵面列五銖正背八枚底款云建武十十年三月丙申太僕監掾蒼考工令通丞或令史鳳工周儀造其十十即二十字與汾陰宮銅鼎十十枚相合且建武二十年曾制太官銅壺其官名如太僕監掾蒼考工令通丞或俱同不得以丞或二字釋為齋國二號惟工名不同彼工伍興造壺此工周儀造笵耳觀此可証建武貨泉笵之為贋作故舍彼而取此也此周字下一字本剥蝕難辨初覩佀錢字諦審數日見其邊有一直畫乃悟為儀字諸書積疑一旦豁肰想東卿聞之亦當稱快耳

漢五銖錢范

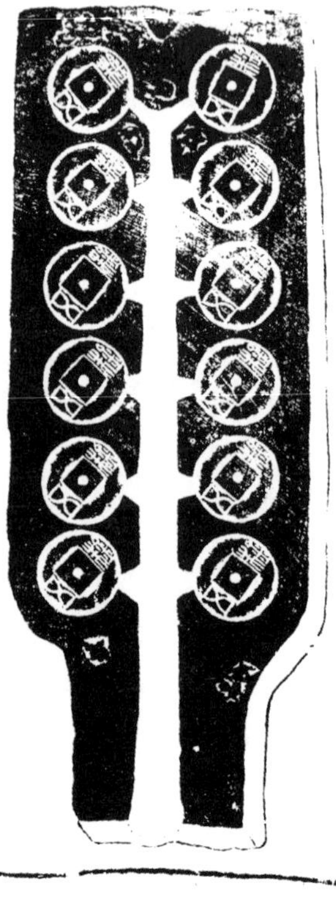

此真錢笵也廣長如圖式重今秤二斤半内列五銖十二陰文反字有四道支流可以入銅鑄錢每穿孔内有細眼者所以納尖丁約之使兩片不游移也予得此字笵於歷下其幕笵則失之矣

金索

邃古亝藏

范背式

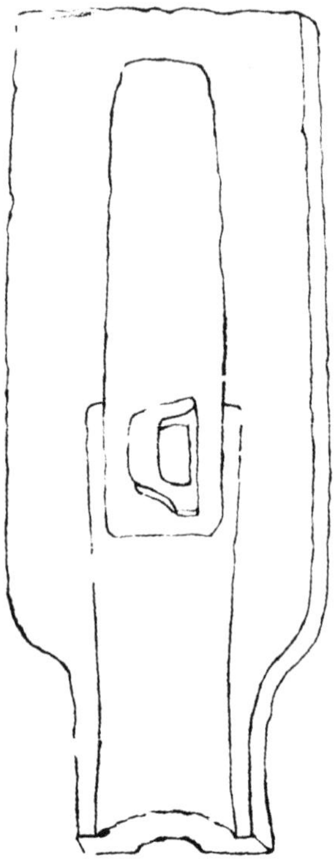

笵背正平無文中間微隆又凸起一鼻有穿孔可以貫索

新莽泉范

面文

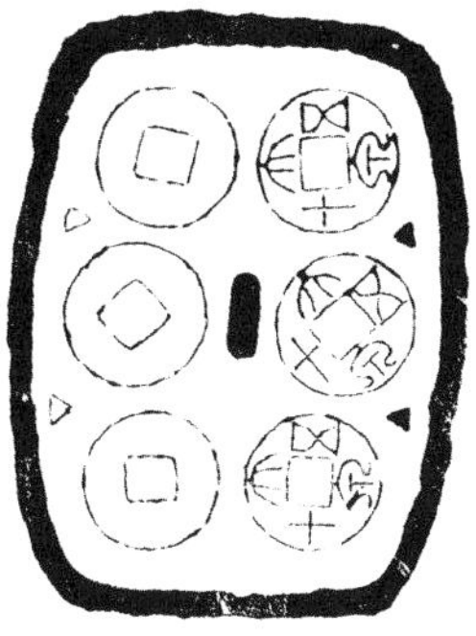

底文

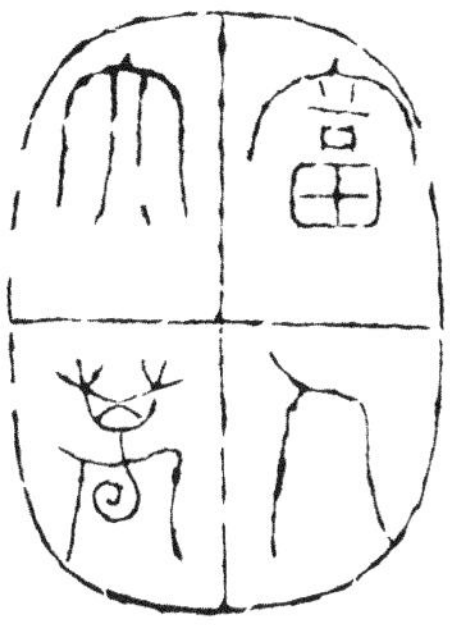

大泉五十

形橢圓而長面行列泉六枚半字半背分布之

富人大萬

大萬猶今人云巨萬漢書劉向傳功費大萬百餘

新莽泉范

面文

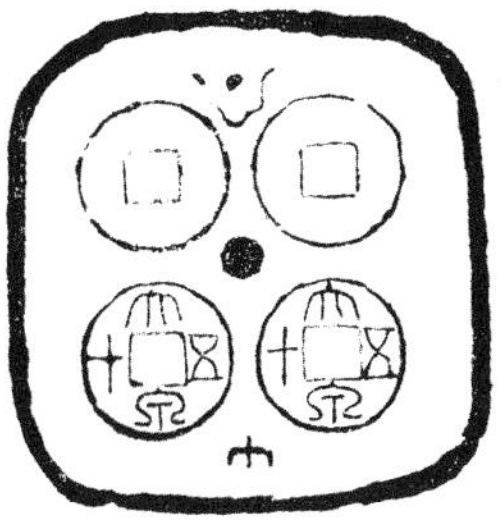

底文

大泉五十

形方面文四枚上二枚背下二枚字平書

大吉

漢壺漢鐙往往有此二字

金索

新莽泉范

面文

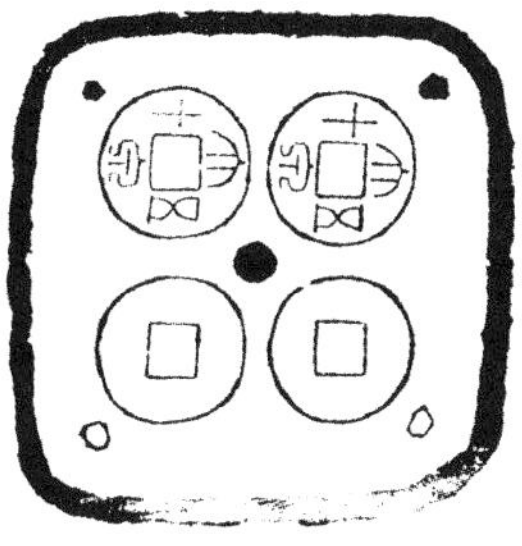

底文

大泉五十

上二枚字下二枚背字橫列

大吉

大字反書

邃古齋藏

新莽泉范

面文

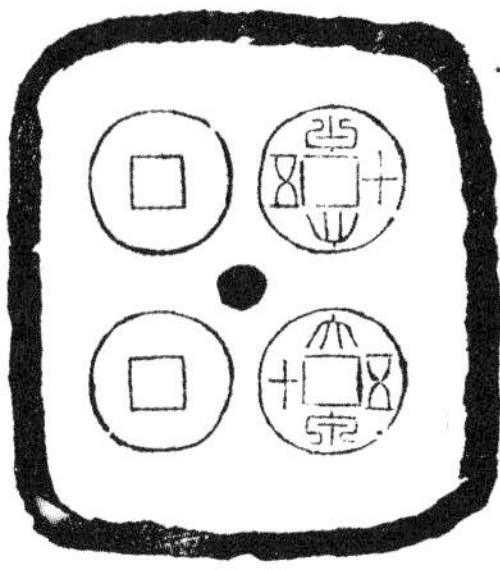

底文

大泉五十

左二枚背右二枚字字顛倒列之

吉利　吏方

吉利二字大吏方二字小吉字似禮器碑筆法吏方人名或以爲吏十方者非

新莽泉范

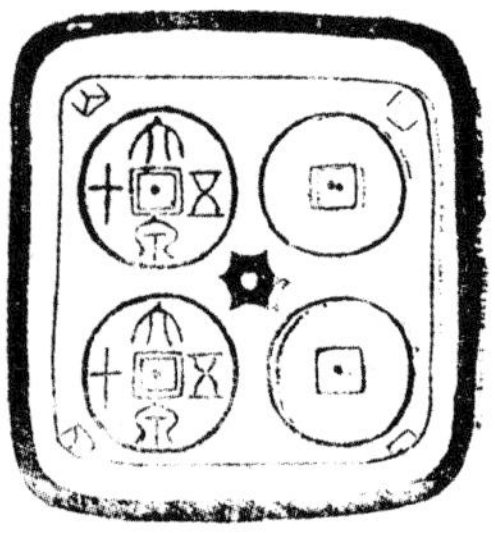

新莽泉范

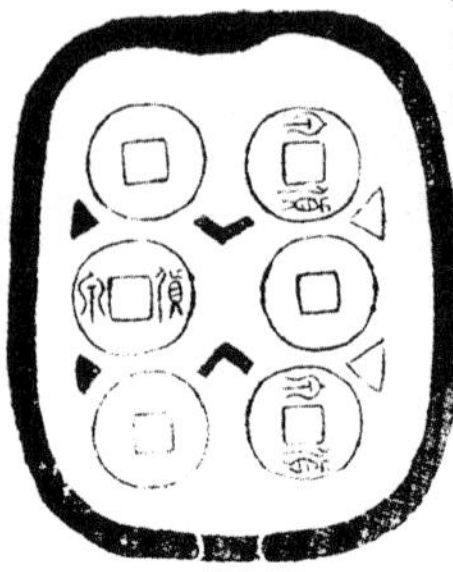

朱竹垞云丁亥夏觀于衎亝上舍小葫蘆山書屋范形正方中央輪廓四其二有文曰大泉五十徧體青綠詩家所云活碧庶幾近之上舍得之石門

金石契云洪氏泉志此泉凡十餘品亦有玉箸篆者按此范作懸針篆蓋十餘品之一

金索　邃古亝藏

莽范底文

臣萬大利四字祇見拓本未見其範必泉范之底如富人大萬之屬

新莽布范

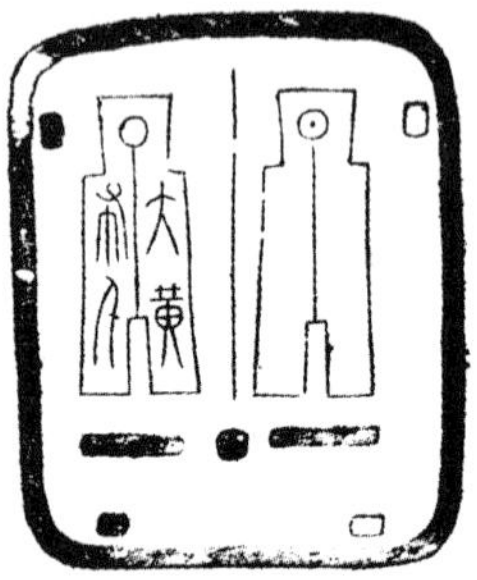

又一器

金石契莽布范重十兩二錢藏嘉興金硯雲忠淳家

按此范背平無文面列大布黃千二正一背其長短如式其足空一分餘

此范未審其輕重其布文正面反書布短一分半不能準式未必是鑄布之范且字畫陽文范邊高峻蓋小洗之屬已具論于前半兩范矣

金索　邃古亝藏

新莽泉范

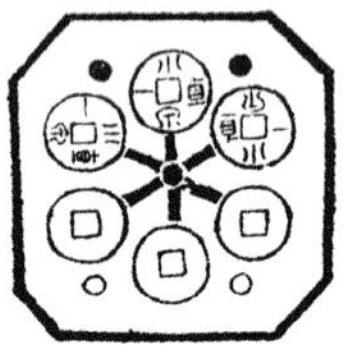

又一器

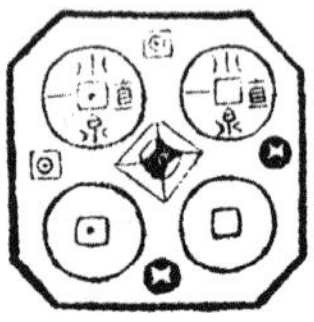

此范八觚面列小泉直一泉六枚正背各三聯六莖以貫其蒂此亦拓本未知其底

此一枚余所得八觚而四泉兩正兩背中有鼻而底平可鑑殆以范鏡也金石記載嘉善姚蘆汀晉錫所藏貨泉范八觚而四泉其背光可以鑑因名其齋曰范鑑與此正相同也

新莽刀范

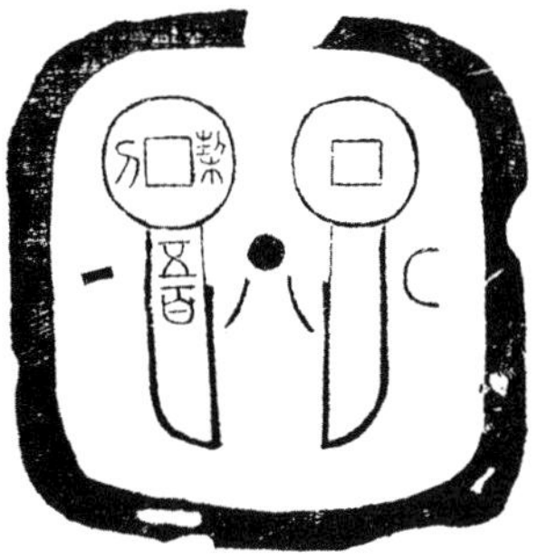

此金瑤圃芝原从虞鄉尚士英購得者范中列契刀一正一背契下从木不失古法陽文正書其中有小挺蓋以范為洗也

范底文

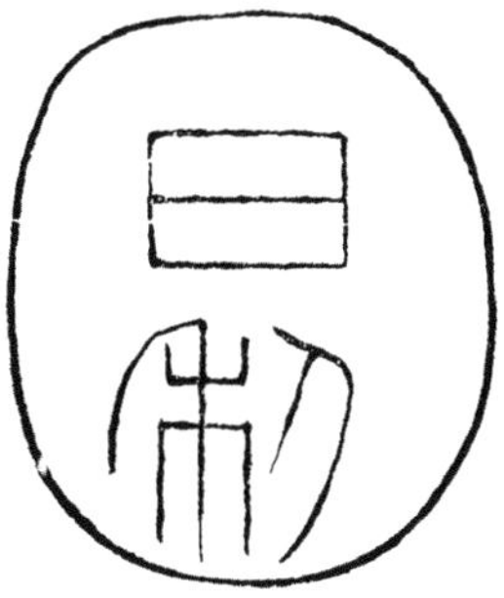

此範藏海寧陳玉垣家日利二字方勁有法真漢篆也此范底文其面文未知

金索

邃古齋藏

北齊錢范

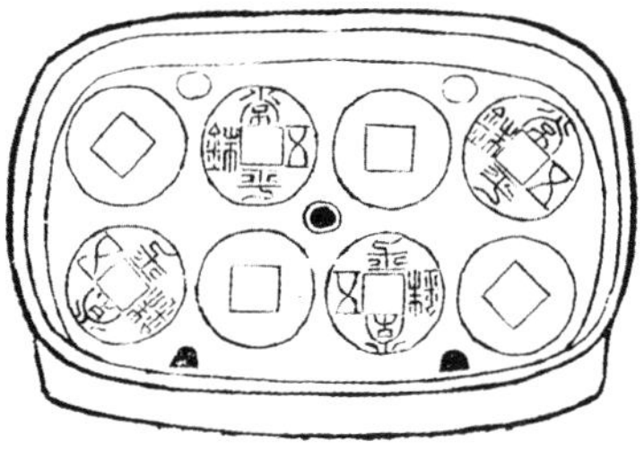

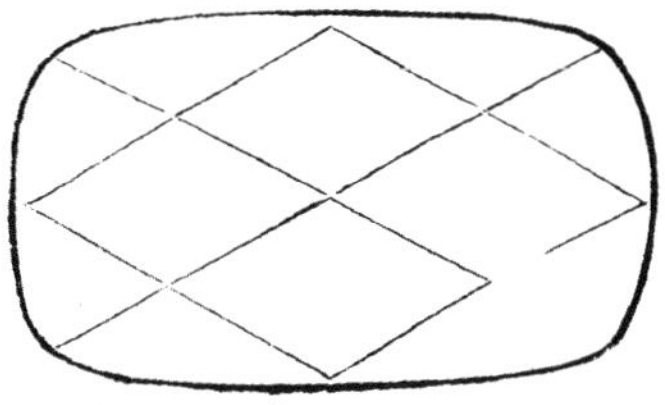

底有斜文無字

范廣五寸二分甯三寸二分高六分深三分內列常平五銖正背八枚中有凸蒂邊有兩凹孔兩尖丁常平五銖為北齊文宣錢此乃錢文小洗耳

金索

邃古齋藏

金索

新莽刀范

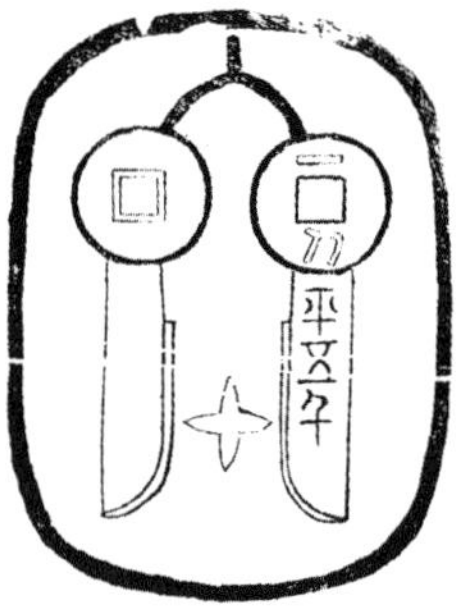

一刀平五千

此齋東少尉陸春舫議以拓本寄余者面列金錯刀一正一背上有二莖貫之一刀二字陰文蓋以為嵌金之地平五千三字陽文皆形式差小又陽文正字不能鑄刀疑凡格間小洗下古詩云美人贈我金錯刀何以報之英瓊瑤蓋重其品也

新莽布范

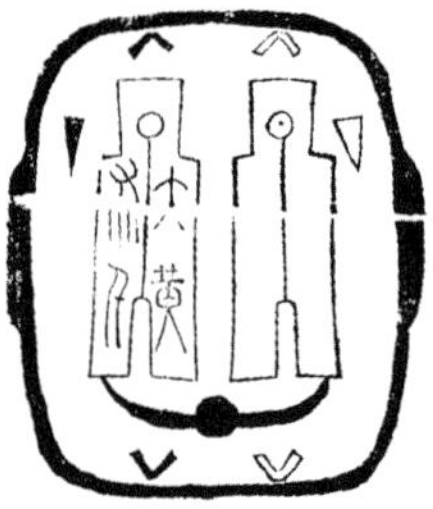

大布黄千

面列大布二枚一背一正其下有二莖貫之形式短小陽文正字疑亦范洗

邃古齋藏

金索

星官錢七品

此錢得于京阿一面星官及雲月已磨泐一面有詩云玉皇詔為君功行成分明五雲裏故宅上三清蓋遊仙詩也

此錢見于孔薊浦家一面星官及童子龜鶴一面十二肖甚古

一面星官坐像一面中心十二辰外十二肖分十二格于見于曲阜

一面星官駕鹿之[illegible]放祥雲上有北斗又有童子龜蛇虎鶴一面十二辰名及十二肖相間此錢任城孫省之俱磨泐子得其[illegible]者尚可辨

邃古齋藏

秦半兩錢范

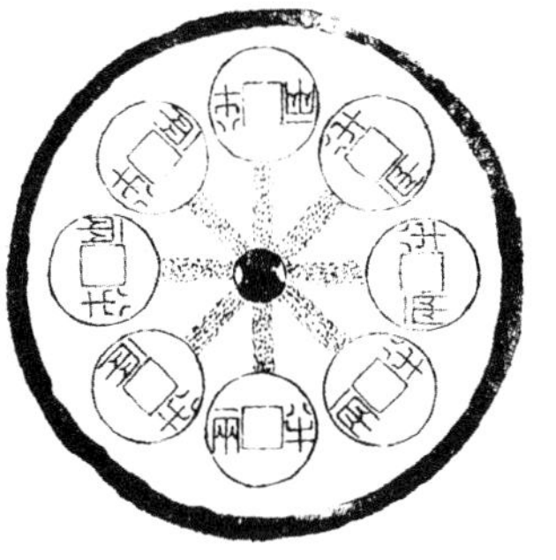

環列半兩錢八枚有八莖貫于其蒂〻有穿孔陽文正字陽莖其質甚古背明可鑑得之任城

此係范鏡不可鑄錢

金索

邃古齋藏

漢五銖錢范

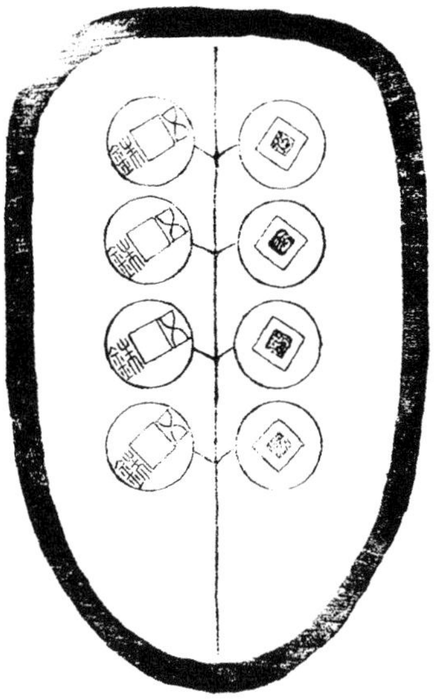

平列五銖錢四面四背有八莖貫于直莖形橢員而銳下陽文正字不能鑄錢此蔣伯生明府所貽拓本

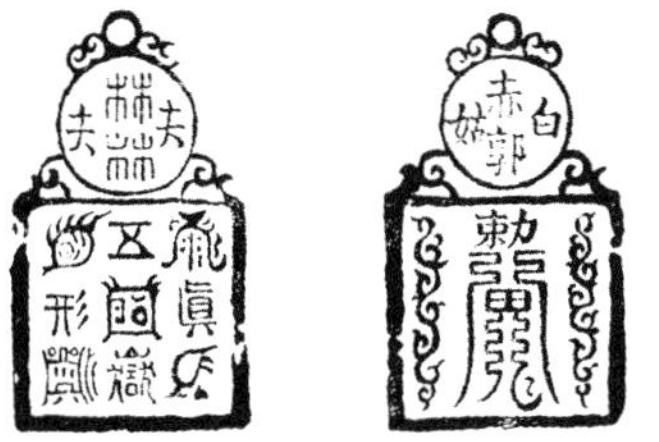

此銅牌兩面異文無正反穿孔在其頂其一面上層作錢形有赤郭白姑四字赤郭猶赤仄乃漢錢名白姑無考其下層勅下有道家符其一面上層有林夫〻二字下層為五嶽真形圖字雜篆楷疑六朝厭勝錢

此錢如磬相傳為厭勝錢

金索

邃古齋藏

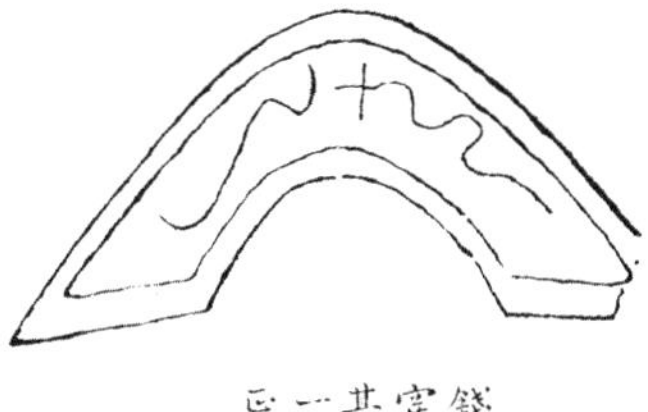

錢如磬無穿孔面文甚簡中有一十字背正平無文

背平無文

面有穿孔

一面星官符印朱雀玄武之狀一面皇帝萬歲四字出于道家祈祝所製

一面星官作南極北極相對之狀中有本命星官四字道家有祭星法常以其受生所值之日祈請司命語詳於洞章諸篇其下一鱸、旁龜鶴亦祈壽之意一面十二肖

二品見　西清古鑑

一面星官擁笏侍者進桃上有一鶴其衣褶見古制一面十二肖予見于曲阜

太上咒文錢

雲笈七籤太上老道君誕于西那天楚察山浮羅嶽丹元之阿此錢称太上是也背文書符一人作叱鬼狀二人俯而聽命外為三孔取其可繫用以作耳

帝符錢

道家有神虎上符消魔智慧經此錢面文書符上作帝頭背文揭旗按劍勢若擒捕鬼物上戴七星文與釋文本義俱合

符印錢

晉孫思邈作入山符文略仿彿背文為星官又一人跽而供花隨以一鶴

天罡錢

漢書玉衡杓建天之綱也參同契注天罡即北斗也道家以禮斗為修攝而白玉蟾琅書序云作為符畜印訣罡咒之文此錢文蓋罡咒耶

以上四品錄　西清古鑑

福德錢

錢見　西清古鑑云中作符篆上下書福德二字一面作立獸如辟邪又方員各一孔蓋以施組紃珮之用祓除不祥西京雜記史良娣合采宛轉絲繩繫身毒國寶鏡即此義也

北斗錢

一面北斗雙劍一龜而蛇一面十二生肖此與西清古鑑所載畧同

見泉志

見　西清古鑑云北斗錢文作九星其二麗于旗蓋北斗原九星七見二隱道家謂内輔一星外輔一星見之者吉又交劍上聚又一人帶劍屹立洪志謂之青溪宅錢緣南齊書祥瑞志載齊世祖于青溪宅得錢一枚文与此合也

神佛錢二品

泉志作萬國錢云此錢徑寸六分重十三銖面文平地作水文一字難梵書不可識或云日字背文星官月兔雲鶴龜形慶善郎中守儀眞得之郡圃土中

一面僧佛坐卧狀有二行獅及犬一面香花供養四字類于宋

梵唄錢

此錢得自歷下一面吉神長祐四字一面梵經五字旋轉書之義不可曉銅色純赤疑釋家壓勝錢

梵字錢

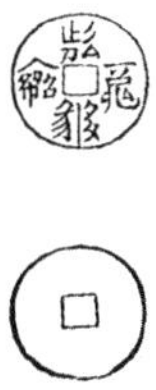

泉志云此錢徑八分銅色純赤文不可辨大抵類屋馱吐番錢

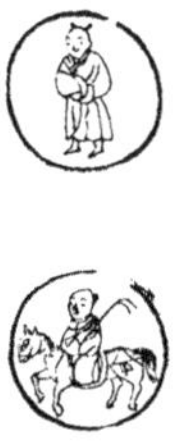

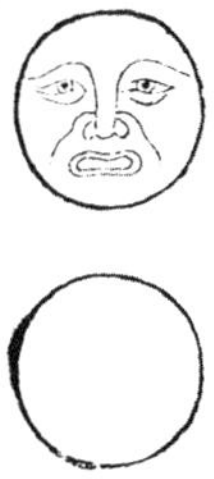

條支國錢

樂史太平寰宇記曰條支國市列錢貨其錢獨文為人幕為騎馬

拂菻國金銀錢

神宗國史曰拂菻國歷代朝貢不至熙寧四年其王滅伊靈改撒始来貢交易為金銀錢無孔面鑿弥勒佛背國王名

大食國金錢

國朝會要大中祥符九年大食國以金錢銀錢各千文入貢　泉志此錢以金為之面文象形々製甚小余至南海嘗見之

罽擯國玉錢

王子年拾遺記曰罽擯國在西域之北晉武帝時獻玉錢千緡其形如環々重十兩上有天壽永吉之字　寶櫝記所載同

日本國錢

舊譜日本國錢四品銖徑寸重五銖文隸書其國延歷中鑄

又日本國錢

國朝會要太平興國九年日本國僧奝然等至云其國用銅錢文曰乾文寶

高麗國錢

雞林類事高麗做本朝鑄錢以海東通寶海東重寶三韓通寶為記

又高麗國錢

泉志此錢徑寸輪郭渾厚字畫平坦計高麗所鑄

金索

外國錢

罽賓國金銀錢
前漢西域傳罽賓國以金銀為錢文
為騎馬幕為人面張晏曰面作騎馬
形漫作人面目也

烏弋山離國錢
西域傳烏弋山離國錢貨與罽賓同
獨為人頭幕為騎馬

安息國銀錢
史大宛傳安息國以銀為錢錢如其王面
王死輒更鑄錢效王面焉　西清古鑑云此
錢為人面而幕無文如史記說

大月氏國銀錢
西域傳文為王面幕為夫人面王死輒更
鑄錢與安息同

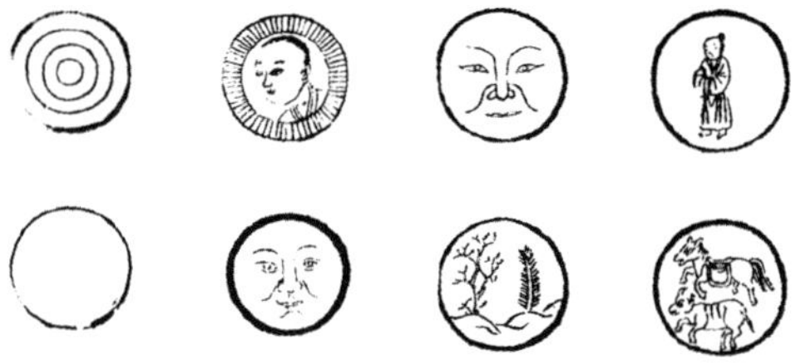

泥婆羅國銀錢
舊唐書西戎傳泥婆羅國以銅為錢面
文為人背文為馬牛不穿孔

何國銀錢
泉志引徐氏曰以銀為之徑寸五釐肉不
開孔面為人面背為草木狀

康國銀錢
徐氏曰徑九分不開孔面背皆作人面
面文側而背文正面文繞以連珠之狀
舊唐書西戎傳康國生子必以膠置掌
內欲其成長掌中持錢如膠之黏物

捺汗國金錢
徐氏曰以金為之徑七分五釐重無文字又
一種有三旋文竝不開孔

邃古齋藏

金索

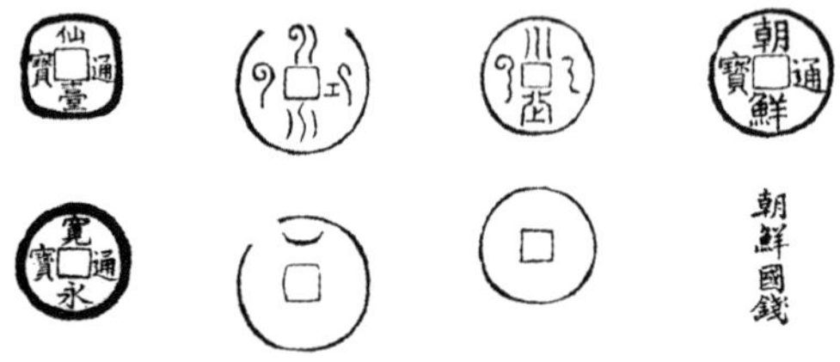

朝鮮國錢

倭國錢
贊寧傳載云倭國在東海中
正朔一同中夏年號天慶天歷
其國用錢文曰延喜通寶

屋馱國錢
徐氏曰徑七分肉好不異中夏　敦素曰此
若梵書不可復識　泉志作川氐丕四字
今從　西清古鑑所畫下一品同

吐番國錢
敦素曰此錢徑寸重五銖肉好精巧不減中夏
皆胡字不可識背文如開元錢有甲文
西清古鑑云或曰空界是雲四字屋馱即伏
陀近吐番竝西域境多浮屠文字吐番與唐
世為昏姻故其錢背有甲痕

琉球國錢
仙臺通寶鐵錢姑蘇蔣君卓書所貽　寬
永錢載琉球國志畫與仙臺鐵錢相類

闍婆國梵書錢
其國剪銀葉為
錢諸番又以銅銀
錫鍮雜鑄為錢
六十四箇為一兩

昨葉國鐵錢
徐氏曰賓鐵
作之形如兩
鐶相連枚各
圍寸九分

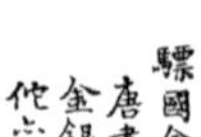

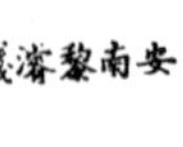

安南黎濬錢

交趾國黎字錢

驃國金銀錢
唐書南蠻傳驃古朱波也以
金銀為錢形如半月號登伽
佗亦曰足彈陀

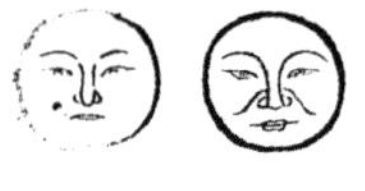

軒渠國金幣

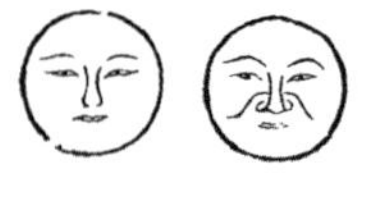

三童國金幣

樂史太平寰宇記三童國作
金幣率效國王之面亦效王后
之面若丈夫交易則用國王之面
婦人用王后之面王死則更鑄軒
渠國幣貨畧同三童國
鵝案此幣既分用自是兩種與面
為王面背為后面者不同矣

邃古齋藏

以上外國錢七種係友人及估客所贈俱赤銅為之而有柄柄端有穿花紋細入毫芒未定時地日其異致姑附于末

道光元年四月朔日鏤板于嵫陽署齋值時日月合璧五星聯珠記之

金索五

紫琅馮雲鵬晏海氏
雲鵷集軒氏　同輯

璽印之屬

璽印之說伊古有之昔黃帝得龍圖中有璽章湯克夏取璽書置座右是天子有璽也然周禮職金掌物揭而璽之鄭注璽印也是璽印亦尊卑通用之稱而其制俱不傳傳者自秦始秦天子玉璽六漢諸侯王黃金璽列侯印丞相將軍章厥後惟天子稱璽臣下通曰印章是為官印茲採其典則者自秦漢迄金元為璽印之屬

秦始皇璽一

集古印格序云秦取趙氏璧命丞相李斯刻為國寶一作龍文曰受天之命皇帝壽昌一作鳥篆曰受命于天既壽永昌其文元妙淳古有龍飛鳳舞之態真摹印之祖也

受天之命皇帝壽昌

印譜摹刻向巨源傳本如是石本在畢景傳家

薛氏款識摹刻如是筆畫微異

受天
之命
皇帝
壽昌

秦始皇璽二

受命
于天
既壽
永昌

天字作

印譜摹刻向巨源傳本如是

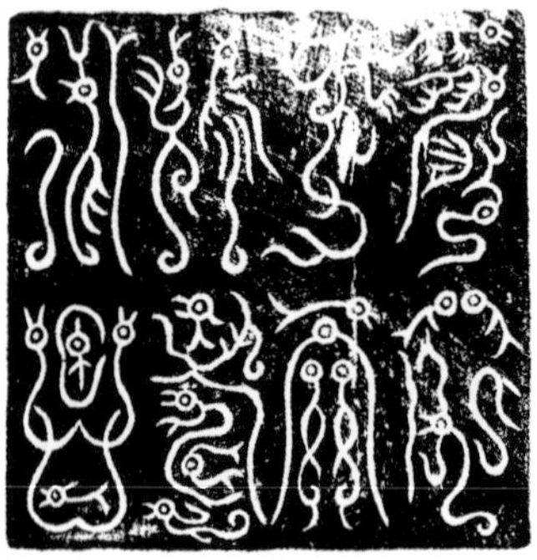

薛氏款識摹刻蔡仲平傳書如是

受命
于天
既壽
永昌

秦璽鈕

天子玉璽六皆螭虎鈕始皇惡璽之音近于死遂易璽曰寶歷代傳之以為國寶

鵰孝傳記秦傳國璽在後唐從珂末年已焚于火又考元史載至元三十一年有得玉璽于木華黎曾孫碩德家御史楊桓辨識其文曰受命于天既壽永昌乃頓首言此傳國璽也又未嘗亡也惟摹刻筆墨互有增減今竝存之以俟質正

金索
邃古齋藏

秦漢小璽

疢疾除永康休萬壽寧　白玉盤螭鈕

顧氏印譜國子博士文壽承云璽以九字成文制作精妙其書乃李斯小篆無言者失筆非昆吾刀不能刻其文亦非漢以後決為秦璽無疑舊藏沈石田家既歸陸尚寶後為袁尚之所得今藏頤光祿處居京師遺回祿玉變黑色矣昔倪雲林有詩云匣藏數鈕秦朝印白玉盤螭小篆文則此印又嘗入清閟閣也

萬歲　玉印以鈎為鈕

永昌　玉印覆斗鈕

永昌　玉印

鵬按印文鳥篆似始皇璽宜屬之秦

永壽　玉印覆斗鈕

天祿永昌

玉印螭鈕吾衍云其文非臣下所用當是小璽之屬

皇帝壽昌

玉印

帝命壽永

玉印

天祿永昌

玉印螭鈕　以上三印宜屬之漢　俱見印綂

壽昌

玉印此似摘秦璽中兩字者

天子萬壽

玉印　以上見印則

王印　以下漢印

荊王之璽　玉印覆斗鈕

漢書劉賈高祖從父弟六年正月立為荊王王淮東十二年黥布反為布兵所殺亡後　鵬按印文璽下從土說文云璽王者印也所以主土

中山王寶　玉印獸鈕

欣賞編云出于鄢挺罷先印囲所載　按漢景帝子中山靖王勝以前三年立元鼎五年卒子孫嗣爵

樂安王章　塗金龜鈕　此非漢印姑附于王

舊以為漢印集古印譜云漢和帝改千乘王寵國為樂安王又晉初封皇子鑒惠帝封齊王冏子冰皆為樂安王漢表諸侯王金璽盭綬漢舊儀諸侯王金印橐佗鈕文曰某王之璽晉志王金印龜紐纁朱綬蓋不僭言璽矣此印鈕龜而文曰章必非劉寵國所佩豈晉以假司馬鑒或司馬冰耶　鵬按北魏亦有樂安王範

王后印

梁王后璽　玉印

漢文帝十一年夏徙淮陽王武為梁王子孫嗣爵西漢稱王后

金索

君印

安武君

此印得之曲阜銅印鼻鈕其質古甚篆文亦細𢏽不知安武君何時人也但與印統所載陽文玉印不同

漢列傳無安武君惟秦趙高為丞相安武侯耳

同上

陽文玉印覆斗鈕印統所刻如是

孝成君印

玉印斗鈕

建安君

玉印

文成君

玉印

以上四玉印皆見印統

邃古齋藏

侯印

冠軍侯印　銅印鼻鈕較印譜差小此張子文麓所貽

漢武帝以霍去病征匈奴功冠三軍封冠軍侯

赤泉侯印　此印得于平陵

赤泉嚴侯楊喜以灌嬰斬項籍有功漢高祖元年封

為赤泉侯子定侯嗣爵

平都侯印

平都孝侯劉到高祖五年封

廣平侯印

光武建武二年封吳漢為廣平侯食栗廣平斥漳曲周廣

年四縣

關內侯印　此印得之曲阜塗金[illegible]

印藪云秦爵二十等二十徹侯十九關內侯[illegible]

無國邑漢志無土寄食所在縣民租多少各有[illegible]

[illegible]按漢列傳馮奉世字子明上黨潞人[illegible]時

[illegible]車王威振西域為光祿大夫水衡都尉元[illegible]

西羌乡姐旁種賜爵關內侯食邑五百[illegible]

又馮魴字孝孫从光武中興有方略以[illegible]

元年代張純為司空賜爵關內侯云[illegible]

為關內侯者漢有數二十[illegible]不[illegible]

[illegible]文甚[illegible]

[illegible]所得[illegible]

[illegible]二十[illegible]始制名[illegible]至五大夫[illegible]

[illegible]侯關內侯凡六等以賞軍功[illegible]關中[illegible]

[illegible]紫綬不食租衣蚜耳

關外侯印

黃初之[illegible]

[illegible]陽侯家[illegible]　[illegible]

[illegible]成帝[illegible]

[illegible]

廣平侯印　見前注文全篆異

前說印統說屬之吳漢此印見于印苹考前漢表廣平敬侯薛歐以將軍擊項籍將鍾離眛侯四千五百户靖侯嗣則漢初已有廣平侯不自東漢始矣

昌邑侯印

漢地里志山陽郡武帝天漢四年改昌邑國

宣平侯印　見印苹

前漢表宣平武侯張敖嗣父耳為趙王廢王為侯高九年封

平津侯章　見銅鼓書堂藏印

漢公孫宏傳宏薛人元朔中為丞相詔㠯高成之平津鄉户六百五十封為平津侯其後㠯為故事至丞相封自宏始也

汝陽侯印

漢志汝南郡屬豫州有女陽縣師古曰女讀曰汝

都鄉侯印

漢志常山郡縣十八都鄉侯國莽曰分鄉　又印統以為鄉侯另次于後

臨淄侯印

魏志陳思王曹植建安十五年徙封臨淄侯

巨野侯章

漢志山陽郡縣鉅壄大壄澤在北兖州藪

醴陵侯印

前漢表醴陵侯越高祖四年封以卒吏擊項羽為河内都尉用長沙相侯六百户　見印苹

綏武侯印

安陽鄉侯

正義侯印　俱見印統

金索

武平侯印

漢獻帝建元中曹操為大將軍武平侯

晉陽侯印

陽字阜旁反書漢陽嘉銅洗有此文

石洛侯印　塗金龜鈕

金石志云此印諸城人得之城南土中歸李仁煜孝廉　史記王子侯表石洛侯劉敬城陽頃王子元狩元年封

都鄉侯印

漢承秦制侯功大者食縣小者食鄉得臣其吏民皆為列侯後漢始有大縣小縣鄉亭侯之等差

安昌亭侯　塗金龜鈕制度極佳趙子昂得於都下

漢志蕭録徹侯之号或取其縣蕭何酇侯是也或取其鄉公孫宏平津侯是也或取其亭關公漢壽亭侯是也

武陽亭侯

秦制十里一亭十亭一鄉漢因之大率縣方百里

平都亭侯

凡言都亭者並城内亭也漢法大縣侯位視三公小縣視上卿亭視二千石

漢都亭侯印

罼門亭侯

桂未谷云即成皋馬援上書所謂成皋罼印誤作四下苹也

都亭侯印

漢皇后紀獻帝母王夫人兄斌興平元年封都亭侯

邃古齋藏

金索

宜都亭侯
漢上郡屬并州有宜都縣莽曰堅寧小邑未知是否

陽平亭侯　見印統

東武亭侯
漢表東武侯郭蒙定三秦破項籍侯三千戶此乃亭侯未必是此

望山亭侯　見印則

東陽亭侯之印
見集古印存

益壽亭侯　見印萃

漢壽亭侯之印　見古今印則
三國蜀志關某字雲長以偏將軍為先鋒刺顏良于萬衆之中遂解白馬圍曹公表封為漢壽亭侯謚曰壯繆侯

邃古齋藏

安陵亭侯

長貴亭侯

杜亭侯印

南亭侯印
以上俱見印統

侯夫人印

廣阿侯夫人印　見銅鼓書堂藏印
漢表廣阿懿侯任敖以客從起沛為御史陳豨反堅守侯千八百戶後遷為御史大夫七年封夷侯敬侯嗣爵此云侯夫人當不外是矣夫人印罕見殊足異也

子印

林慮子章　見印統
後漢郡國志河內郡林慮故隆慮殤帝改

大將軍印

大將軍印章
後漢書百官志將軍不常置本注曰掌征伐背叛比公者四第一大將軍次驃騎將軍次車騎將軍次衛將軍又有前後左右將軍初武帝以衛青數征伐有功召為大將軍欲尊寵之召古尊官唯三公皆將軍故置大四馬號召冠之後霍光王鳳皆然

左大將軍章
上二方見印萃
下一方見印統

金索

偏將軍印

偏將軍印　上二方見印統　下三方見印萃　末一方見查氏印
姜白石印譜云老子曰偏將軍處左則其由來尚矣後漢寇恂馮異皆為此官
漢王莽傳地皇元年下書曰予之初祖考黃帝定天下將兵為上將軍建華蓋立斗獻內設大將外置大司馬五人大將軍二十五人偏將軍百二十五人裨將軍千二百五十人校尉萬二千五百人司馬三萬七千五百人候十一萬二千五百人當百二十二萬五千人士吏四十五萬人士千三百五十萬人於是置前後左右中大司馬之位賜諸州牧號為大將軍郡卒正連帥大尹為偏將軍屬令長裨將軍縣宰為校尉

建威偏將軍

中部偏將軍章
俱見印統

邃古齋藏

裨将軍印

裨将軍印章

裨将軍張賽　俱見印統
将軍印以名姓著者
此外罕見

将軍印

驃騎将軍章　見印萃
宋百官志云漢武元狩二年始用霍去病爲之漢西京置大将
軍驃騎将軍位次丞相鵰　按光武中興雲臺二十八将有驃騎
大将軍參蘧侯杜茂驃騎大将軍櫟陽侯景丹驃騎将軍
劉隆此外驃騎尚多印統芾以北朝寧遠将軍爲首殊失倫次

車騎将軍　車騎将軍章　俱見印萃
宋百官志漢文元年始用薄昭爲車騎将軍鵰
按隸釋亦有車騎将軍馮緄碑

金索

邃古齋藏

前将軍印章

後軍将軍章
漢宣帝紀本始二年祁連将
軍田廣明後将軍趙充國虎
牙将軍田順度遼将軍范
明友前将軍韓增凡五将軍
兵十五萬擊匈奴

左将軍印
漢雲臺二十八
将有左将軍
膠東侯陳俊

左将軍印章
以上俱見印萃

伏波将軍章　伏波将軍
上一方　汶上所得　亀鈕
下一方　見印統印萃

伏波将軍前漢武帝始置此號以路博德爲之　後漢馬援傳建武十七
年拜伏波将軍南擊交阯　東觀漢記援上書曰所假伏波将軍印
書伏字犬外向請下郡國正印章　按此三印伏非外向想既正以後者

征虜将軍章　見印統印萃
後漢建武中祭遵爲征虜将軍廉潔奉公建武嘆曰安得
憂國奉公如祭征虜者乎　按雲臺二十八将有征虜将軍潁
陽侯祭遵漢末孫賁張飛亦爲之又魏武以臨菑侯植行征
虜将軍又雍邱縣有魏征虜将軍王思賢碑

虎牙将軍章　見印統
漢宣帝本始二年以雲中太守田順爲虎牙将軍　又雲臺二十八将中
有虎牙大将軍安平侯蓋延

虎威将軍章　見汪氏印存

虎伏将軍章　見印統

金索

邃古齋藏

折衝将軍章　見印萃
漢建安中魏武以樂進居之

折衝将軍章
見印統

衛騎将軍
見印萃

揚烈将軍章
見印統

同上

安國将軍
見印萃

建義將軍章　見印萃

漢光武帝紀建武元年偏將軍朱祐爲建義大將軍　遺耿弇率彊弩將軍陳俊軍五社津　臧按曲阜孔廣㮚所藏建義將軍印龜鈕与印萃同惟章旁作㔾

強弩將軍章　見印萃

說見前注又漢武帝以路博德爲彊弩校尉李沮爲彊弩將軍則又在光武前惟此印較大未必漢制

鷹揚將軍章

漢建安中魏武以曹洪居之

上二方印統下一方印萃

樓船將軍章　見印萃

漢武帝紀元封二年遣樓船將軍楊僕將應募罪人擊朝鮮又南粵王傳主爵都尉楊僕爲樓船將軍出豫章下橫浦

金索

邃古齋藏

振威將軍章

後漢初宋登爲之

振武將軍章

前漢末王況爲之

奮武將軍印　奮武將軍章　見印萃印統

史記年表漢元帝永光二年七月太常任千秋爲奮武將軍擊西羌　又後漢末呂布爲之

建武將軍章　見印統

漢韓安國王晏並爲之又蜀志劉封傳文帝善孟達姿才遂授此官

將印

五官中郎將

後漢百官志五官中郎將一人比二千石本注曰主五官郎　五官中郎比六百石五官侍郎比四百石五官郎中比三百石凡郎官皆主更直執戟宿衛諸殿門　魏志命公世子丕爲五官中郎將

中郎將印

中郎將有左右皆比二千石

虎賁中郎將印

虎賁中郎將比二千石本注曰主虎賁宿衛前書武帝置期門平帝更名虎賁蔡質漢儀曰主虎賁千五百人

殿中中郎將印

後漢百官志陛長主直虎賁朝會在殿中

武衛次飛武賁將印

熊渠將印　見印存

金索

部曲將印　四印同以下皆鼻鈕

後漢百官志領軍皆有部曲大將軍營五部部校尉一人比二千石軍司馬一人比千石部下有曲曲有軍候一人比六百石曲下有屯屯長一人比二百石其不置校尉部但軍司馬一人又有軍假司馬假候皆爲副貳其別營領屬爲別部司馬其兵多少各隨時宜

騎部曲將

副部曲將

邃古齋藏

督印

騎督之印　塗金龜鈕

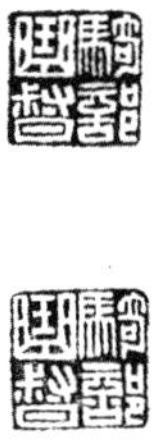

騎部曲督　以下鼻鈕

部曲督印

千人督印

副督之印　見印存

副部曲督　見印萃

軍印

都護軍印　見印萃

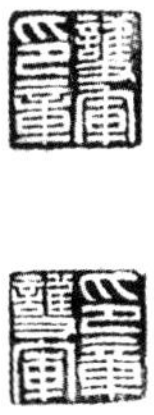

護軍印章　見印統　印存左讀
印統云護軍秦官漢因之元狩四年屬大司馬哀帝更名司寇平帝復名護軍

右護軍印　見印萃

行營左護軍印　見印統　印萃

行營右護軍印　行營右護軍　俱見印統

滄如護軍章　見印統

討蕆辨軍章
蕆疑即溅字典論魏文帝自叙云溅貊貢良弓代獻良馬此從艸不從水古字可通印統釋作討穢恐非

都尉印

都尉　見印統
印統云東漢百官表郡尉秦官掌佐守典武職甲卒秩比二千石景帝二年更名都尉

都尉
文同前印伏虎鈕四足當其四角沇州都閫惠印山昌進得之曲阜係玉牌所易者

金索

駙馬都尉　駙馬都尉之印

第一第二方見印統塗金龜鈕第三方見印統細商金龜鈕第四見查氏藏印第五見印苹第六見印統

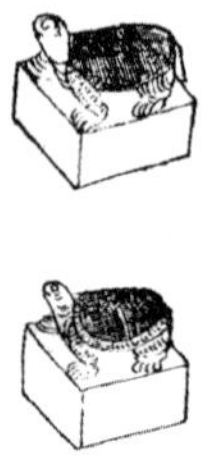

駙馬都尉　俱銀印龜鈕二方鵰所得

漢武帝以宗室外戚為奉車駙馬騎三都尉而奉朝請元帝為晉王時以參軍為奉車都尉掾屬為駙馬都尉行參軍舍人為騎都尉皆奉朝請後罷奉車騎二都尉留駙馬都尉奉朝請諸尚公主者劉惔桓溫皆為之

續漢志駙馬都尉比二千石掌駙馬

奉車都尉　一塗金龜紐二錯銀龜紐　俱見印統三見印苹

奉車都尉　銀印龜紐與前駙馬二印皆同時得于歷下者純銀為之刻鏤精細蓋漢末時物

前漢百官表奉車都尉掌御乘輿車駙馬都尉掌駙馬皆武帝初置秩比二千石　宣帝地節二年以霍山為奉車都尉領尚書事

騎都尉印　見印統塗金龜紐

續漢志騎都尉比二千石本監羽林騎右屬光祿勳

金索

武猛都尉　上二方印統下方查譜

漢何進使武猛都尉丁原燒孟津火照城中又魏橫海將軍碑載呂君歷武猛都尉考其時乃建安中也

將兵都尉　上一方印統　下一方查氏銅鼓書堂印譜

強弩都尉　見印苹

強弩都尉章　見印統

協律都尉　見印苹

漢外戚傳孝武李夫人兄延年性知音善歌舞武帝愛之以為協律都尉

參軍都尉　一見印統一見印苹

水衡都尉　見印苹

漢百官表水衡都尉掌上林苑注張晏曰主都水及上林苑故曰水衡主諸官故曰都有卒徒武事故曰尉師古曰衡平也

巧工都尉　見印統

西部都尉　見印苹

北軍中候　印統

續漢志北軍中候一人六百石本注曰掌監五營

關外侯印　印統

此与陰文印關外侯不同

廣南侯印　印統　次印桂氏藏

聚落尉右前侶　印統

大夫印

御史大夫章　查氏銅鼓書堂藏印

漢百官表御史大夫秦官位上卿銀印青綬掌副丞相應劭曰侍御史之率故稱大夫臣瓚曰茂陵書御史大夫中二千石高帝元年內史周苛為御史大夫四年中尉周昌為御史大夫

繡衣執法大夫印　印統　龜鈕

漢表侍御史有繡衣直指出討姦猾治大獄武帝所制不常置師古曰衣以繡者尊寵之也

下軍大夫

印統云官名与篆法皆當為周春秋時物泰繹山碑大夫二字重文從此出當在諸王銅印之前可不寶諸

光祿大夫　印萃

續漢志光祿大夫比二千石凡大夫議郎皆掌顧問應對無常事

前漢表孝昭元平元年光祿大夫韓增為前將軍

金索

武猛校尉　見印統

建安中吳潘璋為武猛校尉魏齊王芳嘗祀武猛校尉典韋于太祖庭韋以建安二年死事也

射聲校尉　見印萃

續漢志射聲校尉一人比二千石掌宿衛兵司馬一人比千石服虔曰工射也冥冥中聞聲則射中之故以為名

城門校尉　見印萃

續漢志城門校尉一人比二千石司馬一人千石每門候一人六百石本注城門校尉掌雒陽城門十二所其正南一門曰平城門北宮門屬衛尉其餘上西門雍門廣陽門津門小苑門開陽門耗門中東門上東門穀門夏門凡十二門　靈帝紀建寧元年正月城門校尉竇武為大將軍

步兵校尉　見印萃

續漢志步兵校尉一人比二千石掌宿衛兵司馬一人千石

綏民校尉　見印統　查氏銅鼓書堂藏印

漢志未載今道州有漢故綏民校尉騎都尉桂陽曲紅灌陽長熊君碑篆額与此印合

平虜校尉　印萃

驅馬校尉　印萃

典農校尉　印萃

邃古齋藏

衛尉印

長樂衛尉　見印萃
續漢志衛尉卿一人中二千石本注曰掌宮門衛士宮中徼循事丞一人比千石靈帝紀建寧元年四月長樂衛尉王暘為司空

建章衛尉　見印萃
前漢百官表衛尉掌宮門衛屯兵景帝初更名中大夫令後元年復長樂建章甘泉衛尉皆掌其官師古曰各隨所掌之宮以名官

尉印

故鄣尉印　見印統
西漢表云縣皆有丞尉秩四百石至二百石是為長吏故鄣秦鄣郡所治東漢屬丹陽郡吳興記曰中平年分縣南置吉安縣光和末張角亂此鄉守險助國漢嘉之故立縣

金索

遯古堂藏

吳尉之印　見印統
周吳國秦置會稽郡西漢因之後漢分吳等十三城置吳郡陳置吳州通志畧尉漢諸縣皆有之長安有四尉分左右部後漢令長國相亦皆有尉大縣二人小縣一人主追捕盜賊

雎奴左尉　印統
漢志雎奴秦置屬幽州漁陽郡

梧左尉印　印萃
漢志梧屬楚國莽曰吾治

海陵左尉　印統
漢志海陵屬臨淮郡莽曰亭間

臨津左尉　印統
屬韓州

大陽左尉　印統
屬河東郡郡在雒陽西北五百里

復德左尉　印統

[illegible]左尉印　印統
漢屬平原郡雒陽北一千三百里夏時有鬲氏國

三封左尉　查氏
漢屬并州朔方郡

蘭干左尉　印統
漢屬涼州漢陽郡在雒陽西二千里

東國右尉　印統

彭城左尉　印萃
漢屬徐州彭城國古大彭邑在雒陽東千二百二十里

下洛左尉　印統
後漢志作下落屬幽州上谷郡郡在雒陽東北二千二百里

林慮左尉　汪氏印存
林慮故隆慮殤帝時改屬河內郡

原陽右尉　印統
原陽屬并州雲中郡

金索

遯古堂藏

杜陵右尉　印統
古唐杜氏國漢屬京兆尹京兆在雒陽西九百五十里

姑臧右尉　印統
姑臧屬涼州武威郡雒陽西三千五百里

曲成侯尉　印統
漢表曲成侯萬歲中山靖王子元具五年封　國屬東萊郡

王翁主尉　印統
按史記齊悼惠王世家云厲王母曰紀太后取其弟女為厲王后王不愛紀氏女太后令其長女紀翁主入王宮正其後宮毋令得近王郤令愛紀氏女如淳云翁主稱姓則此印為王氏女之家臣明矣

雲陽右尉　印統
屬左馮翊馮翊在雒陽西六百餘里

護軍中尉　汪氏印存
高帝時張良書為護軍中尉

軍曲尉印　印統

金索

大司馬印

大司馬印

漢百官表武帝元狩四年初置大司馬吕冠將軍之號盛帝綏和元年初賜大司馬金印紫綬哀帝元壽二年復賜大司馬印綬置官屬去將軍位在司徒上　元狩四年大將軍衛青爲大司馬大將軍驃騎將軍後元二年奉車都尉霍光爲大司馬大將軍又中興二十八將有大司馬廣平侯吴漢

大司馬印章　俱見印萃

按印藪印統未收大司馬印而以殿中司馬爲首不知殿中司馬晉官安得加漢司馬印上數

司馬印

陷陳司馬　見印統及查氏銅鼓書堂藏印

集古印譜云陳古戰陣字漢安帝元初中任尚募陷陣士擊羌零建安間樂進于禁皆爲陷陣校尉鵰按有校尉自有司馬司馬者校尉屬官

越騎司馬　印萃

續漢志越尉校尉一人比二千石掌宿衛兵司馬一人千石晉灼曰越騎取其才力超越也光武改青巾右校尉爲越騎校尉

強弩司馬　查氏印　印統

宋百官志云漢武帝以路博德爲彊弩校尉李沮爲彊弩將軍按將軍及校尉皆必有司馬也又漢藝文志有彊弩將軍王圍射法五篇

虎步司馬　印統印萃同

虎步搜捕司馬　見蓮湖印譜　印統釋史搜[illegible]

金石志云䨣与搜通搏与捕通虎步之設不見漢志見水經注引諸葛亮表云臣遣虎步監孟琰據武功水東則蜀所漢所設内有監有搜捕司馬也

邃古齋藏

金索

居巢令印　印統

漢志居巢屬廬江郡應劭曰故巢國也春秋楚人圍巢

建陽令印　印統

漢志建陽屬九江郡

彭澤令印　印統

漢志彭澤屬豫章郡禹貢彭蠡澤在西

下相令印　印統

漢志下相屬臨淮郡

尋陽令印　印統

亾廬江郡禹貢九江在其南

即邱令印　印存

漢志即邱屬東海郡孟康曰即古祝邱

新淦令印　印統

亾豫章郡

樊令之印　印統

漢志屬東平國括地志云漢樊縣在兖州瑕邱西南二十五里

安豐令印　印統

漢志屬六安國故楚地禹貢大別山在西南

江都令印　印存

漢志廣陵國縣四廣陵江都高郵平安

泉陵令印　印統

漢志泉陵侯國莽曰溥閏屬零陵郡

雝奴令印　印統

漢志雍奴漁陽郡屬幽州

行唐令印　印統

漢志南行唐屬常山郡莽曰延億

新城令印　印統

考後漢志新城有二一屬河南尹史記秦遷西周公于墨狐也一屬梁國左傳諸侯會新城也

故道令印　印統

漢志故道莽曰善治屬武都郡

金城令印　印統

漢志金城莽曰金屏屬金城郡

邃古齋藏

金索

虎步挫鋒司馬　印統

挫鋒者挫敵人之鋒与陷陣意同印統云鋒字當從乜
今以乁漢逢童子碑逢字亦然

虎步挫尉司馬　銅印穿鈕上刻建武元年正月給
挫尉司馬者挫鋒尉之司馬也集古印譜云漢光武晉惠帝
元帝趙石虎燕慕容忠齊明帝魏北海王顥皆改元建武
光武即位在六月晉惠改元在七月晉元在三月慕容忠在六月
齊明帝在十月北海王顥在五月此疑是石虎時印也

大醫司馬　查氏藏印
續漢志有大醫令一人六百石此大醫司馬未定何時所設

撫戎司馬　桂氏藏印
漢晉志俱未見未定何時

武力司馬　印統

落索平難司馬　印統

方俗司馬　查氏藏印　印統

方俗破虜司馬　印統

邃古堂藏

金索

漆園司馬　印統

見查氏藏印

常山漆園司馬　印統
按薗即園字陳思王碑東閣晨開西薗夜賞可証

無當司馬　印統　汪氏印存

大尉司馬　汪氏印存
按續漢志大將軍長史司馬皆一人司馬主兵如太尉從事此印
作大尉司馬豈太尉亦置司馬與

軍司馬印　軍司馬之印　一印萃三孔氏藏印四汪氏印存五
玉印六查氏藏印
集古印譜云軍司馬尚矣周禮下大夫四人晉悼公以魏絳
張老爲中軍司馬後漢志大將軍營五部〻校尉一人
比二千石軍司馬一人比千石其不置校尉者但軍司馬一人
前漢楊敞給事大將軍幕府爲軍司馬後漢吳汎鄭
衆班勇徐幹夏侯尚皆嘗爲之魏晉宋後周亦有此
官

前將軍軍司馬　印統　查氏藏印

邃古堂藏

前鋒司馬　印統

後將軍軍司馬　查氏藏印　汪氏印存

後軍司馬　此印四氏學教授馬君嶰泉所贈者印譜未有

左將軍軍司馬　印統　次印得于曲阜
蜀先主建安中爲左將軍以龐羲爲左
將軍軍司馬

軍候司馬　印統

假司馬印　印統
前漢班超以假司馬使西域

軍假司馬　一二印統三四印萃五印存六查氏藏印
續漢志部但軍司馬一人又有軍假司馬假候皆爲副貳
印譜云蕭望之遣御史按韓延壽在東郡時試騎士軍鏜
司馬千人持幢旁轂數事

金索

漢假司馬　印統
假司馬印係之以漢亦出使于夷即夷人臣服于漢者姜白石
云歷代印文皆不稱代惟率善令則曰魏曰晉見未廣也

詔假司馬　印統　印萃

鎮南軍假司馬　印統
四鎮起于漢末劉表嘗爲鎮南將軍此鎮南將軍之副司
馬印也

後將軍假司馬　印統　印萃

左將軍假司馬　印統

別部司馬　一至五見印統六七查氏其末反文尤奇
印譜云東漢志軍司馬一人其別營領屬爲別部
司馬度尚傳長沙太守抗徐爲中郎將宗資別部
司馬擊大山賊又張超從朱雋征黃巾爲別部司馬
此印流傳尚多于百而得數方與印統相似

右將別部司馬　印統

威寇將軍司馬 印綂

掃逆將軍司馬 印存

威寇掃逆俱見於宋書四十號將軍以為或是後漢及魏所置

巧工司馬 印綂印萃

顧氏印譜云趙德夫金石録僞趙建武元年西門豹殿基記有巧工司馬臣張由等監造歲臨淄縣人畊地得巧工司馬印遍考史傳皆無此官僅見此碑所載耳

金索 邃古齋藏

石工司馬

木工司馬

勅賜司馬

建安司馬 俱見印綂無考

雁門都尉 見印萃

廣漢屬國都尉 見印綂

後漢郡國志廣漢屬國都尉故北部都尉屬蜀郡安帝時以為屬國都尉別領三城續百官志每屬國置都尉一人比二千石

又云屬國都尉主蠻夷降者 孝順帝紀永和二年廣漢屬國

都尉擊破白馬羌

校尉

校尉之印 校尉之印章 見印綂 查氏印

續百官志大將軍營五部部校尉一人比二千石

金索 邃古齋藏

司隸校尉 見印綂印萃

續百官志司隸校尉一人比二千石孝武帝初置持節掌察舉百官以下及京師近郡犯法者 漢武初置司隸校尉後漢亦置之所部河南尹河內左扶風右馮翊京兆尹河東宏農凡七郡治河南洛陽無所不糾惟不察三公廷議九卿視晉司隸與兩漢同司隸于端門外坐在諸卿上絕席其入殿按本品秩在諸卿下不絕席隋煬帝置司隸臺有大夫一人

按漢碑楊渙楊淮皆為司隸校尉

建威校尉 見印萃

建威偏將校尉 見印萃

建武校尉章 印萃

漢威武將校尉 見印綂

軍曲印

軍曲　玉印猨猊鈕
續漢志大將軍營五部〻下有曲〻下有屯

軍曲　銅印臺鈕　俱見印統
按漢印有此橢圓式後世仿之以為起首小印漢篆亦有此種一字如一印謂之章首篆亦謂之𥨸兒面以其形似之

候印

軍候之印　查氏藏印　顏氏藏印
軍有曲〻有軍候一人秩六百石其假候又為軍候之副貳

軍曲候印
此等印俱大畧相似皆鼻鈕

軍曲候之印
龜鈕

榥宗道印譜云漢武帝太初元年更印章以五字張晏曰漢據土德土數五故用五為印文若丞相則曰丞相之印章諸卿及守相不足五字者亦以之字足之

軍假候印

強弩假候

大中大夫　大中大夫印　俱見印萃
漢表大夫掌論議有太中大夫中大夫諫大夫太中大夫秩比千石　西都賦序太中大夫董仲舒

司隸大夫章　查氏藏印
續漢志司隸校尉比二千石孝武帝初置　後漢楊球傳云球為司隸校尉權門莫不屏氣

中丞印

御史中丞章　桂氏
御史大夫有二丞一為御史丞一為御史中丞中丞在殿中蘭臺

武庫中丞　查氏藏印
武庫令執金吾屬官　漢表武庫有三丞　續漢志武庫令主兵器

大司農印

大司農印　印萃
續漢志大司農卿一人中二千石掌諸錢穀金帛諸貨幣
漢表天漢元年桑宏羊為大司農　又鄭興之子鄭衆能傳父學官至大司農

牧印

司牧官印　查氏藏印
漢百官表武帝元封五年初置部刺史掌奉詔條察州秩六百石成帝綏和元年更名牧秩二千石哀帝建平二年復為刺史元壽二年復為牧　按續百官志但言十二州刺史常以八月巡行所部郡國而不稱牧則此固西漢時印也

尹印

京兆尹印　印萃
漢志京兆尹縣十二長安新豐船司空藍田華陰鄭湖下邽南陵奉明霸陵杜陵注云故秦內史高帝更為渭南郡武帝更名為京兆尹

金索

太守印

河東太守章　印存
漢志河東郡縣二十四安邑大陽猗氏解蒲反河北左邑汾陰聞喜濩澤端氏臨汾垣皮氏長脩平陽襄陵彘楊北屈蒲子絳狐讘騏　後漢屬司隸在雒陽西北五百里

河内太守章　印存
漢志河内郡縣十八懷汲武德波山陽河陽州共平臯朝歌脩武溫壄王獲嘉軹沁水隆慮蕩陰　後漢屬司隸在雒陽北百二十里

上黨太守章　印統
漢志上黨郡縣十四長子屯留余吾銅鞮沾涅氏襄垣壺關泫氏高都潞猗氏陽阿穀遠　後漢屬并州刺史部在雒陽北千五百里

犍為太守章　查氏藏印
漢志犍為郡縣十二僰道江陽武陽南安資中符牛鞞南廣漢陽郁鄢朱提堂琅　後漢犍為屬國都尉別領二城朱提漢陽　按此真西漢印々文亦古若東漢則改屬國都尉矣

濟南太守章　印統
漢志濟南郡縣十四東平陵鄒平臺梁鄒土鼓於陵陽邱般陽菅朝陽歷城猇著宜城　後漢屬青州刺史部在雒陽東千八百里

宏農太守章　印統
漢志宏農郡縣十一宏農盧氏陜宜陽黽池丹水新安商析陸渾上雒　後漢屬司隸在雒陽西南四百五十里

洛陽太守印　印萃
漢志河南郡故秦三川郡高帝更名洛陽縣二十二雒陽滎陽偃師京平陰中牟平陽武河南緱氏卷原武鞏穀成故市密新成開封成臯苑陵梁新鄭　後漢河南尹屬司隸

會稽太守章　印萃
漢志會稽郡縣二十六吴曲阿烏傷毗陵餘暨陽羡諸暨無錫山陰丹徒餘姚婁上虞海塩剡由拳大末烏程句章餘杭鄞鄮唐鄮富春治回浦　後漢屬揚州刺史部在雒陽東三千八百里

邃古齋藏

金索

漢陽太守　印萃
後漢志漢陽郡在雒陽西二千里十三城冀望恒阿陽略陽勇士成紀隴獂道蘭干平襄顯親上邽西屬涼州刺史部　前漢為天水郡

雁門太守　印萃
漢志雁門郡縣十四善無沃陽繁時中陵陰館樓煩武州㵒陶劇陽崞平城埒馬邑彊陰　後漢屬并州刺史部在雒陽北千五百里　續漢百官志京都置尹一人二千石丞一人每郡置太守一人二千石丞一人

史印

上谷郡長史印　查氏藏印
漢志上谷郡縣十五沮陽泉上潘軍都居庸雊瞀夷輿寧昌平廣寧涿鹿且居茹女祁下落　後漢屬幽州刺史部在雒陽東北三千二百里　續漢志郡當邊戍者丞為長史

司徒左長史印　印統
續漢百官志司徒公一人世祖即位為大司徒建武二十七年去大長史一人千石

立節將軍長史　印統
續漢志大將軍如三公焉長史司馬皆一人千石

武威長史　印萃
漢志武威郡故匈奴休屠王地武帝太初四年開莽曰張掖

宣威長史之印　印統

武勇史印　印統

查氏藏印与上小異

邃古齋藏

令印

中書令印　印萃
續漢百官志尚書令一人千石武帝用宦者更為中書謁者令成帝用士人復故掌凡選署及奏下尚書文書衆事

太子率更令　印統
續漢志太子率更令一人千石主庶子舍人更直職似光祿

新豐令印　印統
漢志新豐縣屬京兆尹

斄令之印　印統
漢志斄屬右扶風后稷封斄師古曰讀與邰同

池陽令印　孔氏藏印
漢志池陽縣屬左馮翊按池字此作沱其陽印二字似不全者而文甚古

槐里令印　印萃
槐里亦屬右扶風

晉陽令印　印存
漢志晉陽屬太原郡

中牟令印　查氏
漢志中牟屬河南郡

白馬令印　印統
漢志白馬東郡屬兗州

潁川令印　查氏
漢志陽翟莽曰潁川屬潁川郡

河陽令印　印統
漢志河陽屬河內郡

穀成令印　印統
穀成亦河南郡禹貢瀍水出替亭印譜俱以東郡之穀城當之非也

頓邱令印　孔氏藏印
頓邱屬東郡曹孟德年二十三時為頓邱令

封邱令印　印統
漢志封邱屬陳留郡

宰印

圜陽宰之印　孔氏藏印
漢志圜陽縣屬并州西河郡[illegible]曰此縣在圁水之陽圜陰縣在圁水之陰圜本作圁今銀州銀水即是　王莽傳始建國元年改縣令長曰宰

潁陰宰之印
漢志潁陰縣屬豫州潁川郡　孟康曰夏啓有鈞臺之饗在潁川南
鵬得此印于曲阜
龜鈕甚古

義溝道宰印　印存
漢志北地郡義渠道莽曰義溝　漢百官公卿表列侯所食縣曰國皇太后皇后公主所食曰邑有蠻夷曰道凡縣道國邑千五百八十七鄉六千六百二十二亭二萬九千六百三十五

蒙陰宰之印　查氏藏印
漢志屬兗州泰山郡禹貢蒙山在西南

就都亭宰印　印統
漢志蜀郡廣都縣莽曰就都亭又莽傳縣以亭名者三百六十以應符命文也

長印

新豐長印　二印俱印統
屬京兆高祖七年置按西京雜記云太上皇徙長安居深宮悽愴不樂高祖乃作新豐移諸舊人實之太上皇乃悅高祖嘗祭枌榆之社衢巷棟宇物色惟舊士女老幼相攜路首各知其室放犬羊雞鴨於通塗亦竟識其家匠人胡寬所營也
漢百官表縣萬戶以上為令秩千石至六百石減萬戶為長秩五百石至三百石

新陽長印　查氏
漢志新陽屬汝南郡

昌邑長印　印統
漢志昌邑屬山陽郡又國名

州陵長印　印統
漢志州陵莽曰江夏屬南郡

東光長印　印統
漢志東光屬渤海郡

雎陵長印　印綬
漢志雎陵莽曰雎陸屬臨淮郡

沮長之印　印綬
漢志沮縣沮水出東狼谷屬武都郡

即墨長印
漢志即墨屬膠東國宋符瑞志晉武帝時即墨長獻白兔此印係惠印山藏

宣威長印　印綬
漢志宣威屬武威郡

堵陽長印　印存
漢志堵陽莽曰陽城屬荊州南陽郡常昭曰堵音者

利成長印　印存
漢志利成屬徐州東海郡

方城長印　查氏
漢志方城屬廣陽國
後漢志屬涿郡

朔方長印　印綬
漢志朔方郡朔方縣莽曰武符

金索

邃古齋藏

故鄣長印　印綬
漢志故鄣屬丹陽郡秦鄣郡所治
詳故鄣尉印

餘杭長印
漢志餘杭屬吳郡
後漢志屬會稽郡

防東長印
後漢志防東屬山陽郡

廣陽長印
考漢志廣陽有二一為涿郡良鄉莽曰廣陽一屬廣陽郡

同上

武德長印
後漢志武德屬河內郡

新昌長印
鵬考漢志新昌有二一屬涿郡侯國一屬幽州遼東郡此云長應是遼東

封谿長印　以上俱印綬
後漢志封谿屬交阯
在雒陽南萬一千里

元平長印　印綬

白虎邑長　查氏
漢表皇太后皇后公主所食曰邑白虎未詳其地

萬安長印　印綬

張掖屬國左盧水長　印存
後漢志張掖郡故匈奴昆邪王地武帝置雒陽西四千二百里應劭曰張國臂掖也又張掖屬國武帝置屬國都尉以主蠻夷降者領五城

廣化長印　印綬

齊陵長印　印存

綏通長印　印綬

金索

邃古齋藏

沛祠祀長　印綬
印譜云漢志王國有祠祀長本注云祠祀比四百石又韋元成傳高祖時令諸侯王都皆立太上皇廟至惠帝尊高帝為太祖廟景帝尊孝文為太宗廟行所嘗幸郡國各立太祖太宗廟合百六十七所則沛國宜有此官也

同上　汪氏印存

陜谿關長

彭城醫長

稻農左長　俱印綬

金索

丞印

太鴻臚丞　印統
續漢志大鴻臚卿一人中二千石丞一人比千石掌諸侯

平的國丞　印統
平的侯國屬北海郡凡縣公主所食湯沐曰國丞一人見續志

南陽守丞　印存
漢志南陽郡屬荊州郡守秩二千石丞六百石

受降太尉丞　印統
漢築受降城在大宛

太醫丞印　印統
續漢志太醫令一人六百石掌諸醫藥丞一人主藥方丞一人主藥方

齊典醫丞　印統

營郎太守丞　印統
漢志北海郡營陵或曰營邱漢表郡守秦官景帝中二年更名太守　按景君碑營字俱作營司此

校尉丞印　印統

琅槐丞印　印統
漢志琅槐屬千乘郡師古曰槐音回

且慮丞印　印統
漢志且慮屬遼西郡莽曰鉏慮師古曰慮音盧

祋栩丞印　印統
漢志祋栩屬左馮翊師古曰祋丁活反栩音詡

木禾丞印　印統
漢志木禾屬并州上郡

舞陽丞印　印統
漢志舞陽屬潁川郡應劭曰舞水出南

容城丞印　印統
漢志容城莽曰深澤屬幽州涿郡

廣陵尉丞　顏氏藏印
漢志廣陵國縣四江都易王非廣陵厲王胥皆都此莽曰安之

橫海候丞　印統
漢有橫海將軍韓說見朝鮮傳

金索

甯陽丞印　印統
漢志甯陽侯國莽曰甯順屬泰山郡

營軍司馬丞　印存

睢陵馬丞印
漢志睢陵莽曰睢陸屬臨淮郡

上虞馬丞印　印萃
漢志上虞屬會稽郡莽曰會稽

軍司馬丞印　印萃

軍曲候丞印　印統

東平陸馬丞　王蓮湖集印
東平陸漢志屬東平國應劭曰古厥國金石志云曰東平陸者別于西河平陸也

虢縣馬丞印　查氏藏印
漢志虢縣屬右扶風有虢宮

浿水徒丞印　印統
漢志浿水屬幽州樂浪郡

屯田丞印　查氏
西羌傳金城長史上官鴻上開置歸義建威屯田二十七部

多睦子家丞　印統

條睦子家丞　金石記

樂浪前尉丞　印統
漢志樂浪郡屬幽州應劭曰故朝鮮國也師古曰浪音狼續志雒陽東北五千里

立義丞印　印統
後漢建安中龐德為立義將軍此其丞歟

兩漢金石記云漢王莽傳封王氏齊縗之屬為侯大功為伯小功為子緦麻為男其女皆為任男以睦女以隆為號皆授印紱師古曰任充也男服之義男亦任也音壬睦隆皆其受封邑之號取嘉名也集古印譜曰莽所改縣如建睦加睦宏睦季睦以睦名者十有三未聞多睦蓋以縣封者皆期親侯國𠀤子男之地鄉亭故志所不錄且莽授諸侯茅土未定國邑故初睦侯姚恂始睦侯嫣昌雖侯亦不見地志子男未有分地無足疑者

永武男家丞　印存　印綂小異

梁旁家丞　印綂

東鄉家丞　印存
漢志東鄉屬沛郡　續漢志家邑置家丞庶子各一人主侍侯使理家事食邑不滿千户不置家丞

長衆則丞　查氏藏印
此亦莽時所封子男家丞印也則丞二字不多見惟見于陽泉使者熏罏銘有雒陽付守長則丞善之文考漢王莽傳云州從禹貢爲九爵從周氏有五諸公一同有衆萬户土方百里侯伯一國衆户五千土方七十里子男一則衆户二千有五百土方五十里今已受茅土者公十四人侯九十三人伯二十一人子百七十一人男四百九十七人凡七百九十六人此則丞之切據也

金索

相印

高密侯相　印萃
漢志高密故齊文帝别爲膠西國宣帝更爲高密國縣五高密昌安石泉夷安成都　續漢志皇子封王其郡爲國每置傅一人相一人皆二千石傅如師相如太守侯國置相一人其秩各如本縣主治民如令長不臣也但納租于侯邑户數爲限

長社侯相　印存
漢志長社屬潁川郡應劭曰宋人圍長葛是也其社中樹暴長

秉德侯相　印存印綂同

廣望侯相　查氏藏印
漢志廣望侯國屬幽州涿郡

平昌侯相　印綂
漢志平昌屬徐州琅邪郡　後漢志平昌侯國屬青州北海國

宜陽侯相之印　查氏
漢志宜陽在黽池屬宏農郡

隃麋侯相　印萃
漢志隃麋莽曰扶亭屬右扶風　後漢西羌傳隃麋相曹鳳上言西戎爲害

濟南相印　印萃
漢志濟南郡屬青州　文帝别爲濟南國

江都相印　查氏藏
漢志江都屬廣陵國　漢董仲舒嘗爲江都王相

順武男則相　印萃
此莽時子男之相詳前則丞印

金索

府印

長信少府　印萃
漢表長信詹事掌皇太后宫景帝中六年更名長信少府張晏曰以太后所居宫爲名平帝元始四年更名長樂少府　茂陵書詹事秩真二千石

中藏府印　印綂
續漢志中藏府令一人六百石掌中幣帛金銀諸貨物丞一人

藥藏府印　印綂
漢志無藥藏府有中宫藥長一人四百石宦者爲之

佐印

郡五官佐　涂金鈕見印綂
漢志五官掾秩百石州有掾皆自辟除之又晉蘭亭詩有五官佐謝繹

事印

司隸從事　印統

續漢志司隸從事史十二人秩百石

立義從事　印統

州解事印　查氏藏印

立義行事　印統

吳孟思印譜後漢有立義將軍西域志車師後王毅燉煌行事注行事謂行當史事桂陽太守周憬碑陰有故行事

僕印

清河僕印

此印係四氏學博馬子馥泉所得持贈張潤浦明府者疑張氏所章然漢印也考後漢志有清河國屬冀州部又漢表諸侯王國武帝改其太僕曰僕秩千石續漢志僕主車及馭則此當為清河國僕之印也

匠印

將作大匠　印萃

續漢志將作大匠一人二千石承秦將作少府景帝改將作大匠掌脩作宗廟宮室陵園木土之功

士印

偏將軍中士　印統

里印

新昌里印　顧氏藏印

漢志遼東郡有新昌縣續漢志里有里魁掌一里百家此新昌里長其即里魁歟

使者印

天帝使者　查氏藏印　印統同

無上使者　查氏藏印

萬安使者章　印統

神章

皇天上帝制萬神章　查氏藏印

以上無考

黃神越章　孔氏藏印

抱朴子古之入山者佩黃神越章之印其潤四寸其字百二十此印兩面一面不清

金索

遯古齋藏

祭尊印

上官祭尊　二印俱見印萃

宜士祭尊　印萃

萬歲儺祭尊　查氏藏印

桂氏札樸云古銅印有始樂單祭尊萬歲單祭尊始樂萬歲皆里名祭尊鄉官猶祭酒見困學紀聞集韻難囊何切難卻凶惡也周禮方相氏率百隸而時難難或作單通作儺馥謂單祭尊里中主儺祭者單儺聲相近　按玉篇古文儺作[illegible]奴多切蓋[illegible]與儺同故此字從風從[illegible]今此印作單即[illegible]與單雙之單不同

父老印

漢三老佐印　印統龜鈕

漢高帝紀二年詔舉民年五十以上修行能率衆爲善者置以爲鄉三老鄉各一人擇三老一人爲縣三老與縣令丞尉以事相教勿復繇戍

萬歲僤三老

同上　俱查氏藏印

萬歲左三老　印統

里中萬歲

里中父兄私印　俱印統

半印

少內　一印俱印統

周官職內掌邦之賦入鄭注若今之泉所入謂之少內賈疏引漢官解詁小官嗇夫各擅其職謂倉庫少內嗇夫之屬各自擅其條理所職

倉印　印統　查氏藏印

續漢志太倉令一人六百石此半印疑令與嗇夫之屬

庫印　見查氏藏印　騶庫　見蓮湖集印

考續漢志有武庫令一人六百石主兵器而無騶庫此疑主六騶之士所用兵器之庫

園印　史印　俱金石記

金石記云此亦漢印十三州志所謂有秩嗇夫得假半章者也揚子法言五兩之綸半通之銅札樸云少內與倉庫諸官印皆長而小下吏甲職不得用徑寸方印也

漢蠻夷王侯印

部洛王章　印統龜鈕

洛即落字三國志東夷傳注落各有小帥數百千落爲一部大人又云遼西烏丸大人郎力居衆五千餘落上谷烏丸大人難樓衆九千餘落各稱王此印但云部落王未有漢字蓋其未歸義時印也

四角胡王　一汪氏印存　一桂氏藏印

桂氏繆篆分韻云曩客京師見人售此印塗金橐佗鈕宋芝山潘毅堂兩君同觀未詳四角何義及讀後漢南匈奴傳云其大臣貴者左賢王次左谷蠡王次右賢王次右谷蠡王謂之四角次左右日逐王次左右溫禺鞮王次左右斬將王是爲六角皆單于子弟次第當爲單于者也鵬又得角王鏡可以互証

四角羌王　一印存　一印萃

後漢西羌傳西羌之本出自三苗國近南岳元帝時彡姐等七種羌寇隴西馮奉世擊破之此云四角未詳

率義侯印　印存　印統同

續百官志四夷國王率衆王歸義侯邑君邑長皆有丞比郡縣

蠻夷邑侯　印統

蠻夷長印

漢率衆長　印統

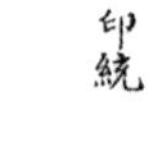

漢仟長印　印統

蜀漢印

征虜將軍章　印苹

三國志蜀書先主既定江南以張飛益德為宜都太守征虜征軍封新亭侯

討虜將軍　印統

黄忠南陽人仕昭烈勇藝冠三軍列五虎將益州既定拜討虜將軍

平西將軍

此印龜鈕友人錢復堂所贈

此二印見印統印苹

先主以馬超為平西將軍督臨沮因為前都亭侯　印統云晉周處為平西將軍宋臨川王義慶亦為平西將軍此印今藏吳周孝侯廟〻祝世賞之觧按平西將軍自不一人若周處則以御史中丞隷夏侯駿伐氐力戰而沒追贈平西將軍者非定有此印也

鎮北將軍章

蜀書先主傳章武二年鎮北將軍黄權督江北諸軍與吳軍相距于夷陵道　又魏延亦為之

牙門將印章　牙門將之章　一查氏二印存三四五印統

趙雲為先主主騎遷牙門將軍後為征南將軍其次子廣為牙門將隨姜維沓中戰死　又晉陸機少襲父爵為牙門將

治中別駕　印苹

蜀書吳將魯肅遺先主書曰龐士元非百里才也使處治中別駕之任當展其驥足耳先主以為治中從事觀此則治中別駕蜀已有之矣

漢屠各率衆長　印統

屠各印統誤釋屠杏山左金石志云屠各乃北方種落之名後漢公孫瓚傳云瓚子續為屠各所殺又晉書載紀王延罵靳準曰屠各逆奴

漢叟邑長　查氏藏印　印統

書牧誓疏孔穎達曰叟蜀夷之別名漢興平元年馬騰劉範謀誅李傕益州牧劉焉遣叟兵五千助之

漢青羌邑長　印統

汧隴左右有青氐白氐即其服色而名之氐制似羌青羌其猶青氐歟

漢歸義羌佰長　查氏

漢廬水仟長　蓮湖

後漢志張掖屬國有千人官此即仟長歟

漢叟仟長　印統

漢歸義仟長

孔氏藏印

漢夷邑長　印統

漢歸義胡師長　印統

二千五百人為師　後漢書稽胡散居離石以西安定以東

漢歸義胡佰長　印統

魏印

冠軍將軍　印萃　印統

冠軍之名始于楚懷王以宋義為卿子冠軍魏正始中以文欽為冠軍將軍揚州刺史

揚武將軍章　查氏藏印

三國志魏書文帝即王位以[illegible]為揚武將軍

淩江將軍章　查氏　印統

淩字从水宋書褚叔度傳淩之自假淩江將軍字亦从水通鑑作陵注引沈約志云魏置陵江將軍為四十號之首言欲陵駕江流以蕩平吳會也

宣威將軍章　印統

金索

邃古齋藏

明威將軍　查氏藏印

綏邊將軍章　印統　印萃

討寇將軍印　俱印萃

弋陽郡丞之印　印統

後漢志弋陽侯國屬汝南郡　魏分汝南江夏為弋陽郡

考南宋書云淩江將軍魏置自淩江將軍以下則有宣威明威驤威厲威〻厲威冠威虜威戎威武威武烈武毅武奮綏遠綏邊綏[illegible]討寇討虜討難討夷蕩[illegible]蕩虜蕩難蕩逆〻殄寇殄虜殄難掃夷掃寇掃虜掃難掃逆厲武厲鋒虎威虎牙廣野橫野偏將軍裨將軍凡四十號其餘或是後漢及魏所置今則或置或不置也觀此淩江討寇等印筆勢橫縱似北朝印而[illegible]其[illegible]故列于魏

魏率善氐仟長

氐西南夷種散居廣漢之閒

魏率善氐佰長

魏烏丸率善邑長

三國志注引魏書烏丸者東胡也漢初匈奴冒頓滅其國餘類保烏丸山因以為號　印存

魏烏丸率善佰長

魏率善胡仟長

魏率善胡佰長

魏率善叟仟長

魏屠各率善伯長

俱見印統

金索

邃古齋藏

魏率善羌邑長

魏率善羌仟長

魏率善羌伯長

俱印統

吳印

烏程侯印

烏程漢屬會稽郡三國吳書孫休立封孫晧為烏程侯

壽昌長印

壽昌吳分富春立

俱印統

晉印

龍驤將軍章　印綂

龍驤將軍之印　印萃

宋百官志龍驤將軍晉武帝始以王濬居之

廣武將軍章　查氏印綂印存

晉志廣武將軍晉江左置

左衛將軍　印綂

晉職官志左右衛將軍文帝初置中衛及武帝受命分為左右衛以羊琇為左趙序為右並置長史司馬功曹主簿員

中衛司馬　三查氏　二印綂

宋志云晉文帝為相國〻〻府置中衛將軍則此即中衛之司馬也

武衛佽飛武賁將印　印綂查氏藏印同

初觀續漢志有佽飛主弋射之說故以此為漢印然與昆臺三令同屬少府且其時有虎賁無武賁則此為晉印必矣晉職官志云左衛熊渠武賁右衛佽飛武賁二衛各五部督又云驍騎持椎斧武賁持鈹冗從羽林是也

熊渠將印　汪氏印存　渠即渠說見上

司馬督印　印萃　印綂

通志晉鹵簿司馬督在前中道左右各司馬史三人引仗左右各六行

司馬史印　印綂　說見上

龍驤司馬之印　印綂

此蓋龍驤將軍之司馬

殿中司馬　查氏藏印　印萃

晉志更制殿中將軍中郎校尉司馬　印綂云殿中司馬蓋環衛之官大駕出則居華蓋後乘輿前楯弩間与殿中都尉校尉共一行

殿中都尉　印存

殿中校尉　印綂

晉志云武帝甚重兵官故軍校多選朝廷清望之士居之

東海太守章　印存

晉志東海郡縣十二郯況其朐襄賁利城贛榆原郈蘭陵承昌慮合鄉戚　按東海郡本漢置此不似漢印故列於晉

臨淮太守章　孔氏藏印龜鈕

晉志臨淮郡漢置章帝以合下邳太康元年復立統縣十盱眙東陽高山贅其潘旌高郵淮陵司吾下相徐　金石志此印形製不似西漢蓋晉太康元康間印也

義興太守章　印綂

晉志惠帝以周玘創義討石冰割吳興之陽羨并義鄉國山臨津永世平陵凡六縣立義興郡以表玘之功

西平郡長史印　印綂

晉志西平郡漢置統縣四西都臨羌長寧安夷

新空縣侯之印　印統塗金龜鈕

晉志新空縣屬益州建寧郡　職官志縣王如郡侯始封王之支子為公承封王之支子為侯繼承封王之支子為伯

右將軍會稽內史印　印統

印統云銅印斗鈕中空刻印兩面合漢丁為之者中央文玼處乃丁柄穿蝕小點晉永和八年王羲之自護軍右將軍代王述為會稽內史唐太宗貞觀四年虞世南書孔子廟碑成刻石以拓本進呈太宗加愛賜以此印是印歸虞

永新令印　印統

永新屬安成郡吳置

江寧長印　查氏

江寧屬丹陽郡太康二年分建鄴置

安寧令印　印統

安寧屬高涼國

浦陽長印　印統

浦陽屬九德郡周越裳氏地

津梧長印　印統

津梧晉屬九真郡

壽張典書令印　印統

壽張晉屬東平國職官志云典書令在常侍下侍郎上及渡江則侍郎次常侍而典書令居三軍下

汝南公典書丞　印統

晉職官志大國置典書典祠典衛學官令典書丞各一人又云平原汝南琅邪扶風齊為大國此印云汝南公其為大國可知已

金陵男典書丞　蓮湖集印

此印金石志屬之唐以為唐以前名秣陵王府官有典籤無典書渾此可補唐書職官之所未備鵬竊謂此晉印耳晉職官志云伯子男惟典書以下此切証也庾子山哀江南賦云金陵九鮮則六朝稱金陵矣故類列于晉

汀陰伯典衛丞　印統

高顯子典祠長　汪氏印存

高顯屬元菟郡晉職官志小國始封王之支子為子不滿五千戶始封王之支子及始封公侯之子皆為男通志職官畧東晉元帝太興元年始置九分食一王國有傅友典書令丞文學郎中令中尉大農左右常侍內史將軍典祠典衛學官令治書中尉

廣次男典祠長　汪氏印存

左公車官　印統

晉志衛尉統武庫公車衛士

親晉羌王　查氏藏印

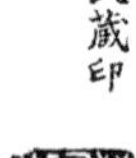

晉歸義羌王　蓮湖集印

金石志晉惠紀永平六年秦雍氏羌悉叛推氏帥齊萬年僭號稱帝則知前此赤亭諸羌歸義矣

晉歸義夷王　印統

同上

晉歸義胡王　蓮湖集印

金石志云武帝紀咸寧五年冬十月戊寅匈奴餘渠都督獨雍等帥部落歸化封之必此時事不然後此劉元海起胡王不復歸義于晉矣

晉歸義胡侯　查氏

同上　汪氏印存

晋蠻夷率善邑君　印綬銀印駝鈕

印綬云漢青衣道夷長令田内屬安帝增令田爵號為奉通邑君魏東夷傳有率善邑君

晋蠻夷率善仟長　印綬銅印虺鈕　蓮湖集印同

印綬云漢書鹽𣲼之後號蠻夷今云蠻夷者南蠻之通稱也其地多蛇虺故為虺鈕金石志云晋武帝紀咸寧三年西北雜虜及鮮卑五溪蠻夷東夷三國前後千餘輩各率種人部落内附印必此時所置

晋上郡率善佰長　汪氏印存

上郡屬并州漢志有晋志無蓋惠帝永興而後地歸劉元海矣

晋烏丸率善邑長

丸与桓通

晋烏丸率善佰長

俱印綬　駝鈕

金索

邃古亝藏

晋率善氏邑長

印存

晋率善氏仟長

印存

晋率善氏佰長

顧氏藏印

晋率善羌邑長

查氏藏印

晋率善羌佰長

印綬

晋率善叟仟長

查氏藏印

晋匈奴率善佰長　印綬

晋書四夷傳匈奴之類摠謂之北狄夏曰葷粥殷曰鬼方周曰玁狁漢曰匈奴晋太康五年匈奴胡太阿厚率其部落歸化七年又有匈奴胡都大博及萎莎胡等降附帝撫納之此印疑在其時

晋高句驪率善邑長　印綬

後漢東夷傳高句驪在遼東之東南与朝鮮濊貊東与沃沮北與夫餘接都于丸都之下武帝滅朝鮮以高句驪為縣屬元菟

晋鮮卑率善邑長

三國東夷傳注鮮卑亦東胡之餘别保鮮卑山因號焉

晋鮮卑率善阡長

查氏藏印

晋率善貊佰長　汪氏印存

貊即貊字後漢東夷傳建武之初濊貊倭韓萬里朝獻

晋四夷傳夫餘國有古穢城本穢貊之城也

金索

邃古亝藏

晋屠各率善阡長　印存印綬同　駝鈕

晋四夷傳北狄以部落為類其入居塞者有屠各種鮮支種凡十九種屠各最豪貴故得為單于統領諸種又晋書載紀云石罵靳準曰屠各逆奴

晋率善胡邑長

晋率善胡阡長

晋率善胡陌長

同上

晋率善胡秋長

以上俱印綬

趙印附

歸趙侯印　印紱龜

晉紀劉元海族子曜以元帝大興元年僭帝位改國號曰趙據有關中又大興二年石勒據襄僭位亦改國號曰趙此必前趙後趙時封夷人降者

南宋印

高安縣開國侯章　印紱龜鈕

楊宗道印譜云文之上有金鈿五字云輔國將軍章蓋古之虛爵高安屬筠州輔國將軍後漢置晉宋皆有之鵬孜高安有二一屬九真一屬渠州南宋書云高安令新立屬汶陽太守先屬渠州又云劉義賓元嘉二年封新野縣侯位至輔國將軍又云龍陽縣開國侯鎮惡其時縣侯三品與輔國相當此印當屬南宋

典祠令印　印紱鍾爍詩品有宋典祠令任曇緒

金索　邃古亝藏

南梁印

安夷將軍章　印紱龜鈕

梁大通三年再序將軍號為二十四班有安夷超武綏邊等號

超武將軍之印　印紱獸鈕

綏寇將軍印　印萃

此疑亦雜號將軍印也

北魏開國公印

京兆郡開國公章　塗金龜鈕

印譜俱刻此印而不言其何時但云始于晉令今考晉書無之惟北魏之東魏天平中高祐子敫曹以司徒公為京兆郡開國公魏官氏志開國公爵第一品地形志云京兆郡領縣八長安杜鄠山北新豐霸城陰槃藍田漢高時為渭南郡武帝為京兆尹也

男印

開國男章

北魏之制開國縣男第五品此虛爵未封縣也

金索　邃古亝藏

北魏將軍印

安東將軍章

安東安西安南安北皆有將軍謂之四安將軍北魏制為第二品按安東將軍南北朝多有之晉書職官志所謂四平興于漢代四安起于魏初也此筆畫緩恣故列于北魏如楊椿以太僕卿加安東將軍鄭幼儒贈安東將軍是也

寧朔將軍章

寧朔將軍南北朝多有之此印筆畫奇異因列於北魏北魏制為第四品上如鄭義假寧朔將軍是也

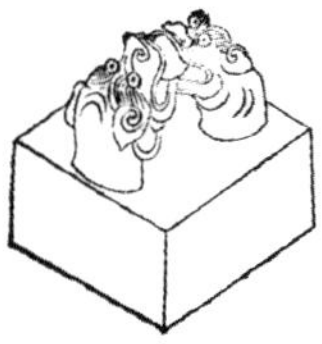

寧遠將軍章　玉印　兔鈕　當刻如是

楊宗道印譜云寧遠將軍楊楨隋高帝祖子得此印于錢唐玉色甚古但將軍印不宜用玉鵰按印制亦小或是南朝之印

此印乃鵰所得于曲阜者文同上而大倍之銅印雙獅銜珠紐古所未聞今併其紐刻當以表異印譜謂將軍印不應用玉今得此印正用銅又制作甚偉當有合於北朝將軍之印也考魏書官氏志寧遠將軍與鷹揚將軍同列從第五品後改為從第四品又考隋本紀漢楊震八代鉉仕燕鉉生元壽後魏為武川鎮司馬元壽生惠嘏々々生烈々々生寧遠將軍楨々々生忠方以周太祖起義賜姓普六茹氏則此印正當北魏時也又北魏尉元善射世祖賜爵富城男加寧遠將軍如是者不少則不獨楊楨矣

金索

邃古齋藏

左積射將軍章

此印見印叢考漢魏無積射晉太康十年立射營弩營始置積射以彊弩將軍主之未有左右積射之名北魏官氏志左右積射將軍與左右積弩將軍竝為從四品下

宣威將軍

北魏第六品上

厲武將軍

北魏第八品下

隨開國印

南郡開國

此印見于曲阜孔氏形制甚異底平背穹如伏龜而虛其中兩旁大孔可貫帶如今時帶版狀考晉宋有南郡而無開國北魏有開國而無南郡兼之者惟隋必隋時印也唐則合歸江南道矣隋志南郡統縣十謂江陵長楊宜昌枝江當陽松滋長林公安々興紫陵蓋荊州地也

主爵印

主爵私符　銅印鼻鈕

桂氏札樸云萊州修城掘得銅印文曰主爵私符考隋書元壽授尚書主爵侍郎隋志主爵侍郎屬吏部尚書金石志云漢汲黯傳黯守東海大治上召為主爵都尉列于九卿曰私符者別于官印也鵰玩印文不類于漢姑屬之隋

金索

邃古齋藏

東魏將軍印

驃騎將軍章

桂未谷札樸云余在洛陽得古印涂金龜鈕文曰驃騎將軍章德州封氏有北魏高湛墓誌石刻亦作驃騎六朝文字好增偏旁無它義也此印持贈潘舍人有爲鵰按龍驃將軍晉宋以來多有之其龍加馬者見于北魏張猛龍碑驃騎府其稱驃騎將軍者見于東魏興和三年李仲琁修孔子廟碑陰有驃騎將軍趙良伍則以爲東魏印可也在東魏爲第三品

太守印

隴東太守章

北魏以前無隴東郡至東魏始有之其領縣三涇陽祖居撫夷也北齊武平元年有隴東王胡長仁感孝頌刻入石索中

宜陽太守章

東魏天平初始立宜陽郡其領縣三宜陽西新安東亭也又興和中置宜陽郡其領三則宜陽南澠池金門也此印與隴東太守印形制篆文相似信爲一時之制

金索

邃古齋藏

唐小璽

御書

開元

二印俱見明皇御書鶺鴒頌

尚書印

尚書吏部之印

見唐人帖可見唐吏部官印止如此大也

太守印

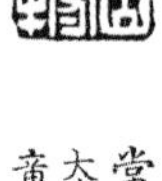

常山太守章

銅印金龜紐曲阜顏心齋明府藏相傳以爲顏杲卿印考杲卿魯人師古五世孫爲營田判假常山太守祿山反杲卿傳檄河北退賊圍斬其僞刺史傳首常山兄弟兵威大振祿山懼使史思明蔡希德攻之王承業擁兵不救糧竭矢盡被執節解于天津橋詈不絕口乾元中加贈太子太保謚忠節

顏魯公私印

真卿

此印有三而字畫相同顏翰儔振吉藏其一心齋明府藏其二相傳以爲顏魯公印未知是否也考真卿字清臣杲卿從弟爲平原太守祿山反河朔盡陷獨平原城守拜工部尚書兼侍御史後逆臣李希烈陷汝州盧杞建言使往陳說福後希烈僭稱帝欲降之詈不屈使縊死之追贈司徒謚文忠

金索

邃古齋藏

唐行軍都統印

行軍都統之印

此印為泗水縣孝廉王君容谷家榕所藏其自記云銅印直鈕厚可漢尺七分以黍秤計之重三十兩背鈕兩旁鐫武成二年行軍都統之印按都統之官自晉孝武以來下逮唐宋皆有之北遼亦設此官武成紀年一為北周宇文毓一為蜀主王建而行軍都統兩史俱無明文俟博雅鑒之焉

鵬按年號有三武成一為北周一為唐逆臣李希烈一為蜀王建在北周時印尚小且多陰文與此不類以為王建時物則似之但前蜀世家止言楊復光以其兵為八都都將千人建與晏宏皆為一都頭未見有行軍都統之名惟唐逆臣傳云李希烈在德宗時詔進南平郡王又拜諸軍都統後據汴即皇帝位國號楚建元武成此或其時鑄而未敢定也

都統印

都統之印

印為孔農部所藏未有年月未知時代姑次于行軍都統之後金石志則定之為宋印

唐右策甯州留後朱記

右策寧州留後朱記

此印得之西安為曲阜孔氏藏金石志取孔户部繼涵之說釋右宋甯州公宋地名鵬按右宋無解且宋上有竹頭亦非宋字不如取桂氏右策之說為長桂氏札樸云新唐書兵志永泰元年魚朝恩以神策軍屯苑中分左右廂遂為天子禁軍貞元二年改神策左右廂為左右神策此印文曰右策即以右神策軍出鎮者也舊唐書地理志武德元年改北地郡為寧州貞觀元年置都督府此印文曰寧州即在京畿西北者也通鑑廣德元年以梁崇義為山南東道節度使留後留後之名始此嗣是有以節度子弟為留後者有叛將自稱留後者有軍士私立為留後者亦有朝命即以留後為節度使者

唐時印泥非一色此印文曰朱記以別于它色耳其印長而不用篆文蓋沿襲此朝自造私記也鵬按朱記之制見於金史百官志云凡朱記方一寸銅重十四兩是印有直柄而薄無十四兩蓋一時之制不同也

後唐印

中書門下之印

此後唐明宗長興時印也明宗於五代爲令主此印鐫在泰安府城北寘福院地土碑中其前有勅中書門下宣賜寘福禪院産業地土之文則此即中書門下所用印也其印疊用三方文亦不準存此以見時之制其後有長寧四年九月二十三日牒

金索　邃古齋藏

宋仁宗曹皇后玉印

慈聖御筆

宋仁宗曹皇后之御寶　項元汴藏

慈聖御筆

印長今營造尺二寸八分闊二寸一分厚一寸五分朱文四字背鐫項元汴題識八分書十三字項側題正書四字皆陰文

金后志云慈聖曹后乃贈韓王彬之孫女景祐元年冊爲皇后後神宗立尊爲太皇太后慈聖者謚也后諫青苗法擬黜王安石垂死猶免蘇軾兄弟以詩得罪之厄可謂賢矣后善飛白書老學菴筆記載當時擡翰多用慈壽宮寶此曰慈聖御筆似非生前所御之物宋時宸翰專閣儲藏疑當時直閣者用以題識元汴謂爲曹后御寶誤矣印係良玉琢成惜毀于火璺起無色藏孔廣樂家

宋高宗書詔之寶

書詔之寶

見玉虹樓所刻宋高宗勅岳武穆手詔書體古勁印自不爽故摹刻之以見其概

金索　邃古齋藏

宋都虞候朱記

拱聖下十都虞候朱記 長官曰印 僚屬曰記

印藏曲阜孔氏面刻篆文九字背刻端拱二年四月鑄正書七字中心隆起直柄頂刻上字山左金石志引孔户部繼涵之說甚詳曰都虞候在京在外皆有之品秩尊卑不一惟殿前司為最所稱三師者都指揮使副都指揮使都虞候也都指揮使以節度使為之副都指揮使都虞候以刺史以上充又每軍有都指揮使有副有都虞候每有軍使兵馬使十將々虞候承局押官此十都虞候殆猶步軍之十將耳其曰拱聖者兵志云乾德中選諸州縣兵送闕下立為驍雄雍熙中改拱辰旋改拱聖背刻端拱二年端拱在雍熙後太宗之十四年也

宋酒務記一

曲阜縣酒務記

金石志云此必宋眞宗大中祥符五年以前印蓋五年閏十月即改縣曰仙源矣曲阜雖曩自有唐以來然唐無酒務官惟宋諸州軍乃設監當官掌茶塩酒務征輸及鐵冶之事故有鈐記殆微員也舊藏顏教授崇槼家今贈山東臬司司理馮某

酒務記二

西戴陽邨酒務之記

西戴陽村未知所在同前印而類記之友人張馥亭得之任城

張天師玉印一

陽平治都功印

印二

未識

瞿鎔先生云宋周公謹雲煙過眼錄明郎仁寶七修類稿皆載張天師玉印云陽平治都功印郎仁寶云玉印乃張道陵所傳者則亦漢時所刻矣愚去年於嗣正一眞人張錦崖起隆所見其符所用大小二印其文竝同蓋小者是眞也鵬按小印亦不類漢篆俟考

印三

陽平治都功印

文同小印篆法小異未審何時所增也

天仙玉印

天仙照鑒

泰山圖志載碧霞元君祠舊有玉印文曰天仙照鑒相傳為秦時物案文獻通考泰山玉女祠側有石像宋真宗東封易以玉龍石為龕置舊所此印當為大中祥符時賜物乾隆庚申祠燬于火此印出諸煨燼完好如故鵬于泰安縣庫見之印重九十六兩高二寸二分上別有獅紐連座高四寸八分都八鈴印以為可以辟邪

金索

天樞雷院印

天樞雷院印

此疑道流所用印

邃古齋藏

齊阜昌印附

奉符縣印

泰安在宋時為奉符縣是宜為宋印然鑄在泰安冥福院碑下層其末有阜昌二年二月三日給則齊阜昌時印也考金立劉豫為齊王改元阜昌必是時矣碑刻奉符縣給崇法院主僧法嚴收執照會一色三印其上層即後唐長興四年中書門下牒文也

金索

邃古齋藏

金索

金平章印

平章政事之印

此印見金大定二十二年長清縣靈巖寺滌公開堂疏碑鈐在疏文之末年月之下日字之上末題金紫光祿大夫平章政事宗國公蒲察按金世宗紀大定二十一年尚書左丞蒲察通為平章政事二十三年十一月丙寅平章政事蒲察通罷此碑此印正在未罷之時尊之故不書其名

此金時從一品之印

金副元帥印

左副元帥之印

印方漢尺四寸一分當今裁尺二寸七分強直鈕無年月藏曲阜孔廣樊家金石志以為元帥之名惟元有專官鵬考金史兵制太宗天會元年以伐宋更為元帥府置元帥及左右副及左右監軍左右都監金制都元帥必以諳班孛極烈為之恒居守而不出其時左副元帥宗翰也右副元帥宗望也它如撻懶及宗輔及阿离補亦嘗為左副元帥則不自元始矣

此金時正二品印

邃古齋藏

金索

金尚書禮部印

尚書禮部之印

金泰和六年十一月谷山寺牒碑有此印文連用十五方相同也

此金時正三品印

翰林侍講學士印

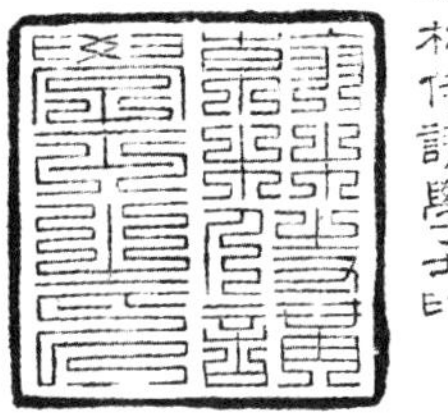

翰林侍講學士之印

金明昌六年泲寧普照寺照公開堂疏碑有此印文是碑党懷英撰并書即係党懷英官印

此金時從三品印

金彈壓所印

彈壓所印

印藏于曲阜顏氏亦係直鈕頂刻上字而無年月厚重斑斕古澤可愛考金史元光二年六月丁亥羅行省所置監察御史兼彈壓之職可見彈壓有所故印稱彈壓所也

永興軍節度使印

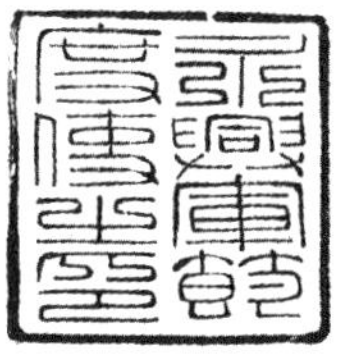

永興軍節度使之印

見古帖考金史京兆府上宋京兆郡永興軍節度使皇統二年置總管府

此二印皆金時從三品印

邃古齋藏

金提控印

提控所紐字印

此印見于洛陽金制提控不一如提控烏魯古則正四品提控南京規運柴炭使則從五品之類惟字亦其編列之次第

此金時正四品以下之印

沇州印

沇州之印

金大定二十年滕村佛堂給碑有此印文其給爲字字號也攷金史諸州刺史正五品掌治州事

此金時正五品之印

金提舉城隍司印

提舉城隍司

上京提舉城隍司提舉從六品南京提舉京城所提舉正七品掌脩完廟社及城隍門鑰百司公廨此金制也印識孔氏以爲宋印宋無此官

此金時從六品以下之印

印造鈔庫印

印造鈔庫之印

印造鈔引庫使從八品掌監視印造勘覆諸路交鈔塩引大安三年兼抄紙坊此亦金制金石志引孔尸部繼涵說以爲宋印亦未確

此金時從八品印

金都統所印

印背

成字都統所印

都統之制始於金太祖收國元年十二月以經畧遼地討高永昌置南路都統司天輔五年襲遼主始有内外諸軍都統之名其後行軍則立兵罷則省宣宗元光間時招義軍以三十人爲謀克五謀克爲一千户四千户爲一萬户四萬户爲一副統兩副統爲一都統此復國初之名也是印在哀宗正大四年是蓋承元光之制其以字號編印者見於章宗泰和八年閏四月勅殿前都點檢司依總管府例鑄印以金木水火土五字爲號給之此成字則又倡以千文編號矣

都統之品史無明文疑亦不一也

金副統印

副統約字之印

都統副統說具前印此較都統印差小一分其直鈕亦相侶惟前刻行宮礼部造此作行宮禮部亦知執是元光二年乃宣宗之十一年也二印爲泉河司馬嚴公午橋所得

元天曆璽

天曆之寶

此元文宗玉璽用在東坡書黄州寒食詩之前蓋此卷曾入内賞也又見嚴午橋别駕及袁青臣所藏黄山谷墨蹟手卷皆有此印知當年亦曾入文宗内賞

萬戶印

萬戶之印

元百官志太祖起自朔土統有其衆部落野處非有城郭之制國俗淳厚非有庶事之煩惟以萬戶統軍旅　此印見桂氏印本未有年月題刻姑屬之元

寒公萬戶之印

此印新出土泗水王容谷孝廉得之未知寒公萬戶何人也考後漢志北海國平壽縣有寒亭古寒國浞封此即今濰縣地又考元史中統以順天路萬戶張柔為安肅公濟南路萬戶張榮為濟南公則萬戶封公固有此印合耳

千戶印

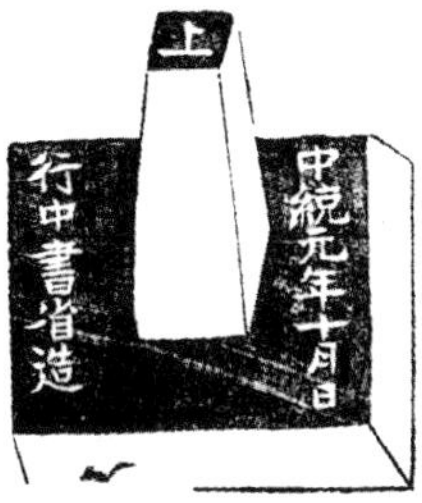

益都路管軍千戶建字號之印

考元史益都路唐青州又升靈龍軍宋改鎮海軍金為益都路摠管府金屬山東東西道宣慰司又兵志云國初典兵之官長萬夫者為萬戶長千夫者為千戶長百夫者為百戶萬戶之下置摠管千戶之下置摠把又百官志云行軍千戶所千秩正五品此印用建字號者亦當時編列之次

背刻中統元年十月行中書省造考世祖以庚申年五月改元中統七月詔中書省給諸王塔察兒益都平州封邑十月丁亥李壇言宋兵復軍於漣州則此印正出兵時造其時行中書省蓋稱也鶴于己卯八月得是印于濟南市肆據云青州人掘土所得適當益都之地印重今漕砝二十一兩五錢

縣印

嘉祥縣印

見中統五年嘉祥縣崩山村清神觀牓示碑牓中共用一色九印

達魯花赤印

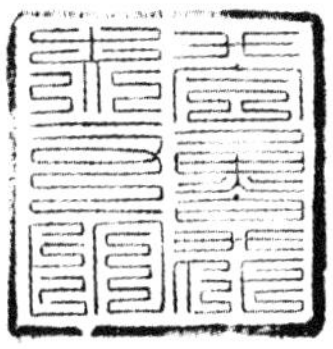

荅魯花赤之印　桂氏藏印

達魯花赤元官名其品秩大小不一府州縣及西域諸城皆有達魯花赤監治之又諸路達魯花赤子弟廕叙充散府諸州達魯花赤其散府諸州子弟充諸縣達魯花赤諸縣達魯花赤子弟充巡檢

巡檢司印

巡檢司印

背式

巡檢司職之至微者故列于末元制至元二十年議巡檢六十月始陞從九品此印四邊題刻花字甚密其押下一字乃花押也惟元無龍興年號又稱二七年及大圓崖殊不可曉或云龍興係未改元之稱元初太宗在十三年未有年號六年太皇后称制史但称壬寅年或即是時潭州在湖南道至元十四年立行省改潭州路總管府此称大圓崖史無是官或司管番民官中有圓有崖如云節難莽圈羅章時圈及李崖等之類故以大圓崖總称之歟鵬于道光元年冬得之曲阜此外花押私印不復載焉

金索

邃古齋

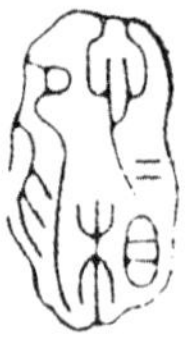

道光元年乚四夕朔日鐫板于嶧陽署齋於時日月合璧五星聯珠記之

金索六

紫琅馮雲鵬晏海氏
雲鵷集軒氏同輯

鏡鑑之屬

鏡即鑑也然亦有別說文云鏡取景之器玉篇云鑑鏡屬也後人亦通用之大率漢魏以上稱竟如尚方作竟之類唐宋間稱鑑如靈鑑寶鑑之類昔周武王銘詞云以鏡自照見形容以人自照見吉凶遂開鏡銘之始兹由漢魏迄金元編鏡鑑之屬

金索

邃古齋藏

漢天王日月竟

鏡銘天王日月者十二言周一歲皆天王之日月又循環無窮此頌禱之意也漢宮中物也中作四神四獸之飾間以八柱皆四下蓋當日嵌珠寶者今脫去耳邊作迴鸞舞鳳紋俱極細質膩如銀朱綠瑩然當屬漢鏡上品此友人王霽塘爲予得之任城者考博古錄之二十九字此鏡而差小誤稱海獸鑑

金索

漢十二辰竟

子丑寅卯辰巳午未申酉戌亥 廿五

此竟中央方畜篆書十二辰之名其四旁作四神之狀加以麟鳳及五銖錢文之飾鏡黑如漆而有光眞漢物也予得之歷下博古錄以十二辰入天文門爲第一器

漢尚方御竟

尚方御竟大毋傷巧工刻之成文章左龍右虎辟不羊朱鳥元武順陰陽子孫備 羊即祥字

此鏡如澤漆而光明可鑒字畫清晰筆勢縱橫眞御竟也按續漢書百官志少府卿屬尚方令一人六百石本注掌上手工作御刀劍諸好器物則器之必精可知此佀經火劫者於黑漆中滲出銀花裂而未破有足珍者

金索

漢尚方辟耶竟

尚方作竟佳且好白虎辟耶居中道家室富昌宜孫子以爲身保 耶即邪

是鏡銀質細膩妙好無匹其銘篆古秀無纖豪失筆眞所謂佳且好者其中作蟠龍之飾色如黝漆雜以水綠金星的是漢尚方所造可爲予百鏡軒之上賞也考隸續載李氏鏡銘云李氏作竟佳且好白虎辟邪主卻 卻即除字反 道与此畧同此作辟耶可証彼竟作辟邪之誤

漢尚方仙人竟一

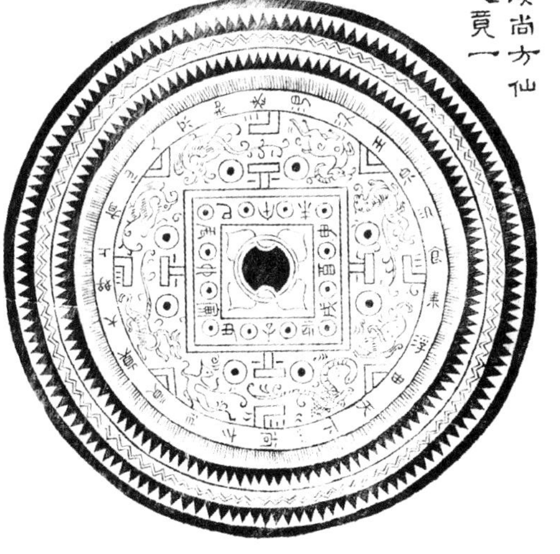

尚方作竟眞大好上有仙人不知老渴飲玉泉飢食棗浮由天下

子丑寅卯辰巳午未申酉戌亥

浮由即浮游此黃小松司馬竟

邃古齋藏

金索

尚方仙人竟二

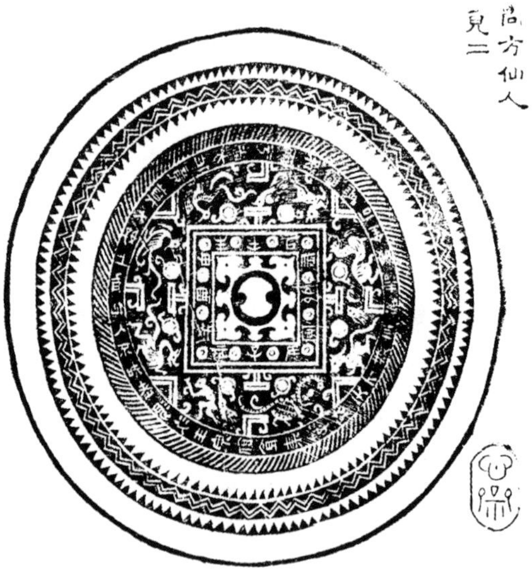

尚方作竟
真大好上
有仙人不
知老渴飲
玉泉飢食
棗浮游天
下敖四海
壽如金石
為國保
鏡皆陽文
此獨作
陰文反書
甚奇其
拓片有顏
心齋印

尚方仙人竟三

尚方作竟真大好
上有仙人不知老
渴飲玉泉飢食棗
浮游天下敖四海
壽如金石之天保
大利
銘詞五句與博古
圖所載俱大同小
異浮游天下敖四
海句博古圖作𣿰
天下放四海誤也大
利二字隨人所增
葉東卿拓本

遯古齋藏

金索

尚方仙人竟四

尚方佳竟真大
好上有仙人不
知老渴飲玉泉
飢食棗浮游天
下敖四海壽如
金石為保
此鏡鵬所得
其真字全似
莫字金字借
用今字

尚方仙人竟五

外層銘
尚方作竟真大
巧上有仙人不
知老
內層銘
作佳鏡兮真大
工上有兮句不全
中心銘
長宜孫子
鏡六乳間以六鳥與前
竟異此黃小松司馬拓本

遯古齋藏

漢上方赤松子竟

上方作竟佳且好明而日月世少有紀上有仙人赤松子

上方即尚方而讀為如上作紀仙松子七字反文竟中畫鼉龍之飾

金索

上方吉陽竟

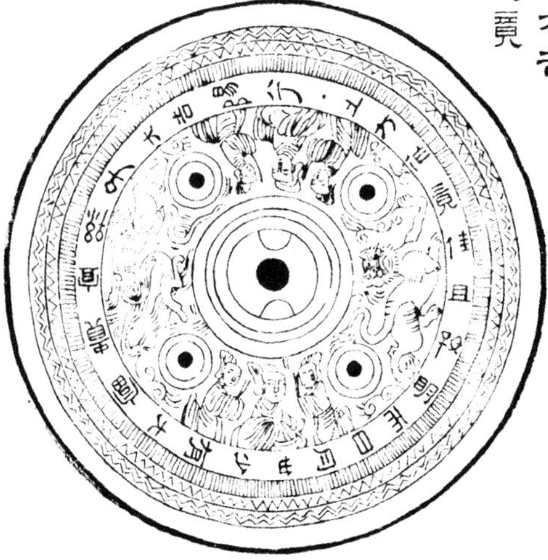

上方作竟佳且好明而日月世少有大富貴宜孫子大吉陽兮

陽即祥字

上好大三字反文而讀如

銘字縱橫在篆隸之間其古之八分書乎祥諸作羊今又作陽初疑為誤及觀隸續所釋永初碑文作大吉陽乃釋肰也其龍虎及六女子

邃古齋藏

漢尚方佳竟

尚方佳竟大毋傷左龍右虎辟羊（羊上脫去不字）朱鳥元武順陰陽子孫備具居中央長保二親樂富昌兮

此葉東卿拓本

金索

漢仙人不老佳竟一（角減寸四分）

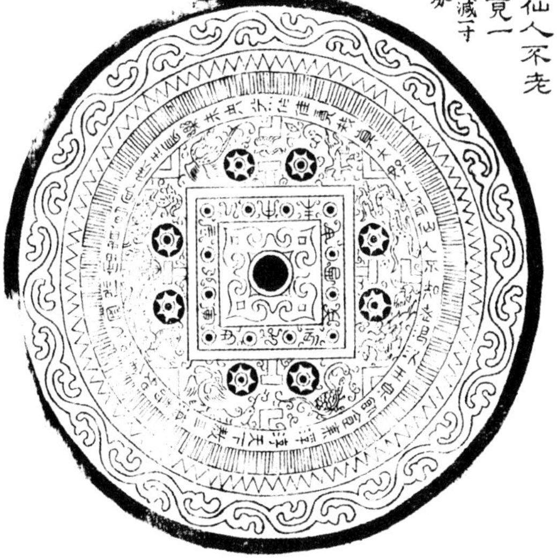

作佳鏡哉真大好上有仙人不知老渴飲玉泉飢食棗浮游天下敖四海壽如金石之國保貴昌宜侯王長樂未央兮

方甬十二辰及篆又有泉五十錢文亡西漢末鏡也

邃古齋藏

金索

仙人不老佳竟二

作佳竟哉
真大好上
有仙人不
知老渴飲
澧泉飢食
棗游浮天
下敖四海
壽敝金石
為國保

澧郎醒

仙人不老佳竟三

作佳鏡哉真大
好上有仙人不
知老渴飲飢食

邃古齋藏

金索

漢太山仙人竟

上大山見仙
人食玉英飲
澧泉駕交龍
乘浮雲白雷
引兮直上天
受長命壽萬
年宜官秩保
子孫

此鏡色如黝漆字
若懸針神韻異
致纖悉可睹漢
竟中至完好者
曲阜督守劉子
君指所藏今以
見貽洵可珍也

漢太山神人竟

上太山見神人
食玉英飲澧泉
駕文龍乘浮雲
宜官秩保子孫
貴富昌樂未央
兮

此与前竟略相
似而差小文亦少
減爲劉吉甫所
得漢武好神仙
登封泰山朋飾
玉石其即此時音
欤玉英五常喆僞
則見漢祥瑞無
博古備作上方作
竟神人食英王設

邃古齋藏

漢太山神人竟

駕蜚龍乘浮雲上太山見神人食玉英餌黃金宜官秩葆子孫長樂未央大富昌

是竟朱緑文錯字極模糊亦有第一竟幾不能辨其隻字此以竟証竟也

漢岪山神人竟

上岪山見神人食玉英飲澧泉駕青龍乘浮雲宜官秩保子孫樂未央貴富昌

是鏡甚古甚明朗惜破碎成七塊矣曩得泰山第一鏡于曲阜越五年又得岪山鏡于任城可云兩美必合

漢盍氏仙人竟

盍氏作竟兮真大孜工有東王父西王母仙人子高赤松子綘即雲右長保二親兮利紓子吉下佀鳥形

孜紓即好孫二字反文案古松字即鬆節字

竟分四格其二格為二神人四侍從一格佀供奉之物有光缺亦有二人跪其旁

漢西王母竟

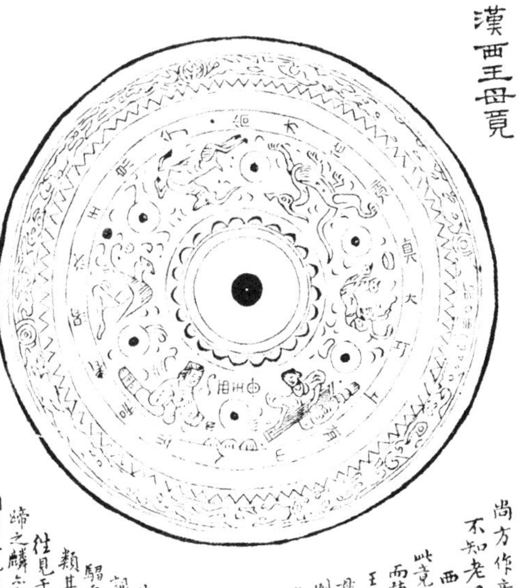

尚方作竟真大巧上有山人不知老渴飲玉泉兮

西王母

此竟六乳分六格一格畫一女子坐而聽琴題西王母三字疑即西王母也一格畫一女鼓琴疑王母侍也一格畫一女翻身而舞倒垂纖腰按武氏石室畫像中曾母投杼足一腹亦知不止不始于六朝也一格畫龍一格畫獨角獸而馬蹄蓋麟也一格畫一神鬼跪而擊毬兩手佀翼此係沈州別駕王以遜兵先生所贈後又得一鏡正同其銘詞旁署西王母三字與隸續之騶氏竟旁署東王公西王母相類其中鼓琴女子兩羽翼神鬼往往見于武梁祠漢畫其獨角而馬蹄之麟亦與永建元年山陽麟鳳碑相佀米元章畫史所謂麟一角上高如足翹如惡馬是也

漢四神四虎竟

曲阜孔琴南藏

外銘三十四字

吾自作明竟幽湅三商

周刻萬彊四虎象元六

合設張自身樂衆澄息

大吉祥與師命長

内銘十字

吾作明竟幽湅三商

周刻

此鏡銘詞大致与博古圖三神三

獸等鑑畧同惟句法參差耳其

中一息訓子師訓衆内銘十字限

于十方故語亦全也其神像亦甚

精緻

金索

邃古齋藏

漢郜氏三神四獸竟

郜氏作竟官貴

宜子大吉羊兮

鏡刻三神其

一正坐其左右

二神向中坐者

不知為何神

也

漢宜官竟一

内層銘

君宜長官

外層銘

位至三公

此鏡内銘四字作懸

針書与莽布相侶

疑西漢時造製亦古

質銀體金星朱翠

綠三色瑩明潤可玩

也予得之沛寧

金索

邃古齋藏

漢宜官竟二

君宜官位

此鏡載金石志所

謂式同蝙蝠鏡為

類運生家藏者予

依彥若拓本摹入

其鏡則不知所往矣

漢宜官竟三

君宜官位

竟小而形制正同其垂畫特粗考商器中父字垂筆俱粗已開倒薤篆之先聲漢印漢鏡每用此法非深于篆者不知

漢宜官竟四

君宜高官

漢宜官竟五

外層君宜高官

內層長宜子孫

內作交枝如意四面盤龍之飾

漢宜官竟六

君宜高官

漢高官竟

高官

銘只二字甚古質此黃小松司馬所得

金索

漢位至三公竟一

位至三公

三公二字之間有三點或取三台之象此孔琹南竟

邃古堂藏

位至三公竟二

此二竟皆黃小松司馬所得其小者别致

竟三

金索

竟四

位至三公

此銘中位字勢縱有似並字葉東卿所得

邃古堂藏

漢許氏竟

許氏作竟自有紀青龍白虎居左右聖人周公魯孔子作吏高遷車生耳郡舉孝廉州博士少不努力老乃悔吉

此黄小松所藏竟所謂作勉戒語者是也内層四神四獸中層天王日月十二字外層篆銘四十三字車生耳者鵬按漢官儀引古語云仕宦不止車生耳也崔豹古今注文武車耳古重較也文官青耳武官赤耳

金索

邃古齋藏

漢馬氏竟

馬氏作竟眞大巧上有山人不知老大吉兮

漢龍氏竟一

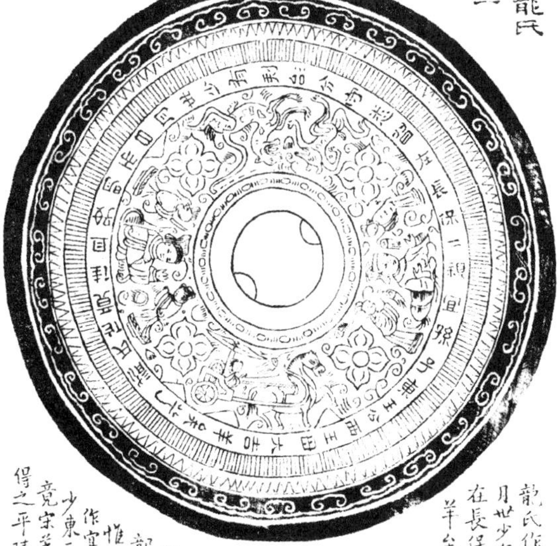

龍氏作竟佳且好明而日月世少有刻治分守悉皆在長保二親宜孫子大吉羊矣兮　而讀爲如姑治皆假以文

鏡分四格一畫曲軿車上有蓋下坐一女馬駕之其二格畫六女子中二女坐旁四女皆立侍手中執拂其一格畫龍虎相對之狀

兩漢金石記所收龍氏竟與此畧同惟脱去而字且字誤作宜刻字誤作削少東王公西王母六字拓竟宋芝山拓本此竟得之平陵較完備焉

金索

邃古齋藏

漢龍氏竟二

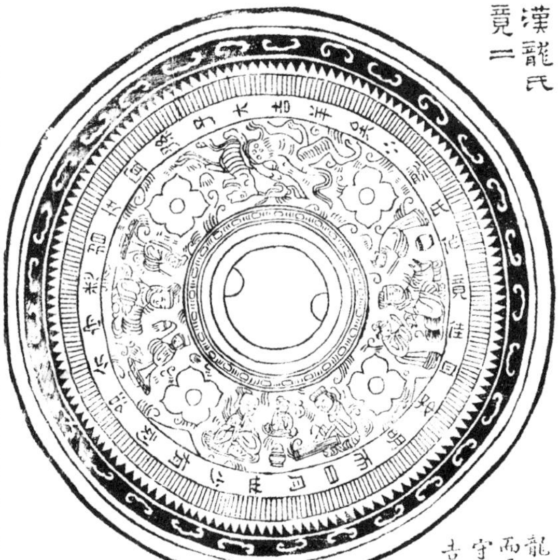

龍氏作竟佳且好明而日月世少有刻治分守悉皆在宜孫子大吉羊矣

此鏡李松坡廣文所贈與前竟畧同銘少數字畫像分四格其一格畫一女鼓瑟一女吹簫一小女坐而聽之其前有一盒考石室畫像往往有吹簫鼓琴者其二格畫六女子中者坐旁者立有擊鼓者其一格畫龍虎

金索

漢龍氏竟三

龍氏作竟四夷服多賀君家人民息胡虜殄滅天下復風雨時節五穀孰蒙祿食長保二親子孫力得天福

鏡中畫三獸龍鋗四十一字剝落過半取它鏡校出之此曲阜暨守劉子君階所貽

漢騶氏竟

騶氏作鏡四夷服多賀國家人民息胡虜殄滅天下復風雨時節五穀孰長保二親得天力傳告後世樂無亟兮

鏡中篆銘四十二字小而淺渦有法盈字即極字之省

孝洪氏隸續載騶氏二鏡銘文与此同惟少末四字其大鏡有兩人相嚮坐旁題東王公西王母藏江陰守王君一中家小者氏字作巨藏司直洪蔵家黃長睿定為漢器彼竟胡作貼此巨作姍知當時造非范也又孝韋氏漢印字原七先韵鄒字引騶氏竟銘作騶巨与此合史記齊有三騶子後漢書春秋之有騶淚述史鉝作鄒可見字通用也

邃古齋藏

漢周仲竟

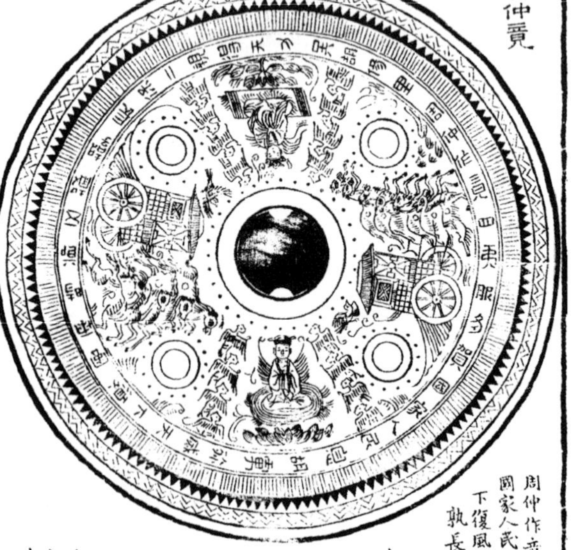

周仲作竟四夷服多賀國家人民息胡虜殄滅天下復風雨時節五穀孰長保二親得天力

吳胡傷里

金石志載隋六馬鏡与此正同其銘詞与章年等鏡相似蓋漢人習用語非隋鏡也其二格畫二神人趺坐蓮台上各有侍立八人俱兩翼与武氏石室畫像相似金石志以為神坐蟹二蓮六足森然而無髭者上非其一車六馬一車四馬皆窓緻

漢魯氏竟

魯氏作竟自有道辟去不羊治市古

市古即市賈此鏡蓋貿易人用之其古下有三字三下字泐不可辨其中畫龍虎起伏者兩翼人相對而杵此与周仲竟皆得之任城

邃古齋藏

金索

遂古𠁼藏

漢張氏竟一

張氏作竟四夷服
多賀君家人民息
官至三公得天福
子孫備具孝且力
樂毋亟兮
張氏

此鏡紫黑厚重銘字结體
謹眞漢物也龍口間又别寫一
張氏

張氏竟二

張氏作竟
宜侯王家
當大富樂
未央子孫
備具居中
央長保二
親世世昌

此即金石志
所謂晉張尹
者鵬見于曲
阜宜是張氏
非張尹也乃
氏字反書耳

金索

遂古𠁼藏

張氏竟三

張氏作竟大
無傷湅已銀
錫清且明上
有天守傳相
受東王父西
王母令君。
遂宜孫子明
如日月

此徐蘇亭刺
史紹薪所得
竟銘中泐一字
餘俱工整

漢明竟

吾作明竟四夷服
多賀國家人民息
胡虜殄滅天下復
風雨時節五穀熟
長保二親得天力
傳告後世兮

此鏡得之歷下色
白如銀兩面俱有朱
綠銘中胡作胡隸
續所載李氏竟亦
同蓋反書耳古人
書字不拘左右也

金索

漢蒙氏竟

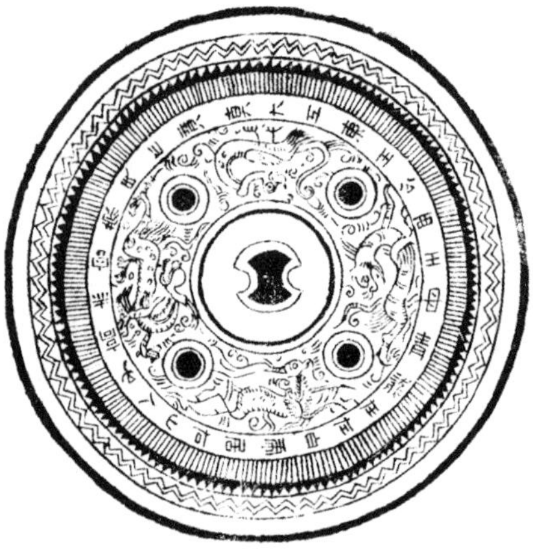

蒙氏作竟真大工尚王公西王母青龍在左白虎居右山人子高赤容 山卽仙高卽喬容卽松

鏡甚明淨有自滇南攜來者得之孜蒙氏爲楚大夫蒙穀之後今荆楚間每有蒙姓者此鏡花飾亦與山左所得諸竟不同左龍右虎其上下並一麒一麟也

又按南蠻六詔中有蒙氏詔亦當大理地諸葛武侯嘗討定之此豈其所遺歟

漢桼言竟

桼言之始自有紀湅治銅錫去其滓辟除不祥宜古市長保二親利孫子 宰卽滓古卽賈

桼言人姓名博古啚以爲來言之脩類稱以爲朱善俱非此明是桼言二字孜漢人印有桼曡其桼字篆作桼与此正同若來字宜作來朱字宜作朱不相合也去其滓博古啚釋作去與傘更謬

邃古齋藏

金索

漢二千石竟

晏海藏

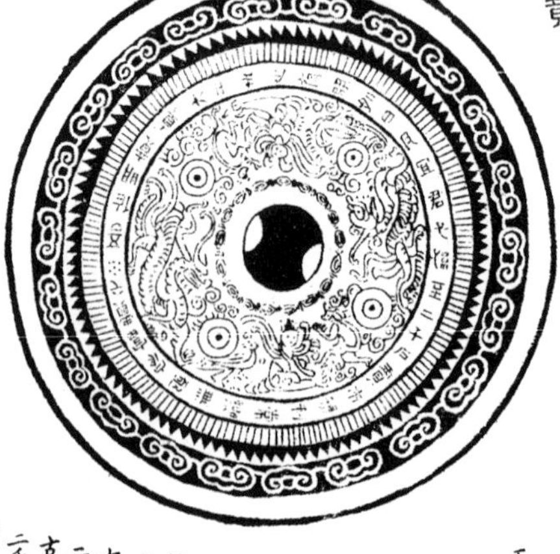

吾作明竟真大工幽少有明如日月宜君子孫至二千石賈市得利常樂無亟家富貴兮 少月子千家兮六字反書 亟卽極字

鏡分四格其二格爲二神人二格爲龍虎二神人旁各有二物似一猿一鶴銘詞云二千石者漢制重二千石如古歌云陛下壽萬年日得二千石也復言賈市得利者如古樂府云爲吏當高遷賈市得萬倍也俱吉利語

漢日利大萬竟

四正銘 日利大萬

四側銘 家富千金

按日利二字漢印多有之大萬猶巨萬也漢書劉向傳功費大萬百餘此竟子及葉東卿俱有之

邃古齋藏

漢青蓋鏡一

集軒所得

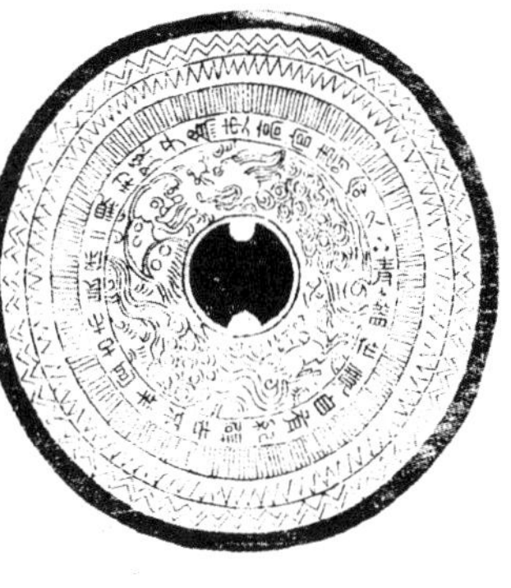

鏡二

晏海所得竟銘同而差小孔琴南葉東卿亦皆有此竟

青盖作竟自有紀辟去不羊宜古市長保二親利孫子爲吏高官壽命久

鵬按古市即賈市觀二千石竟云西賈市得利可見或釋作吉市非也

金索

蘧古齋藏

青盖竟三

此銘青盖二字青蓋乃造竟者姓名博古齋亦載此竟釋作青監其不講字義如此

漢青羊竟

青羊作竟四夷服多賀國家人民息胡虜殄滅天下復風雨時節五穀孰傳告後世得天福

按婁彥發漢隸字原十三目亦載青羊鏡銘云青羊作鏡四夷服多賀國家民息胎虜殄滅天下復風雨時五穀孰語大同小異此器同而少數字不如此之完善胎字亦誤婁氏又云青羊即吉陽如歐羊之類鵬見于漢碑有青羊君殆其人歟是竟于丙子夏得之濟南

金索

蘧古齋藏

漢青勝竟

青勝作竟四夷服多賀國家人民息胡虜殄滅天下復子

竟中作兩螭龍一車輪一雙柱五銖錢文之飾銘中首尾以四星間之類匏瓜星

金索

漢宜侯王鏡

宜侯王

鏡銘宜侯王三字小篆文其侯字倒置蓋反書也漢鏡反書字甚多其旁作蟠螭旋繞之飾其邊為截業文間以水波文集軒得之任城

邃古齋藏

宜子孫鏡

內層銘
長宜
子孫

外層銘
壽如金石
佳且好兮

此黃小松
司馬藏

金索

漢宜子孫鏡一

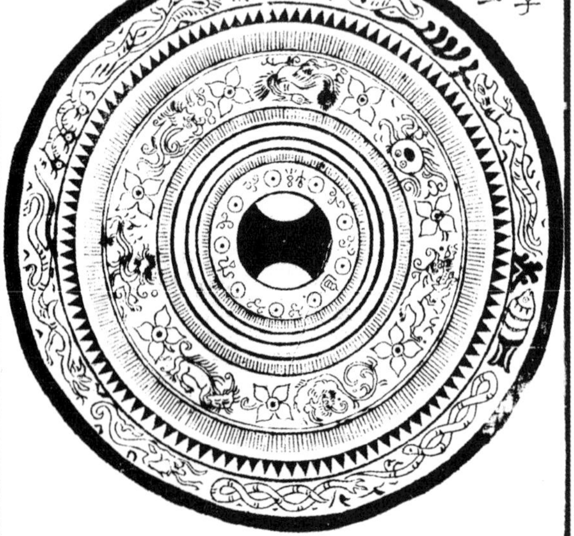

宜子孫

此小松
司馬鏡

邃古齋藏

漢宜子孫鏡二

長宜子孫

此鏡得之
任城如澤
漆肰

漢宜生子竟一

長宜生子

漢宜生子竟二

長宜生子

此與上一鏡皆葉東卿所得以拓本見寄者

漢千秋萬歲竟

湅治銅錫清而明以之為鏡因宜文章延年益壽去不祥與天毋極如日光千秋萬歲長

篆銘三十四字葉東卿所得一鏡與此畧同惟因宜文章作宜文章末少歲長字

金索

邃古齋藏

漢延年益壽竟

延年益壽

直書篆銘四字旁作二龍二虎之飾顛倒相連陸氏吉金圖亦刻此鏡紋未明晰

金索

漢八子九孫竟

漢有善銅出丹陽和以銀錫清且明左龍右虎主四彭朱爵元武順陰陽八子九孫治中央

此鏡色如澤漆字畫妙好渾正真漢竟之尤者雖已破裂有薄銅固之初無損也漢有善銅出丹陽者漢食貨志云金有三等黃金為上白金為中赤金為下注孟康曰赤金丹陽銅也可知其善矣

銘中爵即雀字彭即旁字今蘇常人呼彭為旁此鏡必吳人作者

漢善銅竟

漢有善銅出丹陽和以銀錫清且明左龍右虎鏡

善銅之說見前其銀字反書銅而和之以銀錫者古人金錫半為鑑燧之劑又鼎錄云雜銅金銀為之此鏡銘字少而無筆甚長蓋懸針篆如莽時貨布文

邃古齋藏

金索

漢善銅竟二 微小六分

漢有善銅出丹陽取之為鏡清如明左龍右虎除四旁長壽宮寺 如讀為而

此与博古尚竟略同如讀為而若臺碑崇如不積是也長壽宮寺疑寺人所監造

漢善銅竟三

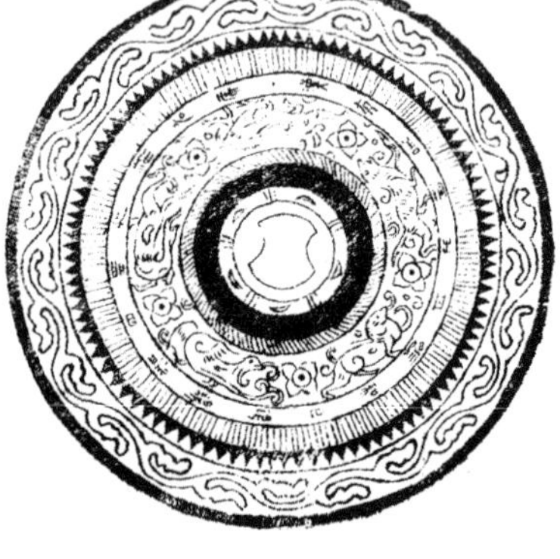

漢有善銅出丹陽和已銀錫清且明左龍右虎

邃古齋藏

金索

漢角王竟一　曼海藏

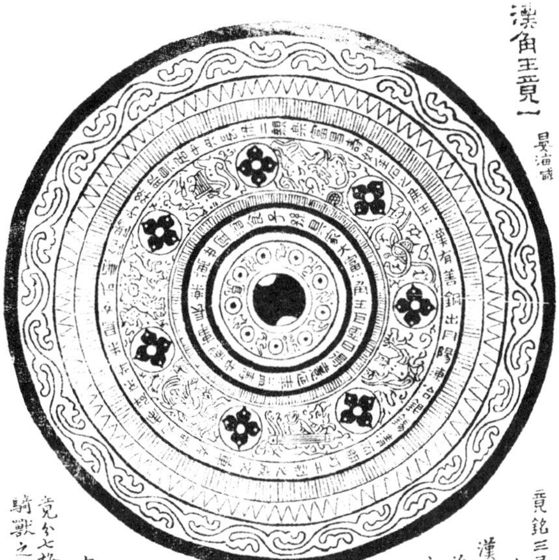

竟銘三層

外層銘

漢有善銅出丹陽湅治銀錫清而明巧工刻之成文章左龍右虎辟不羊朱鳥元武順陰陽子孫服具居中央長保二親樂富昌壽如金石之侯王

中層銘

角王巨虛日得憙近年益壽去惡事長樂萬世宜酒食子孫具家大富

內層銘

宜子孫

竟分七格畫四神及靈人鼓琴騎獸之狀

漢角王竟二

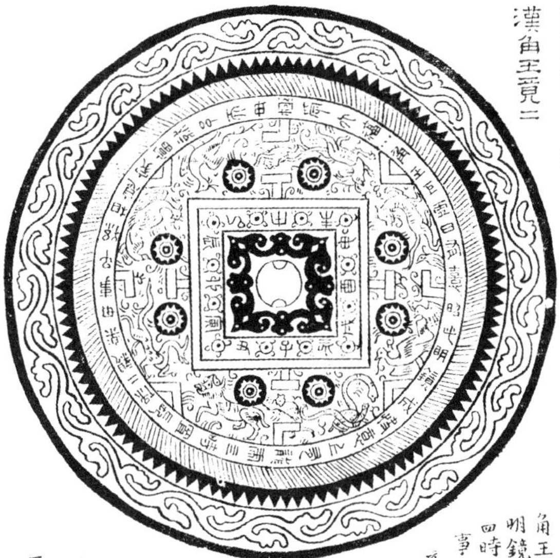

角王巨虛日有憙照此明鏡成快意上有龍虎四時宜長保二親樂毋事子孫相息家富就尤夭毋極受大福

內銘十二辰

此竟見陸氏吉金箸與予所得畧同陸氏好古而不識古故有無無注予釋之云角王巨虛者言匈奴部落之大也後漢南匈奴傳云其大者左賢王次左谷蠡王次右賢王次右谷蠡王謂之四角次左右日逐王次左右溫禺鞮王次左右斬將王謂之六角故漢印有四角羌王四角胡王此竟縣言角王則四角六角皆可用之

邃古齋藏

金索

漢人物畫像竟

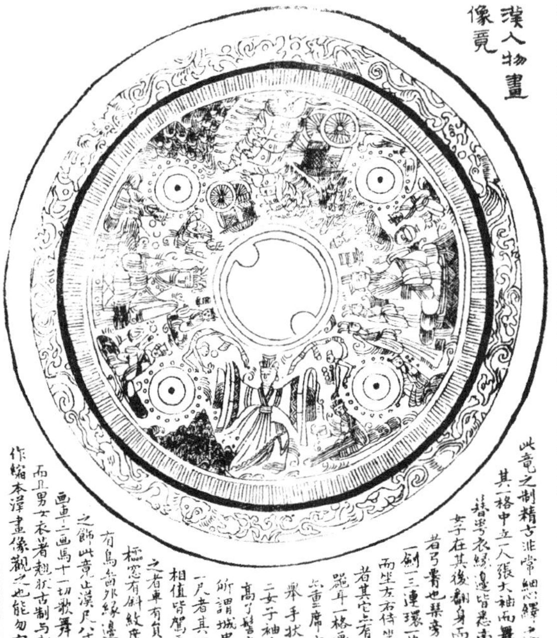

此竟之制精古非常細紋鏤之分四乳為四格其一格中立一人張大袖而舞揚其足帽似替婦衣緣邊皆飛旁一人鼓琴又二女子在其後翻身而舞望之似長蛇若弓背也其旁有一香爐後有一劍一三連環一格中畫一人垂首而坐左右侍坐各二人有播鼗若其它亦有所執持想二樂器耳一格畫中坐者有鬚亦垂席左右坐三人有作舉手狀者有空盒又有二女子袖手凝立于後皆高髻瘦身長裙古語所謂城中好高髻四方高一尺者其一格畫二車往來相值皆駕五馬所謂良馬五之者車有負蓋有方軫有直欞窗有斜紋席車後有鳥立山有鳥啣外緣邊作迴旋鳥舞鳳之飾此竟以漢尺八寸七分而畫人凡十五畫車二畫馬十一切歌舞飲食器具皆備而且男女衣著翹狀古制與武梁石室相似可作縮本漢畫像觀之也能勿寶諸

漢雙鳳雙獅竟　縮本

此鏡大漢尺九寸九分係曲阜城守劉子君楷所貽色如黝漆光可以鑒其花飾負纏鏤文深細真漢物也

邃古齋藏

金索

人物畫像竟二

鏡中畫宮闕之狀有鶴有鷄有花樹雜寶其四童子中有拊掌而嬉笑者寫樂竟也鏡帶有宮氏二字

人物畫像竟三

畫意與前鏡畧同鏡以赤銅爲之蓋金元時作

邃古齋藏

金索

漢海馬蒲桃竟

中層五海馬以其一爲鏡鈕又有孔雀二其尾甚巨以蒲桃纍雜其間其外層則鵲花蜂蝶蒲桃繞之此竟極厚重

鵬按海馬蒲桃鏡博古圖不釋其義或取天馬徠自西極及張騫使西域得蒲桃歸之異歟

海馬蒲桃竟二

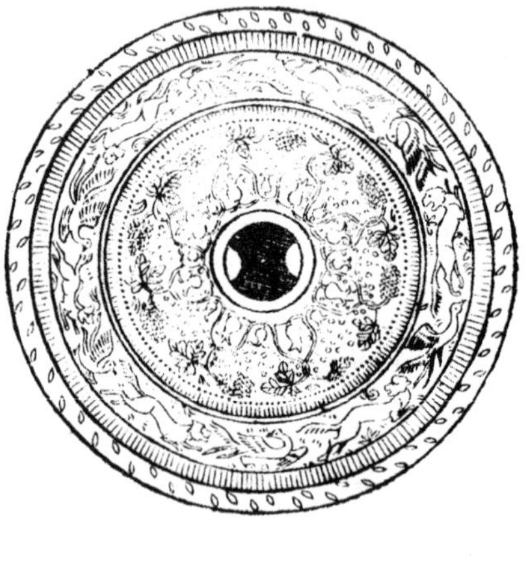

中層蒲桃安榴外層海馬鳳皇其邊乃菱乎蕊也

邃古齋藏

海馬蒲桃竟三

中層海馬外層海燕蒲桃以桃枝負轉其間為界此竟正背俱瑩白如銀

金索

海馬蒲桃竟四

中層海馬蒲桃外層靈鵲蒲桃此竟亦白如銀也

邃古齋藏

海馬蒲桃竟五

中有二海馬二錦鷄博古録所謂雉馬鏡也其鈕亦用海馬

金索

海馬蒲桃竟六

此鏡亦以海馬為鈕色瑩白而紋甚緻朱綠斑斕可玩此種甚多不悉載

邃古齋藏

金索

漢七乳竟

舊以爲七乳鏡狀七乳無所取義宜名七星鏡與古識文合也

漢四乳竟

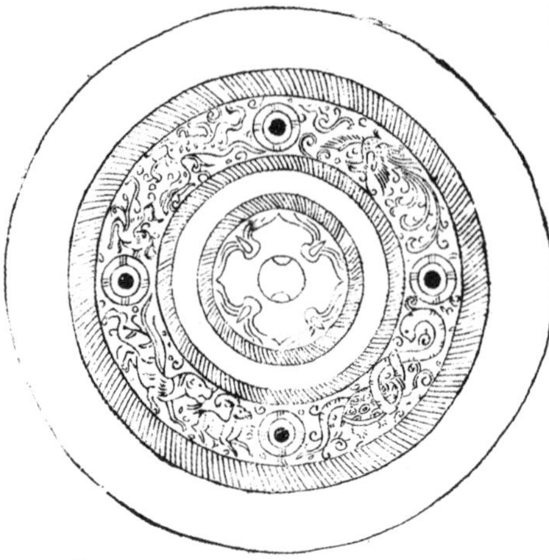

四乳間以四神不按位次此與前竟朱綠如凝漆不磨而自明信漢物也俱得之仙源顏氏與倣造者不同雖無銘識亦可珍玩

邃古齋藏

金索

四乳竟二

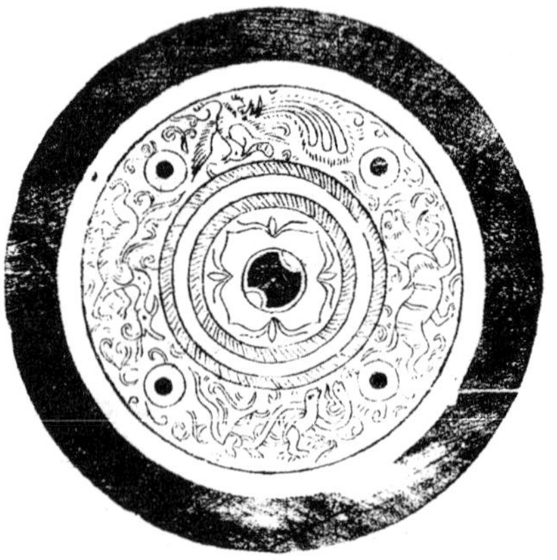

此鏡四乳四神各按位次

四乳竟三

此鏡質如銀而色如深墨龍虎左右不同

邃古齋藏

新善銅鑑

新有善銅出丹陽和以銀錫清且明有虎掌四旁未央

此亦新莽時鏡故曰新有善銅也四旁作三彭見八子九孫鏡

新貨泉笵鑑

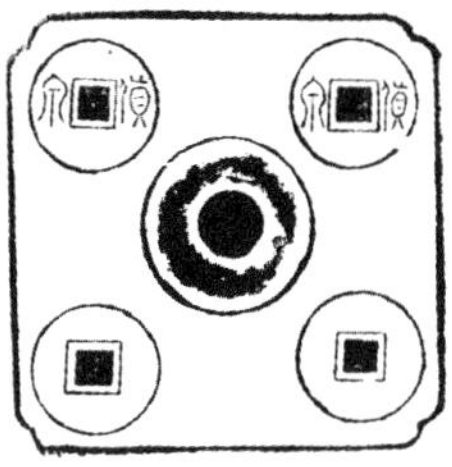

背列貨泉錢正背各二枚平面可鑑貨泉惟王莽用之則此亦新時鏡也

後漢傳形五銖鍾鏡

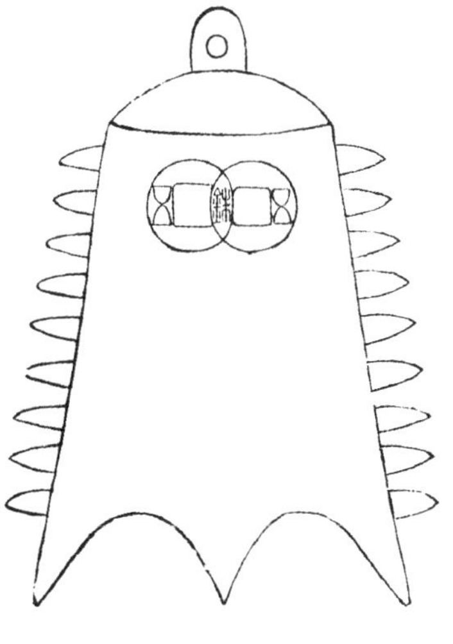

此葉東卿所貽拓本鏡作鍾形邊有十八乳中有五銖二枚相交作五銖銖五之文蓋傳形五銖也鏡式殊非漢制而傳形五銖錢則後漢昭烈時制故屬之後漢

五朱七鳥鑑

鏡文五銖錢一枚餘作七鳥之飾蓋朱也亦稱朱鳥南方朱鳥七宿故以七鳥象之五銖之銖亦作朱兩其相合此鏡白皙時無可考附于傳形五銖後

金索

邃古齋藏

金索

漢日光竟一

見日之光
天下大明
用者君卿

此竟作四乳及盤螭之飾外邊十六出其手形製少異當是由漢入六朝之作予与葉東卿皆有此鏡

日光竟二

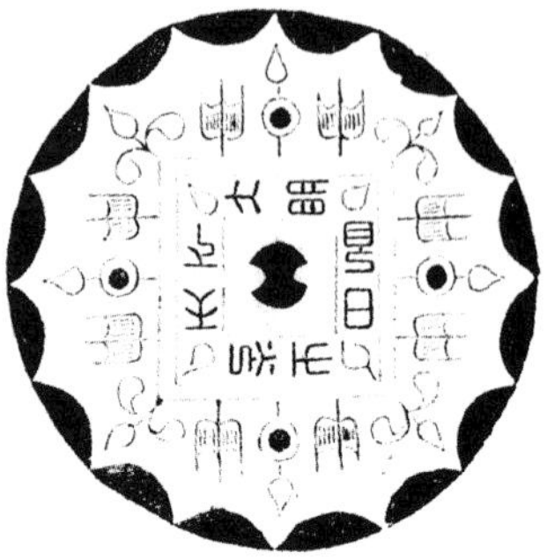

見日之光
天下大明

遯古齋藏

金索

日光竟三

同上

日光竟四

見日之光
長毋相忘

遯古齋藏

金索

日光竟五

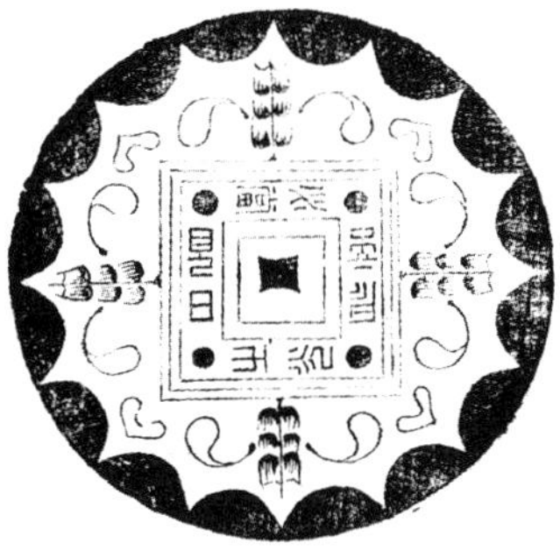

見日之光
所言必當

此鏡集軒得之歷下當宗伯平讀內法峭

日光竟六

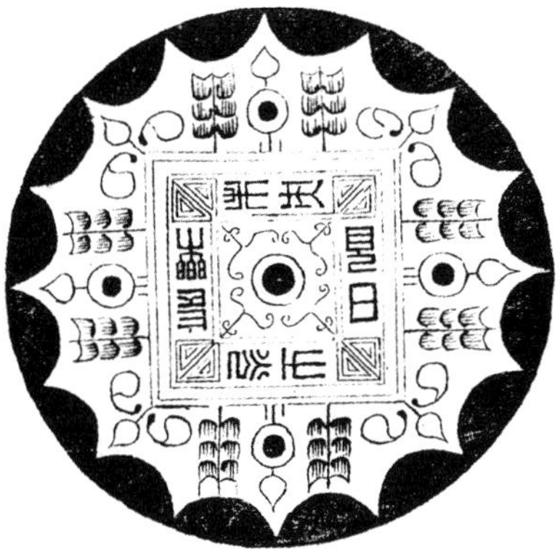

見日之光
長樂未央

此鏡在汶上縣蔡虞夫以拓本見貽按長毋相忘漢印及漢瓦皆有此文長樂未央亦見漢丸可互相考証也

邃古齋藏

金索

日光竟七

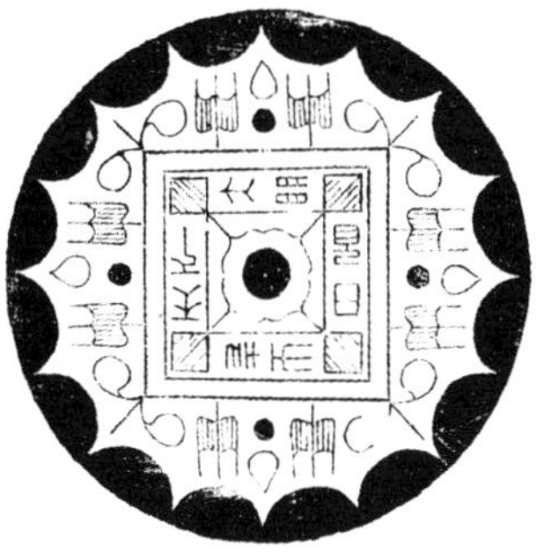

見日之光
天下大明

此姜子小珊贈晏海鏡

日明竟

見日之明
天下大陽

此葉東卿鏡陽字反書相配亦巧

邃古齋藏

金索

魏東阿鏡

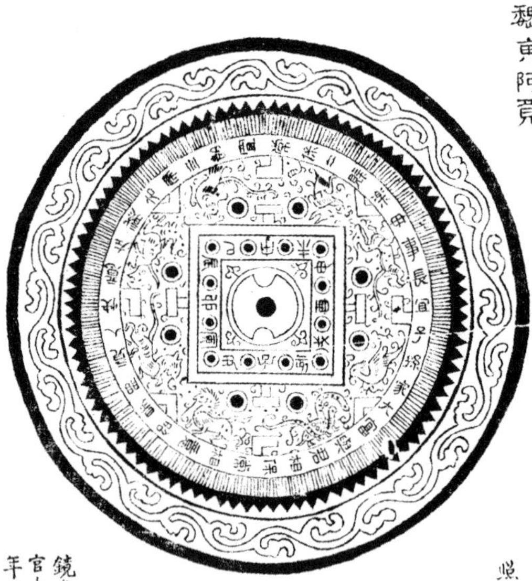

照是明鏡人快
意方龍右虎
四時置常保
二親樂無
事長宜子
孫家大富
與君相保
常相憶

東阿

此鏡得之東阿縣魚山之麓曲阿三之墓在焉

鏡邊有鑿文東阿宮下一字泐疑即當年宮中所用者

晉元康鏡

元康元年造作明鏡百
湅正字即真銅用者老壽
作者長生家有五馬

此鏡銘字用行楷書晉漢制矣其內八方格一格一字云吾作明○百○○佳其磨湅三字不可辨餘作衆神之飾

邃古齋藏

金索

六朝迴文鏡一

蘇若蘭于前秦苻堅時作迴文錦遂開齊梁之先一時效作此體此鏡一字一季相間迴環往復無不可讀中作菱芰之飾

正讀四言八首

鏡芰菱花淨月澄華一芰菱花淨月澄華鏡二菱花淨月澄華鏡芰三花淨月澄華鏡芰菱四淨月澄華鏡芰菱花五月澄華鏡芰菱花淨六澄華鏡芰菱花淨月七華鏡芰菱花淨月澄八

迴文讀四言八首

鏡華澄月淨花菱芰一華澄月淨花菱芰鏡二澄月淨花菱芰鏡華三月淨花菱芰鏡華澄四淨花菱芰鏡華澄月五花菱芰鏡華澄月淨六菱芰鏡華澄月淨花七芰鏡華澄月淨花菱八

又首尾交加正讀五言八首迴文讀五言八首共得詩三十二首其交加讀如鏡芰菱花淨二月澄華鏡之類

六朝迴文鏡二

此鏡銘十六字可迴文不能脫卸讀故首尾之間有一花隔之

正讀

芰花流來波澄影正月素齊
明鑒泰逾淨

迴文讀

淨逾泰鑒明齊素月正影澄
波來流花芰

前一竟于丙子冬得之沛寧後一竟于丁丑春得之沛南其字畫相類故定為六朝鏡可云雙璧

邃古齋藏

六朝靈鑑

美哉靈鑑妙極神工明疑積水淨若澄空光涵晉殿影照秦宮防姦集社應物無窮懸書玉篆永鏤青銅

鏡銘四十字中畫四獸有一麟口中吐玉書此葉東卿鏡

何以知其為六朝也蓋因其字知之如以金為函姿為姿之類也

金索

邃古堂藏

嬌來鏡

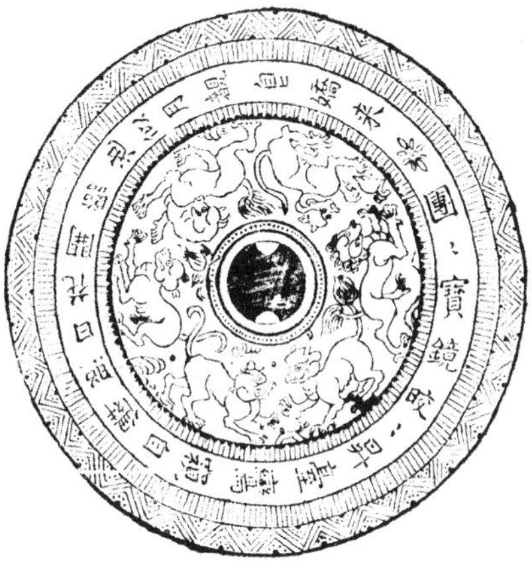

團團寶鏡皎皎昇臺鸞窺自舞照日花開臨池似月靚貌嬌來

此或以為唐人鏡然其中窺作窺臨作臨貌作貌自唐人無之北朝喜用別體常合魏齊周隨碑碣觀之此鏡集軒所得也

隋仁壽竟

此鏡湯子景濤得之西安按隋文帝自開皇九年滅陳混一南北至仁壽時銷兵之效已驗此云傳聞蓋猶存仁壽後也

金索

邃古堂藏

百鍊竟

精金百鍊有鑒思擬子育長生形神相識

鏡中八卦就其方折之勢銘中極作極以四點每于北朝碑帖見之則此亦六朝時所制竟也

金索

邃古齋藏

漢尚方御竟

尚方御竟大毋傷巧工刻之成文章左龍右虎辟不羊朱鳥元武順陰陽子孫備具居中央湅治銀錫清而明長保二親樂富昌壽敝金石如侯王

篆銘五十六字為黃小松司馬藏

漢尚方盟龍竟

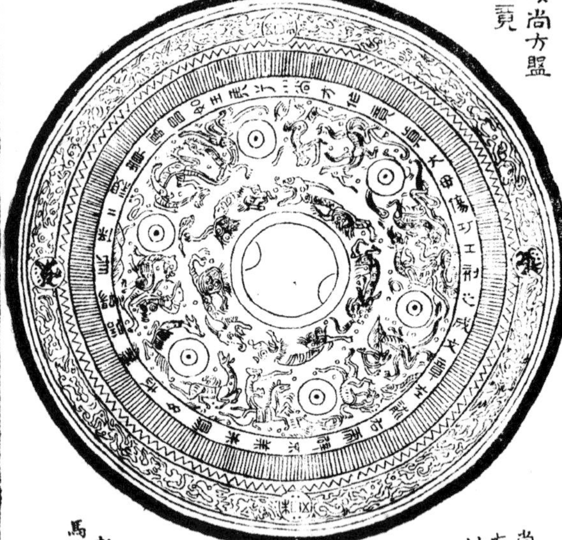

尚方作鏡真大毋傷巧工刻之成文章左龍右虎辟不羊朱鳥元武順陰陽長保二親貴富昌如王侯兮

此竟得之歷下篆銘四十字中作雨層盤龍之飾起伏異狀有在馬背上作角牴者

金索

邃古齋藏

貴富竟一

家常貴富

旁有八鳥四星間之

竟二

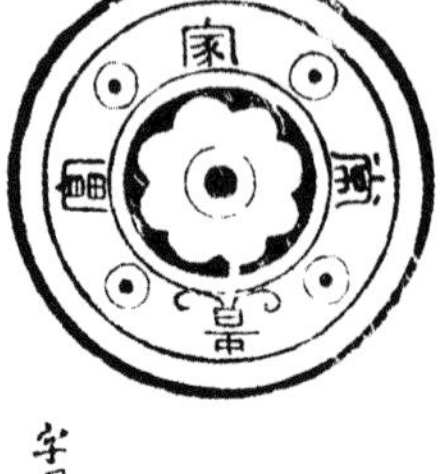

字同上

竟三

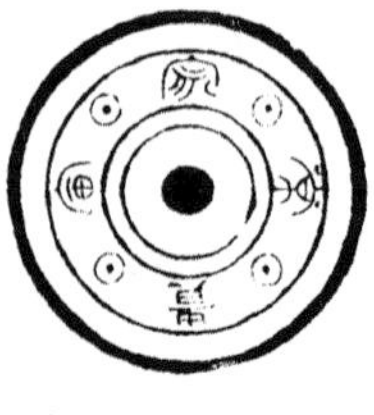

字同上

照心竟

而日而月而內而金而清而明而照而心

此種偽造者甚多皆不能成句惟此竟語句尚明晰故錄之

登雲竟

登雲步月

此竟雖小而銀質細緻五色斑肰真六朝時物非宋元物也

鼉龍竟一

此畫一鼉龍全身盤繞張口向鏡蒂如銜珠狀

竟二

此竟質如白銀五色銹暈不磨自明

雁傳書竟

鏡八出中畫四雁口各啣一物如帶作傳書之狀各間以花枝

金索

邃古齋藏

菱花竟

此劉君階平贈鏡內外作花蝶之飾與前鏡俱白質黑章

金索

唐二十八宿竟一 縮本

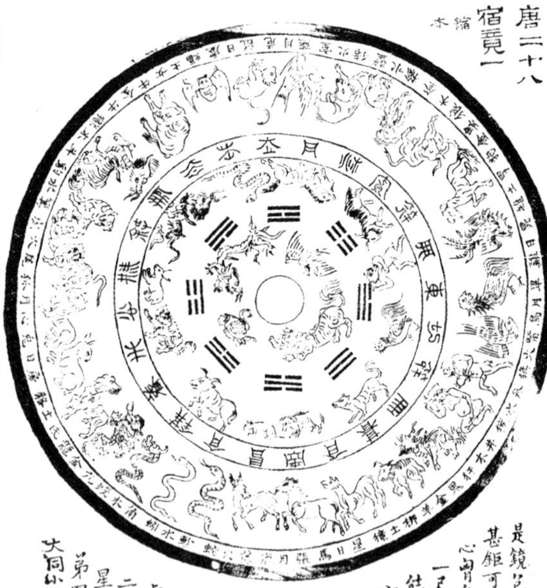

是鏡包括乾象制作甚鉅可云二十八宿經心胃奧而運延初尸一尺三寸三分書不能容故縮成分六分其第一層為四神次層為八卦三層為十二生肖四層作符似字不能盡識五層二十八宿之象六層二十八宿星名之石與博古畫中二十八宿竟畫星文者不同其第四層篆文亦大同小異殊不可考

唐二十八宿竟二 縮本

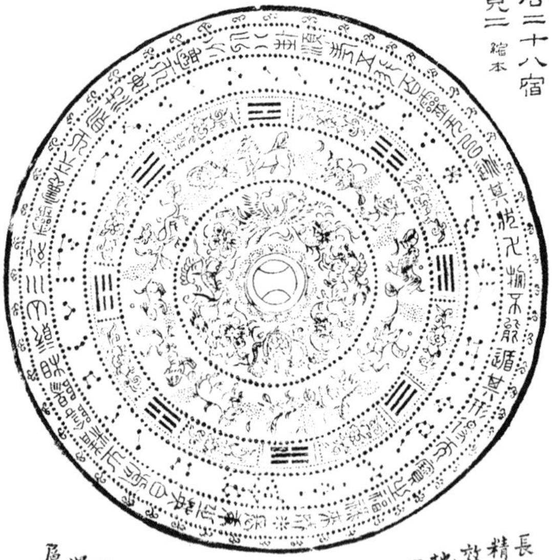

長庚之英白虎之精陰陽相資山川效靈憲天之則法地之寧分列八卦順考五行百靈無以逃其狀萬物不能遁其形得而寶之福祿來成

福鏡圓徑漢尺一尺一寸二分縮作八寸二分其第一層為四神次以四花二層十二生肖次以蒲桃三層八卦以花四層廿八宿並層篆銘五十四字

邃古堂藏

金索

唐壁水竟 縮本

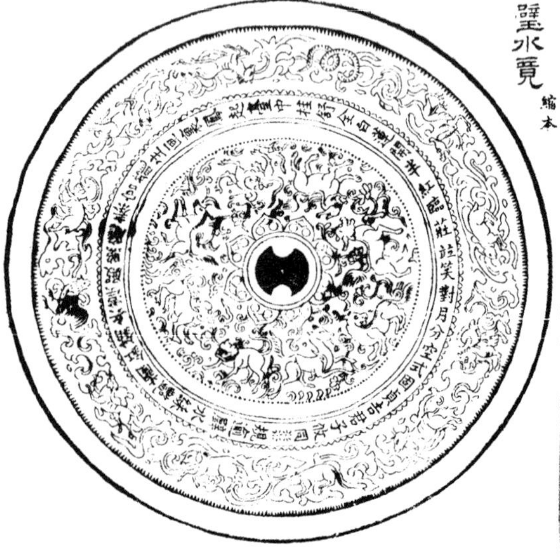

此鏡內作海獸之飾外作十二生肖之飾中為正書銘四十八字銘詞古秀如桂舒全白蓮開半紅貞唐人麗句不減初月賦此葉東卿竟

唐滿月迴文竟 縮本

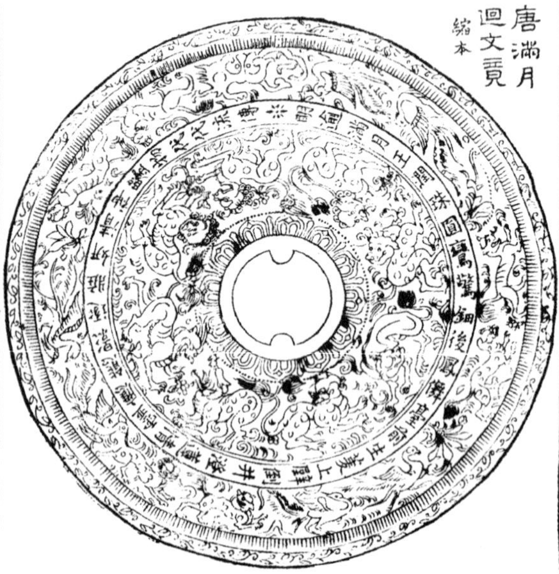

前鏡大漢尺一尺一寸此鏡大一尺三分重六斤正書銘四十字可以迴文正讀一先韻倒讀八庚韻其王字即王字唐避世字故不曰世曰代此予得此於嶧邑

邃古堂藏

金索

唐出瑞圖竟 縮小

鏡大漢尺一尺五寸半重今秤十二斤竟邊刻禽獸魚竹草樹合璧金勝並出瑞圖四字間以十二生肖中刻鳳凰嘉禾合樹連比翼連理竹金勝同心鳥嘉麥嘉禾比目魚連理樹合璧之瑞與博古畫同惟彼作合蓮此作合樹連禾解想亦合穗禾之意

八卦竟

此亦劉子君階所貽鏡面亦明淨如雪銀背有星紋亦頗絕雖無題識實唐以前物也

邃古齋藏

金索

榮啟奇竟

榮啓奇即榮啓期古字通用家語孔子遊于泰山見榮啓期行乎郕之野鹿裘素琴而歌孔子問曰先生所以為者何也答曰吾樂甚多而至者三天生萬物吾得為人一樂也男尊女卑吾得為男二樂也人生有不見日月不免襁褓者吾既行年九十五矣是三樂也處常得終當何憂哉孔子曰善哉能自寬者也此畫執杖者孔子攜琴者榮啓奇中行以問答三字括其大頗古拙葉東卿与謝樸園皆有此竟大略相似

真子飛霜竟

真子飛霜

真子未詳或取修真鍊道之意如南真夫人及元真子之類飛霜疑即元霜裴航遇雲翹夫人與詩云元霜擣盡見雲英

鏡畫一仙真坐而鼓琴有竹有荷池有彩鳳有雲月真福地也

邃古齋藏

鳳皇雙竟 畬藏 罗形

鳳凰雙鏡南金裝陰陽各為配日月恒相會白玉芙蓉匣翠羽瓊瑶帶同心人心相親照心照膽保千春

紅豆

此竟畬盡與前竟相佀其銘辭香艷旖旎動人佀温李手筆其句味也二鏡皆東卿拓本

金索

邃古齋藏

芙蓉竟

詩云鸞鏡曉匀粧慢把花鈿飾真如淥水中一朶芙蓉出

鏡如千葉蓮花一瓣一字以出字為鈕此亦東卿拓本

唐秦王鏡一

博古録載有唐自明鐵鑑較大其字飾亦不同惟其五言四句詩無異故列于唐此兼東卿所得其中關字作闗從門内并亦别

金索

邃古齋藏

唐秦王鏡二

鏡詞同前惟判字直作拚中畫海馬四易蒲桃為桃李之桃此竟予得其三大畧相似

金索

唐元卿竟

日初升月初盈纖翳不生肖茲萬形是曰櫻寧瑩乎太清　元卿

唐人崇奉老君以為同姓祖此竟用櫻寧字面故疑為唐竟末有元卿二字是竟之名乃用老子元之又元衆妙之門之意古鏡有名金烱者有號壽光先生者唐司空圖封鏡為容成侯得此又增一名矣

八卦菱花竟

銘詞四言八句自憶彼菱花起示句媸者忘怒令人絶倒此上二鏡與葉東卿同

邃古齋藏

金索

唐素月竟

銘四言八句内作海馬蒲桃之飾此葉東卿鏡

雪月迴文竟

河澄皎月波清曉雪　遞一字讀成八首

雪曉清波月皎澄河　遞一字迴文讀成八首

共詩十六首

邃古齋藏

金索

唐透光鏡 圖減小一寸二分

此菱湖沈子雅齋所藏鏡貽贈閩里孔伯海儲公者鏡大漢尺九寸四分重今秤六斤制甚古質銘十六字云透光寶鏡仙傳鍊成八卦陽生欺邪主正迎日照之八卦太極光映素壁洵足玩也

唐鑑心鏡

鏡銘

貌有正否心有善淫既以鑑貌亦以鑑心自證

此鏡与明心意同而篆文頗佀元郷鏡蓋亦唐制

邃古齋藏

金索

前蜀當眉鏡

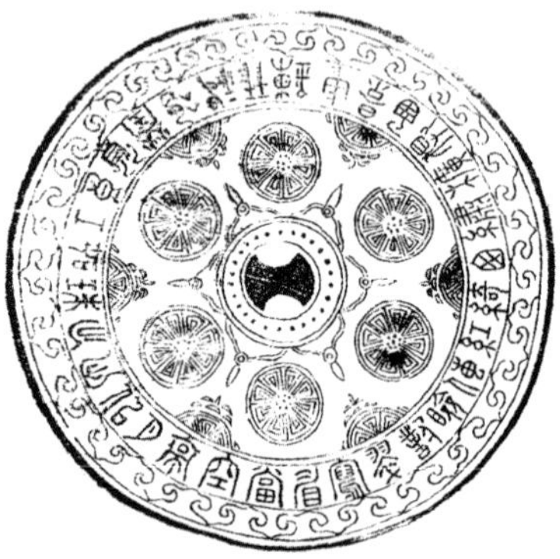

鍊形神冶瑩質良工如珠出匣似月停空當眉寫翠對臉傳紅綺窗繡幌俱函影中

臉即瞼幌即幌函即涵字

吹影集云鏡三寸餘其結字奇古語亦婧亦秀的為徐庾手筆非唐宋諸家所逮池北偶談云此竟萬歷中滕州趙氏得之汴京考張君房麗情集載前蜀王衍奉節度使王承休妻以嚴氏有美色王衍愛幸之賜以粧鏡銘詞正與此同

當眉鏡二

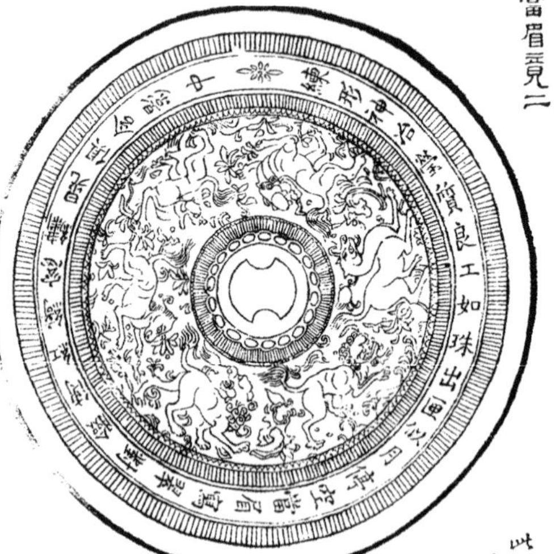

此鵬所得鏡即金石志所載者其詞与前一鏡同其文与花飾不類如禍謂此非一種或三寸六分或七寸或一尺或篆文或楷書吹影集以為六朝鏡博古圖以為唐鏡太平廣記及池北偶談以為蜀王衍竟近人俱主蜀說但王衍不過好色之徒未必古雅如是或古有是銘衍增損其文以与嚴氏後人又轉相仿[illegible]

邃古齋藏

金索

宋元祐羅漢鏡

宋元祐癸酉孟
秋既望鮑公淳
依禪　　月畫
像以　　七寶
裝嚴敬造大阿
羅漢一十八身

元祐癸酉宋哲宗之八年也
明年改元紹聖矣鏡小
而篆文茂滿予購之涞亭
或以為此佛臟中鏡也

太平鏡

語意似宋初時鏡
而未可定其質
殊古此王蘧舟別駕
所得者今以惠予

邃古齋藏

金索

宋政和郝氏鏡

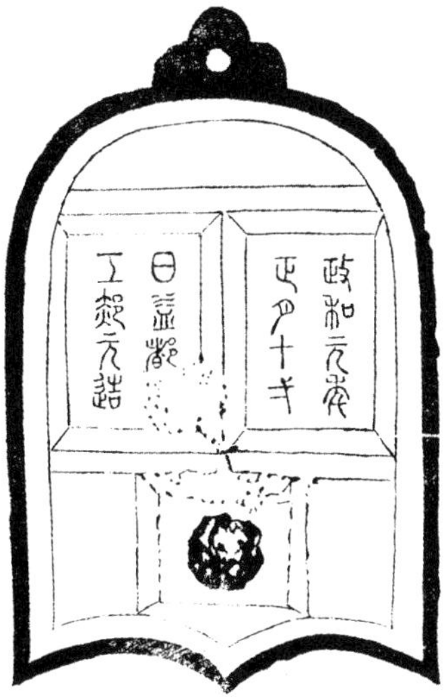

政和元年
正月十一
日益都宮
工郝元造

此葉東卿拓寄之鏡之作鐘形銘小篆十六字工上一
字泐必官字也它鏡有鏡子局官工造句故為補之

郝氏小鏡

鏡上亦有郝氏二字故類
列之未知即前郝元否其
上有宮闕一童子執花一女
採美此及人李琛坡所貽者

邃古齋藏

宋滿江紅詞竟　字依樣　邊減半寸

滿江紅
雪共梅花念動[illegible]
離拆重會面玉肌真態
一般標格誰道無情
應也妒暗香埋沒
教誰識却隨風
偷入傍粧臺
縈簾額
飄醉眼朱
成碧隨冷
煖分青白
嘆朱絃凍
祈高山音
息悵望關河
無驛使剡溪
興盡成陳迹見
似枝而喜對楊花
須相憶

詞詠雪梅清雋類宋人故以為宋鏡邊作梅花飾予得之沛南

金索

邃古齋藏

寶鑑

寶鑑
上下有蟠螭之飾

軒轅竟　以下未能定其時代大畧宋元間鏡

軒轅內傳云帝會王母鑄鏡十二隨月用之此鏡蓋倣此意其上畫七星下畫一牛當為丑月所用竟

兩邊篆文云軒轅推法造丹藥百煉成得者身昌中間楷書十二字殊不可解細審之或拆字訣耳十口者甲也牛無角者午也牛有口者告也告下加走必造字矣此蓋楔甲午造之意取陽日也

金索

邃古齋藏

太公竟

太公封造四字對凸殊不可曉或封氏造此太公竟也其旁為花鳥之飾

宋二仙竟

周原

鏡畫鍾離呂祖二仙各履一劍渡海之狀海心湧一亭其貝闕欵識周原二字蓋鑄鏡者

金索

邃古齋臧

壽星竟

清静寧慶積善之家

壽星

清湝作青其壽星二字从左起此竟亦及東鄉俱有之

金汝陽縣八角寶花竟

汝陽縣驗記官匠

元

鏡中作八角闌干交枝寶花之飾題一元字其上邊刻汝陽縣驗記官匠考汝上本平陸縣北齊爲樂平金改爲汝陽故定爲金鏡若元時則稱汝上矣其題一元字蓋工人姓也

金索

邃古齋臧

金任城縣六出寶花竟

任城縣官匠

此鏡殊薄中作三孿邊刻任城縣官匠此与前鏡俱同時得於任城者故列于次

以上鏡邊刻官匠者考金史食貨志大定八年民有犯銅禁者上曰銷錢作銅舊有禁令然民間猶有鑄鏡者非銷錢而何遂併禁之則其有官匠

金索

金韓州主簿覔

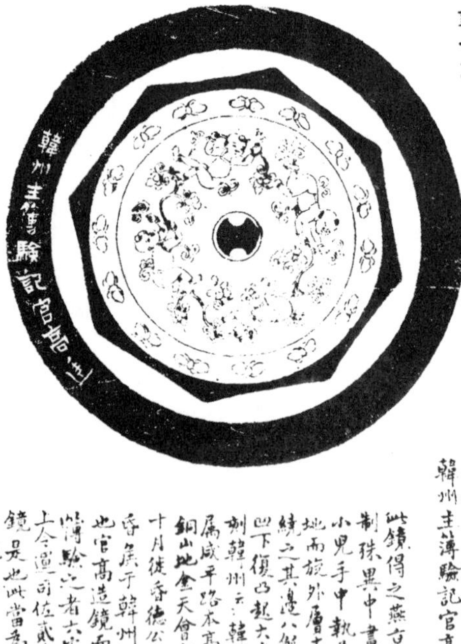

韓州主簿驗記官高

此鏡得之燕京形制殊異中畫四小兒手中執花伏地而旋外層十二蝶繞之其邊八觚々四下復凸起大邊圍韓州云韓州屬咸平路本高麗銅山地金天會六年十月徙昏德公重昏侯于韓州是也官高造鏡而主簿驗之者六字一欄上令還司佐貳檢校鏡是也此當為大金時鏡矣

金清素覔

外銘
清素傳家永用寶鑑
内銘
福壽家安　每字中有一點 [illegible]

金石志所載清素竟亦同惟家安誤釋平安其云近義疊書篆法似金元之物良然究之為金為元尚屬未定鵬得此竟于歷城其外邊刻歷亭縣官匠考歷城無稱歷亭者頃閱金史河渠志云凡漕河所經之縣三十三大名元城館陶夏津武城歷亭云云乃定為金鏡鵬得一鏡正同鼻上刻博平元年三

邃古盦藏

金索

元至元覔

鏡如樣大因集隘微削其邊

此鏡鵬得于歷下中心題至元四年四字考元有兩至元世祖至元三十一年順帝至元六年今但稱四年則未知其為前至元歟後至元與其外為雙龍之飾繞以雲氣絢以四時花卉制作工整故取以殿諸竟若明時鏡未見佳者不復擇焉

邃古盦藏

金索

甯戚飯牛鑑

是鏡無題識以意揣之當是甯戚飯牛故事其一人倚牛而立者衣甚短正所謂短布單衣裁至骭者蓋甯戚也其左一人長跽請教者殆齊君歟其中有樹有長坂有水〻中有屬石皆與南山詩中景象相合舍此亦無可證者

馴獅鑑

畫一人左持梧右執繩繫一獅蓋馴獅者也其人冠甚銳而貌獰惡或是八蠻之狀竟白如銀而多金星細點紅暈斑肰可玩

遂古堂藏

金索

海神鑑

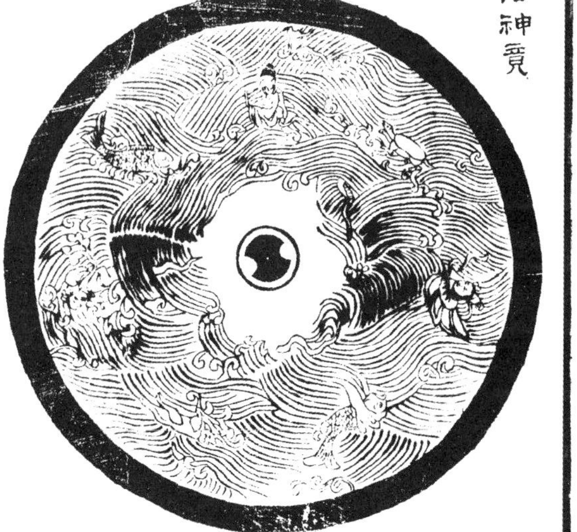

鏡畫波濤中湧三神人有生翼者有龜魚海馬之屬惜已半泐

人物畫像鑑一

畫五童子各執富貴花伏地而趨畧如韓州主鑄鏡

遂古堂藏

金索

蜚魚鏡

此鏡八出而圓其外其下有柄甚厚重其中畫雲月海波又一蜚魚橫其間旁故迹遺文載黎陽令張公頌云公與守相駕蜚魚往來倏忽遠甚妖尉屯民寧厥居或取此義

雙魚鏡

雙魚鏡甚多姑取其一

邃古齋藏

金索

七星神像鏡

外層二十八宿次層八星上題長春鏡三字中層畫星君坐蓮臺上其下畫靈芝龜鹿旁題七星一聯語亦古雅蓋宋元時道家語耳今欲備道家一體故錄之

七星鏡

大吉之家自天祐之中層七星

邃古齋藏

金索

准提背相畫象覔

正面

背面

此齊河汪明府桂林所得之鏡正面梵字卅六繞其外中心空明處可鑑背面畫準提背相十四手各有執持畫背相者欲其光向正面也其外寫準提咒与前一鏡之咒大同小異鏡直邊無紐厚重々皆不磨自明

謝子樸園貽書云前梵字第三鏡曾詢諸善中翰云此六西天字譯漢文義曰以圓照方々正而明萬里無塵水天一色摩照摩倫其紐上一字云係鏡字之義據此則諸竟當定為西藏竟惜此卅六字者未全見之更作何義也道光元年貴　詔官善爾恭阿內閣中書四川駐防曾隨松將軍在西藏所見必有合也但此等亦數百年物非西藏近日之作

邃古齋藏

金索

准提鏡

中心佛字四方環書準提咒南字起林字止外層乃梵書二十六字未識

梵字鏡一

梵字六未識每字下皆有蓮花五瓣考古篆有托蓮文者侶此

梵字鏡二

中心佛字其外梵書十字未識

梵字覔三

此鏡全用梵書以前鏡度之其中心亦必是佛字餘不可識俟續考

邃古齋藏

金索

日本國竟　附錄

鏡銘天下一三字居中以龜為紐旁有雙鶴松竹之飾鏤文工細其邊甚峻仰之似盤畫狀有從海船攜來者得之云出自長旗國初疑外國無長旗名目後詢之曉事者方知即日本國因賈客避折本之音故稱曰長旗耳其國四面皆海地形似琵琶九州居西為首陸奧州居東為尾山城居中故葉東卿有植田山城之鏡此等皆非古鏡但取其異故附錄之

日本竟二

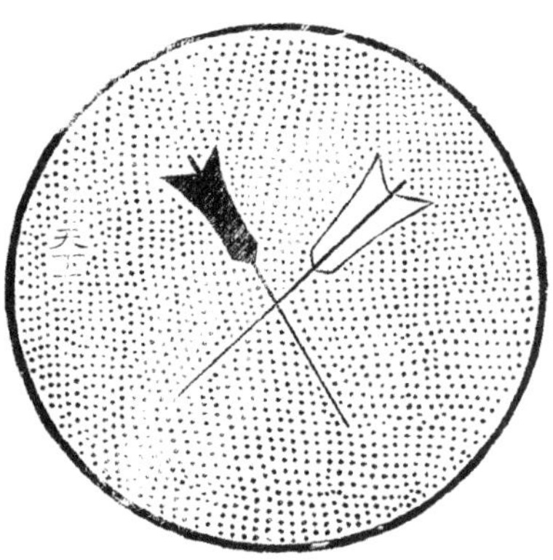

天下一三字在其邊其中為沙漠之形有白羽黑羽二箭交枝其間甚有別致

遯古盦藏

金索

日本國竟一

以下皆葉東卿拓本

鏡畫松竹鶴銘藤原義恭四字蓋鑄鏡之地名人名未知何時所造俟續攷之

日本竟二

此鏡有柄篆一寶字居中邊款藤原光政作有竹梅雙鵲之飾

遯古盦藏

金索

日本鏡三

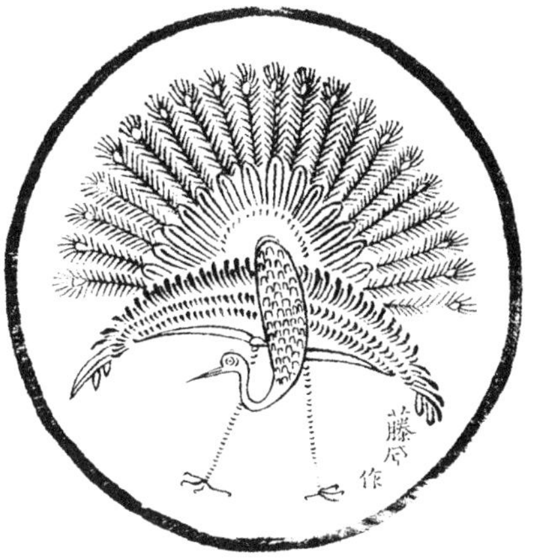

鏡畫一鳥其尾甚巨尾有二十一羽展舒半鏡頗是孔雀開屏之狀甚可玩也末題藤石作三字

日本鏡四

鏡畫竹梅款題津田薩摩守五字麻下午字無此字或是麻下牛廣韻云摩牛重千斤出巴中疑津田者地名薩摩守者官名也

邃古齋藏

金索

日本鏡五

鏡畫龜鶴及雜寶有不可盡識者中央篆書福壽二字款題植田山城守吉正七字乃官守者地名人名也

日本鏡六

竟畫水仙山茶款字不可曉字法點畫亦別

邃古齋藏

金索

日本覓七

鏡画水仙
雙鶴款
題天下一
松村因
幡守傢孜

日本覓八

鏡畫
蒲桃
題天
下一
美作

邃古齋藏

金索

日本覓九

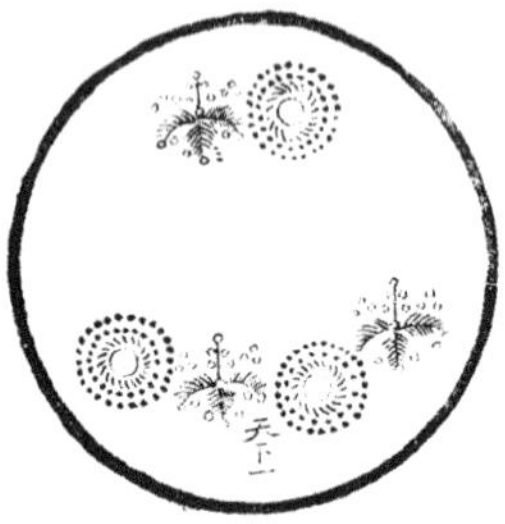

天下一三字旁作
松花柏葉之飾

以上諸鏡皆桑東鄉所得以拓本見貽者其字亦用眞書
及篆𨽻其花紋極細俱有異趣取附于末亦𦘦亭鏡之
懸矣惟官名地名不可𢿙昔予晤琉球國官長叩其姓
名乃取一紙自書云下國琉球邦霸府西村之人也查姓名
國吉其霸字不見字書蓋一國之制不可臆釋也

道光元年十四月朔日鏤
板于嵫陽署齋𢘅時日月合
璧五星聯珠記之

邃古齋[illegible]

石索一

紫琅馮雲鵷晏海氏 雲鵬集軒氏 同輯

碑碣之屬

古者方曰碑員曰碣就其山而鑿之曰摩崖亦曰石刻或栒于人或勒于獸或峙為石闕或營為石室漢人畫象多採往古聖喆遺事及祥瑞車馬鳥獸人物之狀六朝以降甍造佛像各有題記茲于小字因之大字縮之皆从碑碣之屬

夏禹岣嶁碑

碑在衡山岣嶁峰今已無之從楊升菴摹釋作縮本

承帝曰咨　翼輔佐卿　洲渚與登　鳥獸之門　參身洪流

而明發爾　興久旅忘　家宿岳麓　庭智營形　折心罔弗

辰往求平　定華嶽泰　衡宗疏事　裒勞餘伸　禋鬱塞昏

徙南瀆衍
亨衣制食
脩萬國其
寍竄舞永
奔

碑末四字楷書後人所增

石索

邃古齋藏

楊升菴禹碑歌序云碑在衡山绝頂韓文公诗所謂字青石赤科斗鸞鳳者述道士口语耳若見之矣豈揮稱贊豈在石鼓下哉攷宋六一集古錄趙明誠金石錄鄭漁仲金石畧古制鑪列獨不見所謂禹碑者則自昔好古者流得見是刻亦罕矣碧泉張季文得墨本于楚特以貺予作禹碑歌以紀之

季明德云碣本在峋嶁山尖宋嘉定壬申何子一始得之蘿蔦之中當時曾轉運疑其狂也乃摹刻于嶽麓書院之後爭欲得摹本以觀

鵬按今之摹刻禹碑者孔多矣其篆法頗簡不同釋文亦別究之皆臆度也与其从它人臆之寧从升庵臆之故錄舊釋如左

夏禹書

出今石薛子星紀釋春其尚乙乙

此十二字未知所出姑依汝州帖及絳帖錄之

石索

邃古齋藏

周穆王壇山石刻

石刻在直隸正定府贊皇縣壇山上今移置縣學之戟門

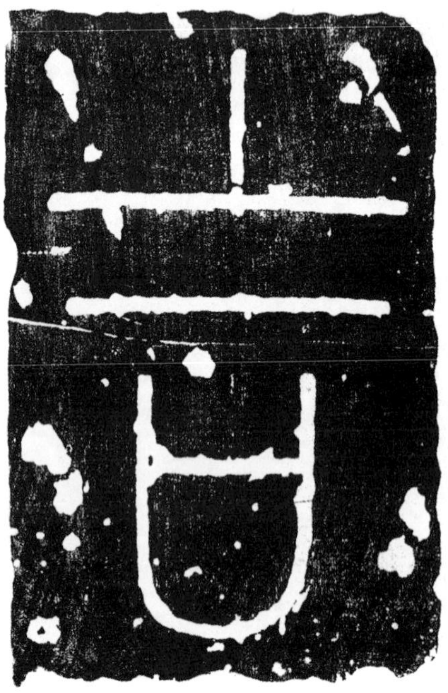

石索

逢古堂藏

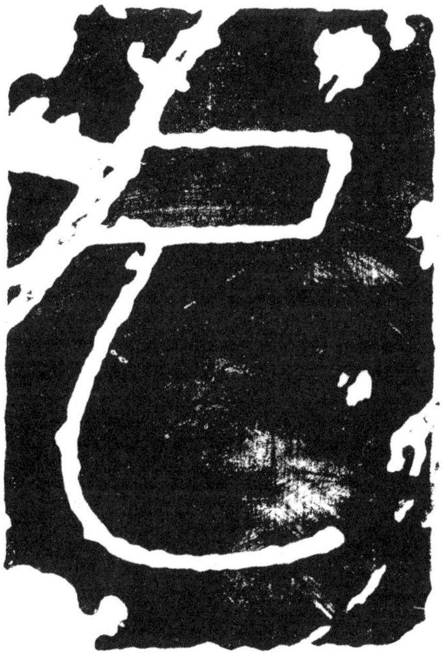

石索

逢古堂藏

賛皇縣壇山上有周穆王石刻吉日癸巳四字漢唐以來未經人道宋皇祐四年秋趙州守將廣平宋公訪得之命縣令劉莊督工鑿取以歸次年夏李公中祐權郡守事恐其圮剥迺鑱廳事右壁而陷置之并為之記所謂華力道勁有劍拔弩張之狀者殆非虛語今在縣學之戟门歐陽公引穆天子傳云登賛皇以望臨城置壇此山是也壇字从土今記中檀山从木恐誤石刻吉日癸巳猶本傳稱吉日戊午天子大服冕禕吉日甲子天子賓于西王母之類癸巳去甲子方三十日未知即此癸巳否傳又云乃為銘迹于縣圃以詔後世又云乃紀丌迹于弇山之石則穆王石刻亦非一處此紀時而不紀事以累耳趙明誠金石録以其字非古文蝌蚪迺類小篆為疑是不盡然竊謂古文鑄于鐘鼎蝌斗施于竹簡若石刻非大篆不可今觀宣王獵碣及孔子書季札墓碑皆不作古文科斗則此四字已開石鼓之先聲矣

石索

周岐陽石鼓一

在京師國子監大成門左右共十鼓

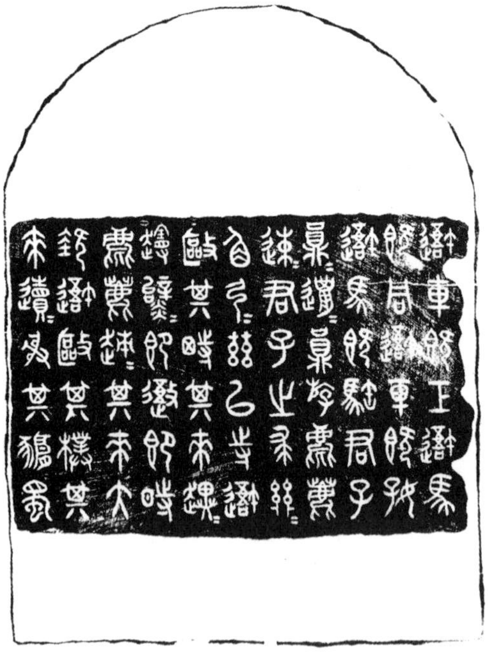

邃古齋臧

避車既工避馬
既同避車既孜
避馬既駘君子
員邋員斿麀鹿
速〻君子之求𤔲〻
鹵弓〻茲以寺避
敺其時其來趩
趩〻𩠂〻即邀即時
麀鹿趚〻其來大
坴避敺其樸其
來遺〻射其豣蜀

右弟一鼓高一尺七寸圍六尺六寸凡十一行〻六字重文九　避即吾亦釋我
工即攻孜即好駘即阜𤔲〻即闗〻殘痕尚有影潘氏迪以爲舊有
孫字者非鹵即卤〻弓或是盧弓寺或即侍趩字俱作趨今按范
氏天一閣本殘畫走旁之右存半下截从ヨ不从㠯也𩠂即𤉡衆多
意邀或音御豣蜀或即豚獨

石索

石鼓二

邃古齋臧

汧殹沔〻丞彼淖淵
鰋鯉處之君子漁
之𢡱有鯊其斿𢟪
帛魚鱳〻其𥰒氏鮮
黃帛其鯾有鯙有
鮊其胡孔庶臠之
𩵦〻迂趩〻其魚惟何
惟鱮惟鯉何以橐
之惟楊及柳

右弟二鼓高二尺一寸圍六尺三寸凡九行〻七字末行五字重文六　汧水名
殹即也字或釋兮字沔即泛丞即烝鰋即鰋𢡱即漁𢡱鄭氏云即瀺
疑有重文鯊即漁𥰒即菹鯾即鯾鯙連反鯙即鮒鮊音綿胡即胘
悖雅臚謂之胘𩵦𩵦丑若反相如大人賦休𩵦奔走周寶林鐘銘愷〻
𩵦〻迂郭氏云籀文洋字橐說文符宵反潘氏云橐省聲蘇氏詩作
貫〻恐誤

石索

石鼓三

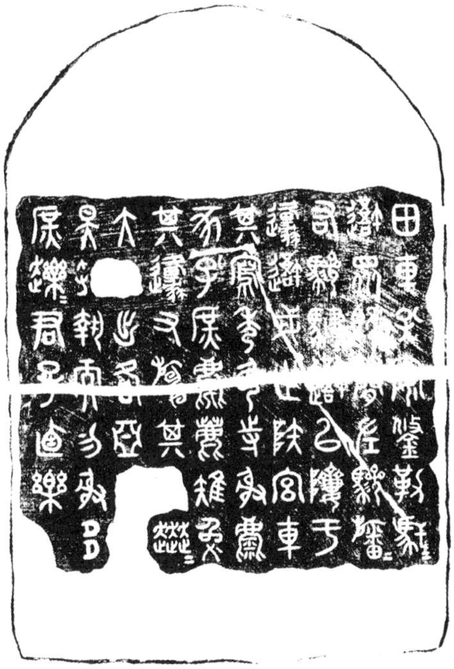

田車既安鋚勒駻＝
遊衆既簡左驂旛＝
右驂驩＝遊以隮于
邍遊我止陸宮車
其寫秀弓寺射麋
豕孔庶麀鹿雉兔
其邍有旃其　奔＝
大　出各亞
吳　執而勿射多
庶㩻＝君子逌樂

右第三鼓高一尺八寸圍六尺四寸凡十行＝七字末行六字重文五　遯古
原字宮車𩌦車也𩌦車甪于宮中　寫讀如卸＝而不用也秀与綉同
綉弓戎弓也穀梁傳弓綉質＝靶也　我弓綉其質示武中有文也吳末
詳𢚩是臭字臭古老反大白澤獸＝也即攸字

遯古堂藏

石索

石鼓四

𩌦車𦻏敕真
弓孔碩彤矢
四馬其寫六轡
徒驂孔庶廓
宣搏𢕃車載衎
徒如章邍濕陰
陽趍＝六馬射之𦔣＝
如虎獸鹿如
多賢連禽
允異

右第四鼓高二尺圍七尺三寸凡十行＝七字末行六字重文二　廓
字薛釋廓鄭釋鄂𢕃鄭釋𢕃云即輶字𩌦籒文載字濕即
隰古每通用趍鄭釋趍鷹疑即趨字𦔣疑借作鏃連字鄭釋徇
十鼓下截文字完整上截磨泐近廿字不敢臆補仍从天一閣

遯古堂藏

石鼓五

石索

邃古齋藏

靁雨
淋 迒湧〻盈渫
滋 君子即涉〻馬
游 汧殹洎漊
舫舟西歸
自鄜徒馭
隹舟以道或
陰 或陽极深以
于水一方
止其奔
其 敔 其事

右第五鼓高二尺一寸圍六尺八寸凡十一行〻六字重文四 此第一行靁雨之上缺四字古文苑有漊〻字薛有天字升菴補我來自東句今觀天一閣本靁字上有殘畫亦不似東字不若竟缺此句為善靁即零字淋古流字渫或是湈字汧字上佀游字非流也舫舟西歸句上本缺二字或改作丞士舫舟駕言西逐不知駕言二字無處位置也殹字鄭釋揖亏字文缺不全舊釋户字未確

石鼓六

石索

邃古齋藏

䣄作原作
導徒我治
除帥彼陼
莫為世里
微識〻彼罟
𣡦柞棫其
欑椐鸓〻鳴
亞箬其華
為所斿𢼸
盩衜首樹
吾

右第六鼓高一尺五寸圍六尺八寸凡十一行此鼓民間截其頂穴其中以為臼故每行止存四字末行一字重文二 陼舊音亭或曰販草字薛作蒸鄭作莫卅三十也非世字識薛作徼𣡦古栗字欑古稜字鸓薛作鸓鑿薛作憂吾疑是晤字

石索

石鼓七

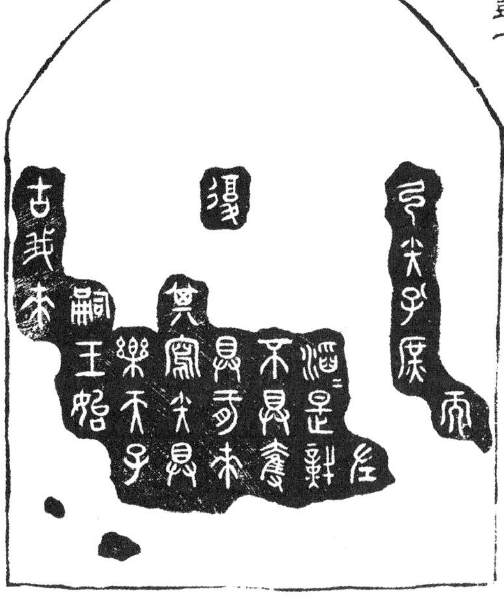

邃古亝撫

弓矢孔庶
而
左
滔是熾
不具奪
具肝來
其寫矢具
樂天子
復
嗣王始
古我來

右第七鼓高二尺二寸圍六尺七寸凡十行〻六字重文一　而字以上缺文不可知多字薛作肝鄭作肟音吁樂字薛本潘本俱有補之此鼓多剥落潘釋存十四字天一閣本存二十八字朱竹垞曝書亭集云第七鼓用修增益徒御嘽〻會同有繹或犀或友悉率左右以燕天子咸與小雅同文不知鼓文每行字有定數難以增益無惑乎陳晦伯有正楊一編矣

石索

石鼓八

邃古亝藏

彼
走驕馬薦
晳莽微雉立
其一
之

右第八鼓高一尺六寸圍六尺八寸剥落已甚不能定其行數天一閣本存十三字重文二潘氏音訓止存微字今無一字此从天一閣

石索

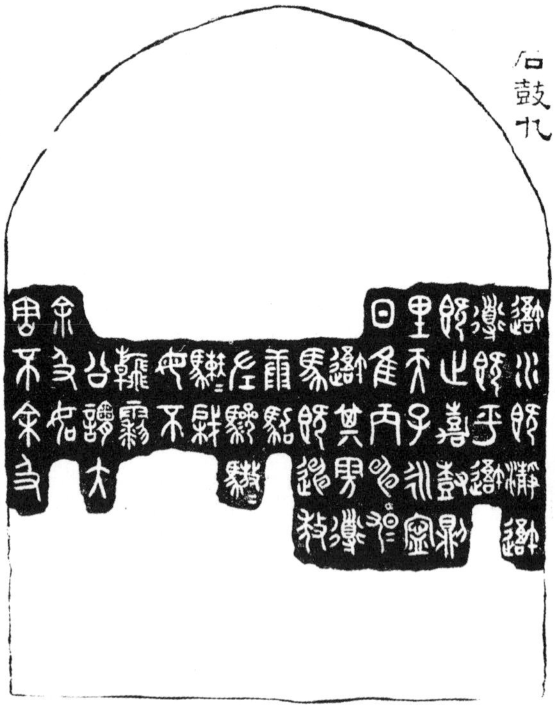

石鼓九

避水既瀞避
導既平
既止嘉樹則
里天子永寍
日惟丙申旭
避其旁道
馬既迪敎
康駕
左驂驖
騝戠
毋不
䮵霧
公謂大
余及如
害不余及

右第九鼓竄大高二尺九寸圍七尺八寸凡十五行〻五字重文二 瀞古清字或釋淨瀞下平下天一閣本缺潘本尚有避字俱補之罗字与戠字羊泐潘釋用字識字俱未合䮵鄭釋翰霧郭釋𩇕

邃古亝臧

石索

石鼓十

吳人憐亟朝夕敬惕
載西載北勿奄勿伐
而 獻用 大祝
曾 高
寓逢中囿孔 鹿
避其 曈大
求又
是

右第十鼓高二尺一寸圍六尺三寸凡九行〻八字重文一 吳王氏釋作虞朝惕奄三字天一閣本無之今從薛氏及法書苑補入高字一釋亭寓別本俱作盍爾籀文囿字見說文

石鼓文字雄視百家超今邁古洵成周之鉅制篆刻之極軌也秦漢以來遺佚陳倉田野中未顯于世至唐贒始盛稱之韋應物以為文王鼓宣王刻詩李嗣真張懷瓘韓退之直以為宣王鼓其後董逌程大昌等又定為成王時

邃古亝臧

石索

鼓肰以車攻之詩合史籀之篆其為宣王獵碣有斷斷不疑
者鄭漁仲據丞殹二字以為秦鼓馬定國據大統之獵以為
後周物在王厚之已力言其非歐陽脩既謂史籀書又以為三
可疑趙古則以為三不足疑楊用脩得可証者九乃極詆歐陽
氏亦其無所忌憚持論甚激而所載石鼓全文云得唐人拓
本於李文正者多至七百二字其字句位置㝵㝵與現存石
鼓齟齬則又不足信也薛氏鄭氏施氏傳刻互異至潘氏音
訓僅存三百八十六字惟鄞縣范氏天一閣所藏北宋舊拓四
百六十二字稱善本焉方石鼓之撤在陳倉也韓吏部為
博士時嘗請於祭酒欲以數橐駝輿致太學不從迨至鄭
餘慶始遷之鳳翔孔廟中經五代之亂又復散失宋向傳
師搜訪足之大觀中歸於京師道君金填其字宮殿奉
之完顏剔去其金泥沙棄之此石鼓之大劫也假令當日從
昌黎之請早歸太學著為考釋壽諸貞珉其所謂毫髮
盡備無差訛者當更足信今而傳後何至東坡之時得一二
遺八九如娟娟缺月隱雲霧訖沿元及明雖列國學潘吾
而外未有表章惟我
高宗純皇帝右文稽古老而彌篤于乾隆五十五年考論石鼓
御題篇章并刻昌黎詩於碑使共曉然于周宣之制又復
欽定石鼓首尾二詩截長補短
命大學士彭元瑞足成十章石鼓之文仍歸石鼓離括闕深有完無
缺於是舊石鼓與新石鼓並峙成均昭垂萬禩洵曠古希
逢之會也而檮昧者猶惑于偽劉詞臣馬定國之說以為宇文
周所刻試觀宇文石刻具在如保定造像大象摩崖之屬文
淺根拙詞淺淺顯與石鼓文有一字一畫相似否而謬若
此則真小人無忌憚者矣嘉慶二年阮制軍元督學兩浙時
取天一閣宋拓本臨刻杭州府學無有遠邇咸俾來觀其
嘉惠后學不小小醜不揣固陋縮成斯刻亦以天一閣為宗間以
薛氏潘氏補入數字亦必與泐痕相合其筆畫之古勁則
非臨摹所能及也橋元之廟石鉦石鉞石鼓蔡邕銘詞

邃古齋藏

石索

不可見而楊用脩所述十章完備亦不敢取前人題句云金
繩鐵索相鉤連糾糾斜斜翩孫小篆祖斯言可尋味矣

邃古齋藏

石索

殷比干墓題字

石高建初尺三尺七寸廣二尺二寸 四字二行 在衛輝府汲縣

邃古盦藏

隸釋云水經注殷大夫比干冢前有石銘題隸云殷大夫比干之墓所記惟此今已中折不知誰所誌也大觀中會稽石闕佐有此四字比水經又闕其三字畫清勁乃東漢咸寧時人所書歐趙皆未之見

漢隸字原云水經注朝歌縣坶野比干冢前有石銘隸云殷大夫比干之墓今只四字復不完石公弼跋云殷比干墓四字在今衛州比干墓上世傳孔子書然隸法始于秦非孔子書必矣字畫勁古當是漢人書

鵬按曹安比干錄云殷比干墓四字碑年深石斷字畫不全世傳孔子所書今此碑現存觀其體勢與周穆王吉日癸巳相類其為古篆字無疑謹用摹鐫以恭于世觀此則今所傳者乃曹安摹刻非當初原石若原石則字宜直書不宜分兩行且墓字已闕角不應闕角之外尚有餘石也又劉青藜續金石錄云比干為殺身成仁之第一人孔子是其族孫為之標識宜也以疑傳疑亦無不可鵬謂此說亦負孔子嘗為季札題墓篆長而方此在篆隸之間亦復方勁其殷字大九寸又旁作又漢末無此隸法或源出孔書經漢人摹刻故含隸意後又不全故將四字臨存方石不得以洪婁之辨泥為東漢人書也

石索

故臨孔聖書吳季子墓碑

嗚乎有吳延陵君子之墓

邃古盦藏

延陵季子碑十字在今江南常州府江陰縣之申港鎮延陵爲吳季札所封邑在西漢爲毗陵東漢爲晉陵隋改常州唐亦曰晉陵武德二年徙延陵置故縣即今潤州之延陵鎮其於孔子所書季子墓碑歲久湮沒開元中勅殷仲容摹刻之大歷十四年潤州刺史蕭定重刻石延陵廟中 杜佑謂曲阿延陵季子廟非古之延陵古延陵在晉陵縣其說明甚宋崇寧元年朱君彥采守常州即訪得季子墓在晉陵縣北七十里申浦之西申浦在暨陽門外廿里申港即今江陰縣暨港側有季子廟及大墓因摹立是碑于墓而爲之記治及于今碑已仆碎重整立之錫山陸子孟君拓是碑見贈且云異見此碑斷裂處爲霜風侵填皆白痕久之化成紅暈今氣泯合無跡異矣此神靈式憑不及此碑字高尺許縮臨之付于梓

又考淳化帖載魯司寇仲尼書十二字

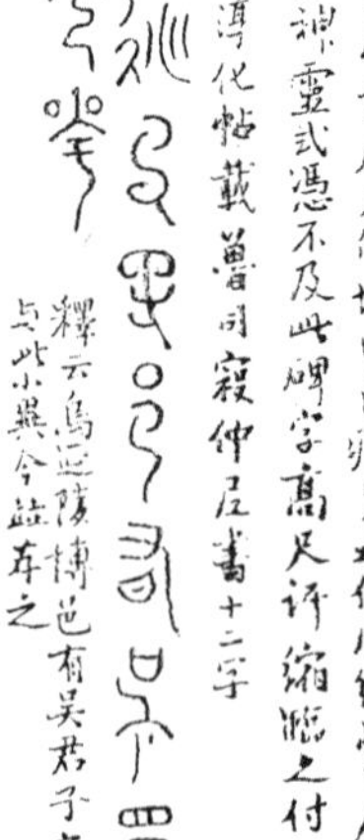

釋云烏延陵博邑有吳君子之墓呼
與此小異今並存之

秦詛楚文

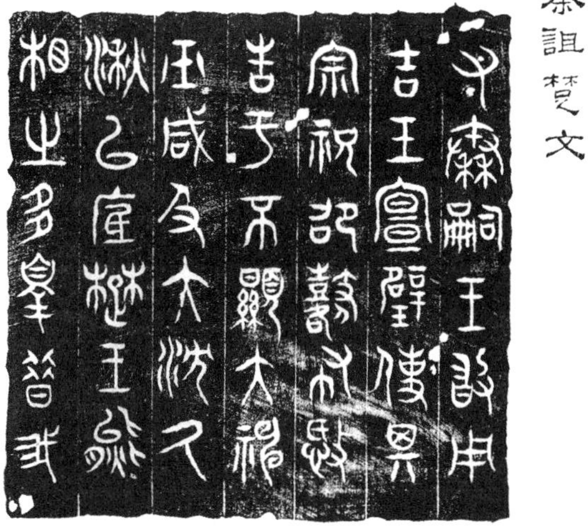

有秦嗣王敢用
吉玉宣璧使其
宗祝邵鼛布憝
告于不顯大神（即丕）
巫咸及大沈久
湫以底楚王熊（史記楚世家言熊槐此作熊相小異）
相之多辠昔我

先君穆公及楚
成王是繆力同
心兩邦以壹絆（或作若）
以婚姻（即婚姻）袗以齋（即齊）
盟曰葉萬子孫
毋相為不利親
即不顯大神巫
咸大沈久湫而

質焉今楚王熊
相康回無道淫
佚甚亂宣侈競
從變輸（即渝）盟制內
之則虣虐不辜
刑戮孕（即婦）婦幽剌
新（即親）戚拘圉其叔
父寘者（即諸）冥室櫝

棺之中外之則
冒改乃心不畏
皇天上帝及不
顯大神巫咸大
沈久湫之光烈
威神而兼倍（即背）十
八世之詛盟壅
諸侯之兵以

金索

加我郤鄭伐我
社稷伐滅我百
牧求蔑法皇天（即姓）
上帝及不顯大
神巫咸大沈久
湫之䘓祠之以
圭玉羲牲逑取（即犧）
遣邊城新郢及（即我）

鄗長敦我不敢
曰可今又悉興
其衆張矜億怒
飾甲底兵奮士
盛師以偪我邊
竟將欲復其賕（即境）
速唯是秦邦之
羸衆敝賦䪨

邃古盦藏

石索

棧輿禮使介老
將之以自救也
亦應受皇天上
帝及不顯大神
巫咸大沈久湫
之幾靈德賜克
劑楚師且復略（舊釋制非）
我邊城敢數楚

王熊相之倍盟
犯詛著石章以
盟大神之威神

詛楚之文詞氣橫縱侶國策篆法淳古侶鐘鼎有議為僞者非也集古錄王伯順云詛楚文凡三曰久湫曰巫咸曰亞駝其詞則一惟告於神者隨號而異史記世家年表秦自穆公十八世惠文王与楚懷王同時争霸此詛為懷王也懷王十一年六國攻秦楚為從長此文曰熊相率諸侯之兵以臨加我是也後五年張儀以商於之地欺楚絕齊楚發兵攻之曰偪我邊境是也是歲秦遣庶長章拒楚文曰使介老將之以自救是也此文之作當在惠王後元十三年

邃古盦藏

秦泰山石刻殘石

四真秦刻止存十字斯臣去疾直連四字為一石昧死臣請矣臣横連六字為一石在泰山頂東嶽廟之寶斯亭

矣字彷彿可辨今翻刻訏本作朿誤

石索

翁覃谿先生云原石四面環刻斯臣去疾四字在南向第二段之第一行昧死臣請矣臣六字是其後三行之首二字又云岱頂秦篆宋汶陽劉斯立作譜至明吳同春所記僅存劉譜之半矣其後北平許於榛莽中得廿九字嵌置碧霞元君廟東廡之壁至乾隆五年庚申燬于火今又七十餘年知泰安縣事常熟蔣君於廢池址剔得此殘石二片尚存十字仍以嵌諸壁是真刻之僅存者

泰安明府汪夢岩汝弼題云李斯篆二世詔宋大觀間劉跂親至岱頂摹其全文雖殘缺剥落然首尾完具不可識者無幾明都元敬猶見全文後嘉靖間北平許某於榛莽中移置碧霞宮東廡僅存二十九字即顧亭林所見本乾隆五年碧霞宮火此石遂失後人摹刻于岱廟邑人聶劍光又別摹一石于縣署土地祠原拓甚不多得錢辛楣少詹載入金石跋尾洪稚存編修詩所謂欲將一字比一星二十八宿應湊伐也嘉慶甲戌春予自濟陽移知泰安昇岱廟亦供惟存土地祠聶本雖仿明拓而神氣已非猶優孟之於叔孫矣徐石生司理言及岱頂有趙丈人者年九十餘歲十年前於玉女池曾見其中殘石依稀有字然余心動以告蔣君伯生幸與生蔚阜繼井搜得殘石二塊神采奕然亟為嵌于山頂東岳廟壁惜辛楣稚存諸先輩未及一見耳

昭文孫子瀟原湘題詩云萬物不歷劫不古不足珍古物不歷劫雖古不覺新不見泰山秦刻出斯手遠黎聽體史謬糾詳下全碑宋猶完壁明碎瓊二千年字存廿九重瞳一炬燔秦宮秦碑毀亦遭祝融妬家火德為秦滅天亦報秦多火攻殘星熒熒一十點七十八年潛水中寧無好古士碑沒才生碑出死當眼白頭未睹此此石入水能不濡蔣矦象罔能求珠惜十九字不可覓想已委付咸陽墟岱宗茫茫時齋魯剝蝕年　張石堪語全文雖亟汶陽劉題跋猶逾北平許不見鄒嶧山頭刻石文拓跋推倒野火焚之眾山顛而石分鑿去紀為煙與雲此十字者逃出水火劫石壽又應絫千葉拓摹一紙寄之閣嶽倒谺谺漢晉帖

鵬于嘉慶己亥春登岱頂觀初出日信宿此十字殘碑下拓其文依樣刻之如右其偽刻廿九字者乃磨去登嶽迴文詩碑刻此舊痕猶露其中如是山試金作金定大紕繆不但優孟而已故另為集補全碑于後

邃古齋藏

集補泰山石刻全文

泰山石刻止存真跡十字，餘無可補。肰全文具載史記，其縮刻于絳帖者猶存十之七八。今參以繹山、琅邪詔，以說文追摹斯法，集補四面全文，以便觀摹。

右石西面六行凡六十三字

右石北面三行凡三十六字

䈞即著，𨻰即隆。碧落碑「藩度惟隆」字本於此。廣川書跋誤識為陵，且以為不應爾云云，謬甚，己不識字而責人乎哉。

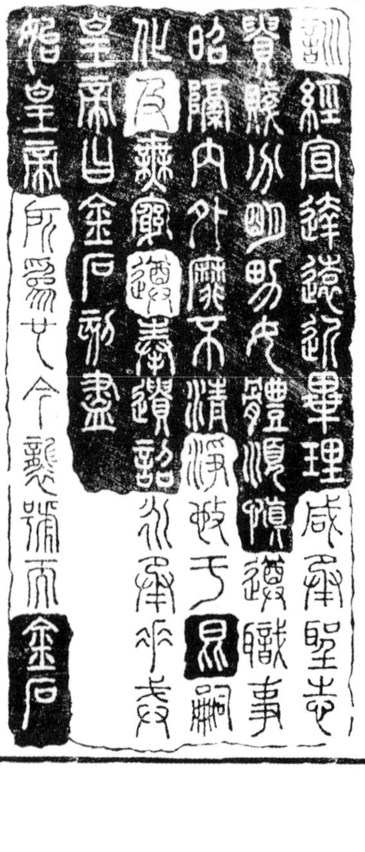

右石東面六行凡六十七字

䧭即隔，内外廳有隔別，方合下文清淨。廣川書跋以為融，謬甚。施字石缺，按說文㫊旗皃，敀，敷也，今以敷施之施補之。

右石南面七行凡五十六字　四面共二百二十二字

釋文　　史記頌詩四五六言不齊自以石刻為正

制曰可

皇帝臨立（即位字，史作位）作制明法臣下修飭廿有六年（史作二十有六年）初并天下罔不賓服親巡遠黎（史作親巡遠方黎民）登茲泰山周覽東極從臣思迹本原事業祇誦功德治道運行者（即諸字）產得宜皆有法式大義著明（史作休明）陲于後嗣（史作垂于後世）順承勿革皇帝躬聽（史作聖）既平天下不懈于治夙興夜寐建設長利專隆教誨訓經宣達遠近畢理咸承聖志貴賤分明男女體順（史作禮順）慎遵職事昭隔內外靡不清淨施于昆嗣（史作後嗣）化及無窮遵奉遺詔永承垂戒

皇帝曰金石刻盡始皇帝所為也今襲號而金石刻辭不稱始皇帝其於久遠也如後嗣為之者不稱成功盛德丞相臣斯臣去疾御史大夫臣德昧死言臣請具刻詔書金石刻因明白矣臣昧死請

按泰山石刻先在嶽頂玉女池上後移置碧霞元君祠東廡石高四尺廣狹不等凡二十二行行十二字宋大觀間汶陽劉跂親為摹拓得字二百二十有二今劉跂本既不可見而明人北平許氏所摹廿九字又被近人翻刻失真惟絳帖尚存其大半合之史記適全其文其以制曰可三字冠於第一行者金薤琳瑯云刻文從西而北而東而南其末行復轉刻於西南稜上是也但它刻皆直接昧死請之下此獨提行而冠于首未始非尊君之意即以為第一行亦可

秦琅邪臺石刻

琅邪臺在青州府諸城縣之東南百六十里臺三成三面環海碑在海神祠石高丈五尺字在碑之中偏西凡十三行八十六字重文三

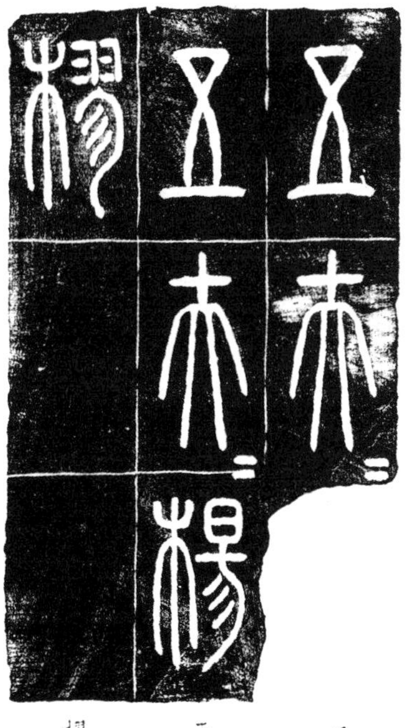

五大、　五大夫楊　樛

皇帝曰　金石刻　盡　始

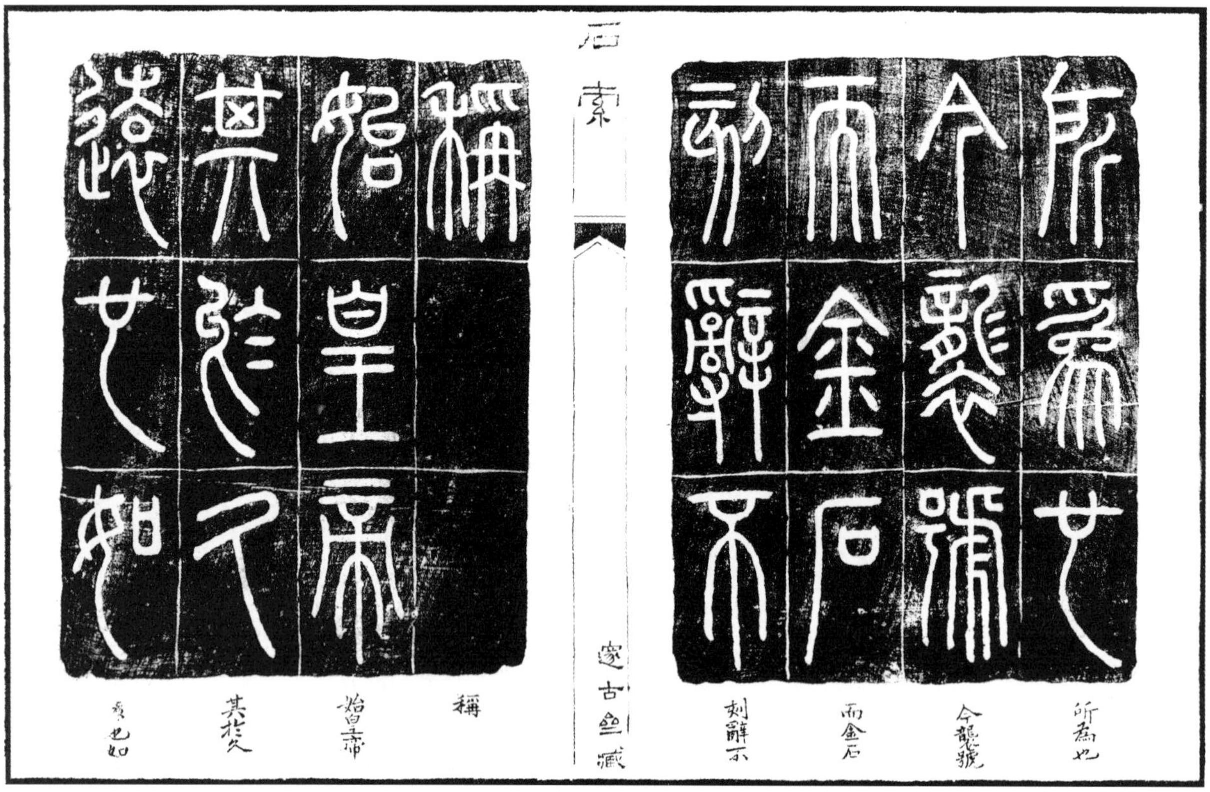

石索
邃古齋藏
所爲也
今襲號
而金石
刻辭不
稱
始皇帝
其於久
遠也如

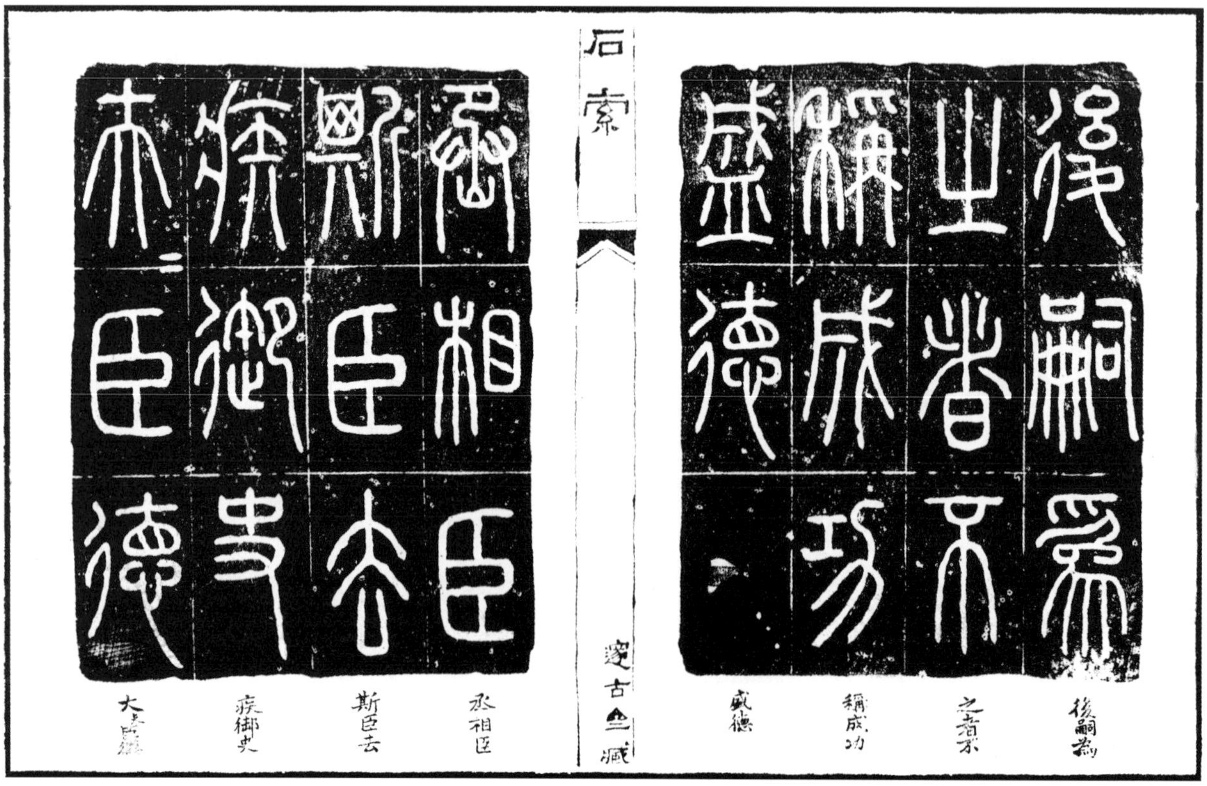

石索
邃古齋藏
後嗣爲
之者不
稱成功
盛德
於相臣
斯臣去
疾御史
大夫臣

石索一

昧死言　臣請具　刻詔書　金石刻

因明白　矣臣昧　死請　制曰可

石索一

金石志云碑、裂寸許前知縣事泰州宮懋讓鎔鐵束之得以不頹前知縣倉父某于碑南面磨去始皇頌詩自刻長天一色四字同一有事于此而學不學多矣今所存者二世從官名及詔書都元敬金薤琳琅所載宋莒公刻本十七字皆頌詩中語今亦無存

鵬按此刻極泐難辨裂痕與字畫相亂無以措手姑將善本合泰山殘石倆佛臨摹其原本十四行行八字弟三為空行今分作三十一行行三字字如其小大欲存其佔也細玩之古秀有骨与泰山殘石十字相同不比嶧山碑廓落洵屬前李手筆為後李所宗法者在始皇本不足頌故頌詩難免倉父磨去之劫但其文其字固未可改且未見全文難知顛末今抄出本紀始悟始皇頌詩三百十字其文甚長又加以從官姓名自是南面不能盡刻故轉折而西而北至楊樛而止下空一行另刻二世詔方為明順與泰山石環刻相類則五大夫二行當仍為始皇從官非二世從官也

附錄史記始皇本紀

二十八年南登琅邪大樂之留三月乃徙黔首三萬戶琅邪臺下復十二歲作琅邪臺立石刻頌秦德明得意曰維二十六年（應作維廿六年）皇帝作始端平法度萬物之紀以明人事合同父子聖智仁義顯白道理東撫東土以省卒士事已大畢乃臨于海皇帝之功勤勞本事上農除末黔首是富普天之下摶心揖志器械一量同書文字日月所照舟輿所載皆終其命莫不得意應時動事是維皇帝匡飭異俗陵水經地憂恤黔首朝夕不懈除疑定法咸知所辟方伯分職諸治經易舉錯必當莫不如畫皇帝之明臨察四方尊卑貴賤不踰次行姦邪不容皆務貞良細大盡力莫敢怠荒遠邇辟隱專務肅莊端直敦忠事業有常皇帝之德存定四極誅亂除害興利致福節事以時諸產繁殖黔首安寧不用兵革六親相保終無寇賊驩欣奉教盡知法式六合之內皇帝之土西涉流沙南盡百戶東有東海北過大夏人迹所至無不臣者功蓋五帝澤及牛馬莫不受德各安其宇維秦王兼有天下立名為皇帝乃撫東土至于琅邪列侯武城侯王離列侯通武侯王賁倫侯建成侯趙亥倫侯昌武侯成倫侯武信侯馮毋擇丞相隗林丞相王綰卿李斯卿王戊五大夫趙嬰五大夫楊樛

秦之罘石刻殘字

之罘山在登州府文登縣東北界石刻久淪于海今據汝帖存十四字

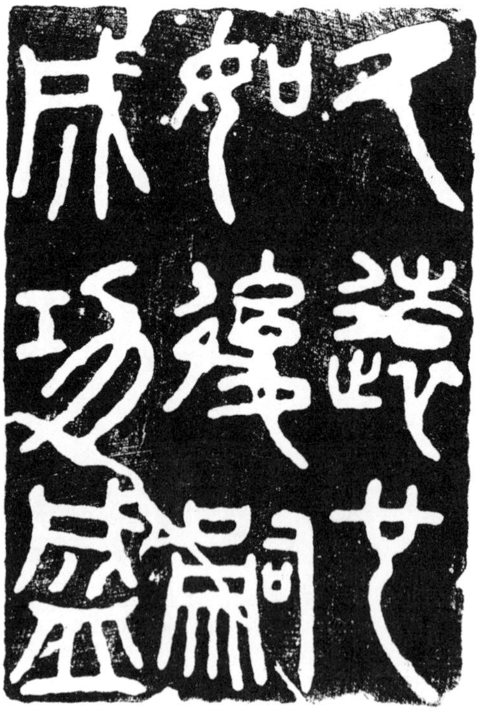

石索

按始皇本紀廿八年登繹山泰山刻所立石乃竝勃海以東過黄腄窮成山登之罘立石頌秦德而去廿九年登之罘刻石其辭云維廿九年時在中春陽和方起皇帝東游巡登之罘臨照于海云云其東觀曰維廿九年皇帝春遊覽省遠方逮于海隅遂登之罘昭臨朝陽觀望廣麗其末云羣臣嘉德祇誦聖烈請刻之罘二碑中皆無此十四字此乃二世詔書補刻其從者唐時猶存數字今併亡之澌矣古刻之難見也

邃古齋藏

秦繹山碑

古刻久亡此從宋鄭文寶摹本在西安府學

動旁從重要壽碑云同不動心亦從重

石索

邃古齋藏

石索

功戰斫攻戰

樂石者顏師古云以泗濱浮磬作碑也

經紀以上始皇誦詩皇帝曰以下二世詔體微小

邃古齋藏

石索

徐廣曰去疾姓馮

邃古齋藏

釋文

皇帝立國維初在昔嗣世稱王討伐亂逆威動四極武義直方戎臣奉詔經時不久滅六暴强廿有六年上薦高號孝道顯明既獻泰成乃降專惠親𨋎巡遠方登于繹山羣臣從者咸思攸長追念亂世分土建邦以開爭理功戰日作流血于野自泰古始世無萬數他及五帝莫能禁止迺今皇帝一家天下兵不復起甾害滅除黔首康定利澤長久羣臣誦畧刻此樂石以著經紀皇帝曰金石刻盡始皇帝所爲也今襲號而金石刻辭不稱始皇帝其於久遠也如後嗣爲之者不稱成功盛德丞相臣斯臣去疾御史大夫臣德昧死

石索

言臣請具刻詔書金石刻因明白矣臣昧死請制曰可

鄭文寶記云秦相李斯書嶧山碑跡妙時古殊為世重故散騎常侍徐公鉉酷耽玉箸垂老年時嘗手此晚節獲嶧山碑摹本師其筆力自謂得思於天人之際因是廣求已之舊跡焚擲略盡文寶受學徐門粗堅企及之志太平興國五年嘗再舉進士不中東適鄒魯客鄒邑登嶧山求訪李碑邈然無覩還於南決悒悵于榛蕪之下惜其神蹤將墜于世今以徐所授摹本刊石于長安故都國子學庶博雅君子見先儒之指歸淳化四年八月十五日記

金石錄云秦嶧山刻石者鄭文寶得其摹本於徐鉉刻石置之長安世本是也唐封演聞見記云後魏太武帝登山使人排倒之邑人聚薪其下因野火焚之殘缺不堪有縣宰取舊文勒于石置之縣廨今人間皆新刻本而杜詩直以為棗木傳刻者豈別有本歟按史本紀二十八年始皇東行郡縣上鄒嶧山立石與魯諸儒生議刻石頌秦德而其頌詩不載其他始皇登名山凡六刻石史皆具載其詞獨遺此文何哉楊士奇東里續集云嘗見陳思孝論嶧山碑翻本次第云長安第一紹興第二浦江鄭氏第三應天府學第四青社第五蜀中第六鄒縣第七　鵬按今兗州儒學又有明時翻刻本其字畫俱謬又在鄒縣之下遜取長安本縮刻于此以正其趨

遼古齋藏

石索

秦丞相李斯書

淳化帖所刻如此

田疇耕耨為政暮月而致法令使父子為鄒魯

淳化帖以為李斯書釋文曰之山左徐朝綱右亭集釋云此李陽冰篆王寀所摹明州刺史河東裴公紀德碣中字也此帖乃摹其十六字以為斯書與碑中篆無銖黍差而米云不知何人書蓋未見此碑耳

李斯書

絳州帖所刻如此

遼古齋藏

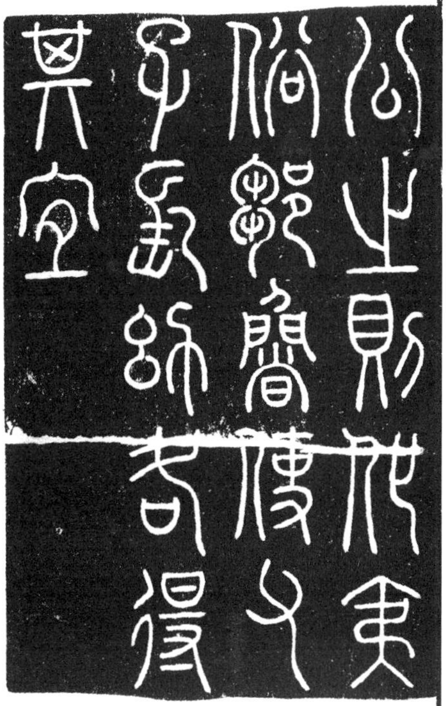

鷸適復田疇闢款以耕耨故為政可恭月而致寬之則法令非行公之
則化吏俗鄙魯使父子長幼各得其宜

鵬按李監趙步斯翁今古一轍然莫能辨故閣帖所收十八字絳帖
所收四十二字均以為李斯書寔則王庶子碑中語在古今法書苑已
言之矣且其中田為以致政俗等字又與庾公德政碑今皆具為步
温書無疑但未知前李果有是書而後李採用之耶抑後李自
為書耶兹姑仍二帖之舊俟訪得王庶子碑更為移置耳

石索　遂古堂藏

漢五鳳石刻　在曲阜聖廟同文門西榻　字如原樣

原記

直靈光殿基西南卅步曰太子釣魚池蓋劉餘以景帝子封魯
故土俗以太子呼之明昌二年詔修孔聖廟匠者取池石以充用
土中偶得此石側有文曰五鳳二年者宣帝時號也又曰魯卅
四年六月四日成者以漢書考之乃餘孫孝王之時也西漢石刻
世為難得故予詳録之使来者有考焉提控修廟朝散大夫
開州刺史高德裔閩鄉記

按金章宗明昌元年三月詔修闕里孔子廟二年春興工高氏
云一年詔修者據興工時言也靈光殿撰于景帝之子共王餘
此石乃餘孫孝王慶忌時刻則所云六月四日成者當别有工作
非靈光殿始成也金石萃編云近人高鳳翰鈎本張氏鐫之於
木字畫訛誤殆無足取鵬觀近時姚東樵臨刻曰宜堂帖中其
魯字作魯亦誤金石圖縮本將記中直字作置字劉餘作劉餘
更誤併正之

石索　遂古堂藏

漢建平郫縣石刻　同南村古刻叢鈔摹本

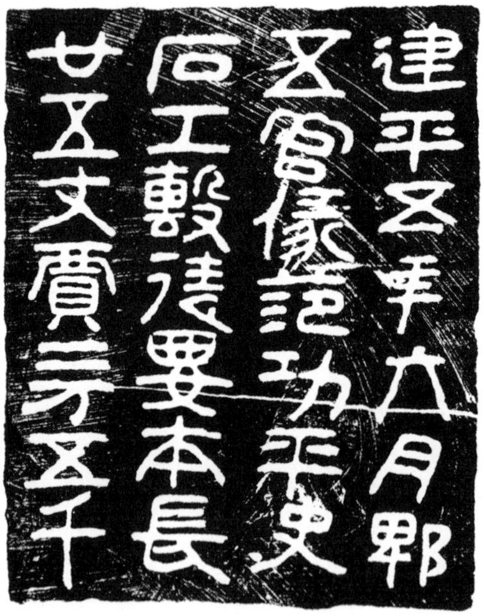

古刻叢鈔云西漢石刻字潤六七寸許長短不倫其文曰建平五年郫五官掾范功平史石工毄徒要本長廿五丈賈二萬五千此刻在永康過縣庰二里許道旁軋道丙戌余始得之荒菜中石三面凸凹刻隨其勢蓋孝哀時刻也建平止四年明年書元壽而不載改年豈詔未至蜀耶如孝献初平止四年文翁柱記亦書五年之類其後僭叛踰建平者凡八如石勒慕容堅慕容德慕容盛劉義宣魯輿賊白馬桑斯賊王愉皆不在蜀西京末郭唐為信都五官掾故知為西漢石刻無疑

石索　遼古齋藏

甘泉山漢刻殘字

石在揚州甘泉山惠照寺阮芸臺先生于亂石中尋得之嵌置府學今摹其二石其一横石数字湯滅難辨不録江鄭堂云漢厲王胥塚中石也甘泉山舊有厲王墓今土人呼為琉璃王冢琉璃即劉厲之訛此當是西漢石刻在五鳳後四年

一石四字　中殿第廿

芸臺先生引宋書載鼙鼓歌云中殿宜皇子謂中殿與東宮義近

一石三字　第　百卌

字畫欹斜銛利與摩厓相佀其一石高漢尺二尺六寸廣七寸一石高九寸廣一尺三寸半字大四五寸不等

石索　遼古齋藏

漢孝堂山畫像十石　在肥城縣西北六十里
弟一石
石室南向正面之東
石索
遂古齋藏

石索
遂古齋藏
一石止畫未完

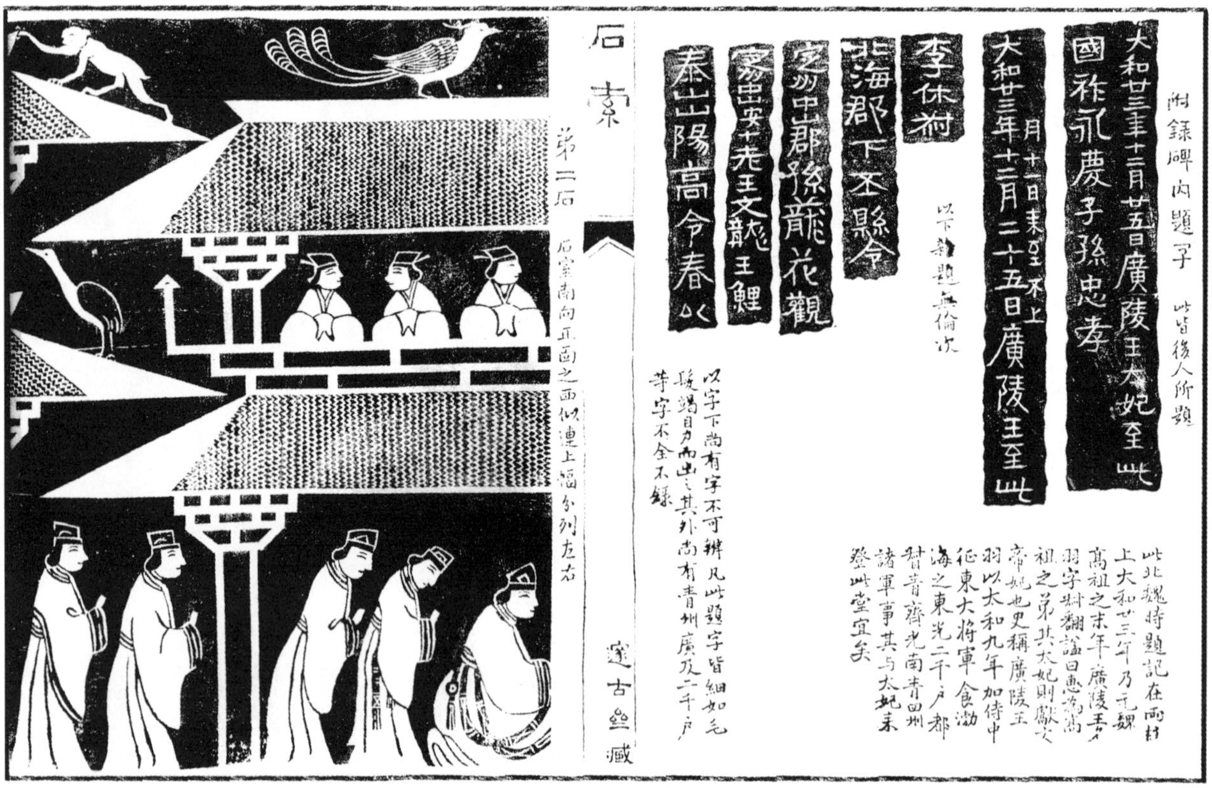
附錄碑內題字
此皆後人所題
大和廿三年十二月廿五日廣陵王太妃至此
國祚永慶子孫忠孝
大和廿三年十二月二十五日廣陵王至此
月十一日來至不上
以下雜題無倫次
北海郡下丞縣令
秦山陽高令春以
此北魏時題記在兩柱上大和廿三年乃元魏高祖之末年廣陵王名羽字叔翻謚曰惠為高祖之弟其太妃則獻文帝妃也史稱廣陵王羽以太和九年加侍中征東大將軍食渤海之東光二千戶都督青齊光南青四州諸軍事其與太妃來登此堂宜矣
以字下尚有字不可辨凡此題字皆細如毛髮竭目力而出之其外尚有青州廣及二千戶等字不全不錄
石索
第二石
石室南向正面之西似連上幅分列左右

石索

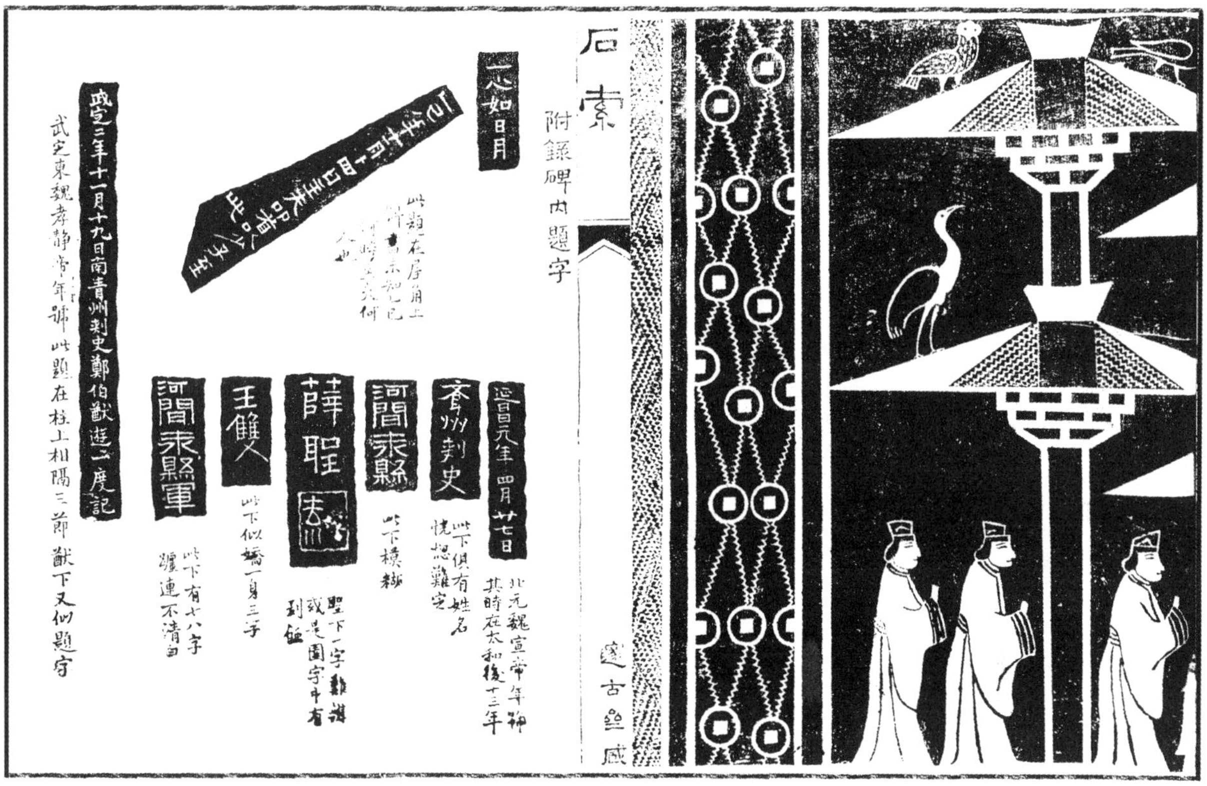
石索
附錄碑內題字
一心如日月
晉昌元年四月廿七日
北元魏宣帝年號其時在太和後十三年
齊州刺史
此下俱有姓名恍惚難定
河間東縣
此下模糊
薛聖
聖下一字難識或是圖字中有到血
此下似婿一身三字
河間東縣軍
此下有七八字躔連不清白
武定二年十一月十九日南青州刺史鄭伯猷遊二度記
武定東魏孝靜帝年號 此題在柱上相隔三節 猷下又似題字

石索
第三石
此石室之東壁故有尖頂本通連下泰山高令明及胡王事為全幅故金石志以此為弟四幅以高令明為弟三幅亦未詳所向也今從上而下自以此為三幅近日又塑神象壘以高座將胡王帳房一節遮隔拓印不到故將此幅下二層車馬截補在高令明之上為弟四幅則兩幅皆三層

石索
上層畫兩人相向
而跪一長尾人手
執器在其後又一
裸身童子跳躍雲
間
中層有貫胸者三人各有二人
以杖貫于其胸舁之而走有人
攜孩子觀之海外南經云貫胸
國在三苗國東其為人胸有竅是也
其左有一人跪其右有二人執杖行又有
一人跪一人執杖隨之
三層有一人戴冠正坐旁有侍者二人
又有執花枝者數人左右立又人身獸首
者又一兔方搗藥一兔執杵其旁餘不悉敘

石索
遂古堂藏

石索

遂古齋藏

胡王

此幅三層上二層畫執戈者四人前導馬十八騎車二車中坐者各二人各御車一人後擁二騎皆兩兩竝行下層畫峩冠束帶者五人正立其左右執笏拱立者十一人其正立五人疑四角胡王六角胡王之屬也又有峩冠束帶側立一人似與人語其左右拱立者七人又有一罷如㲁罷中似有物四人視之

此三層尚有一層在其下畫營帳數重及兵士刀斧之屬甚多皆為神座所掩紙印不到此二字題在帳外所坐胡王之上真原詞也

附錄碑內題字

泰山高令明永康元年十月廿一日故來觀記之

此題字在峩冠五人侍立四人之後永康祇一年為漢桓帝之末年則此堂在其前久矣故來觀者有意來觀故猶故故也非敬字

山陽

此下尚有字不明顯

石索
第四石 連上
邃古齋藏

石索
第五石
此石在東間
屋内西面
東向
邃古齋藏

第六石

此在石室西間屋東面西向上銳下平以飛鳥十餘自左及右為頂其中畫陞車事未知運者何人

此石畫升鼎事金石志載藝文類聚引南越書云熙安縣山下有神鼎天清水澄則見彭史劉道錫使人繫其耳而牽之耳脱而鼎仍沈執剝者莫不病耳至尉佗之鼎也此畫類之与武氏石室畫泗水鼎不同也畫一河兩岸疊石為堤兩邊各四人曳之其繩貫于植木之上穿孔而出右耳已斷故繩綫其斷耳猶在鼎端也河上四舟有一人持竿抵其足升之其餘魚鳥紛紛皆點綴之景其上有欵負雙人首及鳥身三人首前清非升鼎時事武氏石室畫在上層此未臨斷耳

附錄題字

景明三年六月十三日廣陵王

此行題字在中層兩首人之旁王下有字已漫下層馬首不可見矣景明為宣武帝年號其時去太和廿三年方及二年猶是廣陵王羽若廣陵王欣則在肅宗時矣

石索
遂古盦藏

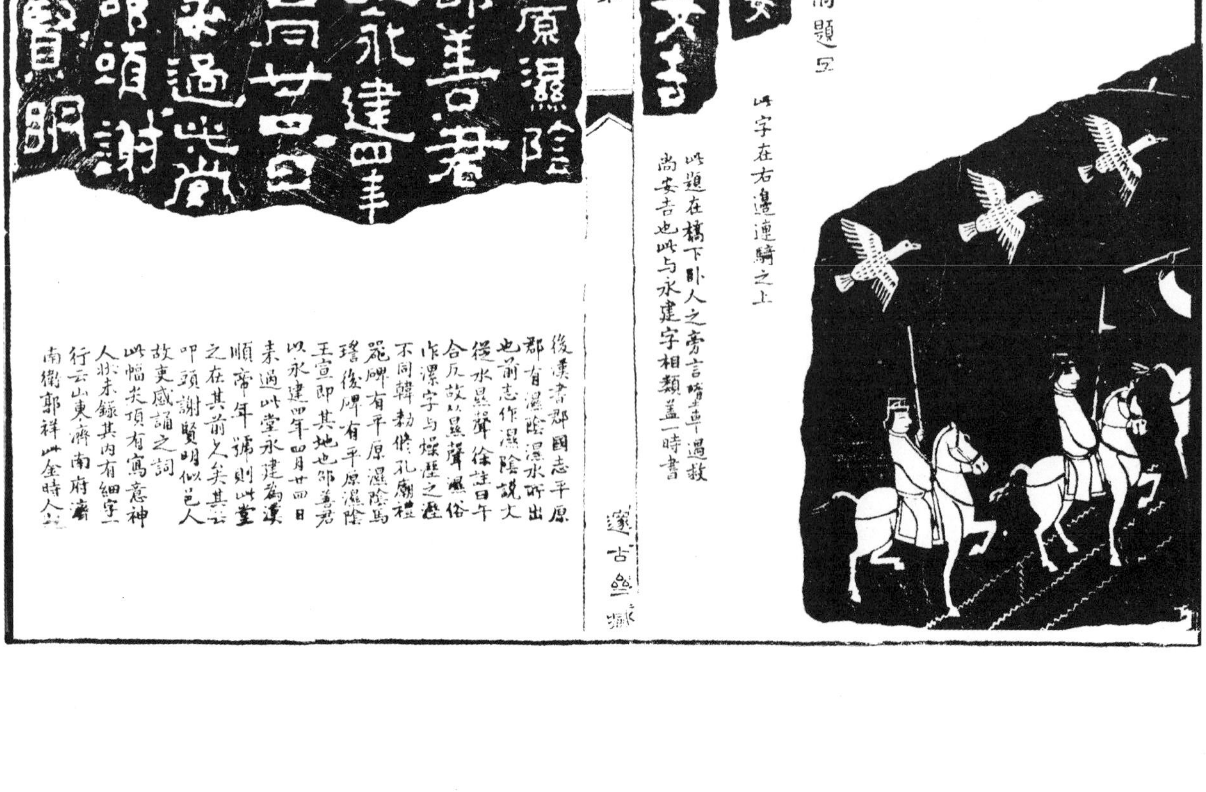
石索
附題字
安
安吉
此字在右邊連騎之上
此題在橋下臥人之旁言晴車過救
尚安吉也此与永建字相類蓋一時書
平原濕陰
邵善君
以永建四年
四月廿四日
來過此堂
叩頭謝
賢明
後漢書郡國志平原
郡有濕陰濕水所出
也前志作濕陰說文
從水㬎聲徐注曰今
合反故从㬎聲濕俗
作漯字与㬎歷之㬎
不同韓勑脩孔廟禮
器碑有平原濕陰馬
瑨後碑有平原濕陰
王宣即其地也邵善君
以永建四年四月廿四日
來過此堂永建為漢
順帝年號則此堂
之在其前久矣其云
叩頭謝賢明似邑人
故吏感誦之詞
此幅失頂有寫意神
人狀未錄其內有細字一
行云山東濟南府濟
南衛郭祥此全時人
遂古盦藏

第七石
此在石室之西間屋東向上銳下平凡五層非一時事故分為三段此第一層及二層也

上層中坐一人頂上垂以雲氣及二龍首猶武氏石室之上層每
畫神人此為寫意耳又鳥尾一人上已剝蝕次層一屋兩楹其
屋前懸弧有執弓而坐者似胡王之屬有蹲一足跪吹一器未詳
何物意戚藥之類其後有四人挽一鼓車如挽舟狀一人坐其中擊
之後二人各頂一花盆似蘭葉此層無題字

石索

七石　三四層

遂古堂藏

石索

七石　第五層右

一人負畢子背一人彎弓射之已著一矢又注其中間立童子二人未知何義

遂古堂藏

此三四層上有飛鳥九自右至右蓋所以隔別第二層不關本事不錄飛鳥下畫兩車兩馬向右竝行車中各坐二人其騎從騎導步導皆兩兩相比而行又前為一駝一象駝旁二人象旁有執鈎者三人蓋騎象時必鈎而升也鼻下有物如筐者舟也檣纜具有舟旁有魚而象大舟小不足載之必係闕文故未臨摹其前又有執弓四人騎導二人又其前二人冠服束帶執笏左向而迎其上題一相字其後有執戈四人

原題

此一字題在右邊冠服束帶人之上蓋刻碑時原題字似曾全碑

附題

王璆璋日行至

盛世雄以永興二年二月三日來觀　友人

先天二年十月廿五日

永興北魏太宗年號先天唐睿宗年號題字未全

第五層左

成王中立睹尚幼小左周公右召公其餘執笏左右侍者尚有十餘人大致相同不盡録原刻成王二字筆勢甚縱

附題

此外尚有數處題字細于蚊脚難辨不録

第八石　畫日烏月兎星斗及織女之狀今此石爲神座所掩未拓

第九石　畫騎導吹擊之屬後人題中紀二猥三月六字半泐未録

第十石　此畫大王之車騎儀從也大王未詳何人

二執戈者在前

以下前導後擁共十

石索

此大王車之前鼓吹車也中坐四人吹排簫其上有蓋蓋上復有羽葆樹鼓鼓角懸二鈴其上有頂飾二龍首

遂古堂藏

石索

附題

永興二年

續得一石

石窄而長畫人攀龍旁題正書七年十月

水經注云平陰東北巫山上有石室世謂之孝子堂未指言何人之冢北齊隴東王感孝頌始指為郭巨墓石室殊未可必

大王車三字係原刻

遂古堂藏

居攝墳壇石刻一

上谷府
卿墳壇
居攝二年
二月造

居攝二年孺子嬰之二年新莽居政時也上谷郡名墳壇知爲寵崇尺廣二尺四其中以篆字本在孔林雍正年移置聖廟

上谷府卿者府丞也趙氏載此石刻不知府卿祝其卿何官洪氏引應劭云大縣有丞左右尉所謂命卿三人漢餘有吳郡府丞武開明碑而武榮碑中稱之曰吳郡府卿又沈子琚縣竹江堰碑云縣丞王卿則居攝墳壇所刻乃上谷府丞祝其縣丞也此論甚明

居攝墳壇石刻二

況基卿
墳壇居
攝二年
二月造

況基即祝其孝魯相謁孔廟殘碑云史字叔德東海況基人洪氏云碑以況基爲祝其石與此合今臨本從誤其非也細玩石刻自明

祝其隸釋以爲春秋夾谷之地張稷同云祝其隸東海郡莽天鳳改名猶亭山此在居攝時故猶曰祝其非杜注夾谷即祝其縣泰山郡之萊蕪者也　鵬按魯相謁孔廟殘碑明云東海況基人張說良是第未知況基卿爲何人耳此石形制與上谷府卿同俱在孔廟同文門西柵惟第二行字泐其餘俱曲折生動

漢天鳳石刻

始建國天鳳
三年二月十
三日萊子侯
為支人為封
使偖子良等
用百余人後
子孫毋壞敗

隸書三十五字字大二寸高寸五六分不一偖疑儲字之渻余即餘字嘉慶丁丑秋見于鄒縣卧虎山今入孟廟

此石在鄒縣南卧虎山下發二千年無人知者嘉慶廿二年龔日士人孫生容王輔仲見之与滕縣孝廉顏君逢甲選入孟廟孝始建國天鳳三年係新莽僭位之八年其稱天鳳而冠以始建國猶繇續載王莽候鉦云始建國地皇上戊也其稱為封者蓋封樹之封猶禮稱三斬板而已封及史載建武祀泰山使奉車子侯為封之高一丈二尺之類顏君以為封由瞻族者非也百余人者用百餘人工築此封顏君釋為宗人亦非惟萊子侯不可考或以萊州為古萊子國或以為葉子侯葉字之泐俱無所據王莽时封侯甚濫有負而為傭者史固不勝載而碑字又悞惚難憑闕之可耳　其偖字亦不甚了之揔

石索

邃古齋藏

又此石雖非後人偽刻亦係當時野制無深長意趣同近時新出姑縮刻於西漢之末

道光元年四月朔日鏤板于嶧陽署齋怡時日月合璧五星聯珠記之

石索

邃古齋藏

石索二

紫琅馮雲鵬晏海氏 雲鵷集軒氏 同輯

碑碣二

漢建武中元蜀郡尊楗閣道石刻

隸釋作何君閣道碑 古刻叢鈔稱尊楗閣記

蜀郡大守平陵何君遣掾臨邛舒鮪将徒治道造尊楗閣袤五十五丈用功千一百九十八日建武中元二年六月就道史任雨陳春主

隸釋云此碑蜀中近出東漢隸書斯為之首字法方勁古意有餘蜀人以為尊楗閣碑棧路謂之閣道邛僰九折坂蓋其地也范史祭祀志建武三十二年為建武中元元年以即位初元冠于新歷之上東夷傳云建武中元二年倭奴國奉貢蓋與志同翁覃谿先生云尊楗閣記東漢寘古之刻而不見著録可不惜乎 鵬按此即古刻叢鈔所云尊楗閣記者因隸釋題為何君閣道碑故歧而二之耳今併其名使人無惑

石索　邃古齋藏

漢永平開通褒斜道石刻

在郿西漢中府褒城縣摩崖

永平六年漢中郡以詔書受廣漢蜀郡巴郡徒二千六百九十人開通褒余道大守鉅鹿鄐君部掾冶級王弘史荀茂張宇韓岑弟典功作大守丞廣漢楊顯将相用始作橋格六百卅三間大橋五為道二百五十

褒余即褒斜

䓁興晏釋弟典未合

橋格即橋閣

石索　邃古齋藏

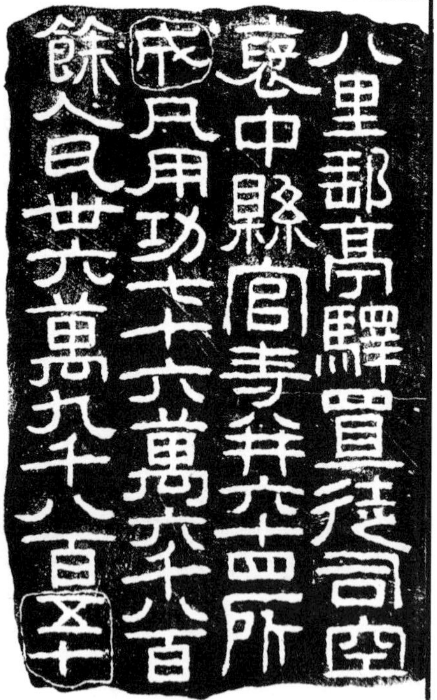

凡是空觀有字
上無今似成

此段後據宋晏袤釋文瓦卅六萬九千八百之下尚有四羅用錢百四十九萬
九千四百餘斛粟九年四月成就益州東至京師去就安隐三十二字今宋
見想磨泐無存然八百之下似有五十不類四羅二字
褒谷斜谷在褒城縣北郡國志北口曰斜南口曰褒長四百七十里同為一谷

此刻歐趙洪三家俱未著錄宋紹熙甲子南鄭令臨淄晏袤始得之石門西南除側對山崖中稱其字畫奇勁古意有餘與光武中元開道石刻相若為之記述刻於釋文之後隸書近六百字不能備錄 按此刻高古界乎篆隸之間殆即所謂八分書者洵屬東漢初年傑作其字或二三四寸不等用筆如長戈大戟不可拘束今之縮本細字大小如一殊不足以盡其妙 故就其原拓摹之存其縱橫之勢

石索

遂古齋藏

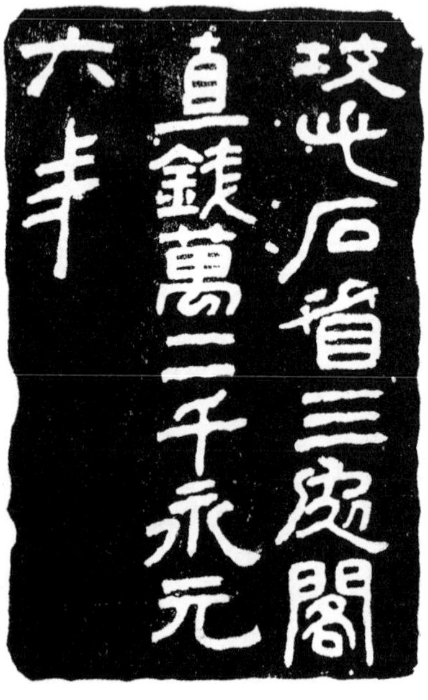

漢永元三處閣石刻

攻此石省三處閣
直錢萬二千永元
六年

古刻叢鈔云東漢刻石字方二三寸許蔡迨刻記云在范功平摩崖之西五十餘步字畫大小不等而筆意精妙去地數寸必伛而可得蜀之漢刻寔多此刻後尊棲閣記卅有八年其次在第三矣甚可愛也後五年太守李公作屋護之

石索

遂古齋藏

石索

漢中嶽泰室神道石闕銘

在今河南府登封縣東八里銘二十七行行九字惟第三四行十字字廣寸半

中嶽泰室陽城

額陽文九字存中嶽泰室陽城六字餘全泐以中室額推之恐是神道闕三字也

○惟中嶽泰室崇高神
君家土□□似稟寅純
春生萬物膚寸起雲潤施
源流鴻濛沛宣並天四海
莫不蒙恩聖朝肅敬衆
庶所尊齋誡奉祀戰慄
盡懃以報功德刻石紀
文垂顯靈異以傳後賢

漢紀武帝改嵩高山爲崇高

並即普

誡即戒

報誤作誦正之

靈異二字微可見補之

遼古盦藏

石索

元初五年四月陽城縣
長左馮翊萬年呂常始
造作此石闕時
○潁川大守京兆杜陵
朱寵丞西夏□陵省□
臨□府掾陽□□□□
丞河東臨□□□□□
臨□張嘉□□□□□

史□□鄉三老嚴
壽□□佐石副兼
崇高亭長蘇重時臨之
陽翟平陵亭部陽陵格
王孟功副車卿王文通
潘□□□□□之共□□
亭□□□陽陵□□
君□□□□□□□□

兼字係作垂字不合

遼古盦藏

顧氏金石文字記云闕在開封縣中嶽廟南百餘步

兩漢金石記云嵩山三闕惟太室闕字差小前銘後系皆書各以一圜標界十首亦金石文所罕見也三闕歐趙洪皆不著錄近人顧亭林王虛舟吳山夫牛空山四家始錄之吳山夫金石文存有少室開母二闕獨無太室金石圖概以為每行九字殊多舛誤顧氏所載太暑王氏改正岱祀二字甚々若第四行源流下一字王所錄亦未確也

鵬案各本起處多缺今將舊拓本及新拓細校其中下嶽字山頭尚存室字亦頭亦隱々可見必中嶽泰室四字為題額合故補之

後錄

金石記云後銘約四十餘行有直界紋稍狹而字長篆中帶隸剝落已甚其文亦前叙後頌太室闕額正當此文中間之上方從未不見著錄黄小松畢秋帆俱以拓本寄來二本互對纔辨四十七字耳

鵬案太室石闕立在元初五年少室開母二闕在延光二年其間相去五年此文稱延光四年三月及孔子人聖潁川太守楊云云當即在其後其時太守楊则非復朱寵矣文過于殘缺十不存一不錄

漢中嶽少室神道石闕銘

在登封縣西十里邢家鋪西南三里田間銘廿二行四字其二行無字

額高廣七寸陰文少室神道之闕六字額下二層皆畫像

遠藪林芝

縣日月西

三月三日

郡陽城縣

興治神道

石索

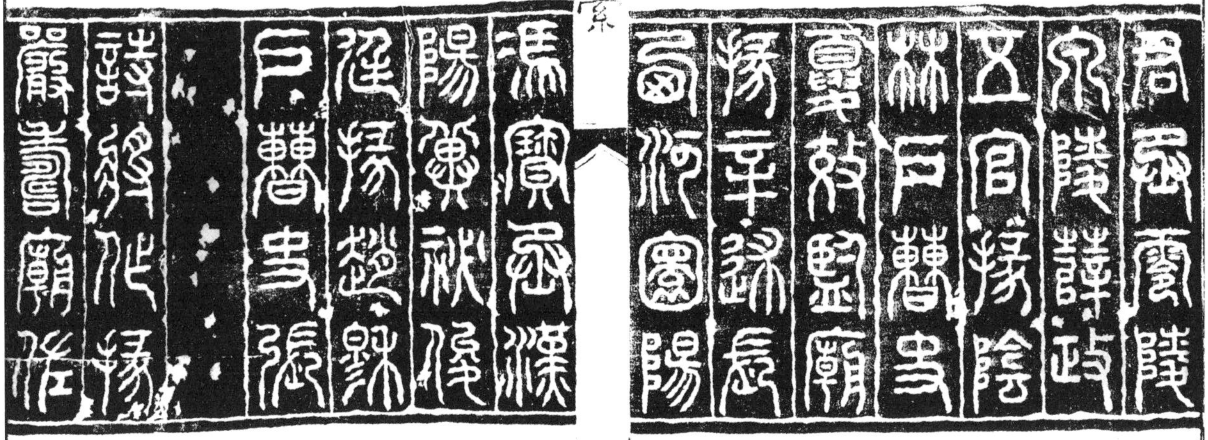

君丞零陵
泉陵薛政
五官掾陰
林戶曹史
夏效監廟
掾辛述長
西河圜陽

邃古齋藏

馮寶丞漢
陽冀祕俊
廷掾趙穆
戶曹史張
詩將作掾
嚴壽廟佐

石索

向猛趙始

以上少室闕銘廿二行今所存止此
王雲舟所寄林所釋文為渫所臨
正如許々多
邃生所藏覃溪校核

鵬按此少室西闕之西南面十八行及左側〻四行共廿二行〻〻皆四字空三行其空前銘及月日皆不止四字必有上一層而亡〻矣惟君丞以下乃四字一行耳縱高漢尺一尺三寸強字長三寸三分闊二寸二分截上一字諸本皆缺細玩潭生明府舊拓合以新拓尚似遠字授堂金石跋以為銘存八字可辨者五字非善本也惟空三行竟無字

邃古齋藏

少室東闕題名

金石圖云東闕畫象下有一石高尺闊六寸刻廿四字可見者十九字〻徑寸二分刻文寖下前人無及見〻而表之者雒陽董金甌相函也

鵬按四行分格十二格中列十二名蓋亦漢時人所題記其桓字之姓未見覃谿先生疑是查字愚疑伯祖字之剝蝕者其紓字係孫字反書漢竟每有之

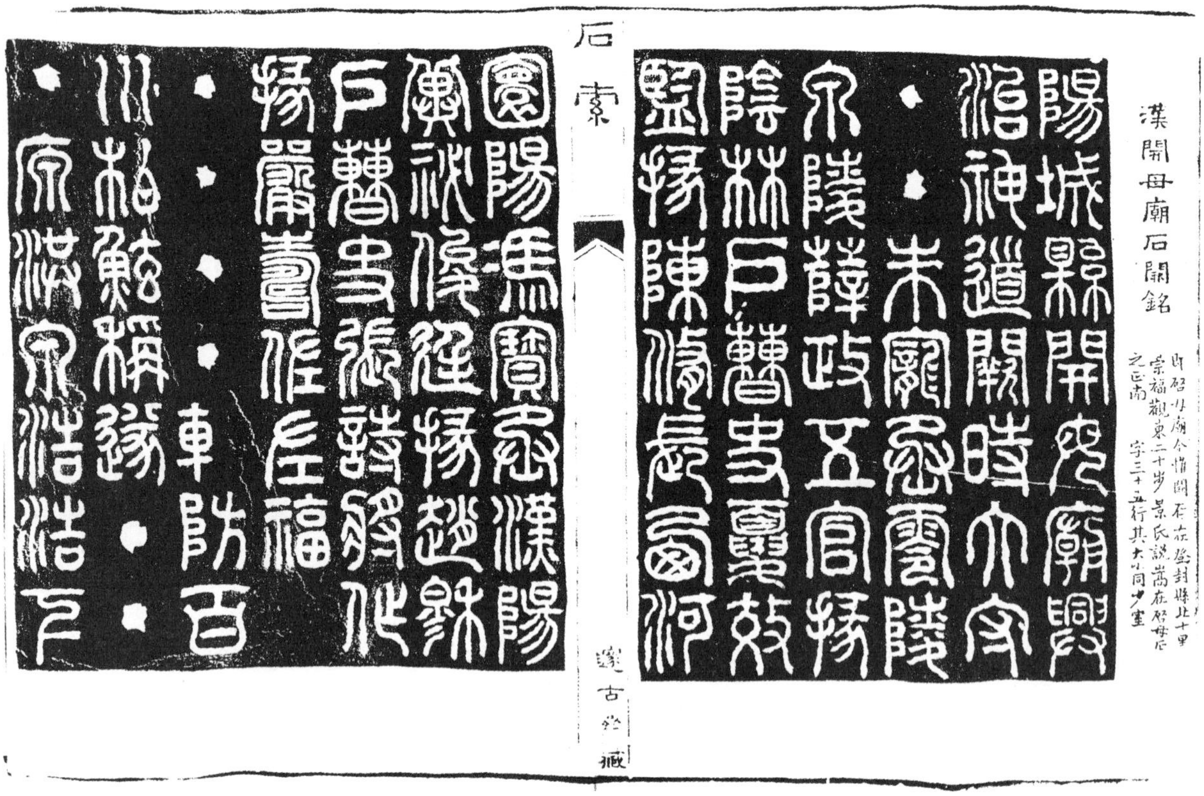
漢開母廟石闕銘

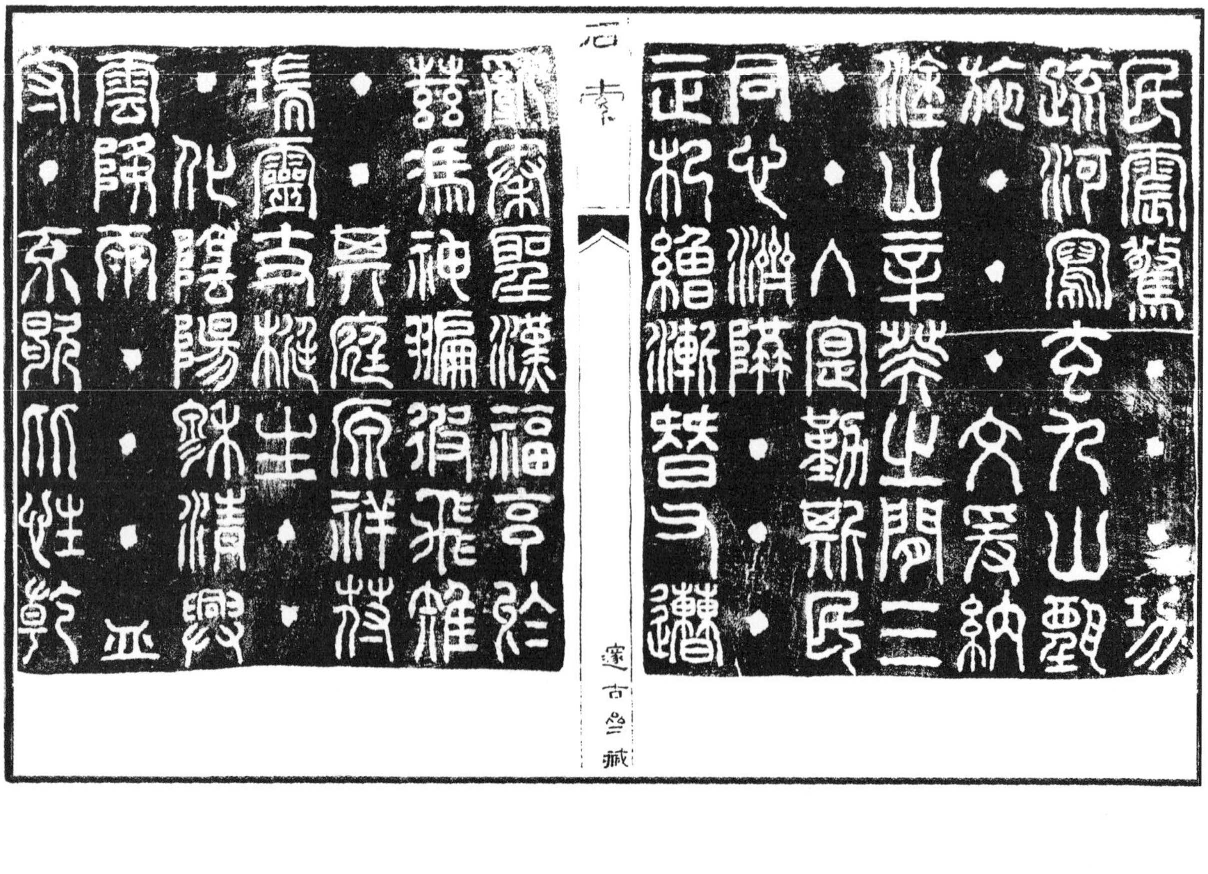

石索

邃古齋藏

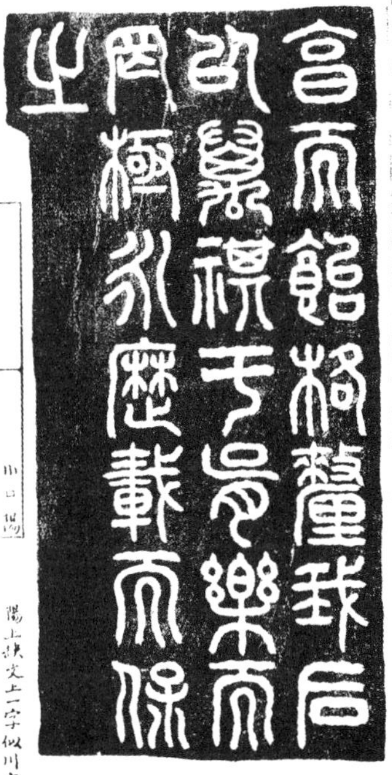

石索

邃古齋藏

釋文

闕式

分上下層前
題名十一行上
層無字後銘
文廿行行十二
字上下層皆然

川口陽
城縣開母廟興
治神道闕時太守
□□朱寵丞零
陵泉陵薛政五官
掾陰林戶曹史夏
效監掾陳修長西
河圜陽馮寶丞漢
陽冀秘俊廷掾趙
穌戶曹史張詩將
作掾嚴壽佐左福

陽上缺文上一字似川字必潁
川郡也其他處缺文不可考
朱寵上缺二字必杜陵也可以
太室石闕證之

此乃一層二層其第三層則刻堂谿典銘以非一時故别刻于後

□□□□東坊百川柏鮌稱遂
□□□□洪泉浩浩下民震驚
□□□□功疏河寫元九山甄旅
□□□□文爰納塗山辛癸之間
三□□入寔勤斯民同心濟隄
□□□疋杞繒漸替又遭亂秦
聖漢福亨於茲馮神彌彼飛雄
□□其庭原祥符瑞靈支挺生
□□□化陰陽穆清興雲降雨
□□□四守□不歇比性乾坤
福祿來斿相肩我君千秋萬祀
子子孫孫表碣銘功昭眡後昆
□□□□延光二年　重曰
□□□□作廟惪洋溢而溥優
□□□□□政則文耀以消搖
□□□□□難皇極正而降休
□□□□□頡芬茲楙于圖疇
□□□□□簡木連理於芊條
□□□□□盛胙日新而累熹
□□□□□化咸來王而會朝
□□□□清靜九域尐其脩治
□□□□祈福祀聖母虖山隅
神□亨而飴格釐我后以萬祺
于胥樂而罔極永歷載而保之

洪篆作[illegible]以上舊本俱作[illegible]

繒同鄫从草編舊本俱作繪誤

聖漢句从景氏說嵩補入

守上一字說嵩作亭

茲楙猶滋茂今俱作楙誤

胙即祚

尐說文少也讀若輟

金石圖云闕高八尺五寸闊六尺厚一尺六寸開母銘刻于其陰及東側高二尺三寸字徑一寸八分亦有東闕無刻文兩漢金石記云揔計三十五行葉井叔以為三十二行蓋未見後欸之末二行又未見其第前陽字之一行也王虛舟亦依井叔說沿誤也予得此銘拓本三十五行之後即接圖幢畫篆鵬按漢碑皆隸書其篆書者絕少此與少室銘宜一時一手所書篆法方員茂滿雖極剝落而神氣自在其筆勢有肥瘦亦有頓挫與漢印繆篆相似極意臨摹殊難得其妙也

石索　遂古堂藏

堂谿典嵩高請雨銘

在開母石闕銘之下一層金石圖所謂季度銘即此

寺◎五官
中郎將陽陵
堂谿典伯并
熹平四年來
請雨嵩高廟
典大君諱協
字季度自為
郡主簿作闕
銘文後舉孝
廉西鄂長早
終叙曰於惟
我君明允廣
淵學兼游夏
德配臧文歿
而不朽實有
立言其言惟
何◎◎◎◎

以前未知缺幾行以下五行趙氏有之而無後十二行

唐谿複姓堂猶唐也典其名伯并其字

漢武帝祀中嶽改嵩高為崇高靈帝熹平四年使中郎將堂谿典請雨因上言改之五年復崇高山為嵩高山

典大君當是典之父金石記引鄭固碑云大男孟子有楊烏之才七歲而夭大君夫人所共哀也

金石圖從典大君起缺上五行又誤以典為興鄂為鄂早為早

以後未知缺幾行

石索　遂古堂藏

漢敦煌太守裴岑紀功碑

碑高今尺四尺二寸廣尺八寸五分六行十字今在巴里坤關帝廟此縮本

惟漢永和二年八月敦煌
太守雲中裴岑將郡兵三
千人誅呼衍王等斬馘部
衆克敵全師除西域之疢
蠲四郡之害邊竟艾安振
威到此立德祠以表萬世

此碑在篆隸之間蓋八分書也吾子行云八分漢隸之未有挑法者

石索

遂古齋藏

碑在西塞巴爾庫爾城西五十里地名石人子以碑上銳下大孤筍挺立望之如石人故也雍正七年大將軍岳鍾琪移置將軍府十三年徹師又移置漢壽亭侯廟金石圖

四郡即所謂河西四郡武帝所置此碑前則陽嘉四年呼衍王侵車師後部漢發兵救之掩擊于勒山不利者至蒲類海呼衍王聞而引去漢軍無功而還者亦敦煌太守也惟此雲中裴岑斬馘部衆為前後罕見之績而史顧闕焉何也兩漢金石記

是碑在巴里坤城西北三里關帝廟前巴里坤今譯為巴爾庫爾亦為巴爾庫勒於前漢為匈奴東蒲類王茲力支地蓋敦煌郡人為裴岑建祠而立金石萃編

鵬按德祠作海祠此翻刻之誤疢即灾乃改為疢㕜即又乃改為又則金石圖之更誤也兵字萃編作侯

漢北海相景君碑

碑并額高漢尺十尺廣三尺三寸其據鳴術三字下有穿孔大六寸讓字無缺今在濟寧州學

漢故益州太守北海相景君銘

篆額　漢故益州太守北海相景君銘

石索

遂古齋藏

惟漢安二年仲秋四日故
北海相任城景府君卒歔
歍哀哉國維實實英彥失
疇列宿亹精晚學後時于
何穹倉布命授期有生有
死天寔為之豈夫仁据攸
勉不遺於是故吏諸生相
與論曰上並犀居莫不流
光芒於無窮垂芳耀於書
葴身殁而行明體亡而名

隸釋缺二字細審尚存半邊乃四日字

隸釋誤作[illegible]審是維實

于即吁字

攸隸釋似彼誤

隸釋缺一字審是芒字

石索

孝或著形像於列圖或毄
頌於管絃後來詠其烈竹
帛敘其勳乃作誄曰伏惟
明府受質自天孝弟淵懿
帥禮蹈仁根道核蓺抱淑
守真晶白清方剋己治身
寔渠寔則乃武乃文遵孝
孝謁假階司農流悳元城
興利惠民強衙改節徵弱
蒙恩威立澤宣化行如神

毄即繫
明府提行
帥字偏与石鼓同文
剋即克
晶說文顯也讀若皎
渠即榘
衙即禦

帝嘉厥功授以符命守郡
益州路遐攣親躬伯遐讓
夙宵朝廷建英忠讜辯秩
東衍靈追嘉錫據北海相
部城十九鄰邦歸向分明
好惡先以敬讓殘偽易心
輕黠踰竟鴞梟不鳴分子
還養元=鰥寡蒙祐以寧蓄
道脩悳繇祉以榮紛紛令
儀明府體之仁義道術明

攣即戀
隸釋躬作碑文明是躬伯
英即策
鄰即鄰
邦即邦
鴟梟即鴟鴞
德下字缺濟寧州志補繇字是

遂古堂藏

石索

府膺之黃未紹父明府三
之台輔之任明府宜之以
病被徵委位致仕民心思
慕遠近掩首震夫醳秉商
人空市隨輦飲淚奈何朝
廷奪我慈父去官未旬病
乃困危珪辟之質臨卒不
回歛叙賈絕奄忽不違孝
孚慟懆顛倒剝摧遂不剋
窀永潛長歸州里鄉黨隕

心字尚存末畫
醳即釋
萃編作違遲是違字

涕泣哀故吏忉怛歔欷俍
佪四海冠蓋驚慟傷褱大
命有期寔惟天授明主設
位明府不就臣子誄養明
府弗留歛歎哀哉
勞曰孝積幽穸表至悳兮
●●●●拜議郎兮再命
帝將綏元=兮規英棐謨王
忠信兮羽衛藩屏撫萬民
兮行●●●恩彌盛兮宜

俍佪即依徊
憧即慟
褱即懷
明主設位四字細審似嗣主設位
亂即亂非辭字
拜作拜揖邦作郭僚釋作翊今不皆沿其誤而不察

遂古堂藏

悆泉輫留餘禎兮不永麋
壽𥪰亘子兮仁敦海代著
甘棠兮刊石勒銘●不亾
兮

麋即眉
𥪰即棠
代即世

碑十七行行三十三字歐陽公以為漢藏多不成文隸釋缺者二十八字鵬親玩原碑細審舊拓合參各家增補惟亂曰已下缺九字以前皆可意會得之

碑陰　四列上三列五十四人末有二長行

故中部督郵都昌羽忠字定公
故門下督盜賊劇騰頌字叔遠
故門下議史平昌蔡規字中舉
故門下書佐營陵孫榮字威榮

以下十八人在第一列

石索

邃古齋藏

故門下書佐淳于逢訢字菊成
故騎吏劇讐麟字敬石
故吏朱虛孫徵字武達
故吏營陵薛逸字伯踰
故吏營陵慶鴻字中●
故吏都昌呂福字孟●
故吏都昌張暘字元暘
故書佐都昌羽質字孟傚
故書佐朱虛鞠欣字君大
故書佐平壽淳于闓字久宗
故書佐營陵徐曾字曾華
故書佐都昌張彤字朋甫

佰即伯漢字
州志作佰非

故書佐淳于孫悝字元卑
故書佐營陵鍾顯字槐實
故行義劇張敞字公輔
故書佐劇乘禹字伯度
故書佐東安平閭廣字廣宗
故書佐劇紀政字叔堅
故書佐淳于孫晄字威光
故循行都昌台丘遷字叔德
故循行都昌董方字季方
故循行營陵留茶字漢興
故循行都昌冀遷字漢久
故循行營陵是盛字護宗

以下十八人在第二列

循行即循行百官志注諸縣有循行有幹有小史書佐幹主文書者

石索

邃古齋藏

故循行營陵夕遷字武平
故循行營陵臨照字景燿
故循行都昌張騠字臺卿
故循行營陵淳于登字登成
故循行營陵顏理字中理
故循行營陵水丘郃字君石
故循行都昌呂興字叔興
故循行都昌逢進字叔安
故書佐劇徐德字漢昌
故書佐劇姚進字元豪
故書佐劇邴鍾字元鍾
故書佐都昌張翼字元翼

夕即力字古有力牧漢印有力歆私印編帙誤作多字

以下十八人在第三列

石索

故循行都昌張耽字季遠
故循行劇中晉字季遠
故循行平壽徐允字伯允
故循行淳于趙尚字上卿
故循行都昌段晉字孟節
故循行都昌齊晏字本子
故午營陵是遷字孟達
故午營陵留敏字元成
故午淳于董純字元祖
故午營陵縛良字孟騰
故午朱虛炅詩字孟道
故午都昌台丘遷字孟堅

午疑即幹之省
縛即繕
炅音桂太和弩機有炅傷

故小吏都昌齊冰字文達
故小吏都昌張亮字元亮

此二行在第四列之右

行三年服者
凡八十七人

豎建廟碑惟故臣吏慎終追遠
諒闇沈思守衛墳園仁綱禮備
陵成宇立樹列既就驅典有制
三載已究當離墓側永懷□□
畏不可勝以義割志所著遺辭
以明厥意魂靈瑕顯降垂嘉祐

此在碑陰之末作三長行
兆字不見字書廟碑殘石有廟紋者今每見山東碑有花斑石
攣即戀乃前同下一字卻非
綱作廱既不似盡標作

是碑結體瘦勁筆乘鋒穎與它碑異覃谿先生所謂可通其義于吳天璽三段碑也茲併其碑陰錄之具藉以識古異氏姓焉

邃古齋藏

漢司隸校尉楊君石門頌

石高漢尺九尺九寸廣七尺八寸二十二行行卅或卅一字不等額題故司隸校尉楊君頌在褒城縣石門摩崖

惟巛靈定位川澤股躬澤有
所注川有所通余谷之川其
澤南隆八方所達益域為充
高祖受命興於漢
中道由子午出散入秦建定
帝位以漢詆焉後以子午塗
路歮難更隨圍谷復通堂光

巛即坤
躬即肱
余即斜
充即衛
晏氏云命字垂筆長過二字
詆即氐非祗字
塗即途
歮即澁

石索

凡此四道垓鬲尤艱至於永
平其有四年詔書開余鑿通
石門中遭元二西夷虐殘橋
梁斷絕子午復循上則縣峻
屈曲流顛下則入冥廎寫輸
淵平阿泉泥常蔭鮮晏木石
相距利磨确磐臨危槍碭履
尾心寒空輿輕騎遰㝵弗前

垓鬲與閡隔同
元二安帝永初之元年二年
復循各本作徑復修非
廎即傾
蔭即陰
磐即盤槍碭猶槍唐
遰㝵即滯礙

邃古齋藏

惡虫蔽狩蛇蛭毒蟳未秋截
霜稼苗夭殘終年不登匱餧
之患卑者楚惡尊者弗安愁
苦之難焉可具言於是明知
故司隸校尉楗為武陽楊君
厥字孟文深執忠伉數上奏
請有司議駁君遂執爭百遼
咸從帝用是聽廢子由斯得

惡虫蔽狩即惡蟲獘獸獘同斃惡也　蛭即蛈說文蛈蛇惡毒長也此毒蟳亦謂毒長　楗即犍　楊君名渙字孟文見華陽國志　厥者語助詞舊稱楊厥碑誤　遼即僚

石索　八　邃古堂藏

其度經功飭爾要敞而晏平
清涼調和烝烝艾寧至建和
二年仲冬上旬漢中大守楗
為武陽王升字稚紀涉
歷山道推序本原嘉君明知
美其仁賢勒石頌德以明厥
勳其辭曰
君德明明炳煥彌光刺過拾

艾即乂

遺厲清八荒奉魁承杓綏億
衙彊春宣聖恩秋貶若霜無
偏蕩蕩貞雅以方寧靜烝庶
政與乾通輔主匡君循禮有
常咸曉地理知世紀綱言必
忠義匪石厥章恢弘大節讜
而益明揆往卓今謀合朝情
醳艱即安有勳有榮禹鑿龍

衙彊即禦強　恢即恢　醳即釋

石索　八　邃古堂藏

門君其繼縱上順斗極下答
坤皇自南自北四海攸通君
子安樂庶士悅雍商人咸憓
農夫永同春秋記異今而紀
功垂流億載世世嘆誦
序曰明哉仁知豫識難易原
度天道安危所歸勤勤竭誠
榮名休麗

繼縱即繼蹤　土即士　憓即惠

五官掾南鄭趙邵字季南屬褒中
鼂漢彊字產伯書佐西成王戒字
文寶主
王府君閔谷道危難分置六部道橋
特遣行丞事西成韓朖字顯公都
督掾南鄭巍整字伯王後遣趙
誦字公梁案察中曹卓行造作
石積萬世之基或解高格下就
平易行者欣焉　伯王即日

此重鐫石之事者故低一格另作一行
此平格
西成即西城韓朖即韓朗
王即三
馬下伯二空七格非另行

石索
邃古齋藏

從署行丞事守安陽長

金石録云余嘗讀後漢書鄧騭傳云時遭元二之災人士荒饑章懷太子注謂元二即元元引石鼓重文為驗學者信之今此碑云中遭元二西戎虐殘若讀為元元不成文理疑當時自有此語

隸釋云順帝紀延光四年詔益州刺史罷子午道通褒斜路蓋从其所請也子午者長安正南山名褒斜者漢中谷名高祖開石門平帝時王莽以皇后有子孫瑞通子午安帝永初元年先零叛斷隴道寇三輔殺漢中守乃橋梁斷絕時也自明帝永平四年通石門至永初終五十年自永初褒斜斷絕至延光四年凡十五六年水經云石門穿山通道六丈有餘即秦取蜀之石牛道楊君因而廣之門在漢中之西褒中之北褒水南歷褒口北出斜谷碑云元二二字大書非元元也王充論衡云今上嗣位元二之間嘉德布流三年零陵生芝草五本四年甘露降五縣五年芝復生六年黃龍見大小凡八則論衡所云元二蓋即位之元年二年也鴨按論衡所云章帝之元年二年也此云元二安帝之元年二年也當活看

漢魯相乙瑛請置孔廟百石卒史碑　碑高建初尺八尺一寸廣三尺八寸十八行行卅字末宋人題字一行在聖廟

司徒臣雄司空臣戒稽首
言魯前相瑛書言詔書崇
聖道勉學藝孔子作春秋
制孝經刪述五經演易繫
辭經緯天地幽讚神明故
特立廟褒成侯四時來祠
事已即去廟有禮器無常
人掌領請置百石卒史一
人典主守廟春秋饗禮財
出王家錢給犬酒直須報

吳雄趙戒
學刪述三字尚存其邊洪氏缺今補之
褒城侯孔均以西漢元始六年受封國在瑕邱
犬酒謂犬与酒漢文酒

石索
邃古齋藏

謹問大常祠曹掾馮牟史
郭玄辭對故事辟雍禮未
行祠先聖師侍祠者孔子
子孫大宰大祝令各一人
皆備爵大常丞監祠河南
尹給牛羊豕雞●●各一
大司農給米祠臣愚以為
如瑛言孔子大聖則象乾
巛為漢制作先世所尊祠
用眾牲長吏備●●訣如
寵子孫敬恭明祀傳于罔

豕即豕雞下缺二字
備下缺二字

石索

極可許臣請魯相為孔子
廟置百石卒史一人掌領
禮器出王家錢給犬酒直
他如故事臣雄臣戒愚戇
誠惶誠恐頓首頓首死罪
死罪臣稽首以聞
制曰可
元嘉三年三月廿七日壬
寅奏雒陽宮
司徒公河南原武吳雄
字季高
司空公蜀郡成都趙戒
字意伯
元嘉三年三月丙子朔廿
七日壬寅司徒雄司空戒
下魯相承書從事下當用
者選其年卌以上經通一
藝雜試通利能奉弘先聖
之禮為宗所歸者如詔書
書到言
永興元年六月甲辰朔十
八日辛酉魯相平行長史

元嘉三年五月丙申九
元永興[illegible]
月[illegible]

石索

事卞守長擅叩頭死罪敢
言之司徒司空府壬寅詔書為
孔子廟置百石卒史一人
掌主禮器選年卌以上經
通一藝雜試能奉弘先聖
之禮為宗所歸者平叩頭
叩頭死罪死罪謹案文書
守文學掾魯孔龢師孔憲
戶曹史孔覽等雜試龢脩
春秋嚴氏經通高第事親
至孝能奉先聖之禮為宗
所歸除龢補名狀如牒平
惶恐叩頭死罪死罪上
司空府
讚曰巍巍大聖赫赫彌章
相乙瑛字少卿平原高唐
人令鮑疊字文公上黨屯
留人政教稽古若重規矩
乙君察舉守宅除吏孔子
十九世孫麟廉請置百石
卒史一人鮑君造作百石

[illegible]案也

吏舍功垂无窮於是始

後漢鍾太尉書

宋嘉祐七年　張稚圭按圖題記

鍾元常於獻帝初始為黃門侍郎此碑在其前四十年必非鍾書

集古錄云漢書元嘉元年吳雄為司徒二年趙戒為司空即此云臣雄臣戒是也漢碑多磨滅此幸完可讀錄之以見漢制三公奏事如此与群臣上尚書者小異也又見漢祠孔子其禮如此

金石錄云華陽國志後漢書注皆云趙戒字志伯此碑乃作意伯疑其避桓帝諱

隸釋云碑載孔子十九世孫麟請置百石卒史一人掌廟中禮器魯相乙瑛言之於朝司徒吳雄司空趙戒奏于上詔魯相選年四十以上通一經者為之時瑛已滿秩去後相平復以其事上於朝可見漢代文書之式三公奏于天子一也朝廷下郡國二也郡國上朝廷三也

百石卒史者秩百石之卒史也漢書儒林傳郡國置五經百石卒史又倪寬傳補廷尉文學卒史續漢書百官志引應劭漢官儀河南尹百石卒史二百五十人黃霸傳補左馮翊二百石卒史蓋秩有不同故石有多寡耳　鵬按金石文字記及曝書亭集所論皆同而三國志及杜佑通典俱譌為百戶吏卒山東通志及闕里志俱譌為百戶卒史定由于石戶二字相似故不深考今魯人直稱為百戶碑而以廟員之百戶當之不智石掌禮器百戶守林墓其制不同百石置自漢百戶始于金元其時又不同沿誤已久不能不為之辨

石索

邃古齋藏

漢魯相韓勑造孔廟禮器碑

碑高漢尺七尺一寸廣三尺六寸十六行行三十六字無額在曲阜縣孔廟

惟永壽二年青龍在涒歎
霜月之靈皇極之日魯相
河南京韓君追惟大古華
胥生皇雄顏育孔寶俱
制元道百王不改孔子近
聖為漢定道自天王以下
至于初學莫不驗思嘆卬
師鏡顏氏聖舅家居魯親
里并官聖妃在安樂里聖

丙申歲

霜月皇極疑是九月五日

顏即顏　卬即仰　即舅

石索

族之親禮所宜異復顏氏
并官氏邑中繇發以尊孔
心念聖歷世禮樂陵遲秦
項作亂不尊圖書倍道畔
德離敗聖輿食糧亡于沙
丘君於是造立禮器樂之
音符鍾磬瑟鼓雷洗觴觚
爵鹿柤梪籩柉禁壺修飾
宅廟更作二輿朝車威熹
宣抒玄汙以注水流法舊

得如瀆井漢民之復復二氏繇發謂免其差徭及徵發也漢王良傳詔復其子孫繇役

雷即罍鹿即角柤即俎梪即豆杫即盌盂也禁如方案以承樽者壺即壺

邃古齋藏

石索

不煩備而不奢上合紫臺
稽之中和下合聖制事得
禮儀於是四方土仁聞君
風燿敬咏其德尊琦大人
之意逴彌之思乃共立表
石紀傳億載其文曰
皇戲統華胥承天畫卦顏
育空桑孔制元孝俱祖紫
宮大一所授前闓九頭以
升言教後制百王獲麟來
吐制不空作承天之語乾
元以來三九之載八皇三
代至孔乃備聖人不世期
五百載三陽吐圖二陰出
讖制作之義以俟知奧於
穆韓君獨見天意復聖二
族逴越絕思循建禮樂胡
輂器用存古舊宇殹懃宅
廟朝車威熹出誠造□涑
不水解工不爭賈深除玄

土即士仁即人
琦卓犖貌
逴音綽遠也彌即彌久也
皇字出格今平寫
戲即伏羲
闓即開九頭謂八皇
升言非什言
八皇者考隋經籍志云河圖九篇雒書六篇黃帝至周文王所受本文又別有三十篇自周初至孔子九聖之所增衍碑除孔子說故曰八皇
胡輂即瑚璉
涑即湊

邃古堂藏

石索

河水通四注禮器升堂天
雨降澍百姓訢和舉國蒙
慶神靈祐誠竭敬之報天
與厥福永享牟壽上極華
紫旁伎皇代刊石表銘與
乾運燿長期蕩蕩於盛復
授赫赫罔窮聲垂億載
韓明府名勑字叔節
潁川長社王玄君真二百
河東大陽西門儉元節二百

四字舊缺今補
牟即呂
伎即介

碑陰　共三列每列十七行

故涿郡大守魯麃次公五千
故會稽大守魯傅世起千
故樂安相魯麃季公千
故從事魯張嵩眇高五百
相主簿魯薛陶元方三百
相史魯周乾伯德三百

麃即魯王墓前石人所稱樂安太守麃君

曲成侯王暠二百
河南成皋蘇漢明二百其人處士
河南雒陽种亮奉高二百
故兗州從事任城呂育季華三千

皐即皋

邃古堂藏

故下邳令東平陸王褒文博千
故潁陽令文陽鮑宮元威千
河南雒陽李申伯百
趙國邯鄲宋瑱元世二百
彭城廣戚姜尋子長二百
平原樂陵朱恭敬公二百
平原濕陰馬瑤元冀二百
彭城龔治世平二百
泰山鮑丹漢公二百
京兆劉安初二百
下邳周宣光二百
河間東州齊伯宣二百

儀即威

㬎即濕

陳國苦虞崇伯宗二百
潁川長社王季孟三百
汝南宋公國陳漢方二百
山陽南平陽陳漢甫二百
任城番君舉二百
任城王子松二百
任城謝伯威二百
任城高伯世二百
相主簿薛曹訪濟興三百
相中賊史薛虞韶興公二百
薛弓奉高二百
相史卞吕松●遂百

熹平三年左馮翊池陽項伯脩來

熹平以下十三字在伯威伯世之下前人未見惟覃溪先生從陽顧蓉云是所藏舊拓本得之

石索

遼古齋藏

碑右側　共四列每列四行

山陽瑕丘九百元臺三百
齊國廣張建平二百其人家土
上黨長子楊萬子三百
家土魯孔嶶子舉二百
魯徐伯賢二百
魯劉聖長二百
河南匽師骨鄰通國三百
河南平陰樊文高二百
河東臨汾敬信子直千
河南雒陽左叔興二百
東郡武陽董元厚二百

范史瑕邱屬山陽郡金石存竟百非泉數然人姓名又潛研堂跋引何氏姓苑云瓜緐縣人姓九百名里爲縣小吏則此九百爲複姓元臺爲名更合

文陽蔣元道二百
文陽王逸文豫千百
魯石子重二百
北海劇袁隆展世百
魯周房伯臺百
遼西陽樂張普仲堅二百
故薛令河内溫朱熙伯珍五百
故豫州從事蕃加進子高千
南陽宛張光仲孝二百
河南雒陽王敬子慎二百
山陽金鄉師耀汝□雀赦子等七人所作

文即汶

仲堅以下五人六數錯在每列之下非一手所書故另列于後

山陽一行在上列左邊八俱失拓

石索

遼古齋藏

騶韋仲卿二百
蕃士魯劉靜子著千
故從事魯王陵少初二百
故督郵魯开煇景高二百
魯曹悝初孫二百
魯劉元達二百
故督郵魯趙煇彥臺二百
郎中魯孔宙季將千
御史魯孔翊元世千
大尉掾魯孔凱仲弟千
魯孔曜仲雅二百
蕃士魯孔方廣率千

开音牽與并官氏不同

此即泰山都尉孔宙

魯孔巡伯男二百
魯孔寬仲則百
尚書侍郎魯孔彪元上三千
魯孔汎漢光二百
守廟百石魯孔恢聖文千
褒成侯魯孔建壽千
故從事魯孔樹君德千
魯孔朝升高二百
行義掾魯弓如叔都二百
魯劉仲俊二百
魯夏侯廬頭二百
魯孔儀甫五百

儀甫以下人散綴列

石索

邃古盦藏

碑左側　共三列每列四行

東郡武陽桓仲豫二百
泰山鉅平韋仲元二百
泰山費淳于隧季遺二百
故安德侯相彭城劉彲伯李五百
故平陵令魯麃恢元世五百
蕃王狼子二百

彲即彪

蕃地名王狼子人名

東海傅河東臨汾敬謙字季松千
時令漢中南鄭趙宣字子雅
故丞魏令河南京丁琮叔舉五百
左尉北海劇趙福字仁直五百
右尉九江浚遒唐安季興五百

司徒掾魯巢壽文后三百
河南匽師度徵漢賢二百
南陽平氏王自子尤二百
相守史薛王芳伯道二百
相行義史文陽公百輝世平百
魯傅兖子豫二百
魯孫股三百
魯孔建壽二百
任城亢文治真百
魯孔昭叔祖百
亢廬城子二百

河南偃師都元敬作河濱退師謬

公百即公伯複姓

任城亢父都元敬作侯我交父謬

亢即卞

金薤琳琅云說者謂此碑雜用讖緯不可盡通余觀東漢自光武以赤

石索

邃古盦藏

伏符即位篤好圖讖臣下效之漢末尤熾不特此碑然也
金石遺文錄云顏氏聖舅居魯親里幷官聖妃在安樂里乃啓聖公夫人顏氏宣聖夫人幷官氏所居之地二里今不可考矣曰食糧亡子沙邱闕里志云秦始皇發孔子墓既啓見冢壁上刻文云秦始皇何強梁開吾戶據吾牀飲吾漿唾吾堂飡吾飯以為糧張吾弓射東牆前至沙邱當滅亡蓋用其語
金石存云家語孔子娶于宋幷官氏萬姓統譜引先賢傳孔[illegible]幷官氏幷讀去聲皆與此碑同今闕里志誤作亓俗讀如稽[illegible]聲俱誤矣乃或者不考反以幷為訛謬甚
兩漢金石記云幷官聖妃方綱謹按宋鄧名世古今姓氏書辯證[illegible]內有幷官複姓注引先賢傳孔子娶幷官氏生伯魚近日顧南原隸辨吳山夫金石文存亦皆以幷為是又於國學暨江寧府學見宋[illegible]加封詔書碑皆書作幷楷隸相證愈無可疑何義門曰王伯厚姓氏急就篇及宋本東家雜記皆作幷而正義中反從流俗作亓[illegible]非宋本何以析疑張墳曰宋大中祥符元年鄆國夫人勅[illegible]氏

石索

錢竹汀云霜月者相月也爾雅七月為相顏育空桑空桑者窮[illegible]也左氏昭九年傳遂濟窮桑注窮桑地在魯北蓋空窮通用
錢繹小廬隨筆云碑中顏育空桑隸釋引呂覽伊尹事為證[illegible]其不經繹按是碑多用讖緯之文後漢書班固傳注引春秋演孔圖云孔子母徵在夢遊于大冢之陂黑帝使請己往夢與語曰女乳必於空桑之中覺則若有所感後生孔子於空桑之中即其證也
鴨案碑中以斗言教舊釋不誤而潛研堂跋尾改作什言轉謂[illegible]頌謌吉釋什為斗文義難曉而不難曉也此碑純用讖緯乃[illegible]所尚隋經籍志說者云孔子既敘六經別立讖緯以遺來世其書[illegible]漢蓋當世以緯出于孔如禮緯有斗威儀春秋緯有運斗樞所謂[illegible]教也且碑文斗作升亦絕與什字不類不容強也蘭泉先生引緯[illegible]其無大異文極宏通惜猶承什言之誤故表出之
鴨按幷官氏前論已悉今相沿為亓官者別本傳刻之誤如唐[illegible]志紹宋有亓犢近世陽穀平陰亦多亓姓即碑陰內开煇之开又沿[illegible]亓讀如其與幷官複姓迥異頃見王蓮湖漢印中有幷官武可為[illegible]官氏之確證矣

漢泰山都尉孔宙碑

碑并額高漢尺一丈二尺有奇廣四尺五分額有暈三重碑十五行行廿八字在曲阜　孔廟

額篆文十字云有漢泰山都尉孔君之碑字大五寸餘

邃古堂藏

石索

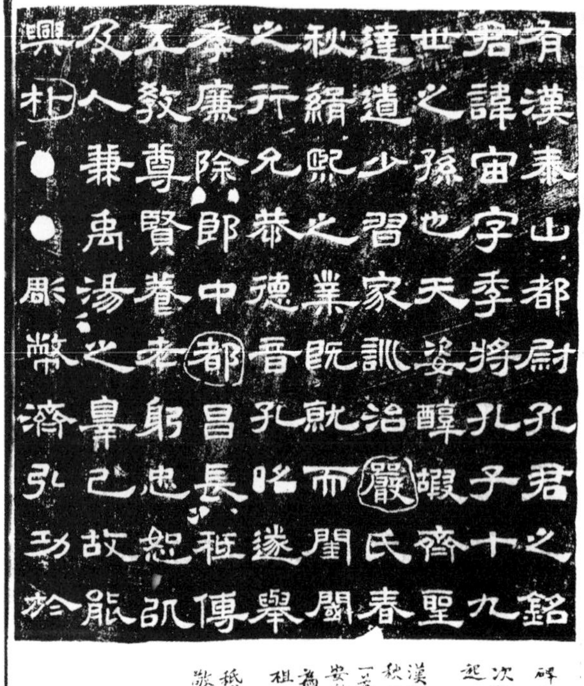

碑題次行另起

漢有春秋二家一為顏安樂一為嚴彭祖

祗傳猶敬敷

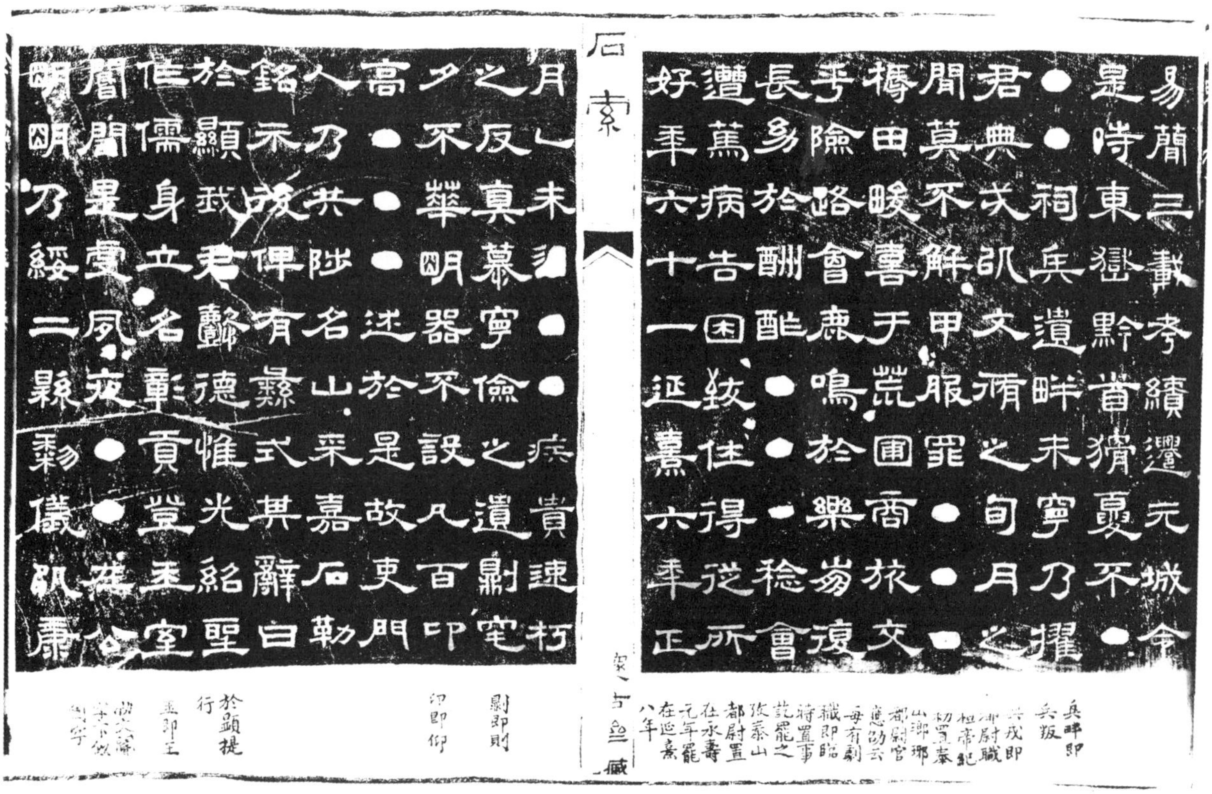
石索
邃古齋藏

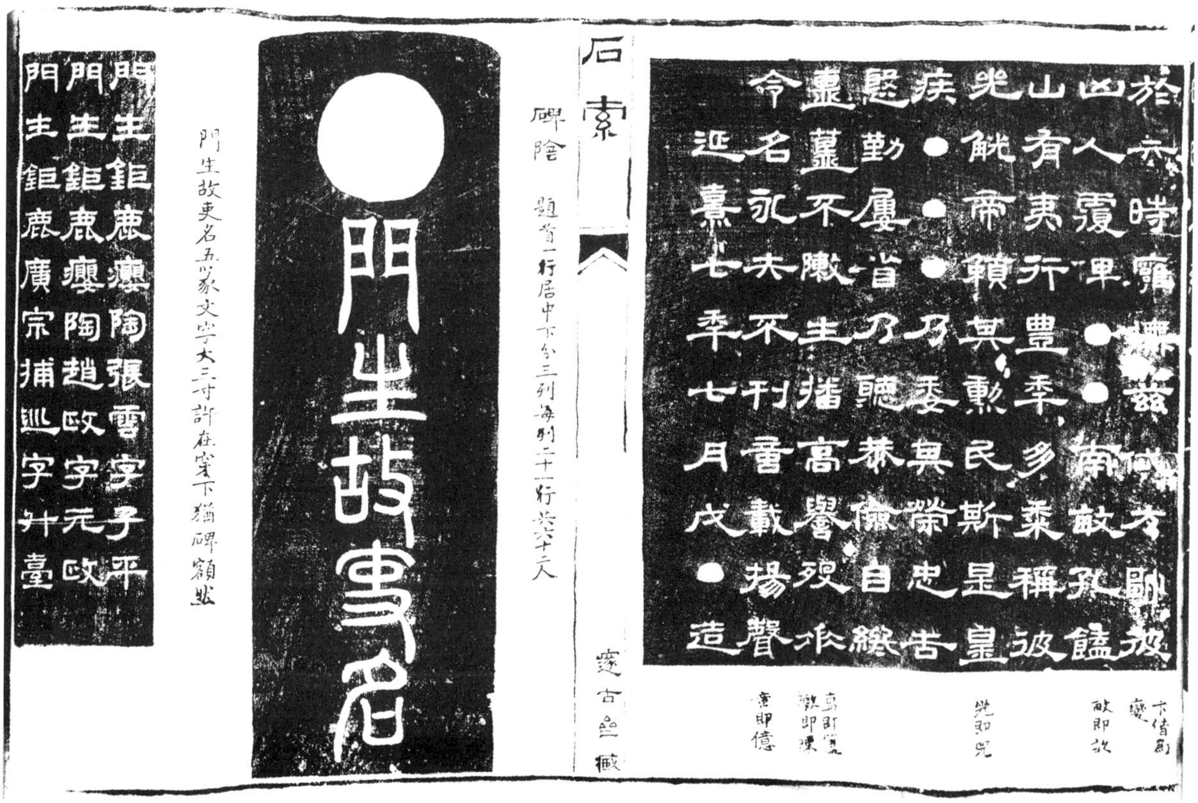
石索
碑陰　題首一行居中下分三列每列二十一行共六十三人
門生故吏名五字篆文字大三寸許在穿下猶碑額然
門生故吏名
邃古齋藏

石索　八

門生東平寧陽韋勳字幼昌
門生魏郡館陶張上字仲舉
門生魏郡館陶王時字子表
門生魏郡陰安張典字少高
門生魏郡魏孟忠字待政
門生魏郡魏李鎮字世君
門生魏郡館陶吳讓字子敬
門生魏郡館陶文儉字元節
門生魏郡館陶郿瑱字仲雅
門生魏郡鄴暴香字伯子
門生東郡東武陽梁淑字元祖
門生東郡衛公國趙恭字和平

門生東郡東武陽張表字公方
門生東郡東武陽滕穆字奉德
門生東郡樂平桼演字仲厚
門生東郡樂平靳京字君賢
門生東郡樂平梁布字叔光
門生東郡樂平燕顯字伯異
門生陳留平丘司馬規字伯昌
門生安平下博張祺字紂松
門生安平下博張朝字公房
門生安平下博蘇觀字伯臺
門生安平堂陽張琦字子異
門生北海安丘齊納字榮謀

石索　八

門生北海都昌呂升字山甫
門生北海劇秦麟字伯麟
門生北海劇如盧浮字遺伯
門生北海劇薛顗字勝輔
門生北海劇高水字季超
門生濟南梁鄧趙震字紂政
門生濟南梁鄧徐璜字多文
門生濟南東平陵吳進字升臺
門生甘陵廣川李龍字元章
門生甘陵貝丘賀曜字升進
門生魏郡清淵許祺字升明
門生魏郡館陶史崇字少賢

如盧複姓

門生魏郡館陶孫忠字府文
門生東郡樂平盧循字子節
門生任城任城□中字景漢
門童安平下博張忠字公直
故吏北海都昌逢祈字伯憙
故吏北海都昌逄章字文理
故吏北海都昌魏稱字文長
故吏北海都昌呂規字元規
故吏泰山費魚淵字漢長
故吏泰山華毋樓覲字世光
故吏泰山南城魚規字世舉
故吏泰山南武陽蕭誨字伯謀

城字尚存戈法補之任城任城猶後言下邳下邳
逄字不載姓苑惟逢盛碑有都昌逄章

故民泰山費淳于黨字季道
弟子北海劇陸暹字孟輔
弟子陳留襄邑樂禹字宣舉
弟子下邳下邳朱班字宣
弟子東平寧陽周順字承
弟子沛國[illegible]沛周升字仲甫
弟子魯國[illegible]陽陳襄字聖傳
弟子汝南平輿謝洋字子讓
弟子山陽瑕丘丁瑶字實堅
弟子魯國戴瑋字元珪
弟子魯國六王政字漢方

郝即郈

石索　二　遯古堂藏

碑左側　此唐人題記因碑側窄而長故分上下截書之今合併從朝議起左讀

先聖陵謹記
邑大夫臧公謁
大中元年四月廿四日同
門生將仕郎前守宣州廣德縣尉裴章
食邑三伯户賜緋魚袋高元度
朝議郎前行蘇州常熟縣令上柱國莆縣男

朝議在上段大中在下段順看自明金石志以大中爲先以朝議爲又題者非

碑右側　此宋人題記右讀原文作兩長行

太子中舍同判兗州梁邁著作佐郎崔豈
四十六代孫文宣公佑同謁
先聖陵
大宋天聖元年癸亥季秋望日進士劉炳題

左側字徑二寸右側字及寸皆後人詞　孔林題記其時碑在宙墓也乾隆年移于　聖廟

石索　二　遯古堂藏

隸釋云孔君名宙即融之父威宗延熹六年正月卒碑以次年七月立宙有七子曰謙曰襃皆見于碑誌凡漢刊其首行即入詞無額者或題其前如綏納䓫安之比亦甚少乙篆其上復標其端惟此碑耳又云漢碑多有陰然少有額獨此刻以五大篆表其上凡門生四十三人門童一人故吏八人故民一人都昌者四泰山者五漢儒開門受徒著錄有盈萬人者其親受業則曰弟子以久次相傳受則曰門生未冠曰門童摠而稱之皆門生舊所治官府其掾屬曰故吏占籍者曰故民非吏非民則曰處士素非所涖則曰義士義民亦有稱議民賤民者

金石文字記云後漢書孔融父伷泰山都尉非也嘗依碑作宙其名伷者別自一人董卓傳以陳留孔伷爲豫州刺史注引英雄記伷字公緒此孔宙又見韓勑碑陰云郎中魯孔宙季將千

鵬按此碑古秀而逸是漢隸中以韻致勝者其兩面篆額婉秀乃一手所書其碑陰隸法端謹又似别出一手殆不可曉金石甸云此碑書法古逸陰而不肆其旁出透逸而長極其勢以去如不欲還相其波畫紛披如人偏布其手足而郤又云碑陰書體謹密結搆㢘穩如蟄蟲蟠屈深冬自衛可云善於體會矣予觀同文門所列古碑以禮器爲第一此爲第二故全臨其四面以志服膺焉

漢孔謙碣

碑高二尺二寸額高一尺二寸通高漢尺一尺四寸廣一尺額有穿〻上有暈又有兩暈環其頂在曲阜縣孔廟

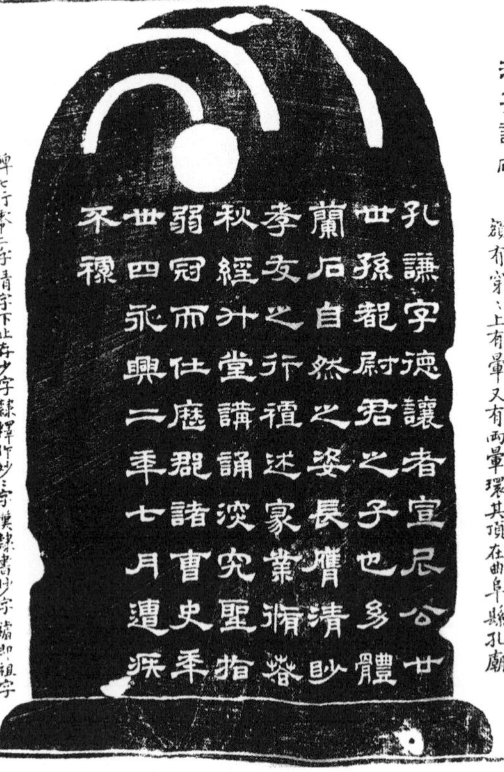

碑七行零二字清字下止存少字隸釋作妙〻字漢隸書眇字褚即祖字

石索

集古錄云右漢孔德讓碣永興孝桓帝年號其人早卒無事蹟可考余集錄所藏孔林中漢碑最後得此遂無遺者

隸釋云其名不甚可辨考孔氏譜得之所謂都尉君者太山都尉宙也孔融別傳云宙有七子融之次第六載于譜錄者惟有謙褒融三人

授堂金石跋云碣文今益漫漶惟後年卅四顯據今集古錄訛作廿又脫四字洪氏亦訛作廿傳刻之過也流俗人謂孔宏碑蓋失檢爾

邃古齋藏

漢魯相史晨祀孔子奏銘

碑高漢尺七尺二寸廣三尺六寸十七行〻卅六字無額金石萃少末一層故刻卅五字在曲阜孔廟

漢靈帝之二年

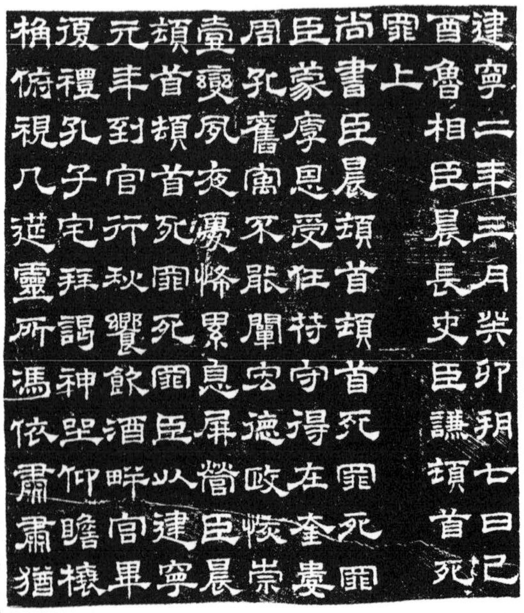

悑即怖

畔即泮周公禮殿記亦作畔宮

石索

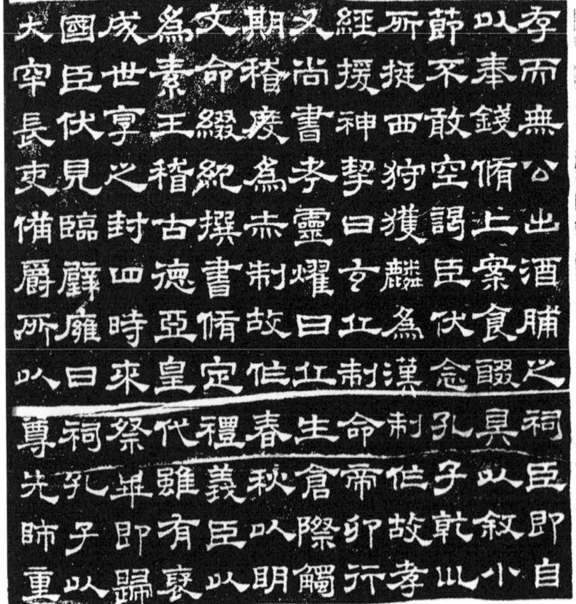

巛即坤

挈即契

倉即蒼

邃古齋藏

石索

邃古齋藏

敷化也夫封土為社立稷而祀
皆為百姓興利除害以祈豐穰
月令祀百辟卿士有益於民矧
乃孔子玄德煥炳光于上下而
本國舊居復禮之日闕而不祀
誠
朝廷聖恩所宜特加臣寢息耿
耿情所思惟臣輒依社稷出王
家穀春秋行禮以共煙祀餘□
賜先生執事臣晨頓首頓首死
罪死罪臣盡力思惟庶政報稱
為效增異輒上臣晨誠惶誠恐

土即土

煙即禋

餘下洪闕文闕里志補脫字蓋同晨後碑有餘脫賦賜句

頓首頓首死罪死罪上
尚書時副言大傅大尉
司徒司空大司農府治所部從
事
昔在仲尼汁光之精大帝所挺
顏母毓靈承敝遭衰黑不代倉
周深應聘嘆鳳不臻自衛反魯
養徒三千獲麟趣作端門見徵
血書著紀黃玉韻應主為漢制
道審可行乃作春秋復演孝經
刪定六藝象與天談鉤河摘雒
卻揆未然巍巍蕩蕩與乾比崇

以下銘詞不在奏內

汁即叶闕東曰協闕西曰汁

流上泗文似周字依山東通志補入

端門在孔廟東南

韻古響字

石索

邃古齋藏

集古錄云漢魯相上尚書章其略云云於此見漢制天子之尊其辭稱頓首死罪而不敢斥至尊因尚書以致達而已斯碑首尾完贍可見當時之制

隸釋云此靈帝建寧二年立按永興元年孔龢碑載吳雄奏用辟雍禮春秋饗孔廟出王家錢給大酒直距此才十七年史晨復云到官秋饗無公出酒脯之祠至於自用奉錢乞依社稷出王家穀以共禋祀此蓋有司崇奉不虔不旋踵廢格也孔龢碑中吳雄奏章則云奏雒陽宮此亦奏牘乃云上尚書者郡國異於朝廷不敢直達帝所因尚書以聞也樊毅復華下民租奏式與此同

金石存云銘云昔在仲尼汁光之精又云承敝遭衰黑不代倉者以孔子為黑帝汁光紀之精而不得代周有天下也汁即叶字又云獲麟趣作端門見徵血書著紀黃玉韻應者公羊傳何休注云獲麟之后天下血書魯端門曰趣作法孔子沒周姬亡彗星出秦政起□破術書紀散孔不絕子夏明日往視之血書飛為赤烏當時蓋有此說皆緯書所載漢人一時傳習如禮器孔廟諸碑言多相近至以孔子作春秋謂為漢制則尤傅會

潛研堂跋云晨既奏言于朝以其副上太傅等者猶今時題本之有副又有揭帖也

山左金石志云此碑下一層嵌置趺眼鄉來拓本難于句讀自乾隆乙酉冬何夢華將趺眼有字畫處鑿開全文復顯

小廬隨筆云碑引孝靈燿曰某生倉際觸期稽度為赤制按水經注引春秋演孔圖云烏化為書孔子奉以告天赤爵銜書上化為黃玉刻曰孔提命作應法為赤制孔子卒以所受黃玉葬魯城北後云黃玉韻應亦本此

萃編云末云增異輒上按通鑑漢靈帝徵董卓為少府卓上書言輒將順安慰增異復上胡三省注引李賢曰如其更增異志當復聞上也銘云黑不代倉者孝經鉤命決云某為制法之主黑錄不代蒼黃此碑蓋用其語

石索

漢史晨饗孔廟後碑

以文即刻于前碑之後高廣同前凡十四行三十六字九行以後卅五字後刻唐人題記四行

相河南史君諱晨字伯時從越
騎校尉拜建寧元年四月十一
日戊子到官乃以令日拜謁孔
子望見闕觀式路虔跽既至升
堂屏氣拜手祗肅屑僾髣髴若
在依依舊宅神之所安春秋復
禮稽度玄靈而無公出享獻之
薦欽因春饗導物嘉會述脩辟
雍社稷品制即上尚書參以符
驗乃敢承祀餘胙賦賜刊石勒
銘并列本奏大漢延期彌歷億
萬時長史廬江舒李謙敬讓五官
掾魯孔暢功曹史孔淮戶曹掾
薛東門榮史文陽馬琮守廟百
石孔讚副掾孔綱故尚書孔立
元世河東大守孔彪元上處土
孔褒文禮皆會廟堂國縣員宂
吏無大小空府竭寺咸俾來觀
并畔官文學先生執事諸弟子
合九百七人雅歌吹笙考之六
律八音克諧蕩邪反正奉爵稱
壽相樂終日於穆肅雍上下蒙

蔑即薦

汶陽馬琮見竹葉碑

土即士　宂即冗

畔官即泮宮

邃古齋藏

石索

福長享利貞與天無極
史君饗後部史仇誧縣吏劉耽
等補完里中道之周左廧垣壞
決作屋塗色脩通大溝西流里
外南注城池恐縣吏斂民侵擾
百姓自以城池道濡麥給令還
所斂民錢材
史君念孔瀆顏母井去市遼遠
百姓酤買不能得香酒美肉於
昌平亭下立會市因彼左右咸
所願樂
又勑瀆井復民餝治桐車馬於
瀆上東行道表南北各種一行
梓假夫子冢顏母开舍及魯公冢
守吏凡四人月與佐除
大周天授二年二月廿三日金臺
觀主馬元貞弟子楊景初郭希玄
奉　勑於東岳作功德便謁
孔夫子之廟題石記之內品官楊君尚
歐陽智琮　宣德郎行兗州都督府
倉曹參軍事李叔度

史君以下字稍大

廧即牆　壞即壞

濡即壖　材即財

肉即肉

桐車馬以桐木爲車馬者或說作木偶馬

开即并之小變兩直不上出與开姓不同

稐即授　𠦚即年　囝〇即月日　𡈼即初　此武后自製字

隸釋云前碑載奏請之章此碑叙饗禮之盛其補牆垣治瀆井

邃古齋藏

種梓守冢皆在饗後之事字畫亦大小不等蓋史君孔林中事不一書也

閻若璩四書釋地云孔子時無闕里之名首僅見漢書梅福傳東漢後方盛稱之蓋緣魯恭王徙魯于孔子所居之里造宮室有雙闕爲入因名孔子居曰闕里一徵于水經注孔廟東南五百步有雙石闕即靈光之南闕一徵于史晨饗孔廟後碑以令日拜謁孔子望見闕觀尒時闕尚存可得其名里之由

王虛舟跋云金石録碑目將二碑前後易置蓋因前碑之首云二年後碑之首云元年而誤也史晨祀孔子在二年而到官在元年後碑乃追叙其到官之期并隱括前碑之旨而備言之

桂未谷跋云孔瀆顏母井按瀆當爲竇隸書假借今尼山下有石竇俗稱夫子洞是也東爲顏母山山前有顏母莊俗呼母莊古井在焉其西有魯顏莊俗謠魯源禮罍碑謂顏氏聖舅居魯親里即此也碑言昌平亭下立會市今昌平山在尼山南沂水界之則昌平亭當在水南矣前碑云飲酒畔宮此碑作畔宮者隸體宮字多書作官如北海相景君碑陰營陵埴作營陵是也

石索

邃古齋藏

漢淳于長夏承碑

舊碑出自洺州河堤土壤者已亡今所傳者明嘉靖癸卯郡守唐曜重刻碑上首止夏承碑三字在廣平府永年縣漳川書院此從梁尚書國治所刻雙鉤舊碑縮之從隸續補臨碑額漢北海淳于長夏君碑九字于前録續云圭首上有暈二重左復有一重篆額三行

石索

邃古齋藏

君諱承字仲兖東萊府君之孫大尉掾之中子右中郎將弟也累葉牧守印紱典據十有餘人皆德任其位名豐其爵是故寵祿傳于歷世策薰著于王室君鍾其美受性淵懿含和履仁治詩尚書兼覽羣藝靡不尋暢州郡更請屈已匡君爲主簿督郵五官掾功

爵即爵

茦薰即策勳

曹上計掾守令冀州從事
所在執憲彈繩糾枉忠絜
清肅進退以禮允道篤愛
先人後己克讓有終察孝
不行大傅胡公歆其德美
旌招俯就羔羊在公四府
歸高除淳于長到官正席
流恩褒善糾姦示惡旬月
化行風俗改易軺軒六轡
飛躍臨津不日則月晧天

舊本今本俱作紏柱茲漢隸釋作紏枉

轡卽轡

晧卽昊

不弔殲此良人年五十有
六建寧三年六月癸巳淹
疾卒官嗚呼痛哉臣隸辟
踊悲動左右百姓號咷若
喪考妣咳孫憤泣惻怛傷
摧勒銘金石惟以告哀其
辭曰
於穆皇祖天挺應期佐時
理物紹縱先軌積德勤約
燕于孫子君之羣感並時

淹卽奄

咳卽欬

勤約今本作勤紹誤隸釋作約

石索

邃古齋藏

繁祉明明君德令問不已
高山景行慕前賢列庶同
如蘭意顥未止中遭冤夭
不終其紀夙世霣祉早喪
懿寶抱器幽潛永歸蒿里
痛矣如之行路感動黨魂
有靈垂後不朽

冤夭

黨卽儻漢伍被傳儻可以徼幸

隸釋云淳于長夏君碑元祐中洺州治河堤始得之字體頗奇怪唐八分蓋所祖述漢字有八分有隸其學中絕不可分別梁庾元威作書論載隸有十餘種曰芝英隸花艸隸幡信隸鍾鼎隸龍虎隸鳳魚隸麒麐隸仙人隸科斗隸雲隸蟲隸龜隸鸞鳥隸此碑蓋其間之一體王惲秋澗集云蔡邕書夏承碑如夏金鑄鼎形模怪譎[illegible]蛇神牛鬼虎雖百出而衣冠禮樂已胚胎乎其中所謂氣陵百代筆陣堂堂者乎碑在今廣平府學

弇州山人四部稿云碑稱夏君於建寧三年六月卒官而是時伯喈由橋司徒府出長河平入為郎中又其隸法時時有篆籀筆與鍾梁諸公小異而骨氣洞達精彩飛動疑非中郎不能也但蔡集不載而它書亦無可考姑闕以俟知者

汪師韓韓門綴學云是碑古今搨本不同不獨書法好醜異也其款式字積之別亦有三端勤約勤紹字之不同一也舊額漢北海淳于長夏君碑九字今本只夏承碑三字而銘詞下刻一方圍內作楷書淳于長夏承碑六字碑末直書建寧三年蔡邕伯喈書標題之不同又其一也舊本十四行行二十七字今本十三行行三十字行數之不同又其一也然則嘉靖本蓋非成化本而成化本亦非元祐本矣淳于故城在青州府安邱縣而是碑乃出廣平事有不可解者

鳳按是碑筆法變動左右向背不拘常格信有花艸鸞鳳之勢而唐氏疏本自稱遒勁不失漢風格其碑拓亦有可觀但飛動神減矣

石索

邃古齋藏

石索

遯古盦藏

漢李翕黽池五瑞圖石刻

石在甘肅階州之成縣即漢之下辨隸釋云李君昔治黽池縣此瑞物及西狹摩厓因刻于前非碑陰也此論甚明而洪氏乃自刻于西狹頌後名為五瑞圖碑故後人仍以為碑陰不以為摩厓百今得全拓本五瑞畫與西狹頌毘連為一石而刻于前茲因其前而先之惟黃龍二字較大獨昂出于畫之上而衡官掾數行又在連理木樹根之下自底至巔高漢尺九尺廣四尺三寸直幅甚高不能仍縮直圖故展作橫畫而以衡官掾數行別次于後

君昔在黽池脩崤嶔之道德治精通致黃龍白鹿之瑞故圖畫其像

隸釋云黽池有二殽屬宏農郡丁杰跋引公羊傳云崤之嶔巖是文王之所避風雨者文本此鵷按隸續亦刻此畫今審眂拓本黃龍下尚有一小龍也

石索

衡官掾上祿上官正字君選

左●●丞上祿楊嗣字文明

●●●長下辨李京字長都

記

此段在五瑞畫下一層近左下臨漾潭縣于鐘椎故自來無道及者覃谿先生亦闕而未見惟芊編收此三行而首行衡官掾誤作上官掾不知上官乃複姓非官名也況衡官有缺即在西狹頌內其二行三行俱缺上四字今于次行又識出一左字一丞字三行識出一長字四行得一記字皆可補前人之缺

遯古盦藏

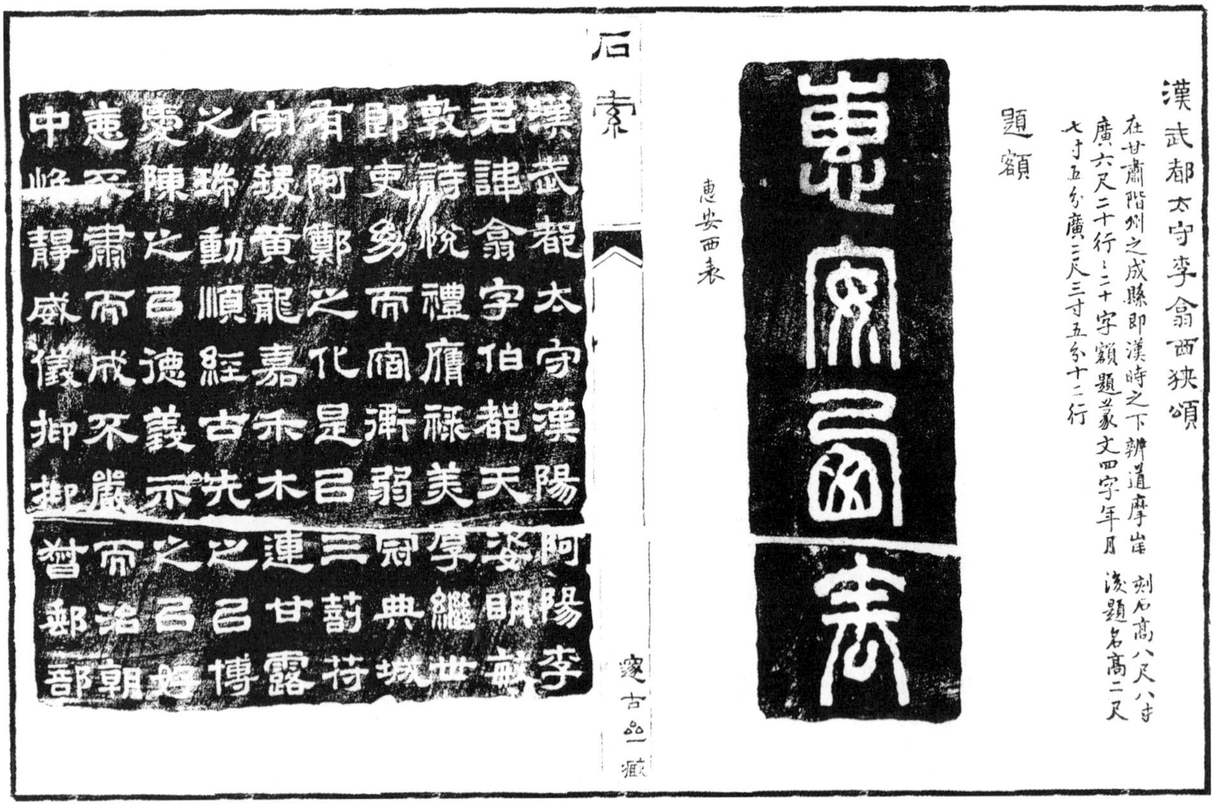
石索

漢武都太守李翕西狹頌

在甘肅階州之成縣即漢時之下辨道摩崖刻石高八尺八寸廣六尺二十行行二十字額題篆文四字年月後題名高二尺七寸五分廣二尺三寸五分十二行

題額

惠安西表

漢武都太守漢陽阿陽李
君諱翕字伯都天姿明敏
敦詩悅禮膺祿美厚繼世
郎吏幼而宿衛弱冠典城
有阿鄭之化是以三剖符
守致黃龍嘉禾木連甘露
之瑞動順經古先之以博
愛陳之以德義示之以好
惡不肅而成不嚴而治朝
中惟靜威儀抑抑督郵部

邃古齋藏

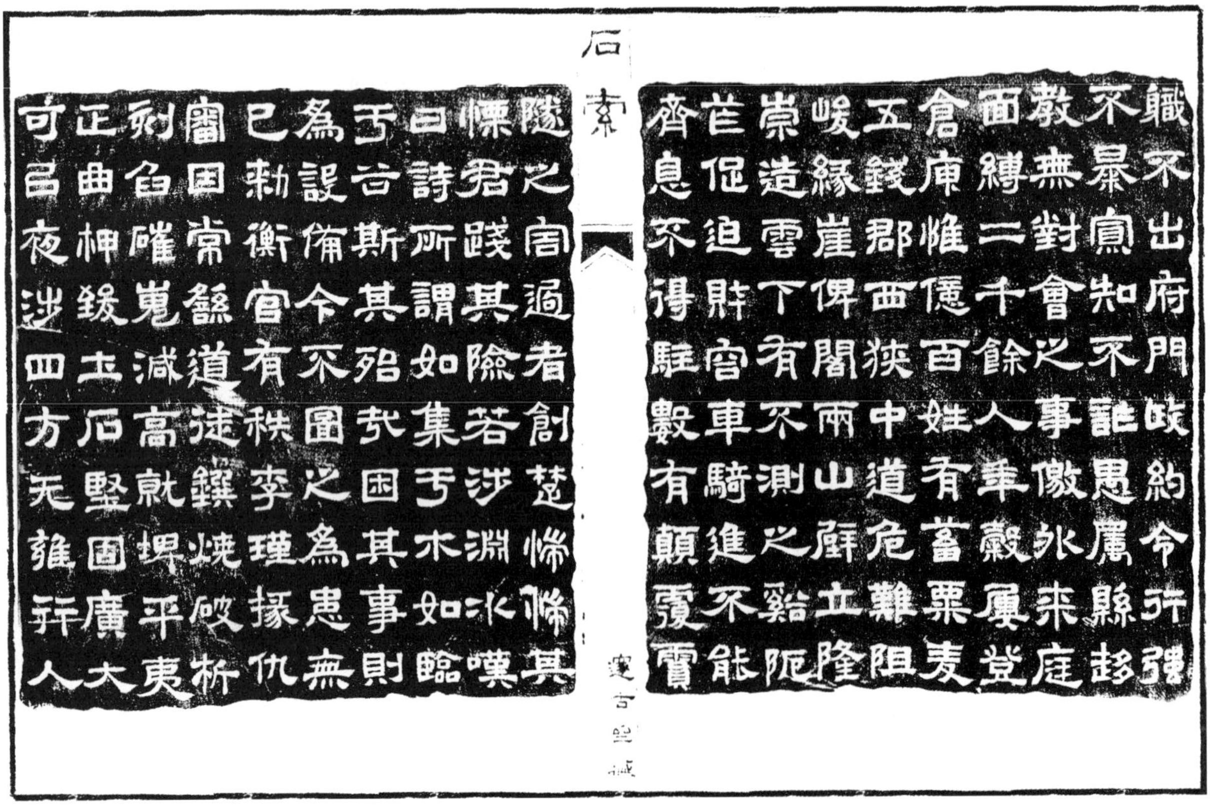
石索

職不出府門政約令行彊
不暴亶知不詭愚屬縣趍
教無對會之事儌外來庭
面縛二千餘人年穀屢登
倉庾惟億百姓有蓄粟麥
五錢郡西狹中道危難阻
峻緣崖俾閣兩山壁立隆
崇造雲下有不測之谿阨
笮促迫財容車騎進不能
濟息不得駐數有顛覆霣

隧之害過者創楚惴惴其
慄君踐其險若涉淵冰嘆
曰詩所謂如集于木如臨
于谷斯其殆哉困其事則
為設備今不圖之為患無
已敕衡官有秩李瑾掾仇
審因常繇道徒鐉燒破析
刻臽確嵬減高就埤平夷
正曲柙致土石堅固廣大
可以夜涉四方無雍行人

邃古齋藏

石索

懽悀民歌德惠穆如清風
乃刊斯石曰
赫赫明后柔嘉惟則克長
克君牧守三國三國清平
詠歌懿德瑞降豐稔民以
貨稙威恩並隆遠人賓服
鏶山湊瀆路以安直繼禹
之迹亦世賴福
建寧四年六月十三日壬
寅造時府

丞右扶風陳倉呂國字文寶
門下掾下辨李虔字子行故從事
議曹掾下辨李旻字仲齊故從事
主簿下辨李遂字子華故從事
主簿上祿石祥字元祺
五官掾上祿張亢字惠叔故從事
功曹下辨姜納字元嗣故從事
尉曹史武都王尼字孔光
衡官有秩下辨李瑾字瑋甫
從史位下辨仇靖字漢德書文
下辨道長廣漢汁邡任詩字幼起
下辨丞安定朝那皇甫彥字子才

邃古齋藏

石索

曾子固云李翕字伯都以郡之西狹閣道通梁益緣崖立之山臨不測之溪危難阻峻數有顛覆霣墜之害乃與功曹史李旻定策勅衡官掾仇審治東坂有秩李瑾治西坂鐫燒大石改高即平正曲廣陿既成人得夷塗可以夜涉乃相與作頌刻石其頌有二其所識一也其一立于建寧四年六月十三日壬寅其一是年六月三十日立也又稱翕嘗令黽池治崤嶔之道有黃龍白鹿之瑞其後治武都又有嘉禾甘露木連理之祥皆圖畫其像刻石在側

隸釋云西狹頌在成州今之階成興鳳皆漢武都郡也碑以蓟為薊節為寃隧為墜悀為踊稙為殖惪即惡字

天下輿地碑記云翕諱君款開平道路作磨崖頌在今魚竅峽

兩漢金石記云西狹頌年月一行末有時府二字蓋謂是時府中之官丞某掾某也則丞右扶風以下十二行題名必接頌後無疑而隸續云在天井磨崖後恐洪氏所得其拓本故岐出耳四方无雜即無壁六廿即與世未行子才隸續作子木誤

授堂金石跋云今所得本與曾子固所跋有異子固跋云與功曹史李旻定策云云此但言勅衡官有秩李瑾掾仇審而已則知子固所跋為六月十三日立而余所見正為六月三十日刻石者也

邃古齋藏

漢李翕析里橋郙閣頌　石高漢尺七尺六寸廣五尺五寸廿行行廿七字額題析里橋郙閣頌在漢中略陽縣

惟斯析里處漢之右谿源濼
疾橫柱于道涉秋霖漉盜溢
滔涌濤波滂沛激揚絕道漢
水逆讓稽滯商旅路當二州
經用狩沮沮縣士民或給州
府休謁往還恒失日晷行理
咨嗟郡縣所苦斯谿既然郙

滔字從闞從陰　六謀合　石道之　隱禍人　理即李

閣尤甚緣崖鑿石處隱定柱
臨深長淵三百餘丈接木相
連號為萬柱過者慄慄載乘
為下常車迎布歲數千兩遭
遇隤納人物俱隋沈沒洪淵
酷烈為禍自古迄今莫不創
楚於是
太守漢陽阿陽李君諱翕字

兩即兩　隤納謂隤淵也　隋即隳　禍即禍

伯都以建寧五年二月辛巳
到官思惟惠利有以綏濟閭
屯為難其日久矣嘉念高帝
之開石門元功不朽乃俾衡
官掾下辨仇審改解危殆即
便求隱析里大橋於今乃造
校致攻堅●工巧雖昔魯
班亦其儗象又醳散關之嶃

二年缺作五　臣即經　中補以構二字　隙　甚字治作難即醳

漯從朝陽之平慘減西狹之
高閣就安寧之石道禹導江
河以靖四海經記厥續艾康
萬里臣●功勒石示後乃
作頌曰
●●●●降兹惠君克明俊
德允武允文躬儉尚約化流
若神愛氓如子●●平均精

漯即濕燥即燥　西下闕二字當補狹之　即指西狹閣　高就擇　言也中補濟之　無本　臣下缺三字惟功字半存　首句中補上帝經三字　中補子滋通作十字

遏皓穹三納苻銀所庭委勳
香風有隣仍致瑞應豊稔●
●●歡樂行人夷欣慕君
靡已乃詠新詩
●●●兮爪兊之間高山
崔嵬兮水流蕩蕩地既塉确
兮與寇為隣●●●●東
以析兮㦲失緒業兮至于困

皓卽昊　豊稔下缺申補李翕君民忧下知豐稔卽年登可知惟歡字尚隱存　首句申補曰析里之隘兩無兮字不合　申補加瀧最峻子東六字惟東字隱存

石索

邃古齋藏

貧危累卵兮聖朝閔憐旣
支究●兮多●●●●救
傾兮全育子遺勫勞日稷兮
惟惠勤勤黃邵朱龔兮蓋不
●●●●充贏兮百姓歡欣
僉曰大平兮文翁復存

申補兮村析峻兮逼命是君拯厄而無疑之字等字不合　申補救濟字也子瘵搽始起秬門而無黄部朱龔句與洪氏異謬甚

建寧五年二月十八日癸卯
時衡官掾下辨仇審字孔信

建寧五年卽熹平元年此在未改元時

從史位下辨仇靖字漢德為此頌
故吏下辨仇紼字子長書此頌
時石師南●●●●威明

隸釋云析里橋郙閣頌隸額靈帝建寧五年立石西狹頌一歲别有數行刻書撰人及石師姓名

鵬按此碑方整嚴重有似衡方已開魏隸之先集古録以為仇紼書天下碑録以為仇紼字子長書今觀隸釋所載别有五行中明云漢德為此頌子長書此頌而石墨鐫華以為相傳蔡邕書蓋未見末五行之故今亦未見此五行拓本姑從洪氏補入至洪氏所抉則又從本碑及天井題名補入以見古刻列書撰姓名之一格李翕以建寧三年到官碑刻明甚金石萃編誤作五年到官則四年何得預有西狹頌蓋到官在三年刊頌在五年耳至石有抉泐則前七行在下方後十行在上角明知縣申如塤補刻一碑醜惡不復成字在覃谿先生已駁斥之矣

石索

邃古齋藏

石索

漢成陽靈臺碑

在曹州府東北六十里舊為漢城而皇甫謐云穀林即濟陰成陽水經注云成陽城西二里有堯陵陵南一里有堯母慶都陵是也慶都靈臺在雷澤西南灘河西岸今沒於水慶都帝借次妃陳鋒氏女也碑有篆額今失考此從翁閣學所得重刻本錄之然以推釋

惟帝堯母昔者慶都兆舍
穹精氏姓曰伊贖蘭后之
操履規柜之庭則乾巛之
象通三光之曜游觀河濱
感赤龍交如生堯厥後堯
來祖統慶都告以河龍堯
歷三河有龍擾圖躬行聖

柜即矩　巛即坤

如擾下缺一字尚可讀若為而

政以育苗裔火陽之盛先
闇後明遂以隻伯遂踐帝
宮慶都僊没蓋葬于茲欲
人莫知名曰靈臺上立黃
屋堯所奉祠下當以水神
龍所熹靈龜隱形汾踊波
深比目鯑魚濯鱗通泉元
礫蒐薑生蓮臺滙貫長庶
久崇如不積三代改易並
廢不循五運精還漢受濡

遂即懷下同

刑即形

崇如下缺闕二字江秋史侍御補釋不知與洪字叶

邃古齋藏

石索

期興咸繼絕如堯為之承
祠甚丰鯑魚復生故有靈
臺啻夫魚師衛任驛憲鯑
魚服之延壽哀平之際道
小衰沮遂遭亡新禮祠絕
矣於是故廷尉仲定涞惟
大漢隆盛德洽四表大平
未至靈瑞未下四夷數憂
軍甲數擾匪皇啓居日禩
不夏案經考典河洛秘奠

咸即咸

甚即甚

任即士

延字洪作延　哀平二字洪缺翁補

彼即彼

日禩不夏猶日昃不暇　奠翁本作萊

漢感赤龍堯之苗胄當循
堯祠追遠復舊復沼黃屋
推原聖意究生變見天以
謹告前後奏上陳叙大義
拍祥塞咎為漢來祐朝廷
克省帝納其謀歲以春秋
奉大牢祠時廷尉遂位連
自表奏詔英嘉命遂見聽
■■為大中大夫歸沼黃
壁令自告白圖立規營興

沼即治

洪作連白翁本連白　呈義長洪作詔英翁本詔英　英即呈義也　義長

邃古齋藏

石索

業會工廠冢夷平上合天
意下應□刑□□韶餝五
色華精立闕通天戶閶少
陽前設大壁侯神之堂地
發石壇其下清涼可舞八
訛以秦大章時濟陰大守
魏郡審晃成陽令博陵管
遵各遺大掾輔助仲君經
之營之不日成之神靈精
衆依怙於人廢之則亡存

洪氏下應以下缺五字翁本有刑字及韶字翁以刑即形字鶴據即刑字並下惠典刑也　八洪作乙下缺翁本作八詠　營即管　翁本仲君仍從隸釋作仲君

之則神復附羣宗貧富相
均共慕市碑着立功詠□
勒石銘中門之表卜擇元
日齋革精誠先慶毛西謹
慎犧牲祈祠獲福神享其
靈甘雨時降百穀孰成幽
荒來服徐方來庭萬國蒙
祉黎元賴榮莫不被德感
歌頌聲其辭曰
於赫慶都德彌大兮承神

慶碑爲　黎即黎　被即被　彌即彌

邃古齋藏

石索

精燿紘赤奮兮爰生聖堯
名蓋世兮共愛荷命遊帝
制兮廣被之恩深荒外兮
庶紀盛千垂遺愛兮陵廟
復崇享大祭兮上來多怙
降福沛兮萬國禧寧孰不
賴兮光宣美勛永未蘇兮
垂視罔極億萬歲兮
濟陰大守魏郡陰安審君
諱晃字元讓從公車令來

洪氏作上愛　彼即被　盛即盛　未字洪缺翁本補　蘇即蘇

成陽令博陵管君諱
遵字君臺從東明門司馬
來丞潁川新汲尹茂字伯
舉遷下邳尉尉潁川襄城
楊調字君舉仲訢伯海從
右中郎將遷鉅鹿大守仲
球伯儀從大尉掾遷呂長
仲選孟高辟司徒府遷從
不絕皆興滔大聖黃屋之
爲

邃古齋藏

建寧五年五月造

隸釋云漢章帝紀元和二年使使者祠唐堯於成陽靈臺注引郭緣生述征記成陽堯陵南一里有堯母慶都陵稱曰靈臺與此碑合淮南子墬形訓載海外卅六國有無繼民硫魚在其南注云硫魚如鯉魚有神靈者乘行九野硫讀如蚌所謂鯱魚疑即此耳
金石記云此拓本與洪婁所錄不同雖是重刻自有的據其筆法渾勁又非偽作也摹存于篋以資考核

石索

邃古齋藏

漢司隸校尉楊淮表紀

在褒城縣褒谷摩崖

故司隸校尉楊君厥諱淮
字伯邳舉孝廉尚書侍郎
上蔡雒陽令將軍長史任
城金城河東山陽太守御
史中丞三為尚書尚書令
司隸校尉將作大匠河南
尹伯邳從弟諱弼字穎伯
舉孝廉西鄂長伯母憂去
官復舉孝廉尚書侍郎
遷左丞冀州刺史大醫令
下邳相兄弟功德牟盛當
究三事不幸早隕國喪名
臣州里失覆二君清頌約身

敎即隸之渻文

弼即弼

大醫即太醫

兄弟功德俗盛總結二君今本俱釋元弟非也

石索

邃古齋藏

石索

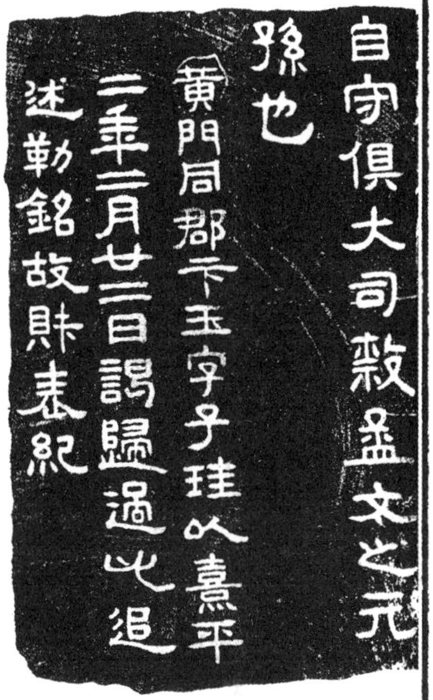

元孫如元士之元

財即纔見西狹頌

石高八尺三寸廣二尺二寸七行行二十五六字不等末行少低字大二三寸不等述真閣漢碑跋云字體与石門頌彷彿而疎逸過之近得精拓本自守上得約身二字門字上得黄字鶴按約上微露右角似漢字補之門上一字當爲石字存參

邃古齋藏

石索

漢司隸校尉魯峻碑

碑高漢尺一丈一寸五寸廣四尺七寸十六行行三十二字今在濟寧州學

碑額

額爲篆無文飾題隸書十二字字極飄逸與碑中字渾厚者不同其稱忠惠父者私謚也

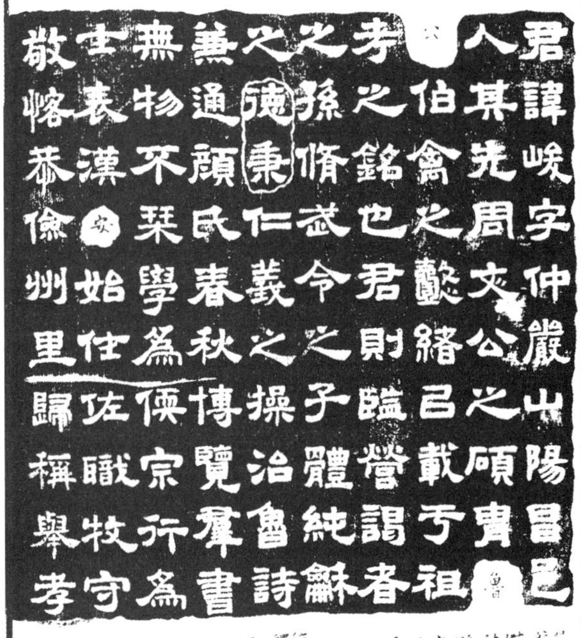

此缺二字隸釋亦無鶴按此必魯公二字蓋魯爲峻受姓之始

德秉以隸釋補入

栞即刊俟即儒恪即恪

鶴按漢下闕文必安字漢安至延熹方廿年耳

邃古齋藏

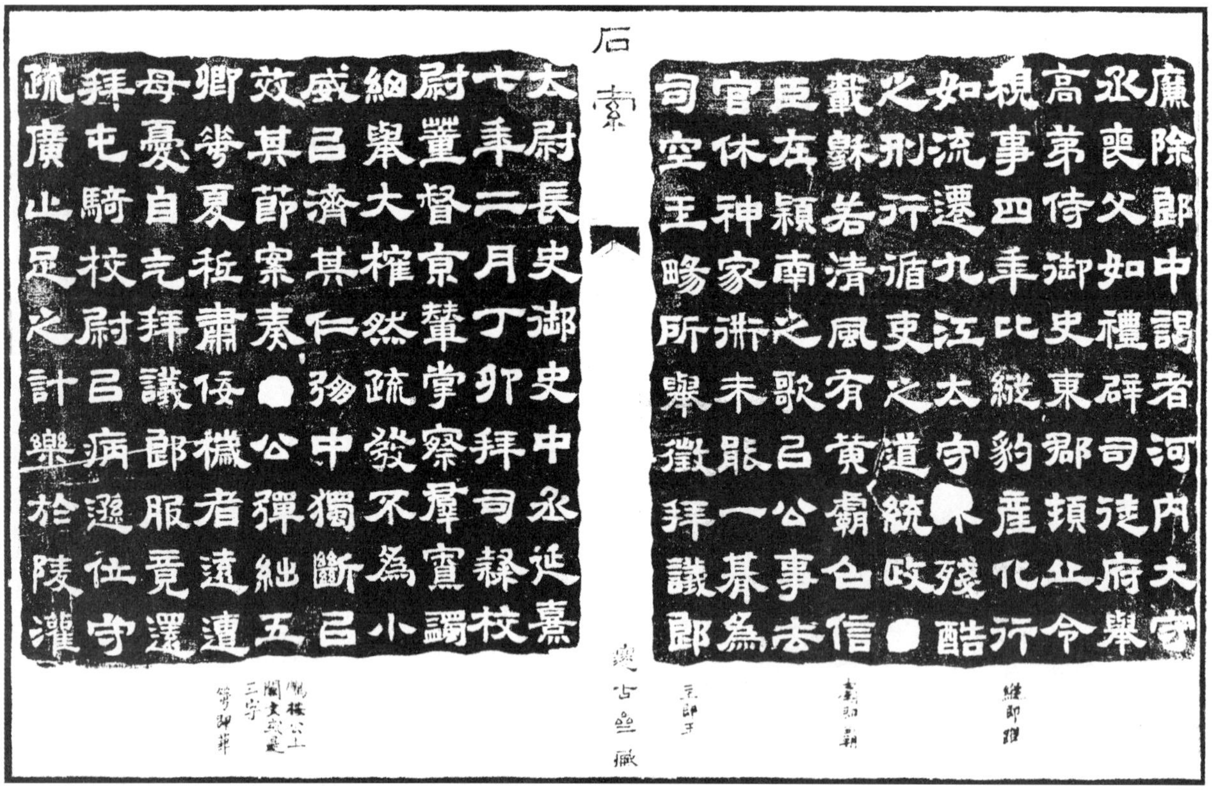
石索
廉除郎中謁者河内大守
丞喪父如禮辟司徒府舉
高弟侍御史東郡頓丘令
視事四年比縱豹產化行
如流遷九江太守□殘酷
之刑行循吏之道統政□
載穌若清風有黃霸召信
臣在穎南之歌已公事去
官休神家術未能一朞為
司空王暢所舉徵拜議郎
太尉長史御史中丞延熹
七年二月丁卯拜司隸校
尉董督京輦掌察羣寮蠲
細舉大權然疏發不為小
威以濟其仁弼中獨斷以
效其節案奏□公彈紏五
卿華夏祗肅佞穢者遠遁
母憂自乞拜議郎服竟還
拜屯騎校尉以病遜位守
疏廣止足之計樂於陵灌

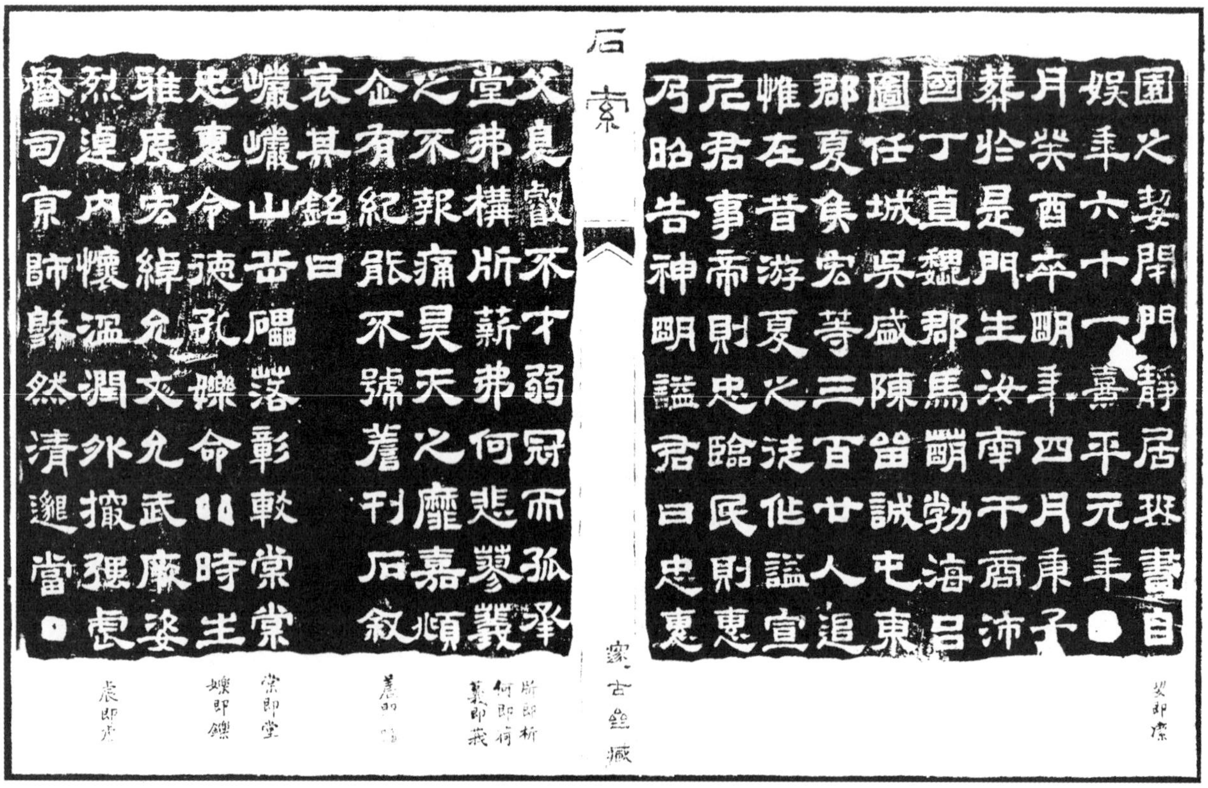
石索
園之婁閑門靜居琴書自
娛年六十一熹平元年□
月癸酉卒明年四月庚子
葬於是門生汝南干商沛
國丁直魏郡馬萌勃海呂
圖任城吳盛陳留誠屯東
郡夏集宏等三百廿人追
惟在昔游夏之徒作謚宣
尼君事帝則忠臨民則惠
乃昭告神明謚君曰忠惠
父息叡不才弱冠而孤承
堂弗構所薪弗何悲蓼義
之不報痛昊天之靡嘉頌
企有紀能不號著刊石敘
哀其銘曰
巖巖山岳礧落彰較棠棠
忠惠令德孔鑠命□時生
雅度宏緯允文允武厥姿
烈逴内懷溫潤外撮彊虐
督司京師穌然清邈當□

石索

緄職為國之權匪究南山
遐邇惆凡百君子欽謚
嘉樂永傳善齡煥矣的的

緄即袞　惆然即怖　書即傳　昀即灼

碑陰

碑陰二列共四十二人洪氏失收其收錄碑陰九十人者蓋別一碑與此不合

故吏河內夏菅懿彥達千
故吏九江壽春躑龔伯麟五百
故吏九江壽春任琪孝長五百
故吏東郡頓丘許瑜伯過五百
門生沛國譙丁宜景榮千
門生勃海高成呂圖世階千
門生東郡濮陽段敦豈高千

菅即管　瑜萃編作踰誤

門生汝南召陵干西朝公五百
門生南陽新野魏顯文臺五百
門生平原般路龍顯公五百
門生平原西平昌王端子行五百
門生陳留尉氏胡嵩永高五百
門生陳留尉氏胡昱仲表五百
門生濟陰定陶律真子然五百
門生任城樊兒雄大平五百
門生平原樂陵路福世輔三百
門生魏郡斥丘李牧君伯三百
門生魏郡繁陽壬輔子助三百
門生任城任周普妙高三百
門生任城任城吳盛子興三百

王即壬字下同　萃編云樓即樓英前傳游樽子著書一篇漢書作樓

邃古齋藏

石索

門生勃海重合梁悄和節三百
門生河東蒲反李●時三百
門生河東蒲反陽成●文智三百
門生汝南汝陽鄭立●節三百
門生東郡臨邑夏侯宏子松二百
門生東郡博平孫讓●●二百
門生東郡樂平邢顯●●二百
門生東郡樂平邢季●●二百
門生魏郡內黃馬萌子●二百
門生魏郡黎陽王●少●二百
門生汝南灑強尹稜超●二百
門生汝南灑強尹顯淵●二百
門生勃海南皮劉扶節●二百

重合本侯國名金石圖誤作重　此上列廿一行　蒲坂以下係下一列廿一行　尹稜萃編誤作尹徒

門生勃海南皮劉盛興●二百
門生河間昌成東鄉晨子●二百
門生河間昌成東鄉恭公●二百
門生平原西平昌劉本景高二百
門生平原般張讓伯讓二百
門生陳留尉氏夏統子思二百
門生濟陰乘氏許仁伯德二百
門生濟陰離狐周維元興二百
義士梁國寧陵史張張良二百

本即丕字萃編誤作本字　般即般字

邃古齋藏

金石錄云水經注引戴延之西征記曰焦氏山北金鄉山有漢司隸校尉魯恭冢冢前有石祠四壁皆青石隱起自書契以來忠臣孝子貞婦孔子及七十二弟子形像像邊皆刻石記之今墓與石室尚存此碑蓋人持至任城矣峻字水經誤作恭金薤琳琅云鄭夾漈謂此碑書于蔡邕未知何據又云魯峻碑陰歐陽公趙明誠皆失收至洪丞相隸釋於漢碑搜羅殆盡亦復遺焉

漢西嶽華山碑

碑高七尺七寸廣三尺六寸二十二行行三十八字其上有篆額六字在華陰縣西嶽廟嘉靖卅四年地震碑毀

西嶽華山廟碑

石索

周禮職方氏河南山鎮曰
華謂之西嶽春秋傳曰山
嶽則配天乾川定位山澤
通氣雲行雨施既成萬物
易之義也祀典曰日月星
辰所昭仰也地理山川所
生殖也功加於民祀以報
之禮記曰天子祭天地及
山川歲遍焉自三五迭興
其奉山川或在天子或在

邃古齋藏

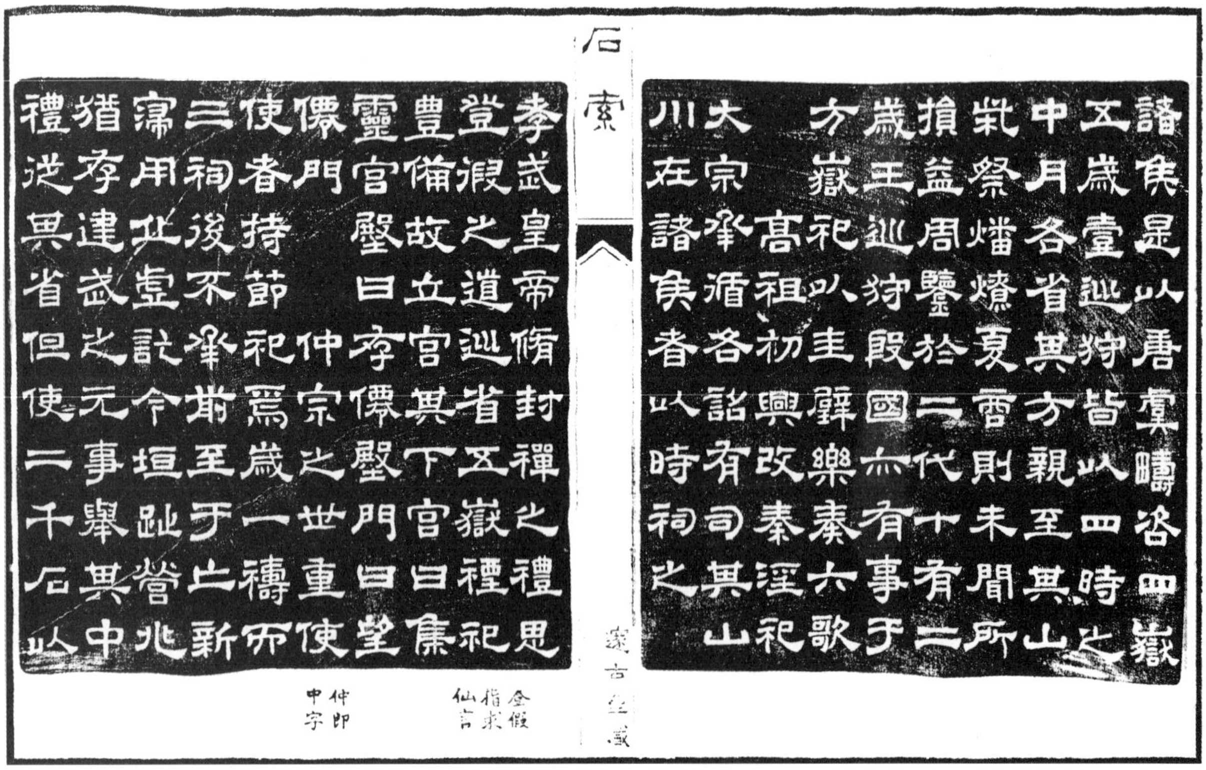
諸侯是以唐虞疇咨四嶽
五歲壹巡狩皆以四時之
中月各省其方親至其山
柴祭燔燎夏商則未聞所
損益周鑒於二代十有二
歲王巡狩殷國亦有事于
方嶽祀以圭璧樂奏六歌
高祖初興改秦淫祀
大宗承循各詔有司其山
川在諸侯者以時祠之

石索

孝武皇帝修封禪之禮思
登假之道巡省五嶽禮祀
豐備故立宮其下宮曰集
靈宮殿曰存僊殿門曰望
僊門仲宗之世重使
使者持節祀焉歲一禱而
三祠後不承前至于亡新
寖用丘虛訖今垣阯營兆
猶存建武之元事舉其中
禮從其省但使二千石以

邃古齋藏

仝假指求仙言

仲即中字

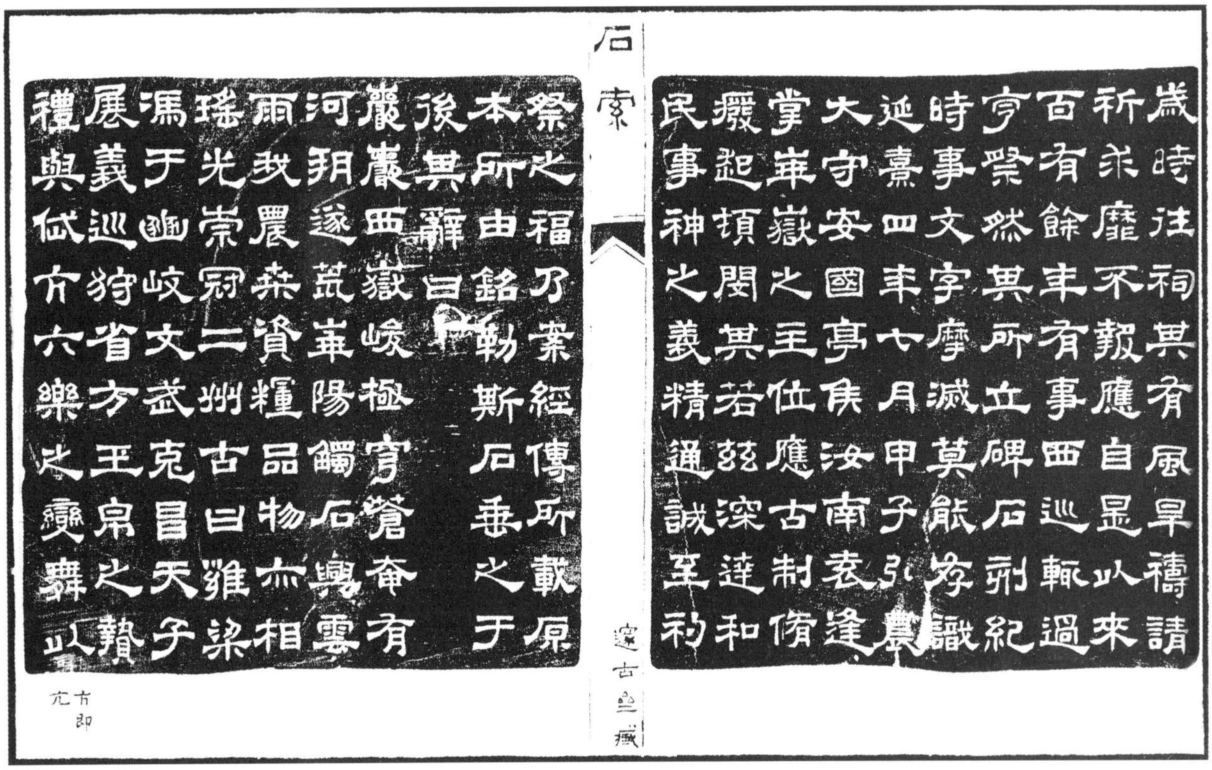
石索

歲時往祠其有風旱禱請
祈求靡不報應自是以來
百有餘年有事西巡輒過
亨祭然其所立碑石刻紀
時事文字摩滅莫能存識
延熹四年七月甲子弘農
大守安國亭侯汝南袁逢
掌華嶽之主位應古制脩
廢起頓閔其若茲深達和
民事神之義精通誠至礿
祭之福乃案經傳所載原
本所由銘勒斯石垂之于
後其辭曰
巖巖西嶽峻極穹蒼奄有
河朔遂荒華陽觸石興雲
雨我農桑資糧品物亦相
瑤光崇冠二州古曰雖遠
憑于幽岐文武克昌天子
展義巡狩省方玉帛之贄
禮與岱亢六樂之變舞以

古即亢

遂古盦藏

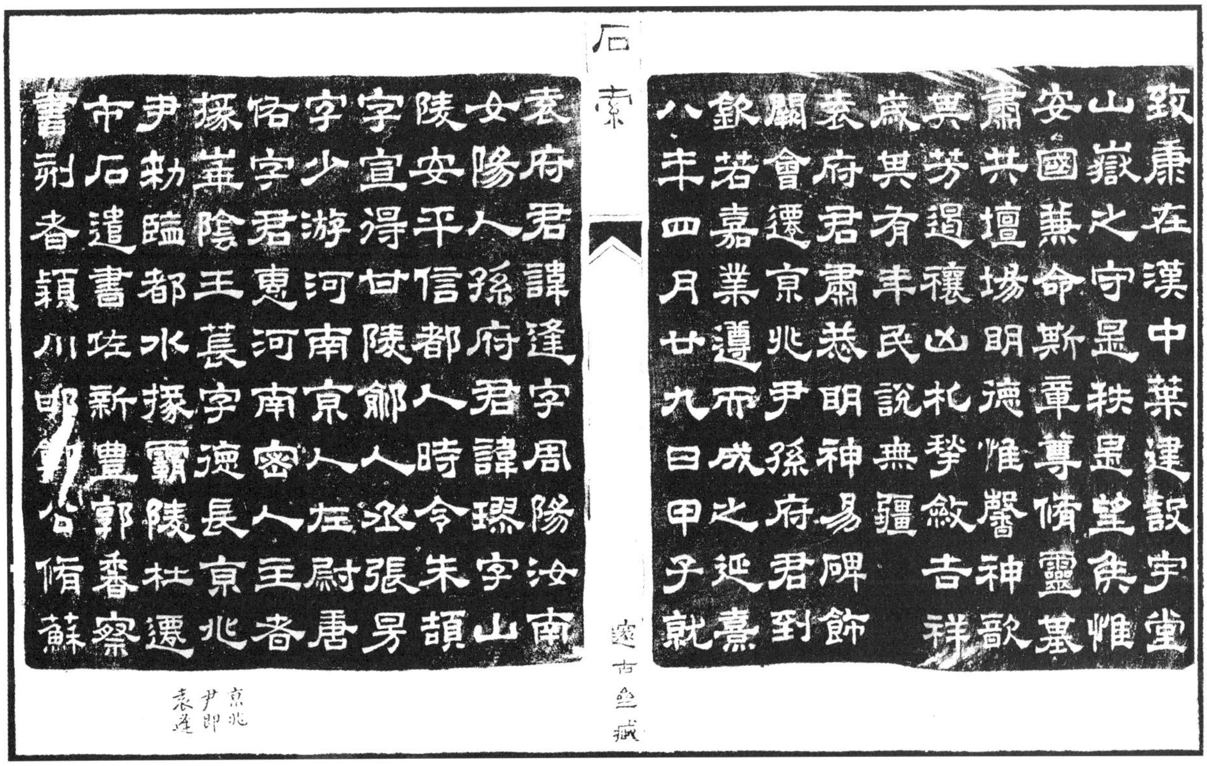
石索

致肅在漢中葉建設宇堂
山嶽之守是秩是望侯惟
安國兼命斯章尊脩靈基
肅共壇場明德惟馨神歆
其芳遐禳凶札揫斂吉祥
歲其有年民說無疆
袁府君肅恭明神易碑飾
闕會遷京兆尹孫府君到
欽若嘉業遵而成之延熹
八年四月廿九日甲子就
袁府君諱逢字周陽汝南
女陽人孫府君諱璆字山
陵安平信都人時令朱頡
字宣得甘陵鄃人丞張昺
字少游河南京人左尉唐
佑字子君河南密人主者
掾華陰王萇字德長京兆
尹勅監都水掾霸陵杜遷
市石遣書佐新豐郭香察
書刻者潁川邯鄲公脩蘇

京兆尹即袁逢

遂古盦藏

張[illegible]郎君[illegible]

隸釋云西嶽華山廟碑篆額在華州華陰縣威宗延熹四年袁逢守宏農郡以華嶽舊碑文字摩滅遂業經傳載原本勒斯石以垂後會遷京兆尹乃勅都水掾杜遷市石遣書佐郭香察書碑成於後之四年蓋孫璆典郡時也逢者司徒安之曾孫太尉湯之次子嘗為司空而史不載其歷宏農京兆乃闕文也郭香察書者察涖它人之書小歐陽以為郭香察所書非也

結埼亭集云碑左右有唐大和中李衛公諸人題其下有宋元豐中王子文題幾無隙地

朱筠笥河文鈔云此碑都南濠援徐季海古迹記以為蔡中郎書趙子函云郭香乃從中郎書耶今雖不能遽定為中郎然金石文字記及曝書亭題跋皆謂後漢書律歷志郭香即此人考郭香之名見于馮光奏中事下三府集議其時坐侍中西北與馮光陳晃相難問者即蔡邕爾在熹平四年三月九日也邕可以理香之說則香何不可察邕之書哉中郎集中楊秉碑正在延熹八年而秉又華陰人也若碑中字體奇正互出古今迭用所謂備短相副異體同勢奇姿譎誕靡有常制者乎

石墨鐫華云此碑嘉靖中猶在一縣令脩岳廟石門視殿上碑題皆當時顯者恐獲責罰此碑年久遂碎為砌石

金石文字記云嘉靖三十四年地震碑毀華州郭允伯有此拓本文字完好今藏華陰王無異家

鵬按是碑隸法渾古生動定為漢刻第一種其圓勁處與石經相似應非蔡中郎不能徐季海之説無可疑者尤物易毀大可惜也至砌石地震二說不同或曰地震碑碎裁作砌石耳

漢衛尉卿衡方碑

碑高七尺廣四尺四寸二十三行行三十六字額十字在汶上縣

漢故衛尉卿衡府君之碑

碑額用陽文隸書與武榮碑相似

府君諱方字興祖肇先蓋堯之苗本姓伊氏則有伊尹在殷之世號稱阿衡曰而氏焉●●●土家于平陸君之烈祖少以濡術安貧樂道履該顏原兼脩季由閻斯行諸砥仁癘●●●仁士階夷愍之貢經常伯之寶位在馮翊先帝所尊恐名竹帛孝廬江大守

二字缺擬存其意補之

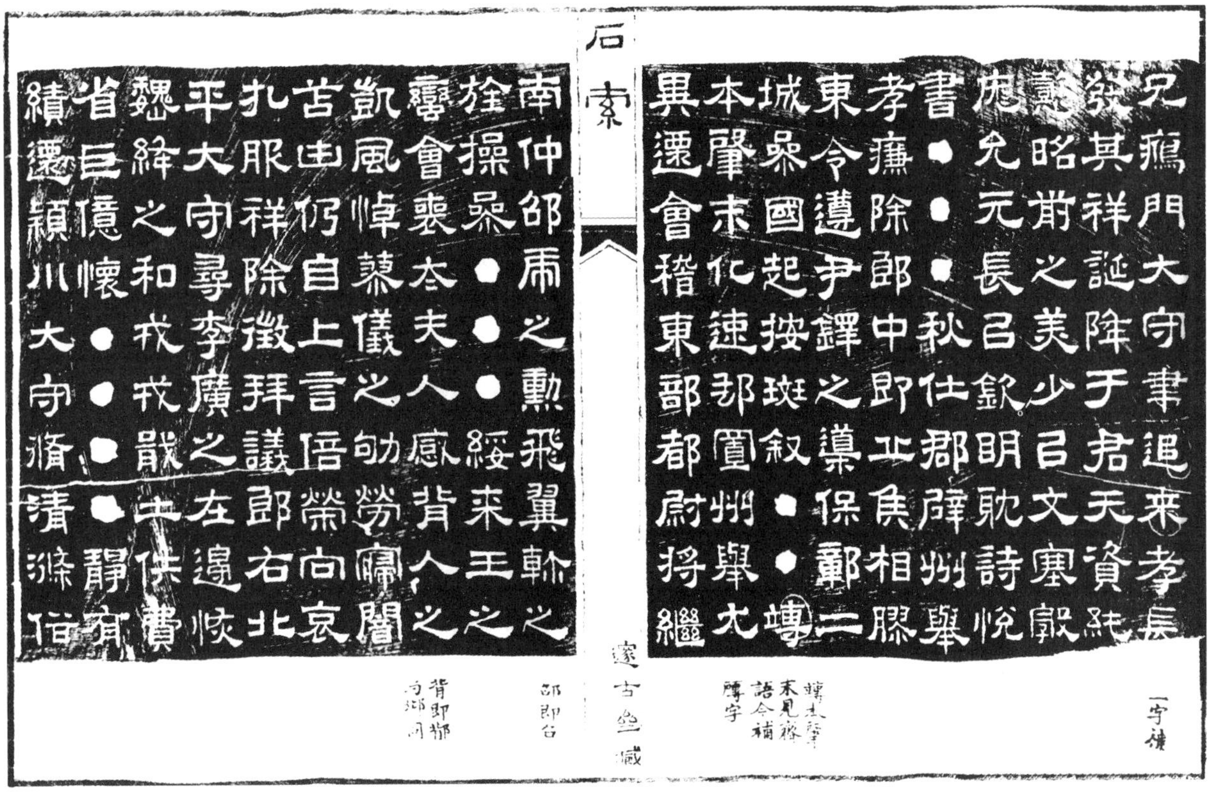
石索

兄鴈門大守聿追来孝長
發其祥誕降于君天資純
懿昭前之美少以文寒敦
庬允元長以欽明耽詩悅
書●●●秋仕郡辟州舉
孝廉除郎中即丘侯相膠
東令遵尹鐸之導保鄣二
城參國起按斑叙●●博
本肇末化速郵置州舉尤
異遷會稽東部都尉將繼
南仲邰甫之勳飛翼軨之
拴操參●●●綏来王之
譽會喪太夫人感背人之
凱風悼蓼儀之劬勞竊闇
古由仍自上言倍榮向哀
孔服祥除徵拜議郎右北
平大守尋李廣之左邊恢
魏絳之和戎戎戢士佚費
省巨億懷●●●●靜有
績還潁川大守猶清滌俗

邃古齋藏

一字[illegible]

博未審末見稱語今補傳字

邰即台

背即鄉句鄉同

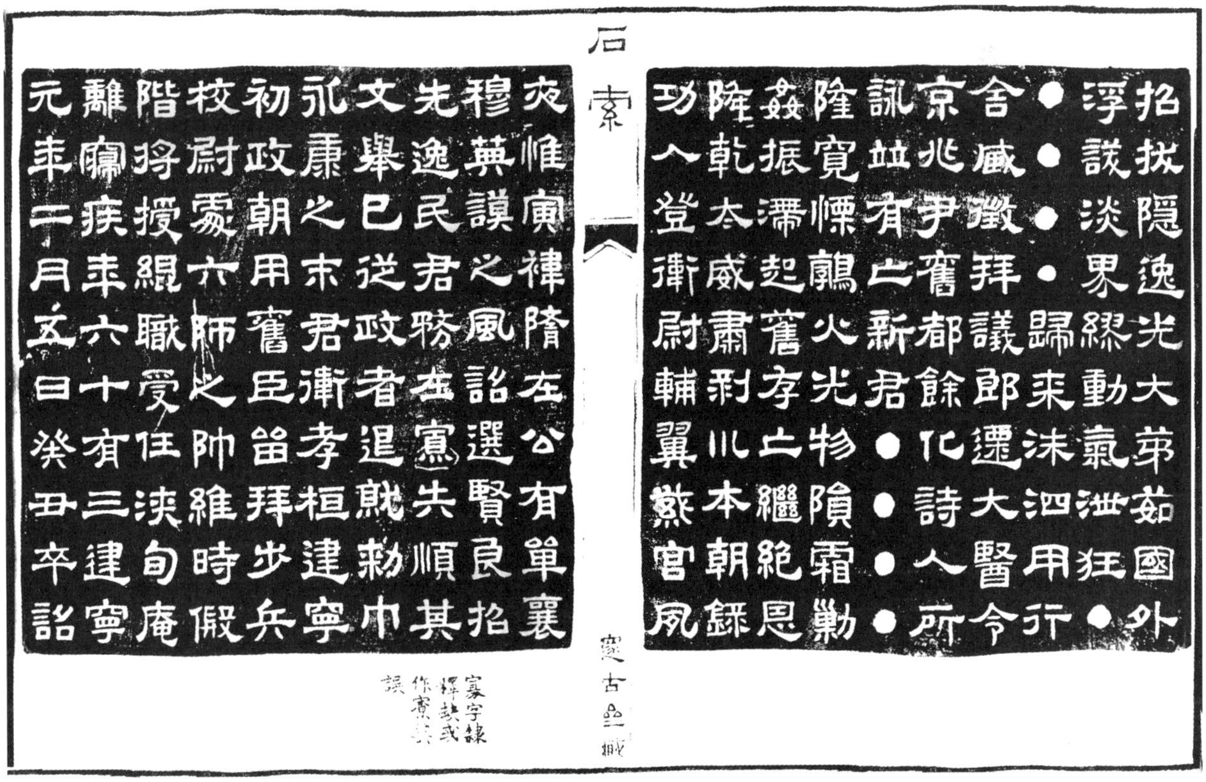
石索

招拔隱逸光大茅茹國外
浮議淡界總動氣泄狂●
●●●●歸来沫泗用行
舍藏徵拜議郎還大醫令
京兆尹奮都餘化詩人所
訊竝有亡新君●●●●
隆寬慓鶤火光物隕霜勦
姦振滯起舊存亡繼絕恩
降乾太威肅剥川本朝録
功人登衛尉輔翼燕宫風
夜惟寅褘隋在公有單襄
穆英謨之風諮選賢良招
先逸民君務在寬失順其
文舉已從政者退就勑巾
永康之末君衛孝桓建寧
初政朝用舊臣留拜步兵
校尉處六師之帥維時假
階將授緄職愛任浹旬庵
離寢疾年六十有三建寧
元年二月五日癸丑卒詔

邃古齋藏

寬字隸釋缺或作[illegible]誤

石索

遺使□□弔賻礼百賓臨
會葬不失聲其來九月十
七日辛酉葬蓋雖頌興而
清廟肅中庸起而祖宗□
故仲尼既歿諸子綴論斯
干作歌用昭于宣謚以旌
德銘以勒勳於是海內門
生故吏相與□采嘉石樹
靈碑鐫茂伐秘將來其辭
曰

峨峨我君懿烈孔純高朗
神武歷世忠孝馮隆鴻軌
不忝前人寬猛不主德義
是經韜綜頤□溫故前星
撫英接秀踵迹晏平初據
百里顯顯令聞濟康下民
曜武南會邊民是鎮惟□
□□憂及退身累議帝室
剖符守藩北靖□□有問
有聲旋守中嶽幽滯以榮

遯古齋藏

石索

邁種舊京師□□□舍澤
戴仁□□徵寧剋長剋君
不虞來陽維朗維允燿此
聲香能悊能惠剋亮天功
人統□□剋剋光光法言
稽古道而後行競競業業
素絲羔羊闇闇侃侃顒顒
昂昂何規履榘金玉其相
謇謇王匪躬公寵章樂音
君子□□无疆銘勒金石
□歌□□□問□□萬世
是傳
門生平原樂陵
朱登字仲康作

遯古齋藏

隸釋云碑建寧元年立趙氏誤以為三年銘文甚溫潤如云鶉火光物隕霜剿姦尋李廣之在邊恢魏絳之和戎唐人誌墓多用此體履該顏原謂顏子原憲也禕隋即委蛇出韓詩內傳碑以濡為儒倍為背浚為瘦緄為袞庵為奄太即太守廬鴈皆从广

金石圖云碑在汶上縣西南十五里平原郭家樓前南向雍正八年汶水泛決碑陷臥莊人郭承錫等復建

鴈按碑字渾古絕似魯峻碑而借用字甚多如以蓁儀為蓁蓁則金石錄言之又以奧懸為奧閡背人為郷人不虞不陽為不吳不揚則祀經堂集言之以聲香為馨香樂音為樂只則金石緣錄言之皆隸釋所未及論今又于孝字上審補聿追來三字失字上審補寡字末小行審補康作字亦與禮器碑六人所作合也

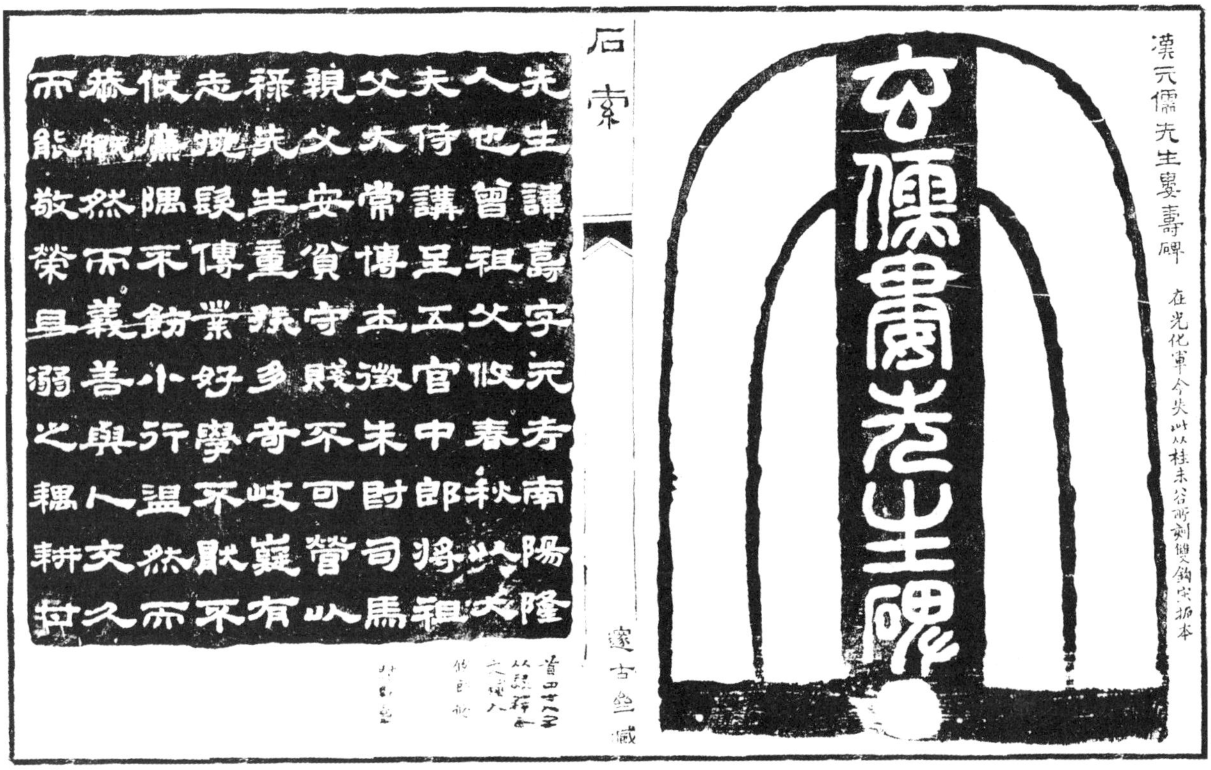
漢元儒先生婁壽碑
在光化軍今失此从桂未谷所刻雙鉤宋拓本
玄儒婁先生碑
石索
先生諱壽字元考南陽隆
人也曾祖父攸春秋以大
夫侍講至五官中郎將祖
父太常博士徵朱爵司馬
親父安貧守賤不可營以
祿先生童孩多奇岐嶷有
志捥髮傳業好學不厭不
攸廉隅不飭小行溫然而
恭慨然而義善與人交久
而能敬榮且溺之耦耕甘

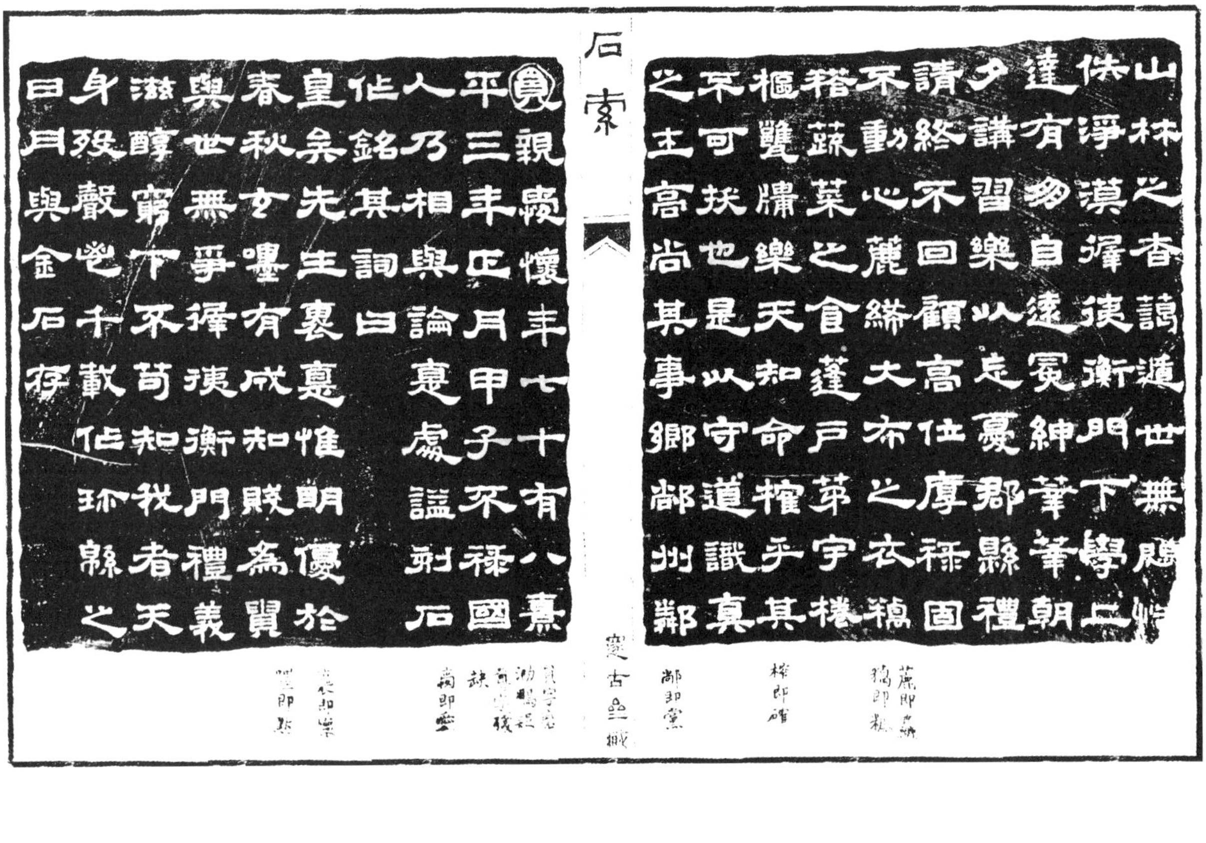
石索
山林之杳藹遁世無悶恬
佚淨漠徲徲衡門下學上
達有朋自遠冕紳莘莘朝
夕講習樂以忘憂郡縣禮
請終不回顧高位厚祿固
不動心麤絺大布之衣糲
稭蔬菜之食蓬戶茅宇樓
樞甕牖樂天知命権乎其
不可拔也是以守道識真
之主高尚其事鄉黨州鄰
貞親處懷年七十有八熹
平三年正月甲子不祿國
人乃相與論德處謚刻石
作銘其詞曰
皇矣先生褒德惟明優於
春秋玄嘿有成知賤爲貴
與世無爭徲徲衡門禮義
滋醇窮下不苟知我者天
身歿聲鬯千載作珍縣之
日月與金石存

貞明四年十二月廿四日偶因行過

貞明後梁末帝朱友貞年號

隸釋云碑首所以篆婁字頗異圖經謂之瞿先生碑歐陽公問之王洙原叔以李陽冰篆文證之始知元儒先生為婁姓西漢紀注宮之外門為司馬門盖今之皇城門也東漢志宮掖門凡七每門一司馬考之於碑元賓為蒼龍司馬沈君為北屯司馬劉曜為朱爵司馬靈甚碑嘗遵為東明司馬婁君之祖為朱爵司馬而書作朱財者猶帝堯碑以繼作繼校官碑以劉作刘省文也又有兩脩字皆作攸類此

豐道生跋云此刻與禮器張遷等碑筆法相似二碑尚存而是刻傳之甚少中父所藏乃宋搨耳冊首闕文則都太僕金薤琳琅可考也

翁覃谿先生跋云豐道生急華東沙作真賞齋賦云婁承婁壽漢碑天球河圖比重此賦作于嘉靖廿八年正與道生此跋相合是碑在真賞齋已闕其前四十八字矣後又歸何義門有竹垞義門二跋州鄰下一字洪釋所闕据此作責上半宗分明義門疑睦之省當存攷也

石索　邃古齋藏

漢白石神君碑

碑額

碑高今尺五尺四寸五分廣二尺三寸十六行行三十五字字徑八分額五字篆書陽文徑一寸八分在真定府元氏縣城內龍化寺

蓋聞經國序民莫急於禮
禮有五經莫重於祭祭有
二義或祈或報報以章德
祈以弭害古先哲王類帝
禋宗望于山川徧于群神
建立兆域脩設壇屏所以
昭孝息民輯寧上下也白
石神君居九山之數參三
條之壹兼將軍之號秉斧
鉞之威體連封龍氣通北

石索　邃古齋藏

石索

嶽幽讚天地長育萬物觸
石而出膚寸而合不終朝
日而澍雨沾洽前後國縣
屢有祈請指日刻期應時
有驗猶自抱損不求禮秩
縣界有六名山三公封龍
靈山先得法食去光和四
年三公守民蓋高等始為
無極山詣大常求法食相
縣以白石神君道德灼然

乃具載本末上尚書求依
無極為比即見聽許於是
遂開祏舊兆改立殿堂營
宇既定禮秩有常縣出經
用備其犧牲奉其珪璧絜
其粢盛旨酒欣欣燔炙芬
芬敬恭明祀降福孔殷故
天無伏陰地無鱻陽水無
沉氣火無災燀時無逆數
物無害生用能光遠宣朗

邃古齋藏

石索

顯融昭明年穀歲熟百姓
豐盈粟升五錢國界安寧
爾乃陟景山登峥嶸采玄
石勒功名其辭曰
巖巖白石峻極太清皓皓
素質因體為名惟山降神
髦士挺生濟濟俊乂朝野
充盈災害不起五穀熟成
乃依無極聖朝見聽遂興
靈宮于山之陽營宇之制

是度是量卜云其吉終然
允臧匪奢匪儉率由舊章
華殿清閑肅雍顯相玄圖
靈像穆穆皇皇四時禋祀
不愆不忘擇其令辰進其
馨香犧牲玉帛黍稷稻粮
神降嘉祉萬壽無疆子子
孫孫永永番昌
光和六年常山相南陽馮
巡字季祖元氏令京兆新

邃古齋藏

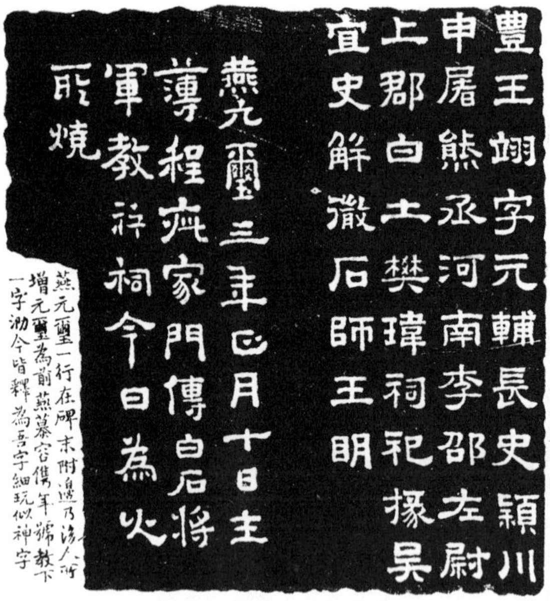
豐王翊字元輔長史潁川
申屠熊丞河南李邵左尉
上郡白土樊瑋祠祀掾吳
宣史解徹石師王明
燕元璽三年正月十日主
薄程疵家門傳白石將
軍教祈祠今日為火
所燒

燕元璽一行在碑末附益乃後人所增元璽為前燕慕容儁年號教下一字泐今皆釋為吾字細玩似神字

石索

遂古齋藏

碑在眞定靈帝光和六年立碑云居九山之數參三條之壹趙氏莫曉三條為何語隸釋引尚書正義從導岍至敷淺原舊說以為三條地理志云禹貢北條之荆山在馮翊懷德縣南條之荆山在南郡臨沮縣故馬融王肅皆以導岍為北條西傾為中條嶓冢為南條殽阬碑云中條之山蓋華嶽之體南通商雒以屬熊耳其文與正義合也惟九山之數洪氏亦未証明金石後録以為水經有九山廟碑云九顯靈府君本華山之元子陽九列名號曰九山府君也授堂金石跋引淮南墬形訓云何謂九山會稽泰山王屋首山太華岐山太行羊腸孟門今白石山亦太行之支麓所云居九山之壹者當謂此也

漢魯王墓石人二　縮本

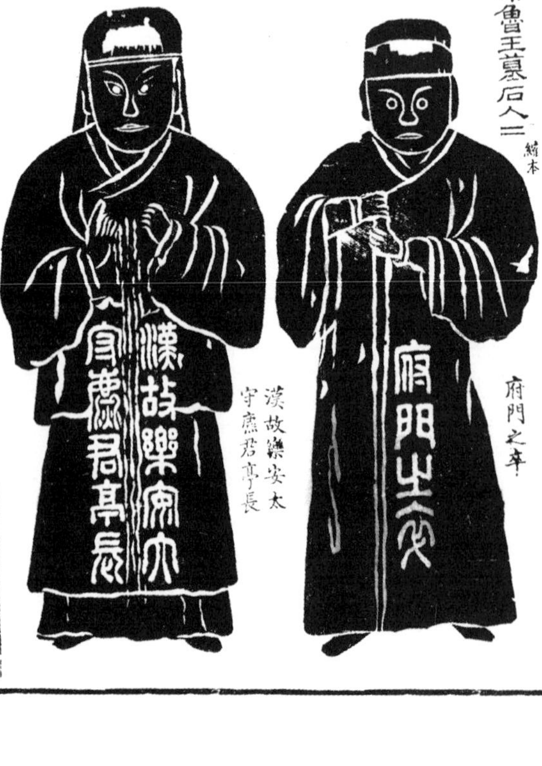

石索

遂古齋藏

魯王墓前石人二在曲阜縣張屈莊乾隆甲寅春阮芸臺先生按試曲阜時命顏教授崇槼馮縣尉箕以牛車接輸移置矍相圃西向一人冕而拱立高漢尺一丈一寸許胸題漢故樂安太守麃君亭長十字一人手按一物似劍高漢尺九尺三寸許胸題府門之卒四字大五六寸許胸前石多剥落似淚痕然金石萃題銘云鑄石為人刻篆其腹永陪漢寢風珮肅肅靈文不磨負畫軒縮終古西向銅人對哭是也惟卒字及長字未經釋出其麃字誤作臙蓋縮刻者不諳篆文之故其云腰以下陷土中不可見者蓋彼時就魯王墓見之今在矍相圃則併其足俱見矣圖在縣儒學內予觀其石像拓其全人縮刻如右李省吾廣文云初時尚完好因前任某廣文眷屬畏其獰惡日持錘擊之故更剥落余則以為古友伴也相與撫掌

兩漢金石記云樂安本千乘和帝永元七年更名樂安此為東漢石刻無疑潛研堂金石文跋云漢制諸郡置太守王國稱相韓勑碑有承郡太守麃次公樂安相麃季公皆魯人也季公故樂安相永壽時猶存此刻麃君豈季公乎

漢丞其令董君闕

隸續據碑錄丞其令董君有雙石闕此其一也其二云董恢琅玡人也文數百言董字碑錄及范史俱誤作童

石索

邃古齋藏

此畫子孫展墓之狀有僕馬休于松楸下情景淒然所題八字其左復有四五小字不可辨

漢金恭闕

隸續云金恭闕上刻一禽三足次横刻金君姓名次刻一人執扇乘馬以是金君也旁有龍希嘶環其下漸裂隸釋云子下一字缺以墓碣知爲字肅鵬按下似尚有缺文或闕字或墓字不定至馬上人乃執符非扇也

石索

邃古齋藏

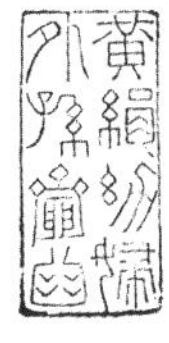

道光元年十一月朔日鏤板于嶧陽署齋時日月合璧五星聯珠記之

石索三

紫琅馮雲鵷晏海氏　雲鵷集軒氏　同輯

碑碣三

漢武梁祠石闕題字　在嘉祥縣南二十里紫雲山下

武氏雙闕高可二丈五尺許方徑二尺許三面層疊皆有畫像人物此武氏祠三字大四寸許即鑿在畫像上東西二闕之第二層皆有之此後人所題與碑字不類

東闕南面第四層畫像　其它尋常人物不錄

此畫天吳之象山海經云蓋余之國有神人八首人面虎身曰天吳是為水伯圖贊云天吳八首更嘻迭怒是也金石志以為各垂一線系於獸頸者非

此疑是三身人山海經云大荒之中不庭之山有人三身帝俊妻娥皇生此三身之國

此後有三人未錄

漢武氏祠石闕　在山東嘉祥縣南二十八里紫雲山武梁祠前

開明子宣張仕
濟陰年廿五曹
府君察舉孝廉
除敦煌長史被
病夭沒苗秀不
遂嗚呼哀哉士
女愿傷

石索

邃古齋藏

建和元年大歲在丁亥三月庚戌朔四日癸丑孝子武始公弟綏宗景興
開明使石工孟孚李弟卯造此闕直錢十五萬孫宗作師子直四萬
開明子宣張仕濟陰年廿五曹府君察舉孝廉除敦煌長史被
病夭沒苗秀不遂嗚呼哀哉士女愿傷
師即獅　栽即哉　士妥即士女　愿即痛
石闕二在武氏祠前俗呼為石𨶮臺闕高一丈二尺本無字土此銘在西
闕之第八層予掘土出字拓之銘八行行十二字末行九字趙氏金石錄云武氏有
數墓在任城開明者仕為吳郡府丞綏宗名梁為郡從事宣張名班皆
自有碑此一條實武氏諸碑之總目矣

漢武梁石室畫像一

石索　一之二

伏戲倉精初造王業畫卦結繩以理海內

伏羲氏冠上方下圓前仰衣有緣邊手執矩又一人冠亦然衣相侶皆有尾而相交中有小兒手曳其袖兩雙尾題云伏戲倉精初造王業畫卦結繩以理海內鷬按王文考魯靈光殿賦伏羲鱗身女媧蛇軀注引玄中記云伏羲龍身是也彼畫于殿此刻于石漢制也

邃古齋藏

祝誦氏無所造為未有耆欲刑罰未施

金石志云冠有兩翅衣不掩膝題云祝誦氏無所造為未有耆欲刑罰未施誦即融字耆即嗜字

兩漢金石記引通鑑前編云祝誦氏時天下治和聽介州鳴鳥以為樂歌以大施化亦號赤帝今畫兩手作搏擊狀蓋取征伐共工氏事也

石索

一之三

冠形前後岐與前同兩手執耒耜象起土狀題榜云神農氏因宜教田辟土種穀以振萬民金石記引説文云耒手耕曲木也又云耒兩刃臿也从木丫象形互瓜切

一之四

象畫冕服衣裳兩手上下若指畫狀左題云黃帝多所改作造兵井田垂衣裳立宮宅

鵬按兵字中多一畫垂字本全泐故諸家俱闕而不釋惟金石記釋作制字細玩字無刀旁微存其邊似下文御車失檝字本半故定爲垂

邃古齋藏

石索

一之五

畫象冕衣裳無帶題云帝顓頊高陽者黃帝之孫而昌意之子昌下意字之二字闕从史補之

一之六

畫象冕衣裳黻與黃帝同兩手拊膺題云帝俈高辛者黃帝之曾孫也

邃古齋藏

石索

一之七

象畫冕衣裳若題云帝堯放勳其仁如天其知如神就之如日望之如雲四句見史記

一之八

像亦同上題云帝舜名重華耕於歷山外養三年

邃古齋藏

石索

一之九

禹冠鋭上衣如常服手執鍬臿蓋隨桀之具題云夏禹長於地理脈泉知陰隨時設防退為肉刑

朱竹垞云禹冠即禮所謂毋追是也

一之十

象畫夏桀手中執戈下有二女子相背伏地桀乘坐其上蓋人輦之始史稱桀不務德而武傷百姓即此可見禹以手執耒耜躬親隨利而得天下桀以執戈乘女子而失天下不煩言而喻矣

邃古齋藏

石索　一之廿一

以上十格皆畫古帝王十人上有山形連絡之此第一幅之第二層也其上有𤰞線二條各有二束挾形貫於其間又其上為第一層高銳而旁殺蓋屋脊之尖頂畫兩瞟神人趺坐其中又人首龍身人首鳥翼鳥尾者与似人非人者環繞其旁其下攢以雲氣殆不可曉考魯靈光殿賦云圖畫天地品類羣生雜物奇怪山神海靈千變万化曲得其情疑此之謂又云上紀開闢遂古之初五龍比翼人皇九頭可見漢人畫殿壁大率類然或以為佛像者非是佛安能在伏羲上哉其餘碑尖亦復相似今卷一只見其概以其屬上古故在第一層皆無標題未能摹錄祇從第二層為始伏羲至夏禹九人皆聖其末為夏桀似乎不倫蓋有法必有戒垂訓之義也靈光殿賦云惡以誡世善以示後堪為明證焉

邃古齋藏

石索　一之廿二

此畫訛傳曾子殺人事蓋有南曾參北曾參之別訛誤信讒言耳畫中曾母坐機架上踏機轉簧回首向後作訓示狀足下橫讒言三至慈母投杼八字機後有物墮地殆即杼也後畫曾子跪而拱手作受訓狀其上題贊云曾子質孝以通神明貫感神祇著号來方後世凱式吕正橅綱其著字从竹號渚作号著篆者著曾子之孝名也舊釋吳字蓋爲剥落痕所亂耳吕正二字隐尚存故補之

邃古齋藏

金石志云車有四種此車是單轝蓋也車前坐一童子爲閔子後母弟
車中爲閔子父左手挽桯右手拊跪者之背而與語跪者即閔子也偏
那倫字棰字諸家皆釋爲鞅黄君小松云是棰字蓋鞭箠也

石索

一之十三

邃古齋藏

此幅跪者右手似執一旗立者帽有兩翅
俱漢隸續今以𣹢斑連即斑斕古音通

圖畫二人盤坐于幃幔之内□座之上座下題萊子父萊子母二作指顧
狀有舉袖而舞者爲萊子跽于後者萊子妻也題其上云老萊子
楚人也事親至孝衣服斑連嬰兒之態令親有驩君子嘉之孝莫大焉

石索

一之十四

邃古齋藏

石索

一之十五

畫木像于左承以琱座者丁蘭父也跪于前者丁蘭跪于後者蘭妻也其上二鳥冢形懸于左右下又一物磨滅不能摹画題云丁蘭二親終歿立木為父鄰人假物報乃借與吳郡張僉人埴曰丁蘭河內人流寓于陵存合興平有子孝村孫臧逸人傳刻木為人彷彿親形隣人張叔妻從蘭妻有所借蘭妻跪報木人木人不悅不以借之碑有報字本此

以上四格畫畫孝子四事在第一幅之第三層

邃古齋藏

石索

一之十六

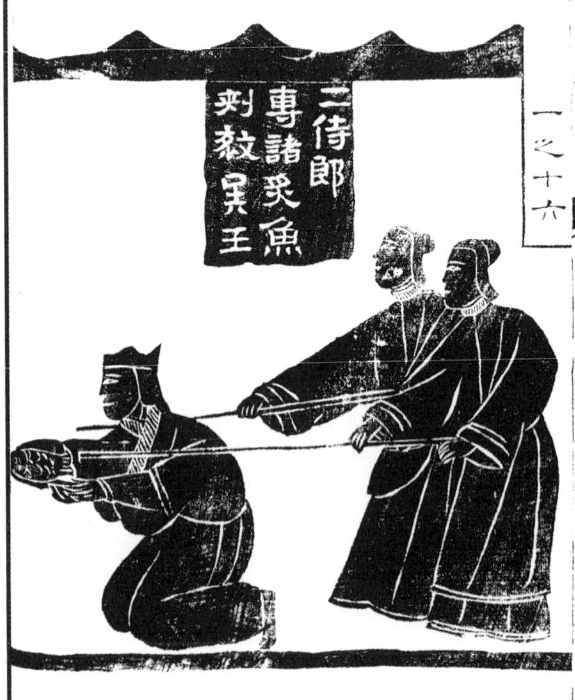

史刺客傳曹沫為魯將與齊戰三敗北莊公懼獻遂邑齊魯會于柯既盟曹沫執匕首劫桓公左右莫敢動桓公許歸魯侵地沫投其匕首下壇就羣臣位後桓公欲背約管仲不可乃割地曹沫三戰所亡地盡復予魯後百六十七年而吳有專諸之事按曹沫即曹劌

邃古齋藏

吳王
石索
刺客傳專諸吳堂邑人伍子胥進專諸于吳公子光〻以長嗣爭立欲殺王僚
伏甲窟室而具酒請王僚〻使兵陳自宮至光之家門戶階陛左右皆僚親戚
夾立侍皆執長鈹光入窟室使專諸置匕首魚炙之腹中專諸擘魚以匕首刺
王僚立死左右殺專諸光立是為闔閭封專諸子為上卿
四十七
邃古齋藏
荊軻
秦武陽
樊於期頭

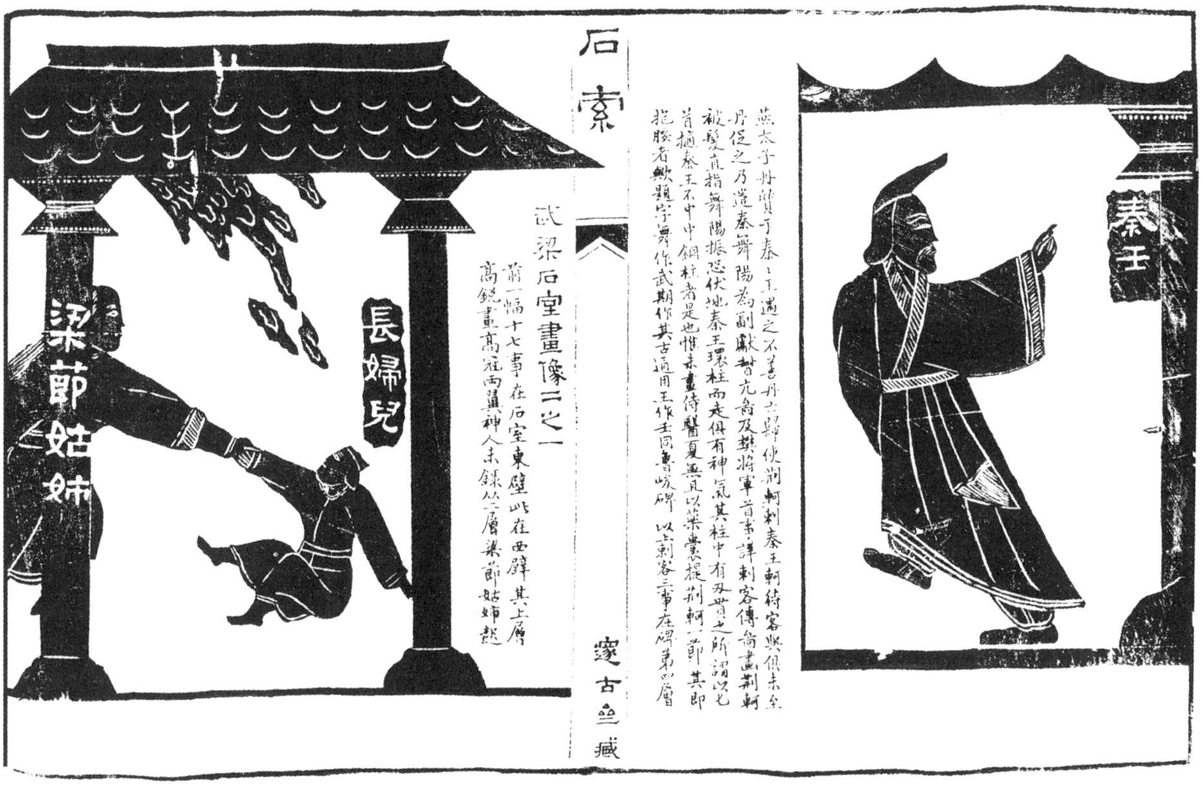
秦王
石索
燕太子丹質于秦〻王遇之不善丹亡歸使荊軻刺秦王軻待客與俱未至
丹促之乃遣秦舞陽為副獻督亢圖及樊將軍首事詳刺客傳前畫荊軻
被髮直指舞陽振恐伏地秦王環柱而走但有神氣其柱中有匕首之所謂以匕
首擿秦王不中中銅柱者是也惟未畫侍醫夏無且以藥囊提荊軻一節其即
握腰者歟題字舞作武期作其古通用王作壬同魯峻碑　以上刺客三事在碑第四層
邃古齋藏
武梁石室畫像二之一
前一幅十七事在石室東壁此在西壁其上層
高銳畫高冠兩翼神人未錄從二層梁節姑姊起
長婦兒
梁節姑姊

石索
二之二
追吏騎
事見列女傳長婦兒者姑姊之嫂之子也室既失火兄子與己二子俱在室中亟往援之欲得兄子輒得己子次欲援兄子火勢已急故救者力援之出而姑姊不忍兄子之死所謂赴火如亡也
姑姊兒
救者
姑姊其室失火取兄子往輒得其子赴火如亡示其誠也
邃古齋藏

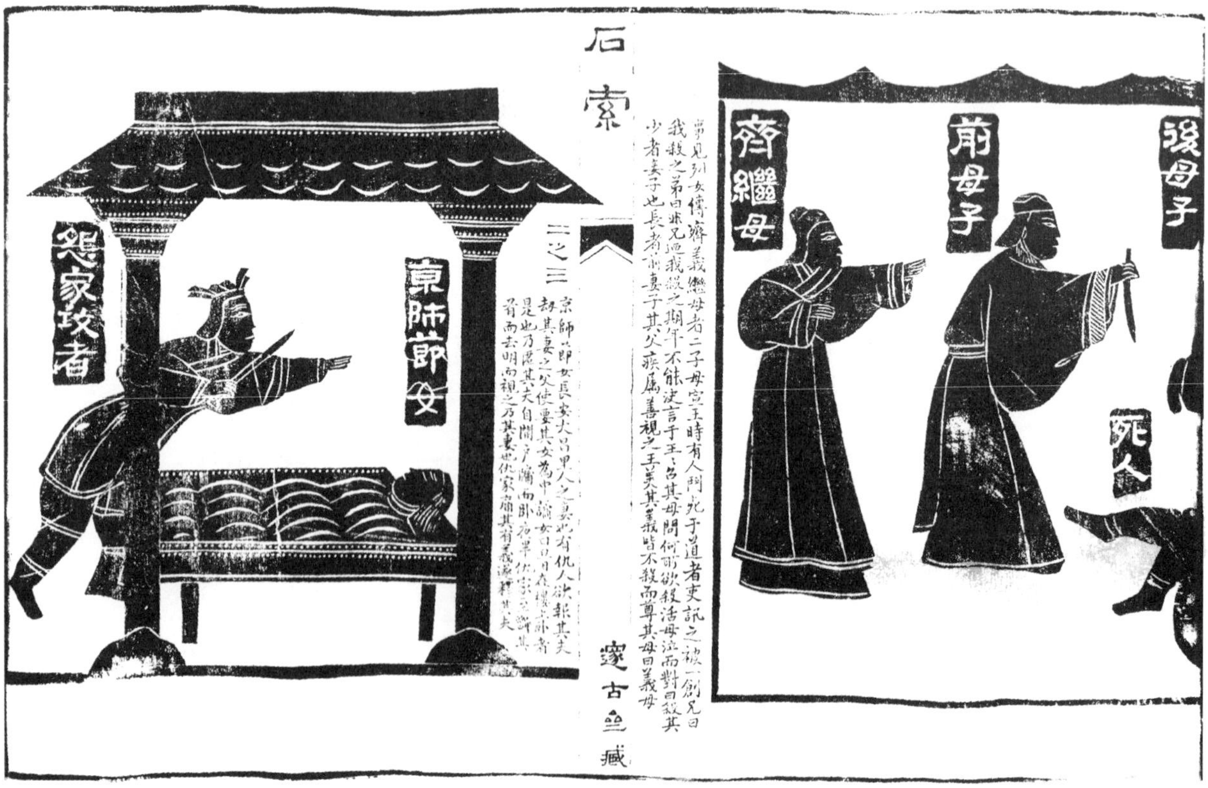
石索
二之三
怨家攻者
京師節女
京師節女長安大昌里人之妻也有仇人欲報其夫劫其妻之父使要其女為中譎女曰日夕在樓上新沐者是也乃還其夫自開戶牖而臥夜半仇家果斬其頭而去明而視之乃其妻也仇家痛其有義遂釋其夫
邃古齋藏
事見列女傳齊義繼母者二子母宣王時有人鬭死于道者吏訊之被一創兄曰我殺之弟曰非兄也我殺之期年不能決言于王王召其母問何所欲殺活母泣而對曰殺其少者妻子也長者前妻子其父疾屬善視之王美其義皆不殺而尊其母曰義母
齊繼母
前母子
後母子
死人

石索　二之四

此與搜神記所載楊雍伯施義漿相類疑即此事羊上楊傳寫異文其上一獸形蓋[illegible]綏之物

三州孝人也

此一條在義漿羊公前中一人跪頭面全無左右二人立後有一獸

湯父

以下皆在義漿羊公後其人手中似持一杖

魏湯

其人跪而揚其兩手又一童子跪其前或疑古無魏姓鵖按漢丸有嵬氏冢舍

孝烏

樹上立一鳥

趙[illegible]循

一人坐一小人立又一人立其後榜中存一趙字半者字

孝孫父

一人立兩舉其右手

孝孫

一小人立舉一方牀下有二豆如射侯

孝孫祖父

一老人跪坐其髮皤然

以上皆零落不能畫但存其字

邃古齋藏

石索　二之五　二之六

王子慶忌稱王慶忌見史記雖傳其貴二物如權者身也二執戈者兵衛也王僚刺死王子慶忌出亡在衛闔閭使要離如衛殺慶忌涉江拔劍刺之慶忌捽要離救之于江亦死歸吳自殺事見呂氏春秋

邃古齋藏

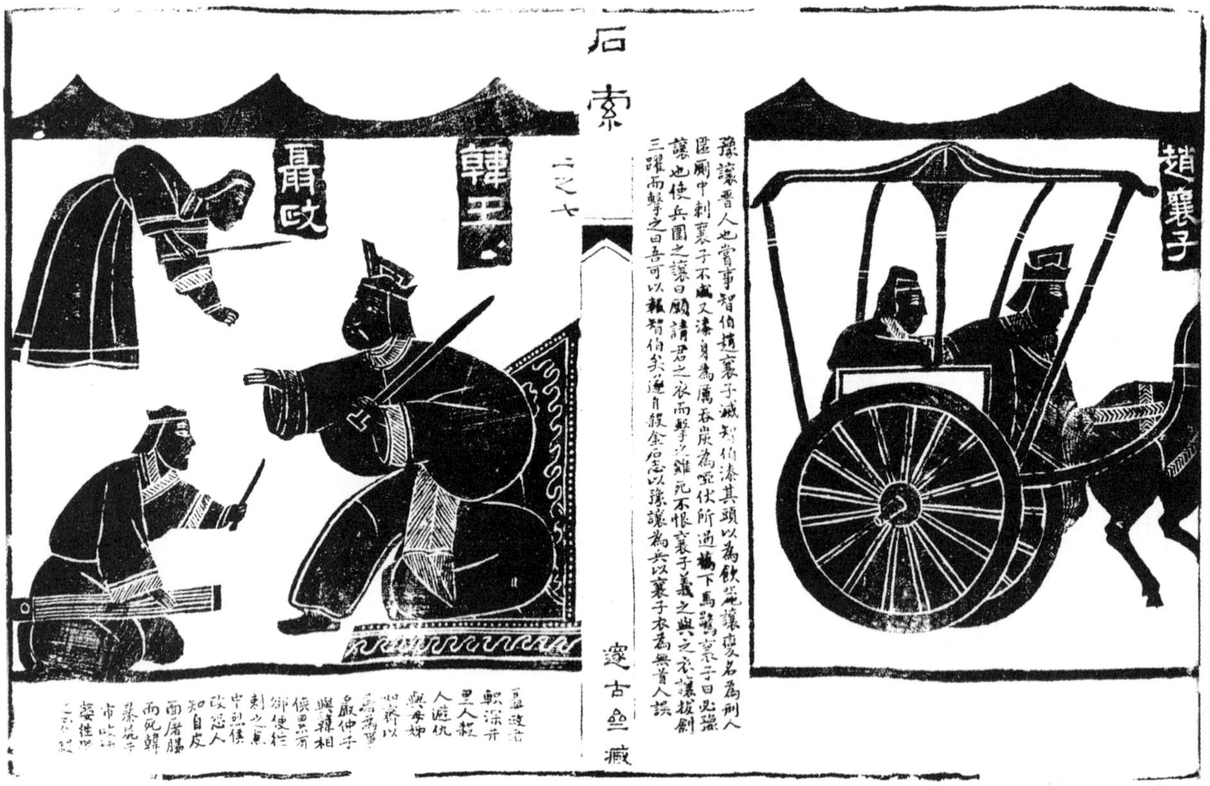
石索
二之七
韓王
聶政
趙襄子
豫讓晉人也嘗事智伯趙襄子滅智伯漆其頭以為飲器讓變名為刑人
匿廁中刺襄子不成又漆身為厲吞炭為啞伏所過橋下馬驚襄子曰必豫
讓也使兵圍之讓曰願請君之衣而擊之雖死不恨襄子義之與之衣讓拔劍
三躍而擊之曰吾可以報智伯矣遂自殺金石志以豫讓為共以襄子衣為無首人誤
聶政者軹深井里人殺人避仇與母姊如齊以屠為事嚴仲子與韓相俠累有郤使往刺之累中烈侯政恐人知自皮面屠腸而死韓暴屍于市時其姊往哭之亦死
遼古齋藏

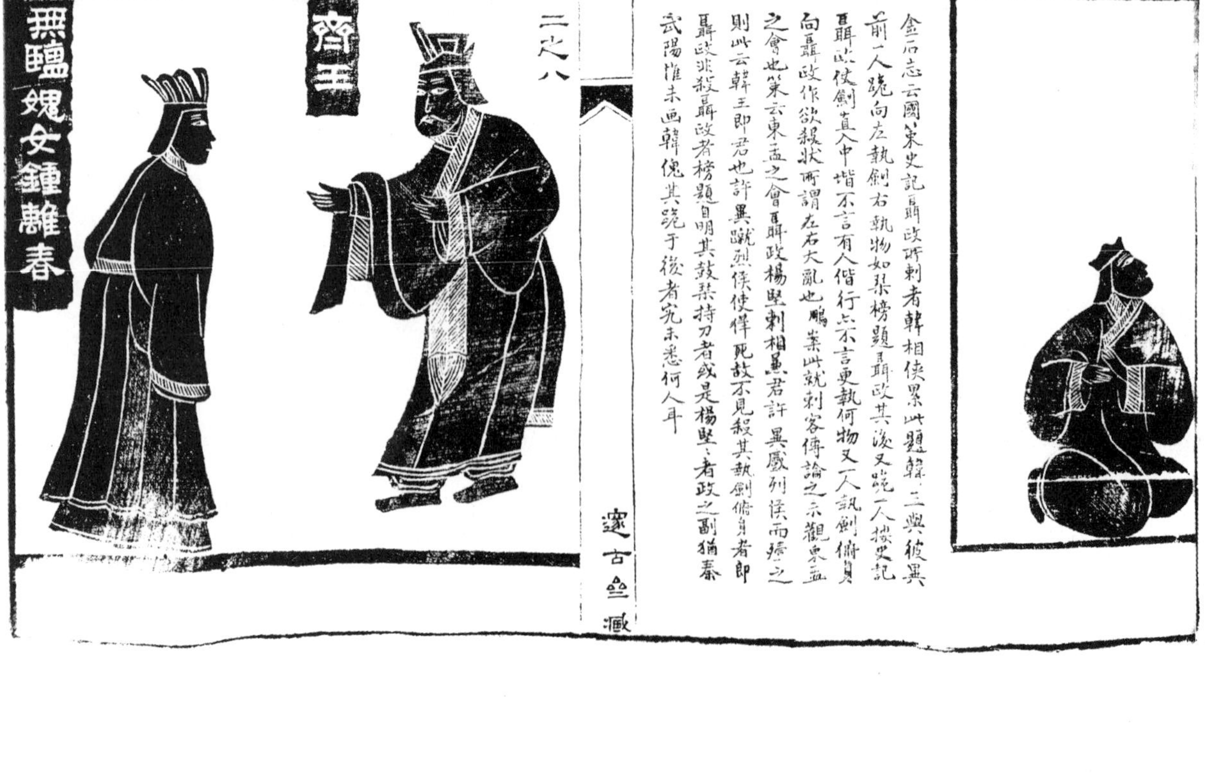
石索
二之八
齊王
無鹽醜女鍾離春
金石志云國策史記聶政所刺者韓相俠累此題韓王二與彼異
前一人跪向左執劍右執物如琹榜題聶政其後又跪一人按史記
聶政仗劍直入中階不言有人偕行亦不言更執何物又一人執劍備身
向聶政作欲殺狀所謂左右大亂也鵬案此就刺客傳論之亦觀東孟
之會也策云東孟之會聶政楊堅刺相兼君許異蹙列侯而殪之
則此云韓王即君也許異蹴烈侯使佯死故不見殺其執劍備身者即
聶政非殺聶政者榜題自明其鼓琹持刀者或是楊堅堅者政之副猶秦
武陽惟未畫韓傀其跪于後者究未悉何人耳
遼古齋藏

石索

三之一

此一石爲石室之後壁故平頂無銳尖亦無雲龍神物之狀故畫祇四層此第一層從梁高行起

鍾離春齊無鹽邑女也貌甚陋年四十無所容自謁宣王謂有四殆王歎納之見列女傳此畫齊王左袖披一物如帨巾上題齊王二字鍾離春斂身若進諫狀旁題無鹽醜女鍾離春七字媿即醜字二人位置自明楡續以前幅之末跪者一人為無鹽醜女此為鍾離春悞分為二金石志已辨之矣　以上第四層止

此畫有一蓬車牛駕之車中人已渺蓋處士也有一人下車跪于處士車前手捧物如書帶蓋縣功曹之迎處士也其上畫一物如龍皆不可曉未之畫録　第五層止

此以上俱在第二幅中爲石室之右壁也剗其八事無故實者畧之

邃古齋藏

石索

三之二

列女傳載梁高行早寡貴人多爭娶之不能得梁王使相聘焉高行乃援鏡操刀以割其鼻曰妾已刑餘之人殆可釋矣王高其節號曰高行前畫一人執符在高行座後又一人跪而奉金在其前又一人手執節旄蓋梁相也其後尚有兩馬駕一車蓋使者之車未録

邃古齋藏

石索

三之三

列女傳載魯秋胡娶婦五日去而宦于陳五年乃歸見路
旁採桑婦人悅焉婦人採桑不輟秋胡遂去至家與
婦至乃嚮採桑者也婦曰子束髮辭親往仕五年乃
悅路旁婦人以金予之是忘母也好色淫泆是污行也
妾不忍見子改娶矣妾亦不嫁遂去而投河死此畫其途
遇時肩上似擔一囊

邃古齋藏

石索

邃古齋藏

石索

三之四

列女傳載齊攻魯見婦人攜一兒抱一兒行軍且及棄其所抱抱其所攜兒隨而啼婦行不顧齊將問之對曰抱者兄子棄者妾子力不能兩獲故忍棄子而行于是齊將按兵而止曰魯未可伐也婦人猶持節行況朝廷乎魯君聞之賜以束帛號義姑姊　鵬按今嶧陽尚有義姑姊祠

邃古齋藏

石索

三之五　在第二層

説苑韓伯瑜有過母笞之泣曰它日得罪母笞嘗痛今母之力不能使痛是以泣碑以柏榆爲伯瑜也楚悲連語因榜已見標書右肩上

貞姜者楚昭王夫人越女也昭王出遊留夫人漸臺之上江水大至使人迎之忘持其符夫人不行使者還取符臺崩夫人死昭王嗟曰守義死節不爲苟生處約持信以成其貞乃號曰貞姜事見列女傳

邃古齋藏

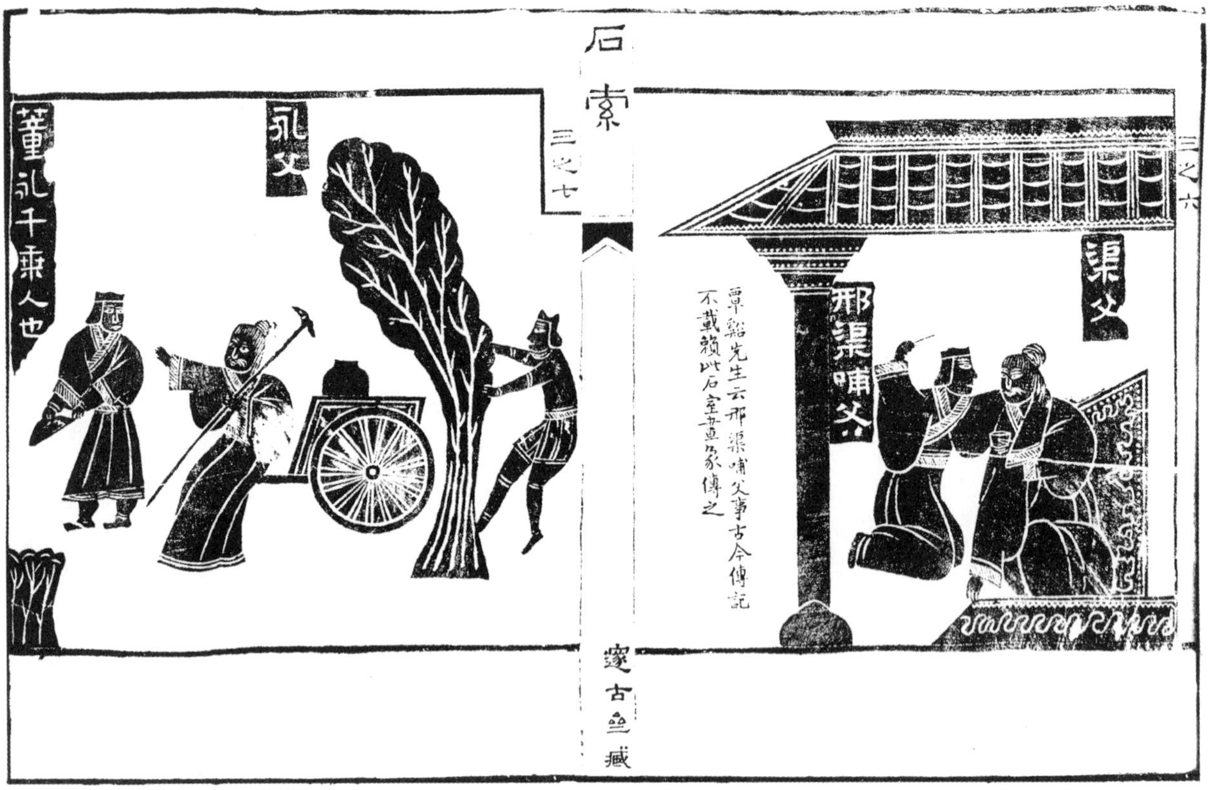
石索
三之七
董孔千乘人也
孔父
三之六
渠父
邢渠哺父
覃谿先生云邢渠哺父事古今傳記不載賴此石室畫象傳之
邃古齋藏

石索
朱明事未審俟考
朱明妻
朱明弟
朱明
章孝母
三之八
董永千乘人少失母獨養父流寓孝感父亡貸錢以葬曰無錢當以身為奴道遇婦人願為永妻錢主令織縑三百疋以償一月而畢因辭去曰我天之織女緣君孝天帝令我助君償債今此畫永父坐車轅上與世傳賣身葬父事不合蓋別有事實於今失傳耳 永父車後有一樹有一人攀援而上俱未考
邃古齋藏

三之九

此諸婢

此李續

此李善

後漢獨行傳李善字次孫南陽淯陽人本縣李元蒼頭建武中疫疾元家相繼死惟孤兒續始生數旬而貲財千萬諸婢謀殺續分其財善潛負續逃去隱山陽瑕邱閒親自哺養乳為生湩續雖孩抱奉之不異長君有事輒長跪請白然後行續十歲善與歸本縣理舊業告奴婢于長史收殺之瑕邱令鍾離意上書薦善行狀光武詔拜太子舍人後善至九江太守續至河閒相此幅僅存半孤字依隸續補之金石志以為李燮之成非也

石索

邃古齋藏

三之十

此石裂缺止存騎都尉令從隸續補休屠像其騎都尉無名必金日磾也

漢書金日磾張掖人休屠王子沒入宮武帝奇其狀拜侍中駙馬都尉光祿大夫車騎將軍人日金日磾母教誨兩子甚有法度上聞而嘉之母死詔圖畫其像于甘泉宮署曰休屠王閼氏日磾每見畫常拜之鄉泣然後尚但稱休屠而不言王閼氏或隸續省文耳

三之十一　第三冊

石索

邃古齋藏

三之十二

趙惠文王得和氏璧秦昭王遺書願以十五城易之趙遣藺相如奉璧于秦秦王大喜傳示美人相如視秦無意償趙城乃前曰璧有瑕請指示相如持璧倚柱怒髮衝冠願頭與璧俱碎睨柱欲擊秦王恐破璧乃辭謝固請召有司案圖以十五都予趙相如度秦詐佯許齋戒五日上璧乃使其從者衣褐懷璧從徑道亡歸璧于趙

此人本榜無字蓋范且門下人

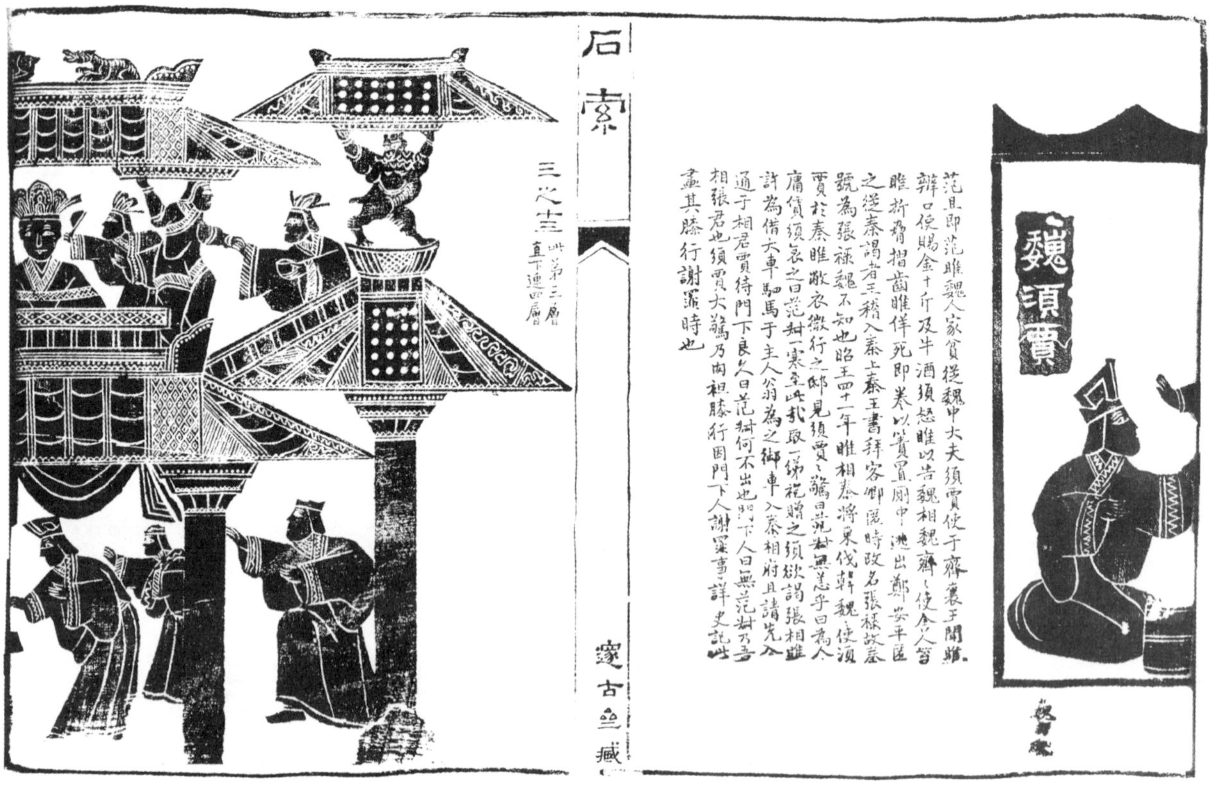

石索

三之十三　此第三層直下連四層

范且即范雎魏人家貧從魏中大夫須賈使于齊襄王聞雎辯口使賜金十斤及牛酒須賈怒雎以告魏相魏齊〻使舍人笞雎折脅摺齒雎佯死即卷以簀置廁中逃出鄭安平匿之從秦謁者王稽入秦上秦王書拜客卿說時政名張祿故秦號為張祿魏不知也昭王四十一年雎相秦將東伐韓魏使須賈於秦雎敝衣微行之邸見須賈〻驚曰范叔無恙乎曰為人庸賃須賈哀之曰范叔一寒至此哉取一綈袍贈之須欲謁張相雎許為借大車駟馬于主人翁為之御車入秦相府且請先入通于相君賈待門下良久曰范叔何不出也門下人曰無范叔乃吾相張君也須賈大驚乃肉袒膝行因門下人謝罪事詳史記此畫其膝行謝罪時也

邃古齋藏

石索

邃古齋藏

此通三四層為一事在第三石之末雖無標題然在前二段秦事之後其樓閣二層人物精嚴疑當日阿房宮之制所謂五步一樓十步一閣者否亦君侯宅第也畫樓重櫛上綴鳥獸屋瓦鱗次瑀欄鏤柱樓有四阿左右有罘罳各瑀刻石人相承為柱兩柱左右夾輔相望閣道相屬樓中端坐一人五梁冠似綴珠鳳之肩有纂組蓋妃嬪夫人之屬旁有女侍五人或執棋或持鏡或持杯之狀樓下有帳有冠服立者有跪而啟事者俱剝落難辨彷彿補之樓外有捧笏立者樓旁有院落苑中有合歡樹交枝結糾若連理枝煩葉密眾鳥翔集有一人在樓屋角上彎弓欲射之樹懸一筐有二小兒援上樹左一馬一鶴右有空車亦畫其前又一車外向有御者有扶蓋者此層上有七人貴者立二執笏者跪于前二冠服者隨于後又有荷囊執棋者蓋賤者也

武梁祠畫像三石自伏羲而下載于隸續者也近來搜討日精山左金石志所謂漢人畫像莫古于此纂錄不厭其詳者誠以前人所未發也所謂唐拓本為汪雪礓孝廉所贈今歸黃小松者雖未見之而鵬在武宅山下眎工匠精拓持有清晰紙細摹伴有增無減則彼亦未必無舊拓也

武氏前石室畫像十五石

前石第二

第一石畫孔門弟子十四人無標題不錄此第二石之上一層

以下畫石前後亦無倫次姑就小松司馬一時所得編列記數之序

石索
邃古齋藏

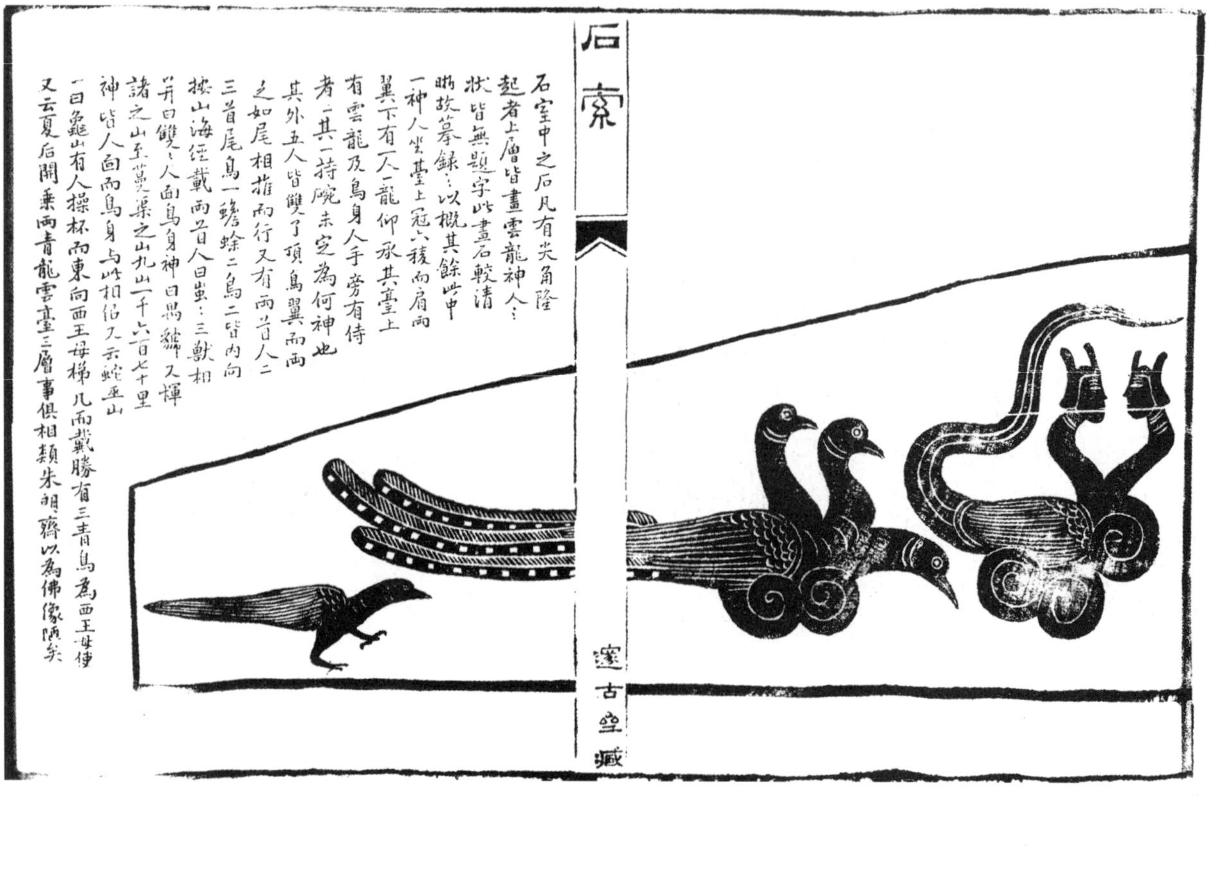
石索
邃古齋藏
石室中之石凡有尖角隆
起者上層皆畫雲龍神人之
狀皆無題字此畫石較清
晰故摹錄之以概其餘此中
一神人坐臺上冠六稜而肩兩
翼下有一人一龍仰承其臺上
有雲龍及鳥身人手旁有侍
者二其一持碗未定為何神也
其外五人皆雙了頂鳥翼而兩
之如尾相拄而行又有兩首人二
三首尾鳥一蟠蜍二鳥二皆内向
按山海經載兩首人曰蟲蟲三獸相
并曰雙雙人面鳥身神曰禺貙又輝
諸之山至蔓渠之山九山一千六百七十里
神皆人面而鳥身与此相仿又云蛇巫山
一曰龜山有人操杯而東向西王母梯几而戴勝有三青鳥為西王母使
又云夏后開乘兩青龍雲臺三層事俱相類朱朗齋以為佛像陋矣

石索
此第二層畫孔門弟子十九人較第一石畫十四人者明晰故錄此
邃古齋藏

石索
子路
邃古齋藏

石索
寰古盦藏
此年少
者疑是
顏子

石索
車
此第三層畫車馬人物
寰古盦藏
車上二字泐

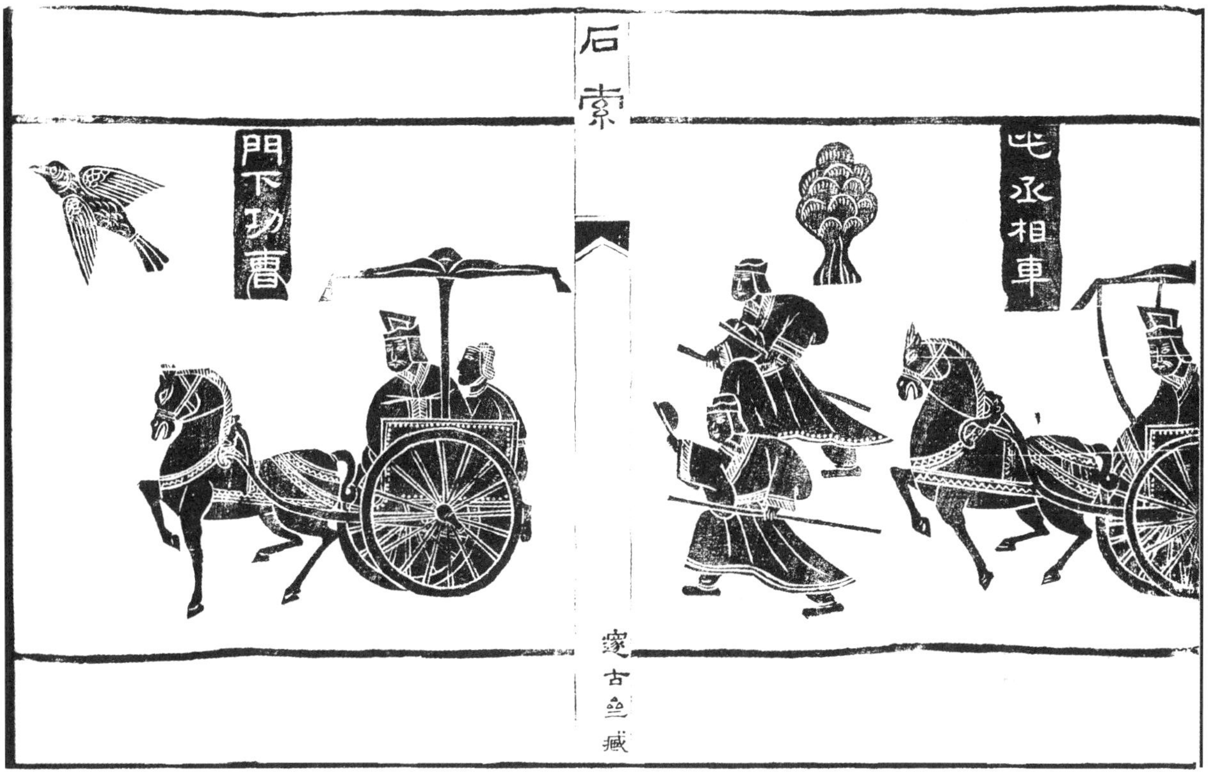
石索
門下功曹
丞相車
邃古齋藏

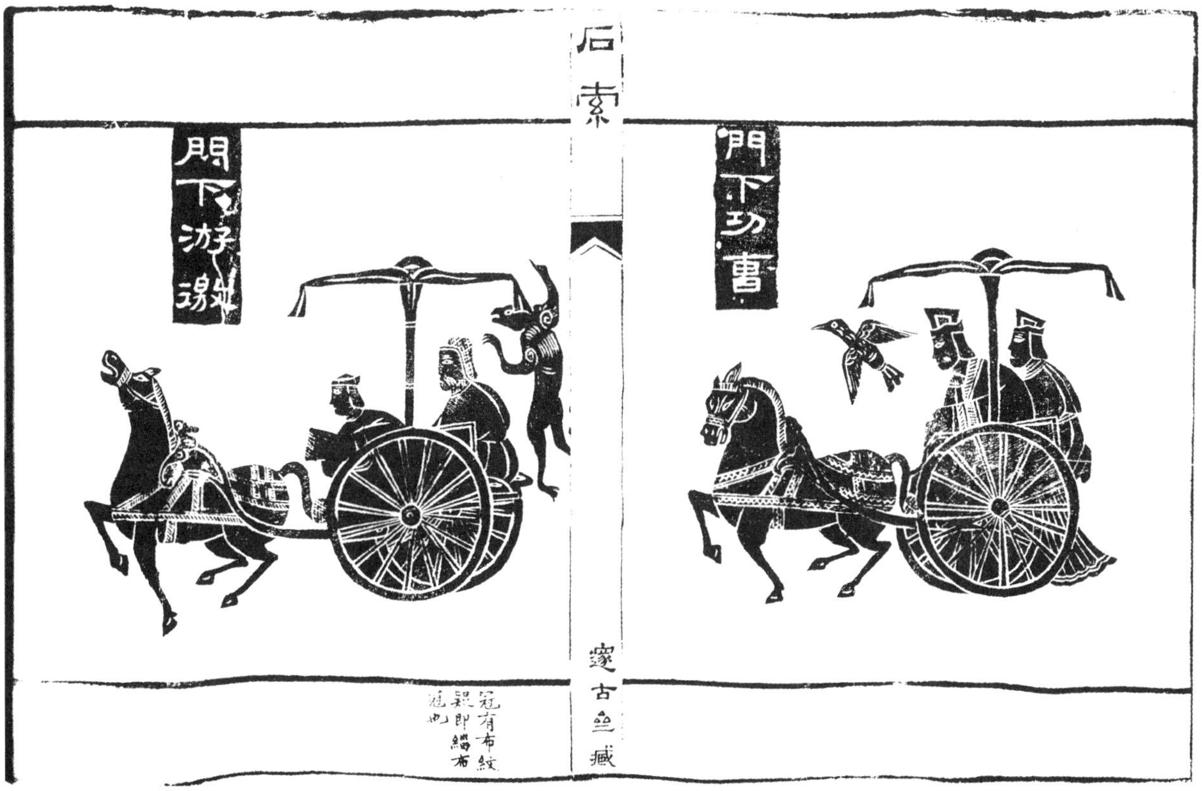
石索
門下游徼
門下功曹
冠有布紋
疑即緇布
冠也
邃古齋藏

石索

畫中但言丞相車未明何人疑秦李斯之屬

第二石止

前石三

第一層與二層相連所畫樓閣工細及合懽樹等與上同不錄

第三層

君車

門下功曹

門下游徼

共畫三車步導二人手執旗及桿騎導二人執戈與弟四石畧同

邃古齋藏

石索

前石四

邃古齋藏

石索
令車
邃古亝藏

石索
門下賊曹
邃古亝藏

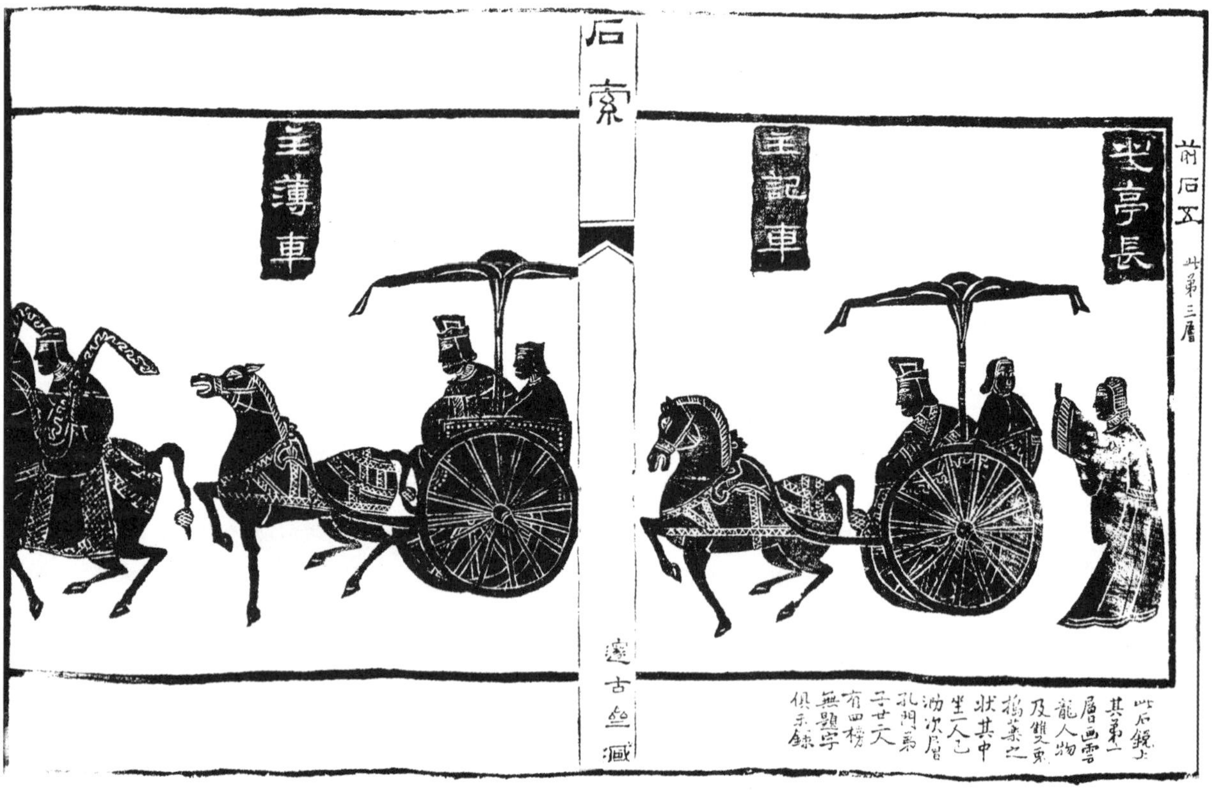
石索
主簿車
主記車
此亭長
前石五
此第三層
此石鐫上其第一層畫雲龍人物及雙鳳搗藥之狀其中坐一人已泐次層孔門弟子廿六人有四榜無題字俱未錄

石索
調間二人
此騎吏
此君車馬

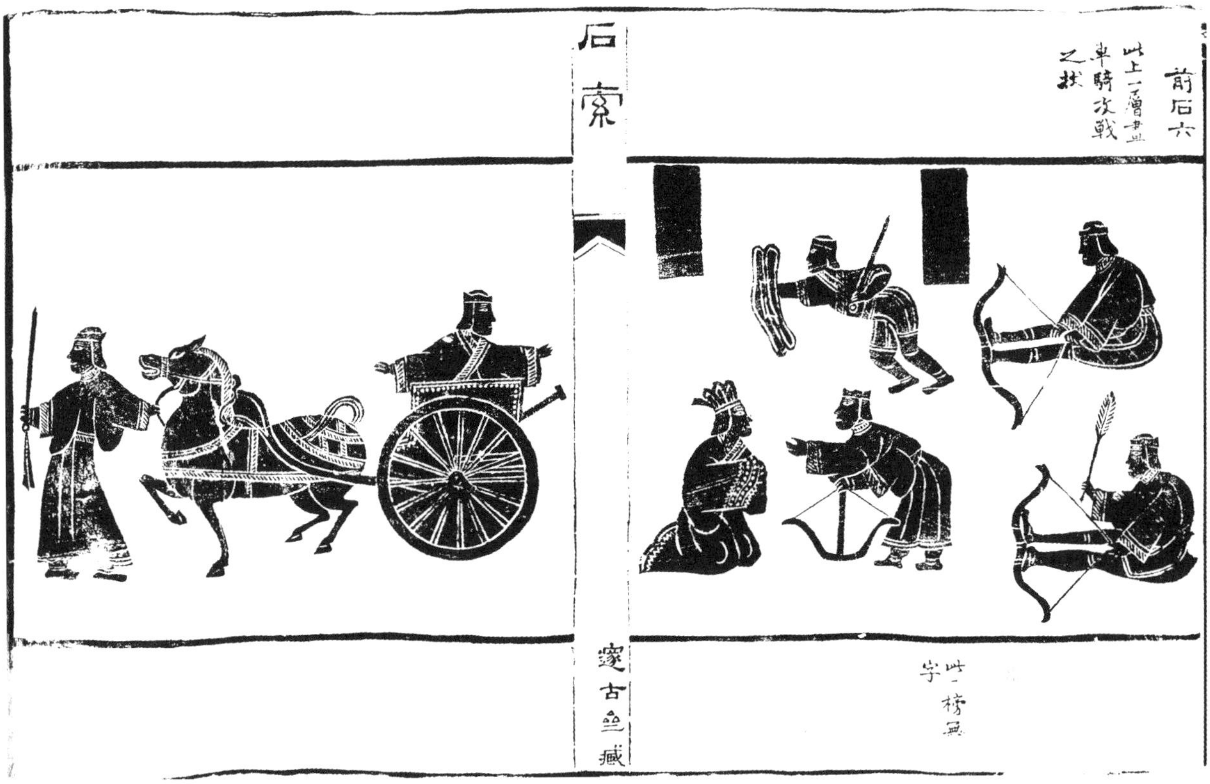
石索
前石六
此上一層畫車騎攻戰之狀
此二榜無字
邃古齋藏

石索
功曹車
邃古齋藏

石索
尉卿車
碑畫車騎戰士題官名而不載人名疑當日武氏有軍功者故畫于壁今不可考如武班碑云薦吏士哮虎之怒薄伐缺九字百姓賴之邦域以寧可見矣下層同
邃古齋藏

功曹車
游徼車
賊曹車
此六石之下層畫水陸攻戰之狀雖有橫線隔斷寔一時事也與後石室之第七石大同小異此有題榜較明晰

主簿車
主記車
前六石止

石索
伯游母
伯游也
義婦親子
義婦
齊將
前石七
邃古堂藏

石索
第二層
萊子父母
老萊子
邃古齋藏

石索
康叔封
霍叔處
此當是成叔武
此當是曹叔振鐸
蔡叔度
碑破無字
此當是管叔鮮
周公旦
武王發
伯邑考
邃古齋藏

石索

此畫武王同母兄弟十人序次自後而前蓋自内而外也史管蔡世家云武王同母兄弟十人母曰太姒其長子曰伯邑考次曰武王發次曰管叔鮮次曰周公旦次曰蔡叔度次曰曹叔振鐸次曰成叔武次曰霍叔處次曰康叔封次曰冉季載季載最少此畫二人坐于帷帳内者為文王為太姒一執符者立于後其立于前者伯邑考至冉季載止十人以次而下列周公于管叔之上其管叔曹叔成叔破缺殊甚人餘半截榜亦全無故依原次擬補之其霍字磨泐但有成字鈎挑考白虎通姓名篇引詩傳作霍叔武成叔處冉季載作南季載且云南為采邑今榜上存一季字一載字未知其為南季載冉季載姑從史記一例補之以俟考為季載最少故其後畫一乳母手中持節其後又一人手中執版蓋内宮之屬其末一獸亦點綴物耳

刑渠

孝子刑

宣蓋車

此即上邢渠哺父事

刑即邢字以下全泐

宣蓋車上似楚之字泐

以上二事在上層末因畫泐故坿于次層後

邃古亝藏

石索

此第三層畫燕饗樂舞之事

一人倒豎一人長袖而舞舞者所踹非鼓非礎乃革囊也旁有盤盂一具亦舞所用樂府有杯槃舞詞

邃古亝藏

此通上二層者為一時事蓋燕飲而觀樂舞也其位于西者三人為賓跪于東者二人為主其上有二榜惜無題字不能舉其人以實之也其中有案有槃有盂有食物有罌鼎其末一人方舉勺作挹注之狀

此段後有人物車騎無題字未錄

石索

邃古齋藏

此庖廚汲水宰割諸事末有牽牛者已泐未入

從齊將起至此四層止

石索

前石八

邃古齋藏

此秦王

此即荊軻刺秦王事詳見前

侍

下一字泐

魯秋胡

秋胡婦

秋胡事見前此畫小異

胡字作胡不从古而从去此漢隸變體嘗得一周仲鏡末有吳胡傷里四字胡亦作胡觀此可知其不誤

齊王

此即無鹽醜女諫齊宣王事今泐

此五榜在第二層其第一層尖頂畫雲龍第三層有榜無字

石索

前石九

中層

此齋桓公也

畫面桓公仆地膝旁有一車蓋亦倒地与曹子劫桓不類疑別一事也前後有執弓者有持羽箭者有拊掌作鶴狀者未知何謂其齊字作齋漢人齋齊無分每通用之此又增作四點亦隨意增減耳

頂上尖層畫神人泐

末層

君為都□時

都下一字泐佀中字而中字不合疑是尉字

文官掾車

君為市掾時

畫車馬符節之屬与它石相似而泐已過半

此二君字指墓中人也

前石十

主簿

邃古亝藏

石索

為曹郡時

行亭

二下似卒字泐

邃古亝藏

石索
前石十二
此石祇一層
荆軻
秦武陽
樊於期首函
秦王衡
邃古齋藏

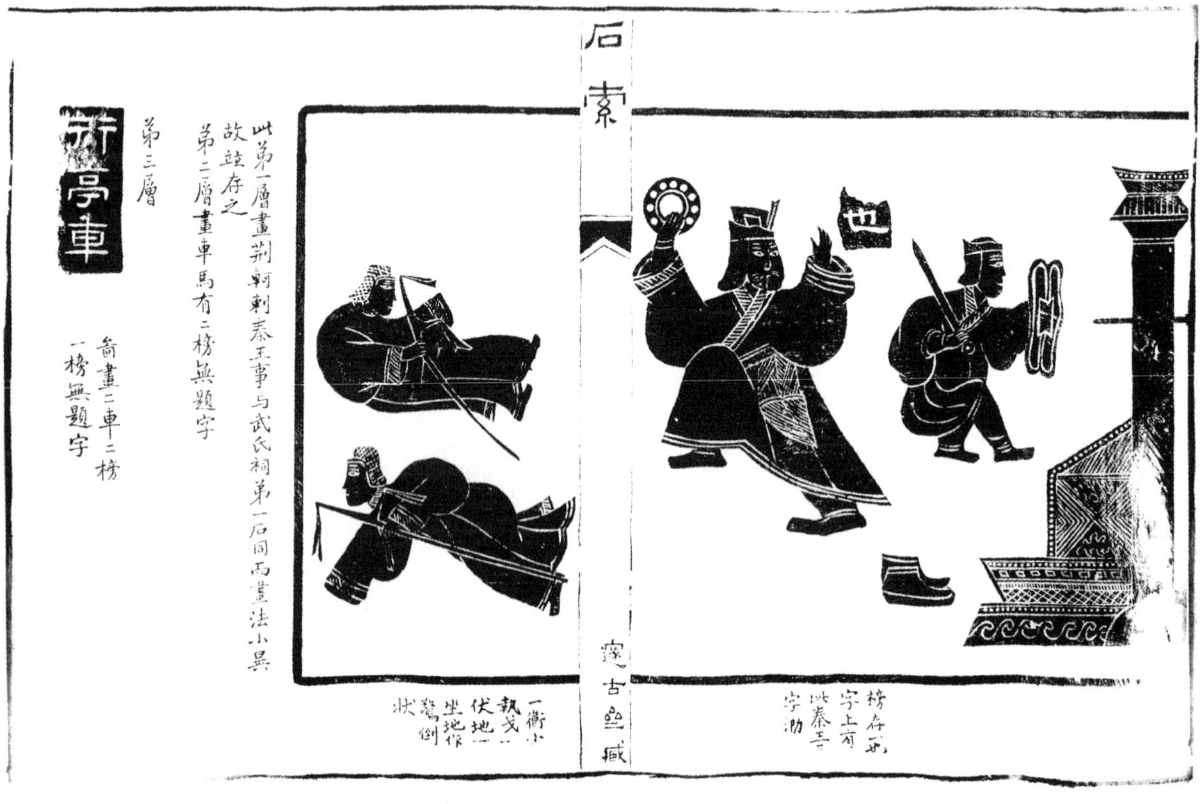
石索
此第一層畫荆軻刺秦王事与武氏祠第一石同而畫法小異故並存之
第二層畫車馬有二榜無題字
第三層
亭車
前畫二車二榜一榜無題字
一衛士執戈一伏地一坐地作驚倒狀
榜存西字上有此秦王字泐
邃古齋藏

石索

前石十二

上層雲龍

次層八婦人作持鏡及盤盂之屬

三層

道吏車

道即導字

四層

主簿車

以上車馬相侶不録

邃古堂藏

前石十三

此莢萁十五葉旁有一人摘之

石索

此第二層其第一層畫三青鳥第三層畫婦女未録

邃古堂藏

賊曹車

此前石之第四層畫亦不録

前石十四

此幅分前後段前段樓閣三重後段廚灶

前石十五

此幅車馬騎導有四榜無題字　俱不録

金石志云武氏前石室十五石黃小松以始獲時在武梁殿畫象之前即定爲前石室此刻洪氏未見故隸續不載是也偃師武虛谷跋云楚詞天問章句敘云屈原見楚先王廟及公卿祠堂圖畫天地山川神靈琦瑋僪佹及古聖賢怪物行事此亦師其意而爲之此論可破西洋畫及佛像之説矣

武氏後石室畫像十石
後石一
此第一層畫海神龍魚出戰之狀

石索
次層畫衆人操作之事
三層
此疑畫上古人搏擊之事
冠作毋追
身有四翼
衣作三層
手持兩及旂
邃古堂藏

石索
後石二

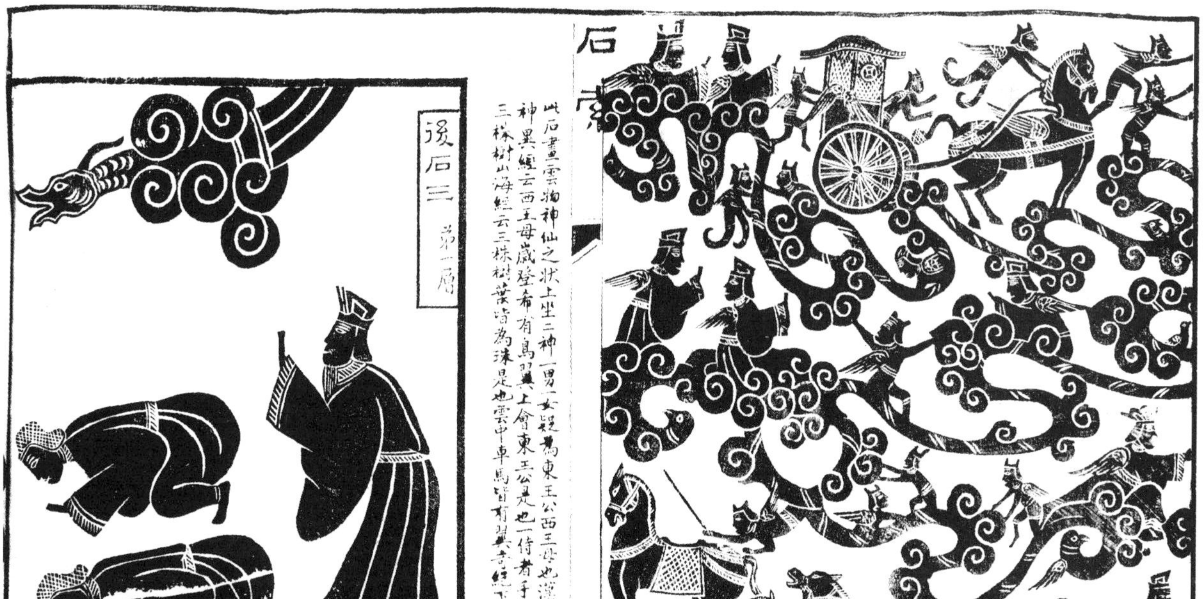
石索
後石三　第一層
此石畫雲物神仙之狀上坐二神一男一女疑為東王公西王母也漢人鏡銘
神異經云西王母歲登希有鳥翼上會東王公是也一侍者手執一物而
三株樹山海經云三株樹葉皆為珠是也雲中車馬皆有翼

石索

石索
此畫上古神聖之狀其第二層画伏羲則第一層坐雲車駕龍鳥者必在伏羲
前蓋九頭紀五龍紀之屬也靈光殿賦云上紀開闢遂古之初五龍比翼人皇九頭伏
羲鱗身女媧蛇軀鴻荒朴略厥狀睢盱注云畫太古開闢之君也春秋命歷序曰皇
伯皇仲皇叔皇季皇少五姓同期俱駕龍周密與神通號曰五龍又曰人皇九頭提羽蓋駕

此第一層從左起畫雨翼神人坐雲中三龍駕之皆有翼此為應龍應龍有翼易曰飛龍在天論衡云龍無翼不能䎗也其前有騎龍四人為四導龍中間又直立一龍畫龍之態矣又有翼童子數人或推之或挽之有攀龍尾者有出沒雲中者右角垂一龍首向之此其御龍氏與其下有跪拜二人執簡恭立一人皆無翼矣

以下第二層畫雷雨之事亦從左起一人坐而張口吹嘘者風火也楊子雲賦霹靂列缺吐火施鞭次一神坐車中縱目張髯手執二椎者雷公也論衡云畫雷之狀纍々如連鼓又畫一力士擊之謂之雷公也車建二鼓六童子挽々而行者雷車也傅元雲中歌云童女掣電策童男挽雷車搜神記亦載官喚阿香推雷車事是雷有車矣次畫一龍兩首倒垂于地當其背如橋有神在其內持鎚杵擊死一人有女子伏龍背上左手執鞭疑電策也右手持瓶罌下注者行雨狀也餘紛々持瓶執椎者雷部衆神也末二披髮者人眷屬耳

石索
遼古齋藏

金索
此第三層畫異人奇獸名不可曉
遼古齋藏

索
邃古齋藏
有榜俱未題字

索
三層止
邃古齋藏

此層疑畫田獵搏獸之事

後石室畫盡多靈怪之狀此第三石更爲恠異其第三層出乎山海經張靈光殿賦所謂雜物奇恠千變萬化曲得其情者於斯益信惜未詳其名耳

石索
後石四
此第四層畫北斗星君之狀其上三層畫風雲雷雨与上界同不録

石
前畫北斗七星甚明其正坐于魁中臺上冠左右有影纓者星君象也二人執笏拱立於後者從官也四人禮拜于杓下者世民耳別一有翼人持小星而上者乃招搖也金石志以為七黑球末有人以足抵之手執一鼓者似未審也晉天文志斗為人君之象號令之主又為帝車魁第一星為天樞二璇三璣四權五玉衡六開陽七搖光一至四為魁五至七為杓是也其雲龍車馬亦畫家布置無深義也

石索
後石五
一層
二層

石索
三層
四層

後石六　畫車馬導從之屬有四榜無題字石多殘泐不録

此第三四層與上二層相似前雙了項駕雲鳥此三項駕雲龍其童子執旛

後石七　此通幅畫水陸舟車攻戰之事與前室第六石畧同

後石八
後石九
後石十

銑頂畫雲龍車馬下層車馬干盾
銑頂有異神人中層孔門二十人下層車騎
銑頂連下畫橋梁攻戰同第七石
此二石磨泐未錄金石志以九為十以十為九今從石刻

附存小石柱題字

斷石柱高可尺五六寸字大三四寸此後人所題附錄之

武氏後石室止

石索

邃古齋藏

道光元年四月朔日鏤板于嶰陽署齋時日月合璧五星聯珠記之

金匱石室藏

石索四

紫琅馮雲鵬晏海氏
雲鵷集軒氏　同輯

石室

碑碣四　武氏左石室畫像十石

左石一

一幅第一層　詩巷伯傳云顏叔子獨處于室鄰之釐婦又獨處于室夜暴風雨至室壞婦人趨至顏叔子納之使執燭放乎旦蒸盡縮屋而繼之即此事

顏淑獨處飄風暴雨婦人乞宿升堂入戶燃蒸自燭懼見意疑未明蒸盡摍苣續之

金石志摍之言抽苣即燎字公羊注取毀廟屋簷以為炊

石索

邃古齋藏

石索

公子……
侯嬴
魏信陵君……
侯朱亥言語
不改
侯

魏公子無忌封信陵君虛左招賢自迎夷門監者侯嬴公子執轡引車入市侯生下車見屠者朱亥故久立與語公子顏色不變此節蓋謂此也惜字多殘缺圖象全無不能摹錄公子卒用侯生之計請如姬盜虎符矯魏王令奪晉鄙軍朱亥袖四十斤鐵錐椎殺晉鄙救趙以存趙可謂……

王……見漢使曰

……獲於楚陵為漢將與項相距母……長者自伏劍死以免其子

漢王陵傳……漢王還擊籍陵以兵屬漢項羽取陵母置軍中陵使至則東鄉坐陵母欲以招陵陵母私送使者曰願告陵善事漢王漢王長者毋以老妾故持二心遂伏劍死此榜缺處當云王陵之母見獲於楚也四下是漢字

義士范贖陳留外黃民贖詣寺門求代考軀

外黃獄吏

以下三榜全泐無可考對姑缺

邃古齋藏

石索

邃古堂藏

金石志云此事不見傳記主卽古字考擊也俗作挎

石索

邃古堂藏

金石志引水經泗水注云周顯王四十二年九鼎淪沒泗淵秦始皇時鼎見于斯水始皇自以德合三代大喜使數千人沒水求之不得又云系而行之未出龍齒齧斷其系此鼎中有龍首當卽其事与孝堂山所畫南越尉陀鼎不同也畫面兩堤如翼插旦二人冠服舉手相向左右二人執符及箭帛隨之又有左右執版者五人立一人跪其後蓋奉命觀其取鼎者兩堤上右三人左々人各以繩穿插門中孔曳鼎倒行河中有二舟左舟二人持竿抵鼎旦間助力升鼎々中昂出龍首斷其繩故繩緩而七人皆退坐有傾跌者也舟旁魚鳥紛々有罾取魚者有鷺喙魚者皆點綴之景其尚有車馬騎導在其外者不能備錄

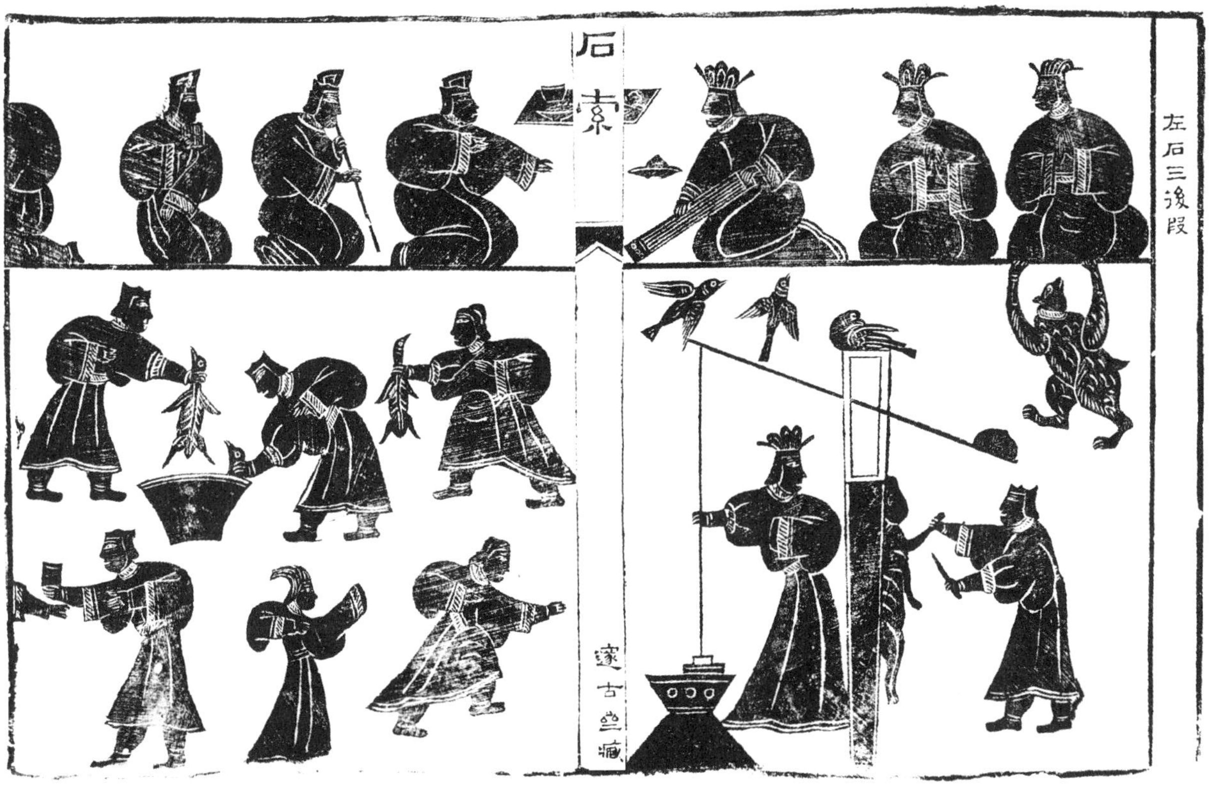
石索
左石三後段
遂古堂藏

石索
左石四
上層畫卧地人次層畫荆軻皆不錄此在第三層
伏羲氏手執矩
上層畫樂舞之事
下層為庖厨之事中層車馬之事不錄
遂古堂藏

女媧氏手執規

伏羲氏見前畜者再此幅金石志以為一人執矩向右一婦人執罷向左不知即伏羲氏女媧氏也列子云伏羲女媧蛇身而人面有大聖之德元中記云伏羲龍身女媧蛇軀文選注云女媧亦三皇也此画伏羲手中執矩則女媧所執者規也矩所以為方八卦用之規所以轉負太極用之考工記曰規之以眡其圜也萬之以眡其匡也矩即今之曲尺規即今之步弓匠人常用之

石索　左石五　上層　中層車馬未錄　下層　遂古齋藏

上下二層皆畫蛇未知何事不能强解張平子西京賦云水人弄蛇注云水人俚兒能禁固弄蛇也与此亦不相合俟考

左石六

此紙一層載孔門弟子十三人有五榜而無字不錄其画子路亦雄鷄冠与前石室第二石相似

石索　左石七　上層未詳　中層車馬不錄　下層有榜無字然必二桃殺三士事　遂古齋藏

石索

左石八

三層周公輔成王

第一層畫丁蘭供木主及邢渠哺父等事已見前不録

二層畫一婦人抱持而坐有三人跪拜于前又有一婦人持鏡而坐亦有跪拜者俱有榜無字

四層車馬之屬

晏子春秋公孫捷田開疆古冶子事景公勇力而無禮晏子言于公餽之二桃使計功而食于是三子爭功皆刎頸而死此画二桃三士情景如見

邃古盦藏

石索

左石九

畫樓閣人物及合懽樹射鳥人毋佀與武梁祠第三石前石室第三石大同小異惟樓下正坐者有人伏拜置一罷如斗

左石十

畫五銖錢九十枚以四繩貫之今亦無存

此外又有道旁及墓閒二石皆殘泐不錄

此疑[illegible]

此疑即[illegible]公子獻一物佀帨巾

邃古盦藏

石索

漢武氏石室祥瑞圖一

在嘉祥縣武宅山 字做古篆減小

浪井 下有缺文 按宋書符瑞志浪井不鑿自成王者清靜則應此井下缺文或即此也其上一人手樹蓮臺下一人執物如鍬三履方石俱磨泐示辨井所在也

符瑞志云神鼎知吉知凶能重能輕不炊而沸五味自生王者盛德則出

邃古齋藏

石索

符瑞志麒麟不刳胎剖卵則至又云麒麟麕身而牛尾狼項而一角黃色而馬足

如讀爲而 符瑞志不漉池而漁德至淵泉則黄龍游于池能短能長乍存乍亡

邃古齋藏

漢武氏石室祥瑞圖二

石索

符瑞志生字下有闕字此畫蓂莢一株一莖直立左右各七莖皆有圓實共得十五英也蓂英日生一英至十六日一英落此象十五日也旁又一小株未詳

符瑞志六足獸王者謀及衆庶則至

邃古齋藏

石索

符瑞志王馬王者精明尊賢者則出此作清明其文行磨泐似有来字与上隔數字不接故從符瑞志

符瑞志同

邃古齋藏

石索

符瑞志白虎王者不暴虐則白虎仁不害物此物字作人字虎伏形即不害人之意孫氏瑞應圖云白虎仁獸也一名騶虞

遼古齋藏

此祥瑞圖之第一石以漢尺度之廣九尺高三尺畫盡三層背為丸楞其二石形制亦同蓋石室之前後頂也嘉慶二十五年冬十一月十二日予自任城至嘉祥訪夏明府偕親往紫雲山觀石室土人謂之漢太子墓其山即武宅山之前雙闕巍然其石室陷于土已久黃小松司馬掘出之別構大屋一所嵌畫像石于壁武斑碑居中此祥瑞畫置列左右若石案然以意揣之當年之制不過五石而成一室伏羲載碑与梁節姑姊碑中銳而旁殺係室之東西兩壁梁高行碑正平而微低係石室後壁以祥瑞畫二石覆之為屋之前後頂丸楞在外畫像在內可仰而窺也此前石有方孔之想其下有石柱承之以為封耳

石索

此石裂兩為二故有分作祥瑞二祥瑞三者誤也今合裂文觀之其明字之半舊釋作自字赤安或是息字狀仁姦息亦不順符瑞志作赤熊佞人遠猾姦息則入國

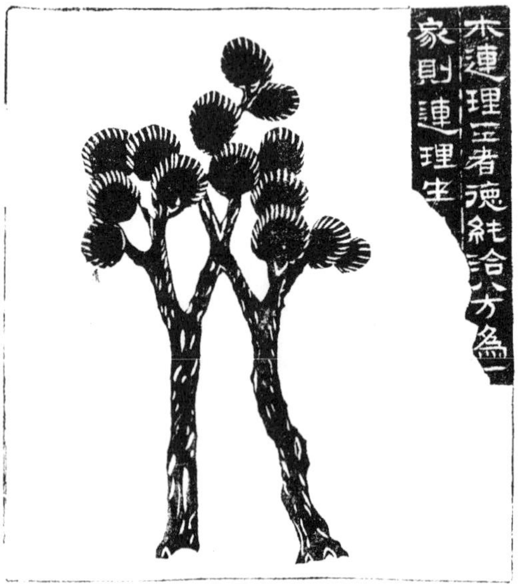

此榜字豈明顯其洽字似洽字從符瑞志作洽志云木連理王者德澤純洽八方合為一則為生

遼古齋藏

石索

圭上銳下方面有斜斗文此與璧流離句皆同符瑞志

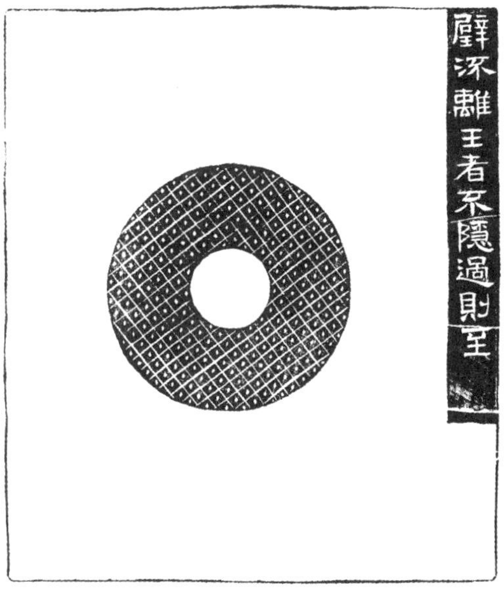

璧圓孔面有方罫文余石志云流離与琉璃同

邃古齋藏

石索

此與上比翼鳥句与符瑞志同惟鰈作矜

鳥兩首兩翼兩足四尾

邃古齋藏

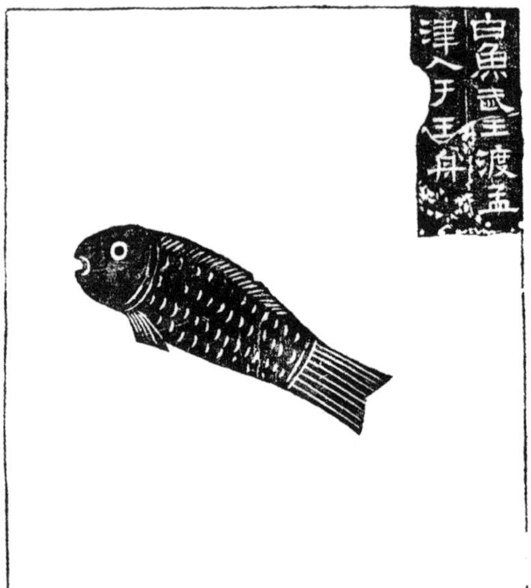

符瑞志
云武王
渡孟津
中流入
于王舟
今畫中
缺泐字
必王度
孟舟四
字依志
補之

石索

邃古齋藏

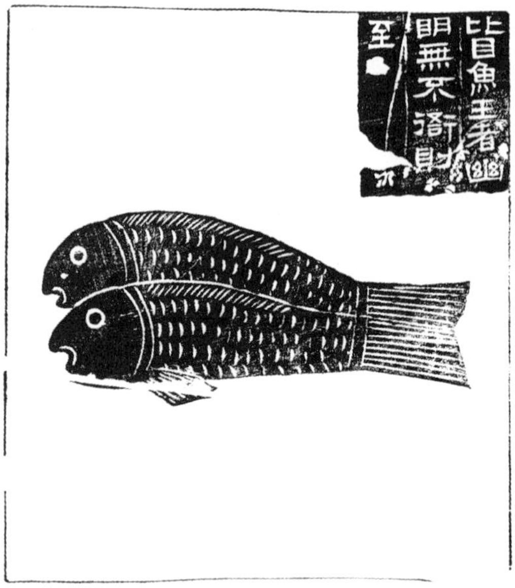

榜三行
內泐二
字按荐
瑞志比
目魚王
者德及
幽隱則
見此泐
處必者
幽二字
依志補
之其衙
字即㵒
字也

符瑞志云黄
帝時南夷乘
白鹿來獻鬯
又云巨鬯三
禺之禾一稃
二米王者宗
廟脩則出此
碑以皇為黄
暘為鬯也

石索

邃古齋藏

符瑞志白
馬朱鬣王
者任賢良
則見此碑
以獵為鬣
也其二者
任賢及至
字缺以志
補之

石索

符瑞志澤馬者王者勞来百姓則至夏馬駵黑身白鬣尾殷馬駱白身黑鬣尾周馬騂赤身黑鬣尾碑中勞来下缺從志補之

符瑞志有玉甕無銀甕瑞應圖云王者宴不及醉刑罰中則銀甕出是也

遂古齋藏

石索

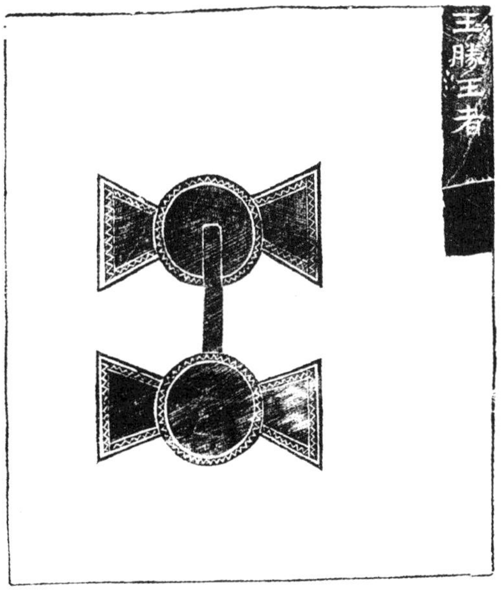

山左金石志云物形似方勝符瑞志有金勝此或是玉勝也按王者二字下又無字係當日未刻非磨泐也符瑞志云金勝國平盜賊四夷賓服則出又云晉永和元年二月春穀民得金勝一枚長五寸狀如織勝此畫佀之此三字亦畧佀或即是金勝惟誤字未敢補耳

此祥瑞圖乃第二石高廣同前以每石三層計之當有祥瑞六十餘種今磨泐殊甚十存二三取符瑞志對勘追覓取鬼於前石祇得七種此石祇得十五種合二十二種其餘車馬人物器具繽紛意必象車根車白鹿白燕以及蓂莢威蕤嘉禾嘉瓜之類無不零落殆盡畫不成圖字不成句甚可惜也此近世有出若令宋人見之採入隸釋及金石錄等書早及百年其剝蝕必不至是又恐後日剝蝕更甚將蕩然無存故縮而摹之以見其槩云

遂古齋藏

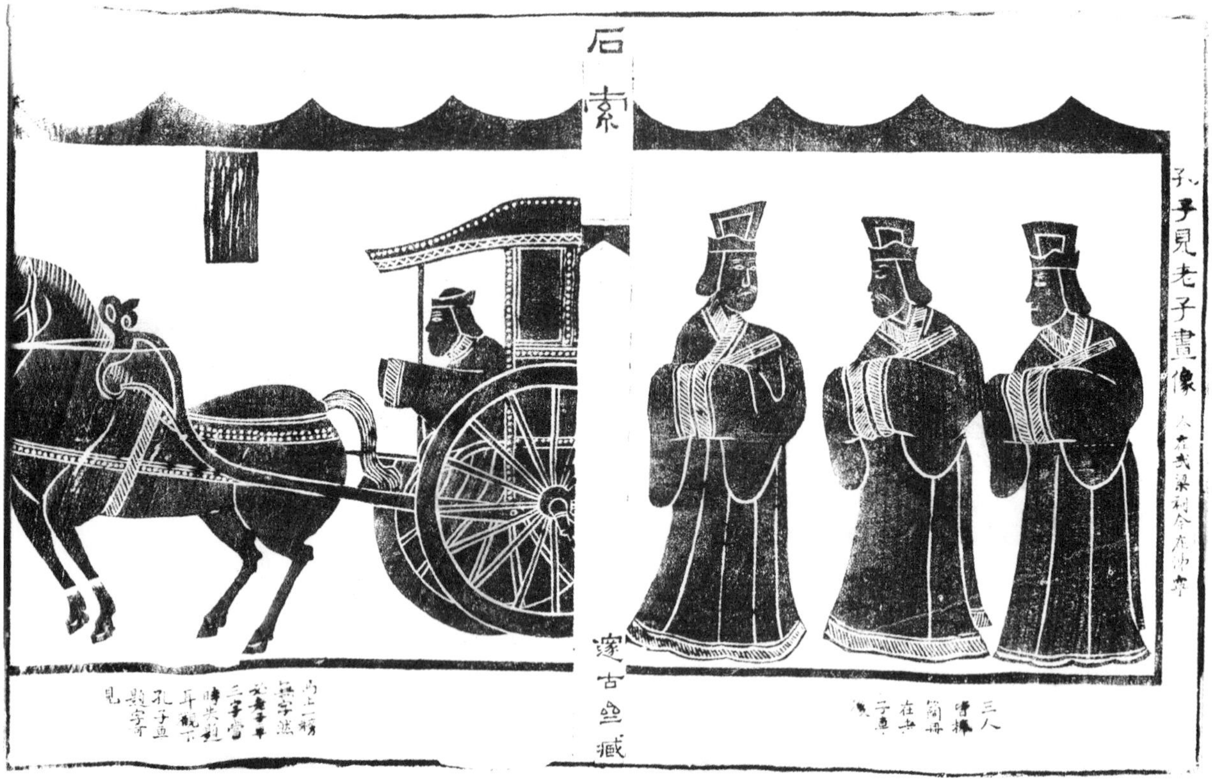

孔子也
老子

黄小松記云孔子見老子畫像載洪氏隸續乾隆丙午冬
錢唐黄易得此石于嘉祥武宅山敬移濟寧州學

此幅載隸續之十三卷有題無畫与第六卷刻武梁祠畫像有畫有字者不同蓋非一時所得且未知所在也今既同得自武宅山其為一時所刻無疑故類列之惟言金石家俱以此為塗遇与史不合且云鳥下一人已泐難辨有言侶四足獸者不復深考　鵬按史載魯昭公與孔子一乘車兩馬一豎子同南宮敬叔適周問禮于老子斯非塗遇可知且兩人相見甚恭中間不當復置一人与獸細思亦得以隸續去古未遠反復繹之有云一人俛首在歷下一物在地似扇乃恍然悟此侶扇者帚也昭公既遣孔子問禮于老子与私事不同老子重君使必當親迎于郊故令一童子擁篲前驅以致敬耳既明旨意又與禮不謬并其一車兩馬一豎子一敬對俱與史合轍藉此猶見古意質之深心論古之儒未識以鄙見為穿鑿否也

石索　邃古齋藏

嘉祥劉村洪福院漢畫像石

三石錄一

上一層似畫霆震列鼓吐火施鞭之狀三層畫周公輔成王其二層四層畫車馬俱不錄

嘉祥焦城村漢畫像石一

石索　邃古齋藏

上層畫周王未知是成王否又有雙首鳥獸及雙兎搗藥　中層車馬不録　下層一人牽犬二人荷畢獵兎奔走蓋畫田獵之狀

石索

邃古齋藏

畫像石二　餘二石未録

此畫亦有重樓夾室樓中坐人屋脊施鳥獸皆磨泐難辨此其中一層題此齋王也四字齋即齊字武梁祠畫象多有之其下層[illegible][illegible]六録

石索

邃古齋藏

曲阜先聖廟周公負扆圖

此石極破碎不全在曲阜縣城北周公廟正殿嵌一置壁上縱橫界畫類屏扆然疑負扆啚也題字極古畫像殘不全姑擬録之

漢兗州刺史王稚子雙闕

右闕南面　此闕于雍正九年没于溝水

王君二闕在四川新都縣北十二里官道西墓前高一丈五尺字逕三寸四寸不等君名漢字稚子廣漢郪人郪即今新都從舉茂才歷温令兗州刺史侍御史洛陽令以和帝元興元年卒于洛陽温與洛陽兩縣民懷其德各立一闕于其墓

隸續云先置二字在南面稚字北面子字東面

温字俴泐故洪氏作縣以爲縣字武虚谷以爲縣字損剝似緄縣與温通詩飲酒温克禮義多以温之漢書少温藉亦通縣可証

石索

遂古堂藏

左闕西面

隸續云闕如寺觀中經幢蜀師范至能盡寫其八面相贈闕之兩角有斗斗上鐫兩童兒又作重屋四壁刻神像人物車馬之類雒陽二字右左闕西面

金石萃編云王君雙闕今只存漢故兗州刺史雒陽八字昶家藏舊拓本先靈一闕尚存東觀漢紀稱漢除河内温令商賈露宿人開門卧爲作謠曰王稚子代未有平徭役百姓喜其得民心如此

漢穀城長蕩陰令張遷碑　碑高九尺五寸廣三尺二寸十六行行四十二字今在東平州學

篆額

漢故穀城長蕩陰令張君表頌

張君未沒乃云故者猶今言前任也前作穀城長後爲蕩陰令漢制大縣曰令小縣曰長

漢故穀城長蕩陰令張君表頌

石索

遂古堂藏

君諱遷字公方陳留己吾
人也君之先出自有周周
宣王中興有張仲以孝友
爲行披覽詩雅煥知其祖
高帝龍興有張良善用籌
帝在帷幕之内決勝負千
里之外析珪於留文景之
間有張釋之建忠弼之謨
帝遊上林問禽狩所有苑
令不對更問嗇夫嗇夫事

籥即策

禽狩即禽獸

石索

對於是進嗇夫為令令退
為嗇夫釋之議為不可苑
令有公卿之才嗇夫喋喋
小吏非社稷之重上從言
孝武時有張騫廣通風俗
開定畿寓南苞八蠻西羈
六戎北震五狄東勤九夷
荒遠既殯各貢所有張是
輔漢世載其德爰既且於
君蓋其繵縺纘戎鴻緒牧

喋即喋　羈即羈
繵作纏　縺作[illegible]　戎作[illegible]　既且二字[illegible]　一[illegible]字誤　作[illegible]且二[illegible]

守相係不殞高問孝弟於
家中謇於朝治京氏易聰
麗權略藝於從畋少為郡
吏隱練職位常在股肱數
為從事聲無細聞徵拜郎
中除穀城長蠶月之務不
閉四門臘正之僚休囚歸
賀八月算民不煩於鄉隨
就虛落存恤高年路無拾
遺犁種宿野黃巾初起燒

中作忠　權即權　畋从田从攴　從畋當是從政之誤
藝即藝　閉即閉　臘即臘　僚即蔡　算即算

邃古齋藏

石索

平城市斯縣獨全子賤孔
蔑其道區別尚書五教君
崇其寬詩云愷悌君隆其
恩東里潤色君垂其仁邵
伯分陝君懿于棠晉陽珮
瑋西門帶弦君之體素能
雙其勛流化八基遷蕩陰
令吏民頡頏隨送如雲周
公東征西人怨思奚斯讚
魯考父頌殷前喆遺芳有

瑋即瑋　基即基　殷即殷

功不書後無述焉於是刊
石豎表銘勒萬載三代以
來雖遠猶近詩云舊國其
命惟新
於穆我君既敦既純雪白
之性孝友之仁紀行來本
蘭生有芬克岐有兆綏御
有勛利器不覿魚不出淵
國之良幹垂愛在民蔽沛
棠樹溫溫恭人乾道不繆

穆即穆　來疑求之誤　蔽沛即蔽芾

邃古齋藏

唯淛是親既多受祉永享
南山干祿无彊子子孫孫
惟中平三年歲在攝提二
月震節紀日上旬陽氣厥
析感思舊君故吏韋萌等
僉然同聲債師孫興刊石
立表以示後昆共享天秺
億載萬年

此字行末有半表字
此攝提行半

析即析

前半表字与此蒙字半對相同字偏改寫其字剝之不加添刻出

石索

遂古齋藏

碑陰　共三列每列十九行凡四十八

故安國長韋叔玪錢五百
故從事韋□□錢五百
故從事韋元雎錢五百
故從事韋元景錢五百
故從事韋世節錢五百
故守令韋叔遠錢五百
故守令范伯犀錢五百
故吏韋金石錢二百
故督郵范齊公錢五百
故吏范文宗錢千
故吏范世節錢八百

玪即珍

故吏韋府卿錢七百
故吏范季考錢七百
故吏韋伯臺錢八百
故吏范德寶錢八百
故吏韋公儁錢五百
故吏氾定國錢七百
故吏韋閭德錢五百
故吏孫升高錢五百
故吏韋公逴錢七百
故吏韋排山錢四百
故吏范巨錢四百
故吏韋義十錢四百

氾音凡漢有氾勝之著農書十八篇

石索

遂古齋藏

故吏韋輔節錢四百
故吏韋元緒錢四百
故吏韋容人錢四百
故從事原宣德錢三百
故吏韋公明錢三百
故吏范成錢三百
故吏韋輔世錢三百
故吏范國方錢三百
故吏韋伯善錢三百
故吏氾奉祖錢三百
故吏韋德榮
故吏范利德錢三百

容人金石記誤作客人

故吏韋武章
故吏騶衍義
故吏韋宣錢三百
故吏韋孟光錢五百
故吏韋孟平錢三百
故守令韋元考錢五百

騶即騶通鄒字
隸續有騶氏竟

此穀城舊吏韋萌等為張遷刊石表頌作去思碑也穀城東阿二縣東漢時皆屬東郡北齊乃省穀城為東阿唐宋屬東平府蕩陰在東漢屬河内郡即今彰德府之湯陰縣已吾屬陳留郡即今開封府之夏邑縣考山東通志此碑于明時掘地得之故歐趙洪諸家不見著錄金薤琳瑯稱其字特完好可讀漢碑中之不易得者是也其通用假借字甚多惟賓字加ㄗ暨字離為二顧寧人斥其訛謬疑為好事者摹刻古本竊謂此碑詞旨淳古隸法朴茂非後人所能為者也

石索　邃古亝藏

蓋當時作者一人書者一人鐫碑時未經校對刻之文不識字故有失筆大凡能文者不盡善書書者不盡能文今世每有書法閎美而文義舛者古人寧獨無之觀古者求其大畧而已不必斤斤也其臘正之僚字都氏釋為際桂未谷釋為蔡引左氏傳周公殺管叔而蔡蔡叔注云蔡放也為証其說良是蓋臘時放囚故云休囚歸賀也因蔡字與蔡姓無別故加立人作僚不必更如授堂跋改為祭字也八月算人見後漢書皇后紀碑湑以算作筭非筭字也晉陽珮瑋西門帶弦蓋用韓非子語韓非子觀行篇云西門豹之性急故佩韋以緩己董安于之心緩故佩弦以自急碑顛倒用之或別有所據其餘假借字漢人[illegible]有之不能悉辨

漢小黃門譙敏碑　隸釋云在冀州

漢故小
黃門譙
君之碑

額題漢故小黃門譙君之碑字大漢尺六寸許

石索　邃古亝藏

君諱敏字漢達鄴君之中
子章君之弟郎中君之昆
也其先故國師譙贛深明
典隩讖錄圖緯能精微天
意傳道與京君明君承廞
後不忝其美多所好學才
略聰叡詩書是綜言合雅
謨處中聖權既仕在公忠
允篤誠已直佐主帥下惟
約肅將王命撫之于外羣

典隩即典奥

石索

寮有司各敬爾儀君喬時
度世引己倍權守靜徹允
韜光韞玉㠯遠悔咎恥與
鄰人羼並枱驅識眞之本
謂君爲括在笞甯戚當亨
南山難老之禱昊天不惠
降茲殉疾年五十有七㠯
中平二年三月九日戊寅
卒嗚嘑哀哉國喪良佐家
隕棟梁遐邇咨悼士女哀

亨即享

懷寮勿親感莫不失聲泣
涕雙流於是立表寫憒斯
銘傳于罔極其辭曰
於穆使君盛德炤明旻惟
黔業師由舊章文武彬彧
柔而能剛屈道從政令名
顯揚臣多醜直是用遜讓
且㠯毓姿優遊足京曷僭
選羅景命不長屋棟廣覆
君乃喪亡如何如何吁嗟

感即

憒即憤

氐字直字洪闕翁補

羅字洪作罹

邃古齋藏

石索

昊蒼身沒名存孔世遺芳
中平四年七月十八日癸
卯造

隸釋云譙君敏靈帝中平二年卒又二年立此碑〻中竝無尉秩所謂
鄰君章君又不類官者官稱非題額則不知敏之爲黄門也文盛稱
敏倍權守靜韜光韞玉雖不可盡信忍亦是特立不羣者又云恥與鄰人
羼竝枱驅說文羼音刻羊相厠也一云傍入曰羼枱音洽斂神也此句蓋
是不與羣闒冠劍竝驅之意漢人書姓亦借用如槁爲伍五之類此碑㠯
焦贛爲譙左傳楚師伐陳取焦注謂焦今譙縣則焦譙可通用漢碑多借
意作億此云曷億選羅却是借億作意也
翁覃谿先生云此重刻本紙墨尚舊洪氏所缺二字今諦審之優遊下似是氐
字恐借爲邸也喪亡上似是乃字末云中平四年七月十八日癸卯洪隸釋作廿
八日今驗此柘本是十八是年七月丙戌朔則癸卯是十八日無疑當據此以正隸釋
之誤
黄小松司馬云此本字體與隸釋悉合惟儀作儀喆作嚞車作丰小有不同

邃古齋藏

漢麒麟碑

本名麒麟鳳皇碑洪氏失去鳳皇一紙止存麒麟碑

隸釋云麒麟鳳皇碑凡二石其像高二尺餘圖寫各有生意題字甚大

隸續云漢人所畫二瑞獨此最為奇偉其一雖之故鄉書度中尋之未至

石索

邃古齋藏

漢山陽麟鳳碑

天有奇鳥名曰鳳皇
時下有德民富國昌
黃龍嘉禾皆不隱藏
漢德巍巍分布宣揚
天有奇獸名曰麒麟
時下有德安國富民
忠臣竭節義以脩身
關冠采善朗明我君

隸釋云又有山陽麟鳳碑二物共一石其像小於前碑像下有贊云云又隸續云其下各刻一贊其陰有小篆銘云永建元年季秋七月饗時山陽太守河內孫君見碑不合禮緣夔造新刻瑞像麟鳳其銘詞曰漢盛德中興郎政二年辛酉之部首應六十穀青龍赳蟬嫣三月季春爰易立碑石順禮典文九九應度數萬世常存爾雅注單閼音丹遏一音蟬嫣永建二年歲在丁卯故此碑用蟬嫣字米元章書史云此當半篆半隸麟一角上高如冠翅如飛馬鳳冠高尾長甚可推也　鵬按碑在任城今久亡矣

漢齋祠畫像

縮本

碑在鄠縣白楊樹村關帝廟左壁

食齋祠園

石索

邃古齋藏

碑高漢尺三尺廣可二尺畫像高二尺其人左手執斧右腋匊題四隸字曰食齋祠園金石志疑祠園或祓園之類鵬孝三輔黃圖天子將出或有齋祠先令道路掃灑清淨乃出適合此必天子有事於泰山先于道中設立齋祠齋祠必有尊當有神于園中刻力士像以為掃灑者之所奉也其非寢園可知而土人以為和尚碑陋矣

漢安仙集題字　在四川簡州逍遙山石室

翁覃谿先生金石記漢安元年四月十八日會仙友十二字隸帶篆勢其兩旁正書東漢仙集留題洞天八字孫退谷銷夏記定為漢人手筆未知石在何所岺此刻惟見于關中耒濟金石備考云在四川簡州逍遙山石室而王象之輿地碑目於蜀碑家諱亦未之及也漢安為順帝改元壬午之歲所謂會仙友者乃道流之詞姑取以備漢隸一種耳

中錢蟫兆宋云右楷書一行類晉人書左為東漢仙集亦為留題自天又云自天乃洞天之誤王定山得精拓本正之

石索　八　遼古齋藏

漢永壽石門殘刻　在褒城縣石門摩崖

右殘刻存六行零三字餘不可曉每行字數不等剥落殊甚故雖同在褒谷而歐趙洪婁諸家俱未採録玩味其詞意解大臺由界下賈民懽喜行人蒙福蓋亦去險就夷以便于民故為之刻石紀功如開通褒斜橋格及石門頌之類不可没也乃倆佛臨摹存其大概李君字季士諱雷不可識必有闕悞處有以為禹字者殊不相似禾政定也政字衲字亦不可辨姑存之宜禾都尉之名它處亦未見

石索　八　遼古齋藏

漢殘碑

單縣廣文馬寄圃得之鉅野縣之昌邑聚審爲建寧四年沇州刺史楊淑恭碑

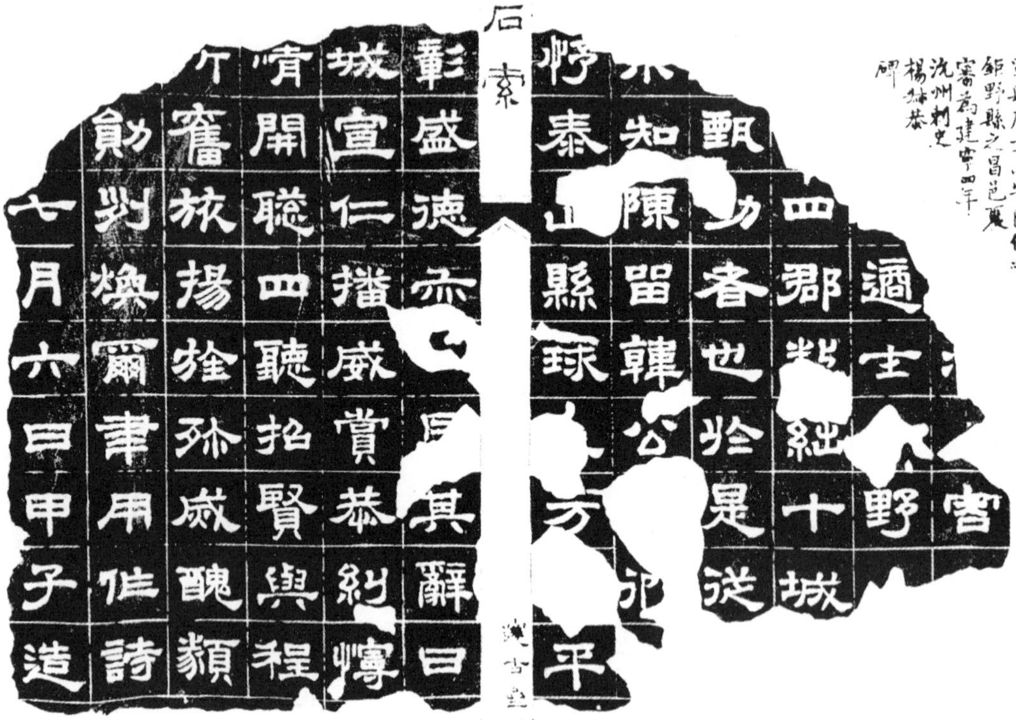

此碑石係左邊之下角上銳下寬祗存八十字餘不可知矣隸法端整古秀似鄭固碑殘石

碑側

碑側題名字欵斜繾大小不一與碑文非一手書猶禮器碑之碑陰碑側合七人所書也

石索

嘉慶二十一年馬廣文邦玉得此石跋語甚核今錄其畧云石新出鉅野之昌邑聚土人棄置道旁弟邦舉見之以告因往購之攷昌邑聚即漢昌邑國王莽之鉅野郡也城東北有金城城內有沇州刺史茫陽楊淑恭碑以建寧四年立見水經注茲石末書七月六日甲子造按武都太守李翕西狹頌末書建寧四年六月廿三日壬寅造壬寅後廿二日建則七月六日正得甲子是即從事孫光等爲沇州刺史楊淑恭立者也韓詩外傳云牧者所以開四目通四聰劉昭注刺史職引之碑中開聰四聽正刺史語又言數紕十城據後漢郡國志山陽郡十城昌邑鉅野湖陸方與屬焉今魚台即湖陸方與碑側題名稱陳留圉濟北茌平圉改屬陳留自光武時茌更名茌平自和帝時則是碑之立于漢季無疑矣其碑陰之字漫漶殊甚祗存書佐元戲對舉十餘字耳

按隸釋之二十引水經注云昌邑縣有沇州刺史薛季象碑熹平四年立又有沇州刺史茂陵楊淑恭碑從事孫光等以建寧四年立則當日此碑惟酈道元見之至洪景伯亦未之見故不載全文也此雖殘缺其中有於是從三字其下必事字正合從事孫光之語定爲楊碑信不誣也馬君字荊石號寄圃魚臺人

邃古齋藏

漢聞憙長韓仁銘

碑在河南開封府滎陽縣署止存上截高六尺九寸廣三尺八寸額題漢循吏故聞憙長韓仁銘

熹平四年十一月甲子朔廿二日乙酉司隸
河南尹校尉空閒典統非任素無績勳宣善
仁前在聞憙經國以禮刑政得中有子産君子
尉表上遷槐里令除書未到流奉短命喪身爲
祀則祀之王制之禮也書到郡遣吏以少牢祠
勒異行勸屬清惠以旌其美竪石訖成表言如律
十一月廿二日乙酉河南尹君丞憙謂京寫
墳道頭訖成表言會月卅日如律令

碑穿正中銘文在右及穿下下截缺文不知字數穿左空處甚多續刻金正大五年翰林趙秉文跋趙郡李獻能跋六年滎陽令李天翼再立石

原刻趙秉文跋云此碑出京索間左氏傳京城太叔之地滎陽令李侯輔之行縣發地得之字畫宛然類劉寬碑韓仁漢循吏蚤卒不見于史而見於此非不幸也李侯之名託此石不朽亦未可知也正大五年十一月廿日翰林學士趙秉文題　隸書不全錄

正大六年八月　日奉政大夫滎陽縣令李天翼再立石

監立石司吏董○　石匠王福

金石萃云碑在縣署東角門東側漢興以來循吏之逢爲盛當時天子每降璽書以勖厲之是碑則司隸校尉褒寵韓仁俾其良吏壽不得長刻石旌之此其移下河南尹之令牒也

金石存云亢奉短命即不幸短命也鄭固頌莫不創楚此又變亡与亢無異廣韻短同短逢盛碑命有悠短郭究碑不幸短祚皆同碑末云如律令此三字蓋漢人公移中語史儒林傳序述所載詔書前漢書朱博以古檄文陳琳爲袁紹檄豫州文皆有此三字

石索

遂古堂藏

漢竹邑侯相張壽殘碑

君諱壽字仲吾其先蓋晉大夫張老盛
孝友恭懿明允篤信敦悅經雅習父東
匡國達賢登善濟可登斑叙優能正船
謁者贊衛王臺要□忠謇上嘉其節仍
相明德慎罰　遭江楊劇賊上
自菲薄儲偫　所留弁官相領
稼穡滋殖國　聿豐穰皤白之
樂化戶口增　斂功刊王府將
過督郵周紡　君常懷色斯舍
駱驛要請君　固執不顧民無
覲慮視不折　徒府進退以愷
五月辛酉卒　夫積循純固者
石樹碑式昭　日□□□□
亮元德於我　體懿純茲三署
賦牧邦畿黎烝戢冈荒饑感良臣哀其
彌闇垂令紀永不刊于胥德深後昆

右竹葉侯相張壽殘碑在城武縣學宮敬一亭壁間據洪氏隸釋此碑尚有隸額其長短字數不可知今現存者高漢尺一尺九寸廣三尺二寸十六行君字起昆字結大約廣如其舊所缺者下截損者蛀眼四十字可見者祇一百八十一字耳其中方孔有乾隆五十六年城武令宛平林子鉊龍補填一石刻跋云是碑考之邑志乃張壽墓碑邑人誤納其中以爲碑座其誰何移置學宮亦無可考余脩葺文廟莫觧殘碑敬一亭成爲陷之於廊壁雖經損缺而隸法猶可得其彷彿

附錄全碑

君諱壽字仲吾其先蓋晉大夫張老盛德之裔世載缺勳遵帥紀律不忝厥緒爲冠帶理義之宗君孝友恭懿明允篤信敦悅經雅習父東光君業兼綜六藝博物多識畧涉傳記鑴取其用股肱州郡匡國達賢登善濟可登斑叙優能正船帥陪臨疑獨照確然不撓有孔甫之風舉孝廉除郎中給事謁者贊衛王臺要缺忠謇上嘉其節仍授命莫匡其京輦昭德塞違內平外成舉無遺愆遷竹邑侯相明德慎

石索

遂古堂藏

石索

尉縣奉承土遭江楊劇賊上下缺征役賦彌年鬪于缺戈杼軸
罄殫君下車崇尚儉節躬自菲薄儲偫非法悉無所留并
官相領省倉缺小府御吏朝無姦官野無淫寇教民樹藝三
農九穀稼嗇滋殖國無災祥歲聿豐穰皤白之老率其子
弟以脩仁義蝗賊不起癘疾不行視事年載黔首樂化戶
口增多國富民殷功刊王府將授轄邦對揚其勛功曹周憐
前將放黜君澂澄清憐顧愆悔過對郵周紘承會表聞君
常懷色斯含無宿儲遂用高逝老弱相携攀援持車千
人以上沛相名君駱驛要請君指祿收名固執不顧民無所仰
國違所賴上下同感州郡聞知捦予禮招復為從事觀帝祀
不折其節辟司徒府進退以禮含宏內光頤缺皓爾顏天不
悌遘疾無瘳年八十建寧元年五月辛酉卒嗚呼哀哉夫積
脩紀固者為天人所鍾功假於民者叙在銘典於缺俊缺訪諸
儒林刊石樹碑式昭令徽其辭曰
亮元德於我君膺清茂體懿純超三署垂令缺颿聲號缺憲
臺橋王業弼紏澂彈羣司清公缺綏薄賦牧邦纖黎烝殷
因荒饑感良臣哀其雹竭輕躁缺来征民歎思暨興八宰府命遂
逐缺名振射缺彌聞垂令紀永不刊亏胥德深後昆

邃古齋藏

漢永初殘石六種

石索

殘石二

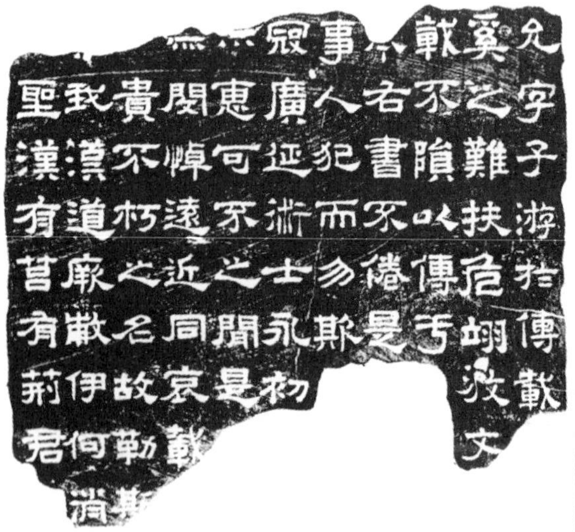

邃古齋藏

石索

殘石三

殘石四

邃古齋藏

石索

殘石五

殘石六

右殘石六在河南彰德府學宮碑非一碑時亦非一時皆子姓碑中有永初二字故以永初統之前人未經表述據褧雲閣以為西門豹祠殘碑五種而字句前後每割裂成文亦非全句今從舊拓本縮刻如右

邃古齋藏

漢州輔碑殘字

汝帖題蔡邕書今從隸釋

覃谿先生云右十字汝帖題曰蔡邕書今以隸釋驗之是永壽二年吉成侯州輔碑中語隸續云汝帖以州輔碑為蔡邕書不足信也鵬考原碑云遭孝質無嗣乃定冊帷幕援立聖主有安社稷之勳今碑亡藉此存之

石索

石獸膊題字

汝帖題宗資石獸趙氏作州輔墓石獸

邃古齋藏

覃谿先生云天祿辟邪四篆字今所見拓本每字高廣各四寸許且題曰宗資石獸似原石至今存者而不然也趙明誠金石錄云州輔墓石獸膊字水經注云州君墓有兩獸已淪沒掘出一獸高丈許左膊上刻辟邪字今汝帖題曰宗資石獸王寀弗深考因漢碑中有宗資墓獸刻字而牽附之不可不辨 鵬按此論甚當又考今石錄云天祿字差大近歲為村民所毀辟邪雖存然字畫已殘難辨則天祿辟邪四字自是分刻于兩獸膊者亦不可不知也

漢竹葉碑

碑藏曲阜顏氏樂圃 縮本

石索

邃古齋藏

右碑高漢尺四尺八寸闊二尺八寸字大一寸六七分為曲阜顏樂清懋倫所得置在樂圃金石圖摹出卌八字陳竹厂釋出六十餘字金石記釋出九十餘字鵬今諦審得百十有奇其餘不敢臆度矣四面所勒文成竹葉形故呼為竹葉碑 其實為魯相紀德政而作其正面極泐秖存數字此為碑陰載相吏名氏在覃谿先生云壹先生已嘗言之但未得所據 鵬考中平五年巴郡太守張納碑陰有功曹史奏曹史辭曹史戶曹史法曹史比曹史等名皆相符合又其人皆係魯薛蕃卞文陽則其為魯相屬吏可知嘉慶乙卯維揚江孟慈中翰過魯見此碑陰疑與禮器碑相似 鵬檢出禮器碑陰有薛虞薛弓芬字正同相與撫掌彼碑云相中賊史薛虞韶興公二百薛弓奉高二百此虞下字弓下字殘泐雖未必即屬薛虞韶與弓奉高其均為魯相屬吏更可知矣得此確據故列是碑於禮器碑之後

漢魯相謁孔廟殘碑　縮本　金石萃誤為孔宏碑今從隸釋

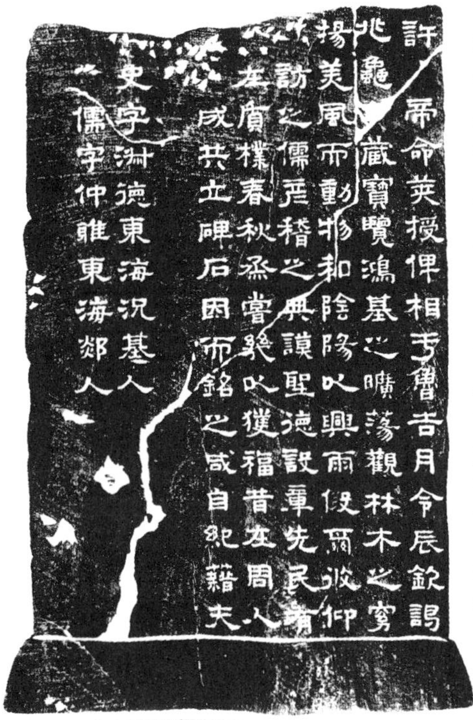

石索

邃古齋藏

右殘碑在曲阜　聖廟同文門之東楣雖上截全缺下截亦磨泐幾盡而其中有俾相于魯及欽謁等字故隸釋從趙氏著錄以為魯相謁孔廟殘碑是也寰山堂絕無考証乃定為孔宏碑且自云讀金石籍據舊搨本何僅識出三十五字轉有錯字五也故覃谿先生駁之芸臺先生正之今從隸釋校對原碑猶可得一百七字惜碑陰剝落過甚止存數目字故不錄其中龜即龜字假爾即邇邇字況基即祝其乃春秋夾谷之地則洪氏已言之矣

漢朱君長三字石刻　在濟寧州學宮

碑高三尺三寸上廣二尺一寸下廣二尺七寸朱君三字刻于碑右近下處想亦墟墓中物三字直書縮刻俱減三分

石索

邃古齋藏

此三字不著時代然真漢隸也以書勢自定時代耳

翁方綱

乾隆五十七年四月錢唐黄易得于兩城山下畱為漢刻移在濟寧州學

石索

蜀侍中楊公石闕

在四川綿州梓潼縣

蜀故侍中楊公之闕

楊化濟　楊化一　尉尚

蓬古堂藏

金石志云楊公闕在梓潼縣北一里許大道旁東數十步西向高一丈六尺濶四尺五寸厚三尺字徑三寸五分漢楊氏有兩顯族震宏農之楊也雄蜀郡之楊也後漢書載伯起之裔四為侍中楊之蜀郡而侍中者無聞焉鵬按此闕當在蜀漢時若在兩漢間則宜曰漢故侍中不宜曰蜀故侍中也考蜀志楊氏入列傳者三一楊儀建安中為荆州刺史一楊洪為蜀郡太守皆不在梓潼惟楊戲字文然犍為武陽人為尚書右選部郎又為治中從事還中郎參軍領梓潼太守入為射聲校尉志稱所在清約不煩此闕正在梓潼豈即其人歟志言治中之郎未言侍中或曾為侍中而畧之耳隸書字二行在闕之右其左尚有楷字數行不分眉目隱約有楊化濟楊化一等名疑後人題記者金石志金石記皆未之見也

石索

魏上尊號奏

碑高漢尺八尺餘濶四尺六寸華編以為廣七尺者非前面廿二行碑陰十行行俱四十九字合為一篇額尖無篆飾篆刻公卿將軍上尊號奏八字陽文在許州南三十里繁城鎮漢獻帝廟中

相國安樂鄉侯臣歆大尉
都亭侯臣詡御史大夫安
陵亭侯臣朗使持節行都
督督軍車騎將軍陳侯臣
仁輔國將軍清苑鄉侯臣
若虎牙將軍南昌亭侯臣
輔輕車將軍都亭侯臣忠
冠軍將軍好時鄉侯臣秋

歆即華歆　詡即賈詡　朗即三朗　仁即曹仁　陳侯二字從志補　若即劉若　輔即鮮于輔　忠即三忠　秋即楊秋

蓬古堂藏

渡遼將軍都亭侯臣柔衛
將軍國明亭侯臣洪使持
節行都督督軍鎮西將軍
東鄉侯臣真使持節行都
督督軍領揚州刺史征東
將軍安陽鄉侯臣休使持
節行都督督軍征南將軍
平陵亭侯臣尚使持節行
都督督軍徐州刺史鎮東
將軍武安鄉侯臣霸使持

柔即閻柔　洪即曹洪　真即曹真　休即曹休　尚即夏侯尚　霸即張霸

節左將軍中鄉侯臣郃使
持節右將軍建鄉侯臣晃
使持節前將軍都鄉侯臣
遼使持節後將軍華鄉侯
臣靈匈奴南單于臣泉奉
常臣貞郎中令臣洽衛尉
安國亭侯臣昱大僕臣夔
大理東武亭侯臣繇大農
臣霸少府臣林督軍御史
將作大匠千秋亭侯臣照

郃即張郃　晃即徐晃　遼即張遼　靈即朱靈　泉即呼廚泉　貞即邢貞　洽即和洽　昱即程昱　夔即何夔　繇即鍾繇　霸即袁霸　林即常林　照即董昭

石索

邃古齋藏

中領軍中陽鄉侯臣楙中
護軍臣陟屯騎校尉都亭
侯臣祖長水校尉關內侯
臣淩步兵校尉關內侯臣
福射聲校尉關內侯臣質
振威將軍涅鄉亭侯臣顗
征虜將軍都亭侯臣觸振
武將軍尉猛亭侯臣當忠
義將軍樂鄉亭侯臣生建
節將軍平樂亭侯臣圃安

楙疑夏侯楙　祖疑郭祖　陟未詳　淩即戴陵　福疑任福　質或疑吳質　顗未詳　觸疑焦觸　當生俱未詳　圃即閻圃

衆將軍元就亭侯臣神翼
衛將軍都亭侯臣衢討夷
將軍成遷亭侯臣慎懷遠
將軍關內侯臣巽綏邊將
軍常樂亭侯臣俊安夷將
軍高梁亭侯臣禺奮武將
軍長安亭侯臣豐武衛將
軍安昌亭侯臣楮等稽首
言臣等前上言漢帝奉天
命以固禪羣臣因天命以

衢疑趙衢　巽即傅巽　俊疑李俊　神慎禺豐俱未詳　楮即許褚

石索

邃古齋藏

固請
陛下違天命以固辭臣等
頑愚猶知其不可況神祇
之心乎宜蒙納許以福海
內欣戴之望而丁卯制書
詔臣等自以德則孤不足
以時則虜未滅若以羣賢
之靈得保首領終君魏國
於孤足矣若孤者胡足以
辱四海至乎天瑞人事皆

福即副西京賦仰福帝居今本隸釋誤作福

先王聖德遺慶孫何有爲
是以未敢聞命臣等伏讀
詔書於邑益甚臣等聞易
稱聖人奉天時而論曰君
子畏天命天命有去就然
後帝者有禪代是以唐之
禪虞命以在爾虞之順唐
謂之受終堯知天命去己
故不得不禪舜知歷數在
躬故不敢不受不得不禪

先不提行
敢字舊作敢今本隸釋作敢萃編作敢俱錯

石索

奉天時也不敢不受畏天
命也漢朝雖承季末陵遲
之餘猶務奉天命以則堯
道是以願禪帝位而歸二
女
陛下正於大魏受命之初
抑虞夏之達節尚延陵之
讓體所柱者大所直者小
所詳者輕所略者重中人
凡士猶為

柱即枉

邃古齋藏

陛下陋之歿者有靈則重
華必恐懼於倉梧之神墓
大夏必鬱邑於會稽之山
陰
武王必不悅於
高陵之玄宮矣是以臣等
敢以死請且漢政在奄宦
祿去帝室七世矣遂集矢
石于其宮殿而二京為之
丘墟當此之時四海蕩覆

石索

天下分崩
武王親衣甲而冠胄沐雨
而櫛風為民請命則活萬
國為世撥亂則致升平鳩
民而立長築宮而置吏元
元無過罔於前業而始有
造於華裔
陛下即位先昭文德以翊
武功勤恤民隱視之如傷
懼者寧之勞者休之寒者

前面止
碑陰起
勞萃編作寒誤

邃古齋藏

石索

以媛飢者以充遠人以德
服寇敵以恩降邁恩種德
光被四表稽古篤睦茂于
放勳冈漏吞肖裕于周文
是以布政未朞人神並和
皇天則降甘露而臻四靈
后土則挺芝艸而吐醴泉
肅豹鹿莵咸素其色雉鳩
燕爵亦白其羽連理之木
同心之瓜五采之魚珍祥

瑞物雜遝於其間者無不
畢備古人有言微禹吾其
魚乎微大魏則臣等之白
骨既交横于曠壄矣伏省
羣臣内外前後章奏所以
陳敘
陛下之符命者莫不條河
洛之圖書授天地之瑞應
因漢朝之款誠宣萬方之
景附可謂信矣著矣達矣

達字微存上半姑補之

邃古堂藏

石索

裕矣高矣邵矣三王無以
及五帝無以加民命之懸
於魏邦民心之繫於魏政
卅有餘年矣此乃千世時
至之會萬載壹遇之秋達
節廣度宜昭於斯際拘攣
狹行不施於此時久稽天
命罪在臣等輙營壇場具
禮儀擇吉日修昭告昊天
上帝秩羣神之禮須禋祭

畢會羣寮于朝堂議奉號
正朔服色當所以施行臣
謹拜表朝堂臣歆臣詡臣
朗臣仁臣若臣輔臣忠臣
秋臣衆臣洪臣真臣休臣
尚臣霸臣郃臣晃臣遼臣
靈臣泉臣貞臣洽臣昱臣
夏臣繇臣霸臣林臣照臣
楙臣陟臣祖臣淩臣福臣
質臣顗臣觸臣當臣生臣

邵今本隸釋作郡萃編作邵恐非

行字隸釋缺翁跋行字良是今補之

修字微可辨洪脱落今補之

邃古堂藏

臣神臣衞臣愼臣巽臣
侯臣昺臣豐臣楮誠惶誠
懼頓首頓首死罪死罪

右公卿將軍上尊號奏隸釋云相傳為鍾繇書其中有大理東
武亭矦臣繇即其人也曾氏父子睥睨漢祚非一朝夕勢極事就乃
欲追大麓之蹤竊箕山之節後世果可欺乎又自比媯汭納漢二女豈二甥
至今不磨所以播其惡於無窮也當時內外勸進之辭不一此蓋其一云
最後一章魏志注中亦載此文有數字不同當以碑為正碑自建于黃
初之後石理皴剝字跡晦昧今世所傳多是前一段耳
隸續云碑篆額二行黑字文廿二行行四十九字先王及高陵而武三三陛下
皆平闕有異局之紋自陛下即位後十行刻于碑陰陛下亦平闕
顧寔八金石文字記云此文當在延康元年而刻于黃初之後
鵬按延康元年即漢建安二十五年為時不久故通鑑目錄失書也異辟

凡一千三百五十九字反覆詳盡雖強詞奪理而敘列宏整書法工妙
自是魏碑巨觀與受禪表同為鍾書無疑但每行下截剝落無字者
十居其三非隸釋引魏志注參補幾不能讀志注似見此全碑者其所
補字前後可以互證故亦以大字書之以便展玩推洪釋尚缺四字又脫
落一字今得舊拓本審補其次幅起句洪釋光昭文德金石記原以
為寔非光字今審拓本猶存半字从生不从业其為光字無疑若作光
昭其下不當復言光被也又吉字下洪補日字其日下缺文脫去今又釋
出脩字是碑竟無缺文尚足玩也

石索　邃古齋臧

魏受禪碑

碑高八尺四寸廣四尺六寸二十二行行四十九字字大一寸二分
今在許州繁城鎮　碑陰文甚多洪氏所有者補之缺者缺之
碑額曰篆書陽文受禪表三字金石記誤謂陰文

維黄初元年冬十月辛未
皇帝受禪于漢氏上稽儀
極下考前訓書契所録帝
王遺事義莫顯於禪德美
莫盛於受終故書陳納于
大麓傳稱歷數・・是
以降世且二百年幾三千
堯舜之事復存于今允皇
代之上儀帝者之高致也
故立斯表以昭德●義篤
皇帝體乾剛之懿姿
紹有虞之黄裔九德既詠
欽明文塞齊光日月材兼
三極及嗣位先皇龍
興饗國撫柔烝民化以醇
德崇在寬之政邁愷悌之
教宣重光以照下擬陽春
以播惠開禁倉散滯積家

皇帝提行平格

孳即契

鹿即麓
數下擬繫
釋缺二字
驗拓當缺
在歲自三
字未敢補

皇帝先皇
皆提行平格

石索　邃古齋臧

臣•••••之錫衆地
陪臺蒙賙饋之養興遺熏
繼絕世廢忘之勞獲金爵
之賞襁褓之孫食奮德之
禄善無黴而不拴功無細
而不•••我士哀矜麻
獄罷戌没焚丹書圖圖虛
靜外無曠夫玄澤雲行冈
不沾渥若夫覆載蕳易對
柔允宜乾以之德陰陽•

•••••類育物奮庸
造化之道四時之功也寬
容淵哩恩洽羣彩皇戲之
質堯舜之姿也孜孜業業
邁德濟民伯禹之勞••
•••敷智神衣耕敵用
兵殷湯之略周發之明也
廣大配天地茂德苞衆聖
鴻恩洽于區夏仁聲播于
八荒雖象胥所••••

皇羲者皇伏羲也

石索
邃古齋藏

••和而來王是以休徵
屢集和氣烟熅上降乾祉
下發以玢天闓啓闓四靈
具臻涌醴橫流山見黃人
所以顯受命之••••
•之期運也異餘甘露零
於豐草堅蠶蕭於茂樹嘉
禾神芝奇禽靈獸窮祥椒
瑞耆蓂月之間蓋七百餘
見自金天以••••

烟熅即氤氳

嘉祥之降未有若今之盛
者也是以漢氏覩歷數之
去己知神器之有歸稽唐
禪虞紹天明命釐嬪二女
欽授天位
皇帝謙退讓德不嗣至于
冊至于三於是羣公卿士
僉曰
陛下聖德懿侔兩儀皇符
照晰受命咸宜且有[illegible]

石索
邃古齋藏

石索

興地出大螻夏后承統木
榮冬敷殷湯革命白狼銜
鉤周武觀兵・・・・方
之今日未足以喻而猶以
一至之慶寵神當時紹天
即祚負依而治況於大魏
靈瑞若茲者乎蓋天命不
可以辭・・・・・以意
距大統不可以久曠萬國
不可以足主宜順民神速

敷即敷

承天序於是
皇帝乃回思遷慮旁觀庶
徵上在璿機並之周易卜
以守龜龜筮龍吉五反靡
違乃覽公卿之議順皇天
之命練吉日・・・・曆
典之明憲遵大麻之遺訓
遂於繁昌築靈壇設壇宮
時圭辟儲犧牲延公侯卿
士常伯常任納言諸節岳

機即璣

遂古盦

石索

牧邦君虜・・・・匈奴
南單于東夷南蠻西戎北
狄王侯君長之羣入自旗
門咸旅于位
皇帝乃受天子之籍冠通
天龍袞龍穆穆皇皇物有
異宮上公榮祝燔燎棫樸
告類上帝望秩五岳烟于
六宗遍于羣神・・・晏
祥風來臻乃詔有司大赦

烟即禋

天下改元正始開皇紹闡
帝載殊徽幟革器械脩廢
官班瑞節同律量衡更姓
改物勒崇垂鴻創・作則
永保天祿傳之罔極

遂古盦藏

右受禪表隸釋以為表者表揭其事非表奏也其字則世傳梁鵠書顔真卿以為鍾繇書劉禹錫以為王朗文梁鵠書鍾繇鎸字謂之三絕聞人牟準以為衛覬金針八分書鵬按其隸法方整渾厚与孔廟碑方勁者不同寔与上尊號碑出一手當屬鍾元常書魯公之言是也碑稱黃初元年十月辛未即漢獻帝之末年改元延康冬十月廿九日也獻帝以乙卯遜位魏王辭讓往返至辛未始受命十一月癸酉奉漢帝為山陽公據隸釋此碑在潁昌府臨潁縣魏文帝廟今漢獻帝廟者後人毀於魏文像為漢獻像也嗚呼魏竊漢天下而不能乃漢轉得據魏祠祀而久之觀于是碑亦千秋快事哉

魏脩孔子廟碑

碑高六尺二寸廣三尺五寸五分二十二行行四十字
今在曲阜孔廟同文門
碑額題魯孔子廟之碑六篆字陰文行

維黄初元年大魏受命胤
軒轅之高縱紹虞氏之遐
統應歷數以改物揚仁風
以作教於是揖五瑞班宗
彝鈞衡石同度量秩羣祀
於無文順天時以布化既
乃緝熙聖緒昭顯上世追
存二代三恪之禮兼紹宣

熙即熙　揖即揖　班即班　恪即恪

石索

邃古盦藏

尼褒成之後以魯縣百戶
命孔子廿一世孫議郎孔
羡為宗聖侯以奉孔子之
祀
制詔三公曰昔仲尼資大
聖之才懷帝王之器當衰
周之末而無受命之運
生乎魯衛之朝教化乎洙
泗之上栖栖焉皇皇焉欲
屈己以存道貶身以救世

漢平帝元始元年封褒成君孔霸孫均爲褒成侯奉孔子祀

羡即羨

之末二字缺洪氏引魏志補入

洪作生乎孝魏志作在乎今玩泐文似進退乎

當時王公終莫能用乃追
孝五代之禮脩素王之事
因魯史而制春秋就大師
而正雅頌俾千載之後莫
不采其文以述作卬其聖
以成謀咨可謂命世大聖
億載之師表者已遭天下
大亂百祀墮壞舊居之廟
毀而不脩褒成之後絕而
莫繼闕里不聞講誦之聲

時王二字缺洪氏引魏志補入

卬即仰

咨与[illegible]同見爾雅釋詁而易曉

石索

邃古盦藏

四時不睹烝嘗之位斯豈
所謂崇化報功盛德百世
必祀者哉嗟乎朕甚閔焉
其以議郎孔羡為宗聖侯
邑百戶奉孔子之祀令魯
郡脩起舊廟置百石吏卒
以守衛之又於其外廣為
屋宇以居學者於是魯之
父老諸生遊士睹廟堂之
始復觀俎豆之初設嘉聖

靈於鑄歸想貞祥之来集
乃慨然而歎曰大道衰廢
禮學滅絕廿餘年
皇上懷仁聖之懿德兼二
儀之化育廣大苞於無方
[illegible]恩淪於不測故自受命
以来天人咸和神氣烟熅
嘉瑞踵武休徵屢臻殊俗
解編髮而慕義遐方越險
阻而来實雖大晧遊龍以

二十字從廿旁一與世字不同

鑄縣似從字未敢定

烟熅即氤氳

大晧即大昊

石索 八

邃古堂藏

君世虞民儀鳳以臨民伯
禹命玄宮而為夏后西伯
由岐社而為周文尚何足
稱於大魏哉若乃紹繼微
絕興脩廢官疇咨稽古崇
配乾以允神明之所福祐
宇内之所歡欣也豈徒魯
邦而已哉爾乃感殷人路
寢之義嘉先民泮宮之事
以為高宗僖公蓋嗣世之

王諸侯之國耳猶著詠於
名頌騰聲乎千載況今
聖皇肇造區夏創業垂統
受命之日曾未下輿而褒
崇大聖隆化如此賦無頌
乎乃作頌曰
煌煌大魏受命溥將并體
黃虞含夏苞商降騭下土
上清三光羣祀咸秩靡事
不綱嘉彼玄聖有邈其靈

石索 八

邃古堂藏

遭世霧亂莫顯其榮哀成
既絕寢廟斯傾闕里蕭條
靡歆靡馨我皇悼之尋其
世武乃建宗聖以紹厥後
脩復舊堂豐其甍宇莘莘
學徒爰居爰處王教既備
羣小遄沮魯道以興永作
憲矩洪聲登假神祇來和
休徵雜遝瑞我邦家内光
區域外被荒遐殊方重譯

霧由聲

搏拊揚歌於赫四聖運世
應期仲尼既没文亦在茲
彬彬我后越而五之並于
億載如山之基

魏陳思王曹植詞　梁鵠書

宋嘉祐七年張稚圭按圖謹記

隸釋云魯孔子廟碑宋嘉祐中鄆守張稚圭按舊經題曰魏陳思王曹植詞梁鵠書魏隸可珍者四碑此為之冠甚有石經論語筆法大饗碑蓋不相遠若繁昌兩碑自是一家亦以為鵠書者非也

石墨鐫華云梁鵠字孟皇學書於師宜官曾孟德愛之王逸少學之梁武帝評其書云龍威虎震劍拔弩張是其書亦可重者此碑結法古質遒健未知果為鵠書否碑後題按圖記與卒史碑同殊不可曉

石索　八　邃古齋藏

魏太和景元石門摩崖

石高五尺九寸廣五尺六寸太和題名一行景元題名三行行[illegible]尺在褒城縣石門南崖

潘宗伯韓仲元以泰和六
年五月十日造此石木女
景元四年十二月十日
盪寇將軍浮亭侯
譙國李苞字孝
章將中軍兵石木工
二千人始通此閣道

石索　八　邃古齋藏

釋文

潘宗伯韓仲元以泰和六年五月十日造此石木女
景元四年十二月十日盪寇將軍浮亭侯譙國李苞
字孝章將中軍兵石木工二千人始通此閣道

木女二字合

宋南鄭令晏袤跋云泰和六年魏明帝之六年是歲蜀建興十年諸葛亮伐祁山休士作木牛流馬故魏人得入褒谷治橋格也元帝景元四年即蜀炎興元年十一月魏鍾會鄧艾伐蜀劉禪請降巳蜀皆平十二月魏分益州為梁州褒余閣道於是乎通矣

案泰和有疑作泰始者今觀舊拓和旁禾尚可見非始字也

石索

魏曹子建飛龍篇　在泰安府岱廟環咏亭壁間

晨遊泰山雲霧窈窕
忽逢二童顏色鮮好
乘彼白鹿手翳芝草
我知真人長跪問道
西登玉堂金樓複道
授我仙藥神皇所造
教我服食還精補腦
壽同金石永世難老

晨遊泰山雲霧窈窕忽逢二童顏色鮮好　鮮亦作鮮，此是解字　乘彼白鹿手翳芝草我知真人長跪問道西登玉堂金樓複道授我僊藥神皇所造教我服食還精補腦壽同金石永世難老

此不知何人所書，其存于俗帖者不全，今從岱廟之環咏亭摹之。金文与張平子詩第一石，其於隸法未盡合，猶幸不甚爲人惡。係翻刻，其背課者亦復可觀。其中芝字、仙字，皆有異。跋

邃古金石

石索

黃初石刻

黃初元
年三月
十九日
孫二娘
李三娘
李十三
娘陳九
娘衛十
五娘衛

十娘吳
娘為
四造

黃初元
年三月
廿六日
王五娘
張十二
娘嫣九

石高廣二尺，計二十四行，行三字，大漢尺三寸半，當分作兩段，末段所嵌小字，大七分

金石記缺此一行

金石記止此之造字，上尚存半母字

此段金石記未載

邃古金石

石索

膠州張秀才不羣羣雁以帖見貽其自題云此魏黃初元年船聚人名翁閣學刻于兩漢金石記殘缺數字此完好無缺是翁所見本尚在其後也鵬按此當分兩段前段則孫二娘等七人為母造後段乃王五娘等七人為父造年月同而日不同也翁閣學但見其前段未見其後段即前段尚缺數字其金石記云黃初殘字多言其是僞造故系于後今觀其字畫肥大庸平不類魏書頗似唐隸然末有元至正題刻則相沿亦已久矣

邃古齋藏

石索

旲天璽紀功碣

即天發神讖文因石段為三故俗稱三段碑寔則碣也字大漢尺四寸五寸在江寧府學尊經閣下

内缺文〻其缺一字者皆一小孔缺兩字以上及不計數者皆長孔以別之

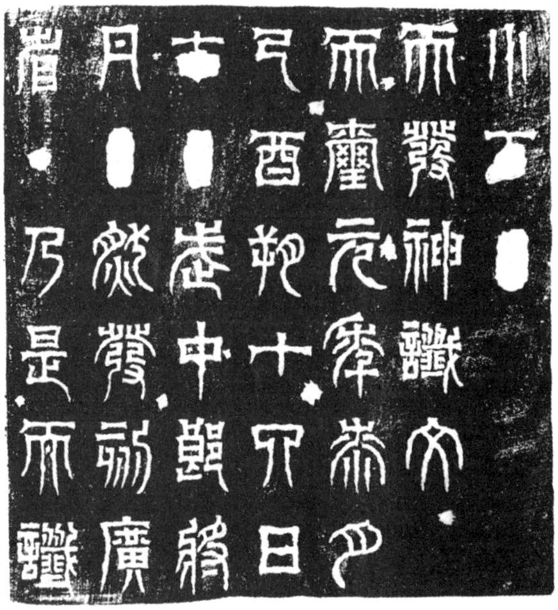

泰即七字

月下或有補陽字者

邃古齋藏

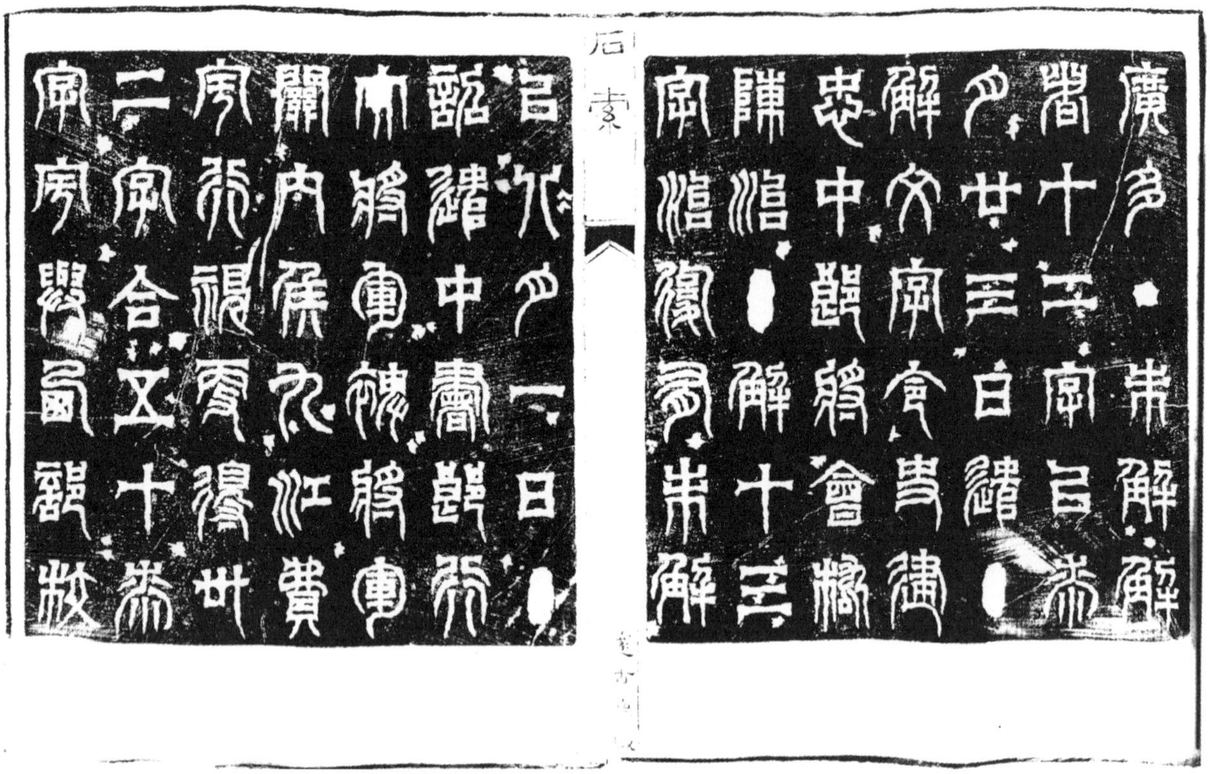

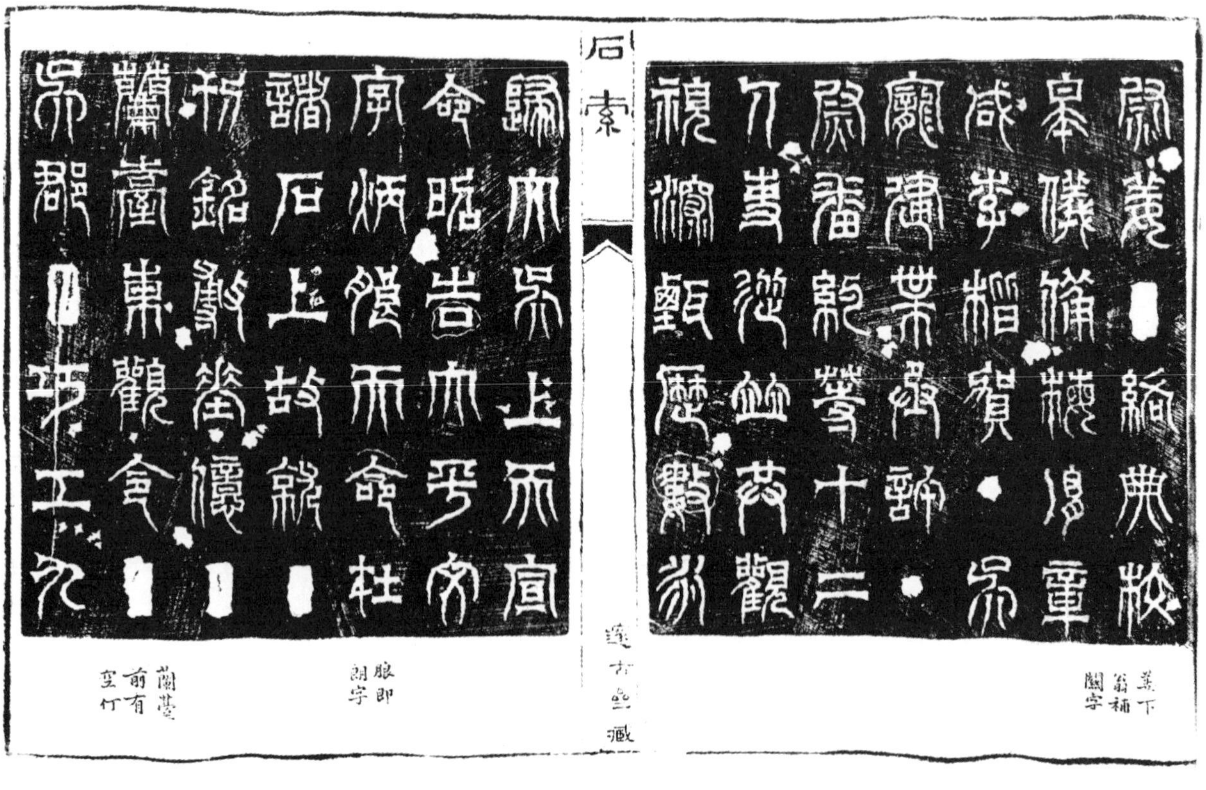

蘭臺前有空竹
脹即朗字
叢下翁補闕字

江朱□□

功東海夏侯

題記　此宋人題刻在原石上截大二寸許外有宋嘉定元年石攘題字

予因遊府南天禧寺寺門之外
有石三段半埋於土竊疑以為
天璽元年巖山紀吳功德段石
罔之碣曰觀之果耳人多傳皇
象書稽之實八百十有五季字
雖損缺而尤有完者寺僧丞藏
護持歲月之久風雨所暴必至
湮滅曰葺置漕臺後圃籌思亭
時辛未元祐六年三月二十六
日轉運副使左朝請郎胡宗師題

釋文　石形如鐘折為三段共二十一行又空一行大吳一行六八字站並一石上七空餘每行十六字共存二百廿七字中下段缺泐甚多不能呈真蹟

上天帝言天
下步于日月
帝曰大吳一
才仁中平予
天發神讖文
天璽元年丞
武中郎將丹
朕發州廣省
脩十二字以
萬方甲午丙日
人元示于山川
月己酉朔十四日
丞月廿三日遣
乃是天讖廣多
未解
解子

令史建忠中
郎將會稽陳治
解
三字治復有
未解以八月一日
詣遣中書郎行
大將軍裨將軍關內
侯九江
費宇行視更
得卅二字合五十丞
字宇典
西部校尉姜
絡典校皐儀脩
梅脩
章咸李楷賀
吳寵建業丞許
尉番約
等十二人吏
從蘇共觀視深甄應
數永歸
大吳上天宣命昭
告太平文字炳朖天
命在諸
石上故就
刊銘敷垂億
吳郡
工東
蘭臺東觀令
巧工九江朱
功東海夏侯

工東二半字缺江陳二字

東觀餘論云皇象書人間殊少惟建業有吳時天發神讖碑若篆若隸字勢雄偉相傳乃象書也張懷瓘目以沉着痛快真得其筆勢云

廣光集慶續志云篆書獨步漢末况體兼篆籀宜居周鼓秦刻之次魏鍾繇諸書無論也其石四方面背凋書各八行其大書滿三方而缺其一可識者八十餘字末後別書蘭臺東觀令云云蓋列與事之臣于正文之後華覈為東觀令是必華覈也

明一統志吳後主立碣紀吳功德吳録云其文東觀令華覈作其字皇象書也

張鉉金陵新志今江寧縣有段石岡蓋舊立碑處據丹陽記晉宋時已折為三段內一石上有胡宗師刻字葺置轉運司籌思亭今府治此石在紬書閣又徙錦繡堂後改臺治此石欹仆于地其一段缺壞蓋為人鑿以它用而不果者第二段有襄陽米芾四字至治年臺掾楊益與訓導秦東感光寺移置廟學門內之左

楊士奇東里集云考吳志天冊元年吳郡言掘地得銀上有年月字遂改明年為天璽元年是年鄱陽言歷陽上石文理成二十字云楚九州渚吳九州都揚州士作天子四世治太平始又吳興陽羨山有石寶之瑞又改明年為天紀紀四年王濬遂入吳矣

兩漢金石記云石凡三段第一段廿一行中空一行共存全字一百有七半字一

第二段十七行中空二行共存全字八十五半字九第三段十行中空一行共存全字二十半字二總計三段存全字二百十有二半字亦有二乾隆四十四年秋方綱親到江寧府學尊經閣下手量是石中段為第一石高三尺五寸闊八尺九寸其項宛然鐘形截去上角者東為第二石高三尺三寸三分闊八尺六寸此石末二東二字乃是半字自此石下削去第三石高二尺六寸二分其圖上濶下東亦以削去之故側出方稜耳上闊六尺八寸三分下闊六尺三寸七分吳山夫云此碑非一石所折今驗其三石之頂為人磨平刻一篙字大于寧而不能泯其鐘鑿之痕是一石折為三無可疑者

鵬按是刻體備篆籀徵帶隸勢雄勁𡷫常真偉制也其每字之横畫首𥳑如釘頭其起筆有尖下垂在禮器碑題名已有之此更加甚耳文詞殘缺殊甚臧光以為可識者八十餘字王槩以為一百九十六字又增補卅一字自謂貫通可讀但其所補亦有未確處故覃谿先生未能盡信定為二百十二字今將舊拓細繹合參汪瑤甫縮本取其可從者又補其殘畫于八行下段補未字十六行下段補數字十七行昭下補告字天下補命字共得二百二十六字如右其六行日字下金石志以為中字舉編以為壬字姑缺之可也

大風歌碑

碑高一丈一尺廣四尺四寸四行行八字字長一尺闊六寸在沛縣今在彭城

漢高祖皇帝歌

大風起兮雲飛揚威加海内兮歸故鄉安得猛士兮守四方

金石存云徐州志歌風碑在沛縣歌風臺碑有二一竪于東不知年代西則元大德間摹刻者舊碑中斷東以錢汪蛟門歌風臺記云元大德摹刻者邑令羅士學也按此碑不知刻自何

時相傳為曹喜書亦無所據碑自大德中已經重刻其舊碑即非漢刻亦必唐宋人所為何近在彭城而歐趙皆不收錄也鵬按此碑拓本字長徑尺魄力甚大雖剝蝕靡爛而古勁之氣逼人此泉河別駕嚴公年橋得于彭城雲龍山者疑是原刻祖予所得拓本字大如椀者實壞其相傳為曹喜書雖無可據亦有所自蓋曹喜始作懸針書而莽時貨布又每用懸針庾子山所謂垂露懸針書恩不盡也此以懸針法寫古文體六朝唐宋無其人惟金人黨懷英善此體而業力不逮故從金石萃編附于漢碑之末

石索　八

道光元年四月朔日鏤板于嶰陽署齋於時日月合璧五星聯珠記之

石索五

紫琅馮雲鵬晏海氏
雲鵷集軒氏同輯

碑碣五

晉任城太守孫夫人碑

碑在泰安府新泰縣新甫山中

碑額隸書十字

晉任城太守夫人孫氏之碑

夫人濟南孫氏之中女也實
日文姬其先與魏同姓支別
降族遂以為氏父列卿光祿
大夫建德亭侯以儒雅稱世
濟其休夫人少有淑質純靜
不●寬仁足以容衆明敏足
以辯物九歲喪母少為父所
見慈撫終喪哀毀至不易位
雖有隱括傳母之訓又以加
焉又時未五繼室長沙人桓
伯序有寡妻伏氏魏文帝以

中即仲先魏支降四字今補凡補識者○以別之降字各本誤作陽

又黃小松釋作网

桓階字伯緒之序曰用

石索　八

石索

用妻之伏氏年少有國色父
非所好而顧違尊命眞之能
定夫人謂父曰何不以嘗同
寘鋅之父意乃竊文帝詔款
之曰生敬其人死鋅其室追
遠敬修違而得道者也父悅
入謂之曰昔藏武仲先犯齊
壯不令與已邑今我不犯尊
而蒙優詔同歸殊塗介其時
代伯序為侍中又為侍郎也
為同寘故夫人發之父為勃

[illegible]為武仲田武仲以[illegible]為喻曰此書

海大守十餘年政化大行孫
寘悅服●●統意時夫人見
●在家止大令留而謂之●
乃感而退雖天之道然事君
不懟●能以●間●●●為
吏部尚書多須先成先帝舊
臣舉坐●托必不定君既而
果舉君為侍中夫人恕而容
過窮理盡情為父所異皆也
類也夫人在羊氏淡嚴有器
度承上接下衆皆悅之任城

孫寘各本誤作孤寘又寘字下脫悅服二字筆尖今並補之

遂古堂藏

石索

非夫人●●生夫人由此相
阯孝謹加之讓勤戰戰臨深
唯恐不逮是以嘐姑嘉其淵
婉娣姒宗其德音以夫人為
婦無餘載言無口過行無怨
慈故也●●上感慈闈●●
●●下惟詩人刑于之言瞻
前顧後率由弗違以御于家
邦終始以孝間●●夫人之
力●●●●●●二子外子
安朔弘指賢●●不牽早亡

上字各本誤作且此既似述任城太守事

期各本作明今玩左旁有屰是

子孫皆仁厚振振有麟止●
化皆是義形●●●●●●
●●●泰始八年十月庚寅
●十二月甲申●嗣子迅哀
懷永絕恩深罔極追惟●●
●●●●●●●力齊肅之
訓●介歎曰古者鐘鼎紀銘
所以章君父之令德也又有
號謚褒●●●●●●●●
我先妣立言立德同之不朽
可沒而無稱哉於是乃追而

止即趾

泰始二字尚存形影補之寅下似疾字申下似卒字未敢定

齊各本作不思誤

遂古堂藏

紀誦為之誄曰
與于文母于栽夫人潛神內
識叉不弥綸和樂色養●●
●●●●●●●●是勤昧
旦●●令問日新衰難弘多
仍羅●●翼翼小心惟憂用
老●●●●●●●●●●
●惟永世●●物物遺孤辟
踊靡及日古●●●●目●
何以告哀●●●●

碑連額高九尺二寸廣三尺九寸二十行行三十七字連缺文共七百七字萃編作七百一字脫二字格及末句闕文今正之

邃古齋藏

此碑晚出前賢未經著錄乾隆癸丑江君秬香鳳彝在新泰縣張孫莊始搜得之字畫方勁厚重與魏黃初孔廟碑絕肖□□始八年蓋晉碑之最先者其時猶未一統也碑稱夫人幼□□□是賢而有才者故至今不朽夫人之父未嘗著名授堂金石□□諸魏志以為孫邕者近之夫人之夫任城太守羊君亦未著名□未知實事今按碑中有□感慈闈下惟詩人刑于之言鄉于家邦□夫人之力云云似述任城孝行由夫人□助之意惟字多磨滅不成□□耳碑多剝落經江氏桂氏細意摹擬已不遺餘力今又增出□餘字前半文義稍為通貫又更正數字亦祇求諸髣髴□□□謂其必然也後半剝落甚有徑尺無字處則無計可施矣

晉汲縣齊太公表

石高五尺四寸廣三尺八寸廿行行十二字額有太公呂望表五字

齊大公呂望者此縣人號為師
尚父夫其●●大晉受命●●
●●四海一統大康二年縣之
西偏有盜發冢而得竹策之書
書藏之年當秦坑儒之前八十
六歲其周志曰文王夢天帝服
玄禳衣立於令狐之津帝曰昌
賜汝望文王再拜稽首大公於
後亦再拜稽首文王夢之之夜
大公夢之亦然其後文王見大
公而詡之曰而名為望乎荅曰
臣為望文王曰吾如有所於見
汝太公言其年月與其日且盡
道其言臣此以●●也文王曰
有之有之遂與之歸以為卿士
其紀年曰康王六年齊大公望
薨●孝年數蓋壽百一十餘歲
先秦滅學而藏於丘墓天下平
泰而發其潛書●●所出正在
斯邑豈皇天所以章明先哲著
其名號光于百代垂示無窮者
乎於是大公之裔孫范陽盧无
忌自大子洗馬來為汲令般谿

石缺二字今補

依紀年補薨字

寸信誤釋矣

般即磻

邃古齋藏

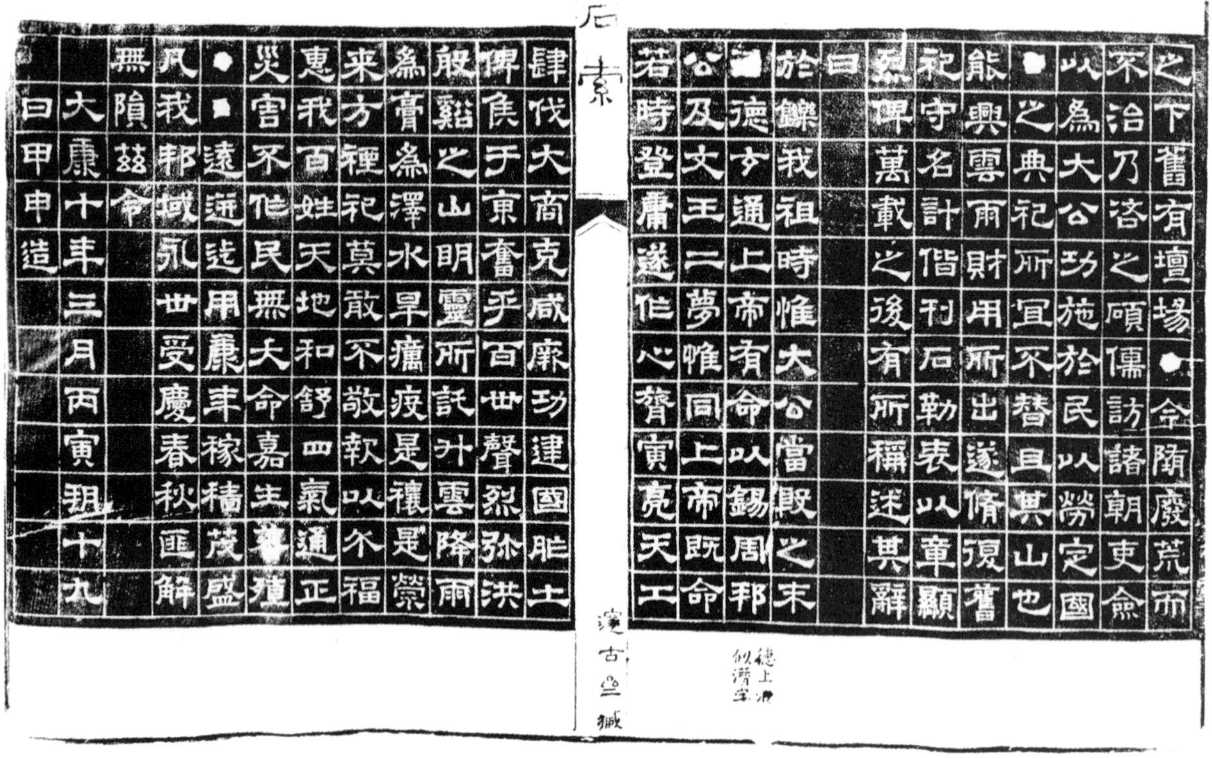
石索

之下舊有壇場□令隨廢荒而
不治乃洛之碩儒訪諸朝吏僉
以爲大公功施於民以勞定國
能興雲雨財用所出遂脩復舊
祀守名計偕刊石勒表以章顯
烈俾萬載之後有所稱述其辭
曰
於鑠我祖時惟大公當殷之末
□德方通上帝有命以錫周邦
公及文王二夢惟同上帝既命
若時登庸遂作心膂寅亮天工
肆伐大商克咸厥功建國胙土
俾侯于東奮乎百世聲烈弥洪
般谿之山明靈所託升雲降雨
爲膏爲澤水旱癘疫是禳是禜
來方禋祀莫敢不敬歆以介福
惠我百姓天地和舒四氣通正
災害不作民無夭命嘉生蕃殖
□遠近造用康年稼穡茂盛
凡我邦域亂世受慶春秋匪解
無隕茲命
大康十年三月丙寅朔十九
日甲申造

遼古齋藏

德上泐似潸字

石索

金石文字記云水經注故汲郡治城西北有石夾水飛湍濬急人謂之磻溪言太公常釣于此也今其文曰般溪之山般即磻之異文水經注又言縣人故會稽太守杜宣白令崔瑗曰太公生於汲舊居猶存君与高國同宗今臨此國宜正其位以明尊祖之義遂立壇祀又言城北三十里有太公泉泉上有太公廟晉太康中范陽盧無忌爲汲令立碑碑于其上此碑正無忌所立其無字作无而自稱爲太公之裔孫然則崔盧二姓皆出自太公矣

鶴案此碑已斷裂爲三故有缺文在其斷處不可臆度其餘亦多雨淋剥落之痕与筆畫混中州金石志但載其名未録其碑因字泐難辨也唯金石萃編刻其全文巾細心摹擬未能臻此今鄠縣胡寄雲少尉拓寄善本兩相校勘又增補十五字▫正一字餘尚缺十三字全矣刑鄙不能再補矣碑中引用竹書紀年康王六年一節与世傳紀年相合故補入薨字其引用周志中文王夢天帝一節不見於逸周書人每疑之不知此不似周書之文乃瑣語中文也汲冢所得有瑣語十一篇言諸國卜夢妖怪相書則此夢必在其內矣考晉束晳傳云太康二年汲郡人不準盜發魏襄王墓

或言安釐王冢得竹書數十車其紀年十三篇記夏以來至周幽王接述魏事至安釐王之二十年又易經二篇易繇陰陽卦二篇公孫段二篇國語三篇論語師春一篇瑣語十一篇諸國卜夢妖怪相書也又梁邱藏一篇言邱藏金玉事繳書一篇論弋射法生封一篇大歷二篇穆天子傳五篇又雜書十九篇周食田法周書論楚事周穆王美人盛姬事大凡七十五篇漆書皆科斗字七篇以簡書折壞不識名題云云其書雖七十五篇其傳于今者秪書紀年穆天子傳及美人盛姬事其逸周書則前已引用之非得此碑安知瑣語軼事哉其禳字不見於說文而衛宏字說與昭卿字指有之蓋許氏時此書未之出也晉人競尚清譚寫行草古法淪亡是刻在晉初年文詞典雅隸法方整當爲晉碑之冠

遼古齋藏

晉劉府君墓版

石高今尺一尺八寸廣七寸九五行行十字在偃師武虛谷明府家

武虛谷偃師金石遺文記云石爲土人掘井出之已廿餘年棄置民家乾隆癸卯余自杏園假之而歸度不過二尺餘上銳下齊作圭形無年月可考字皆完好無缺劉君官不爲卑肰于功狀竟無所鋪叙古人之不溢美尤爲可歎如此

潛研堂金石文跋尾云石僅二尺餘予題爲墓版文未知是否也軍司之名不見于晉志而紀傳屢見之文帝紀帝奉天子西征是時魏諸王侯悉在鄴命從事中郎山濤行軍司事鎮于鄴義陽王望傳置太尉軍司一人竊意軍司即軍師晉時避諱改師爲司也

石索

邃古齋藏

晉陸機泰山吟石刻

石高漢尺二尺四寸半廣一尺七寸餘在泰安縣岱廟之環咏亭絳帖作平原內史陸機書

泰山吟

泰山一何高迢迢造天庭峻極周已遠層雲鬱冥冥梁甫亦有館蒿里亦有亭幽岑延萬鬼神房集百靈長吟梁甫側慷慨激楚聲

鴻按此詩刻在絳州帖者只六句云泰山高造天峻極鬱冥冥幽岑延萬鬼神房集百靈長吟梁甫側慷慨激楚聲此刻在環咏亭者十句殆是後人從本詩補刻篆法不逮絳州帖而句較全故從其多者縮之雖不知果出於陸但絳帖既云晉平原內史陸機書自必有所本也

石索

邃古齋藏

梁蕭侍中神道石柱題額

在江寧府朝陽門外三十里花林田間南向

額如排匾四周有連枝花紋高二尺闊四尺中刻梁故侍中中撫將軍開府儀同三司吴平忠侯蕭公之神道字徑三寸反書石柱高二丈周圍八尺

石索

邃古齋藏

梁武帝普通四年蕭景爲安西將軍郢州刺史卒謚曰忠史作中撫軍蓋脱一將字耳 其字反刻欲正面之對觀此式柱用已變石闕之制矣

北魏雲峯山鄭道昭題字

在掖縣雲峯山 以下石刻向未未經人道桂未谷攝掖縣教諭時親登山巔摩拓其文

此七字在東峯之西面字徑五寸許 以下俱縮本

金石志從黄小松寄贈本故未載尺寸此從桂未谷攜人所拓本照即原拓

石索

邃古齋藏

雲峯山題字二

此十三字在東峯面北字六小不等熒陽二字六五寸許山止二字三寸許

石索

雲峯題字三

此九字亦在東峯面北字大六七寸

雲峯題字四

此八字在中峯面西字大三四寸不等金石志脫去上字

此外尚有雲峯山之右闕也七字在西峯面東題伏奴從駕五字在雲峯之陰拓本遺失

邃古齋藏

石索

雲峯題字五　新出

字大二三寸不等　鵷按此條及安期生一條皆各志所不載嗜古之家從未道及道光三年冬余至東萊翟文泉大令為余言之旋得拓本乃悟此即所謂九仙之名縣志以九峰為九仙者誤也因補刻之

雲峯題字六　新出

說見上條頃又聞姜姓云此外尚有義門子駕日一條當登山求之以必得為快耳

邃古齋藏

雲峯題字七

字大四五寸不等末四字大三寸許金石志云雲峯右闕七字在西峰面東鶴按掖縣志少右闕一條金石志有之尚少栖息於此鄭公手書八字皆未見全拓本今補之

雲峯題字八

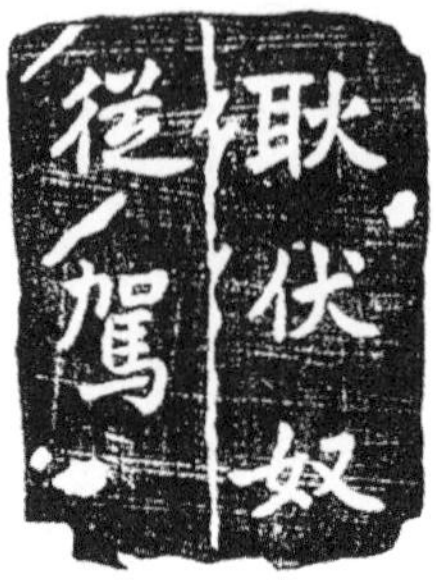

字大二寸許金石志云伏奴五字在雲峯之陰皆桂未谷攝掖縣亦敬論時親登山頂踪得之伏奴當是鄭公從遊之人

雲峯題字九

題字三行在雲峯之陰石工于仙人疑當時為鄭公刻石者工字又似匠字不類鄭書姑坿于末

雲峯山鄭道昭飛仙詩石刻　新出

此詩未經人道其石高廣各尺五寸字徑二寸半鶴按此刻在雲峰山與前詩筆意絶相類蓋亦鄭僖伯所書也鄭述祖重登雲峰云兩處石詩乃指論經書觀海島二詩言之則此詩即述祖猶未之見矣

又掖縣志載高望山在城南十五里奇峰秀特可眺遠其東則筆架山一名文峯又曰雲峰北魏鄭道昭修真于此又東為寒同山光水出焉俗名神山有洞七曰虛皇三清五祖六真長生披雲靈官鎸諸仙石像四十有九山陰有姑洞亦石像為元時皇姑學道之所樹錄于此以助登山之興

北魏大基山鄭道昭詩刻

石高八尺廣六尺在掖縣城東二十里大基山

詩五言於萊城東十里
与諸門徒登青陽嶺太
基山上四面及中嶺掃
石置仙壇一首魏祕書
監司州大中正平東将
軍光州刺史滎陽鄭道
昭作

嶺即頂

尋日愛仁素陵月開靖
場東峯青烟寺西嶺白
雲堂朱陽臺望遠玄靈
崖負光四壇周四嶺中
明起前峒神居杳漠眇
接景拂霓裳希微三四
子披霞度仙房瀟ミ步
林石寮ミ歌道章空谷

室即臺　負字志誤作色　峒即崗　瀟ミ二句志不全

石索

邃古齋藏

和鳴磬風岫吐浮香泠
ミ非虛白欝ミ遠松梁
自余莅東國杖節牧齊
壇乗務惜暫暇遊此無
事方依巖論孝老斟泉
語經莊退文聽淺義門
徒森山行踟躕念歲述
幽衿燭扶桑栖槃時自

泠句志作冷口口虛白誤　壇即疆　踟志作躕誤

我豈云蹈行藏

金石志云右刻首標題及銜名四行詩十五韻九行字徑三寸縣志不載青陽嶺意即大基山支峰也

鶴按此五言詩刻並非摩崖曾親見之乃刻石立於山頂至今屹然不一動亦異事也詩無年月以中明壇歲在壬辰攷之蓋武帝之延昌元年即永平四年之後一年也金石志缺九字誤七字並補正之

又按北魏分青州置光州領東萊長廣東牟三郡而光州與東萊俱治掖ミ有光水出寒同山蓋因光水改名光州也

石索

邃古齋藏

大基山鄭道昭銘告題字

此太基山內中明嗰及四面
嶶嶺上嵩岳先生滎陽
鄭道昭掃石置五處仙壇
其松林草木有能脩奉者
世貴吉昌慎勿侵犯銘告　令知也

崖高二尺八寸廣一尺七寸正書
五十三字凡五行字徑二寸

石索

邃古齋藏

金石志云魏書道昭傳載其官國子祭酒時三上表請廣人才置博士生員意在崇儒無道及好道棲眞之語今此刻係乘暇來遊為憩息栖止之所慮道俗有毀棄者故為此告誡之詞耳其中大作太嗰作嗰頂作嶺置作置貴作貴亻从亻皆隨意增損不足為訓鷄按北朝書法大率類然其變體亦相侶其亻旁作亻与亻旁作亻古人不拘初唐時猶用之非不足訓也此五十三字有雄勁之氣實開顏魯公之先勉作縮本殊難以盡其妙也

大基山中明壇鄭道昭題字

中岳先生熒
陽鄭道昭中
明之壇也

此十四字在中明峒即五仙壇之一
金石志以為今皆不傳蓋未見略耳

石索

大基山石人題字

邃古齋藏

石索

大基山中明崗鄭道昭題字一　以下三種新出金石志未載

石高一尺五寸字大二寸半此三行在中明崗即五仙壇之一金石志以為五仙壇皆不傳者未見此耳餘四壇必有文尚未尋得

邃古齋藏

中明崗題字二

石高一尺五寸字大三寸青烟里命名亦奇

石索

中明崗題字三

石高尺八寸字大五六寸不等中明之壇一條桂拓獨有之下二條即未谷亦未見之

此五字極縱横但云歲在壬辰而無年號翟文泉大令云北魏文成帝興安元年宣武帝延昌元年皆壬辰鄭道昭刺光州在武帝永平中永平越四年改延昌當在是時

邃古齋藏

鄭道昭觀海島詩石刻　崖高四尺廣六尺在雲峯山之西峯

詩五言登雲峯山觀海島鄭
道昭作
山遊悦遥賞觀滄眺白
沙雲路現仙嶋靈童飛
玉車金軒接日綵紫蓋
通月華騰龍蕩星水飜
鳳暎煙家往來風雲道
出入朱明霞霧帳芳霄
起蓬臺栖漢邪流精麗
旻部低翠曜天芘此矚
寧獨好斯見理如麻秦
皇非徒駕漢武豈空嗟

金石志云右五言詩九韻十二行字徑四寸首標題一行字較小右角上微闕筆畫嚴整有力詩多道家語乃鄭公與道俗紀遊之作耶按所釋沆仙嶋當是現仙嶋即觀海島之島將山字匠作山字旁篆書有作嶋者此蓋用之靈章當是靈童童字末一畫尚明明可見

石索

寶古齋藏

東魏天平僧洪寶造像銘　在河南

夫靈真玄廓妙絶難測非言莫能宣
其旨非像無以表其狀言宣二六之
教像跡四八之彌豈不潤玄冲漢魏
之惟撫者哉是以務聖寺檀主張法
壽能於五盖重羅之下帑斷恩愛塵
勞之繒絅於熙平二年捨宅造寺福
願暫像福不止已頽度法界尋其羅
絡情苞聖境自非藉因積劫莫貴累
世者熟能發茲客闊願行者焉息幸
遷循和行慈仁孝世習精懃志慕幽
竊妙真遐願刊石建像釋迦文佛觀
音文殊仰述亡考平康奄頽復於像
側隐出无量壽佛福洽法界考妣菩
神捨茲質形悉稟淨境同曉薩雲覺
道成佛
大魏天平二年歲次乙卯四月十一
日比丘洪寶銘

碑上截鐫文佛並蓮臺上旁垂纓絡碑字九行每行廿七字中以琮為琮瓔為離熟為孰懃為懃洽稟為涵稟皆一時所尚別體也

石索

寶古齋藏

北齊天保造像碑

此殘石而文尚全黄小松司馬琢其背以為硯

王蘭泉先生云此石從沛寧普照寺發土得之石存而像無考矣後轉徙藏於正定佛寺朱瀑泉煌得之以贈黄小松司馬作硏材小松又贈偃師武大令虛谷今所見者拓本也按法苑珠林普敬部引華嚴經云盧舍那佛報身如來所王之土復過是數盡十方界非凡所謀故梵網經偈我今盧舍那方坐蓮華臺是碑所稱盧舍那蓋佛名也翻譯名義集盧舍那賢首梵網疏云梵本盧舍那此云光明徧照照有二義一内以智光照眞法界此約自受用義二外以身光照應大機此約他受用義　鵬按兼此二義與普照之名更有合也

石索

邃古齋藏

北齊天保張景暉造像碑

大齊天保五年歲次甲戌七月乙酉朔十五日己亥平昌縣人張景暉為亡父母敬造弥勒佛一軀後為師僧七世父母皇帝陛下居家眷屬普為法界群生果登正覺

石索

邃古齋藏

按皇建碑亦有孫瞰鬼可見一時命名相類也

石索

邃古齋藏

以石座上有佛像未見拓本未刻

石索

邃古齋藏

山左金石志云天保五年張景暉造像石座高七寸廣一尺四寸五分在益都縣北三十五里平昌寺今移置法慶寺邑人李南澗跋赤亭皆有攷證石凡三面一刻記文十六行一題名六人一畫象并題名六人其中戍作戊朔作玥界作堺妻作婁皆異體鵨按暈即暉字乃移日于首与月暈之暈不同息訓子戰國策賤息舒祺同義憘即喜北魏正光六年曹望憘造象記亦作憘蓋漢人喜作憙从心六朝時又移心於其旁也

北齊造銅雀臺石甕門銘

石索

大齊天保八年九
年造銅雀臺石瓮
之門百代之後見
此銘者當湲知之
將陳驥　軍副程顯
承妻晞　幢主孫悅
軍主董俟　幢主楊景

遂古堂藏

北齊天保七年脩廣三臺宮殿至九年竣故此刻云八年九年也後三行人名猶存古刻先上列後下列之式亦攷證者所宜知也北平翁方綱識

此銘刻未收于金石諸家其石之所在及尺寸未可得而詳趙石舫明府疑禧以所得拓本及翁跋見示因摹刻之銘楷兼帶隸法自是北朝體格題名中承字疑即丞字幢主疑立石幢之主猶造橋之為橋主造佛像之為佛主為像主也

北齊雲峰山鄭述祖雲居館石刻

石索

司徒左長史尚
書侍中太子少
師太常卿車騎
大將軍儀同三
司左光祿大夫
北豫州大中正
瀛趙滄冀懷兗
光行正十州刺
史鄭述祖雲居
館之山　門也
天統元年九月
五日刊

高一尺三寸餘廣二尺餘石刻十三行行六字字徑一寸四分八分書六十九字在掖縣雲峯

鴻按山字下避裂紋故空一格非山門之間有闕文也

山左金石志云考北史述祖傳云前後行瀛殷冀滄趙定六州事正除懷兗光三州刺史又云重行殷懷趙三州刺史此碑題瀛趙滄冀懷兗光行正十州刺史可補史傳之闕也

鴻按本傳載述祖父道昭齊天保初為兗州刺史時於城南小山起齋亭刻石為記述祖時年九歲及為刺史往尋舊跡得一破石有銘云中岳先生鄭道昭之白雲堂述祖對之嗚咽悲動羣寮今山亭破石皆無可考附載于此又可補兗志之闕也

遂古堂藏

金石志云石高一尺廣八寸右題云石人名鬄歸甲申年造乙酉年成正書十三字分三行字徑寸五分筆法堅勁疑亦道昭所書姑坿于此道昭刻文公碑及雲峯諸詩俱在永平四年辛卯此更在前當為正始二年也

鶴按此石人像是仙是佛殆未可知抑或係道昭自圖狀貌而付諸石俱無所考但以鬄歸命名殊為奇絕其十三字係北朝隸書志石為正書非也

石索　邃古齋藏

北齊鄭述祖大基山石人題字

石高一尺廣八寸字徑二寸十三字隸書与天統石刻及重遊雲峯隸法無異蓋亦鄭述祖所書金石志以為正書疑亦道昭所書者非也瞿文泉大令云石人題字之甲申年為北齊武成帝河清三年明年乙酉則後主之天統元年也正述祖判光州之時志以為正始二年亦非

石索　邃古齋藏

北齊隴東王感孝頌

碑橫廣漢尺九尺四寸連額高六尺八寸共二十五行行十七字在泰安府肥城縣西北六十里孝堂山

隴東王感孝頌

頌書隴東王感孝頌六篆字陽文

石索

惟夫德行之本仁義之基
感洞幽明擾馴禽獸清音
帶冰而挺潔綮采映雪而
流輝根矩定於一孤丘吾
絕於三失開府儀同三司
尚書右僕射尚書左僕射
尚書令攝選新除特進使
持節齊州刺史隴東王胡
長仁雖黃雅俗雄飛戚里
入膺北斗執柄端衡出牧

隴東王姓胡武氏以為名者非雖字金石志誤作唯

石索

東秦總條連率未脫崔林
之屐聊帽賈琮之擔視聽
經過訪詢耆舊郭巨之墓
馬鬣交阡孝子之堂烏翅
銜自君王愛奇好古歷覽
徘徊如息在偏賓僚侍側
韓疑秦鏡炳煥李形柱識
荊珉宋寶還字而以斂眉
長歎念昔追遠遂若芊公
登峴還同處墨飲泉慨賢

勝之多弊嗟至德而無紀
蘭溪儻不見松穀城何以
知石弓時開府中兵參軍
梁恭之盛工篆隸騎兵參
軍申嗣邕微學擒藻並應
命百僚營頌筆以大齊武
平元年正月廿二日權興
雕瑩表建庭宇棟刻蒼文
檐栽翠柏底令千葉之下
彌振金聲九原之中恒浮

𠂤即阜王字半綱缺

立樹其詞曰
天經地義啟聖通神重華
曾閔萊子樂春時多美迹
在有芳塵粛漢逸士河內
貞人分財雙季獨養畫親
客舍凶須兒埋福臻穹隆
感異膏薄貽珍懸車遽落
夜臺弗晨千齡俄古萬祀
猶新朱驂紫蓋撫俗調民
高山達節景慕縈嚬式湡
不朽永播衣巾
居士慧朗侍從至能艸隸在人稱朗公書
者是也　開府行參軍王思尚侍從能文有節操

末行字小蓋附記者

碑後有唐開元廿三年濟州别駕楊㑥題記字多殘缺不錄

集古錄云隴東王胡長仁武平中為齊州刺史道經平陰有古冢詢訪耆耋以為郭巨墓遂命僚佐刻此頌爲考劉向孝子圖郭巨河内温人而水經注云平陰東北巫山有石室世謂之孝子堂不言何人之冢不知長仁何所據也

潛研堂跋尾云胡長仁武成皇后之兄本傳皆不言爲開府儀同三司者缺文也隋五行志武平四年隴東王胡長仁謀遣刺客殺和士開事露反爲士開所譖死通鑑以長仁刺齊州及賜死俱係之天統五年誤也

萃編云郭巨事見干寶搜神記但云郭巨于野鑿地欲埋兒得石蓋下有黃金一釜中有丹書曰孝子郭巨黄金一釜以用賜汝於郭巨事蹟未詳也此碑則云前漢逸士河内貞人分財雙季獨養黃親客舍凶須云云當時摸碑必有故籍流傳年久佚之得此可畧見郭孝子之軼事肥城

石索

邃古齋藏

石索

邃古齋藏

縣志則云漢郭巨孝德鄉人家貧養母妻生一子三歲母常減食之巨謂妻曰貧不能供親共汝埋子子可再有母不可再得妻不違遂掘坑二尺餘忽見黃金一釜上云天賜孝子郭巨官不得奪民不得取與搜神記不同不知志何所本也

鵬按孝堂山石室漢畫象已縮刻前卷此齊碑亦在石室內集古錄因劉向言巨河內人又水經注但云平陰石室有孝子堂不指言何人之冢遂以此碑稱巨墓爲疑然北齊去漢未遠頌中引用實事豈無所本而云然者在河內人未嘗不可遷于平陰而郭巨自得黃金一釜後非其初家貧可比于隆非力不能營此墓者且當時又別無孝子可以當之即以此為巨墓亦無不可不然則付之無何有之鄉轉令閱者索然矣其隸法光潤而有風致尚不似唐人之肥爛也

北齊王子椿徂來山摩崖　在泰安縣徂來山映佛巖

石索　邃古齋藏

此摩崖石高漢尺七尺有奇廣四尺四寸大字濶一尺五寸小字一尺或三四寸不等其第一段刻文殊師利白佛言云云不錄此在第二段刻般若波羅蜜五字甚大其下有經王二字無解金石志及萃編俱以為經主今拓本明是王字或上一點磨滅耳次行冠軍將軍梁父縣令王子椿或即經主姓名子椿二字雙行蓋限于石也梁父縣漢置屬泰山郡北齊時改泰山郡為東平郡縣仍屬焉王子椿時為縣令加冠軍將軍之爵也萃編云石在徂來山大悲庵東南二里映佛巖下白石如屏石面寬平大字深刻泐者無幾黄司馬易親至其處言之甚詳

徂來山摩崖一

石索　邃古齋藏

此段與前石相承字徑尺或數寸不等第一行普達二字下有泐痕道里記以為普憘萃編以為普齒皆非也第二行武平元年四字三行僧齊大衆造五字四行維那慧遊四字金石志以維那為淮那萃編以普達一行列于僧齊之後亦誤此外尚有彌勒佛阿彌陀佛　幅六行不錄

北齊臨淮王像碑

碑連額高漢尺一丈六尺四寸廣六尺八寸二十九行行五十八字在青州府城西北瀛水橋之文昌祠

司空公青州刺史臨淮王像碑

額題司空公青州刺史臨淮王像碑十二字陽文篆

石索

邃古齋藏

大齊武平四季歲次癸巳六月
乙未朔廿七日辛酉建
竊以万川朝海大海終自爲陵
五雲出山名山久而爲礪謂天
謂地悉有時而崩毀日乎月乎
並無救於盈缺縱陰陽莫測患
夏韓從奮六轡而遠馳背九翼
而高視安知衆苦鱗萃五衰波
屬儵與豪風競馳俄將葉露俱
盡假令餌瓊龜飛王觴燭日月
駐風雨車騎如雷乘空幸延年
之第蓬旗遏景浮虛造子登之

華古年字六下渤灆以萃編補字也

石索

邃古齋藏

岳陸生仙賦僅絜一隅張子真
篇唯明片分皆亦[illegible]於藏輿之
術環於起滅之遠[illegible]蘂華之驟
殯逼藤根之易絶茲焉以外衆
生何限墨竭塵盡所未能量並
驚踰接劒險過累卵電謝忿遽
泡甎僮忽然則莫知其去罕見
其來災風掃而更安毒火焚而
弗燭者而不具八解脫備六神
通齎万善而扶蘇超百非而迴
越示何堪至於此也若夫前聖
後聖天之又天八恒之太醫王

劒險以字泐今觀拓本字微存補之

扶蘇卯扶疎

示何從萃編補

十方之大仙主或與定光同字
數極五千或共弗沙等名笄盈
三億雖應現季別王領處乖而
妙力神光規重矩疊並慈雲廣
庇善雨周覃晙智日於重昏燃
慧燈於積暗悲河鼓浪六度之
船併浮熾宅揚煙三乘之轍俱
轉威靈之大末易等級變化之
奇寔難思議層山納於芥子仍
自歎岑豆海入於毛孔無妨浩
森然闕世之狂鳥弭迦葉之毒
龍波旬覩而喪魂梵志望而辟

石索

冏若珠明瓌姿則朗猶王瑩負將相之奇器懷社稷之寄節經文大德紛綸而備九佩武殊功雜踏而兼七拂羽則搏風歷漢抗足則超塵絕影知管樂之為小識元愷之非大鼓盪於天地之間蹤叢於雲霞之表排帝闌而橋背沐皇慈以濯鱗翼壞分珪早夕無委儀台服褒造次以之始暎金蟬鄙丁劉於漢日暫栖鵷沼莫陳張於晉京履毎曳於南宮蹴頓閶於北斗近

舊釋番門今玩門中纔露大字同改作闕

冏明約說文冏窗牖麗廔闓明象形讀若獷

覬誠最尊最勝莫高於法王但非滅示滅還失殄慈父於崑鄣巖徒朗值木終難虛瞻白鵠之林誰逢青雀之樹飜令水言功德永遺波濤山名智慧遂潛峯學其能闡清化於將淪振玄風於以隆千年一有非我而誰使持節都督青州諸軍事驃騎大將軍青州刺史司空公寧都縣開國公高城縣開國公昌國侯臨淮王婁公孚彩中岳摛精大水龍章外動豹氣傍飛妙質則

臨淮王婁定遠係婁昭之次子

邃古齋藏

石索

繞彰而俗變三春來動別鼓春飈九冬不作自懸冬景齊之以禮導之以德寬大居先威嚴次後哀恤孤寡誅鋤豪黠僞促既擯軒軌斯逃特廉作寶目弗視於金王匪財而富身詎染於胎膏遂令神雀集苑灾蝗避域孝子与順孫蘩秀節妻共義士相望凡如此流抑亦衆踝不能備序敢漫略言假細篇之行美稷盛堅之聚交阯子虞稱最於區申梁道化法於寰內持來況我

踝字是說文同今作夥

文昌而鳳跱入鈞陳而虎眄穆陵而北負海而西分屬虛危音中角羽運社與密雲爭暗甘酒共渾流競深其鳩曾樂於茲所尚父經封於此域孔融之見圍也史慈冒難於都昌表譚之被攻焉王脩赴禍於高密僭丹山而峭立迴紫城而舊連敗燕之勢未淪巨漠之容尚在是為名岳實冠諸蕃秉剌於茲義歸親重故能整旗蓋而辭閶闔節茄鐃而下營邱帷始闢而鄉移冕

且鳩疑是爽鳩

邃古齋藏

石索

無不退飛兼□□興嘆籟半公
之防曉喟然垂感切孔父之臨
川悲此有之難拘慨兹生之易
滅常住之因遂權弥陁之願仍
起故海依之闡凡諸福地內不
傾蓋悲展懇誠於是民吏承規
事難捨而能捨表裏蒙化業難
行而遂行何畢草逐風偃水從
壹變僧寶因而再盛佛日由其
更懸南陽寺者乃正東之甲奇
也既左通闠闠亦右濟瀰谷前
望巖磬却隣沘瀰層畳邁於□

塔秘字齊於化宮足使須達羨
其經啓延壽韜其賦頌感致之
極莫與爭先果屈輪輿頻脩禮
謂香宵燃而霧佐花分飛而霰
下遂於此所爰營佛事制无量
壽像一區高三丈九尺并造觀
世音大勢至二大士而俠侍焉
康國道與華胄競高□帝業共
虛空比壯含靈賦命盡植優花
乃具己三心成之百寶白銀之
麗感寫紫金之妙畢圖豪如五
□之旋即之便覩目似四溟之

分上半泐，舊釋誤作芬

音下萃編脫去大字，俠即夾字，士喪禮婦人俠床

邃古亝藏

石索

潔驗之猶在此楞寶扈帶左而
馳耀鉢摩突鬐據右而飛光望
舒之迴處星中須弥之孤映海
外僅堪方此何呂尚兹時長史
解琳實司馬李元驥別駕宇文
紛鸞治中崔文惠及諸僚佐等
並滄●下莚賛成高義狀鱗波
之適得劇風毛之互舉恐炎涼
遠後纏竹難存便勒美於貞石
庶永永於乾巛迺作銘曰
駛河難測暗海无邊津梁莫起
燈燭誰燃念念不住苦苦相洽

生猶電轉滅甚雲旋昔往今來
靈仙非一騎龍駕鳳排霄蘚日
朝登王樓夜遊瓊室終歸聚散
安知假實常住無我寄在天尊
業苞真俗事斷名言惚峯欝攜
慧浦踈源神儀或掩像法弥敦
亦有人英翹然孤上似竹千仞
如松百丈帶銘之蕃仁深譽仰
一方饒益千城注想覺花常吐
毖葉恒春耆將調御寧求轉輪
爰脩佛寶於此東泰項光仍□
眉相還陳雙樹結影三蓮接□

突即肉，越絕書飛土逐突

銘曰碑似銘曰，想因下文帶銘而誤

蘚即歃

偬疑是軀

邃古亝藏

五道光含十方輝眺果名奇特
是稱衆妙樂地在茲焉須遠名
福之所暨寧專爲我俾斯含識
俱圓妙果行值嵐風方逢刼火
空餘勝績無騫無墮

鐵術編云元于欽齊乘載龍興寺在益都府城西北隅脩身坊宋碑
云寺即田文宅本唐封演見聞記云青州南城佛寺舊孟嘗君宅有二
大鑊造食供客者高志寔非孟嘗乃南史劉善明宅耳碑陰金
人刻曰宋元嘉二年但呼佛堂北齊武平四年賜額南陽寺隋開
皇元年改曰長樂又曰道藏唐天授二年改大雲開元十八年始號
龍興南史劉善明仕宋為北海太守元嘉中青州饑善明有積粟作
粥開倉賑救鄉里豈善明家佛故宋呼佛堂後因捨為寺耶且青
州城晉羊穆之始築戰國未有城田文何故宅于曠野乎寺有北齊
八分碑制刻精妙碑陰大刻四字曰龍興之寺蓋唐人續刻
　鵰按是碑文詞宏麗洋洋灑灑至一千六百餘言可云美備其隸
法亦圓整佀魏晉蓋齊碑之杰出者但有雜用楷字處什之二
三未能順目今俱用隸體縮之又参補數字所缺者秖一字耳拓
本係泰安縣廣文曲阜宋子犖耀所貽

石索　邃古亝藏

北齊尖山韋子深摩崖

大沙門僧安與漢大丞相京兆韋賢
十九世孫州主簿兼治中鎮軍將軍
膠州諸長史行睢州刺史興祖弟子
深妻徐息欽之侄兒等同刊經佛
於昌邑之西繹員參山里于時天
降車跡四轍地出踊泉二所故記
大齊武平六年歲乙未六月

右武平韋子深摩崖石高一丈八尺凡三行字大五六寸不等因
不能縮刻故截作七行共九十二字金石志缺州字諸字行字真字今
俱補出惟六月下佀有某日不能俩佛耳　考韋賢字長孺魯國鄒
人其先韋孟為楚元王傅後王戊不道遂去位家于鄒　其在鄒詩
云爰止于鄒鬋茅作堂是也自孟至賢五世賢篤志博學受業于瑕
邱江公故今嶧陽猶有韋園年七十餘位至丞相地節三年致仕少子
玄成復位至丞相故鄒魯諺云遺子黃金滿籯不如一經也其子孫
世居鄒魯而韋興祖及韋子深無考惟北齊列傳載韋子粲京
兆人兄弟十三人此子深或其兄弟行也武平六年為齊後主嗣位
之十一年其明年見執于周主矣碑中云天降車跡四轍地出踊
泉一所考後主本紀武平四年四月癸丑祈皇祠壇壝蕝之内忽
有車軌之轍案驗無人跡不知車所從來疑即紀此事歟

石索　邃古亝藏

周大象崗山摩厓

石在鄒縣城北崗山上記下尚有數字已泐其後半尚有小佛像〻下有釋迦文佛彌勒尊佛阿彌陀佛等字不錄

此即金石志所載崗山摩厓佛经四種之第三石也字五六七寸不等金石志云一刹如是我聞云〻凡十行在大石東面一刹掌恭敬云〻凡五行在大石南面一刹二郎比郎惠暉題名及大象二年七月三日云〻凡九行第八行上有佛象即此石也但比郎之上今拓本無二郎兩字兩佛象左傍有经石二字則此即名经石与泰山〻经石峪同矣其施主為鄭思祖之子傳行孝鄭道昭之子侄有述祖嚴祖敬祖遵祖順祖在北齊乾明河清間去此秖廿餘年則思祖當亦述祖等之兄弟行矣

石索　邃古齋藏

尖山大佛頂摩厓

金石志云石高一丈五尺廣四尺刻大空王佛四字徑三餘与韋子深題名相近其土人呼為大佛頂亦因此也尤之也鶴遺工匠上尖山拓取觀〻字甚奇偉其大字势与武平六年韋子深題名相似知為一时所刻其旁字中畫長其旁尚有小字一行有比郎尼法門等字甚下有數字不甚明顯不錄今以漢尺度〻大字濶七尺一寸高四尺一寸空字濶五尺八寸高五尺八寸半王字濶五尺高四尺七寸半佛字濶七尺高六尺摩厓大字無踰此者石則長二丈五尺濶八尺四寸也

石索　邃古齋藏

隨刻魏曹子建碑

石高七尺廣四尺三寸廿行行四十三字在東阿縣魚山

君諱植字子建沛國譙人也沛
源闕九泉競深崇□□□□北
浚自□興□□有曹興爲其初
建國開基主盟周室顯霸業於
東□彰芓封於譙邑瓊根寶葉
蔚芳蘭如莫朽軒冕相傳襲縉
紳而來絕此乃備頒典冊聊可
樓槩而言矣遂承相晷迺成王
室遺勳隆重位嘗上宰受國平
陽自茲厥後鳴鸞佩玉飛蓋受
映□祖蔦漢司隸太尉公職掌

如□切　冊即冊　承即丞

三事從容論道美著阿衡出任
不亦宜乎父操魏太祖武皇
帝資神龍虎剖判爵台開基名
頌讖牒謠散真人火運告終土
德承歷夏擾圖錄亨有天下驟
改質文馳遷正朔異雄之氣蓋
有餘矣昆□丕魏高祖文皇帝
紹即四海光澤五都負扆明堂
朝宗萬國允文允武庶績咸熙
正踐昇平時稱寧晏致黄龍表
瑞驗兆澤濱玉虎金雞恒論字
籙玉乃黄內通理愠滅哈英

武皇二字中缺　有□□□　亨即享　氣即氣　□即□　□□□

石索

寶古堂藏

嶷掊稟於自然慱懸由於天縱
佩金華啟邁四氣挹玉操如忽
風霜綴贍藻於孩柰攝酋什於
殯歲尋聲制賦膺□詔題詩詞
彩照灼子雲遥慙於吐鳳文華
理富仲舒遠愧於懷龍又能誦
萬卷於三冬觀十言於壹見才
比山藪思並江湖情辭苑苑營
藪範之蔚巖林綠藻妍妍如河
異之照巨海齋庫太官出譽握
促之器者也但祿由德賞頻亨
皇爵建國十六年封平原侯

慙即慙　亨即享

十九年改封臨淄侯都不改貴
任爲懷宜置清雅自得常閑步
文藉偃仰琴書朝覽百篇夕存
吐握使高據擅名之士侍宴於
西蘭振藻獨步之才陪遊於東
閤□黄初二年鄄臣謁奏遂貶
爵爲安鄉侯三年進立爲□王
朝意師西陳濫謗之罪□詔令
復國自名懷正信如見疑挹利
器而無用每懷怨慨頻啓頻奏
四年改封東阿王□年□陳前
四縣封復封爲陳王□詭言數

□即□　如讀如　□即□

石索

寶古堂藏

石索

搆新臣内興十一季裏頰三從
龍汲汲無歡遂發憤而甍時年
卌有臺即營墓魚山傍羊茂臺
平生遊陟有終焉之所既如聿
代𠊱遠兆塋崩淪茂響英聲遠
而不紀至十弌世孫曹永𢘥等
去𤰈𦑞皇建二年蒙蕭尊孝
照　皇帝恢宏古典敬立二王
崇奉三𢘥永洛等于時膺符表
貢面奉照　皇親訓聖詔北
經竊討皆存實錄蒙勑報允
興復靈廟饋嗣蒸嘗四時受謁
使恭恭嗣子得展衷誠之願梵
梵孝孫長畢昊天之慕遂雕鏤
真容鐫金寫狀庶使廿二相度
永劫而不泯七步文宗傳芳猷
於萬葉者也其詞曰　惟王
磐石斯固締緒攸長波連濵渤
枝帶牀桒分珪作瑞建國開壇
蕙樓菡閣遠邁靈光其一器調高
奇風華栰朗談人刮舌靈虵曜
掌東閣晨開西菌夜賞𢘥華桂
茂玉闈金響其二聲馳天下道冠
生民于驚曠古德重千鈞混之

從即從　如讀而　塋即塋　照即昭　訓即訓　嗣即祠　受即受

廿二相度　如來有三十二相也　粵即曰　碑
華即花　栰即筏　𢘥即松　閣即閣

遼古盦藏

石索

宋濁磨而不磷如何畫旦萎秋
栝人其三山舟易失曰車難駐臺
謝人間長遵埏路風衰松柏墳
穿孤兔何世何𢘥還成七步其四
酒孝惟昆龐定洪基胥圖應歷
運合紫微二辟皇闕永背象巍
芬隨日轉響逐雲飛其五
大隋開皇十三年歲次星紀訖

此碑無額在東阿縣魚山之山胥東阿王古墓有焉初予嘉慶二十年守東阿時曾登魚山見土石中隱隱露出數字詢人曰此隧道也為水汁漓故露兒童從從拾得舊麗是碑出歸莊在旁有屋蔽之碑漫微缺數字其中抄摩光澤予拂倜其下久之而不忍去因命良工拓得較它本為善為補正十餘字文較通貫惟是字兼篆隸楷三體雜糅不倫又碑中空格每每不顧文義有一人而隔斷為二者潛研堂跋尾所謂書碑之人不學無術故有此失也予慕子建之古且碑詞時有工麗雋永之句故錄之

遼古盦藏

隋仁壽舍利塔下銘

舍利塔下銘
維大隋仁壽元年歲次辛酉十
月辛亥朔十五日乙丑
皇帝普為一切法界幽顯生靈
謹於青州逢山縣勝福寺奉安
舍利敬造靈塔願太祖武元
皇帝元明皇后皇帝皇后皇太
子諸王子孫等并內外群官爰
及民庶六道三塗人非人等生
生世世值佛聞法永離苦空同
升妙果
孟弼書

碑在益都縣城南廣福寺高三尺四寸廣三尺五寸十二行行十二字字大三寸額題舍利塔下之銘六字末行孟弼書之上尚有小字兩段段各四行其首段書勅使大德僧智能侍者曇璿侍者善才勅使羽騎尉李德諶次段云長史邢祖俊司馬李信則録事參軍邱文安司功參軍李佶以字較多不能摹寫於孟弼書之上乃補録之其字則隸帶楷法此由漢晉入唐之漸猶愈于唐隸之亂挑亂剔故縮刻之張杞園謂其穩而饒古意以異八分贊之則過譽矣金石萃編脫去次字諸呈誤作諸皇潛研堂金石文跋尾云唐沙門道宣廣宏明集載仁壽元年六月十三日立舍利塔下詔書分送舍利往諸州限十月十五日午時同下入石函是歲分送舍利之州凡三十青州與同州之銘相同則諸州皆視此矣王邵撰舍利感應記云青州於勝福寺起塔掘基深五尺遇盤石自然成大函因而用之及舍利將入瓶內有光作上作下即謂此塔也

頃者鄉於京邸又得岐州岐山縣舍利塔下銘其字正書較小其銘亦同更可証三十州之同此銘矣其字句之少有不同者惟此作元明皇后彼作元明皇太后 此作永離苦空彼作永離苦因則傳寫之小異也

嵫陽山摩崖二種

山在滋陽縣西南三十里

佛主僧蔑　佛主道懷
佛主僧鳳　佛主耿紹宗妻

此題名二行橫列嵫陽山南嶺之頂俗名張果老坑字六七寸此外尚有佛主姓名俱被鑿石者傷殘無年月可考周刻遒美其餘似鄒縣之崗山尖山摩崖紀秋水明府云僧取單名者在唐以前此北朝時刻石也

題辭

嵫山南迤環如屋斜陽繡出莓苔綠問誰打坐證仙緣混沌初分白蝙蝠佛主摩崖字濃重蓮乎破碎香雲凍我來不見果老儔但見僧蔑與僧鳳沙門豔說唐三藏不知此在初唐上崗山之崗尖山尖苾芻倆佛逕相望

天水山人書

此題名在嵫陽山之鳳凰頂此外尚有幽山字頂字鉅字俱極磨泐難辨

唐范洪恩造幢記

大唐神龍二年歲次景
午九月壬寅朔廿五日
景寅范洪恩内外眷属
等敬造七給浮圖一所
石像三堰女大娘又造
十佛上為天龍八部自
皇帝至師僧父母七代
先亡見存内外眷属及
法界衆生共同斯福
八月十日起手十月了

景即丙唐人避諱

給即級堰即軀女大娘范洪恩之長女

石索　遼古鱼藏

石高建初尺一尺七寸廣二尺字大寸許在嶧陽縣馬青社之天齊廟真書碑不勝載因為嶧邑唐碑故録之

石索　遼古鱼藏

周長安造像石刻

在淄陽縣　石高漢尺二尺二寸半

此石如佛龕而缺其左邊中鏤佛像右刻大周長安二年歲次壬寅十二月廿二日按長安二年武則天僭位之十九年也其月日作匨◎正合彼時字體右邊末尚有施主二字其姓則全泐名存一直畫不可知矣背面有六十餘字殘缺無首尾其中有水灾浩蕩言可涉出理又云横衢翼翼蕩作蕩衢作衢字畫佀六朝人書此必魏齊間之造橋殘碑唐人取以刻佛像耳且兩面字一横一直不相合也此石在淄陽牛氏家顏心鱼明府携去今以拓出縮刻之

唐普樂寺僧九定等造像石刻

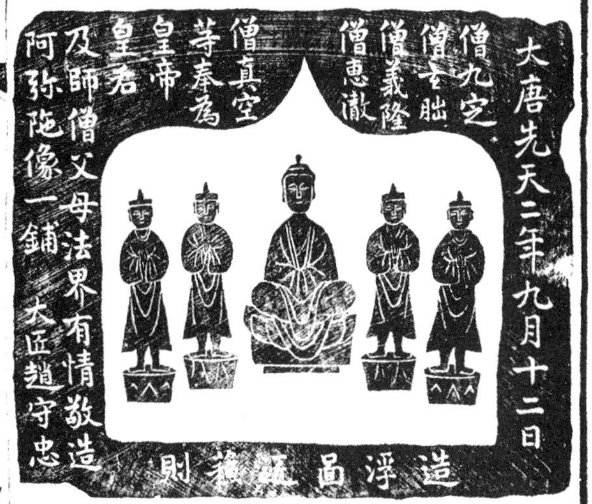

啚即圖

石即后

石索

邃古齋藏

此石在嵫陽之大寺舊嵌在大殿壁間今亡之矣石如龕狀其中鏤佛象五軀四周刻題記高可漢尺尺一寸五分廣尺五寸五分鴟至嵫時徧尋不得詢之寺僧方知其售於孫淵如觀察不可復見辛巳冬于市肆殘帖中得此拓本即縮刻之以存其制

唐費縣季桓子古井記　在費縣

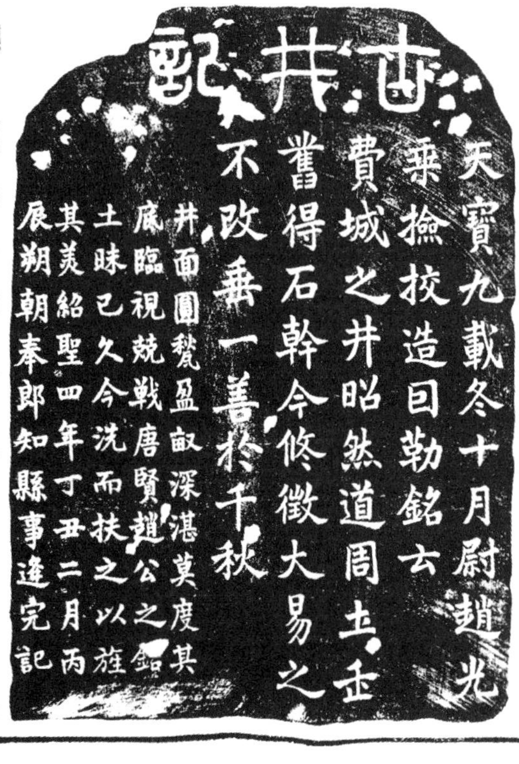

石索

邃古齋藏

小石一片高漢尺一尺五寸廣一尺一寸半記中銘云土缶舊得蓋叙季桓子事也國語季桓子穿井獲如土缶其中有羊焉使問之仲尼曰吾穿井而獲狗何也對曰以某之所聞羊也某聞之木石之怪曰夔蝄蜽水之怪曰龍罔象土之怪曰墳羊此盖用其事而未明言其人但題古井記而已相傳此石出于季桓子井中後嵌置縣署之壁今胡玉樽明府知費事取以為硯仿刻一石嵌于壁非復舊物矣

唐李陽冰城隍廟碑

碑高五尺七寸廣三尺七寸八行行十一字在浙江處州府縉雲縣

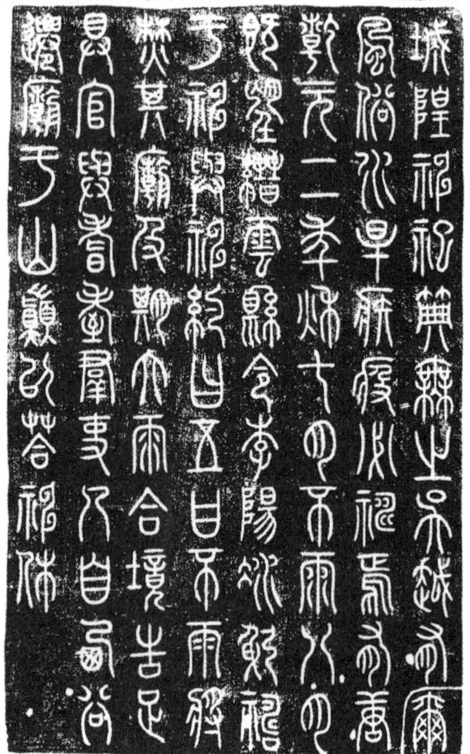

釋文

城隍神祀典無之吴越有爾風俗水旱疾疫必禱焉有唐乾元二年秋七月不雨八月既望縉雲縣令李陽冰躬禱于神與神約曰五日不雨將焚其廟及期大雨合境告足具官與耆耋羣吏人自西谷遷廟于山巔以荅神休

集古録云城隍神記李陽冰撰并書記云城隍神祀典無之吴越有爾然今非止吴越天下皆有而縣則少也

鵬按原碑殘缺此係宣和五年縉雲縣尉周明重勒石者首行之末本缺一角故拓本少一字今人臨本補以之字似既云祀典無之又云吴越有之兩之字不順李監必不如是及觀集古録作吴越有爾始知爾字致佳蓋歐陽見此時石猶未缺也故亟為改正之至篆法之佳則瘦細而偉勁飛動若神在石墨鐫華已極賞矣

石索

遂古齋藏

唐元次山峿臺銘石刻

石高八尺三寸廣四尺五寸十五行行六字在湖南永州府祁陽縣唐時屬江南西道永州零陵郡

石索

遂古齋藏

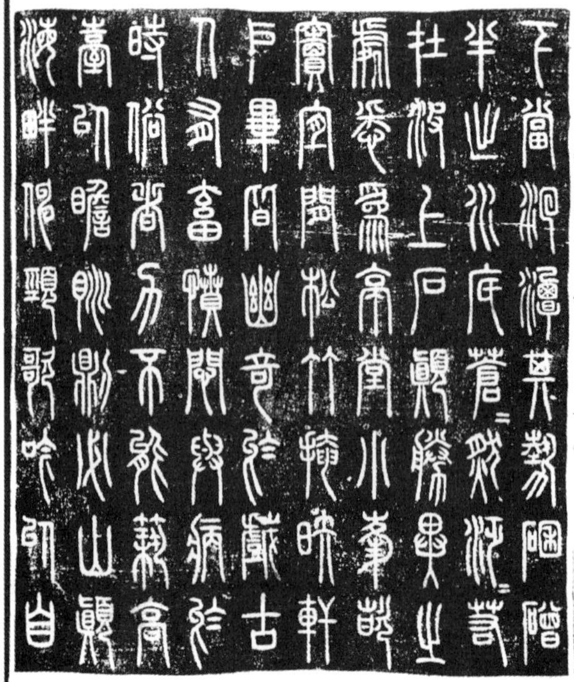

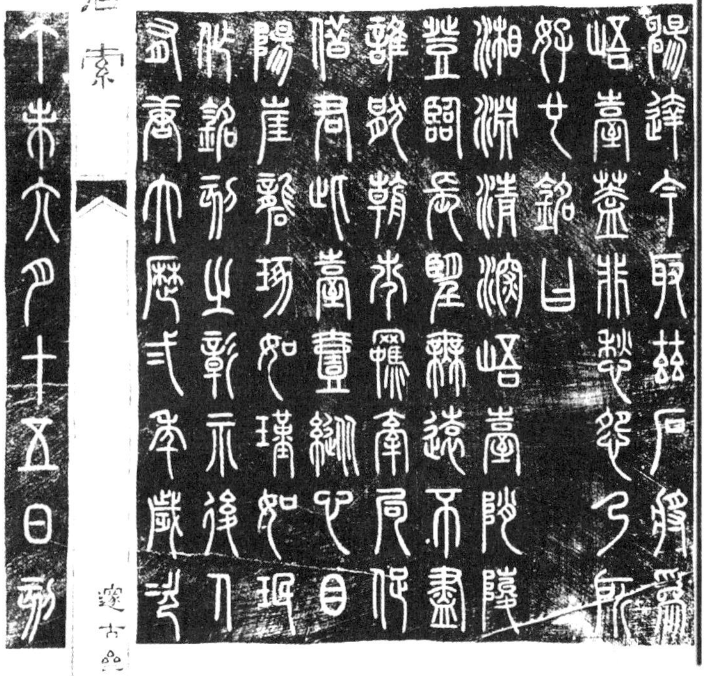

峿臺銘 有序

河南元結字次山撰

浯溪東北廿餘丈得怪石焉周行三四百步從未申至丑寅涯壁斗絕左屬回鮮前有磴道高八九十尺下當洄潭其勢硱磳半出水底蒼蒼然泛泛然若在波上石巔勝異之處悉爲亭堂小峯嵌竇宜間松竹梅映軒戶畢皆幽奇於戲古人有畜憤悶與病於時俗者力不能築高臺以瞻眺則必山巔海畔伸頸歌吟以自暢達今取茲石將爲峿臺蓋非愁怨乃所好也銘曰

湘淵清深峿臺峭峻登臨長望無遠不盡誰厭朝市羈牽局促借此臺壹縱心目陽崖礱琢如瑾如珉作銘刻之彰示後人

有唐大歷二年歲次丁未六月十五日刻

集古錄云斯人之作非好古者不知爲可愛也然來者安知無同好邪

金石文字記云峿臺銘元結撰篆書大歷二年浯溪銘唐亭銘亦元結撰皆瞿令問篆書大歷三年三銘竝存祁陽縣元次山愛祁陽山水遂寓居焉名其溪曰浯溪築臺曰峿臺亭曰唐亭所謂三吾者也峿臺銘刻在臺之後甚完愁溪銘亭銘刻於東崖石上隨石欹斜蘚厚難拓而篆筆特佳視臺銘更勝別有黃山谷書百餘字

金石存引黃山谷云溪銘季康篆亭銘江華令瞿令問篆惜臺銘篆書無姓名又云以字法觀之亦季康篆也

潛研堂跋尾云次山尚有浯溪唐廎二銘皆瞿令問篆書以地僻蘚厚難搨惟此銘世多有之雖不著書人姓名當亦令問筆也

鴻案此刻篆法垂畫甚長有古秀之致如百步之百作自厓壁之厓作涯自是變格其銘中峻字作陵自是古寫萃編乃釋爲陵与盡字韻不合朝市釋朝士皆誤今正之

石索

唐襄邱縣庾公德政頌

碑連額高漢尺十尺廣四尺二寸餘凡十四行行三十字額題唐襄邱縣令庾公德政頌十字碑右題大歷五年九月三日建字皆李陽冰篆在今寧陽縣治額字依原樣臨碑文縮刻

邃古齋藏

石索

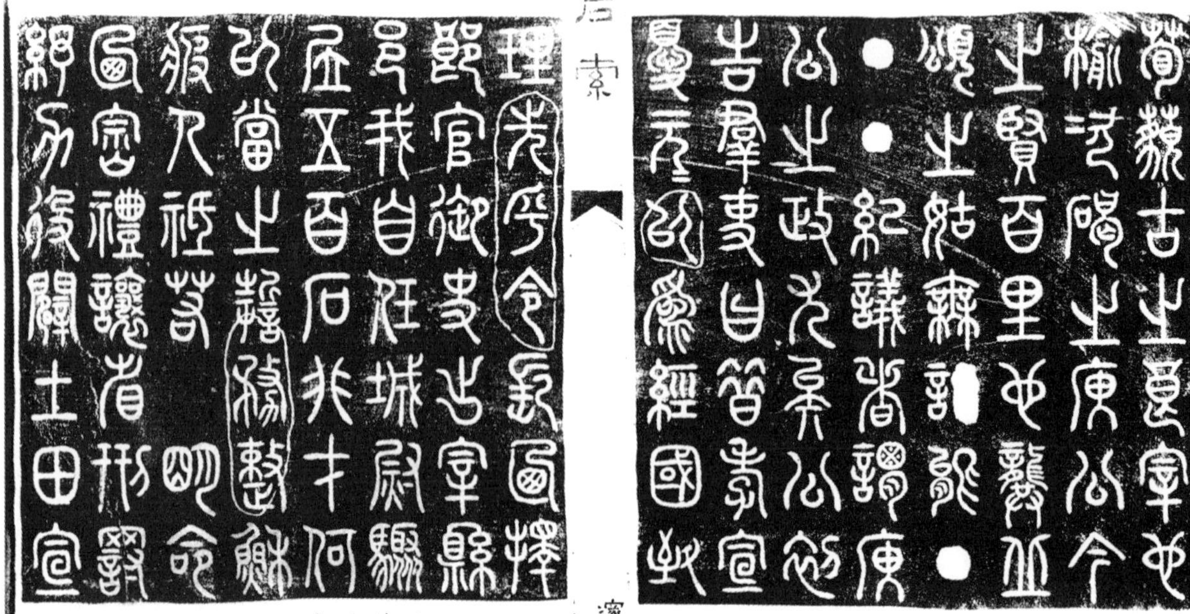

荀藴古之
良宰也
榆次碣之
庾公今
之賢百里
也襄邱
頌之姑無
〃能〇
〃〇紀議
者謂庾
公之政尤
矣公初
告虐吏百
昔孝宣
憂元元以為
經國致

理先乎令
長乃擇
郎官御史
出宰縣
邑我自任
城尉驟
居五百石
非才何
以當之搢
務整蘇
瘝人秖若
明命
祂崇禮讓
省刑罰
紓力役賦
土田定

邃古齋藏

石索

遵務寬訓
俭示德
淵作時雨
和為春
風於是率
魯丕變
井閭咸復
三載考
績一方歸
最　都
督兼侍御
史清河
張公曰昌
牧伯之
賢也訓俗
馭宮勸

直沮枉述
職之地
賴能表之
曰方諸
爽氣日暮
旻清比
之松筠歲
寒轉茂
題以上下
之日出
乎群萃之
表百城
千里興聲
同歡曰
以伯達之
良牧賞

遼古齋藏

石索

於務之家
宰宜矣
公名貴字
大明其
先潁川人
成周之
時世為掌
庾因以
命族公其
胄焉公
之考曰歆
嗣為光
州別駕
王父曰
元汪為尋
陽令

曾王父曰
師則為
蜀王大學
楷模繼
代龜麟接
武大歷
中邑老彭
滔等三
十五人以
公撫眾
之大滅額
剃府褒
美中于
元戎元
戎允荅
人以

遼古齋藏

石索

水興公周旋備詳德於偉之作頌多媿能文辭曰於穆庾公宰字之良化洽百里風遷一方邑老上請顯言頌德元戎嘉之金石通刻

水興公周
旋備詳
德行偉之
作頌多
媿能文辭
曰
於
穆庾公宰
字之良
化洽百里
風遷一
方邑老上
請顯
言頌德元
戎嘉之
金石通刻

大曆五年九月三日建

此一長行字稍大在碑文之右

碑陰

百姓行頌曰
偉哉賢傑　忠而復烈
化理一城　五府稱絕
蝗蟲避境　蝦蛃自滅
涅而不淄　如霜如雪

此頌之前有唐大曆五年宮負百姓一行有縣官給事郎守令李豪等六行頌後有立碑百姓耆壽彭滔汲紀等名凡七行共十四行不備錄但錄其頌以存一格其書名人則王從之鐫匠則張夢也後又有金貞元[illegible]年[illegible]民姓名九行亦不錄

右德政碑乃李少温書撰，從金貞元三年宋佑之重刻者。碑文之末附邊州承務郎兗州龔縣令林棣宋佑之題記，大致言碑已斷壞散亡，邑尉趙珣為訪於邑人彭鼎家，得舊紙本，礱石刻之，則宋公之功可與

邃古齋藏

石索

庾公之政李公之書並傳不朽矣山東通志龔邱本漢寧陽縣[illegible]平原縣隋以縣東南二十里有龔邱城更名龔邱宋大觀四年改宣聖諱祇稱龔縣金大定二十九年避顯宗諱復改為寧陽元明因之此在貞元三年未改寧陽故宋佑之題記自稱龔縣令也[illegible]雖經重刻今下截又剝落斷甚鵬得舊拓本反覆審諦參合沈州府志增補以先季命誓務整慈務寬訓示德[illegible]兼待百城文頗二十字[illegible]孝正數字惟首行缺三字半其餘並無缺文較金石志金石萃編所釋[illegible]假穿鑿文義通貫其碑陰一面向本嵌于壁內故未經人道今[illegible]孰出其陰字畫完好乃錄其頌言縮刻于後殊覺眼界一新且以[illegible]庾公之德政其可頌者非一端而已也

又按萃編缺二十六字因未得善本故句法刓缺讀之未能釋然其[illegible]篆文於誓字慈字等祇存其半自是細心處其釋出宰為之宰釋[illegible]為析慈為茲則真字釋文之訛也府志斯亦在先少缺字而多訛字[illegible]得善本而未能細繹者祇取成誦故將姑無一句沕文刪去將尤異政太[illegible]其曰昌即御史張公之名志誤作曰是文義不順又類能表之誤作數[illegible]稱之今觀碑本表字上畫猶存蓋表奏之意其方諸爽氣四句即表語也猶今所謂出具考語者其云上下之目即其次第謂在上等之下猶[illegible]言厥田惟上下也又撫柔誤釋政務風遷誤釋風播蓋不諳篆文之故在萃編已改正之矣姑蘇蔣節農明府兆鴻來宰寧陽即拓出是碑[illegible]見貽因續論之

邃古齋藏

唐韓詩外傳殘石

石高漢尺一尺三寸廣一尺二寸在灤陽縣牛氏空山堂金石志以為韓詩外傳殘石

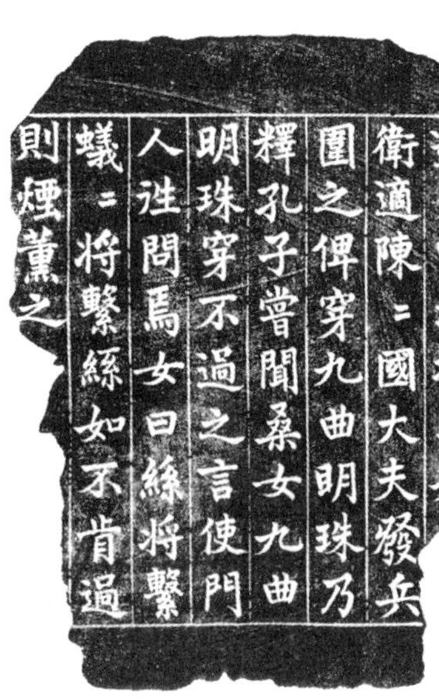

石索

此殘石一方不知起出山左金石志以為唐刻韓詩外傳殘石予每從空山堂處拓觀其背面刻心經字畫細勁真唐人書此刻更在先即以為唐刻可也惟文義韓詩外傳與未合本外傳亦未見此文惟馬驌繹史孔子類記引衛波傳云孔子去衛適陳途中見二女採桑子曰南枝窈窕北枝長答曰夫子游陳必絕糧九曲明珠穿不得著來問我採桑娘夫子至陳々大夫發兵圍之令穿九曲明珠乃糧其厄夫子不能使回賜返問々其家謬言女外出以一瓜獻二々直曰瓜子在內也女乃出語曰用蜜塗珠絲將繫蟻々將繫絲如不肯過用煙熏之子依其言乃能穿之於是絕糧七日云々今　佩文韻府全引此文云出說苑書古一事而各記者此碑字句較簡耳　又墨客揮麈亦載此事云孔子去衛適陳子貢子路從道逢採桑娘夫子曰南枝窈窕北枝長婦曰夫子行陳必絕糧夫子不答而徐行婦復曰九曲明珠穿不過回來問我採桑娘及至陳果絕糧陳侯以九曲明珠俾孔子穿々不得謂婦有先見使子貢反而詢之至採桑所婦無覓矣但見桑間聚泥一蹄尺許又聚泥三子貢曰桑者木也泥者土也其杜姓耶旁復有三其三娘耶適樵者過子貢問曰前村可有杜三娘乎樵者答曰蘆墻荻濤遶華屋瑤草躑躅傍傳粉墻行過小橋流水北其間便是杜家莊子貢如其言獲見三娘具述前事婦莞尒而笑曰此無難塗其以脂繫蟻以胥使徐々而度如不肯過熏々以煙子貢得其術以告夫子々如其言繅穿九曲々珠此雖齊東々語然亦人所未聞而婦与樵皆作韻語七言詩何然耶自柏梁也鵬按唐人楊濤有蟻穿九曲珠賦事雖不經其流傳遠矣

邃古齋藏

後周廣順摩崖四字

在濟寧州晉陽山慈雲寺石壁

廣順二年

此後周太祖郭威即位之二年也

石索

題止四字廣年兩字徑漢尺一尺中兩字差小字界眞翰之間廣字從二廣併文甚奇亦猶篆文大字作𠦜從二大併文耳山左金石志以為廣字从二黄乃書作廣未細視也志又云慈雲寺重修于石晉至周廣順僅十餘年正值鼎盛之時書者無姓名可考不知何為而題也

鵬按舊五代史周太祖廣順二年正月以曹英為兖州行營都部署率兵討慕容彥超諸軍入兖州界五月庚申車駕發京師戊辰至兖州城下乙亥收復兖州斬慕容彥超夷其族詔顏衍權知兖州諸軍事帝至軍凡駐蹕八日而賊平近代親征克捷無如此之速據此則廣順二年四字亦摩崖紀功之意耳晉陽山去兖州不過數十里故有此題記也

邃古齋藏

宋盧縣悅性亭銘

碑高建初尺五尺五寸廣二尺八寸十行行十三字字長三寸額四字在陽穀縣

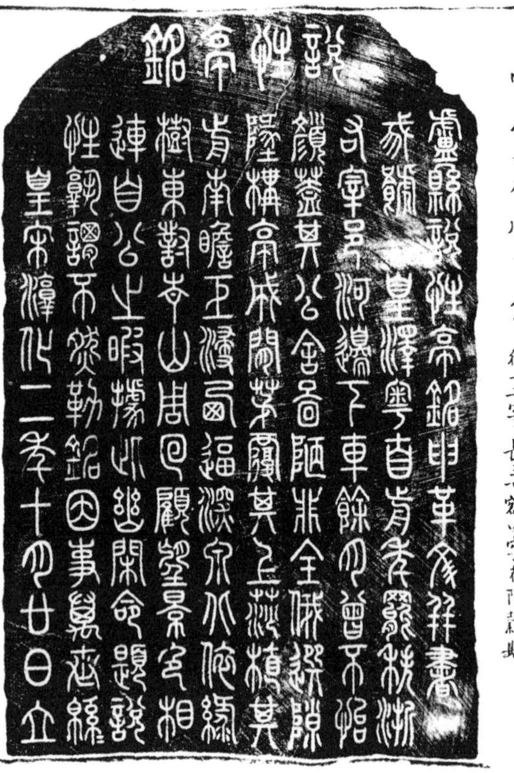

說性亭銘

盧縣說性亭銘申革文并書

我叨　皇澤𡠀自前年罷秩淅

右宰邑河邊下車餘月曾不怡

顏蓋其公舍簡陋非全僻邃隙

地搆亭成間茅覆其上涉植其

前南臨巨浸西通深泉北依綠

樹東對青山周回顧望景色相

連自公之暇據此幽閒命題說

性孰謂不然勒銘因事萬世緜緜

皇宋淳化二年十月廿日立

此碑在陽穀縣東北廿里安樂鎮趙王河東涯之天齊廟前人未見著録客有告予者予語于陽穀程明府文泉應庚二尹林千寬司日寄至數幅爰其篆法完密因縮刻之

宋蘇唐卿書歐陽公醉翁亭記

碑連額高漢尺十尺廣四尺四寸在費縣署儀門口

額題滁州琅琊山醉翁亭記九字三行

石索

邃古齋藏

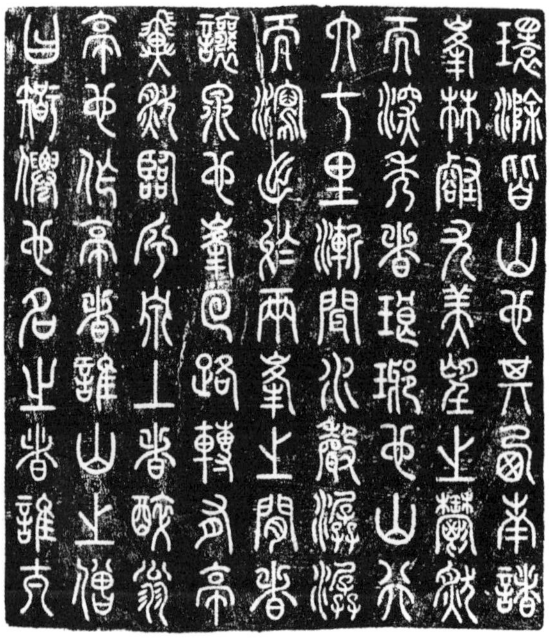

石索

守自謂也太守與客來飲於此飲少輒醉而年又最高故自號曰醉翁也醉翁之意不在酒在乎山水之間山水之樂得之心而寓之酒也若夫日出而林霏開雲歸而巖穴暝晦明變化者山間之朝暮也野芳發

而幽香佳木秀而繁陰風霜高潔水清而石出者山間之四時也朝而往暮而歸四時之景不同而樂亦無窮也至於負者歌於塗行者休於樹前者呼後者應傴僂提攜往來而不絕者滁人遊也臨谿而漁谿深

邃古齋藏

石索

而魚肥釀泉為酒泉香而酒洌山肴野蔌雜然而前陳者太守宴也宴酣之樂非絲非竹射者中弈者勝觥籌交錯起坐而諠譁者眾賓懽也蒼顏白髮頹然乎其間者太守醉也已而夕陽在山人影散亂太守歸

而賓客從也樹林陰翳鳴聲上下遊人去而禽鳥樂也然而禽鳥知山林之樂而不知人之樂人知從太守遊而樂不知太守之樂其樂也醉能同其樂醒能述以文者太守也太守謂誰廬陵歐陽脩也

邃古齋藏

大宋嘉祐七年冬十月
庚寅蘇唐卿上石於費
之縣齋　鐫者

題記

蘇唐卿歐公故人也知費時公已去滁而位相以書請公所
作醉翁亭記而篆之立石於費宋嘉祐七年也予以宏治
十年春來篆刻土覆微露其末啓之磨洗乃知顧謂僚
吏曰歐名相也蘇名宰也佳章善篆沉二百年而金元人未
知是可慨也已遂命衆扛竪於縣儀門之下庶風雨日之不
剝落云伊洛楊恵識

此明人題記數行刻于碑額
之左旁蓋就其空處識之

石索

醉翁亭記釋文

環滁皆山也其西南諸峯林壑尤美望之蔚然而深秀者瑯琊也山行
六七里漸聞水聲潺潺而瀉出於兩峯之間者讓泉也峯回路轉有亭
翼肰臨乎泉上者醉翁亭也作亭者誰山之僧曰智僊也名之者誰太
守自謂也太守與客來飲于此飲少輒醉而年又最高故自號曰醉翁
也醉翁之意不在酒在乎山水之間山水之樂得之心而寓之酒也若夫日出
而林霏開雲歸而巖穴暝晦明變化者山間之朝暮也野芳發而幽香
佳木秀而繁陰風霜高潔水清而石出者山間之四時也朝而往暮而歸四
時之景不同而樂亦無竆也至於負者歌於涂行者休於樹前者呼後者
應傴僂提攜往來而不絕者滁人游也臨谿而漁谿深而魚肥釀泉為
酒泉香而酒洌山肴野蔌雜肰而前陳者太守宴也宴酣之樂非絲非竹
射者中弈者勝觥籌交錯起坐而喧譁者衆賓懽也蒼顏白髮頹肰
乎其間者太守醉也已而夕陽在山人影散亂太守歸而賓客從也樹林
陰翳鳴聲上下游人去而禽鳥樂也肰而禽鳥知山林之樂而不知人之
樂人知從太守遊而樂不知太守之樂其樂也醉能同其樂醒能述以文
者太守也太守謂誰廬陵歐陽脩也

邃古亝藏

石索

邃古亝藏

大宋嘉祐七年冬十月庚寅蘇唐卿上石於費之縣齋　鐫者

順按篆刻記中字句与今時傳誦本微有不同其增損一二字處
亦大致無殊惟起處釀泉也作讓泉也較今本為優讓泉之取名既
佳又与後段釀泉不複後段釀泉為酒蓋釀此讓泉為酒正与上臨
溪而漁處寔相對當時唐卿請歐公之文而篆于石則与歐公自書
者無異可以正今本之失也其篆法亦負美可法惟繁陰之繁不从
文而从又或是失檢處末刻鐫者二字蓋待勒工名而未之補也

宋范致君登泰山碑

武夷范致君久慕仙風自楚之魯遂登泰山以望八極之表有宋大觀元年正月廿三日記于是碑

后土聖母殿

小碑廣漢尺二尺高一尺八寸半在泰山下聖母殿予遊泰山曾見殿前西牖下嵌此石遂手拓其大縮刻於此其末行小字后土聖母殿之下尚有數字磨泐不能辨

石索

邃古齋藏

宋穆氏墓表

墓在東鄒縣女郎山碑大小八石今移置文昌祠

穆氏先塋石表

穆氏

先塋

石表

有宋君子河南穆庭老諱寶庭老其字也少負純君老操博通書史尤明周易善談上道性沖淡不樂仕進嘉遯養素以終其身鄉閭稱長幼貴賤莫不恭向謂之君子熙寧元年二月五日殁壽七十三穆氏世表

石索

邃古齋藏

河南人奉御書監室之
後自其高祖以下開封
之君挈其祭並東遊占
籍于濟洛之章丘縣復
葬先塋山之陽以其配
趙劉二夫人祔後四十
有五年當政解芥子孫
次以堅刻石志墓以
著不朽云洛陽王壽卿

石索

書

曾孫浚模工任升刻

邃古堂藏

章丘縣陽爪篆於氏曹
河南郡君殁於既室丙
辰後三十七年孫浚始
錄其先人宣德手疏君
遺意諸洛陽王壽卿以
爲墓志按君諱鑄字伯
衡開少以學聞毅號其

其所聞見以壽晉皇考
實材其子昂己家任而
喜救世君傾貲奉之未
嘗以家無爲辭建親晉
鑫毀過禮既卒猶衡廬
之頤終廬字墓側服竟
始去後其諱日輒慕涕
泣終其身而哀不衰孝
勇字於京師積于中野

石索

邃古堂藏

忌日君跡之弗獲過招
魂葬焉自是歲時與親
舊遊燕輒悲思不樂忘
吟君隱士也其施設見
不大見於世觀其內於
修飭而居鄉及善遇事
諸孝以本於身則富而
不發貲始可知矣宣德
君名翼益君家嗣云

王魯翁嗜篆一以李
監爲師行於四方閒
李監石刻之所在無
風雨晨夜余未識魯
翁見壁題曰是必陽
冰之苗裔也已而果然其
論陽冰筆意從老至
少肥瘦剛柔巧拙妍
醜皆可師承有味其
言之也余嘗戲魯翁
杜元凱左氏之忠臣
王魯翁李監之上

石索

邃古齋藏

嗣也今世作小篆者凡
數家大率以閒架爲
主李氏筆法幾絕
見魯翁用筆可以
洒醇陽冰之家耳
山谷道人黃庭堅

釋文

有宋君子河南穆庭秀諱賓庭秀其字也少卓越有志操博通書
史尤明周易老聃之道性沖淡不樂仕進嘉遯巷素以終其身鄉閭
無老幼貴賤莫不愛向謂之君子熙寧元年二月五日卒壽七十三穆氏
世爲河南人唐秘書監寧之後自其高祖徙居開封至君挈其孥益東
遂占籍于齊州之章邱縣孜葬女郎山之陽以其配趙劉二夫人祔後四
有五年當政和癸巳秋九月既望刻石表墓以著不朽云洛陽王壽

鄉書　　曾孫渼模工任升刻

章邱有隱居篤行長者河南穆君卒於熙寧丙辰後三十七年孫渼始
録其先人宣德手疏君遺善誘洛陽王壽卿以爲墓表案君諱端字
伯初甫少力學剛毅能尊其所聞尤以孝著皇考賓材其子早以家付
而喜散施君傾資奉之未嘗以有無爲言逮執喪哀毀過禮臨窆擗慟
屢至隕絕廬守墓側服竟始去後每諱日孺慕潸泣終其身而哀不衰
季弟客死京師殯于中野它日君迺之弗獲洒招魂葬焉自是歲時与
親朋遊集輒悲思不樂烏呼君隱士也其施設雖不大見於時觀其
内行脩飭而居鄉友善遇事造次必本于厚則蓄而不發者殆可知
已宣德君名翚蓋君冢嗣云

鵬按此碑凡八石第一石刻穆氏先塋石表石高漢尺一尺六寸餘廣
二尺第二三四五石高五尺八寸廣一尺九寸半六七八石與第一石大小仝刻
山谷跋蓋前爲穆庭秀碑後爲穆伯初碑總名石表前碑之末
題曾孫渼模即後碑孫渼蓋對庭秀言爲曾孫對伯初爲孫也
庭秀子爲伯初孫爲宣德曾孫爲渼金石志不察故前碑誤曾孫名
耳末三小石蓋搡山谷跋魯翁篆模刻其文非爲石表言也此碑
篆法一本少温加之端謹山谷之賛誠非虛語朱朗齋云跋語只
賛魯翁之篆而不及穆氏事蹟則此跋不爲穆氏石表作且攷宋
史黃庭堅傳庭堅卒于徽宗之三年此碑立于政和三年距山谷
之卒已及十年是山谷未見書此碑也當由穆氏曾孫慕山谷之
譽附刻于石表之後以增重耳

石索

邃古齋藏

石索

宋朱濟道靈巖詩石刻

石高漢尺三尺廣五尺大字十四行行六字，徑四寸，末小字二行，皆篆文，在長清縣靈岩

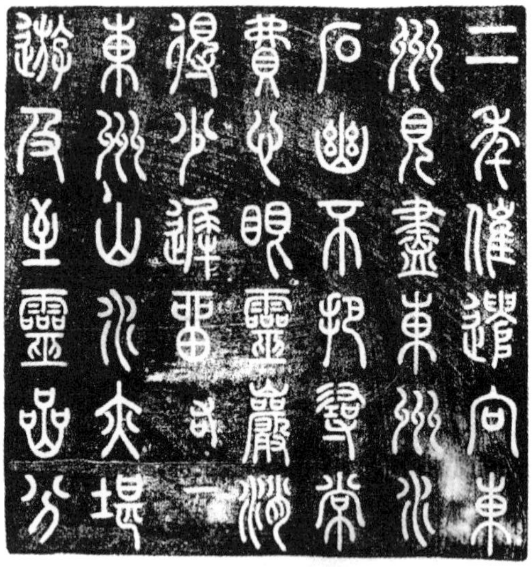

二年催遣向東州見盡東州水石幽不把尋常費心眼靈岩消得少遲留　右一

東州山水出堪遊及至靈岩分

外幽會有定師能指示直須行到寶峯頭　右一

宣和五年二月初九日朱濟道偶書呈如公妙空禪師

碑末尚有小篆云〇釋法定禪師乃觀音化身，秋居靈岩〇，神寶峯作此石像，良有深意。按縣志，法定禪師，梵僧也，魏正光初來遊，建梵宇。

邃古亝藏

石索

金党懷英書杏壇二字碑

碑高漢尺六尺廣三尺，字大一尺八寸，在曲阜聖廟

杏壇

碑側

右側尚有萬曆戊午教諭吕希尚題字，不錄

邃古亝藏

杏壇小影二　亦在　聖蹟堂

石索

遼古齋藏

先師孔子贊記
孔子孔子大哉孔子孔子以前既無孔子孔子以後更無孔子孔子孔子
大哉孔子

此亦臨吳道子所畫杏壇小影篆刻米元章贊于其前也未載年月明闕里志云常有孔子贊又有考禎增贊亦乃根于此皆臨背其癲

金刻吳道子畫杏壇小影

石高漢尺八尺五寸　聖像高漢尺六尺在曲阜　孔廟之　聖蹟堂

石索

遼古齋藏

此碑亦未刻年月闕里志云行教像顧愷之筆杏壇小影吳道子筆亦未言何時所刻據楊奐東遊記則此亦明昌二年高德裔刻于奎文閣之東偏門者今石在　聖蹟堂或後人又加摹刻耳

金刻顧愷之畫闕里行教圖

石高漢尺三尺寸廣二尺一寸在曲阜 聖廟

真宗皇帝御製夫子贊
若夫撿玉 介丘廻輿
闕里緬懷於 先聖躬
謁於 嚴祠以為易俗
化民既仰 師於素訓
宗儒尊道宜益峻於徽章
增薦 崇名聿陳 盛德
明祀思形容於
篆刻鏤於斯文贊曰
立言不朽 垂教無疆
昭然 令德 偉哉
素王 人倫之表
帝道之綱 厥功實茂
其用允臧 升中既畢
盛典載揚 洪名有赫
懿範弥彰

此碑不著年月下列尚有題贊缺泐不全蓋石久傾圮經明正德二年訓導呂政重整豎于殿中者碑陰題小字二行以紀其事亦未載明勒石之始惟元初憲宗時楊奐東游記云金明昌二年開州刺史高德裔監修奎文閣之東偏門刻顧愷之行教吳道子小影三像則此乃晉顧虎頭所畫至金明昌始摹勒于石上跋錄宋真宗御製夫子贊以冠之非專為題行教畫作也其畫 聖像髭須少與吳道子畫多髯者不同論者以此像為真其卻立于後者顏子也一時師弟從杖履追隨可想見 聖人無行不與之化焉又闕里志云四十七代孫孔傳云家廟所藏衣燕居服顏子從行謂之小影於像最真唐劉禹錫新州廟碑謂堯頭禹耳華冠象佩取之自鄒魯者即小影也則此像之流傳已久矣

金党懷英書王荊公詩石刻

石高漢尺四尺八寸闊二尺七寸四石如之刻王荊公絕句四首古篆大六寸在濟寧州學宮

其一

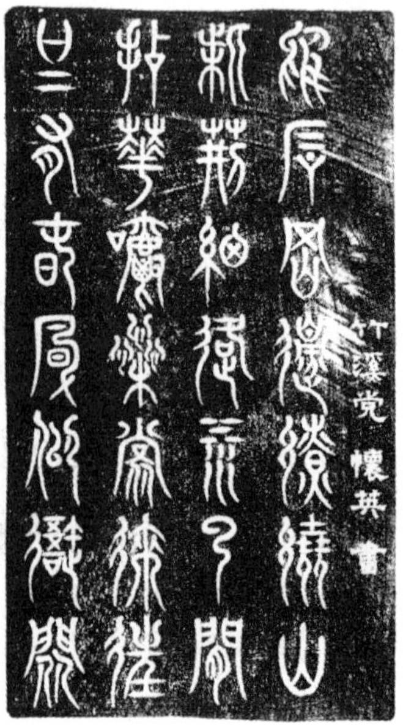

烏石岡邊繚繞山紫荊細路水雲間拈花嚼蕊常來往只有春風似我閒

其二

紅梨無葉芘花身黃蘤分香乿路塵歲晚蒼官才自保日高青女尚橫陳

乿即亂字錢辛楣少詹云漢書淮南王傳皇帝乿天下正法揚雄長楊賦乿歷而還師古曰乿古亂字

其三

萬事悠悠心自知強顏於世轉參差移牀獨向西風裏卧看蜘蛛結網絲

紒古結字儀禮將冠者采衣紒注紒結髮古文紒爲結又詩毛氏傳篆釋所以解紒

石索

邃古齋藏

其四

松篁不動翠相重日射流塵四散紅地上行人愁喝死那知高處有清風

金石志云竹溪當是承旨自號中州志及金史本傳皆不及之錢辛楣云懷英以篆隸馳名一代此用古文篆尤精妙可寶

元揚桓書太白酒樓記

方石高漢尺七尺餘廣三尺許四面環刻每面七行行二十八字在濟寧州太白樓後

唐李翰林酒樓記　沈光撰　有唐咸通辛巳歲正月壬午吳興沈光過任城題太白酒樓夫觸強者覩可而不發東然者

石索

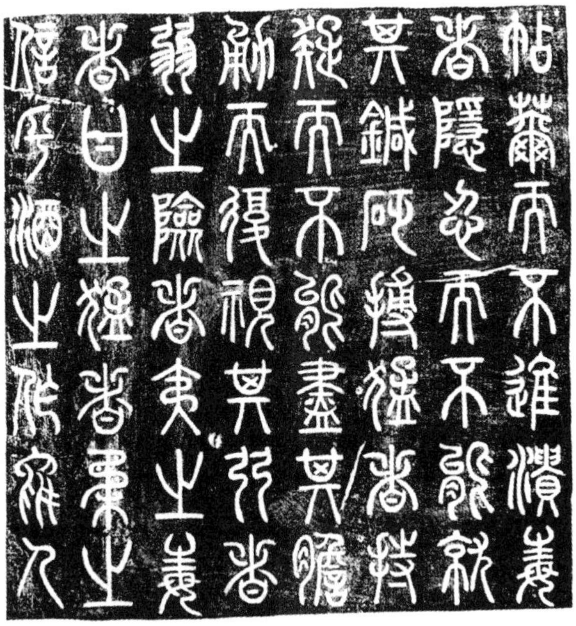

帖然而不進濆毒者隱忍而不能就其鋒而存極者持疑而不能盡其膽勇而復視其強者弱之險者夷之毒者甘之猛者柔之信乎酒之作於人

邃古齋藏

石索

也如是翰
林李公
太白聰明
才韻爭
今為天下
倡首業
述匡救天
必賦之
矣致其君
如古帝
王進其臣
如古藥
石攩直刃
以血其
邪者推義
轂以華

其正者豈
馮酒而
作也憑酒
而作者
強壯真勇
太白既
以峭訐矯
時之狀
不得大用
流斥齊
魯眼明耳
聰恐貽
顛踣故細
吴杯觴
沈溺麴蘖
耳一涇

邃古齋藏

石索

雅目混黑
白或酒
醒神健視
聽鋭發
振筆著紙
乃以騷
明移於月
露風雲
使之涓潔
飛動移
於草木禽
魚使之
妍茂屬騰
移於邊
情闊思使
之壯氣

激人離情
溢目移
於幽嚴遠
谷使之
遠歷物外
寓人精
魂移於車
馬弓矢
悲憤酣歌
使之馳
騁決如
睨幽并
而失意於
懷盡見
踏道爲於
戲太白

邃古齋

石索

觴文之盛
來文之
於瀆文之
毒博文
之楢而作
狎弄梧
觴沈溺納
歎味其
聽其聰聰
其明醒
則移於賦
詠宜乎
醉而生醉
而死乎
徐思之便
太白跳

蘧古齋藏

其聽決之
明移於
行事強犯
時忌其
不得醉而
死生也
當時覺驗
忠而遍
有其人眾
其選才
萃於太白
至于齊
魯結構陵
雲者有
限獨斯樓
也廣不

石索

踰數席而
鼓椽蠱
難樵兒牧
豎過而
指之曰李
白嘗醉
于此矣至
元癸巳
揚桓書監
州朝城
冀泰知州
真定董
珪同知泗
原劉庭
玉州判陽
穀和洽

蘧古齋藏

同立石

石工王謙黃秀等同刊
監修白玉山樓百順豎

同立石

此唐沈光所為記元楊桓以書于石者字大三寸精勁有古法考元史本傳云桓字武子兗州人中統四年補濟州教授後由濟寧路教授召為太史院校書郎遷秘書監丞至元三十一年拜監察御史有得玉璽于木華黎曾孫碩德家者桓辨識其文曰受命于天既壽永昌乃頓首言此傳國璽是刻在至元十三年盖其拜御史之前一年也傳又稱桓博覽羣籍尤精篆籀之學著六書統六書泝源書學正韻大抵推明許氏之說而意加深皆行于世今此碑如太作夾樓作讓強作弜溺作休流作𣿟之類皆參以古文大篆大篆即籀書也所謂尤精篆籀之學也王漁洋秦蜀驛程記謂是大篆自是不誤金石志引之以為紀載之譌未知何謂　向者觀楊桓書學及六書統歎其精

綪每以未得碑拓為憾嘉慶丙子冬初至任城即尋太白樓而登之其樓
在南門譙樓之東樓上壕太白同賀知章飲酒狀此四面碑嶷然在樓後其
餘倚雉堞者有十餘碑皆明時人行艸書不足錄予輯石索根柢周秦
萬羅漢魏至唐宋以篆刻亦擇善而登得此可為後勁矣

石索

邃古齋藏

道光元年四月朔日鏤
板于嵫陽署齋時日月合
璧五星聯珠記之

石索六

紫琅馮雲鵬晏海氏
雲鵷集軒氏同輯

瓦甎之屬

陶旊之職列于周官則瓦與甎亦攷古者所不可闕宋歐趙諸家未之掇拾洪氏隸續收漢永平建初等甎文而不及瓦〻無年月也惟元祐六年寶雞縣民權氏濬池得瓦文曰羽陽千歲為秦武公羽陽宮瓦其事載王闢之澠水燕談錄外如長安志東觀餘論間亦及之近來秘藏日出瓦博並重故附于石索從瓦甎之屬

石索

邃古齋藏

周豐宮瓦當文

瓦當面徑六寸四圍作朱雀元武青龍白虎之飾中有一字曰𡴀

𡴀

芸臺先生揅經室文集云嘉定錢君既勤得古瓦作𡴀字上下左右作四神形甚奇奇愛為之考曰周豐宮之瓦𡴀即豐引鄭康成大射儀注記之云豐字从豆幽聲一古人豐作𡴀𡴀豆無山明可消去桂未谷明府云嘉定錢君東垣拓所藏瓦見惠其文曰𡴀即此

石索

古甎

甎如是直方右各殺其一寸款陰文二字上極奇古與漢晉塼文不類其弟二字為水字弟一字未定或以為周豐宮塼其上係豐水二字此州少尉湯子景濤得之西安姜曉珊以拓本寄者

秦瓦

維天降靈延元萬年天下康寧

涵真閣秦漢瓦當圖說云近時土人得之阿房宮故基秦漢瓦當文字云其二宋學博錢別駕得于長安市上其一俞太學得於咸陽篆法負凍古妙諸君竹斷為秦瓦鵷按其文亦類秦小璽

邃古齋藏

石索

秦瓦

文同前瓦字畫小異

秦瓦

永受嘉福

申氏以為鳥蟲書疑是迎風嘉祥四字謂是迎風觀瓦非也今觀末一字明係福字當是永受嘉福四字其文侶秦璽宜定為秦瓦

邃古齋藏

石索

秦瓦

蘭沱宮當

張芝縈引說文云沱江別流也臣鉉等曰沱沼之沱通用今別作池非是鵬按此當字少一直畫

秦瓦

衛

瓦文古質真秦制也始皇本紀云盡得毒等衛尉竭衛尉之名蓋始于此

邃古齋藏

石索

秦瓦

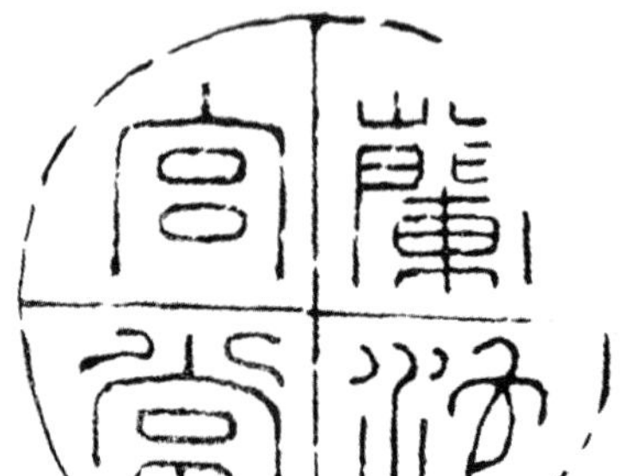

蘭沱宮當

蘭池宮在咸陽縣東二十五里始皇三十一年微行咸陽遇盜蘭池此蓋其宮之瓦也當底也所以底之一椽之瓦當与玉卮無當之當同義桂未谷札樸云秦漢瓦頭文有蘭沱宮當宗正宮當攷史記司馬相如傳華榱璧璫司馬彪曰以璧為瓦之當也西都賦裁金璧以飾璫李尤平樂館銘棼梁照曜朱華飾當鵬案此論甚詳

秦瓦

蘭沱宮當

此滋陽縣王秀才光典所贈瓦較它瓦為大連瓦上截重十餘斤

邃古齋藏

秦瓦

衛

秦放六國宮室於咸陽北坂此其衛國瓦也或云此漢衛尉卿掌宮門衛士區廬之瓦

秦瓦

衛

瓦在上而文少異

秦瓦

衛

同上

秦瓦

衛屯

桂未谷云衛屯者衛尉掌宮門外屯兵

鴻按史本紀秦二世元年復作阿房宮盡徵其材士五萬人爲屯衛則秦時已有衛卒矣西京賦衛尉八屯警夜巡晝蓋漢沿秦制也

石索

邃古齋藏

秦瓦

與天無極

此瓦極字渚作亟漢鏡亦有之其中心四界線直交內無圓心

史本紀始皇作信宮渭南已更命信宮為極廟象天極〻疑即極廟之瓦

秦瓦

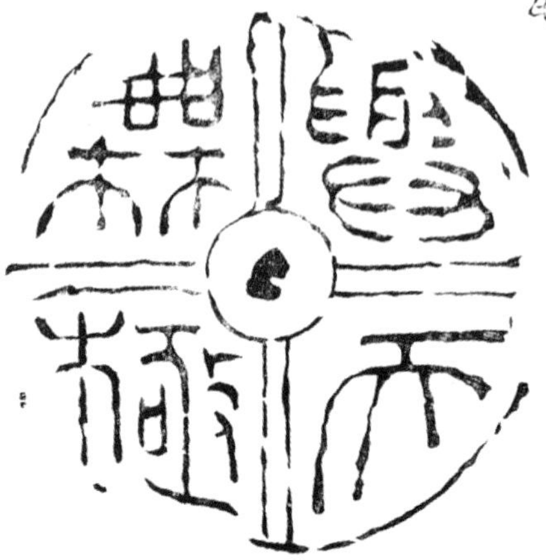

與天無極

此与前瓦俱有宊〻庵收藏印未知誰所藏也

石索

邃古齋藏

秦瓦

與天無極

申氏兆宇云瓦出漢城土中餘未詳所施兩字體渾朴魄力極大當為漢篆第一品鵬按其語勢及字法結構知是秦瓦

秦瓦

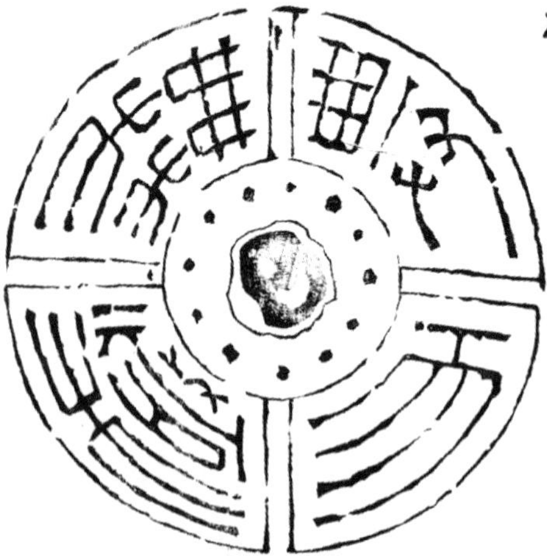

與天無極

說見前瓦

秦鴻臺瓦

延年　下作飛鴻之狀

桂未谷明府云瓦有飛鴻形秦施于鴻臺今從之

石索

邃古齋藏

鐵術編云延年瓦中作飛鳥形俞竹居所收錢獻之搴刹諸瓦以為飛鴻延年當是延年殿瓦黃小松司馬亦目之而未谷先生定為秦鴻臺瓦更覺切合盖延年所同也鴻所獨也鴻臺者秦始皇二十七年築高四十丈上起觀宇帝嘗射飛鴻于臺上故謂鴻臺漢惠帝紀四年長樂宮鴻臺災則此後當不復存矣其延年字篆法亦與它延年瓦異

秦阿房宮瓦

西瓦廿九六月宮瓦

石索

邃古齋藏

此瓦無所考証湯子景濤得之阿房宮故址遂定為秦瓦姜小珊棻以拓本見贈為梓之以俟質焉

石索

漢瓦

漢并天下

此漢初并天下時宮殿之瓦在漢瓦為冣先向未經人道見素園所藏桂未谷拓本亦未知瓦所從得按史本紀高祖五年正月即皇帝位於汜水之陽天下大定疑此瓦為居櫟陽時作也

漢長樂宮瓦

長樂未央

此長樂宮瓦孝三輔黄圖長樂宮本秦之興樂宮高皇帝始居櫟陽七年長樂宮成徙居長安城三輔舊事宮殿疏皆曰興樂宮秦始皇造漢修之周回二十里也

邃古齋藏

石索

漢長樂宮瓦

長樂未央

此宧〻庵所藏

漢長樂宮瓦

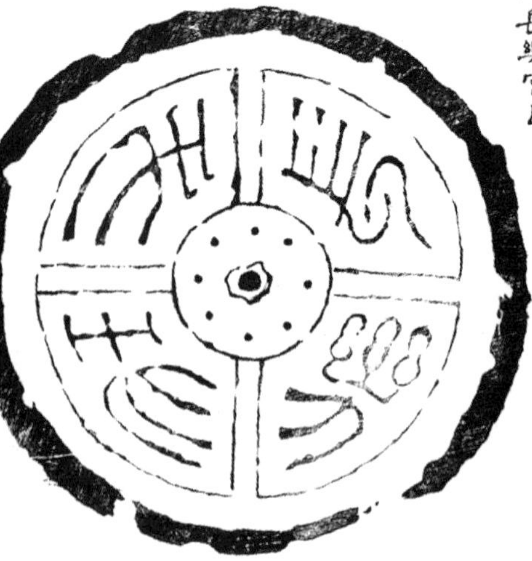

長樂未央

同上

邃古齋藏

石索

漢長樂宮瓦

瓦文同上
而篆法方
勁有勢見
何夢華所
集拓本

漢長樂宮瓦

此瓦藏揚州
馬秋玉家
予十年前
見其拓本
与此無
異
方綱

邃古齋藏

石索

漢長樂宮瓦

長樂未央
此瓦無中心圓
輪而字之四旁
繪以雲物

漢長樂宮瓦

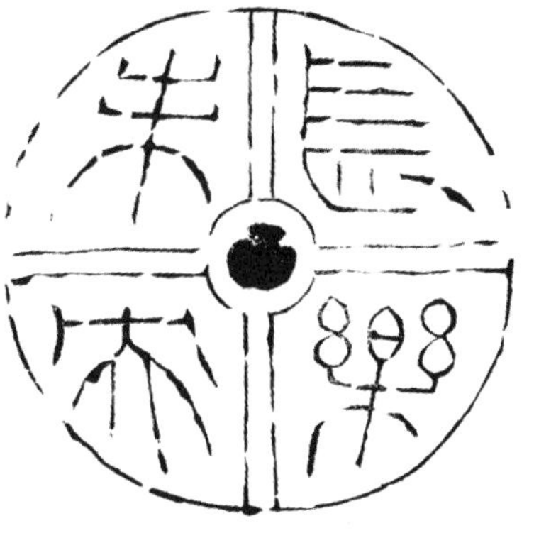

長樂未央

邃古齋藏

石索

漢長樂宮瓦

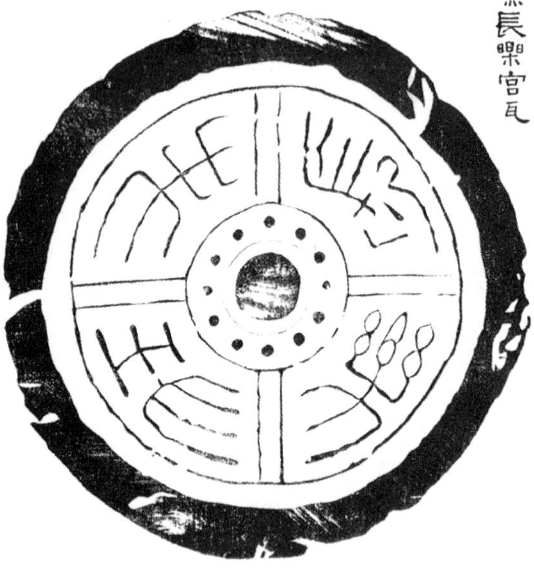

此瓦字大而深有自西安得之贈歙千穡詞焉者

邃古齋藏

漢長樂瓦

長樂萬歲

瓦亦有長樂二字疑亦長樂宮瓦也

石索

[illegible]樂瓦

長樂萬歲

此瓦研已中破幸字畫未損姜子小珊慨然見貽予剔去塵垢付工匠以銀圍固之完好無疵真可貴也

邃古齋藏

漢未央宮瓦

長生無極

此瓦漢城中往往有之王子充漢瓦記言未央宮瓦六字此其一也程勉之以為阿房宮瓦

史高帝紀七年長樂宮成九年未央宮成王伯厚云未央在長安城西隅長樂在東兩宮相隔止一里

石索

漢未央宮瓦

長生無極

漢未央宮瓦

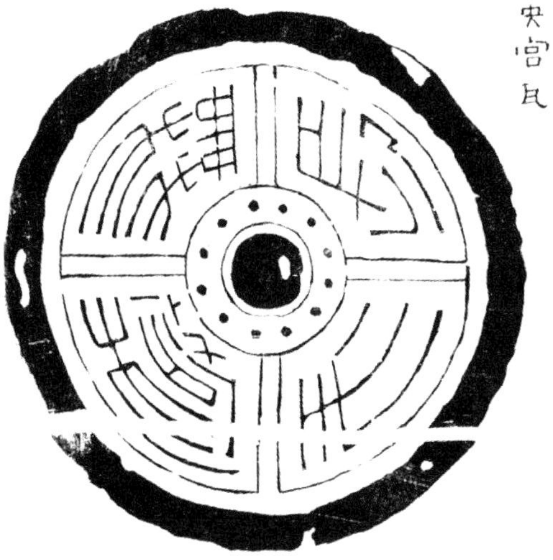

長生無極　與前瓦小異俱得之沛亭

邃古齋藏

石索

漢瓦

千秋萬歲

此瓦未知何所施三輔黃圖未央宮中有萬歲宮武帝造汾陰有萬歲宮宣帝元年幸此宮神爵翔集此或其宮殿之瓦

漢瓦

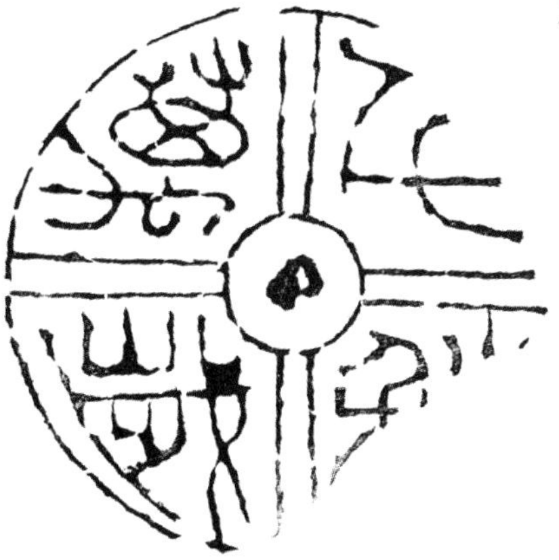

同上

邃古齋藏

石索

漢瓦

同上

漢瓦

同上

邃古齋藏

石索

漢駘盪宮瓦

瓦為海寧許珊林孝廉槤所藏

駘湯漢乍
湯即盪駘盪宮名西都
賦云正殿崔巍層構厥
高臨乎未央經駘盪而
出駁娑洞枍詣以與
天梁李善注引關
中記曰建章宮有
駁娑駘盪枍詣
承光四殿又西京
賦云駁娑駘盪燾
奡桔桀張銑注曰
駁娑駘盪並臺名
鵠揆三輔黃圖云駘
蕩宮春時景物駘蕩
滿宮中也此自是宮名非
臺名瓦文極古典而有據
信為西都舊物也

漢長安瓦

千秋長安
瓦文千秋長安順讀
如是若以前瓦駘盪
萬年例之則當為
長安千秋也古鏡
文亦有自下而旋上
者黃圖云莽分三
輔為六都尉故
長安寺高陵以
北十縣屬師尉
大夫府居此疑
是故長安寺瓦
漢人無蹈空語
瓦文古質亦許子珊
林所藏曲阜孔琴南
孝廉以其兩拓片見貽
者並刻之

邃古齋藏

漢瓦

萬歲

黃子東鄉云此黃左田大司農所藏瓦萬歲二字中一畫相交此瓦中僅見者

鵬按瓦字皴巨當是萬歲宮瓦金石契亦有萬歲塼

漢甘泉宮瓦

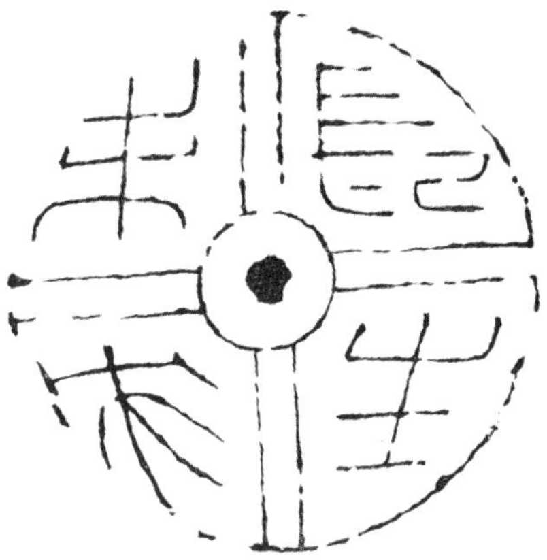

長生未央

鵬按瓦中雖有未央二字不得為未央宮之瓦蓋獲于甘泉宮之故址故以為甘泉宮瓦也未央在今咸陽甘泉在今淳化地相去二三百里

石索

漢甘泉宮瓦

長生未央

侯官林吉人佶甘泉瓦圖記畧云甘泉宮址在今陝西淳化縣治北中康熙辛丑予兄同人往遊其地見瓦礫如岡阜多剥蝕因憩樹下見有小物墳起者剔之獲此瓦甚完好亟懷以歸考三輔黃圖甘泉宮一曰雲陽宮秦始皇廿七年作周十餘里漢武帝建元中增廣之周十九里距長安三百餘里宮未有通天臺今去漢二千年宮觀淪沒乃獲此瓦以償好事之願吁亦異矣

翁覃谿先生云新城王文簡詩云通天臺高屹宮哀又短衣匹馬躑躅斜陽等句皆道此文出此記中云康熙辛丑亦誤當是順治十八年

萬季野斯同羣書辨疑云或問昔王子充作漢瓦記言未央宮瓦有曰長樂未央儲胥未央長生無極無所謂長生未央者林子得無偽乎予曰彼未央宮瓦此甘泉宮瓦也

邃古齋藏

長生未央瓦研歌

漢宮萬〻椽〻覆萬〻瓦而瓦非一狀皆以瓦名者此瓦〻之當鈎欄承溜下萬瓦不知處但此長生瓦遂著于衆曰此甘泉瓦也在昔甘泉宮瓦〻相衛護令洒棄谿菊不堪爲室故一瓦幕于頂〻肩背皆暴露同辭瓦礫揚捨身作研去此作研〻之瓦置身諸瓦外研用而瓦體中畫生滅堺當其作研前及作瓦〻際中億萬剎那〻棄彼波羅奈而結善知識故不殘缺壞置諸几席間無復前瓦意方其作瓦時寧知為研地瓦賤復瓦貴瓦亦了不異以此曉衆生妙入無思議辟彼大千衆通達無生理觀此一片瓦不以作研止即此片瓦不自作瓦起本無作瓦法与上一瓦〻而融泥塑麗而災乾窯開而號汜鑾敲還就彼瓦類既獲作瓦法瓦多難數悉升降是夔還遍恒河沙劫散彼萬恒沙〻乃至萬〻億其數日短少至萬千一百十九十至一十至四三二獨此堅不動乃具大願力汝云何不願生忉利願結文字緣生彼諸文字長生信未央永無離別事一滴研勻水聲比笑澹未

乾隆辛卯秋侯官林心鳥孝廉出吉人先生家藏瓦研鼓拓字以贈賦此　請孟記

此歌見於孔谿谷先生詩冊中原本冗長未及道長生未央等字而但云亡瓦當者鵬愛其通於釋典但詩但偶畧加刪潤如左

石索

漢甘泉宮瓦

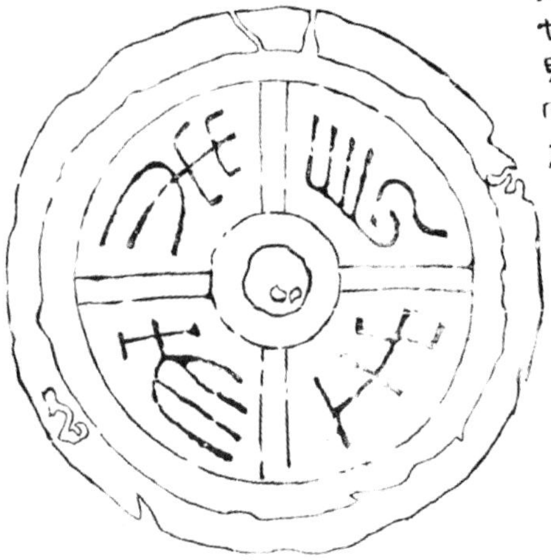

長生未央

同前

漢甘泉宮瓦

未央長生

句亦同前字左旋而反書漢印亦每有之中有飛鳥橫貫其間以作上下左右界線與它瓦異

邃古齋藏

石索

漢便殿瓦

便一字

漢武帝紀云六年四月高園便殿火元成傳云自高祖下各立廟園中各有寢便殿日祭于寢月祭于廟時祭于便殿此當是便殿瓦其字獨陰文

漢瓦

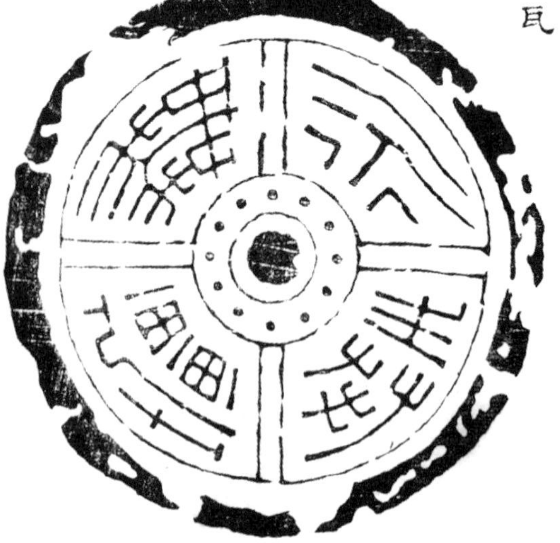

永奉無疆

此廟殿瓦故用永奉字或以為永壽無疆者誤也是瓦為安〻庵所藏

邃古齋藏

石索

漢上林苑瓦

上林

上林秦時舊苑漢武開廣之周袤數百里離宮別館七十餘處此蓋其垣衛所梴有

邃古齋藏

漢上林苑瓦

甘泉上林

此甘泉宮之上林苑也

石索

漢高安觀瓦

高安萬世

程勉之云錢別駕得此于漢城案漢書佞幸傳封董賢爲高安侯此當即其私第之瓦桂未谷云漢有高安館非董賢第也元今從桂說

邃古齋藏

漢延壽觀瓦

延壽萬歲

漢武故事公孫卿言仙人好樓居不極高顯神終不降於是上於長安作飛廉觀高四十丈于甘泉作延壽觀亦如之當即此觀之瓦

漢平樂觀瓦

平樂阿宮

三輔黃圖上林苑二十一觀中有平樂觀疑即此觀之瓦阿宮疑是四隅之宮或以爲秦阿房宮瓦秦作宮阿基旁故天下謂之阿房宮

石索

邃古齋臧

漢白鹿觀瓦

二鹿甲天下形

三輔黃圖上林苑中𠀤十一觀有白鹿觀疑即此觀之瓦也鹿甲天下所以表瑞

漢瓦

永奉無疆

中氏以爲皮質恢宏異于常制疑爲漢宗廟瓦按黃圖載太上皇有寢廟園以及衛思后皇祖悼考皆有廟園廟曰奉明与永奉意相合則以爲廟殿瓦可也

石索

邃古齋臧

漢瓦

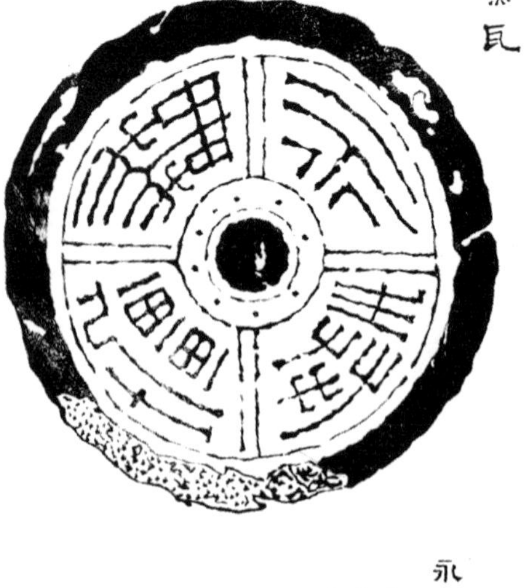

永奉無疆

瓦制差小予得之山陰估客

漢瓦

永奉無疆

此亦宐之足菴之拓本

石索

漢瓦

永奉無疆

文同而字畫稍變其界線俱作四直

邃古齋藏

漢瓦

億年無疆

桂未谷云瓦當皆有輪郭此偶失之耳辛亥九月琅山柘子分亭朱氏

黄小松云億年無疆或謂是王莽冢億年陵瓦瓦無內郭与它制殊字亦直書非隨勢為之者

石索

漢瓦

億年無疆〻一瓦文同上而差小此亦失去輪郭

按長安城西出南頭第一門曰章門王莽改曰萬秋門億年亭此瓦為億年陵億年亭俱瓦要皆莽時制也

邃古齋藏

石索

漢瓦

都司空瓦

漢瓦

都司空瓦

予見都司空瓦數種拓本皆瘦勁有法與麤板擁腫者不同

邃古齋藏

石索

漢瓦

方春萶萌

未詳所施按東方爲春或東宮所用之耳如太子宮有甲觀畫堂是也又或為甘泉宜春宮瓦

漢瓦

萬物咸成

漢后宮長秋殿瓦也後漢馬后紀注長久也秋爲萬物成熟之初故以名焉

邃古齋藏

石索

漢瓦

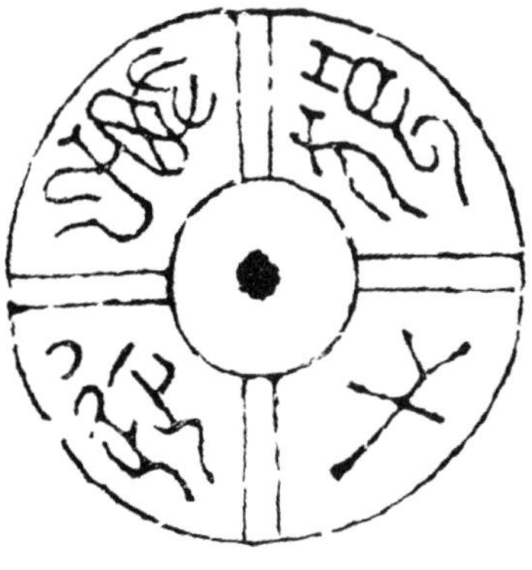

狼干萬延

桂未谷云瓦文曰狼干萬延狼干即琅玕也漢書王子侯表皋琅侯還地里志西河郡作皋狼是也鵬按漢器中琅俱作狼如朱提堂狼洗可証黃圖載竹宮甘泉祠宮也以竹爲宮此應是甘泉竹宮之瓦

漢瓦

轉嬰柞舍

轉字柞字反書嬰疑即鸎字轉疑即囀字轉嬰柞舍疑即甘泉五柞宮之瓦黃圖五柞宮漢之離宮在扶風盩厔宮中有五柞樹因以爲名五柞皆連抱上枝覆蔭數畝

邃古齋藏

石索

漢瓦

此瓦張度同舍人得之關中予爲作前後二歌者也　未谷屬　方綱題

長毋相忘

鵬按漢印中有長毋相忘漢鏡中亦有云見日之光長毋相忘者乃古人寓目傚心之意

漢瓦

揜依中庭

未審所用其曰揜依亦有毋忘之義曰中庭知有別于宮殿矣

邃古齋藏

右揜依中庭瓦見何夢華元錫拓本未有跋彩䲹疑爲未央宮中後宮瓦也黃圖云武帝時後宮八區有昭陽合懽鳳皇鴛鸞等殿後增爲十四位成帝趙皇后居昭陽殿有女弟俱爲婕妤貴傾後宮昭陽舍蘭房椒壁其中庭彤朱而庭上髹漆切皆銅沓黃金塗白玉階壁帶往往爲黃金釭函藍田壁明珠翠羽飾之自後宮未嘗有焉據此則中庭之盛可知其爲揜依可想矣

鵠按司馬相如長門賦望中庭之藹藹兮若季秋之降霜此可爲中庭之一証也又班孟堅西都賦云後宮則有掖庭椒房后妃之室應劭曰掖庭宮人之宮漢官儀曰婕妤以下皆居掖庭則其揜依中庭於義亦合亦可知非承明金馬著作之庭矣

石索　邃古亝藏

漢瓦

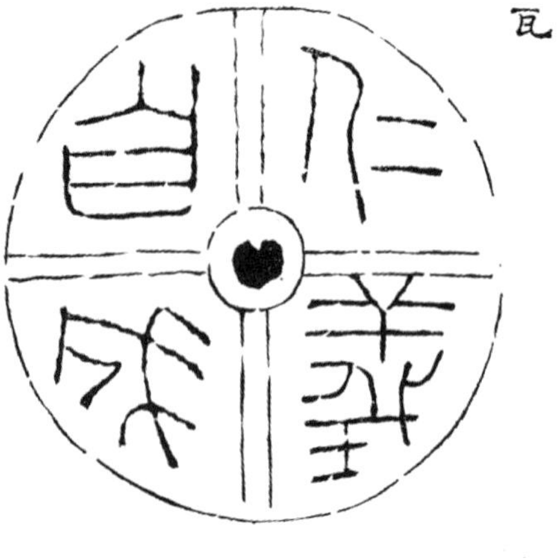

仁義自成

此疑亦宮觀之瓦而無所據不能臆斷按史記秦始皇本紀云仁義不施又云先詐力而後仁義漢其有監于秦而以仁義垂誠歟或云此養德宮之瓦

漢上林苑瓦

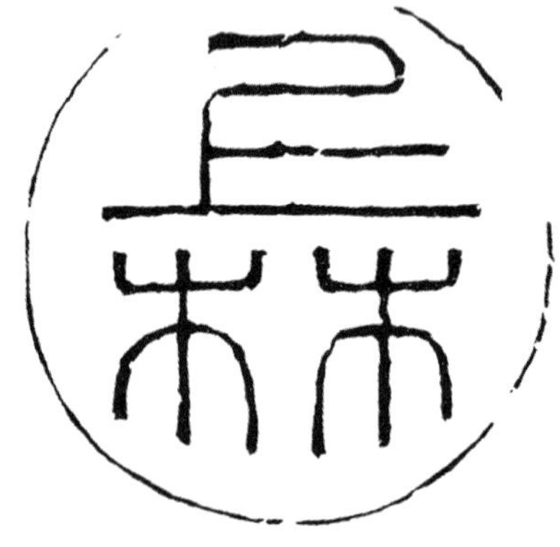

上林

二字直書中無界線

石索　邃古亝藏

漢上林瓦

上林農官

平準書上林與少府大農太僕各置農官此蓋水衡上林所置以田官田者也

漢上林瓦

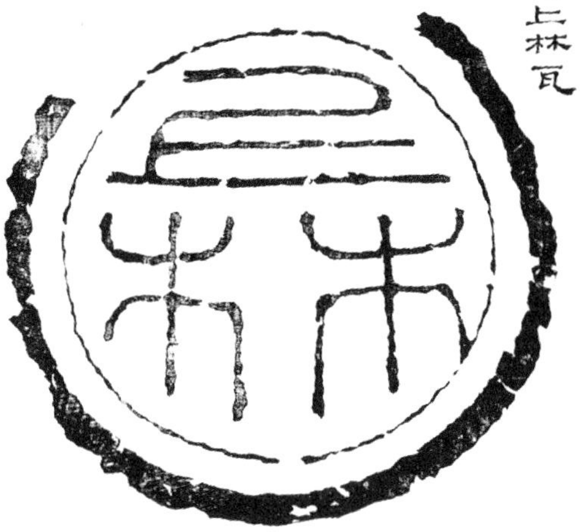

上林

此瓦稍大而字畫近邊

漢甘林瓦

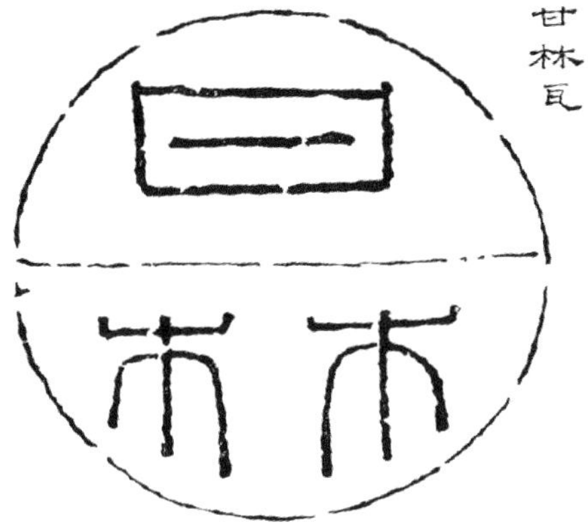

甘林

甘林二字無考或即甘泉上林之省

石索

漢半瓦

上林

上林二字橫列內線一層外邊一層俱完備非殘瓦蓋半瓦也上字末畫即借內線用之

漢半瓦

延年

延年半瓦橫邊七寸強程勉之云錢別駕得自漢城此与上林二半瓦皆非殘瓦乃當中具此一種以適用耳平列延年二字殆即延年殿瓦歟

邃古齋藏

漢八風臺瓦

八風壽存當

朱排山瓦當記此瓦得之漢城西南土中有益壽存當四字乃益壽館瓦程敦之瓦當文字云敦于長樂鐘室址南檢得一瓦拓出即此文知為八風壽存當乃八風臺瓦也漢郊祀志王莽二年興神仙事以方士言起八風臺于宮中臺成萬金即此又莽更名未央宮曰壽成室更霸館為長存館一時命名相合也

石索

邃古齋藏

漢樂府瓦

大萬樂當

四字反書俞太學得于沂隴之交古隃麋地程勉之以為神祠瓦桂未谷以為大予樂署瓦鵬案漢志少府屬官有樂府此當是樂府之瓦未谷札樸又云大萬乃漢人習語樂讀為長樂未央之樂亦通

漢瓦

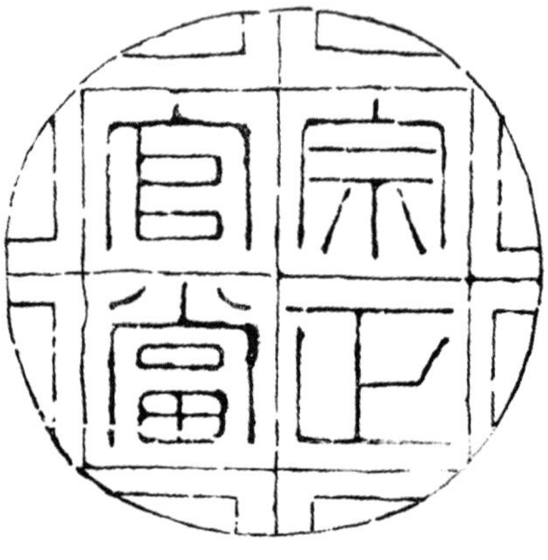

宗正官當

漢百官表宗正秦官掌親屬又周成王時彤伯入為宗正是猶不始于秦也

石索

邃古齋藏

漢瓦

都司空瓦

朱排山瓦當記云宗正官當都司空瓦二瓦並得之漢城中按史記武安侯列傳劾繫都司空索隱引百官表云宗正屬官主詔獄也

石索

漢瓦

右空

百官表少府秦官掌山海池澤之稅屬官有左右司空據此當是右司空瓦也

漢瓦

右將

漢百官表前後左右將軍皆周末官秦因之位上卿漢不常置又中郎有五官左右三將此不云將軍而云右將當是右將署瓦耳

邃古齋藏

石索

漢瓦

宜富當貴 中有千金二字

宜富當貴瓦圍逕五寸六分宋芝山記曰瓦得之淳化縣甘泉宮故基華州史君藏其中央有文曰劉程勉之秦漢瓦當文字記云宜富貴當中有字隱漶莫識說文旁曰爲刘字江鄭堂藩謂是千金二字今從江說

漢瓦

百萬石倉

桂未谷云以石爲稟倉故轉氏有藏書石倉

邃古齋藏

漢未央宮瓦

延年益壽

黃圖未央宮有延年殿或即此殿之瓦也

漢未央宮瓦

上同

石索

邃古齋藏

漢未央宮瓦

延年

葉子東鄉志謀云咸陽畊地得之延年二字瓦文古丸中僅見者鵬按未央宮正在咸陽其中有延年殿此丸當是延年殿所用者

漢未央宮瓦

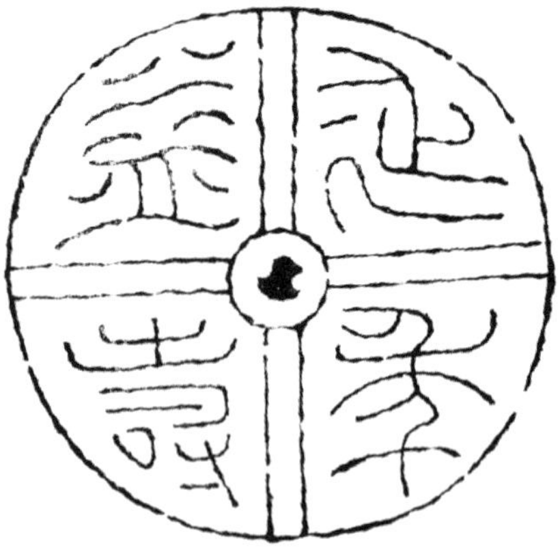

延年益壽

此漢人吉利語或亦為延年殿之瓦

石索

邃古齋藏

漢瓦

金

金一字瓦未審何旃錢別駕得于漢城內當文字記云黃圖有金廐輅軨廐大廐等在長安城內此瓦既出於漢城輪廓小而字不甚美其金廐瓦歟以此類推俞太學所得大字或即大廐瓦也

漢瓦

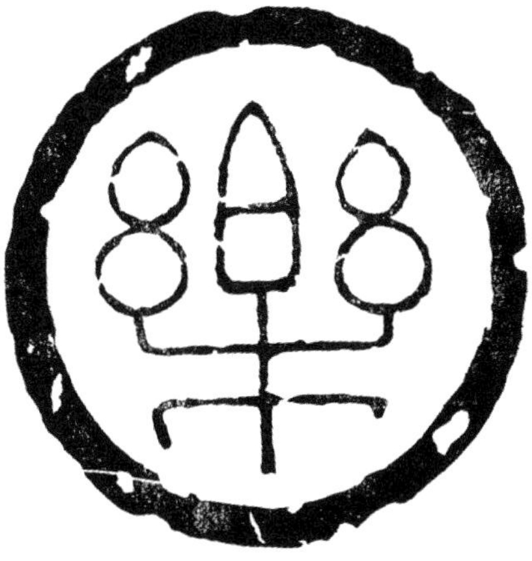

樂

樂一字瓦未詳所在職考少府官屬有樂府又綏和二年哀帝省樂府或是樂府之瓦

石索　邃古齋藏

漢殘瓦

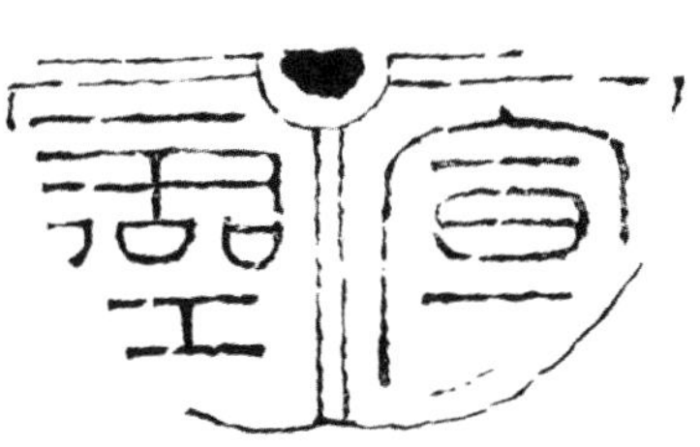

靈宣

瓦存下半截宣靈二字其上截不可知未知何宮之瓦攷漢有宣室宣曲皆與此不合惟首山宮有高靈館為漢武封禪後寑高祖而作則高祖有高靈即宣帝亦可有宣靈矣然亦無據以俟續考

石索　邃古齋藏

漢瓦

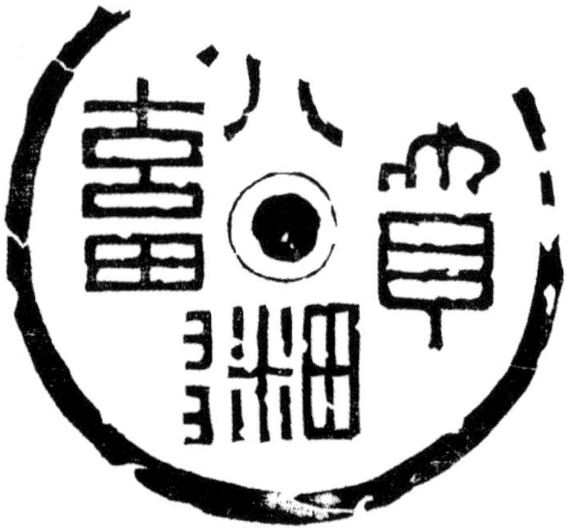

六畜蕃息

桂未谷云急就篇云六畜蕃息豚豕豬

漢瓦

黃山

漢地里志槐里黃山宮孝惠二年起今興平縣治西南十里漢黃山宮是也俞太學得自興平

石索

漢瓦

萬有憙

萬有憙未知所施或謂是官舍通用之瓦漢鏡曰有憙憙字亦從心皆古人吉利語說文喜樂也憙說也

漢瓦

此萬有憙破瓦

邃古齋藏

石索

漢冢瓦

萬歲冢當

俞太學于鳳翔得此瓦文曰萬歲冢當鴨按隸續漢汝伯寧塼文云萬歲舍大利吾轉尉文塼云佗千萬歲署舍洪氏云邯君篆塼亦謂之萬秋宅漢人無忌諱如此、萬歲冢亦然瓦當文字記云冢當萬歲亦通

漢冢瓦

嵬氏冢舍

此瓦錢別駕得之馬嵬隸書四字曰嵬氏冢舍瓦當文字記云古無嵬姓殆巍字渚文武梁祠畫像有巍湯者鴨可取而証也漢游俠傳〻原涉以先人墳墓儉約洒大治起冢舍此冢舍之证

邃古齋藏

石索

漢瓦

宮

此瓦止一宮字亦定何宮未知何代

漢瓦

大

大一字瓦俞太學得於漢城未審所在

邃古齋藏

隋寶慶寺瓦一

長安寶慶

中心寺字

此瓦形製較小其篆法亦異于漢瓦

此瓦今藏陳仲恭編脩齋唐耿湋有此寺詩 朱谷屬方綱題

石索

邃古齋藏

瓦二

長安寶慶寺

瓦制同上此從左角起反文與上少異

金石萃編云瓦當二種皆圓徑五寸五分文皆五字曰長安寶慶寺惟一為右書一為左書為異今寺在陝西西安府咸寧縣與長安縣同為府治寺建于隋時也

石索

西通志寶慶寺在咸寧縣安仁坊俗名花塔仁壽初建隋文帝唐中宗嘗臨幸焉咸寧縣在隋時為大興縣與長安縣同屬京兆郡此瓦冠以長安蓋長安自漢已有之大興是析置之地也

一甎一甓雖屬微物而字體屈曲盤結有回方成矩遇負成璧之妙可藉以見古人配合精意迥非後人意計所及近來刻成瓦當屏幅轉相傚傚日失其初茲取真瓦及真拓本摹之縱未盡合亦不至戾古惟搜羅未廣不無遺憾俟有新得當更加續刻耳 辛巳春日偶書于辟瑞精舍 晏海雲鵬

邃古齋藏

漢竟寧甎

竟寧元年
年下有歲字之半以下缺

獅首形

竟寧元年西漢元帝之十六年竟寧祇一年而止此甎元年下露歲字之半當是歲在戊子之缺文則此僅半甎也其一面作獅首形今蕉瓦每作此形亦曰獅首又曰貓首殆始于此烏程陳𣏌之經所藏古甎甚多當以是為冠昔歐陽公以西漢器物為難得況在瓦甎尤易毀而雖全瓦無年月甎有年月此西漢甎堪与五鳳二年石竝傳矣

建平甎

建平

宜

廷尉書
反文

建平西漢哀帝年號甎一面建平二字一面止一宜字一面廷尉書三字文甚簡字亦古真西漢物漢碑每不著摸書人姓名此記廷尉書又一異也但不知廷尉為何人耳

漢永寧甎

永寧元年

永寧止一年東漢孝安帝之十三年也

永建甎

永建

孝順帝年號

石索

遂古堂藏

本初甎

一面本初元年歲在丙戌

一面可作則　可字反文又似哥字未詳

本初孝質帝年號時年八歲為梁冀所迎立即為所鴆在位祇一年見于金石者絕少此甎亦希有也其本初二字不合篆法但元年丙戌惟本初有之丙戌字又似古字大抵陶旊土質易于失樣不比范金冈字當以意求之不得斤斤相繩也

石索

遂古堂

中平甎

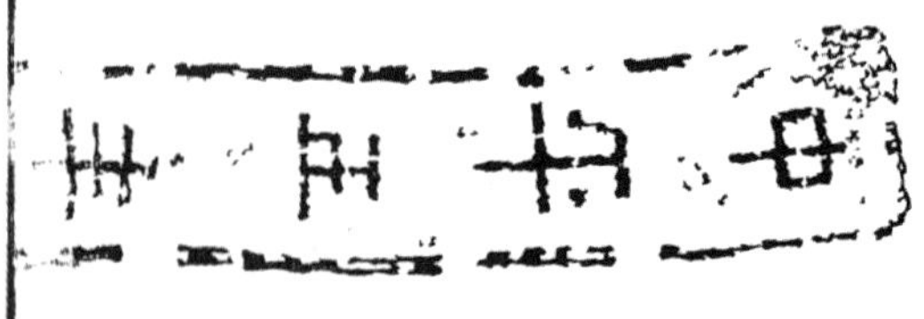

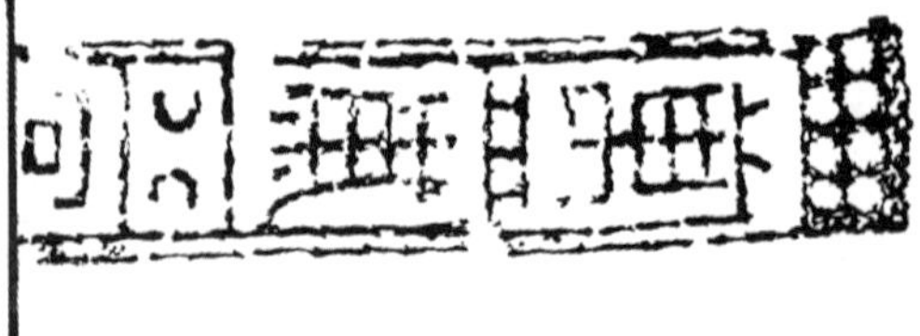

一面中平五年七月

中平五年靈帝之二十一年也月下字缺

一面萬歲富貴四字中有花間之

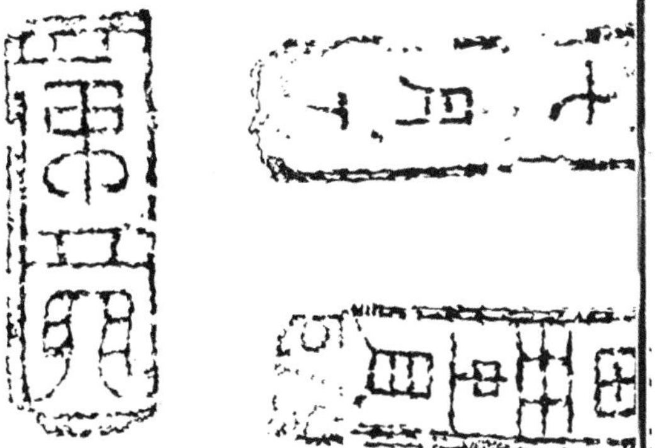

一面似萬歲二字亦似意未之

右甎文有萬歲富貴字每格以負圜方格間之其萬歲字乃古人通用祝頌語與頌君者無別隸續載漢甎文有建初三年八月廿日汝伯寧萬歲舍大利善洪氏云与曹壯文甎所謂萬歲署舍同或是卜築所用者邯君冢甎亦謂之萬秋宅漢人無忌諱如此亦其證也以上西漢甎亦与東漢甎四皆烏程陳抱之藏

漢甎一縮本

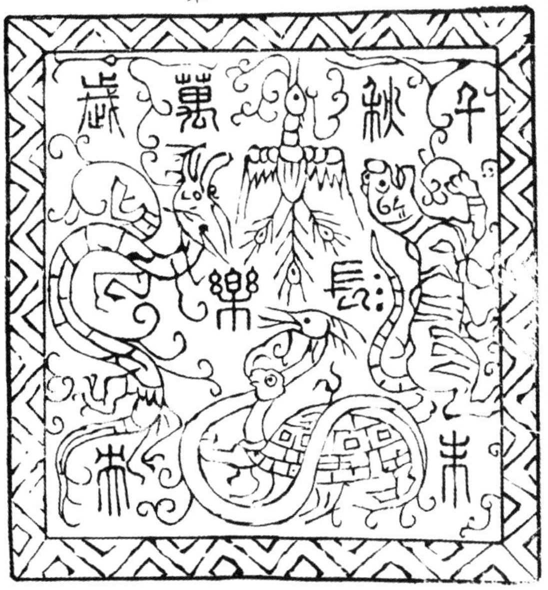

千秋萬歲長樂未央八字貫于四神之中

漢甎二縮本

甎外四格二格外寫長生未央四字二格畫雙壁亦全釭銜壁之義

以上二軌係顧心齋明府宰興化縣時濬河得之今制以為
孔用以度恭在馬氏泉廣文家考玉海載開元十二年有司
奏脩后土壇掘出銅鼎二又掘出古軌有篆書千秋萬歲長
樂未央字是日祠后土太史奏縈光出河休氣四塞祥風繞
壇日揚其光云云其塼之篆文八字与此第一軌同可以為証也

漢萬歲軌

萬歲二字軌詳載張氏金石契

漢蜀師軌

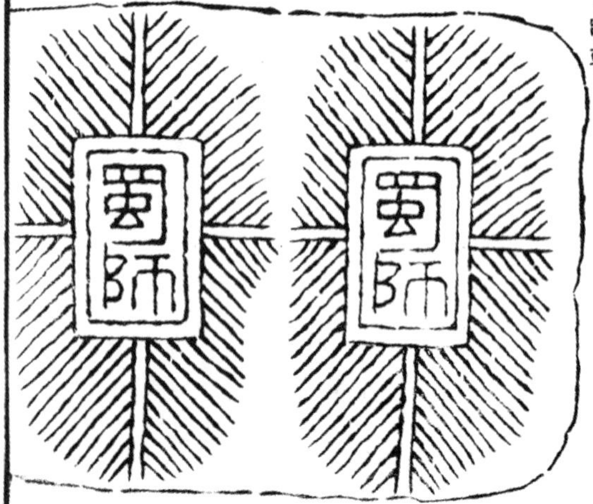

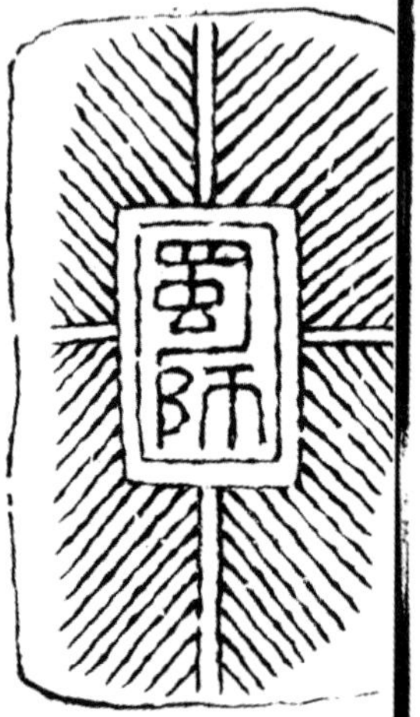

金石契云右磚文曰蜀師制作甚精吾鄉
海上常得見之鄧尉徐旻竹思云揚州平
山堂下開河得古軌六有蜀師字諸宮贊
草廬謂是匠人之名近革芹圃于吳興得
一軌文曰蜀夫篆亦古雅按漢隸字源隸
續俱載景師軌蜀師蜀夫豈其類與

鵬按是軌字外皆有磨紋近日鄂縣得天
鳳石刻亦周圍磨紋與此相似此雖不載
年月其為漢軌無疑

漢汝南黃伯安甎　二

月十日汝南細陽　甎缺其上半截

南細陽黃◦字伯安墓

甎有月日而失其上截年號何以定其為漢甎也以其字體知之又考前漢地里志汝南郡領縣三十七其十二曰細陽師古注云居細水之陽故曰細陽是也至莽時則改為樂慶此為西漢甎無疑惟細字䟽落殊甚其左旁轉似文字非有汝南貳無可據矣

漢潘氏甎

八月潘氏

花紋似星斗而有暈

此甎亦無年號秪存八月潘氏四字篆文蓋失去上截也疑亦是漢時甎一面為花仗亦不全

石索　邃古齋藏

漢八月甎

八月壬戌朔廿日辛下缺

可久長

石索

遂古堂藏

甎無年號可稽然隸法瘦勁當是漢人手筆魏晉以下無之矣其可久長三字尤佳

漢壽考甎

既壽考

長樂甎

作長樂

漢瓦多長樂未央長樂萬歲之文此疑一時所作

石索

遂古堂藏

漢殘甎

甎文存四字亦不全每字有𠆢文加于其上自是另一體格猶轉宗彖之首必加三星托蓮文之底必加五瓣也其四字似[illegible]祥萬歲

魏銅雀宮瓴

銅雀宮造

葉東卿藏

石索

邃古齋藏

銅雀瓦

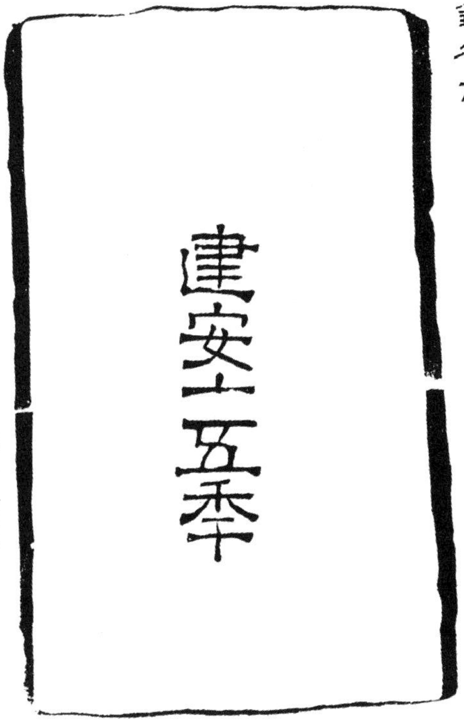

建安十五年

嘉慶庚辰甫仲

係小軒得之峄陽

銅雀瓦

銅爵臺在彰德府臨漳縣西魏武帝紀建安十五年冬作銅爵臺今瓦有稱十三年者僞也此魏武戰敗于烏林赤壁之次歲猶用漢獻帝建安年號後十年而漢入于魏矣

石索

邃古齋藏

吳寶泉甎

詳載金石契

大吳寶泉二

年歲在丁亥作

石索

邃古齋藏

朱竹垞曝書亭集云吳寶鼎塼字康熙四十二年吳之村民于小雁嶺掘地得塼二識云大吳寶鼎二年歲在丁亥作凡十有一言蓋孫皓時紀元迺鑑晉泰始三年也面有鐫文知非民間物

鵬按吳志寶鼎元年皓還都建業二年六月起顯明宮冬十二月皓移居之又江表傳云皓營新宮二千石以下皆自入山督攝伐木又破壞諸營大開園囿起上山樓觀窮極伎巧工役之費以億萬計此甎年時正與相合或即新宮甎也其篆法古勁亦與天發神讖文相似

吳建興甎

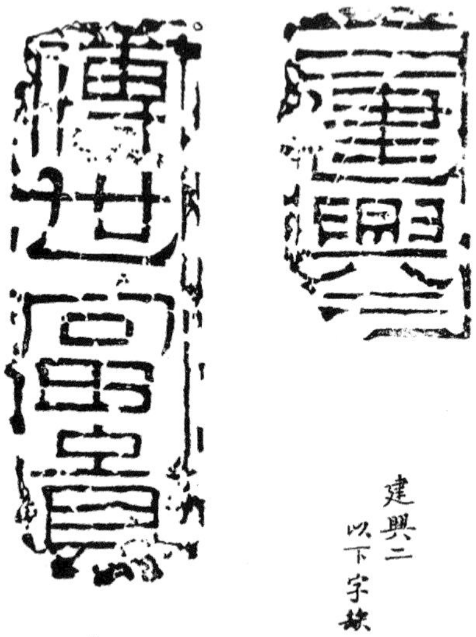

建興二

以下字缺

傳世富貴

蜀漢西晉皆有建興年號此甎得之吳興當為吳建興也吳孫亮之建興六止二年其後改五鳳矣一面有傳世富貴四字蓋當時吉利語隸體方整亦合三國時之制

石索

邃古齋藏

吳孫氏甎

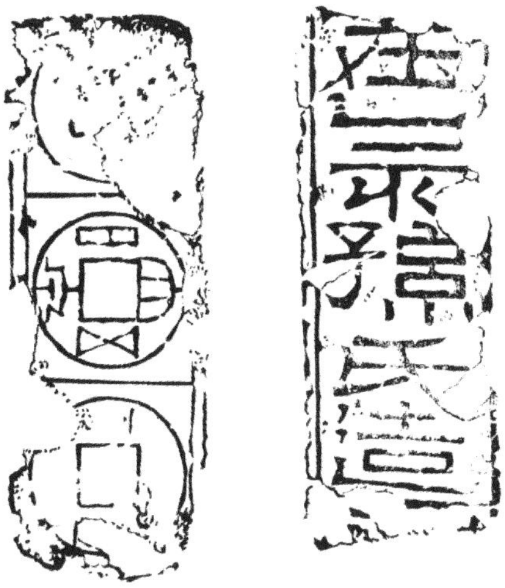

在乙亥孫氏造

大泉五日　錢文三枚　日疑是百

甎文缺其上秪存在乙亥孫氏造六字何以定其為吳甎以右側有大泉五百錢文知之考吳大帝孫權嘉禾五年始制大泉五百浙文𨶒大泉當千較莽時大泉五十為大則其時競尚大泉可知漢人尚五銖一時碑文鏡文俱有五銖之飾則此為吳塼可証予見大泉五百錢文作百也乃作日或係泐文亦或竟取五日之義均未可定惟大帝時無乙亥歲乙亥適在大帝少子孫亮之時五鳳二年正當乙亥相去不過四年其猶用大泉宜也則是當為吳五鳳二年甎且又得之吳興安見非孫亮之族人所造者

晉太康瓦券

藏山陰童二樹家　從金石契摹本

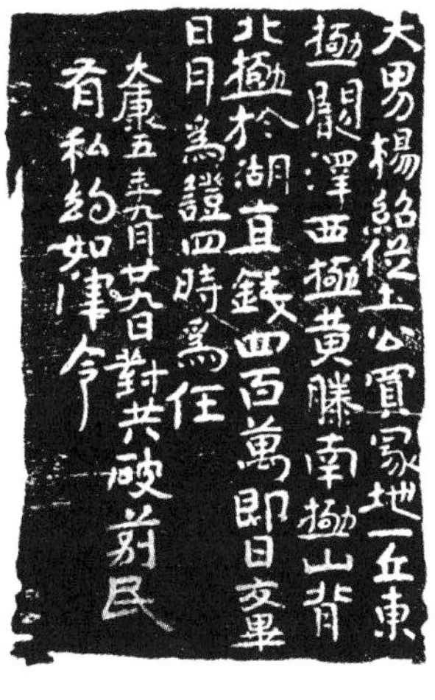
大男楊紹從土公買冢地一丘東極闞澤西極黃滕南極山背北極於湖直錢四百萬即日交畢日月為證四時為任太康五年九月廿九日對共破莂民有私約如律令

金石契云太康瓦券藏山陰童二樹鈺家乾隆辛卯冬二樹攜瓦券過吳門時余亦客吳出以示余与陸白齋紹曾共玩瓦質白沙骨猶今之瓦瓷不有釉星星如雲母面文六行六十六言蓋當葬時買於神者書法以錐畫坏入火燒成

徐渭集柳元穀以所得晉太康間冢中杯及瓦券來易余手繪二首券文大男楊紹云云似買于神若今祀后土義非從人間買也二物在會稽倪光簡冢地中於萬曆元年掘得之在山陰二十七都應家頭之西尚有白瓷獅子及諸銅器器出則腐敗矣獅尚藏光簡家

陸紹曾跋此晉時瓦券也狀如破竹陶瓦為之面有兩絡若古之竹簡然高五寸廣二寸八分六十六言草隸八分相雜文云四時為任説文任保也釋名莂別也大書中央破別也即今市井合同廣韻為別分別也分契也又分竹也晉世甎瓦遺文流傳絶少唯王獻之保母塼此更在中今以前尤足寶貴　又跋云瓦券書法體勢与瘞鶴銘相類

鵬按契尾如律令三字与漢閻憙長韓仁銘碑末同今人以為道流語不知其由來遠矣

晉太康甎一

太康

太康晉武帝年號其下似六字疑六年時甎

石索

太康甎二

太康八年

此甎文尚未全與六年甎俱見陳氏拓本

邃古齋藏

晉檀君甎

藏鄞縣徐氏

左側　晉故夜令高平檀君　下一字不可識

右側　太康八年二月七日壬辰　下一字缺

此檀君墓中甎也末一字難辨攷隸釋載張賓公妻穿中二柱文云造此冢自有者又云祖父冢中与此相似疑此亦冢字辰下疑是造字今缺

石索

檀君殘甎

高平檀君

只四字缺其首尾鄞縣尉胡子壽雲於殘辟中得之持此見惠洵雅事也

檀君缺其名字其事跡無徵考晉書列傳有檀憑之字慶子高平人為東莞太守加寧遠將軍贈冀州刺史義熙時追封曲阿縣公邑三千户在東晉之末此檀君在西晉之初亦高平人或其先世歟高平故屬梁國晉分山陽為高平國統縣七昌邑鉅野方與金鄉湖陸二平南平陽郡及嶧陽皆高平境宜有是甎惟晉無夜縣考前漢渚 朕其牂牁郡之夜郎歟

邃古齋藏

壬辰殘瓴

壬辰

此亦太康檀君瓴中斷磚壬上有日字辰下有造字缺筆可想胡寄雲少尉既贈予檀君瓴復得此見惠歌以志之

壬辰二字殘瓴歌

壬辰兩字瓴不全考之亦係太康年太康八年字雖絶二月七日干支傳壬騎龍背是貴格（今星平家以壬辰爲壬騎龍背作貴格言）土沙不蝕苔不纏未遇知音未肯出斷烟零雨埋荒阡寄雲拾得復持贈高平檀君結後緣欲識胡君路古士拂拭壬辰兩字瓴

石索　邃古齋藏

晉太康臨安瓴一

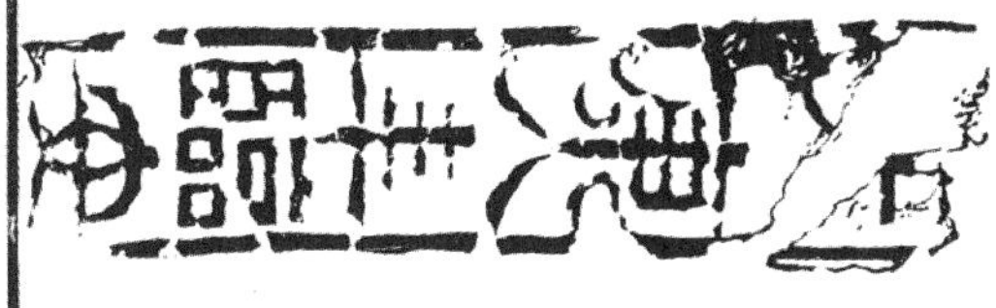

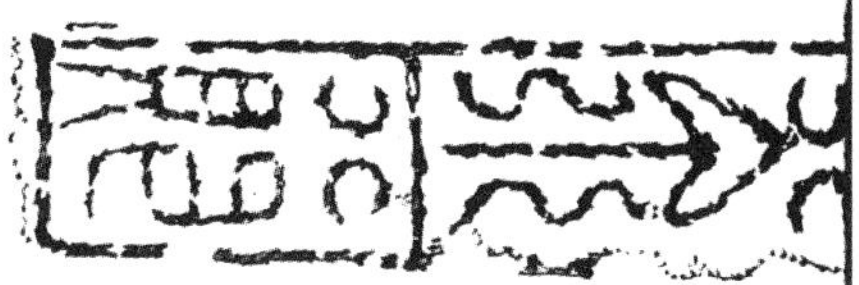

一面太康八年臨安。鄉制萬年　缺字似武似歲未可定

一面似萬歲永則四字前本初磚文有云可作則者

石索　邃古齋藏

一面八月十日四字與臨安爲一瓴蓋三面有字者見陳花之拓本

太康臨安甎二

一面太康八年臨安　下缺

一面萬歲　下缺

石索

一面八月十日　三面俱与前塼同而字畫小異此塼缺下截故太康萬歲兩行在左右側者文不全八月十日四字在頂之側文則全之

邃古齋藏

晉八甎

永平七　永興一

永平晉惠帝即位之次年改之平甫三月即改元康

石索

邃古齋藏

永興亦惠帝年號距永平十四年

嘉慶丁巳三月南康謝啓昆蘇潭使君得八瓴于浙江藩署舫齋側土中永平七永興一其永平二字直書有分爲二瓴者有正一倒者俱不相同字在塼左側高厚如一式其右側破損不知廣濶之數矣永平紀元者漢明帝晉惠帝魏宣武凡三朝皖江胡雒君虔定爲晉永平以永興瓴証之同爲晉惠年號無疑也蘇潭先生紀以詩一時皆有題咏

阮芸臺先生題辭

蓬瀛軒外三春天物色廢甓得八瓴瓴日影古所傳先生本是瀛洲仙永平永興皆漢年以楷定之屬晉焉太康皇子相比肩晏封吳郡藩應遷或者就國避内權閱歷唐宋留殘址不則吳郡族望賢范氏楮氏居相連所喜八瓴數苻前字不辟暴餘精堅抉剔土鏽敲苔錢雲齋拓拓鳴搥氈浙水晉石無一拳古瓴屢見東海壖吾藏咸和塼字全永嘉續得相磨研先生延客開詩莚問此何異辟與瑄摩挱共詠樂陰邉軒階古甓斜陽躔

石索　遂古堂藏

晉元康瓴一

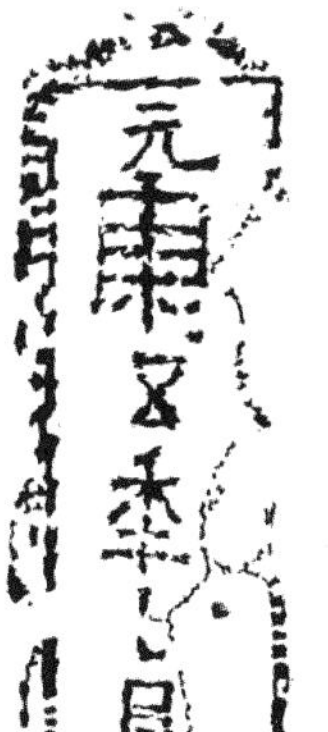

元康五年　下似八月一日四字

元康亦晉惠帝年号

萬歲張慎墓

瓴稱萬歲張慎蓋生時所營壽藏亦萬歲署舍之意洪氏謂漢人無忌諱此以萬歲二字直加于張慎之上則晉人之無忌諱又甚矣

元康瓴二

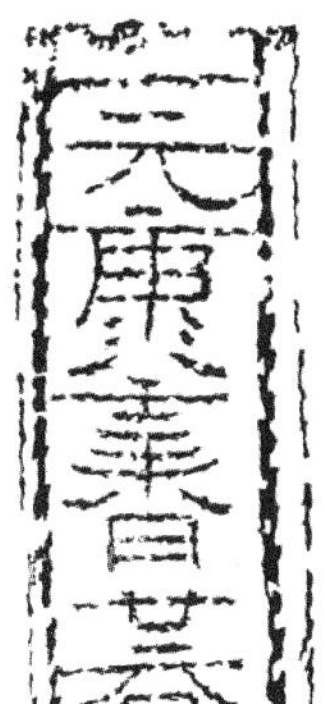

元康八年八月廿日　日下有字似一似二不可識

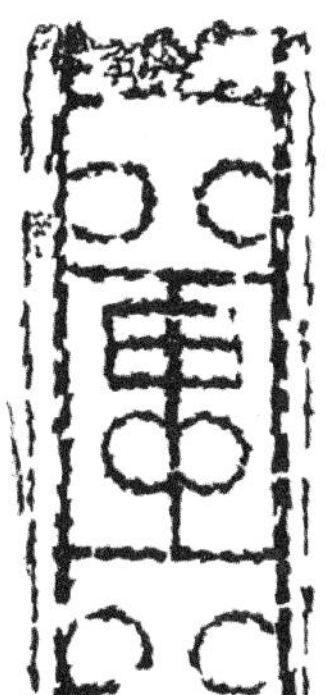

似萬字

石索　遂古堂藏

元康甎三

元康九年

元康祇九年其次年又改元永寧矣甎文反書

石索

邃古齋藏

永寧甎

拓本尚有斈紋兩面意在其兩端之側斈紋侶蜀師執

永寧元年歲在辛酉蔡作

永寧元年晉惠帝之十二年也蔡作者蔡氏所作也

石索

邃古齋藏

永嘉甎

永嘉二年歲

永嘉晉懷帝年號歲以下缺另年歲在戊辰也

晉咸康甎

咸康二年八月　以下缺

咸康二年東晉成帝之十一年也是年歲在丙申

永和甎

永和四年八月二日作　文反書

永和四年東晉穆帝之戊申歲也甎作在蘭亭序之前五年

晉泰元甎一

一面泰元元年一面斜格方此孝武帝即位之四年也塼下半月日缺字反文

泰元甎二

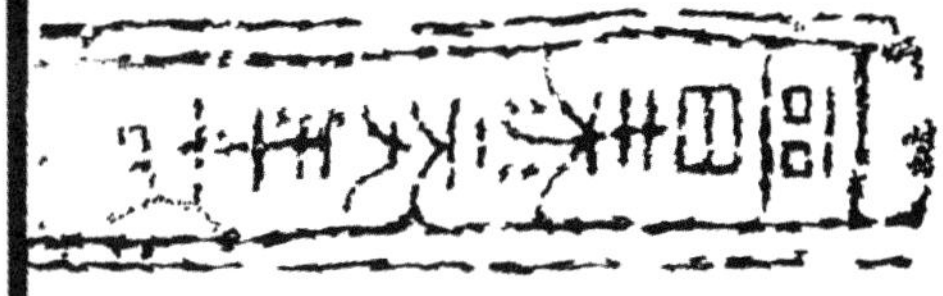

晉泰元九年　缺　八日庚子□作

九年下磨泐處當有歲次甲申及某月字子下一字似有缺筆未定何字

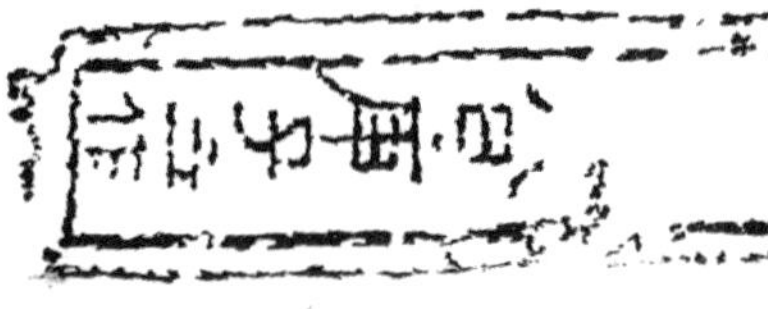

石索

遂古齋藏

泰元甎三

晉太元十六年 以下半段缺

泰太二字本通用今人每分而為二觀此四甎中作泰者半作太者半知泰元即太元可知泰和之即太和矣

石索

遂古齋藏

泰元卜氏墎甎

卜氏墎

卜氏墎太元廿年

墎即椁之椁說文云椁葬有木椁也墎度也凡民之所度居也

按左氏傳魏舒卒于甯范獻子去其柏椁又檀弓云桓司馬自為石椁字俱从木無从土者夫以柏為椁則椁旁从木宜以石為椁而亦从木毋乃非宜乎韻會云椁或作槨今此甎作墎其字从土旁与墎相合且有當于度居之義今俗呼為壙以其甎為壙甎壙亦取廣土之意壙之穹隆處謂之穿以其塼為穿塼穿讀去聲作實字用如高平墎君穿是也

晉左將甎

左將

漢有右將丸晉有左將甎真成絕對

東遷左將甎

東遷左將潘　以下缺文似露君字起筆

晉書地理志吳興郡領縣十一東遷縣在第四此爲晉甎無疑

石索

邃古齋藏

宋元嘉甎

字俱反書

此甎亦陳抱之所藏一面宋元嘉六年一面太歲己巳考宋文帝元嘉元年即少帝景平二年甲子歲其六年正當己巳也

石索

邃古齋藏

梁天監甎

甎藏龍泓外史　從金石契摹本

天監八年五月

魯齋丁傳曰西溪安樂山之陽萬氏之祖塋在焉乾隆己卯六月萬氏葬事啓土是夜家童之宿丁宗祠者寱有神頎長白皙衣朱衣衣有團花冠烏巾巾有垂帶謂其童曰吾壓此已千年告汝主不可掘也工人掘得兩甎而遂掩之其塼一有花者萬氏自藏而以此贈先君審其年號是蕭梁時物當為築墓作穹隆狀　鵬按天監八年梁武帝即位之八年惜墓中人不可考矣

石索　邃古齋藏

古冢甎

潛塚

或以為淵明冢甎無稱名之義或以為於潛甎於潛亡屬吳興郡　鵬疑為潛姓之冢如宋有潛說友潛有成之屬

古林甎

上一字不可識其中為五五錢文下一林字反文

此甎第一字篆文反書似人姓氏而磨泐不可辨其五五錢載于宋顧烜錢譜亦未定其為何時末有林字與武梁祠中小石柱上刻武家林相似疑亦六朝時林墓中甎也

石索　邃古齋藏

北魏正光甎

在保定府定興縣　依原樣

大魏正光二年歲次辛丑四月廿日戊戌○幽州范陽郡涿縣人○鮮于高頭銘記前作涿縣吐著議和將軍國使令

按廿字似卅但卅日並戊戌之下一字不可知吐著和三字可識其議字存小半姑補之

涿鹿趙子仲吾鍾昆自京邸寄此拓本貽書云此甎長不盈尺博半之厚寸半嘉慶丙子歲定興縣修城掘得之博識者聞之即往覓已失其一此博又斷裂酥軟不可摺僅辨得數字今藏北平張氏　鵬按正光二年北元魏明帝即位之六年也兗州賈使君碑云神龜二年歲次己亥此在其後二年則其剝蝕處為歲次辛丑無疑考魏書四月庚子王繼進位太保壬寅崔光為司徒以此戊戌當是廿日若卅日不得復有庚子壬寅矣但戊戌字亦模糊難定耳　又魏志幽州之郡其次為范陽范陽郡領縣六其首為涿縣至定興縣原屬范陽地金時方置定興縣則此博亦范陽郡國與魏志悉合也餘字未見原甎姑識之以俟考

石索　邃古齋

唐太和甎

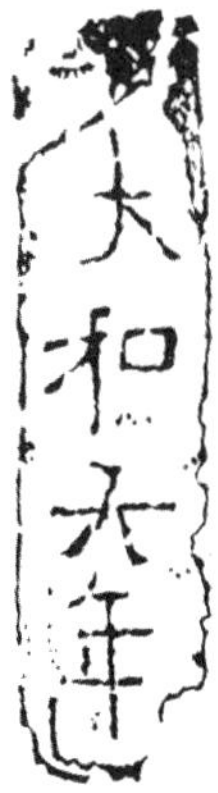

太和六年

魏太和有六年晉太和秖五年此甎不似魏晉閒物北魏太和不當其地蓋唐文宗之太和六年也是年歲在壬子

石索　邃古齋藏

唐大中甎

大中四年

大中宣宗年號大中共十三年此其庚午歲也甎文反書字亦不缺然唐甎甚難得取以備數也

鵬綴輯金石索十二卷以瓦甎終每苦瓦多而甎少不能相埒乃屬書毗陵孫金石拓本於業師趙味辛先生且乞弁言　先生欣然作序且惠書云近日吳氏得古甎甚多以陳君挖之經所拓甎文一冊示贈皆一所未見即臨摹付梓以補不備自覺寧至大中凡得

漢甎十三吳甎二晉甎十七宋塼一未定時代塼二唐塼二皆以陳氏印章別之不忘所自也但未獲靚原塼與陳氏釋文未能細竊其缺泐之處相与参質知不無觝齬今姑就拓本考釋俟得有原本更爲補注回漢豐岐故址伊雒名區其古甎有什伯於吳興者而不遇有心人爲之掇拾其毀于老農之鋤庸匠之手者不知凡幾可勝惜哉

雲鵬謹識

石索

邃古齋藏

道光元年四月朔日鏤板于嵫陽署齋是時日月合璧五星聯珠記之

書金石索後

余夙聞通州馮晏海集軒昆仲著是書今始得而見之其審定之精確考證之博洽諸叙備矣竊謂著錄金石家往往橅其文而不必盡見其器徒愛其詞義奧衍曲中其說罕別真僞有以仿鑄尊彝僞造碑本而與秦漢之物同編者矣

邃古齋藏

又詳於久遠而忽於近代一似六朝以後無足稱述抑思春秋之壺不罷祇述前王之唐世之訪古書未逾千祀在今以溯唐遠者千年近亦不下五六百年亦何異於春秋之慕三古唐人之思兩漢乎是書廣采兼收良足拯斯流弊而器多目覩字必手摹兩君之用功于此可謂

勤矣余不敏不足以述古文備閱數過但覺援釋詁書右體皆備非第博物之奇特抑亦臨池之極則也集軒屬爲題識爰書于後以志欽挹

道光乙未秋七月山陰平翰跋

邃古齋藏

(K-3038.01)

責任編輯：王 媛 楊 静
封面設計：黄華斌

科學出版社互聯網入口
歷史分社：010-64011837 銷售：010-64031535
E-mail：yangjing@mail.sciencep.com
銷售分類建議：歷史/古籍

www.sciencep.com
ISBN 978-7-03-061303-5
9 787030 613035 >
定 價：389.00 元